NATIONAL GEOGRAPHIC

FRANCIA

CONCIERGE. com
10 things not to do in
Paris

NATIONAL GEOGRAPHIC

FRANCIA

Rosemary Bailey

Sumario

Cómo utilizar esta guía 6-7 Sobre la autora 8
Las regiones 51-336 Información práctica 337-388
Índice 389-397 Créditos 398-399

Historia y cultura 9
La Francia actual **10-15**
Gastronomía **16-19**
Historia de Francia **20-33**
Las artes **34-50**

París e Île-de-France 51
París
Introducción y plano **52-53**
Île de la Cité 54-59
Un paseo por las islas **58-59**
Rive Gauche 60-71
Un paseo por el Quartier Latin **62-63**
Los cafés, un modo de vida **70-71**
Rive Droite 72-92
Un paseo desde la Opéra Garnier **74-75**
Un paraíso para compradores **76-77**
Un paseo por Le Marais **84-85**
Île-de-France 93-102

Norte de Francia 103
Introducción y mapa **104-105**
Gastronomía **106-107**
Nord y Picardía 108-116
Las catedrales góticas **114-115**
Champagne 117-122
Alsacia y Lorena 123-132
En coche por la ruta del vino de Alsacia **126-127**

Normandía y Bretaña 133
Introducción y mapa **134-135**
Gastronomía **136-137**
Normandía 138-149
Valle del Sena, de Ruán a la costa **140-141**
Bretaña 150-160
Las costumbres bretonas **154-155**

Valle del Loira 161-188
Introducción y mapa **162-163**
Gastronomía **164-165**
Recorrido en coche por el río Indre **176-177**

Francia Central y los Alpes 189
Introducción y mapa **190-191**
Gastronomía **192-193**
Borgoña y el Jura 194-210
Recorrido en coche por la Côte-d'Or **198-199**
Los monasterios **204-205**
Valle del Ródano y los Alpes 211-223
Macizo Central 224-230
Recorrido en coche por las Gorges du Tarn **228-229**

Sudoeste de Francia 231
Introducción y mapa **232-233**
Gastronomía **234-235**
Aquitania y la costa atlántica 236-246
Recorrido en coche por Haut-Médoc **242-243**
Dordogne y Midi-Pyrénées 247-268
Recorrido por el valle del Dordoña **250-252**
El camino hacia Compostela **266-267**
Los Pirineos 269-278

Sur de Francia 279
Introducción y mapa **280-281**
Gastronomía **282-283**
La Costa Azul 284-302
Provenza 303-316
Languedoc-Rosellón 317-330
Recorrido por la ruta de los cátaros **322-323**

Córcega 331
Introducción **332**
Mapa **333**
Recorrido por la isla **333-335**
Recorridos a pie por Córcega **336**

Información práctica 337
Planear el viaje 338-339
Cómo llegar a Francia 339
Cómo desplazarse 339-342
Consejos prácticos 342-344
Urgencias 344-345
Hoteles y restaurantes por regiones 346-377
De compras en Francia 378-382
Ocio 383-386
Vocabulario básico 387
Leer la carta 387-388
Glosario de arquitectura 389
Índice 389-397
Créditos 398-399

Pág. 1: degustación de vino
Págs. 2-3: Château de Chambord, valle del Loira
Pág. anterior: Annecy, en los Alpes franceses

Cómo utilizar esta guía

Ver solapa posterior para la simbología y las leyendas de los mapas

National Geographic le trae lo mejor de Francia en forma de texto, fotografías y mapas. Dividida en tres secciones, esta guía empieza ofreciendo una visión general sobre la historia y la cultura. A continuación, en 8 capítulos regionales se tratan los lugares destacados por la autora. Cada capítulo empieza con un sumario del contenido.

Las regiones y sus divisiones están ordenadas geográficamente. Algunas regiones están divididas en zonas más pequeñas. Un mapa presenta cada región con los lugares interesantes destacados. Los paseos a pie y en coche, señalados en sus propios mapas, sugieren rutas para descubrir una zona.

Los recuadros ofrecen detalles interesantes sobre la historia, la cultura o aspectos contemporáneos. Una página titulada «Otras visitas interesantes» completa los capítulos regionales.

La sección final, «Información práctica», presenta lo esencial para el viajero –preparar el viaje, cómo desplazarse, comunicaciones, asuntos de dinero y urgencias–, además de una selección de hoteles, tiendas y ocio.

Por lo que a nosotros respecta, la información que aparece en esta guía era exacta en el momento de imprimirla. No obstante, siempre es recomendable efectuar una llamada previa.

140

Código de colores

Cada región tiene asignado un color. Encuentre la que busca en el mapa que aparece en la solapa anterior y busque el color en la esquina superior de las páginas del capítulo en cuestión. En el apartado **«Información práctica»** se mantienen los colores según la región.

El Louvre
53 D3
Palais du Louvre
01 40 20 50 50
Cerrado mar.
$$ ($ desde 15.00; gratuito para menores de 18)
Metro: Palais-Royal-Musée du Louvre

Información

La información turística se ofrece en la columna al margen que aparece junto a cada lugar importante (ver la leyenda de símbolos en la solapa posterior). La referencia indica la página en la que aparece dicho lugar en el plano o mapa. El resto de los detalles incluye la dirección, el teléfono, los días de apertura, el precio de entrada, que va desde $ (menos de 4 euros) a $$$$$ (más de 20 euros), y la parada de transporte público más cercana. La información sobre los lugares más pequeños aparece en el texto, entre paréntesis y en cursiva.

INFORMACIÓN PRÁCTICA

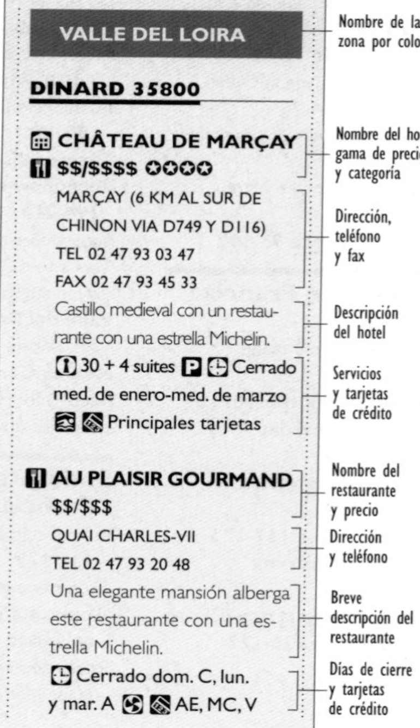

Precios de hoteles y restaurantes

En el capítulo «Hoteles y restaurantes», que empieza en la pág. 346, se ofrece una explicación de la gama de precios.

MAPAS REGIONALES

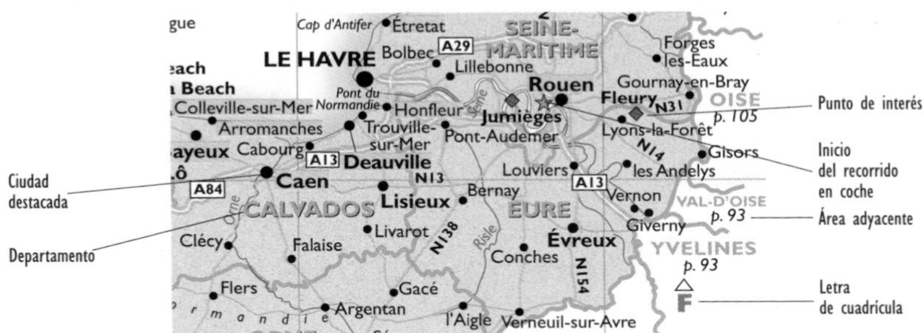

- Un mapa de localización acompaña los mapas regionales indicando su situación dentro de Francia.
- Las regiones adyacentes se indican con una referencia al número de página de su mapa.

RUTAS A PIE

- Un cuadro informativo indica los puntos de inicio y final, la duración y la longitud de la ruta a pie, así como los lugares que no debe perderse.
- Donde haya dos rutas indicadas en el mapa, la segunda se muestra en naranja.

RUTAS EN COCHE

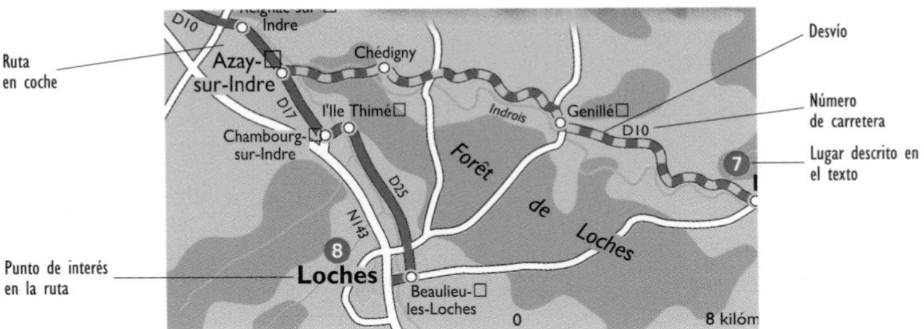

- Un cuadro informativo proporciona detalles que incluyen los puntos de inicio y final, duración y longitud de la ruta en coche, lugares que no debe perderse y consejos sobre el terreno.

NATIONAL GEOGRAPHIC

FRANCIA

Sobre la autora

Rosemary Bailey se enamoró de Francia hace 20 años, cuando se hospedó en una plantación de rosas. Desde entonces ha viajado por toda Francia y ha escrito y editado un gran número de guías sobre el país y sus regiones, incluidas la Costa Azul, Borgoña, el valle del Loira y el suroeste de Francia. Ha escrito muchos artículos turísticos y tres libros de viajes: *Life in a Postcard, Escape to the French Pyrenees* y *The Man who Married a Mountain: A Journey through the Pyrenees.*

Colaboraciones:
Colin Jones, profesor de Historia en la Warwick University: págs. 17-30
Dr. Julian Petley, profesor de Sociología en la Brunel University: págs. 10-16 y 31-45
Elizabeth Carter, autora y crítica gastronómica: págs. 46-50
Jo Sturgis, editor de un gran número de guías de viajes y autor de *Guide to France for Children*, y editor/productor del AA CD-Rom *Paris*: págs. 51-102
Helen Varley, escritora de libros de viaje y periodista, fundadora de las guías urbanas *Time Out* y autora de *Weekends across the Channel*: págs. 103-132

Historia y cultura

La Francia actual **10-15**
Gastronomía **16-19**
Historia de Francia **20-33**
Las artes **34-50**

Eduardo I de Inglaterra rinde homenaje a Felipe IV de Francia (ilustración de Jean Fouquet)

La Francia actual

LOS LÍMITES DE FRANCIA SON EN SU MAYOR PARTE NATURALES: EL CANAL de la Mancha y las colinas de las Ardenas, al norte; el océano Atlántico, al oeste; los Pirineos, al sudoeste; el mar Mediterráneo, al sur; los Alpes, al sudeste; y las montañas del Jura, los Vosgos y el Rin, al este. A estos sorprendentes atractivos naturales debemos añadir también el Macizo Central, en donde unos inmensos volcanes extinguidos dominan el paisaje; los anchos y elegantes ríos Loira, Sena, Ródano, Saona y Garona; y las espectaculares gargantas talladas por el Ardèche, el Tarn y los demás ríos que atraviesan el extraño paisaje lunar de piedra caliza de las mesetas del sur del Macizo Central.

EL PAÍS

Francia es el país más grande de Europa occidental, con una extensión de 547.020 km² y su población de 60 millones de habitantes. Es un país principalmente rural: el 56 % de sus tierras son agrícolas y el 25 %, forestales. La agricultura ha sido descrita como el *pétrole vert* (el petróleo verde) de Francia. Sin duda, posee de lejos la mayor área cultivable y producción agrícola de toda la Unión Europea. Excepto la conurbación de París, hay pocas ciudades grandes, y se encuentran muy alejadas unas de otras; Lyon (1,3 millones) y Marsella (1,1 millones), la segunda y tercera ciudad de Francia, se encuentran muy por debajo del estándar europeo de gran ciudad.

Diversidad regional

Lo primero que sorprende al visitante al recorrer Francia, aparte de su carácter rural, es su extraordinaria diversidad regional; es el único país europeo que participa del norte y del sur del continente. Las significativas diferencias climáticas, geológicas, geográficas y culturales entre regiones han hecho posible una agricultura rica y variada, que contribuye a su vez a la increíble diversidad del paisaje. Esta variedad se refleja en sus legendarios vinos y la gran tradición gastronómica, que cambian según la región: la cocina del Périgord se parece tan poco a la de Normandía como los vinos de Champagne a los de Burdeos, por ejemplo.

Vida rural

Aparte de todo el esplendor de París y de las ciudades de provincias como Burdeos, Lille, Niza o Toulouse, Francia es principalmente un país rural. Existen 33.000 *communes* (la unidad administrativa más pequeña en Francia), y cada una abarca un cierto número de núcleos de población. Las construcciones varían desde las grises casas de granito de los pescadores de la Bretaña, pasando por los caseríos de madera con techos de paja de Normandía, situados entre campos de manzanos frecuentados por vacas, hasta las suavemente inclinadas cubiertas de teja rojiza de los tranquilos pueblos de las colinas de la Provenza, dispuestos en terrazas sobre la vertiente.

A primera vista, parece que con el paso de los siglos estos pueblos y sus alrededores han cambiado muy poco. Pero en realidad no ha sido así. En 1789, la población de Francia era de 27 millones, de los cuales 22 vivían en el campo. Hacia mediados del siglo XIX se intensificaron los movimientos migratorios y, desde 1945, 6 millones de personas han abandonado el campo para irse a vivir a las ciudades o los pueblos, a causa de los cambios radicales que ha sufrido la agricultura. En 1939, el 35 % de la población activa de Francia trabajaba en el campo; ahora, la proporción ha descendido a un 5 % y se espera que esta tendencia continúe. La peor parte se la ha llevado el pequeño granjero, el *paysan* o campesino que, como en muchos países europeos, en Francia se encuentra en declive. En el nuevo y competitivo negocio de la agricultura, entre el GATT (General Agreement on Trade and Tariffs) y las subvenciones de la Unión Europea, el campesino y su minúscula parcela de tierra están a punto de desaparecer en aras de la modernización. La agricultura

La población de Pernand-Vergelesses en la Côte-d'Or, Borgoña, prospera entre los viñedos, su fuente de riqueza.

subvencionada y la figura casi olvidada del gran propietario se han convertido en una característica cada vez más común de las zonas rurales francesas. Muestra de ello son las grandes praderas que cubren actualmente algunas zonas del norte y el centro de Francia, en donde es imposible hallar una sola casa y mucho menos un pueblo. No es tanto una zona

Algunas actividades rurales no han cambiado en siglos: el fino olfato de cerdos adiestrados rastrea las trufas de Périgord.

yerma como una zona abandonada. Al atravesar el país, y especialmente las zonas más pobres como Auvernia o Ariège, es difícil no ver gran número de casas en ruina.

Pero, aunque es importante entender las causas del estado actual de las zonas rurales de Francia, hay que evitar caer en una visión demasiado romántica de la vida de los campesinos en el pasado, puesto que existe una tradición de obras literarias francesas que sugieren que la mayoría de nosotros la habría aborrecido. Recientemente, además, los pueblos de Francia han experimentado un resurgimiento a medida que franceses y extranjeros han ido adquiriendo casas rurales como segunda residencia o incluso abierto pequeños negocios en el campo, lo que ha introducido unas formas de trabajo y de actividad económica rural completamente nuevas y muy alentadoras.

LAS GENTES

Como en el paisaje francés, la clave vuelve a ser la diversidad regional. Aunque los franceses son famosos por su patriotismo (al fin y al cabo, Chauvin era francés), cuando una persona francesa habla de *mon pays* puede muy bien querer decir el área donde vive, y no Francia como un todo. Es bastante desconcertante descubrir lo poco que algunos franceses conocen otras zonas de su país que no sean las suyas. En los casos más acusados, esta identificación con la región se ha traducido en exigencias separatistas, en su mayor parte pacíficas como en la Bretaña, aunque no lo son tanto en Córcega y en el País Vasco francés. La lengua es también un símbolo de independencia regional: el bretón en Bretaña (ver pág. 154) y el occitano en Provenza y el Languedoc (como su nombre indica, «lengua de oc», ver pág. 317) están experimentando cierto resurgimiento.

No hay nada que ilustre de forma tan clara la enorme diversidad que existe en Francia como las diferencias entre sus gentes. Los bretones son muy distintos, no sólo de los mediterráneos de la Provenza y el Languedoc, sino también de sus vecinos los normandos. Aunque los parisinos se consideran sofisticados urbanitas, las gentes de fuera de la capital los consideran altivos y arrogantes. Ni la proliferación de *maisons secondaires* (segundas residencias) en la Francia rural más profunda, ha eliminado las connotaciones peyorativas de la palabra «provinciano». Incluso reconocidos escritores de la talla de François Mauriac (Burdeos) y Gustave Flaubert (Normandía) parecían abrigar muy a menudo sentimientos contradictorios sobre sus orígenes provincianos. Se han visto pocos retratos tan ácidos sobre la burguesía rural como el de *Madame Bovary*, de Flaubert (y por ello sorprende aún más que varios pueblos de Normandía se disputen el dudoso honor de haber servido de inspiración a Flaubert para recrear la sofocante atmósfera del pueblo de Yonville).

No es nada sorprendente que, dado su pasado colonial (en Argelia, Marruecos, Indochina y África oriental, entre otros), Francia posea también un gran número de comunidades étnicas. Desde mediados de la década de 1950 hasta mediados de la de 1970, la escasez de mano de obra provocó unas campañas de reclutamiento masivo en África del Norte y en países europeos como Grecia, España y el sur de Italia. Muchos de esos trabajadores extranjeros decidieron establecerse en el país. A pesar de la conocida expresión francesa «*Vive la différence!*», Francia no está exenta de racismo, que ha sido utilizado por el xenófobo Front National con considerable éxito en algunas zonas, en especial del sur. Sin embargo, los turistas difícilmente llegan a ver esa faceta de Francia, a no ser que visiten los descuidados arrabales de la periferia de las ciudades.

A pesar de todo, sigue siendo un país profundamente civilizado, habitado por una amplia mayoría liberal. Lo cierto es que nadie que visite Francia puede pasar por alto el importante papel que la cortesía, el decoro y los modales tienen en la vida diaria. Besarse en las mejillas (dos, tres y hasta cuatro veces, dependiendo de la región y del grado de conocimiento mutuo) es un rito social muy habitual. Todo el que entra en una tienda, un café, un restaurante o en una sala de espera saludará a los presentes con un «*Bonjour Messieurs-Dames*», y las palabras «*Monsieur*» y «*Madame*» se añadirán a cualquier comentario, incluso si sólo se trata de un «*Merci*» o un «*Pardon*». A menudo, los turistas extranjeros no se hacen cargo de lo importantes que son estos detalles para los franceses.

Es imposible visitar Francia sin darse cuenta de la importancia de la moda. Tener buen aspecto es muy importante, y no sólo en la ciudad de la moda por excelencia, París. Las sillas de las terrazas de los bares y los cafés franceses a menudo miran hacia delante, y no hacia el compañero de mesa: uno se sienta allí para observar a los transeúntes. Obviamente, la gente no invierte toda esa fortuna en su imagen para que nadie los mire. La presentación de la comida se hace también con mucho estilo. Uno de los mayores placeres de pasearse por cualquier calle de una población francesa consiste no sólo en admirar la gran variedad de pequeñas tiendas, sino también el virtuoso diseño de sus escaparates, en especial en los establecimientos de alimentación, muchas veces verdaderas y apetitosas obras de arte.

Los franceses se sienten extremadamente orgullosos de su rico patrimonio cultural. Se presta mucha atención y respeto a los intelectuales y los artistas. Asimismo, hay un número importante de políticos que son escritores, y no precisamente de los que escriben pesadas autobiografías autocomplacientes.

En esta era de globalización, los franceses empiezan a ver amenazado su carácter francés, ya sea por el GATT o por las condiciones impuestas por la unión monetaria europea, y están dispuestos a salir a la calle para defenderlo. En Francia, por su tradición revolucionaria, la acción directa no está considerada como algo perjudicial para la democracia, sino como una parte integrante de ella. Este aspecto ha podido verse recientemente en las multitudinarias manifestaciones por todo el país en contra de las nuevas leyes de empleo juvenil, consideradas como una traición contra las bases de la sociedad francesa. Existe una preocupación general por la amenaza de una invasión anglosajona en la cultura francesa (ya sea la comida, la moda, el cine o incluso la lengua). Por otro lado, ningún otro país europeo ha disfrutado tanto con la cultura americana del siglo XX como Francia: el jazz de las décadas de 1920 y 1930, la novela negra de 1940, el Hollywood de 1950, etc. Y es en Francia –y no en el anglosajón Reino Unido, como sería de esperar– donde se encuentra la Disneylandia europea.

En el club Les Bains de París, antaño unos baños públicos, es imprescindible ser famoso, vestir a la moda o parecer interesante si se quiere acceder a la pista.

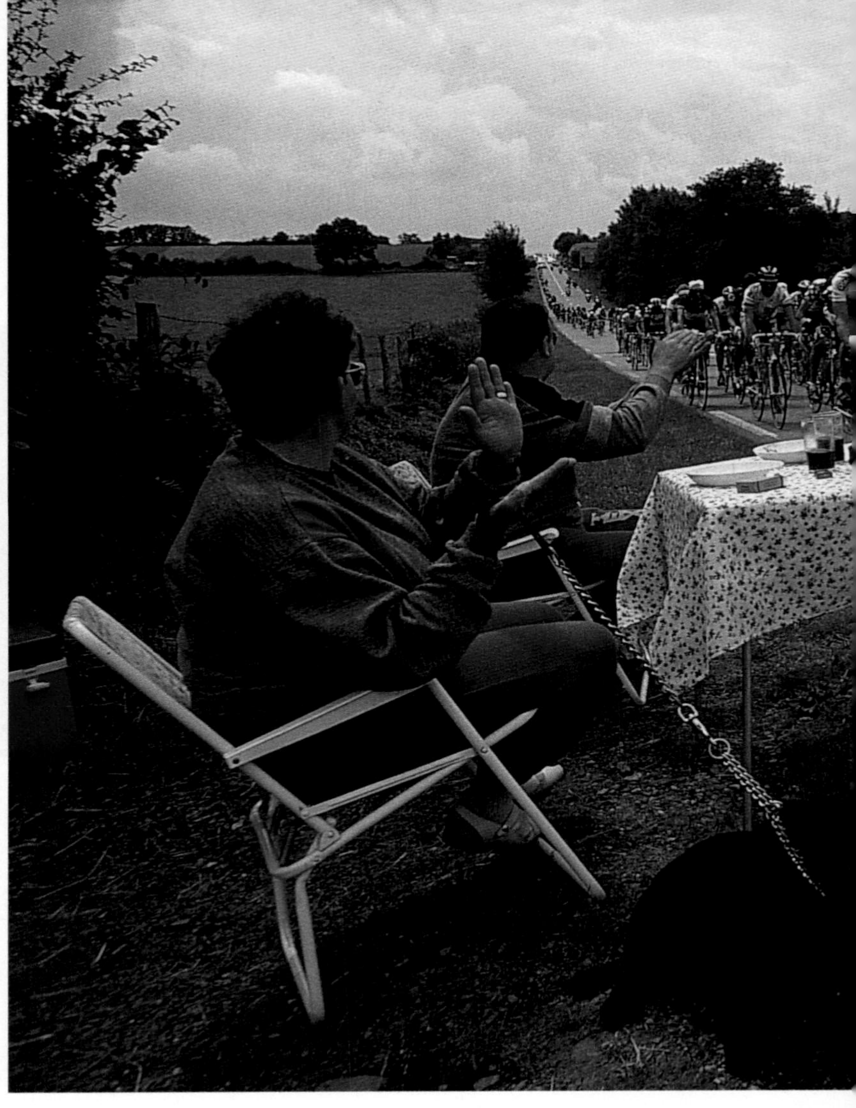

FESTIVIDADES

Francia tiene un gran número de días festivos (detalles en pág. 343), en los que todos los establecimientos cierran. Siete de ellos son de carácter religioso. Puesto que Francia ha sido un estado laico desde 1905, la existencia de tantas fiestas religiosas puede parecer extraño. Sólo un 14 % de los franceses asiste regularmente a misa, y aunque esta cifra puede aumentar hasta el 80 % en las zonas rurales tradicionalistas, en París alcanza sólo el 10 % y en ciertas áreas industriales no supera el 4-5 %. Por otro lado, la mayoría de la población francesa todavía se considera cristiana, y se bautiza aproximadamente a la mitad de los niños. Además, la Iglesia es todavía muy influyente. El gobierno socialista se percató de ello cuando en 1984 intentó integrar las escuelas católicas en el sistema estatal, lo que provocó una de las mayores manifestaciones en París desde la posguerra.

Aparte de las vacaciones nacionales, también hay una miríada de festividades locales religiosas. Quizás una de las más

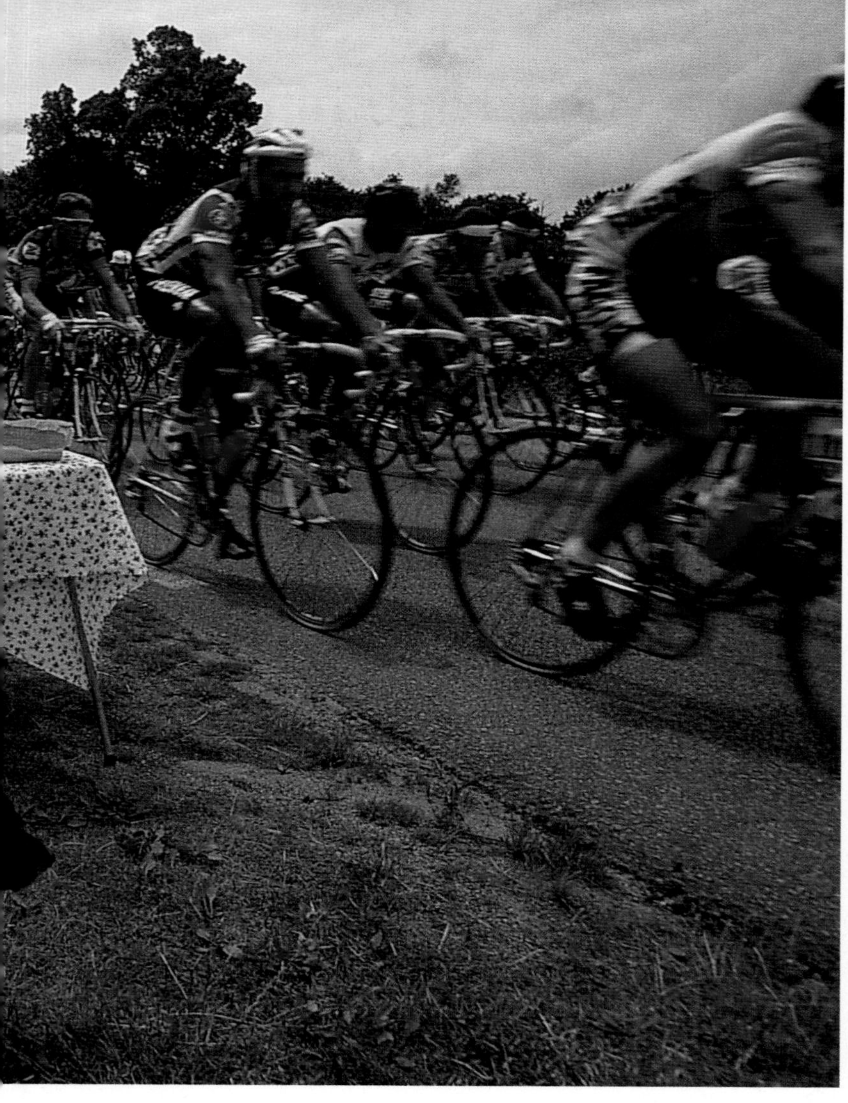

El Tour de France, el mayor acontecimiento deportivo de Francia, absorbe la atención del país durante tres semanas.

sorprendentes es la peregrinación gitana que se celebra anualmente del 24 de mayo al 5 de junio en Stes-Maries-de-la-Mer, en la Camarga (ver pág. 311).

Debido a la importancia que los franceses dan a la cultura, no es de extrañar que en el país abunden los festivales culturales. El más conocido es el festival de cine de Cannes, pero gracias a la afición al que los franceses llaman el *septième art*, se han consolidado una gran cantidad de festivales más pequeños.

Los festivales de Francia cubren todas las expresiones posibles de arte: música clásica en Aix-en-Provence, Montpellier, Orange y Prades; jazz en Jean-les-Pins y Marciac; rock en Burdeos y Rennes; arte gráfico en Angoulême y St-Malo; teatro en Aviñón. Y éstos son sólo algunos de los cientos de festivales que se celebran cada año, en especial en verano. ■

Gastronomía

LA GASTRONOMÍA, O EL ARTE Y LA CIENCIA DEL BUEN COMER Y EL BUEN BEBER, es más que un pasatiempo nacional. En un país donde la población destina la mayor parte de sus ingresos a los placeres de la buena mesa, la gastronomía es un estilo de vida.

La diversidad gastronómica y regional de Francia es probablemente mayor que la de ningún otro país. En cierta ocasión, un exasperado Charles de Gaulle pronunció la célebre frase: «¿Cómo es posible que alguien pretenda gobernar un país que tiene más de 265 clases de queso distintas?» (en total hay 400). Y el viajero en peregrinación gastronómica por la costa sudoeste, desde La Rochelle hasta la frontera española (un recorrido de unos 480 km), puede encontrar más de 500 platos de marisco.

El placer por la buena comida se hace más evidente en los mercados. El visitante que pasee por un mercado francés podrá apreciar la verdadera naturaleza de la sociedad gala. Los carniceros y los pescaderos franceses son unos maestros en su profesión, y a menudo obsequian a sus clientes con recetas verbales, mientras que los vendedores de queso o fruta le preguntarán si lo que está comprando es para esa noche o para el día siguiente, y seleccionarán el producto según su respuesta.

Aunque los productos frescos de las tiendas tradicionales y los mercados son todavía una regla general en Francia, los grandes supermercados llenos de productos envasados y congelados son inmensamente populares y se teme que los pequeños comerciantes no puedan competir con ellos. Las *boulangeries* (panaderías) son un ejemplo. La tradicional *baguette* francesa se hace sin grasas y se endurece en cuestión de horas. A medida que los panaderos se muestran cada vez menos dispuestos a hornear dos veces al día (por la mañana temprano y por la tarde), los franceses también han ido cambiando sus hábitos, comprando el pan una vez al día en vez de, como era costumbre, dos veces. Y debido a ello, al añadir conservantes la *baguette* se ha vuelto más blanda. El ritmo de vida de la Francia actual ha propiciado la proliferación de comidas para microondas y las cadenas de restaurantes de comida rápida (McDonalds es conocido como «Macdo»).

Curnosky, el famoso gastrónomo francés y autor de los 32 volúmenes de *La Francia gastronómica*, describe cuatro tipos distintos de cocina francesa: «la *haute cuisine*, la *cuisine bourgeoise*, la *cuisine régionale*, y la *cuisine improvisée*». Medio siglo después, estas categorías siguen vigentes.

La *haute cuisine* es la cocina profesional de los chefs más reputados. Actualmente en esta categoría se incluye la cocina de chefs como Guy Savoy y Alain Ducasse, poseedores de varias estrellas en la Guía Michelin. La *nouvelle cuisine* es (o era) una interpretación moderna de la *haute cuisine*. Los mejores chefs rediseñaron los platos clásicos franceses para hacer frente a la demanda de los últimos años de platos más ligeros con menos mantequilla y nata, y algunos redujeron drásticamente el uso de las salsas. Como tal, esta modalidad de cocina duró poco, pero la *nouvelle cuisine* ha dejado su huella en la *haute cuisine* francesa; los platos clásicos se preparan de una forma mucho más ligera que hace veinte años. En contraste, la *cuisine improvisée* es de origen rural. Esta cocina comprende los platos típicos de granja como el jamón, las salchichas, el estofado y las tortillas.

Las dos últimas categorías son las que han configurado más el mapa culinario de Francia. La *cuisine bourgeoise* es la sencilla e inigualable cocina de la clase media francesa. La *cuisine régionale* comprende las grandes especialidades regionales, con platos clásicos como la *bouillabaisse* de la Provenza, el *coq au vin* de la Borgoña y el *cassoulet* de Toulouse.

Hay restaurantes muy diferentes. Los más sencillos son pequeños negocios familiares que ofrecen cocina casera, con surtido de quesos de la región y postres probablemente comprados en la pastelería local. El vino de la casa es vino común, pero la mayoría dispone de una pequeña carta de vinos.

Las terrazas de los cafés son idóneas para tomar un café o comer algo ligero.

Disfrutando de la primera degustación del vino de la temporada.

También están las *brasseries*, concurridos restaurantes que ofrecen un menú limitado. La cerveza sigue siendo la bebida principal (*brasserie* significa cervecería), y algunas *brasseries* ofrecen una gran variedad, que se puede acompañar con *steak avec pommes frites*, embutidos o quesos.

Mucho más distinguidos son los restaurantes de primera categoría que ofrecen la clásica *haute cuisine* en establecimientos refinados (y caros). Algunos se especializan en la cocina creativa más actual, otros en platos regionales clásicos, y todos ellos disponen de una extensa carta de vinos y posiblemente de un sumiller para aconsejar a los clientes.

Luego están los cafés, miradores por excelencia de la vida diaria, tan franceses como la *baguette*. Ningún pueblo estaría completo sin el suyo. Para entender el estilo de vida de los cafés, sencillamente aprenda a hacer durar una cerveza o un café unas cuantas horas.

Las diferencias regionales son muy marcadas, y defendidas con energía y orgullo. En la fría región del norte, los productos frescos primordiales son la mantequilla, la nata y el queso, y forman la base de una rica cocina. En el centro del país, las castañas, las nueces y las trufas acompañan los exquisitos *confits*, cocinados con grasa de pato y de oca. Los cultivos mediterráneos aportan aceite de oliva, ajo, tomates y pimientos a los platos del sur, que reflejan la influencia española e italiana.

Vino

Las diferencias climáticas caracterizan a los vinos franceses. El país produce caldos increíbles de todas las variedades, aunque destacan los vinos blancos de los viñedos del norte y los tintos de los del sur.

Sidra y cerveza

En Normandía y en Bretaña, los granjeros beben varios tipos de sidra y la cerveza es también muy popular en el norte de Francia y en la vecina Bélgica. ■

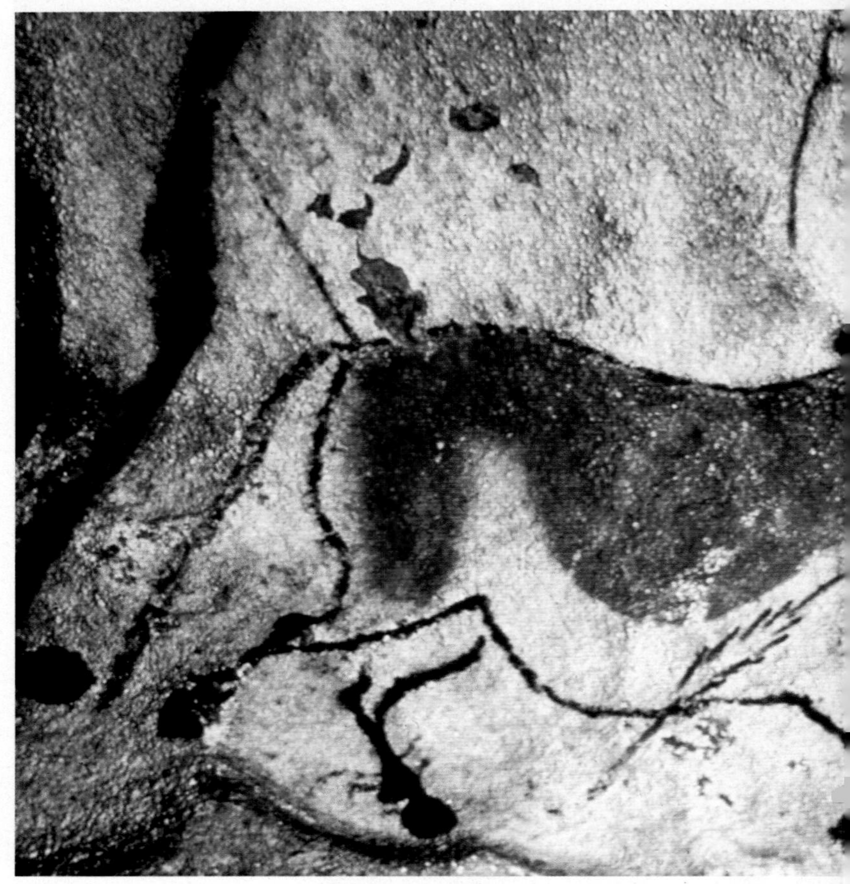

Historia de Francia

LA DISTINCIÓN Y EL ESTILO QUE SE ASOCIAN A FRANCIA Y A TODO LO FRANCÉS tiene sus orígenes en una historia extraordinariamente rica, diversa y llena de contrastes. La Francia contemporánea está considerada como un modelo de centralización estatal y sus precisos procedimientos administrativos como un ejemplo a seguir en todo el mundo. A pesar de ello, Francia siempre ha sido un baluarte de la resistencia frente a la burocracia, del individualismo, de la idiosincrasia y de la defensa de los intereses locales.

Como todo país con una gran diversidad, la historia de Francia es el resultado de una larga sucesión de pueblos que han ido dejando huella: los celtas y los romanos en el pasado más remoto, los germanos y los escandinavos en la Edad Media, los africanos y los asiáticos en el siglo XX, y de forma puntual los británicos, los españoles, los portugueses, los judíos y un sinfín de etnias y grupos han influido en la composición y el temperamento de la sociedad francesa.

En ocasiones se ve a Francia como un Estado cuyo destino está intrínsecamente ligado al de Europa. Pero en realidad fue una potencia marítima, que se movió a sus anchas por mar

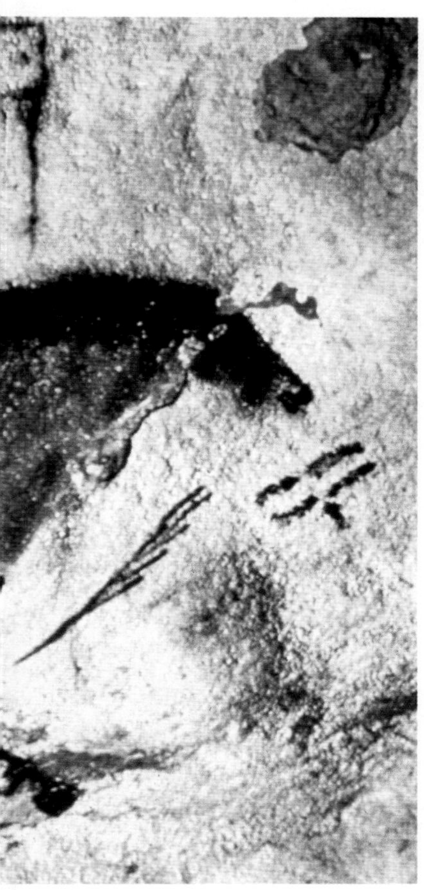

Los artistas prehistóricos de las cuevas de Lascaux utilizaron el relieve de las rocas para aumentar el realismo de sus pinturas.

y por tierra. Sus efectivos navales y comerciales han tenido un papel decisivo en la historia de algunas zonas de Norteamérica, África, India, el sudeste de Asia y el Pacífico.

PREHISTORIA

En cada etapa de su historia, desde los tiempos más remotos, el papel de Francia en el desarrollo de la civilización y la cultura occidental ha sido crucial. Las pinturas rupestres prehistóricas halladas en el área de Dordogne y en los Pirineos, que datan de hace 20.000 años, son de las más importantes de Europa.

LOS ROMANOS

Los romanos infundieron un sentimiento de identidad colectiva a las variopintas y beligerantes tribus galas que habían construido una importante cultura en la Edad de Hierro. El Imperio romano controlaba la franja mediterránea de Francia hacia el año 125-121 a.C., pero fue Julio César quien conquistó a los belicosos galos. Aunque el último jefe en oponer resistencia, Vercingetórix, vencido por Julio César en Alesia (Borgoña) en el 52 a.C., se convertiría en algo similar a un héroe nacional, el establecimiento de la *pax romana* proporcionaría a la región una nueva etapa de riqueza y prosperidad.

LOS FRANCOS

Con la caída del Imperio romano en los siglos IV y V, la Galia romana dio paso a Francia, el reino de los francos. Los francos eran originariamente una más del conjunto de tribus germánicas fuera del Imperio romano, a las cuales los romanos llamaban «bárbaras». Situadas en una localización privilegiada, se iban beneficiando del lento desmoronamiento del poder del imperio. A finales del siglo V, un grupo franco, los merovingios, se apoderó del norte de Francia y extendió su dominio hacia el sur. Su dirigente, Clodoveo, escogió París como capital, y en el año 496 d.C. se convirtió al cristianismo, lo que facilitó la expansión del Imperio franco por los territorios cristianos del sur.

CARLOMAGNO

En el siglo VIII, el príncipe franco Carlomagno fundó la dinastía carolingia, formando así un poderoso reino en lo que más tarde sería Francia y Alemania. En el año 800, fue coronado emperador (el primero desde los tiempos romanos) por el papa. Las tendencias centrífugas del feudalismo, junto con las nuevas incursiones de los sarracenos por el norte de Italia, de los magiares de Centroeuropa y de los vikingos de Escandinavia, acortaron la vida del Imperio carolingio. En el tratado de Verdún del año 843, el imperio fue dividido en tres partes: el reino germánico de los francos orientales; el reino de los francos occidentales, que se convertiría en el corazón histórico de Francia; y una zona intermedia, Lotharingia.

En el año 987, la Francia occidental pasó a manos de Hugo Capeto, fundador de la dinastía Capeta. Algunas ramas de esta familia perdurarían hasta formar parte de la casa real de Francia en el siglo XIX.

Su autoridad fue inicialmente escasa: gobernaba directamente sobre una minúscula región en la Île-de-France, cerca de París, ya

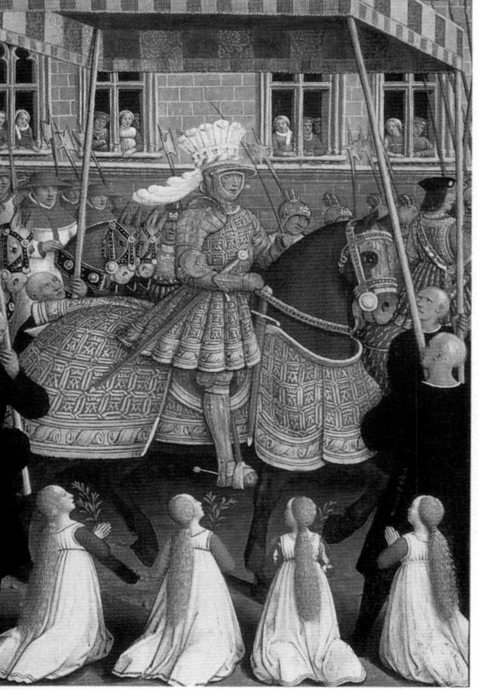

Luis XII (1489-1515) abandonando la ciudad italiana de Alejandría en dirección a Génova (ilustración de *El viaje a Génova*, por Jean Marot).

que su poder se había visto eclipsado por las asociaciones territoriales y militares que entablaban los señores feudales por toda Francia. Uno de sus vasallos, William, duque de Normandía, se convirtió en rey de Inglaterra, después del éxito de la invasión de 1066. Los reyes ingleses construyeron un imperio que se extendió desde Berwick-upon-Tweed, en la frontera escocesa, hasta los Pirineos. Los capetos, mediante una combinación de fuerza militar y diplomacia, fueron desplazando a los normandos del territorio.

LAS CRUZADAS

Desde el siglo XI hasta el XIII, los reyes franceses estuvieron al frente de las cruzadas, cuyo objetivo era rescatar Tierra Santa de manos de los infieles. El monarca Luis IX (san Luis) incluso murió en las cruzadas. En el siglo XIII, los capetos aprovecharon una cruzada interna autorizada por el papa contra los llamados herejes albigenses para dominar el sudoeste. Por vez primera, la autoridad de los reyes de Francia se imponía desde el Mediterráneo hasta las regiones del norte.

El creciente poder político de la monarquía capeta estuvo acompañado por la prosperidad económica. Mucha de la riqueza generada se canalizó hacia la construcción de catedrales, y el estilo gótico, promovido por los gobernantes capetos, fue ampliamente copiado en toda Europa. En las ciudades también emergieron las primeras universidades. La de París, donde enseñaron Pierre Abélard y Tomás de Aquino, adquirió pronto un gran renombre.

LA GUERRA DE LOS CIEN AÑOS

A principios del siglo XIV, la economía del reino entró en crisis y la peste negra de 1348 acabó de hundir al país. La enfermedad debió de exterminar a un tercio de la población francesa, y en muchas regiones se tardó siglos en volver a los niveles anteriores. La epidemia causó un daño sin precedentes en la economía, aunque la falta de mano de obra propició la erosión del feudalismo: los señores se vieron obligados a disminuir la presión que ejercían sobre sus siervos. En este punto crítico, las reclamaciones inglesas de tierras en el continente desencadenaron la guerra de los Cien Años (1337-1453). Para ello los ingleses se aliaron con los duques de Borgoña, que querían independizarse de Francia.

A principios del siglo XV, el poder de los reyes franceses estaba casi extinguido y el país parecía estar a las puertas de la división. Con la ayuda de Juana de Arco (especialmente entre 1429 y 1430) el rey francés Carlos VII derrotó a los ingleses. Sus sucesores lograron meter en cintura a Borgoña. A su integración en el reino francés en 1477 le siguieron las de Provenza en 1481 y Bretaña en 1491.

EL RENACIMIENTO

En 1494, Carlos VIII invadió la península italiana y desencadenó las guerras italianas, que durarían hasta 1559. Aunque se disputaba suelo italiano, el principal objetivo del ataque francés era minar el poder de los Habsburgo, que poseían el título del Sacro Imperio Romano Germánico y que también reinaban en España. La guerra marcó un período de vitalidad cultural y económica y de reconstrucción política en Francia. Los maestros del Renacimiento italiano, como Leonardo da Vinci y Benvenuto Cellini, trabajaron para el rey de Francia, Francisco I, y la suntuosa cultura que este rey desarrolló se tradujo en una importante cantidad de proyectos de construcción. Los más destacados se emplazaron en el valle del Loira, con la construcción de nuevos castillos como el de Chambord, Chenonceau y Azay-le-Rideau, o la ampliación de otros más antiguos, como el de Blois.

LAS GUERRAS DE RELIGIÓN

El Renacimiento estuvo acompañado de una reforma religiosa. Francia se encontraba dividida entre dos facciones antagonistas, los protestantes y los católicos, que habían protagonizado al menos ocho guerras de religión entre 1562 y 1598. Fueron batallas encarnizadas y sangrientas y la más infame fue la Matanza del Día de San Bartolomé, en 1572. Sólo en París, 2.700 protestantes fueron asesinados (superando a los que ejecutaría el Tribunal Revolucionario del Terror, entre 1792 y 1794), a los que se sumarían las 20.000 muertes de otras ciudades francesas. Solamente la conversión al catolicismo del protestante Enrique IV, el primero de los borbones, junto con la derrota militar de sus enemigos ultracatólicos y de sus antiguos aliados protestantes, supondría el final de las luchas religiosas. El edicto de Nantes, en 1598, estableció una tregua entre los dos bandos.

Enrique IV se ganó el sobrenombre de Enrique el Bueno al centrar sus esfuerzos en la tolerancia religiosa y el bienestar social después de los horrores de la guerra civil (su ideal de «un pollo en la cazuela de cada campesino» se convirtió en todo un lema propagandístico). Pero a partir de la década de 1620, los ministros cardenales Richelieu y Mazarino, que sucesivamente ejercieron una gran influencia, se propusieron derrotar a la monarquía austríaca de los Habsburgo en Europa y establecer un Estado absolutista centralizado. Para conseguirlo, los impuestos se triplicaron entre 1630 y 1648 y el descontento de los pobres, junto con las reivindicaciones de los nobles y los disidentes religiosos, originaron disturbios y rebeliones.

El rey también participaba en los *bals masqués* que se organizaban en Versalles. Con este disfraz, Luis XIV, el Rey Sol, se presentaba como Apolo, dios del sol.

EL REY SOL

A pesar de estos hechos alarmantes, las bases de una fuerte monarquía centralizada se acabarían asentando hacia el año 1661, cuando Luis XIV llegó a la mayoría de edad y empezó su reinado.

El del «Rey Sol» sería uno de los mandatos más largos de la historia de Francia, y conocería la gloria y la ignominia a partes iguales. La elaborada sociedad de la corte que Luis instau-

ró y trasladó a su enorme palacio nuevo de Versalles se convirtió en la envidia de Europa. Fue también el centro de operaciones desde el cual Luis ejerció su poder en Europa y construyó su imperio colonial, principalmente en Canadá.

Este período vio florecer a algunos de los talentos creativos más importantes de la cultura francesa (Descartes, Corneille, Racine, Molière), y albergó el *Grand Siècle* (Siglo de Oro) de Francia, cuando ésta se había convertido en la mayor potencia de Europa. A partir de la década de 1680, sin embargo, Luis XIV empezó a luchar desesperadamente contra la alianza formada por sus principales enemigos europeos, los ingleses y los holandeses. Sus problemas crecieron cuando en 1685 revocó el edicto de Nantes y lanzó una dura campaña represiva contra los protestantes franceses.

La clásica fuente con templetes de Versalles. El patrón por el que se regía la vida en la corte de Versalles era tan rígido y formal como las líneas geométricas de los jardines.

EL SIGLO DE LAS LUCES

Si los avances culturales del siglo XVII en Francia se centraron en Versalles, los del Siglo de las Luces, el siglo XVIII, se originaron en su mayoría en la red de órganos e instituciones que caracterizaron a la sociedad burguesa emergente, que provenía del auge del comercio y la manufactura. Los salones, los cafés, las academias, las novelas, los periódicos, las logias masónicas y los clubes políticos empezaron a proliferar. Gracias a ello, se desarrolló una cultura urbana y humanística que no se dejó amilanar por la rígida jerarquía de la corte. El Siglo de las Luces tuvo, además, ciertos aires internacionales y pacifistas: los filósofos ingleses y escoceses fueron miembros honorarios, así como los americanos Benjamin Franklin y Thomas Jefferson. Por el contrario, las guerras dinásticas entre reyes eran primitivas y crueles.

El Siglo de las Luces promovió el gusto generalizado por la libertad y las mejoras sociales, que la monarquía no tuvo ningún interés en satisfacer. A pesar de la prosperidad económica, las deudas de la corona seguían incrementándose. Todos los esfuerzos en materia de política exterior se centraron en perjudicar al principal rival comercial de Francia, Inglaterra, y este antagonismo seguiría siendo el fulcro de las relaciones internacionales europeas desde las últimas batallas de Luis XIV, en 1688, hasta el derrocamiento de Napoleón, en 1815. Durante la mayor parte del siglo, Francia fue perdiendo terreno. El único logro significativo que alcanzó, la ayuda que las fuerzas armadas francesas prestaron a las colonias americanas de Inglaterra para conseguir su independencia, fue tan caro que llevó al Estado a la bancarrota. La crisis financiera, combinada con una crisis social causada por una sucesión de malas cosechas a finales de la década de 1780, y el hambre subsiguiente, abocó al Estado a algo bastante más drástico que una reforma: la revolución.

Reproducción contemporánea de la toma de la Bastilla, de Dubois, en el Musée Carnavalet, París.

LA REVOLUCIÓN FRANCESA

La Revolución Francesa proporcionaría las bases de las tradiciones europeas liberal-democráticas. Los principios de libertad, igualdad y fraternidad, recogidos en la Declaración de los Derechos Humanos de 1789, establecieron un ideal para la acción y la cultura políticas que han seguido muchos estados europeos. Durante la década de 1789-1799 se produjeron una serie de cambios vertiginosos pasando por cinco tipos de gobierno: la monarquía absolutista al estilo del Ancien Régime, la monarquía constitucional, el republicanismo autoritario (y «El Terror»), el republicanismo liberal y, finalmente, con Napoleón Bonaparte, la dictadura militar.

Seguramente fue pedirle demasiado al rey Luis XVI, cargado de buenas intenciones pero ineficaz, pasar de monarca absolutista a gobernante liberal ceñido a unos estrictos límites constitucionales. La reina María Antonieta, de origen austríaco, no ayudó demasiado, animándole a ejercer su influencia a favor de la antigua nobleza y contra la nueva organización política de la nación.

Los esfuerzos del rey para mantenerse al margen de la política se vieron frustrados tras la declaración de guerra contra Austria. Su intento fallido de dar apoyo a la guerra nacional culminó con su derrocamiento en agosto de 1792 (fue ejecutado el enero siguiente), y con el establecimiento de una república que se volvería cada vez más autoritaria a medida que la guerra se tornaba más violenta.

A principios de 1793, Francia estaba virtualmente enfrentada con toda Europa. El Siglo de las Luces había favorecido la tolerancia religiosa, por lo que resulta sorprendente que la religión se convirtiera también en la manzana de la discordia, con la Iglesia apoyando el Ancien Régime y los revolucionarios promulgando políticas anticlericales.

EL TERROR

El Comité de Seguridad Pública, con Maximilien de Robespierre como portavoz, se formó para asegurar la defensa de la República contra los enemigos internos y externos a través de políticas de terror internas (combinadas con una legislación social radical con el objetivo de lograr el apoyo de los campesinos y los trabajadores urbanos) y movilizaciones nacionales. La llamada *levée en masse* de agosto de 1793 fueron los preparativos de la primera guerra a gran escala antes del siglo XX.

Sin embargo, Robespierre y su facción parecían querer intensificar el Terror aun cuando la amenaza de guerra se desvanecía. En julio de 1794, sus colegas diputados de la Asamblea Nacional le destituyeron para poder encaminarse hacia una república más liberal, contemplada en la Constitución de 1795. Pero este período, conocido como el Directorio, no pudo armonizar las facciones opuestas ni acabar con éxito la guerra en el extranjero. En noviembre de 1799, el régimen sufrió un golpe de estado llevado a cabo por un general corso revolucionario, Napoleón Bonaparte. Se promulgó una nueva constitución, pero en dos años la dictadura de hecho se convertiría en un régimen imperial de derecho.

EL IMPERIO NAPOLEÓNICO

Hasta cierto punto, Napoleón sólo continuó lo que los revolucionarios ya habían empezado. Gracias a sus brillantes dotes de mando y su astuta diplomacia, construyó un imperio que abarcaba una buena parte de Europa occidental y central. También redibujó el mapa de Europa para garantizar suficientes Estados que gobernar a los miembros de su extensa familia.

El poder de Francia bajo el reinado de Napoleón estaba muy lejos de poder considerarse una victoria de los Derechos Humanos. Aunque Napoleón aceptó y consolidó algunos de los logros de la Revolución (el de la igualdad frente a la ley, la toleracia religiosa, la libertad económica y la abolición del feudalismo), en muchos aspectos se mostró más absolutista que su predecesor borbón. El Código Civil Napoleónico fue un notable avance, aunque quedó demostrado que el emperador estaba tan poco preocupado por los derechos de la mujer como por los Derechos Humanos.

Mientras pudo conseguir que los costes de la guerra recayeran en las arcas de sus enemigos en lugar de las francesas, Napoleón siguió siendo popular. Después de su desastrosa campaña en Moscú de 1811-1812, sin embargo, tuvo que huir. Los principales estados europeos unieron sus fuerzas contra él, y le obligaron a refugiarse en varios territorios bajo control francés. Hacia 1814 ya había sido destituido y, aunque regresó del exilio durante un breve período de tiempo, fue definitivamente derrotado por el duque de Wellington en la batalla de Waterloo (Bélgica) en 1815.

DESPUÉS DE NAPOLEÓN

El faccionalismo y la acritud de la política francesa durante los períodos revolucionarios y napoleónicos no desaparecieron hasta 1815.

François Gérard (1770-1837) pintó a Napoleón con las ropas con las que él mismo se coronó emperador en 1805.

La restauración de la dinastía borbónica en 1815 sólo logró satisfacer a los testarudos entusiastas del «Trono y el Altar», que no habían aprendido nada de los 25 años anteriores. La revolución de 1830 resultó en un régimen más liberal, gobernado por una rama de la familia de los borbones, los Orleans, que tampoco lograron la aceptación del pueblo.

Otra revolución, en 1848, llevó al gobierno a probar políticas más radicales, pero el presidente de la Segunda República (Luis Bonaparte) se mantuvo fiel a las simpatías políticas de su tío. Consiguió el poder en un golpe de estado en 1851, y en 1852 instauró el Segundo Imperio. Este régimen sobrevivió hasta la derrota frente a los prusianos durante la guerra de 1870-1871. Tras ésta, Francia tuvo que enfrentar la humillación por la pérdida de Alsacia y Lorena, que se incorporaron a la nueva Alemania.

El general Charles de Gaulle (1890-1970). Líder de las Fuerzas de Liberación Francesas durante la Segunda Guerra Mundial, más tarde, ya como presidente, estableció la Quinta República.

CAMBIOS SOCIALES Y POLÍTICOS

Un régimen republicano parecía ser el tipo de gobierno que menos dividía a la nación, aunque durante los primeros días de la Tercera República muchos creyeron que en breve se restauraría la monarquía. Temiendo que fuera así, los ciudadanos de París se hicieron con el poder y constituyeron la Commune para gobernar la ciudad. Su breve dominio acabó en una gran pérdida de vidas humanas cuando los *communards* lucharon contra las fuerzas del gobierno en las calles de la ciudad. La monarquía no se restauró, pero la vida política francesa siguió con su virulenta división. La creación de partidos organizados de la clase trabajadora, algunos de los cuales reclamaban volver a la tradición revolucionaria, aumentó la tensión social.

Mientras la política oscilaba frenéticamente, la sociedad francesa estaba cambiando bajo el impacto de la industrialización. El proceso era más lento que en la vecina Inglaterra, pero también menos doloroso. El desarrollo de las poblaciones y de la industria no significó el final del sector agrario ni transformó las zonas rurales. Hacia finales de siglo, además, la industrialización estaba empezando a beneficiar a la mayoría de la población. El estilo de vida de la clase media, e incluso el de la trabajadora, se estaba transformando por los procesos de la modernización. En vísperas de la primera guerra mundial, el escritor Charles Péguy dijo, muy acertadamente, que el mundo había cambiado más desde sus días de colegial en la década de 1880, que entre esa época y el tiempo de los romanos.

LA RENOVACIÓN DE PARÍS

París fue la pionera de la modernidad. La construcción de la Tour Eiffel, en 1889, año de la Exposición Universal, conmemoraba el centenario de la Revolución. La ciudad disfrutó de nuevas y anchas avenidas y se hizo famosa por sus firmas de moda, sus grandes almacenes, el estilo *art nouveau* y sus lugares llenos de glamour y de todos los placeres imaginables. Sin embargo, la elegante belle époque tuvo su lado oscuro y pesimista. Los novelistas del naturalismo como Émile Zola escribieron sobre las pésimas condiciones de trabajo, y aun así la Tercera República no se interesó en lo más mínimo por los problemas sociales.

CONFLICTO CON ALEMANIA

Durante las guerras revolucionarias y napoleónicas, Francia había perdido su imperio colonial ante Inglaterra. Tras la conquista de Argelia en 1830, empezó a amasar uno nuevo. La mayor parte de los conquistas imperiales se realizaron después de la década de 1870, lo que aumentó las tensiones con otras potencias

europeas, especialmente Gran Bretaña. Sin embargo, en ese momento el enemigo principal de Francia era Alemania, que en términos económicos y militares parecía aventajar a Francia, lo que culminó en el estallido de la primera guerra mundial en 1914.

Estar en el lado de los ganadores benefició a Francia. Alsacia y Lorena volvieron a formar parte de la Tercera República por el tratado de Versalles de 1919, pero la victoria salió muy cara. Francia perdió más hombres en la guerra (1,3 millones) que ninguna otra nación. Casi toda la parte norte del país quedó devastada tras la infructuosa guerra de trincheras entre los ejércitos aliados y el alemán.

Después de los oscuros y largos años de la ocupación alemana, una mujer de Belfort recibe con los brazos abiertos a un soldado americano.

Modernización no sólo significaba más productos de consumo y un estilo de vida más elegante, sino también nuevas y letales formas, mecanizadas y masivas, del arte de la guerra.

A los hombres y las mujeres franceses todavía les costaba conciliar el sueño. El grito de venganza de los alemanes se hizo más amenazador en el período de entreguerras, cuando Hitler y los nazis llegaron al poder en Alemania en 1933. Francia también tuvo su propio movimento fascista, con el cual se enfrentó el movimiento revolucionario comunista aliado del régimen soviético establecido en Rusia en el año 1917.

La Tercera República todavía tenía algún atractivo. Extranjeros como los escritores Gertrude Stein, Ernest Hemingway, F. Scott Fitzgerald y Ezra Pound; músicos de jazz negros, y una variada gama de pintores y escultores encontraron en París un acogedor y dinámico centro cultural. Pero el acuerdo y el compromiso políticos de la Tercera República no serían suficientes para afrontar el nuevo reto bélico de 1939.

OCUPACIÓN Y DESCOLONIZACIÓN

A mediados del siglo XX, Francia tuvo que enfrentarse con dos profundos traumas: primero, la Segunda Guerra Mundial, y después el proceso de descolonización.

La derrota francesa a manos de la Alemania nazi en 1940 provocó la ocupación alemana, primero de la mitad norte, y después, a partir de 1942, de todo el país. El mariscal Pétain, un héroe de la primera guerra mundial, fue el jefe del régimen colaboracionista de Vichy, que persiguió a judíos y comunistas como sus patronos nazis.

A principios de 1940, el autoexiliado general Charles de Gaulle creó la Resistencia desde Londres, a la que se adhirieron una amplia gama de activistas políticos, con los comunistas a la cabeza. Los desembarcos de los Aliados en 1944 se encontraron con el apoyo de la Resistencia para acabar con las tropas alemanas que se batían en retirada. Después de la guerra, Francia se unió alrededor de la Cuarta República (que por primera vez garantizaba a la mujer el derecho a voto). Aun así, todavía pervive el doloroso recuerdo del colaboracionismo, que vuelve a veces para sacudir la conciencia nacional.

El proceso de descolonización tuvo un efecto similar. Desde principios de 1950, los movimentos de liberación de África del Norte e Indochina provocaron una respuesta militar de los franceses. La derrota inflingida por el Viet Minh (organización para la liberación del Vietnam) en la batalla de Dien Bien Phu, en Indochina en 1954, precipitó la pérdida de las colonias de Extremo Oriente. Al poco tiempo, en Argelia estalló una guerra civil que amenazó la estabilidad de la propia Francia.

La crisis política provocada por los acontecimientos de Argelia llevaron al general De Gaulle al poder como presidente de la Quinta República. Su solución a la crisis (la completa independencia de Argelia, junto con la repatriación de los colonos, denominados *pieds-noirs*) dejó un mal sabor de boca a ambos lados del Mediterráneo.

EL «MAYO DEL 68»

Estas cicatrices políticas no deberían impedirnos ver la forma en que Francia ha solucionado algunos de sus problemas más delicados durante la segunda mitad del siglo XX. Más aún, ha conseguido una estabilidad política casi impensable. Mientras De Gaulle vivió, muchos pensadores políticos sospecharon que la estructura de la Quinta República era tal que sólo una figura de derechas podía gobernarla de una forma efectiva. Pero tal como se vería después, el régimen ha sobrevivido después de la muerte de su fundador. La elección de un presidente socialista, François Miterrand, en 1981, permitió experimentar el principio de cohabitación entre gobiernos y presidentes de izquierdas y derechas.

La única vez en que el régimen ha peligrado fue durante los extraordinarios e inclasificables acontecimientos de «mayo de 1968», cuando las manifestaciones de estudiantes, apoyadas por miembros de la clase trabajadora y liberales, casi derrocaron el gobierno de De Gaulle. Sin embargo, pasado ya su 40 aniversario, la Quinta República se ha convertido en el segundo régimen más largo de la historia de Francia desde el siglo XVIII, después de la subestimada Tercera República.

COOPERACIÓN EUROPEA

El segundo fantasma que debía ser exorcizado de la vida política francesa desde la Segunda Guerra Mundial era el de una Alemania agresiva. Desde la década de 1860 hasta la década

El famoso Pont des Invalides, sobre el Sena, es testigo de una fiesta improvisada cuando el rock and roll llega a París en la década de 1950. Como el jazz para las generaciones anteriores, el rock and roll era la última moda para los jóvenes franceses.

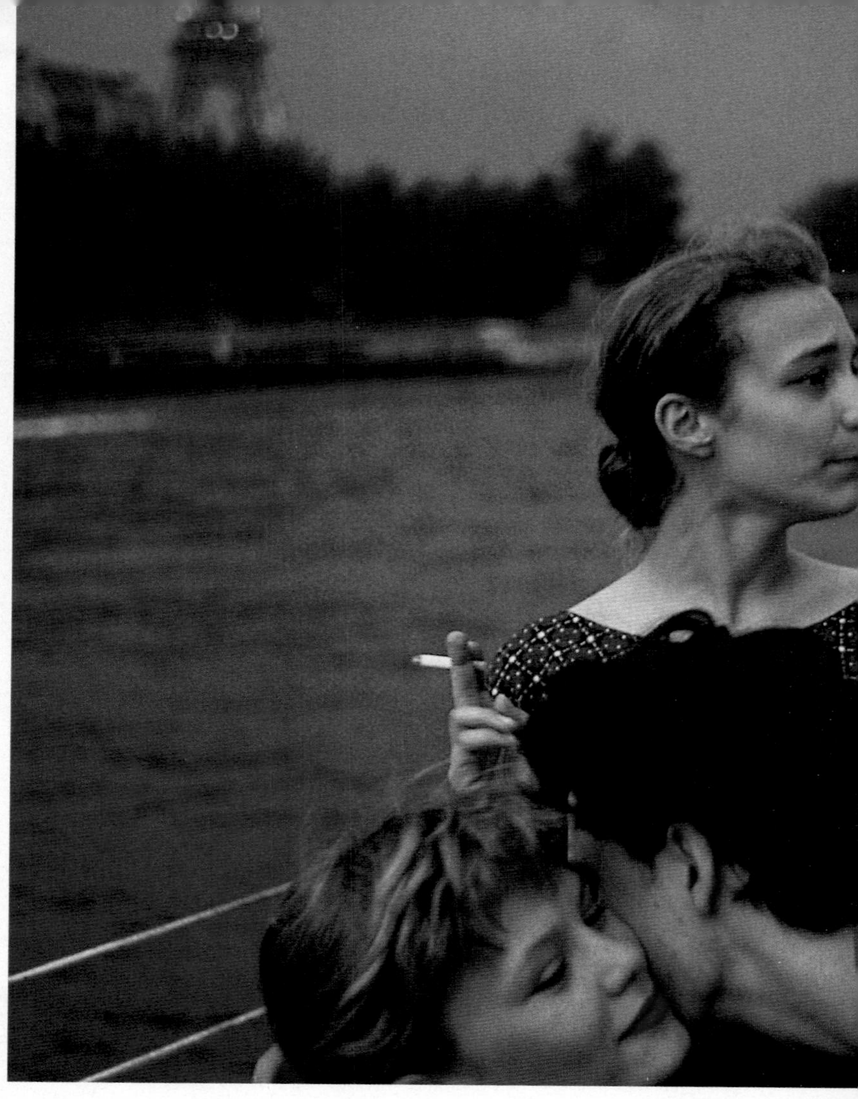

de 1940, la política exterior francesa estaba basada en la hostilidad hacia Alemania. Pero la derrota de Alemania en la guerra condujo a los más previsores a trabajar para lograr una cooperación francoalemana. Empezando por la Comunidad Europea del Carbón y el Acero en 1951, Francia y Alemania han estado al frente de cada paso de la cooperación europea, hasta el establecimiento de la Unión Europea y la aceptación de la moneda común, el euro.

El final de la Segunda Guerra Mundial en 1945 inició el período de los Treinta Años Gloriosos, una época de modernización que algunos expertos han apodado como la verdadera revolución francesa. Unos impresionantes niveles de crecimiento económico y una explosión demográfica sin precedentes se combinaron con una transformación radical de las infraestructuras y los servicios, la proliferación de los bienes duraderos y otros artículos de consumo, el crecimiento de la industria del ocio, y una nueva prosperidad que ponía en entredicho las costumbres y las convenciones sociales más arraigadas.

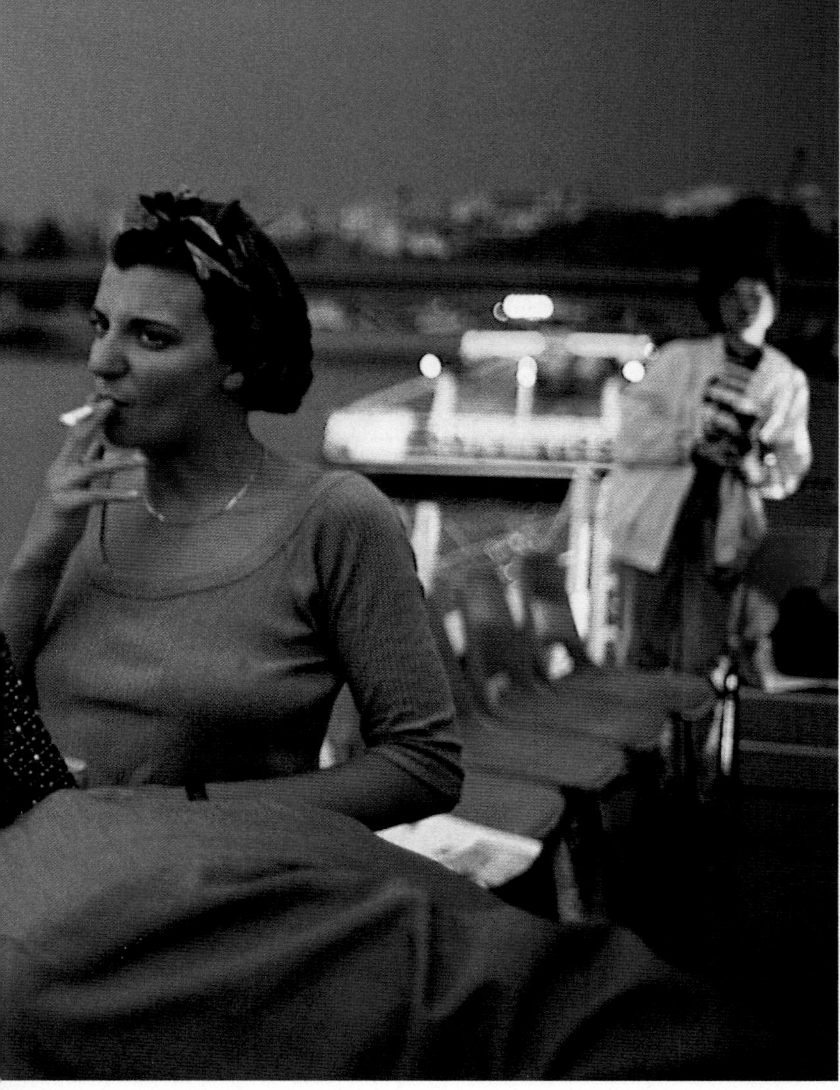

A pesar de su frenético ritmo de vida, París todavía conserva su tradicional gusto por los placeres y la alegría de vivir.

Francia es uno de los países más ricos del mundo, aunque el desempleo y los impuestos son elevados y su sistema sanitario y de pensiones está en peligro. A pesar de la enorme competencia, Francia sigue siendo un destino turístico muy popular. París, la gran beneficiada por una política de esplendor cultural (como se puede observar en el Centre Pompidou, la Opéra National de Paris-Bastille, el Musée d'Orsay y otros proyectos), es una de las ciudades más impresionantes del mundo.

Igualmente espectacular ha sido el dinamismo de algunas ciudades de provincias como Lyon, Montpellier, Lille o Nîmes. Una preocupación creciente por el regionalismo, el multiculturalismo y la igualdad de sexos sugiere una ampliación de las opciones políticas y culturales en el recién estrenado siglo XXI, en el contexto de un respeto generalizado por el legado del país. ■

Las artes

LOS FRANCESES ESTÁN MUY ORGULLOSOS DE LA EXTRAORDINARIA RIQUEZA de su legado cultural. Se valora mucho la educación artística y la discusión sobre temas intelectuales y relacionados con el arte forma parte del día a día.

ÉPOCA ROMANA (56 A.C.-476 D.C.)

La civilización tal y como la entendemos apareció en Francia con los romanos. Su arquitectura simbolizaba el poder de su imperio, y todavía puede verse su impresionante aspecto en los anfiteatros de Arles y Nîmes, los templos de Nîmes y Vienne, o en el acueducto del Pont du Gard.

PERÍODO ROMÁNICO (SIGLOS XI-XII)

Después de la caída del Imperio romano, el país se sumió en la barbarie hasta la llegada de la dinastía carolingia en el siglo VIII. Este período ha dejado poco legado arquitectónico, y el que hay es un claro predecesor de la arquitectura románica del siglo XI. Con este estilo, los techos de madera se sustituyen por bóvedas de piedra, los contrafuertes soportan un peso cada vez mayor y aumenta el uso de los elementos decorativos.

El románico desarrolló variantes regionales, especialmente en Borgoña, donde pueden apreciarse excelentes ejemplos de edificios románicos, como en Vézelay (ver pág. 202).

Las fortalezas son los únicos edificios civiles de la época románica que han sobrevivido hasta nuestros días, pero la mayoría se encuentran en ruinas o han sido remodelados o reconstruidos. Angers (ver págs. 184-185) todavía conserva sus murallas y Langeais aún mantiene un aspecto medieval (ver pág. 188).

Los temas principales de la literatura de este período, la mayoría escrita en verso, son la fe y la caballería. De especial importancia son las *chansons de geste* o poesía caballeresca. Uno de los temas preferidos era las guerras de Carlomagno contra los infieles, como ilustra *El cantar de Roldán* (*c.* 1098), que narra la muerte del héroe carolingio mientras defendía el paso de Roncesvalles contra los sarracenos.

Los primeros poemas de amor cortés aparecieron en el siglo XII, una poesía narrativa inspirada en la concepción idealizada y caballerosa del amor. La influencia clásica era evidente, y su escritor más famoso, Chrétien de Troyes (muerto *c.* 1183), se veía a sí mismo y a sus contemporáneos como herederos de las tradiciones literarias de los griegos y los romanos. En el siglo XIII, la temática se centraba en la leyenda del rey Arturo; el género también produjo una de las obras más importantes de la Edad Media, el *Roman de la rose*, una alegoría onírica del amor cortés. Este mismo tema dominó la poesía lírica de los trovadores provenzales, que hicieron una importante contribución al desarrollo de la música francesa.

PERÍODO GÓTICO (SIGLOS XII-XV)

La arquitectura gótica se caracterizaba por la búsqueda de la altura (ver págs. 114-115); las iglesias y las catedrales góticas poseen altos arcos ojivales, contrafuertes elevados y grandes ventanas con tracerías cubiertas por vidrieras, cuya máxima expresión son los rosetones, como los de la catedral de Chartres (ver págs. 98-99). Los interiores poseen un grado de decoración y elaboración mucho más elevado, especialmente los coros y altares.

La decoración y la ilustración de los libros, conocida como «iluminación», cuyo mejor ejemplo lo encontramos en los libros de horas, llegó a su punto álgido en el siglo XIV. Al mismo tiempo, llegó a Francia la pintura sobre lienzo. Con una preocupación por el detalle y por representar el espacio de forma convincente, el arte francés de este período muestra la influencia de las más avanzadas escuelas italianas y flamencas. La figura más importante de la época es Jean Fouquet (*c.* 1420-*c.* 1481), pintor de Luis XI.

Los monasterios medievales conservaron la tradición del canto llano y lo convirtieron en polifonía. La corte de Borgoña también tuvo un papel clave en la música, contratando un gran número de músicos y compositores,

El arco de La Défense, uno de los «Grands Projets» que han transformado París.

como Guillaume Dufay (*c.* 1400-1474), que trabajaron bajo su protección.

Durante el siglo XV vivió el poeta lírico medieval más importante de Francia, François Villon, quien, utilizando una métrica convencional, versificó el espíritu de las *fabliaux* (cuentos populares licenciosos), retratando a la perfección la vida del París del siglo XV.

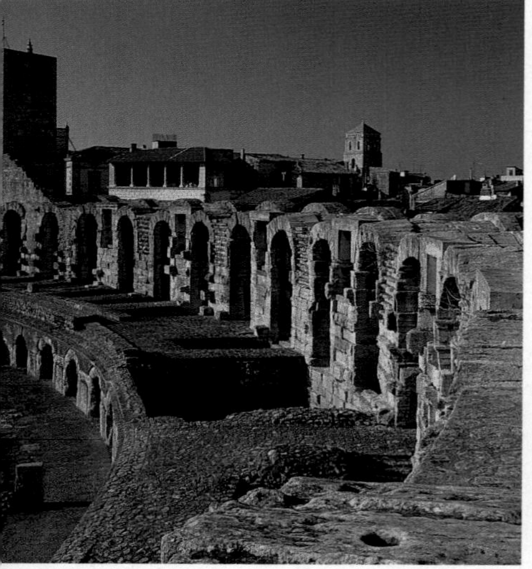

El anfiteatro romano de Arles aún se utiliza para algunos espectáculos.

Los escritores en prosa más interesantes de esta época son los cronistas. El más conocido es Jean Froissart, el historiador más importante de la guerra de los Cien Años, cuyo relato de la batalla de Crécy (1346) es un testimonio excepcional de ese período.

RENACIMIENTO (SIGLOS XVI-XVII)

Gracias a las campañas francesas en el norte de Italia de finales del siglo XV, los artistas franceses, los arquitectos y sus patronos entraron en contacto con la estética renacentista italiana. El nuevo estilo caracterizó la construcción de los castillos de la familia real y la nobleza, y marcó las últimas etapas de la evolución de los castillos desde fortificaciones hasta residencias más exquisitas. Se ampliaron las áreas habitables, las ventanas se hicieron más grandes, y los fosos, torreones y torres se convirtieron en elementos puramente decorativos. El castillo descendió desde lo alto de la colina hasta la orilla del río, donde su imagen reflejada en las aguas aumentó su esplendor. En un principio se pretendió que el castillo armonizara con los paisajes naturales que lo rodeaban, aunque acabó imponiéndose el sometimiento de la naturaleza al diseño formal. La influencia renacentista favoreció la regularidad y simetría, aunque el estilo varía considerablemente según el castillo. Así, Cheverny, construido en 1634, posee un estilo clásico de gran pureza de líneas, mientras que Blois (ver pág. 167), construido entre los siglos XIII y XVII, refleja el desarrollo de la arquitectura secular francesa desde el feudalismo hasta el clasicismo. Chambord (ver págs. 168-169), el mayor de los castillos del Loira, es un espectacular ejemplo de estilo renacentista italiano.

El espíritu renacentista empezó a filtrarse en la literatura en el siglo XVI, cuando los eruditos redescubrieron los escritores clásicos griegos y latinos. En 1470 empezó a funcionar la primera imprenta en París, y hacia el año 1515 ya funcionaban 100 en toda Francia. Esto tuvo un impacto enorme en el desarrollo de la literatura vernácula. La obra de François Rabelais es la expresión más acabada de este nuevo espíritu de libertad y vitalidad.

Michel de Montaigne fue también un hombre del renacimiento. Sus tres libros de *Ensayos* dieron nombre a este género. La afirmación de Montaigne de que «cada hombre lleva impresas las huellas de la condición humana» resume a la perfección el espíritu humanista del pensamiento renacentista.

El poeta más importante del siglo XVI, y líder de un grupo de escritores conocido como la Pléiade, fue Pierre de Ronsard (1524-1584). La Pléiade abogaba por abandonar las formas poéticas medievales y basarse en los modelos griegos y romanos. Así se empezó a utilizar el verso que predominaría en la poesía francesa, el de 12 sílabas o alejandrino.

CLASICISMO (SIGLO XVII)

El clasicismo empezó durante el reinado de Luis XIII, y alcanzó su apogeo con su sucesor, Luis XIV. El absolutismo de esta época se refleja en la grandiosidad, la importancia del orden y la simetría y la evocación del esplendor de la Grecia y la Roma antiguas. El punto culminante de los primeros años del estilo Luis XIV es sin duda el Château de Vaux-le-Vicomte, construido entre 1656 y 1661 para Nicolas Fouquet, ministro de finanzas en tiempos de Mazarino. Luis XIV contrató al mismo equipo de artistas (liderados por Louis le Vau) para que le construyeran un castillo cien veces mayor: Versalles.

En 1648, se fundó la Real Academia de Pintura y Escultura, un instrumento clave en la imposición de normas y principios estéticos «oficiales», que seguía la idea clásica de que la práctica y la apreciación del arte son actividades racionales, susceptibles de ser aprendidas según sus reglas y preceptos.

Influencia italiana

En pintura, Italia influenció al resto de Europa. De especial importancia fue Caravaggio por sus vivos colores, profundas sombras y fascinantes composiciones, y la introducción de un inquietante realismo en los temas religiosos habituales, como su *Muerte de la Virgen* (en el Louvre). Su influencia es claramente visible en la obra de los pintores más destacados del siglo XVII, como Moïse Valentin, Georges de La Tour y Simon Vouet. Pero los dos pintores franceses que mejor expresan el espíritu clásico son Claude Lorraine y Nicolas Poussin. Los paisajes de Lorraine son arcádicos, y el tratamiento de la luz evoca la serenidad bucólica de una época dorada. Poussin trató con estilo bucólico los temas nobles de la mitología clásica, pero desarrolló un clasicismo más austero.

El principal entretenimiento musical de la corte eran los exquisitos ballets. Un joven florentino, Lully, se convirtió en uno de sus bailarines y compositores más importantes. La ópera italiana no era popular, y las *tragédies lyriques* (un tipo de obra cantada con elementos de baile) gozaron de más aceptación en la corte francesa. Lully compuso un gran número de ellas; también fue de gran influencia para la música de iglesia, y creó solemnes motetes para la capilla real, con solistas, coro y orquesta. Este género también fue desarrollado por Gustave Charpentier, François Couperin y Michel-Richard Delalande, con un estricto contrapunto adornado con sonoras armonías.

Literatura

La literatura clásica francesa se construyó sobre las bases puestas por Montaigne, quien veía la literatura como parte del estudio ilustrado de la naturaleza humana, una búsqueda de sus rasgos universales, inseparable de lo que ahora llamaríamos filosofía. Asimismo, la concepción de Descartes del hombre como un ser

Las *Crónicas* de Jean Froissart (*c.* 1333-c. 1404), profusamente ilustradas, revisan la historia de la guerra de los Cien Años.

esencialmente racional, dotado de razón por el Creador para que la utilizara en la búsqueda de la verdad, tuvo un gran impacto en los círculos intelectuales. Sus seguidores literarios estaban preocupados por la pureza del lenguaje y el estilo, y las unidades dramáticas de tiempo y lugar. Dividieron la literatura en géneros diferenciados y en 1634 fundaron la Académie Française para salvaguardar la lengua y la literatura. En esta época proliferaron los salones literarios, regentados por damas de la nobleza, como la marquesa de Rambouillet.

Algunos de los escritores más interesantes de esta época escribían ensayos y crónicas. Por ejemplo, La Rochefoucauld, cuyas famosas *Maximes* (como «la hipocresía es el homenaje que el vicio hace a la virtud» y «somos lo suficientemente fuertes como para soportar los

infortunios de los demás») dejan entrever un cierto punto de cinismo y pesimismo moral. Las *Cartas* de Madame de Sévigné ilustran la vida cotidiana y también la opinión de la autora. Finalmente, las *Cartas provinciales* y los *Pensamientos* de Blaise Pascal son un buen antídoto contra el racionalismo intolerante, esmerado y autocomplaciente del pensamiento de casi todo el siglo XVII. Su famosa frase «las razones del corazón no las conoce la razón» le distinguen como uno de los precursores del romanticismo.

Teatro

La expresión poética más importante del siglo XVII es el teatro (aunque no debemos olvidar las astutas y a veces cínicas *Fábulas* de Jean de La Fontaine, inspiradas en las obras del griego Esopo). Las obras de Pierre Corneille y Jean Racine hicieron de la tragedia el género teatral por excelencia. Las tragedias de Corneille, como *El Cid* y *Polinto*, son obras con un alto grado de formalismo y concentración que tratan de la pasión frente al deber moral, pobladas por figuras sobrehumanas que son más

El aspecto exterior clásico de Versalles contrasta con el extravagante interior, por ejemplo, de la Galería de los Espejos.

símbolos de nobleza y heroísmo que personajes reales. Racine, más poético, llevó el tema del deber frente al deseo a cotas más elevadas en *Andrómaco*, *Fedra* y otras obras inspiradas en los clásicos. Sus personajes no son sólo símbolos, sino seres humanos movidos por la pasión, su lenguaje es fascinante y la acción dramática posee una intensidad implacable.

Comedia

La comedia surgió al mismo tiempo, gracias a Jean-Baptiste Poquelin «Molière». Primer dramaturgo francés en utilizar este género para hacer crítica social, Molière es, junto con William Shakespeare y Ben Jonson, una figura clave en el desarrollo de la comedia europea.

Las obras de Molière mezclan la farsa, el ballet y la comedia costumbrista, y poseen un tono satírico que causó algún que otro problema con las autoridades. En su crítica a las pretensiones de ser culto, *Las preciosas ridículas*, ofendió a los clientes habituales de los salones, ganándose algunos enemigos en aquellos ambientes. *Tartufo* criticaba la hipocresía religiosa, pero fue tomada como un ataque contra la religión y prohibida durante cinco años. Su obra maestra, *El misántropo*, demuestra que Molière sabía que la línea entre comedia y tragedia era en realidad muy fina.

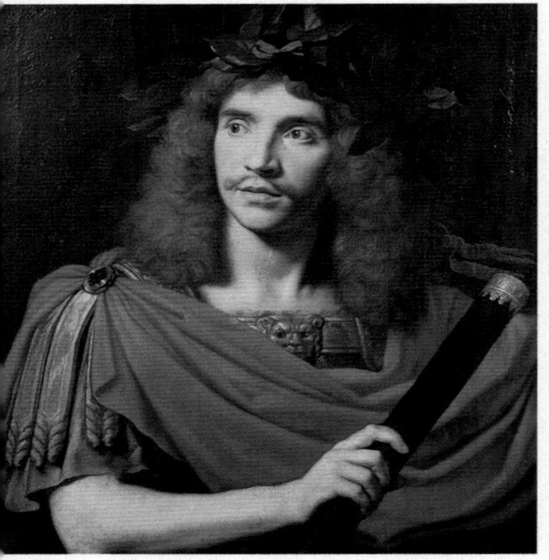

Molière como César en *La muerte de Pompeyo*, pintado por Pierre Mignard.

EL ROCOCÓ FRANCÉS (SIGLO XVIII)

La reacción contra la magnificencia austera del estilo Luis XIV no se hizo esperar. En términos arquitectónicos, los interiores se hicieron más pequeños, más íntimos y mucho más decorados, con un rebuscado mobiliario a juego, paneles lacados, marquetería floral y dorados.

Las pinturas de Antoine Watteau, François Boucher y Jean Honoré Fragonard son las que mejor expresan el espíritu rococó. Watteau pudo haber sido influenciado por Rubens, pero representa la quintaesencia del siglo XVIII francés. Sus pinturas, de vivos colores pero también suaves y ligeros, ilustran un mundo artificial, exquisitamente delicado, de *fêtes galantes* en escenarios bucólicos. Comparado con él, Boucher, el artista preferido de Madame de Pompadour (algunos de sus cuadros más famosos son de la amante del rey Luis XV) y la personificación de la elegante superficialidad de la corte francesa de mediados del siglo XVIII, parece más bien frívolo. Su pupilo, Fragonard, pintó obras de cierto componente erótico como *Los progresos del amor* (llena de brío, chispa, color e inteligencia) para Madame du Barry, que posteriormente se convertiría en amante de Luis XIV; todas ellas resumen a la perfección el período rococó.

EL NEOCLASICISMO Y EL SIGLO DE LAS LUCES (SIGLO XVIII)

Después de la frivolidad del rococó, hubo un retorno a los clásicos. En pintura, la Académie Française volvió a un estilo más grave, retomando los temas heroicos y edificantes de la Antigüedad. El exponente más notable de esta nueva corriente fue Jacques-Louis David, cuyos cuadros mostraban la abnegación y el deber moral en un estilo severo, incluso austero. Tenía muchas amistades revolucionarias, y posteriormente se convirtió en el pintor oficial de Napoleón; de hecho, en el principal artista de la Revolución. Una de sus obras más conocidas, *La muerte de Marat* (1793), muestra al héroe revolucionario asesinado en su bañera.

En filosofía y literatura predominaba el espíritu de una curiosidad libre y racional, y la Ilustración extendió la creencia en el progreso. Éste es el siglo de la figura del *philosophe*, el individuo de ideas progresistas involucrado en actividades culturales y científicas y en el pensamiento social y científico del momento. En términos literarios, la revalorización del tratado y el ensayo marcó el inicio de una literatura del pensamiento.

El pensamiento filosófico

Montesquieu personifica el espíritu del Siglo de las Luces. En sus *Consideraciones sobre las causas de la grandeza y decadencia de los romanos*, propuso un acercamiento teórico racional al estudio de la historia, argumentando que «no es la casualidad lo que domina el mundo, sino las causas generales, ya sean morales o físicas». *El espíritu de las leyes* es un temprano ejemplo de teoría política que intenta explicar las diferencias entre las leyes de países distintos; se caracteriza por considerar a la razón como «el más noble, el más perfecto, el más exquisito de nuestros sentidos».

Voltaire

Igualmente importante fue Voltaire (1694-1778). Sus *Cartas filosóficas*, escritas en sus dos años de exilio en Inglaterra, muestran una admiración (compartida por Montesquieu) por la tolerancia y el liberalismo que ellos vieron en las instituciones políticas y religiosas inglesas. Su *Ensayo sobre las costumbres* es un estudio sobre la lenta evolución desde la superstición hasta la racionalidad a lo largo de la historia de la humanidad. La más famosa de sus sátiras filosóficas es *Cándido*, en la que ironiza de forma hilarante sobre el entonces influyente filósofo Leibniz y su idea de que Dios había creado el mejor de los mundos. Como filósofo, Voltaire popularizó, incluso puso de moda, el pensamiento social.

La obra clave del Siglo de las Luces es la *Enciclopedia*, en 17 volúmenes, editada por Denis Diderot y su ayudante Jean d'Alembert, que recogía los últimos conocimientos en ciencia y filosofía e intentaba «cambiar la forma del pensar general».

En teatro, el *drame bourgeois*, escrito en prosa y con personajes contemporáneos, empezó a sustituir los géneros clásicos. Beaumarchais fue el comediógrafo más conocido, autor de *El barbero de Sevilla* y *Las bodas de Fígaro*. Esta última consiguió el mayor éxito de taquilla del siglo. Estas comedias tópicas, con un cierto sentimiento democrático subido de tono, devolvieron la vitalidad a un género que la había perdido desde Molière.

Rousseau

Sin embargo, el siglo XVIII también fue testigo de una reacción contra el racionalismo, un presagio del romanticismo. Nadie ilustra mejor este hecho que el filósofo Jean-Jacques Rousseau, que defendió la naturaleza por encima de la civilización, la emoción por encima de la razón, el individuo por encima de la sociedad. De formación autodidacta, Rousseau ejerció una enorme influencia sobre cada campo que trataba. Su novela *La nueva Eloísa* es la obra clave de la «revolución sentimental», que destronó a la razón y restableció las exigencias del corazón. Fue la sensación editorial de la época, con 70 ediciones en sus primeros 40 años. *Emilio*, parte novela, parte tratado, y una defensa de la naturaleza como la gran maestra, fue un texto clave para la educación progresista, como *El contrato social* lo fue para la democracia. Finalmente, con las devastadoras e íntimas *Confesiones*, Rousseau sentó las bases de la autobiografía moderna.

La revolución sentimental también se expresó en novelas sobre el libertinaje. La más típica es *Manon Lescaut*, escrita por el Abbé Prévost. El propósito de la novela es mostrar «los efectos desastrosos de las pasiones», pero es tan ambigua y extraña que es casi un homenaje al *amour fou*. De la misma forma, la novela *Las amistades peligrosas*, de Pierre Choderlos de Laclos, de la cual se han hecho varias adaptaciones cinematográficas, presenta como una lección moral la historia de dos libertinos que seducen a dos inocentes, y es también un estudio de la seductora fascinación del mal. En las novelas del marqués de Sade, la idea de presentar el libertinaje como portador de un mensaje moralista es llevada a extremos hiperbólicos y pornográficos.

ROMANTICISMO (SIGLO XIX)

El romanticismo francés tuvo su apogeo entre 1820 y 1850, aunque tuvo importantes precursores (comentados anteriormente) y resurgimientos. Fue una reacción contra el racionalismo del Siglo de las Luces y su clasicismo concomitante, y proponía la primacía de la imaginación individual y sin límites. Los románticos rechazaban la realidad externa para buscar consuelo e inspiración dentro de sí mismos o en lugares exóticos o imaginarios. El interés hacia escritores alemanes como Goethe, Schiller y Novalis creció gracias a la escritora Madame de Staël, que pasó una larga temporada en Alemania. Mientras, la influencia inglesa pasó de filosófica y racionalista a lírica y pintoresca, gracias a escritores y artistas como Byron, Scott, Constable, Turner y el hasta aquel momento olvidado Shakespeare.

Pintura

Théodore Géricault fue el arquetipo de romántico, incluso murió joven (a los 33 años). Su *Balsa de la Medusa* es típica por su temática macabra (unos náufragos muriéndose en una balsa), su brío romántico, su movimiento y un dominio enérgico de la pintura. Mucho más importante, sin embargo, fue Eugène Delacroix. Influenciado por Rubens y los pintores ingleses Bonington,

Gainsborough y Constable, se especializó en temas con una fuerte carga de emotividad y a menudo de exotismo; su virtuosidad técnica, libertad de trazo y riqueza de color ejercieron su influencia más allá del romanticismo.

Música y ópera

La rígida institucionalización de la música en Francia dificultaba el acceso a los forasteros, y los románticos eran forasteros por temperamento. Pero el compositor alemán Christoff Gluck había allanado el camino al romanticismo al trabajar en sus óperas en el París de la década de 1770, y, durante el siglo siguiente, los franceses abandonaron su aislamiento musical y recibieron con agrado a los archirrománticos Franz Liszt y Frédéric Chopin.

Francia tuvo un compositor romántico clave, el romanticismo personificado, Hector Berlioz. De ideas geniales y un formidable sentido teatral, su *Sinfonía fantástica*, con sus evocaciones de una violenta tormenta, una marcha para el patíbulo, y un aquelarre de

Jean-Auguste-Dominique Ingres (1780-1867), uno de los grandes artistas clásicos franceses, pintó su voluptuosa *La gran odalisca* en 1814.

brujas en el punto más álgido, rompió todos los esquemas sinfónicos. Las obras *Mass* y *Te Deum* de Berlioz poseen una escala realmente colosal, y si hubiera podido acabar *Les Troyens*, seguramente habría sido el equivalente del ciclo de los anillos de Wagner. Sus *Memorias* son una de las expresiones más heroicas del romanticismo. Pero sería un error considerar a su autor como un simple arquetipo del romántico que desdeña los procedimientos formales. Berlioz también escribió uno de los tratados definitivos sobre orquestación, y llevó a Francia la mejor música romántica. No sólo fue una figura clave del romanticismo sino también un pionero de la música moderna.

El romanticismo logró sobrevivir más en la música que en cualquier otra forma de expresión artística. *Fausto* (1859), de Gounod, fue

durante muchos años la ópera francesa más apreciada; Massenet se especializó en espectáculos románticos grandiosos aunque muy sobrecargados y sentimentales, como *Manon*. En la música para orquesta, la influencia de Liszt se ve claramente en los poemas sinfónicos de Camille Saint-Saëns y César Franck. Por ejemplo, en *Danza macabra*, Saint-Saëns retrata a la Muerte tocando su violín en un cementerio a medianoche, mientras unos esqueletos efectúan sus danzas; por su parte, *El cazador maldito* de Franck muestra un estrepitoso cuadro de un cazador condenado a ser perseguido eternamente por los perros cazadores del Infierno como castigo por haber cazado en domingo. Después de 1880, la influencia romántica alemana se intensificó gracias al irresistible atractivo de Wagner, que a veces se muestra con una grandiosidad muy poco francesa. Sin embargo, la clásica moderación francesa, aunque con cierto sentimiento romántico, se vio reforzada en la obra de Gabriel Fauré y Henri Duparc, quienes transformaron la *mélodie* de salón en un arte comparable a los grandes lieder alemanes.

Ya en 1806 los franceses eran líderes mundiales de la moda. Estas ilustraciones del *Journal des Dames et des Modes* inspirarían a muchos modistos.

Literatura del romanticismo

Algunas de las mejores expresiones del romanticismo francés se pueden encontrar en la poesía de Lamartine, Vigny, Hugo y Musset, que expresa sentimientos y emociones personales primarios. De una gran intensidad lírica e introspectiva, deja un gran espacio a la imaginación y utiliza el mundo exterior, especialmente la naturaleza, como reflejo de los sentimientos internos. Este tipo de poesía romántica ayudó a crear la imagen del poeta como artista torturado.

En teatro, los mejores ejemplos del romanticismo son las obras en verso de Victor Hugo y, en prosa, las de Alexandre Dumas padre.

***Niñas argelinas en su apartamento*, por Eugène Delacroix (1798-1863), en el Louvre.**

Hugo rechazó las unidades clásicas de tiempo y lugar, criticó la separación artificial de lo trágico y lo cómico y exigió un lenguaje más natural y temas más próximos. Sus pintorescos dramas históricos *Hernani* y *Ruy Blas* presentan personajes nobles luchando contra todas las adversidades.

Los relatos de Chateaubriand, *Atala* y *René* (1802), retratan claramente al héroe romántico marcado por el destino, y *Adolphe* (1806), de Benjamin Constant, es una desoladora historia romántica. Pero es en la novela histórica donde el impulso romántico se muestra con mayor claridad: *Cinq Mars* de Alfred de Vigny, *Nuestra Señora de París* de Victor Hugo, y las exóticas obras de Prosper Mérimée, cuya *Carmen* inspiró la ópera de Bizet y cuya *Colomba* cuenta la historia de una venganza corsa. Sin embargo, fue Dumas padre quien llevó el romanticismo más allá, aumentando su popularidad gracias a su trilogía de los mosqueteros y *El conde de Monte Cristo.*

La cultura francesa del siglo XIX puede considerarse como un diálogo entre el romanticismo y el realismo, y las novelas de Stendhal (Henri Beyle) y Honoré de Balzac beben de los dos movimientos. El romanticismo de Stendhal se dejaba entrever en su fascinación por Italia, su dominio de Shakespeare, su interés en el tema del amor, y los héroes orgullosos, jóvenes y egoístas de sus novelas. El ambicioso Julien Sorel de *Rojo y negro* ingresa en el sacerdocio para subir en la escala social de la Francia contemporánea, y Fabrice de *La cartuja de Parma* se ve involucrado en los asuntos de la corte de Parma. Pero la sociedad es retratada con una profundidad, una ironía y una agudeza más realista que romántica. Mientras, la extensa *Comedia humana* de Balzac, que comprende más de ochenta novelas e historias y narra la vida en Francia desde la Revolución hasta 1840, posee un grado de detalle extraordinario, incluso obsesivo. Aunque, al mismo tiempo, estas novelas parecen poseer una cierta aura romántica.

EL REALISMO (SIGLO XIX)

En arte, a mediados del siglo XIX apareció un interés por la naturaleza y la gente corriente. Todavía hay algo de arcádico en las difuminadas pinturas de Camille Corot, pero sin duda él intentó representar la naturaleza sin ideali-

Manet pintó a su colega impresionista Monet trabajando en un barco en Honfleur, en 1874.

zaciones o romanticismos. Théodore Rousseau, Charles Daubigny, Jean-François Millet y otros, pintaron directamente desde la naturaleza y crearon la escuela de Barbizon, cuyo nombre provenía de la población situada en el bosque de Fontainebleau, donde pintaban. Las escenas de la vida rural de Millet enfatizan su lado más duro, confiriendo importancia y dignidad a la gente corriente. Su *Angélus* fue el cuadro más reproducido del siglo, pero a causa de su carácter religioso le proporcionó una injusta fama de devoto.

El pintor realista más importante es sin duda Gustave Courbet. Socialista condenado a prisión por participar en la Commune de 1871, se concentró en la realidad tangible de las cosas y las personas. La opinión más convencional tachó sus pinturas de crudas y feas, pero tuvo una gran influencia, especialmente sobre los cubistas.

Los impresionistas también se engloban en el realismo. No pertenecieron a una escuela unificada, sino a una difusa asociación de artistas con una cierta visión de conjunto. Se unieron entre 1860 y 1886 con el propósito de poder exponer a pesar del ambiente tan hostil. Entre ellos se encontraban Monet, Renoir, Sisley, Pissarro, Dégas y Manet, quienes, a pesar de estar interesados por temáticas muy distintas, compartían el rechazo hacia el ideal romántico. En particular, querían capturar las inmediatas y efímeras impresiones de color y luz en vez de los aspectos permanentes de un objeto. De ahí, por ejemplo, las series de cuadros de Monet sobre álamos, almiares y la fachada oeste de la catedral de Ruán, en los cuales intentó capturar la impresión del mismo objeto bajo condiciones climáticas y momentos del día diferentes.

Literatura realista

Madame Bovary, de Gustave Flaubert, publicada en 1857, significa la llegada de la novela realista, aunque formalmente también prefigura el modernismo. Sin embargo, su noción de que el autor debe ser como Dios, omnipresente e invisible, es ciertamente realista. La hostilidad de Flaubert hacia el romanticismo se ve claramente en la novela cuando Madame Bovary se abandona a fantasías románticas para huir de la monotonía de la vida provinciana en Normandía. El paisaje normando también es el escenario de muchas de las mejores historias de Guy de Maupassant, el reconocido maestro de las narraciones breves realistas.

En Émile Zola, el realismo se convirtió en naturalismo. Él creía que la novela debía ilustrar las leyes del determinismo científico que gobiernan la naturaleza humana a través de la herencia genética y el entorno. Puso sus teorías en práctica en su extensa serie de veinte novelas llamada los *Rougon-Macquart*, un vivo e imaginativo retrato del Segundo Imperio.

La portada de junio de 1910 de la *Comoedia Illustré* anuncia la actuación parisina de Tamara Karsavina y Vaslav Nijinski en *Las sílfides*, un misterioso ballet que se desarrolla en las brumosas tierras escocesas.

En términos musicales, *Carmen* de Georges Bizet, basada en una novela de Mérimée y, aunque parezca increíble, un fracaso en su estreno en 1875, es una interesante mezcla de realismo y romanticismo. El escenario español puede tener connotaciones exóticas, pero el tratamiento de los sentimientos pasionales (en contraposición a los sencillamente románticos) es realista, como lo es el hecho de intercalar diálogos con la música.

TIEMPOS MODERNOS

Durante la primera mitad del siglo XX, Francia se convirtió en un semillero del modernismo artístico, y su cultura se vio alimentada por los novelistas, poetas, artistas y compositores que llegaron aquí desde todos los lugares del mundo. Entre ellos se encontraban Aaron Copland, Ernest Hemingway, Henry Miller, Ezra Pound y Gertrude Stein.

Arquitectura

Durante el Segundo Imperio, el barón Haussmann sentó las bases del París moderno. Sustituyó las calles estrechas de los barrios bajos por las anchas avenidas que hay en la actualidad. Esto no fue una acción puramente filantrópica; París había vivido tres levantamientos en cincuenta años y, en previsión de futuros disturbios, las avenidas facilitarían un despliegue rápido de las tropas y proporcionarían espacio suficiente para el fuego de artillería. En 1889 se inauguró la torre Eiffel, que demostró el espectacular potencial arquitectónico del acero y marcó el comienzo de la era moderna.

Hoy en día solemos culpar a los arquitectos modernos de crear entornos inhumanos y alienantes. Pero uno de los fundadores del modernismo arquitectónico, el suizo Le Corbusier, tenía una visión casi utópica de los beneficios sociales que podrían derivarse de un entorno urbano diseñado de forma funcional y racional, con rascacielos, calles en cuadrícula, espacios abiertos y coronas de poblaciones satélite. Esta visión está ejemplificada en la Cité Radieuse de Marsella (ver pág. 301). También vale la pena visitar La Roche Villa (actualmente la Fundación Le Corbusier, *10 square du Docteur-Blanche*) de París y la extraordinaria Chapelle de Notre-Dame-du-Haut de Ronchamp, en el Jura (ver pág. 210).

Incluso en esta era supuestamente posmodernista, Francia nunca ha sentido ningún pudor ni remordimientos de fomentar la arquitectura moderna; ni tampoco ha dudado nunca en utilizar fondos públicos para ello.

De hecho, los presidentes y los alcaldes locales utilizan los osados encargos arquitectónicos como una forma excelente de dejar huella. Los aclamados resultados provocan un incremento del turismo y otras formas de negocio, lo que aumenta su popularidad. En consecuencia, nadie que visite Francia puede ignorar su arquitectura moderna, ya sea el Grande Arche de la Défense, la Tour Montparnasse, el Centro Beaubourg, el Parc de la Villette, el Institut du Monde Arabe, la pirámide del Louvre o el edificio de la Bastille-Opéra de París; la nueva biblioteca nacional de Marsella; Futuroscope, en las afueras de Poitiers (ver pág. 237); el complejo Eurolille; o Roissy, cerca del aeropuerto Charles-de-Gaulle.

Arte moderno

A principios del siglo XX, París fue reconocida como el centro mundial del arte contemporáneo. Los impresionistas y otros pintores de la época ya habían empezado a liberar al arte de su faceta puramente representativa de la realidad, faceta que la fotografía había convertido en redundante. El fundador indiscutible del arte moderno es Paul Cézanne, a quien por encima de todo le interesaba analizar las formas estructurales subyacentes de la naturaleza. Su influencia es difícil de determinar por completo, pero donde se puede ver más claramente es en el cubismo de Picasso, Braque, Léger, Delaunay y otros. Precursor clave del arte abstracto, el cubismo abandonó las ideas tradicionales de la perspectiva e intentó representar los objetos analíticamente y desde todos los ángulos a la vez, como si el ojo pudiera ver simultáneamente cada faceta y cada plano.

En todas partes, la respuesta contra el naturalismo estaba a la orden del día. Paul Gauguin y Vincent van Gogh habían ejercido una influencia extraordinaria, cada uno a su manera, en el uso no naturalista del color. Además, Van Gogh había llevado hasta sus últimas consecuencias el uso del mundo exterior para expresar el interior; sus colores fuertes y vivos y los atrevidos trazos comunican el espíritu torturado del artista y la espesa capa de pintura le acerca más hacia las formas abstractas. La influencia de la forma en que estos artistas utilizaban el color es visible en los *fauves* (literalmente, bestias salvajes), entre los que destacaban Henri Matisse, André Derain, Georges Braque y Georges Rouault, que usaban colores vivos y no naturalistas para conseguir efectos emocionales o decorativos.

Música

El modernismo musical también le debe mucho a Francia. En 1913, en París, el ballet del ruso emigrado Igor Stravinsky *La consagración de la Primavera* causó uno de los grandes escándalos de la época. Pero de igual importancia fue Claude Debussy, y especialmente su *Preludio a la siesta de un fauno* (1894). Esta obra marca el comienzo de la música moderna. La pieza no es en absoluto atonal, pero empieza a desmarcarse de las relaciones armónicas convencionales, y a veces es difícil adivinar en qué clave está. Debussy no escoge un tema concreto y lo desarrolla de una forma consecutiva y hacia un objetivo determinado, sino que la impresión general es de improvisación. Los tiempos fluctúan, los ritmos son irregulares y el color orquestal no es ornamental sino un fin en sí mismo. Debussy llevaría esas ideas mucho más lejos aunque sin esta pieza aparentemente inocua, sería difícil

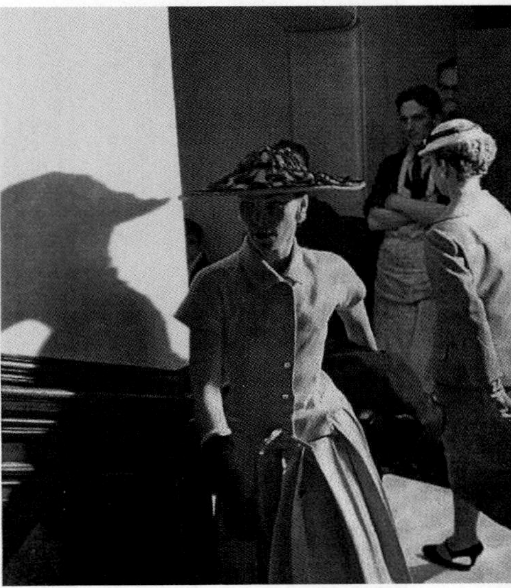

Presentación de un colección de Dior en 1955. Su New Look de 1947 resucitó la industria de la moda después de la guerra.

comprender las obras más modernas de los grandes compositores franceses del siglo XX, Olivier Messiaen y su alumno Pierre Boulez.

Surrealismo

Un movimiento modernista que se extendió por todas las formas artísticas, y que todavía ejerce una gran influencia en la cultura contemporánea, fue el surrealismo. De nuevo, sus raíces se encuentran en el siglo XIX, en las extraordinarias pinturas simbolistas de Odilon Redon y Gustave Moreau (cuya residencia parisina es actualmente una galería dedicada a su arte). También puede apreciarse en los alucinantes y transgresores escritos de Joris Karl Huysmans, Gérard de Nerval y Lautréamont (pseudónimo de Isidore Ducasse) y en la poesía altamente subjetiva y creativa de Charles Baudelaire, Arthur Rimbaud y Paul Verlaine.

Los surrealistas estaban fascinados por el inconsciente, lo extraño y lo irracional. Claramente influenciados por Freud, cuestionaban el dominio de la razón y el pensamiento consciente. Se inspiraron en la definición de

Modelos en el desfile de moda de Emanuel Ungaro, en la década de 1980. París sigue estando al mando de la alta costura.

belleza de Lautréamont: «el encuentro casual de una máquina de coser y un paraguas en una mesa de operaciones». Dos de los poetas franceses claves del siglo XX (Louis Aragon y Paul Éluard) surgieron del surrealismo que también influenció al guionista Jacques Prévert y las películas de Jean Cocteau, especialmente *La sangre de un poeta.*

Cine

Cocteau nos lleva al tema del cine, el medio moderno por excelencia, que los franceses bautizaron como *le septième art,* el séptimo arte. Los pioneros Étienne Marey y Felix-Louis Regnault tuvieron un papel clave en la prehistoria del cine, mientras que los hermanos Lumière sentaron las bases del documental y Georges Méliès de los géneros fantásticos.

Al principio el cine probablemente se concebía como un arte, pero Gaumont y Pathé pronto se dieron cuenta de sus posibilidades

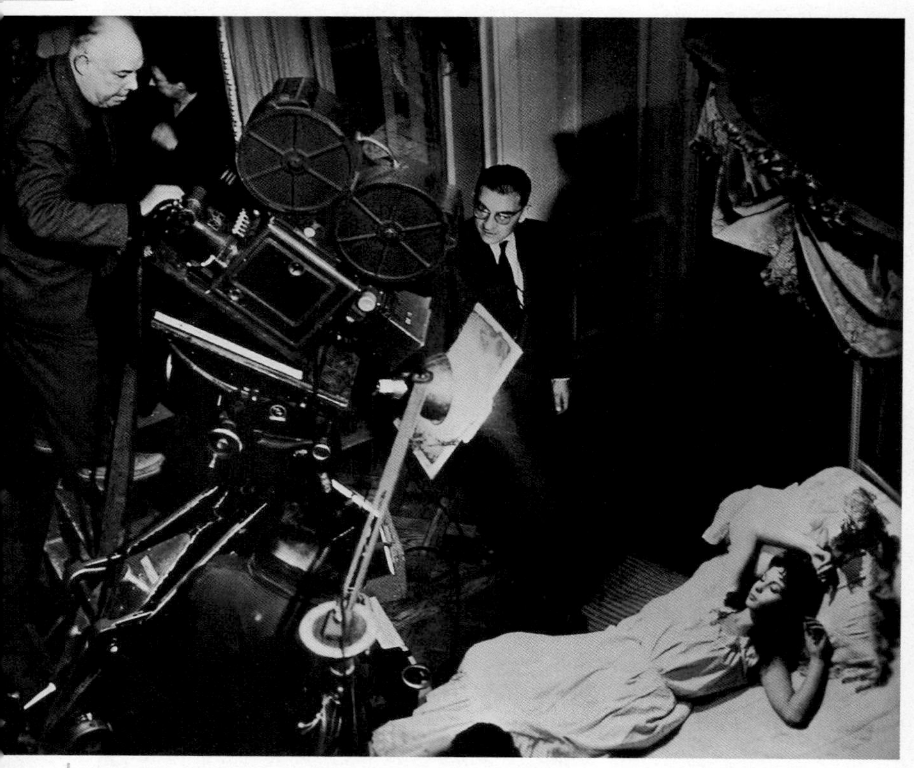

Jean Renoir dirige a Françoise Arnoul en *French CanCan*, estrenada en 1955.

comerciales, aunque, después de la primera guerra mundial, la industria cinematográfica sufrió los efectos de las importaciones de Hollywood. Sin embargo, el cine francés prosperó gracias a los trabajos de directores como Marcel L'Herbier, Jean Epstein, René Clair, Jacques Feyder, Jean Renoir (el hijo del pintor) y Marcel Carné, entre muchos otros.

Después de la segunda guerra mundial, a pesar de las dificultadas económicas del país, surgieron interesantes figuras como Henri-Georges Clouzot, Jean-Pierre Melville, Jacques Tati y Georges Franju. A principios de los cincuenta, un grupo de críticos formó la revista *Cahiers du Cinéma*, que abogaba por una forma de cine más personal y contemporánea. Revisaron el cine de Hollywood y afirmaron que las obras de Alfred Hitchcock, John Ford y Harold Hawks, entre otros, eran obras de autor, con un alto contenido personal.

Pronto, críticos de *Cahiers* como Jean-Luc Godard, Claude Chabrol, François Truffaut y otros pusieron sus ideas en práctica haciendo sus propias películas. Esta *Nouvelle Vague* (Nueva Ola), como se la llamó, se convirtió en un punto de referencia cinematográfico, envidiado e imitado en todo el mundo. Al inspirar a directores como Scorsese, Coppola y De Palma, ayudó a revitalizar el cine americano, que de hecho había contribuido a su creación.

A final de los sesenta, los directores de la *Nouvelle Vague* habían ido cada uno por su lado, pero la mayoría seguía haciendo películas de marcado estilo personal, especialmente Godard. Hoy en día sería difícil definir la existencia de una tendencia o una escuela. Sin embargo, gracias a un inteligente sistema de ayudas estatales basado en la protección cultural, Francia sigue siendo uno de los países claves de la industria del cine mundial. ■

En el corazón de Francia se encuentra la Île-de-France, y en su centro se halla París. Desde que en el siglo v a.C. Clodoveo estableciera su capital, París y la Île-de-France han sido el eje sobre el cual ha girado la rueda de la fortuna de esta gran nación.

París e Île-de-France

PARÍS 52-92
Introducción y plano **52-53**
Île de la Cité 54-59
Notre-Dame **55-57**
Un paseo por las islas **58-59**
Rive Gauche 60-69
Musée de Cluny **61**
Un paseo por el Quartier Latin **62-63**
Musée d'Orsay **64-65**
Musée du Quai Branly **66**
Tour Eiffel **67**
Musée Rodin y Hôtel des Invalides **68**
Otras visitas interesantes **69**
Rive Droite 72-92
Champs-Élysées **73**
Arc de Triomphe **73**
Un paseo desde la Opéra Garnier **74-75**
Musée du Louvre **78-83**
Un paseo por Le Marais **84-85**
Musée Picasso **86-87**
Montmartre y Sacré-Cœur **88-89**
La Défense **90**
Parc de la Villette y Cité des Sciencies **91**
Otras visitas interesantes en París **92**
ÎLE-DE-FRANCE 93-102
Versalles **94-97**
Chartres **98-99**
Château de Fontainebleau **100**
Excursiones breves **101-102**
Hoteles y restaurantes de París **347-350**

La sala de fiestas Moulin Rouge

París

París está considerada una de las ciudades más bellas, vibrantes y románticas del mundo. A menudo llamada la «Ciudad de los sueños», París ha sido una meca para aspirantes a artistas, escritores, pensadores y aventureros desde los tiempos más remotos. Al pasear por las calles del centro se pueden apreciar las huellas del tiempo en los callejones medievales y las imponentes iglesias; en los ornamentados y ostentosos palacios del Renacimiento; en los monumentos de estilo clásico de Napoleón, y en las majestuosas avenidas llenas de árboles remodeladas por el barón Haussmann en el siglo XIX. En el centro se concentran algunos de los mejores museos del mundo, los edificios más bellos de Francia y todo el lujo imaginable.

Vista panorámica de París desde la azotea de Notre-Dame.

Jugando a los *boules* en el Bois de Vincennes, al este de París.

París es una ciudad vibrante y llena de vida, el centro económico y cultural de Francia. La creatividad actual se muestra claramente en las nuevas y espectaculares edificaciones y en la pintura y la escultura modernas que conviven con los tesoros del pasado. Con sus docenas de museos y galerías de arte, sus parques de gran belleza, sus tiendas de moda de fama mundial y sus irresistibles cafés y restaurantes, el visitante pasará entretenido largos ratos.

Durante siglos, la ciudad ha acogido a un sinfín de artistas. Los reyes y los nobles ejercían de mecenas de dramaturgos, músicos y actores. Hoy en día, la capital ofrece una vasta selección de actividades de ocio: teatros, conciertos de rock, clubes nocturnos y bares (aunque el mero hecho de pasear por sus calles ya es toda una distracción). ■

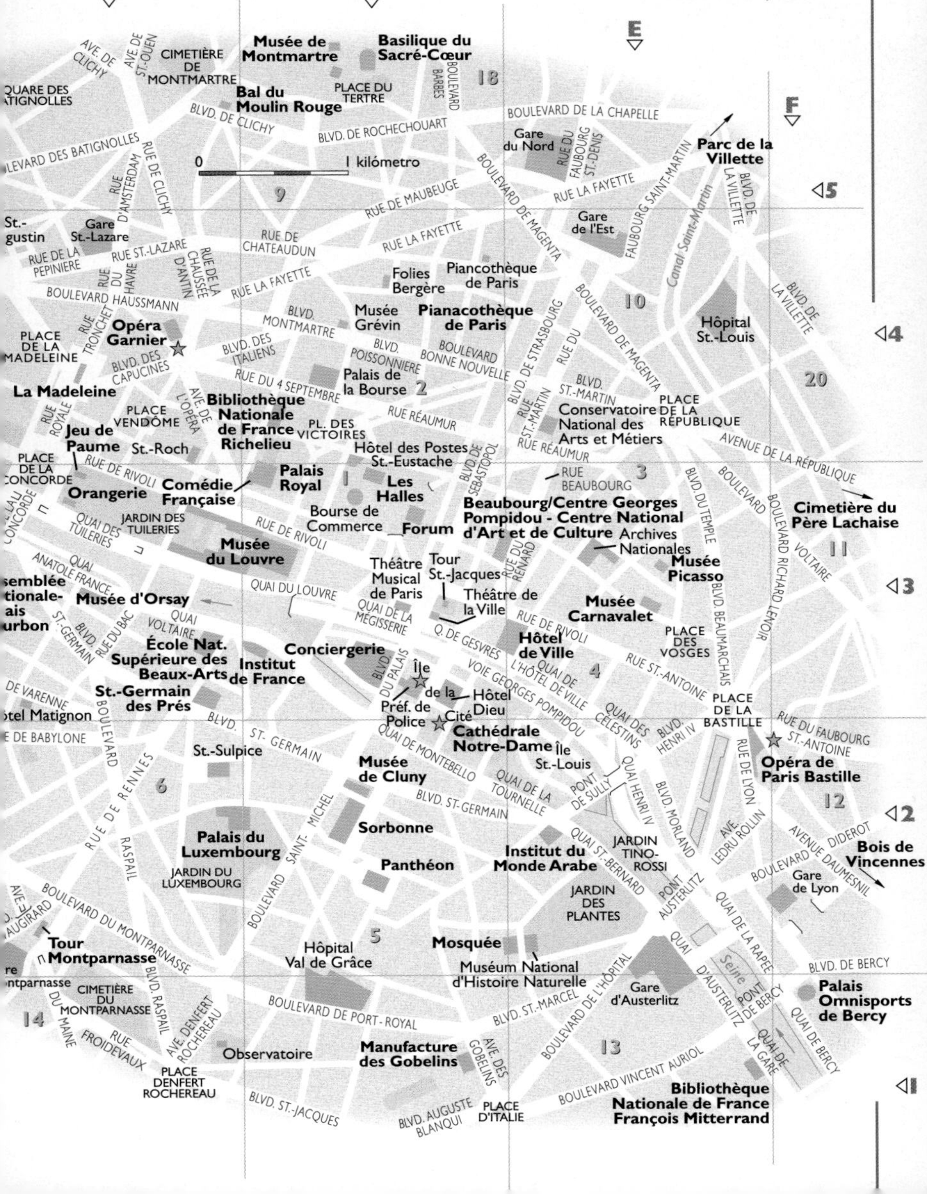

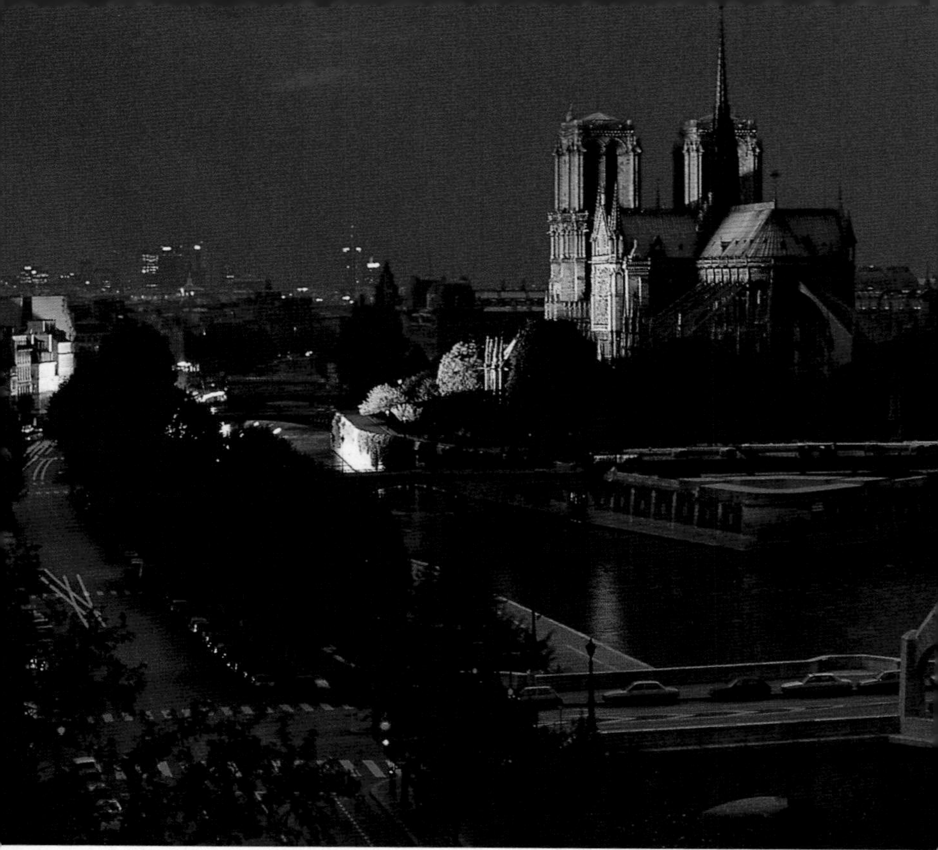

La catedral gótica de Notre-Dame se encuentra en el corazón de París, sobre el río Sena.

Île de la Cité

La parte más antigua y famosa de París es la Île de la Cité, una pequeña isla sobre el Sena. Aquí, en un banco de arena que servía de puente para cruzar el río, los parisii, o el pueblo de los barcos, construyeron una ciudad amurallada hacia el siglo III a.C.

Bajo la dominación romana, el asentamiento, llamado Lutetia Parisiorum, prosperó, convirtiéndose en el centro de una red de calzadas que cruzaban la parte norte del Imperio romano. En el siglo III d.C. fue destruido por los bárbaros, de modo que cuando los parisii lo volvieron a levantar, fortificaron la isla. Hacia el año 508 d.C., París era la residencia de los reyes francos. Cuando Hugo Capeto fue nombrado rey de Francia en 987 (ver pág. 22), la ciudad cobró aún más importancia.

La Île de la Cité fue la residencia de los reyes franceses desde el siglo x hasta el siglo XIV. En un alarde de riqueza y poder eclesiástico, las calles medievales se vieron eclipsadas por la nueva catedral de Notre-Dame. El poder real hizo lo propio con su enorme palacio, tan extenso que hoy es la sede de La Conciergerie, el Palais de Justice y la Ste-Chapelle. Cuando la corte abandonó la Île en el siglo XIV, ésta dejó de ser decisiva para los asuntos de Francia.

La isla, conectada con tierra firme a través de puentes, fue posteriormente anexada a la cercana Île St-Louis. En los siglos XVI y XVII, la Île St-Louis se puso de moda y los nobles construyeron allí sus magníficas mansiones. ■

Notre-Dame

EN UN EMPLAZAMIENTO QUE HA ESTADO OCUPADO DESDE el tiempo de los romanos, Notre-Dame representa la esencia de la ciudad. Entre los años 1163 y 1375, legiones de artesanos trabajaron para crear esta obra maestra de la arquitectura gótica. La catedral se convirtió en el lugar de reunión de los gremios de artesanos y en un centro de educación famoso en toda Europa. Entre estos muros se fundó la mundialmente conocida universidad de París, la Sorbonne.

Cathédrale Notre-Dame

53 D2

place du Parvis Notre-Dame, Île de la Cité

01 42 34 56 10

Torres

$$

Metro: Cité

Las modas cambiantes, el descuido y el vandalismo político causaron estragos en la catedral, especialmente en el siglo XVIII. Durante la Revolución desaparecieron algunas esculturas talladas y se decapitaron otras tantas estatuas. Cuando en este mismo lugar Napoleón se coronó a sí mismo emperador, la catedral ya presentaba un estado lamentable.

La novela *Nuestra Señora de París,* de Victor Hugo, escrita en 1831, contribuyó de forma importante a su restauración, y en 1844 empezaron los trabajos del historiador y arquitecto Eugène Viollet-le-Duc, que devolverían a la catedral su esplendor de antaño.
Actualmente, Notre-Dame sigue siendo una obra maestra del gótico francés, conservando en gran parte su aspecto original, que sirvió de modelo en el desarrollo de las catedrales góticas (ver págs. 114-115).

PLACE DU PARVIS NOTRE-DAME

Las casas medievales y los estrechos callejones fueron eliminados en el plan urbanístico del siglo XIX, cuyo objetivo era ampliar la manzana dominada por la espectacular fachada oeste de Notre-Dame. El *parvis,* que procede del latín *paradisus,* es como se denomina en francés el espacio abierto delante de una catedral o una iglesia. La gente podía estudiar las esculturas bíblicas de la fachada en una época en que la mayoría eran analfabetos.

FACHADA OESTE

Coronada por dos torres del gótico temprano, la fachada oeste posee tres pórticos imponentes. En la Edad Media, las estatuas y las esculturas habrían estado pintadas con colores brillantes. El pórtico central representa el Juicio Final, con Cristo y el tribunal celestial. Las esculturas más antiguas de la catedral (1165-1175) se encuentran en el pórtico derecho. Éstas ilustran la vida de santa Ana, e incluyen una de la Virgen María mostrando a Jesús a un arrodillado rey Luis VII (quien consagró la catedral en el siglo XII) y al fundador, el obispo Sully. El pórtico de la Virgen, a la izquierda, representa su coronación, resurrección y asunción, rodeada de santos, ángeles y signos del zodíaco.

Encima de los pórticos se encuentra la Galerie des Rois (galería de los reyes). Las actuales 21 estatuas del Antiguo Testamento son reproducciones. Las originales, dañadas por los revolucionarios, que las tomaron por estatuas de los monarcas franceses, se hallaron en una excavación de 1977. Algunos fragmentos se conservan en el Musée de Cluny (ver pág. 61). Por encima del rosetón, se encuentra la Galerie des Chimères, una balaustrada adornada con grotescas figuras de piedra de demonios, pájaros y extrañas bestias. Las gárgolas, junto con Quasimodo, el Jorobado de Notre-Dame, son los personajes memorables de la novela *Nuestra Señora de París,* de Victor Hugo.

Rediseñadas por Viollet-le-Duc, las gárgolas tenían la función de drenar el agua del tejado. Suba por las torres para verlas de cerca.

TORRES

Originalmente diseñadas para ser coronadas por unas agujas, las torres miden 69 m de altura. Subir los 238 escalones de la torre norte es una ardua tarea; los 140 siguientes conducen a la torre sur, pero las espectaculares panorámicas de la ciudad valen este esfuerzo.

En la torre sur se encuentra la campana *Emmanuel*, de 13 toneladas. La única campana de la catedral que no fue destruida durante la Revolución. Es famosa por su tono puro. Fue refundida en bronce en 1686 y para hacerla sonar se necesitan ocho personas.

ARBOTANTES

Los famosos arbotantes, tan típicos de las catedrales góticas, fueron construidos entre los años 1220 y 1230. Los situados al este tienen una envergadura de 15 m. Las capillas que se encuentran entre los contrafuertes datan de 1250 a 1325.

INTERIOR

La disposición gótica del interior de Notre-Dame consiste en una nave de 10 intercolumnios flanqueados por pasadizos dobles que continúan alrededor del coro. Las paredes están ocupadas por 37 capillas, añadidas durante los siglos XIII y XIV. Para obtener la mejor vista de los rosetones, sitúese en el crucero.

Rosetones

La catedral posee tres magníficos rosetones. El rosetón norte, que no debe perderse, tiene un diámetro de 21 m. Casi todo el cristal medieval está intacto. Representa la Virgen rodeada de personajes del Antiguo Testamento. El rosetón oeste, sobre la puerta principal, fue terminado durante la década de 1490, pero restaurado en el siglo XIX. También representa a la Virgen. El rosetón sur, que ha conservado algunos fragmentos de cristal del siglo XIII, muestra a Cristo rodeado de ángeles, santos y los doce apóstoles.

Las vidrieras originales de los rosetones se conservaron hasta 1771, cuando Luis XV las sustituyó por cristales transparentes.

Izquierda: estatua de Luis XIII, obra de Guillaume Coustou, que se halla en el presbiterio de Notre-Dame.

Éstos fueron reemplazados en 1965 por las vidrieras abstractas de Jacques Le Chevallier.

El Gran Órgano

Con 110 registros y 6.000 tubos, éste es el órgano más grande de Francia. Todavía hay algunos tubos de la Edad Media, pero la mayoría datan del siglo XVIII. En 1868, el maestro de órganos Aristide Cavaillé-Coll introdujo mejoras en el mecanismo y en el sistema de tubos. Los domingos por la tarde se ofrecen conciertos de órgano gratuitos.

El presbiterio y el coro

Antaño, una pared alta y magníficamente esculpida del siglo XIV separaba la nave del presbiterio. La mayor parte se eliminó en el siglo XVII. En el presbiterio se encuentran las sillas del coro. Los obispos están enterrados en tumbas que se encuentran alrededor del deambulatorio y debajo del coro. La sacristía, en la parte sur del coro, contiene el tesoro catedralicio de manuscritos medievales, platos sagrados de oro y plata y cofres con las reliquias de algunos santos. ■

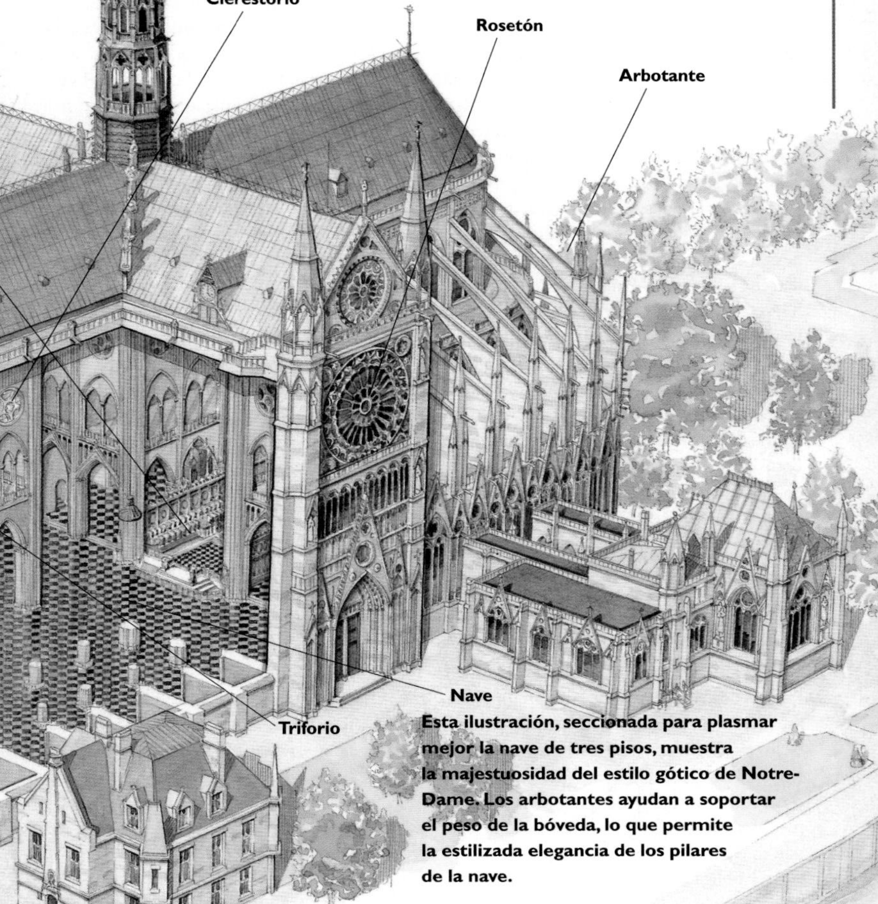

Esta ilustración, seccionada para plasmar mejor la nave de tres pisos, muestra la majestuosidad del estilo gótico de Notre-Dame. Los arbotantes ayudan a soportar el peso de la bóveda, lo que permite la estilizada elegancia de los pilares de la nave.

Un paseo por las islas

La Île de la Cité y la Île St-Louis son las zonas más antiguas de la ciudad. Este recorrido le lleva por los lugares históricos más importantes de París y le ofrece magníficas vistas del río Sena.

Empiece en la Place Louis-Lépine, cuyo pintoresco mercado de flores convive los domingos con el Marché aux Oiseaux (mercado de pájaros).

Tome la Rue de Lutèce hasta las verjas del enorme **Palais de Justice** 1 (*Tel 01 44 32 50 00; cerrado sáb.-dom.*). Desde el siglo XVI, el palacio ha sido la sede del *parlement* (el tribunal de justicia). Después de sufrir incendios y daños durante la Revolución, la mayor parte del palacio fue reconstruida en el siglo XIX.

Antes de girar a la izquierda en el Boulevard du Palais, eche un vistazo a la aguja de la **Ste-Chapelle** (*Tel 01 53 40 60 80*). Una de las joyas de la corona de París, esta preciosa capilla gótica, construida para Luis IX (St-Louis, 1226-1270) en 1248, se encuentra dentro del recinto del Palais de Justice. La entrada está situada en el Boulevard du Palais. Utilice unos prismáticos para ver las increíbles vidrieras, que representan más de 1.000 escenas bíblicas en un área de casi 620 m². En el Pont St-Michel, gire a la derecha y siga por el Quai des Orfèvres. Gire de nuevo a la derecha y atraviese la curiosa Place Dauphine, cuyos enormes árboles dan sombra a los jugadores de *boules*. Un estrecho callejón medieval, la Rue Henri Robert, conduce hacia el Pont Neuf.

Más allá del puente se halla una magnífica **estatua ecuestre de Enrique IV.** Unas escaleras bajan hacia la **Square du Vert-Galant** 2, en el extremo de la isla. Este pequeño parque lleno de árboles, una península en medio del Sena, ofrece unas vistas magníficas, especialmente al ponerse el sol. Un cuadro de Picasso de 1943 de esta vista se encuentra en el Musée Picasso (ver págs. 86-87).

Siga hacia el este por el Quai de l'Horloge, a los pies de los torreones de la **Conciergerie** 3 (*Tel 01 53 40 60 93*). La parte más antigua de lo que una vez fue el palacio real se construyó hacia el año 1300. La Salle des Gens d'Armes, el vestíbulo más grande de la Europa medieval, podía albergar a unas 2.000 personas. En 1358 el palacio fue tomado por asalto y el rey obligado a trasladar la residencia real fuera de la isla. Un noble importante fue nombrado *concierge* (cuidador). Desde 1391 hasta 1914 el edificio fue una prisión.

Al final del Quai de l'Horloge, observe el famoso reloj de la torre de la Conciergerie; el reloj data de 1370 y hoy en día todavía funciona. Siga por el Quai de la Corse y el Quai aux Fleurs, donde en los típicos tenderetes parisinos, los *bouquinistes* venden libros y todo tipo de material gráfico. Al otro lado del río se encuentra el **Hôtel de Ville** (ayuntamiento), un edificio neorrenacentista de 1882.

Cruce el **Pont St-Louis** 4 hacia la Île St-Louis. Siga por el Quai d'Orléans, donde se encuentran unas magníficas casas del siglo XVII: fíjese en los espléndidos patios, el hierro forjado y las fachadas esculpidas. Gire a la izquierda por la Rue des Deux Ponts, y luego a la derecha por la Rue St-Louis-en-l'Île. Pase por delante de la iglesia de la isla, **St-Louis-en-l'Île** 5, ricamente decorada, y gire a la

Los barcos del Sena

Muchas de las mejores vistas de París se consiguen desde el río. Los recorridos turísticos organizados en barcos acristalados empiezan en el tramo del Sena, o Seine, que se encuentra entre la Tour Eiffel y la Île St-Louis.

La mayoría de los recorridos duran aproximadamente una hora, con salidas cada media hora en verano (cada hora en invierno) a partir de las 10 de la mañana. Algunos barcos ofrecen recorridos más largos, en los que se sirve la comida o la cena: una forma maravillosa (aunque cara) de ver la ciudad.

Los enormes **Bateaux-Mouches** (*Tel 01 42 25 96 10*) salen del Pont de l'Alma (orilla derecha), mientras que los **Bateaux Parisiens Tour Eiffel** (*Tel 08 25 01 01 01*) lo hacen desde el muelle que se encuentra al lado de la Tour Eiffel. Los **Vedettes du Pont-Neuf** (*Tel 01 46 33 98 38*) son unos barcos más pequeños, y salen del extremo oeste de la Île de la Cité, cerca del Pont Neuf. ■

La capilla inferior de la Ste-Chapelle, donde rezaban los sirvientes y los plebeyos.

izquierda por el Quai d'Anjou. Siga por el Quai de Bourbon y luego, en el Pont Louis-Philippe, gire a la izquierda y vuelva a cruzar el Pont St-Louis para dirigirse a **Notre-Dame** ❻ (ver págs. 55-57) a través de un pequeño parque. Diríjase hacia la **Place du Parvis Notre-Dame** ❼, en el lado oeste de la catedral. Aquí, una estrella de bronce señala el Punto Cero de Francia, desde donde se miden las distancias de todas las carreteras. Debajo del *parvis*, en la **Crypte Archéologique** (*Tel 01 55 42 50 10*), se hallan los restos de algunas casas de los siglos XVI y XVIII, la iglesia de St-Étienne y las ruinas de Lutetia, la ciudad galorromana. Desde el *parvis*, tome la Rue de la Cité de vuelta hacia la Place Louis-Lépine. ■

- Ver pág. 53
- Place Louis-Lépine (Metro: Cité)
- 4 km
- 2 horas
- Place Louis-Lépine

PUNTOS DE INTERÉS

- Ste-Chapelle
- La Conciergerie
- Notre-Dame

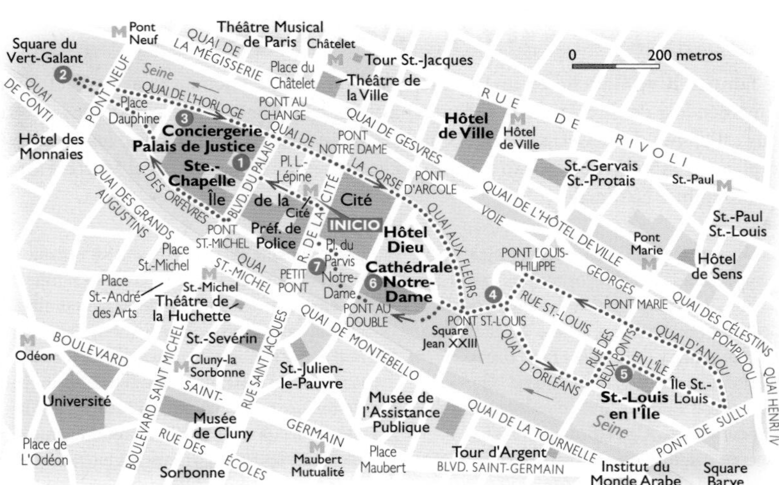

Quai de la Tournelle desde la Île St-Louis, en la Rive Gauche.

Rive Gauche

La famosa Rive Gauche es una bulliciosa zona que se encuentra al sur del Sena. Extendiéndose desde el Jardin des Plantes hasta el Champ de Mars, abarca desde los estrechos callejones de St-Germain, en el Quartier Latin (Barrio latino), hasta las zonas más amplias y tranquilas que rodean el Panthéon y el Palais de Luxembourg, el Musée d'Orsay y la Assemblée Nationale.

Las calles medievales de St-Germain ejercen una gran atracción sobre los turistas y sobre los parisinos, con sus pequeñas tiendas y cafés frecuentados por escritores, artistas y estudiantes de la Sorbonne y la École des Beaux-Arts. El Quartier Latin, al lado de la Île de la Cité, es el primer lugar en tierra firme donde empezó a extenderse París. Algunas ruinas romanas dispersas dan una idea de lo extensa que llegó a ser la ciudad. El Musée de Cluny alberga una impresionante colección de objetos romanos y medievales, mientras que el cercano Panthéon es el mausoleo de muchas de las figuras más relevantes de la historia de Francia. Napoleón Bonaparte también descansa en esta zona de París, más al oeste, en Les Invalides. Finalmente, elevándose sobre el centro de París se halla la Tour Eiffel (la torre Eiffel), un monumento al talento de los parisinos para la innovación, flanqueada por el nuevo Musée du Quai Branly. ■

Musée de Cluny

CONSTRUIDO CON MOTIVO DE LA VISITA DE LOS MONJES DE Cluny a finales del siglo XV, el que fuera el Hôtel de Cluny se encuentra al lado de las ruinas de las termas romanas más antiguas de París. Después de la Revolución, la mansión, uno de los mejores ejemplos de arquitectura gótica civil, pasó a manos del coleccionista de arte Alexandre de Sommerard. Sus adquisiciones forman una gran parte del Musée National du Moyen Age et des Thermes de Cluny. No se pierda esta combinación de ruinas galorromanas, mansión medieval y una de las colecciones de arte medieval más importantes del mundo.

En el museo se puede ver mobiliario medieval, ropajes y accesorios; tejidos, incluyendo ejemplos de artesanía bizantina y copta, así como europea; y algunos magníficos tapices. La serie, *La Vie seigneuriale*, ilustra la vida de una casa noble en la Edad Media. En el museo también se encuentran las 21 cabezas de piedra mutiladas de los reyes de Judea, esculpidas hacia el año 1220 para la fachada oeste de Notre-Dame, mutiladas y luego extraviadas durante la Revolución.

LAS TERMAS ROMANAS

En la planta baja se encuentran las ruinas de las termas del siglo II: tres cámaras para la sauna, los baños tibios y los fríos, y un gimnasio. El techo abovedado de los baños fríos (*frigidarium*) se eleva a 14 m del suelo. Los capiteles de las columnas sobre las que descansan las bóvedas representan proas de barcos, lo que sugiere que las termas se construyeron para la corporación de navegantes de París.

HÔTEL DE CLUNY

En el primer piso se encuentra la capilla del abad, con una bóveda en forma de abanico que nace de la columna central. Una de las habitaciones ha sido transformada en una estancia medieval, con candelabros, armaduras y tapices.

En este piso también se halla una espléndida colección de orfebrería y joyería, en la que se incluyen excepcionales coronas votivas de procedencia visigoda y dos cruces dobles de oro del siglo XIII.

El más famoso de los tesoros es el formado por los seis tapices alegóricos de *La Dama del Unicornio*, que se exhiben en una sala circular. Exquisitamente tejidos, pertenecen al estilo *millefleurs* del siglo XV. Cinco de los tapices ilustran a la dama utilizando sus cinco sentidos, mientras que el enigmático sexto la presenta delante de la frase «À mon seul désir» (para mi propio deseo). ■

Musée de Cluny

- 53 D2
- 6 place Paul-Painlevé
- 01 53 73 78 00
- Cerrado mar.
- $$
- Metro: St-Michel, Odéon

Rodeada de flores, pájaros y pequeños animales, la dama hila mientras escucha una lectura en uno de los tapices de la serie *La Vie seigneuriale*.

Un paseo por el Quartier Latin

Disfrute del peculiar ambiente del Barrio latino en esta visita a través de sus calles atestadas de estudiantes y sus tranquilos remansos.

Empezando en el Pont au Double, al lado de Notre-Dame, atraviese el Quai de Montebello. Cruce el pequeño jardín que se encuentra delante suyo y pase por delante de **St-Julien-le-Pauvre** ❶.

Gire a la derecha por la Rue St-Jacques y vaya hacia la Rue de la Huchette. Antaño el corazón del Barrio latino, esta calle aún conserva, en el n.º 5, el famoso club de jazz Caveau de la Huchette. Al final de la calle, gire a la izquierda por la Rue de la Harpe, con sus cafés y clubes.

Atraviese el Boulevard St-Germain y suba por el Boulevard St-Michel, pasando cerca de las ruinas de las termas romanas. Gire a la izquierda por la Place Paul-Painlevé hacia el **Musée de Cluny** ❷ (ver pág. 61). Desde el museo, atraviese la pequeña plaza y diríjase hacia la Rue des Écoles.

Una vez pasados los edificios de **La Sorbonne,** la universidad de París fundada en 1253, gire a la izquierda. En el cruce de la Rue des Écoles y la Rue de la Montagne de Ste-

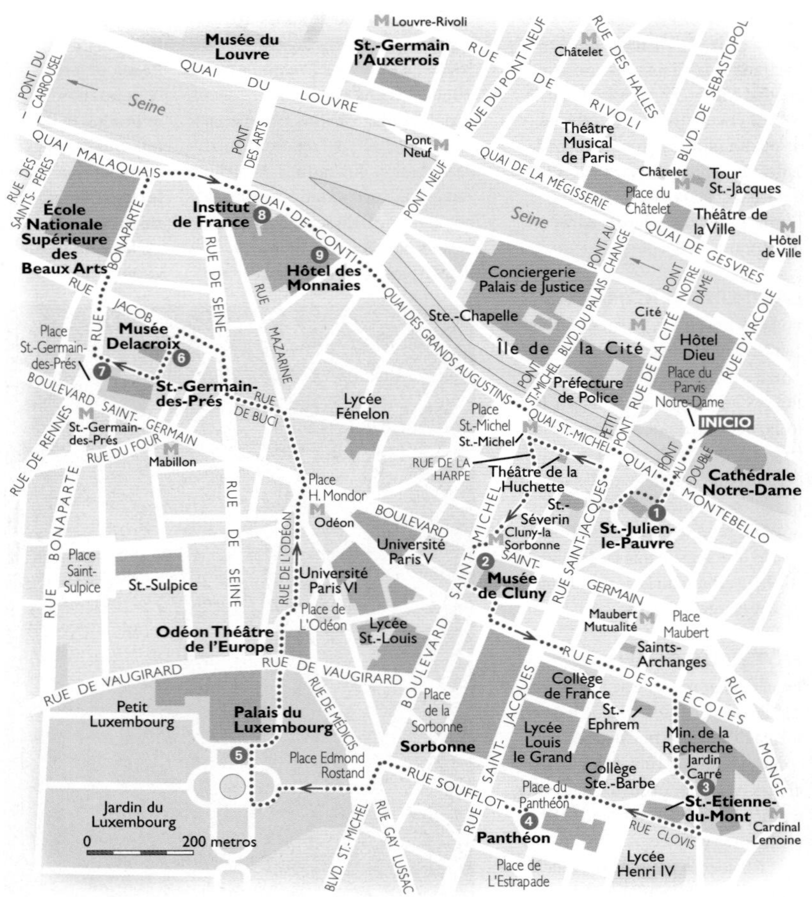

Geneviève, gire a la derecha y suba por esta calle de pronunciada pendiente. Bautizada en honor de la patrona de París, la calle era la vía romana que unía Lutetia (París) con Italia.

En la bifurcación, tome la Rue Descartes. Gire a la derecha por la Rue Clovis, bautizada en honor a este rey franco que derrotó a los romanos. A su derecha se encuentra la espléndida iglesia de **St-Étienne-du-Mont** ❸, que bien merece una breve visita para observar la intrincada reja que separa la nave del coro, del siglo XVI, flanqueada por unas escaleras de caracol. La Rue Clovis desemboca en la Place du Panthéon. Rodee la plaza para entrar en el **Panthéon** ❹ (*Tel 01 44 32 18 00*), donde se halla la tumba de Voltaire, Rousseau, Hugo

- Ver mapa pág. 53
- ➤ Pont au Double (Metro: Maubert-Mutualité)
- 4,5 km
- 2 horas
- ➤ Pont au Double

PUNTOS DE INTERÉS

- Musée de Cluny
- Panthéon y St-Étienne-du-Mont
- Jardin du Luxembourg
- Hôtel des Monnaies

y otros genios franceses. Baje por la Rue Soufflot hasta el **Jardin du Luxembourg** ❺. Las avenidas del siglo XVII invitan a realizar largos y relajantes paseos.

Deje a la derecha los jardines del **Palais du Luxembourg** (sede del senado francés) y diríjase al Odéon-Théâtre de l'Europe, del siglo XVIII. Siga por el Boulevard St-Germain hasta llegar a la Rue de l'Ancienne Comédie. A la derecha se encuentra **Le Procope** (*13 rue de l'Ancienne Comédie; Tel 01 40 46 79 00*), el primer café de París (ver pág. 70), ahora un restaurante.

Gire a la izquierda por la Rue de Buci y a la derecha hacia la Rue de Seine. Toda esta zona está llena de pequeñas tiendas, la mayoría de las antigüedades y obras de arte. Gire a la izquierda por la Rue Jacob y de nuevo a la izquierda hacia la Rue Furstemberg. En una de las esquinas de la Place Furstemberg se halla el **Musée National Eugène Delacroix** ❻ (*Tel 01 44 41 86 50; cerrado mar.*), en el que había sido el último domicilio del artista.

Desde la Rue Furstemberg, gire a la derecha y siga hasta la Place St-Germain-des-Prés. Al lado de la antigua iglesia abacial de **St-Germain-des-Prés** ❼, en un pequeño jardín, se encuentra una escultura de Picasso, llamada *L'Hommage à Apollinaire.*

En la Place St-Germain-des-Prés puede tomar algo en algunos de los cafés más conocidos de París, como **Les Deux Magots** o el **Café de Flore** (ver pág. 70). Desde la plaza, baje por la Rue Bonaparte, llena de interesantes tiendas y galerías. A la izquierda se encuentra la École Nationale Supérieure des Beaux-Arts (Escuela de Bellas Artes).

Una vez llegado al Sena, y contemplado una magnífica panorámica del Louvre, gire a la derecha por el Quai Malaquais y pase por delante del **Institut de France** ❽. Aquí es donde las históricas academias francesas llevan a cabo sus investigaciones. Un poco más adelante, en la antigua casa de la moneda, el **Hôtel des Monnaies** ❾ acoge el Musée de la Monnaie (*Tel 01 40 46 56 66; cerrado lun.*).

Descienda por los escalones que comunican el Quai des Grands-Augustins con el terraplén más bajo del Sena, lejos de las calles concurridas. Regrese al Pont au Double. ■

Uno de los muchos cafés del Quartier Latin.

Musée d'Orsay

Musée d'Orsay
53 C3
1 rue de la Legión d'Honneur
01 40 49 48 14
www.musee-orsay.fr
Cerrado lun.
$$
Metro: Solférino Musée d'Orsay

El reloj dorado marca la hora para los amantes del arte.

INAUGURADO EN 1986, EL MUSÉE D'ORSAY PRONTO SE convirtió en uno de los principales museos de arte de Europa. El edificio, nada convencional (un hotel de la Rive Gauche reconvertido y una estación de tren), se convirtió en sede de originales exposiciones, y por ese motivo fue muy aclamado. Las colecciones cubren el período que va desde 1848 hasta 1914.

LA ESTACIÓN

El hotel y la estación originales se construyeron para la Exposición Universal de 1900 en el lugar donde antes se encontraba el Musée d'Orsay, quemado en el levantamiento de la Commune de 1871. La arquitectura funcional de hierro y cristal habría desentonado con la elegancia de esta parte de París, así que se construyó una monumental fachada de piedra para que escondiera de forma efectiva la función del edificio. La ornamención de las amplias áreas de recepción, el restaurante y la sala de baile, de estilo belle époque, todavía se conserva intacta.

En cuarenta años la estación quedó obsoleta, sus andenes eran demasiado cortos para los trenes modernos. El edificio se utilizó de forma puntual como central de correos, plató de cine y alojamiento para prisioneros de guerra. En la década de 1960, los planes de demolición ya estaban muy avanzados cuando llegó la propuesta de reconversión. Esto permitió que varias colecciones de arte importantes, que cubrían el período de 1848 a 1914, se reagrupasen, incluyendo las famosas obras impresionistas que se mostraban en el Jeu de Paume, al otro lado del Sena.

PLANTA BAJA

Los visitantes que no dispongan de demasiado tiempo pueden tener la tentación de dirigirse hacia las colecciones impresionistas que se encuentran en los pisos superiores. Resista si tiene tiempo: la planta baja, donde se muestran principalmente el período 1848-1870, enseña algunos de los avances que establecieron las bases de la pintura y la escultura del siglo xx. En la galería central, dedicada a la escultura, fíjese de forma especial en la obra de Jean-Baptiste Carpeaux (1827-1875), cuyo conjunto de bronce *El Conde Ugolino* inspiró a Rodin en su *El Pensador*.

La pintura de mediados del siglo XIX ocupa las galerías laterales de esta planta. A la derecha (justo al entrar) se encuentran las obras posteriores de Ingres y Delacroix.

Las piezas más destacadas de las galerías del lado opuesto (norte) incluyen cuadros de los realistas Millet y Courbet. Fíjese especialmente en *Las espigadoras* de Millet y en el *Entierro en Ornans* de Courbet. Muchas obras como éstas ilustran el distanciamiento de los temas heroicos y estilizados y el nuevo interés hacia lo cotidiano. Un enfoque igualmente revolucionario del uso del color y la luz caracteriza la pintura anterior a 1870, con artistas como Monet, Pissarro, Manet y Renoir, que se encuentran en los extremos norte y este de la planta.

PLANTA SUPERIOR

Las obras más importantes de la famosa colección de arte impresionista del museo se encuentran en la planta superior. Entre las más conocidas destacan el *Desayuno en la hierba* de Manet, *Las amapolas* de Monet y el retrato que Whistler hizo de su madre. Todos los grandes artistas de la época están bien representados; hay obras de Renoir, Cézanne, Pissarro y Degas. Algunas de las mejores obras de Van Gogh se encuentran en el museo, como *Habitación en Arles*, *Iglesia en Auvers* y algunos autorretratos.

Algunas de las salas del extremo oeste de esta planta exhiben cuadros de la escuela de Pont-Aven, un grupo disidente liderado por Paul Gauguin. Todos ellos ponían énfasis en los modelos bidimensionales procedentes de la memoria en vez de la naturaleza. Una sala cercana está dedicada a los *nabis*, otro género de pintores de finales del siglo XIX como Bonnard y Vuillard, cuyo nombre procedía de la palabra hebrea *nabi* (profeta). Sus formas planas y lineales y el uso arbitrario del color establecieron las bases de las primeras manifestaciones de arte abstracto del siglo XX.

PLANTA INTERMEDIA

Si puede, tómese tiempo para visitar la gran variedad de colecciones de esta planta. Algunas, como las primeras fotografías, el vidrio y la cerámica de estilo art nouveau o la suntuosa sala de baile del antiguo hotel, contrastan con las exposiciones de las otras plantas. Las otras galerías regresan a temas ya explorados: se pueden ver las obras más importantes de los *nabis* (como *La partida de cróquet*, de Bonnard), algunas esculturas de Rodin y salas dedicadas a la pintura naturalista y simbolista. ■

El conjunto de bronce de Carpeaux, *El Conde Ugolino*, influenció a escultores posteriores, el más famoso de ellos, Rodin.

Musée du Quai Branly

Musée du Quai Branly

www.quaibranly.fr

52 B3

Entrada por rue de l'Université o Quai Branly

01 56 61 70 00

Cerrado lun.

$$$

Metro: Iena, Alma-Marceau. O tome la lanzadera fluvial

Muchos de los objetos expuestos en el nuevo Musée du Quai Branly, que representan culturas de todo el mundo, proceden de colecciones históricas de viajeros del siglo XIX.

EL MUSÉE DU QUAI BRANLY, SITUADO A ORILLAS DEL SENA, SE inauguró en junio de 2006. Atesora una extensa colección de casi 300.000 piezas procedentes del Musée de l'Homme y del Musée National des Arts d'Afrique et d'Océanie dedicada al arte étnico de todos los rincones del mundo. Jean Nouvel proyectó el edificio, una construcción con la fachada de cristal a cuyo alrededor se extiende un parque con un estanque, paseos y 200 árboles. Uno de sus elementos más curiosos es un *mur végétal*, un muro formado por 150 especies de plantas.

La colección, gran parte de la cual fue reunida por viajeros del siglo XIX, incluye esculturas de piedra de Sumatra, arte aborigen de Australia y artefactos de Nueva Guinea relacionados con los ritos de iniciación y el culto a los antepasados. En la enorme colección de **arte africano** hallará muebles, bordados, cerámica, recipientes de madera y joyas. La **colección franco-indochina** tiene el arroz como tema dominante, junto con la agricultura familiar, el budismo popular y los cultos religiosos.

En la **colección textil** hay telas precolombinas de Paracas, pieles pintadas de las llanuras norteamericanas, bordados de Bengala y otros suntuosos ejemplos de paños etnográficos. En otro sitio se expone un gran número de **instrumentos musicales,** incluidos tambores e idiófonos –cuerpos rígidos que vibran percutiéndolos, sacudiéndolos o raspándolos–, en una torre de cristal transparente. Un sistema multimedia ejecuta las canciones vespertinas de los nómadas de Níger, las polifonías vocales de los pigmeos de Camerún y muchas otras.

Las soberbias exposiciones del museo resultan aún más interesantes gracias a las pinturas, grabados, cuadernos de viajes, acuarelas pintadas por marinos a finales del siglo XVIII (incluido Paul Gauguin), bocetos de paisajes del Norte de África y del sur del Sahara realizados por exploradores, e imágenes de indios americanos tal como se los imaginaban en el siglo XVIII que evocan la historia de las piezas expuestas. ■

Tour Eiffel

Tour Eiffel

- 52 A3
- Champ de Mars
- 01 44 11 23 23
  www.tour-eiffel.fr
- $$
- Metro: Bir-Hakeim

Estadísticas

- Altura (incluyendo la antena): 319 m
- Incremento en la altura por dilatación en días calurosos: hasta 15 cm
- Altura primer nivel: 57 m
- Altura segundo nivel: 115 m
- Altura último nivel: 276 m
- 1.585 escalones
- 6 millones de visitantes al año

Si la Torre Eiffel ya es impresionante de día, de noche se ilumina con miles de luces.

ALZÁNDOSE EN MEDIO DE LA VERDE EXTENSIÓN DEL Champ de Mars, donde 140 años antes de su construcción se organizaban desfiles militares, la Tour Eiffel es el símbolo por excelencia de París. Fue construida en 1889 en conmemoración del centenario de la Revolución, y en 1989 medio millón de personas se unieron a los festejos de la celebración de su propio centenario.

Cuando el proyecto de la Tour Eiffel ganó el primer premio en el concurso organizado para la Exposición Universal de 1889, Gustave Eiffel declaró que Francia sería la única nación que poseería un asta de 300 metros para su bandera. La precisión utilizada en su proyecto, que detallaba las medidas exactas de cada una de las más de 15.000 piezas metálicas, permitió que se terminara con la participación de 300 trabajadores y en tan sólo dos años. Se utilizó la increíble cantidad de 2,5 millones de remaches. Tuvo un éxito inmediato: durante la exposición fue visitada por casi 2 millones de personas.

La torre iba a ser demolida en 1909, pero en aquel entonces se había convertido en un elemento indispensable para el servicio transatlántico de radio y telefonía.

Puede llegar hasta el primer nivel subiendo por los 360 escalones o en cualquiera de los cuatro ascensores que recorren las patas en diagonal (uno sólo se utiliza para el restaurante). En este nivel, en un pequeño museo se proyecta un corto sobre la historia de la torre, e incluye la visita de algunas celebridades. Un vídeo proporciona detalles sobre el edificio, incluyendo la inclinación que alcanza en un día de viento (tan sólo 12 cm).

La vista panorámica desde arriba es espectacular. En un día claro, se puede ver el horizonte a 72 km. Debajo se encuentra el Sena y, en la orilla de enfrente, el Palais de Chaillot. Por la noche, la torre se ilumina desde dentro durante diez minutos cada hora, lo que la convierte en todo un símbolo de la imagen romántica de París. ■

Musée Rodin

Musée Rodin
52 B3
77 rue de Varenne
01 44 18 61 10
Cerrado lun.
$
Metro: Varenne

Durante los últimos nueve años de su vida, el escultor Auguste Rodin (1840-1917) tuvo su estudio en el Hôtel Biron, una elegante mansión rococó cerca de Les Invalides. Construida en 1730, la casa y su encantador jardín eran propiedad del mariscal de Biron, que murió en la guillotina. En 1908 alojó varios estudios de artistas. Rodin vivió allí desde ese mismo año hasta su muerte, pagando el alquiler con sus obras. Después de su muerte, la casa se convirtió en un museo para albergar la colección que había cedido a la nación.A Rodin le llegó la fama a los 40 años, pero su producción fue muy prolífica, y el museo posee varios miles de esculturas y fragmentos, así como muchos dibujos. Entre sus obras de juventud se encuentran un busto de su padre y la fantástica Mujer joven con sombrero de flores en terracota (c. 1865). El primer encargo importante del escultor, en 1880, fue el de *Las puertas del infierno.* Pensado como una puerta de bronce para el Musée des Arts Décoratifs, la obra no se fundió hasta 1929, después de la muerte de Rodin, pero la mayoría de las figuras que había hecho para este proyecto se convirtieron en esculturas individuales.

Al lado de las obras de Rodin, se encuentran las de algunos de sus contemporáneos, especialmente de su desafortunada amante, Camille Claudel, de gran talento. Camille nunca llegó a recuperarse del rechazo de Rodin en 1898, y pasó sus últimos años en un manicomio.

Con sus rosas, sus bancos y su café en verano, los jardines son un agradable final de visita. ■

Hôtel des Invalides

Hôtel des Invalides
52 B2
esplanade des Invalides
01 44 42 54 52
Visitas guiadas: 01 44 42 37 72
www.invalides.org
$$
Metro: Varenne, Latour Maubourg

Monumental, incluso para los estándares impuestos por el Rey Sol, el Hôtel des Invalides fue fundado por Luis XIV para cuidar de sus veteranos de guerra. Este impresionante edificio de estilo clásico, con su enorme y austera fachada, se terminó de construir en 1676. La Église du Dôme, cuya cúpula dorada se encuentra actualmente sobre la tumba de Napoleón, fue añadida en 1706.

El enorme **Cour d'Honneur** está rodeado por dos plantas de arcadas. *El pequeño caporal,* una estatua de Napoleón I se encuentra en el lado sur del patio. Los cuatro pabellones están adornados con trofeos, banderas, armas y escudos heráldicos y, en la azotea, unos caballos de piedra pisotean emblemas de guerra. Al fondo se encuentra la entrada hacia la iglesia de los soldados, **St-Louis-des-Invalides,** repleta de estandartes capturados al enemigo.

Junto a la **Église du Dôme** hay un mausoleo dedicado a los héroes del ejército de Francia. Justo debajo de la cúpula se halla la **tumba de Napoleón I.** En su centro, encima de una base de granito verde, se halla un sarcófago color púrpura que contiene las cenizas de Napoleón.

MUSÉE DE L'ARMÉE

El Museo del Ejército posee una de las mejores colecciones militares del mundo. El **Musée des Plans-Reliefs** exhibe maquetas de ciudades amuralladas y fortificaciones de Francia y sus fronteras. Algunas de las maquetas datan incluso de 1668. Visite también el **Musée de l'Ordre de la Libération,** dedicado a la Segunda Guerra Mundial. ■

Pantallas metálicas que controlan la luz en el Institut du Monde Arabe.

Otras visitas interesantes de la Rive Gauche

ASEMBLÉE NATIONALE

La cámara baja del parlamento francés se halla en Palais Bourbon. El techo de la biblioteca, de Delacroix, ilustra la historia de la civilización.
53 C3 Palais de Bourbon, quai d'Orsay
01 40 63 60 00 Se requiere concertar una cita previa para visitas guiadas de grupos de 10 o más personas Metro: Assemblée Nationale

LAS CATACUMBAS

En los antiguos túneles de la cantera de Montparnasse se halla el osario más grande del mundo, con más de 6 millones de esqueletos.
53 C1 1 avenue Colonel Rol Tanguy
Cerradas lun. 01 43 22 47 63 $
Metro: Denfert-Rochereau

CIMETIÈRE DU MONTPARNASSE

En Montparnasse se reunían las figuras más importantes de la literatura y el arte. Los restos de Baudelaire, Saint-Saëns, Sartre, Ionesco y muchos otros se encuentran enterrados aquí.
53 C1 3 boulevard E. Quinet 01 44 10 86 50 Metro: Edgar Quinet, Raspail

LAS ALCANTARILLAS DE PARÍS

La inmensa red de alcantarillas (*égouts*) que Haussmann hizo construir en 1850 se ha convertido en una atracción turística muy famosa.
53 B3 frente al 93 quai d'Orsay
Cerradas jue., vier. y en enero
$ Metro: Alma Marceau

INSTITUT DU MONDE ARABE

Un edificio innovador construido en 1987, en el que se exhiben cerámicas y alfombras árabes.
53 E2 1 rue des Fossés St-Bernard
01 40 51 38 38 Cerrado lun. $
Metro: Jussieu, Cardinal Lemoine

JARDIN DES PLANTES

Entre la gran variedad de plantas hay dos árboles plantados en 1636, un año después de la fundación del museo de historia natural contiguo.
53 E1/2 57 rue Cuvier Museo cerrado mar. 01 40 79 56 01 $ Metro: Monge, Gare d'Austerlitz

JARDIN TINO-ROSSI

Pasee entre los árboles, y las esculturas de esta tranquila zona próxima al Sena, con vistas de la Île-St-Louis. No lo visite de noche.
53 E2 quai St-Bernard Metro: Gare d'Austerlitz

LA MOSQUÉE

Los patios de esta mezquita, inspirados en los de la Alhambra, esconden un baño turco.
53 D1 2 place du Puits-de-l'Ermite
Cerrado vier. 01 43 31 18 14 Metro: Monge

TOUR MONTPARNASSE

Esta torre de 210 m ofrece vistas panorámicas.
53 C1 place Rault-Dautry $$
Metro: Montparnasse-Bienvenue ■

Los cafés, un modo de vida

Para los parisinos, el café ocupa un lugar especial en sus vidas: aquí se reúnen con los amigos, hablan del tema del día y observan cómo la vida transcurre a su alrededor. Al ser lugar de intercambio de ideas para artistas e intelectuales, en muchos cafés parisinos se han vivido anécdotas famosas. La cultura tradicional de los cafés está actualmente más de moda que nunca, aunque el número de cafés en París ha descendido de forma significativa en los últimos años.

Los populares cafés han cambiado muy poco a través de los años. Aux Deux Magots de la década de 1950 (arriba) es casi idéntico a Les Deux Magots de hoy en día (superior); sólo ha cambiado el rótulo. El mobiliario, el uniforme de los camareros y la clientela siguen siendo los mismos.

Cafés históricos

En 1686 abrió sus puertas el primer café de París, Le Procope, en la Rive Gauche (todavía existe, pero como restaurante). Pronto se convirtió en el lugar de encuentro de los actores de la Comédie-Française y, más tarde, de los filósofos Voltaire y Rousseau, los revolucionarios Danton, Robespierre y Marat, y de escritores del siglo XIX como Balzac y Hugo.

Los majestuosos Grands Boulevards del siglo XIX trasladaron la vida de los cafés hasta las aceras. El Café de la Paix, uno de los primeros, todavía conserva gran parte del esplendor del Segundo Imperio. A los parisinos les encanta sentarse en las terrazas para observar cómo transcurre la vida en la calle.

En la década de 1920, la sociedad de los cafés se había trasladado hasta Montparnasse, donde artistas como el fotógrafo Man Ray y el novelista Henry Miller frecuentaban cafés como La Rotonde, Le Dôme y Le Select. En 1939, Picasso se contaba entre los mecenas del Café de Flore, en St-Germain, al que siguieron en 1940 Jean-Paul Sartre y Simone de Beauvoir. Durante los largos ratos que Sartre y Simone de Beauvoir pasaron allí, él desarrolló la filosofía del existencialismo. Muy cerca se encuentra Les Deux Magots, llamado así por las dos estatuas de unos chinos mandarines, los *magots*, que se hallan encima de una columna: un recordatorio de la función original del café, la venta de sedas. Les Deux Magots atrajo a toda una generación de filósofos y escritores, entre ellos Ernest Hemingway, André Breton y André Gide.

Los cafés en la actualidad

Hoy en día, los cafés mantienen vivas las tradiciones. Magníficos ejemplos de diseño, muchos todavía atraen a una clientela artística.

El Café Beaubourg, en la plaza del Centre Pompidou, fue diseñado por Christian de

Si quiere leer una revista, tomar algo, discutir sobre el sentido de la vida o simplemente sentarse y observar, no deje de ir a un café.

Pontzamparc y es un lugar de reunión de moda de artistas, críticos y propietarios de galerías de arte. En la Rive Gauche, La Palette es muy popular entre los estudiantes de la École des Beaux-Arts, y los jubilados parisinos y la elite más elegante se acercan allí para ser observados. En verano tiene una fantástica terraza a la sombra de unos árboles.

Un café ideal para observar a la gente es el Café Marly, en el patio del Louvre, con vistas a la pirámide. Caro pero con mucho encanto, tiene los reservados con más clase que jamás se hayan visto en un café. En la otra cara de la moneda se encuentran los cafés locales, donde los trabajadores toman un tentempié a la hora de la comida y los clientes del vecindario se reúnen por las tardes. Encontrará muchos en Montmartre y Pigalle.

A la mayoría de los visitantes de París también les gusta sentarse en las terrazas. Los cafés abren a primera hora de la mañana, a tiempo para servir el tradicional *grand crème* (una gran taza de café con leche) con cruasanes a la gente que va a trabajar. Durante el día también sirven vino, cerveza y pastís (un fuerte licor de anís diluido con agua), y, por supuesto, café exprés. Las bebidas son más baratas *au bar* (en la barra) que *en salle* (en las mesas).
Y todavía son más caras si se sienta en las mesas de la terraza, pero este incremento de precio parece no preocupar a los clientes absortos en el paisaje. ■

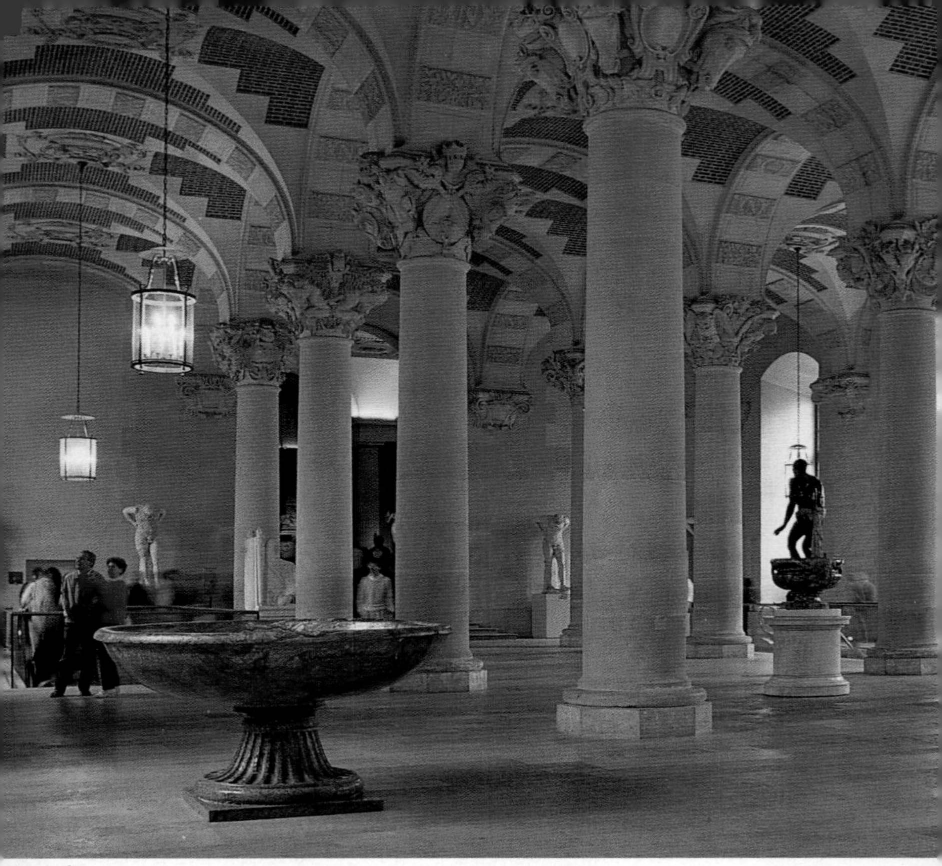

El Louvre es el museo más grande del mundo y un edificio muy elegante.

Rive Droite

Desde que Carlos V instaló aquí su residencia real, a finales del siglo XIV, esta zona al norte del Sena ha estado siempre favorecida por los más ricos. Su legado ha consistido en palacios, elegantes plazas y jardines, majestuosos boulevards y magníficas residencias. En las últimas décadas se han llevado a cabo imaginativos proyectos de restauración, como el de Les Halles, Beaubourg y Le Marais. La vida cultural de la Rive Droite (orilla derecha) abarca desde la Opéra Garnier hasta los museos, entre los que se encuentra el Louvre.

A medida que París iba ganando importancia, también lo hacían sus edificios, como las Tuileries, construidas para Catalina de Médicis pero destruidas por las llamas en 1871, y el Palais-Royal, en sus inicios la residencia del cardenal Richelieu. Como homenaje a la gloria de su imperio, Napoleón III promocionó el estilo neoclásico, como el utilizado en La Madeleine y el Arc de Triomphe. Los *grands projets* del siglo XIX hicieron desaparecer las construcciones más antiguas para dejar paso al proyecto urbanístico más ambicioso del barón Haussmann: les Grands Boulevards.

Si busca una elegancia más moderna, la encontrará en las tiendas de moda, joyerías y galerías de arte de la Rue St-Honoré y Place Vendôme. La Rive Droite es el centro mundial de la alta costura. ■

Champs-Élysées

Champs-Élysées
52 B4
Metro: Champs Élysées Clemenceau, Franklin Roosevelt, George V

Las luces del incesante tráfico que se dirigen al Arc de Triomphe delimitan los Champs-Élysées.

De una pista pantanosa y sin pavimentar, los Campos Elíseos se han convertido en una de las avenidas más famosas del mundo. María de Médicis comenzó el proceso en 1616, y cuando el paisajista André Le Nôtre plantó árboles para enmarcar la vista hacia el oeste desde el Louvre, la avenida se convirtió en una elegante vía para los carruajes. En 1836, cuando la vista estaba coronada por el Arco de Triunfo, los Campos Elíseos ya estaban consagrados como paseo señorial.

En la avenida se celebran eventos de estado, desde el retorno en 1944 del general De Gaulle hasta el segundo centenario de la Revolución francesa. Los Campos Elíseos se están renovando con nuevos restaurantes elegantes, varios proyectos arquitectónicos espectaculares y el restaurado Publicis Drugstore, toda una institución en París. ■

Arc de Triomphe

Arc de Triomphe
52 A4
place Charles de Gaulle

01 55 37 73 77
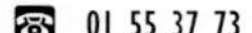
$$
Metro: Charles-de-Gaulle-Étoile

Este punto clave de París domina el eje que va hacia el este desde los Champs-Élysées y hacia el oeste por la Avenue de la Grande Armée hacia La Défense. En el siglo XIX, el Arc de Triomphe se convirtió en el centro de 12 avenidas radiales. Conocido actualmente como la Place Charles-de-Gaulle, se halla rodeado por un perpetuo remolino de tráfico.

Napoleón I hizo construir el arco de triunfo en 1806 como tributo a su Grande Armée. Se terminó en 1836; en 1840 los restos de Napoleón se trasladaron a Les Invalides, y desfilaron bajo el arco antes de llegar a su destino final.

El arco mide 50 m de altura y tiene cuatro gigantescas esculturas, que representan las victorias conseguidas durante la Revolución y el Primer Imperio. La parte superior está rodeada de escudos con los nombres de las batallas de la Grande Armée. En el interior, un ascensor y unas escaleras conducen hasta el mirador. En la parte superior, un pequeño museo tiene unas pantallas de vídeo que informan sobre la historia del arco.

El Soldado Desconocido fue enterrado debajo del arco, en 1920. Cada día, a las 18.30, se enciende una llama en su memoria. ■

Un paseo desde la Opéra Garnier

Para ver el París más elegante, haga este recorrido desde la Opéra hasta los Champs-Élysées, atravesando el Jardin des Tuileries para regresar pasando por el Palais-Royal.

La lujosa y legendaria **Opéra Garnier** ❶ de París, inaugurada en 1875, está actualmente dedicada al ballet. Desde la Place de l'Opéra, tome la Rue de la Paix, llena de joyerías, hasta llegar a la igualmente clásica Place Vendôme, dominada por el Hotel Ritz.

Atraviese la plaza en dirección a la Rue de Castiglione y gire a la derecha por la Rue St-Honoré, famosa por sus tiendas de moda. Tome la bifurcación de la derecha, la Rue Duphot, y diríjase hacia la Place de la Madeleine. **La Madeleine** ❷, con sus 52 columnas corintias, dispone de una gran vista de la Place de la Concorde hasta la Rue Royale.

Una vez en la Rue Royale, gire a la derecha por la Rue du Faubourg <-Honoré, más allá del **Palais de l'Élysée** ❸, la residencia oficial del presidente francés desde 1873 (no se permite el acceso al público).

Gire a la izquierda por la Avenue de Marigny y cruce los Champs-Élysées hasta la Avenue Winston Churchill, entre el **Grand Palais** ❹ y el **Petit Palais,** ambos construidos para la Exposición Universal de 1900. El Petit Palais alberga la variada colección de arte de la ciudad de París en un edificio bellamente restaurado. En el ala oeste del Grand Palais se encuentra el **Palais de la Découverte,** un museo de la ciencia y un planetarium (*Tel 01 56 43 20 20; cerrado lun.).*

Cruce Cours la Reine para ver el Sena desde el exquisito Pont Alexandre III. Gire a la izquierda por el muelle hasta la **Place de la Concorde** ❺. Esta plaza, diseñada en 1757, fue testigo de miles de ejecuciones durante el Terror en 1793-1794. El obelisco egipcio de 3.000 años de antigüedad que se halla en el centro domina las ocho estatuas que representan las principales ciudades francesas.

Cruce a través de las verjas de hierro del **Jardin des Tuileries,** diseñados originalmente en 1564 para el palacio de Catalina de Médicis. El palacio de las Tuileries fue destruido en 1871 por los *communards*, pero sus jardines han cambiado poco desde entonces.

El estanque octogonal se encuentra flanqueado por dos galerías de arte. En la **Galerie National du Jeu de Paume** ❻ (*Tel 01 47 03 12 50; cerrado lun.*), construida en 1878 como pista de tenis, es ahora un centro de exposiciones de fotografías e imágenes. El **Musée de l'Orangerie** ❼, construido en 1852, exhibe la famosa serie de *Nenúfares* de Claude Monet (*Tel 01 44 77 80 07; cerrado mar.).*

Siga por los jardines, en los cuales pueden admirar sus más de 100 estatuas, hasta el Arc de Triomphe du Carrousel, construido en 1805 para conmemorar las victorias de Napoleón.

Atraviese los jardines y el arco que se encuentra bajo la galería norte del Louvre,

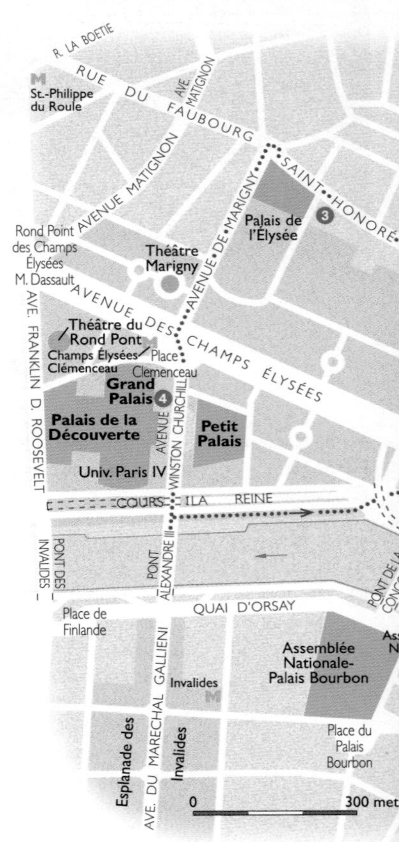

hacia la Rue de Rivoli. Gire a la derecha por la Place du Palais-Royal, y luego a la izquierda en la Place des Pyramides, sede de la **Comédie Française,** que es todavía el lugar por excelencia del teatro clásico francés. Camine a través de los soportales del teatro hasta llegar al **Palais-Royal** ⑧. El palacio del cardenal Richelieu (ahora oficinas del gobierno) no está abierto al público. Las columnas estriadas y las instalaciones de agua del Cour d'Honneur son obras de Daniel Buren de la década de 1980.

Pase por las arcadas llenas de tiendas a la izquierda de los jardines, luego gire a la derecha y a la izquierda por la Rue Vivienne, pasando por detrás de la antigua **Bibliothèque Nationale de France Richelieu,** cuyos 12 millones de libros se encuentran actualmente en la TGB (Très Grand Bibliothèque). En la Rue du Quatre Septembre, enfrente de **La Bourse** ⑨ (la Bolsa), gire a la izquierda para regresar a la Opéra. ■

Ver mapa pág. 53
- Place de l'Opéra (Metro: Opéra)
- 5 km
- 2½ horas
- Place de l'Opéra

PUNTOS DE INTERÉS

- La Madeleine
- Grand Palais y Petit Palais
- Place de la Concorde
- Jardin des Tuileries
- Jardin du Palais-Royal

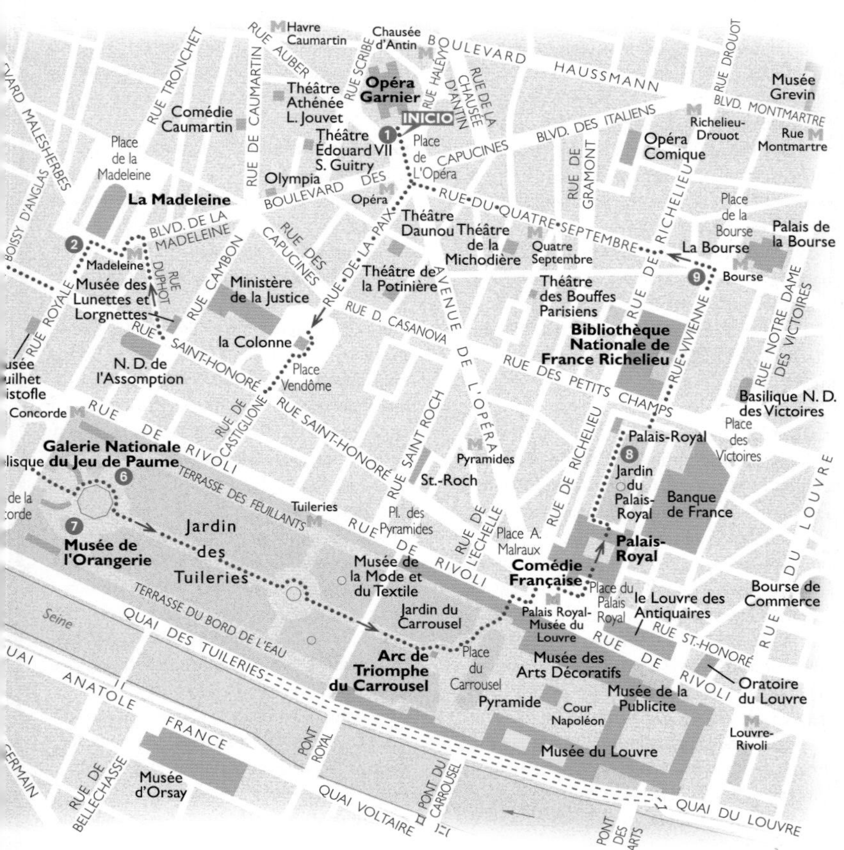

Un paraíso para compradores

Desde las pequeñas tiendas en las calles medievales hasta los elegantes centros comerciales, París es un paraíso para compradores. Si su bolsillo no da para la alta costura o los collares de diamantes, aún puede divertirse curioseando entre galerías y encontrando alguna ganga en los mercados o los tenderetes que se encuentran junto al Sena.

Tiendas especializadas

Algunas calles y zonas poseen comercios muy particulares. En la Île St-Louis, encontrará inusuales tiendas y restaurantes (y los mejores helados de la capital, en Berthillon). Los *bouquinistes* o libreros, con sus puestos de la Quai de Montebello, son uno de los particulares encantos de París. En la Place Louis-Lépine y en el Quai de la Mégisserie se pueden comprar flores, pájaros y animales.

La zona próxima al chic Boulevard St-Germain está llena de galerías de arte y anticuarios, especialmente en la Rue Bonaparte y la Rue des Sts.-Pères, mientras que los coleccionistas en busca de primeras ediciones se dirigen a la Rue Jacob.

En Le Marais, la Rue du Temple y la calle paralela, la Rue des Archives, son conocidas por las tiendas de artículos de piel y las joyerías; los establecimientos de los soportales de la Place des Vosges venden antigüedades, arte, moda y libros.

La capital de la moda

Durante siglos, el mundo ha estado influenciado por las tendencias de la moda de París. Esta ciudad todavía acoge a los diseñadores más famosos y continúa siendo la meca de los amantes de la moda. Las personas que buscan la alta costura acuden a la Avenue Montaigne. Chanel, Givenchy, Dior y Cartier se encuentran allí. Siguiendo con la tradición, Fabergé continúa exhibiendo joyas a precios astronómicos.

La Rue du Faubourg St-Honoré es la calle de la moda y la riqueza a gran escala. Las lujosas galerías de antigüedades, peleterías, perfumerías, tiendas de cristalería y caviar, y los diseñadores Gucci, Hermès, Lagerfeld y Lacroix invitan a los más pudientes a gastar en ellos su dinero. Joyeros exclusivos, como Van Cleef et Arpels, se concentran en la Rue de la Paix y Place Vendôme. Menos caras son las tiendas de ropa de la Rue de Rivoli.

Galerías y soportales

En el siglo XIX, los parisinos elegantes compraban en las 140 galerías cubiertas de la Rive Droite. Hoy en día sólo quedan unas 30. Sin haber cambiado demasiado su aspecto original, la Galerie Véro-Dodat, Galerie Colbert y la Galerie Vivienne resultan unos excelentes escenarios para sus restaurantes.

La zona entre la Rue de Rivoli y el Boulevard de Sébastopol está surcada de pasarelas con techos de cristal, como los pasajes Molière, des Princes, des Panoramas y du Claire. Además, bajo lo que queda hoy en día del verdadero laberinto de galerías del siglo XIX, se encuentra una multitud de tiendas especializadas y originales restaurantes.

Grandes almacenes y centros comerciales

Los grandes almacenes de París se caracterizan por la elegancia y el estilo de la ropa, los accesorios y el menaje del hogar. Au Printemps y las Galeries Lafayette, con su famosa cúpula de cristal, se encuentran cerca del distrito de la Opéra, conocido como el *quartier des grands magasins.* El Bazar de l'Hôtel de Ville (BHV), excelente por sus artículos para el hogar y de bricolaje, se halla en la Rue de Rivoli. Cerca del río, el famoso La Samaritaine está actualmente cerrado por problemas de seguridad y es probable que lo esté durante bastante tiempo. Au Bon Marché, en la Rive Gauche, posee una gran selección de productos de alimentación.

Los establecimientos cubiertos continúan siendo muy populares, y existen modernos centros comerciales subterráneos en el Forum des Halles y el Carrousel du Louvre, más allá de la Avenue du Général Lemonnier. Las elegantes tiendas de las Galeries des Champs-Élysées merecen una visita, mientras que Les Quatre-Temps, en La Défense, es uno de los centros comerciales más grandes de Europa. ■

La cúpula de las Galeries Lafayette ilumina las tres plantas llenas de seductores artículos.

Museé du Louvre

ANTAÑO EL PALACIO MÁS GRANDE DEL MUNDO, EL LOUVRE fue primero un «escaparate» del arte durante el reinado de Francisco I, que ansiaba mostrar sus pinturas italianas. Los gobernantes posteriores adquirieron nuevas obras de arte y finalmente el Louvre acabó convirtiéndose en uno de los museos más grandes del mundo.

Louvre

- 53 D3
- Palais du Louvre
- 01 40 20 50 50 Información grabada: 01 40 20 51 51 www.louvre.fr
- Cerrado mar.
- $$ ($ desde las 15.00; entrada libre para menores de 18 años)
- Metro: Palais-Royal-Musée du Louvre

Pág. anterior: la pirámide del Louvre, situada sobre el vestíbulo principal, es la famosa solución que adoptó I. M. Pei al problema de acceso del más popular de los museos.

Derecha: la *Victoria alada de Samotracia*, del siglo II a.C., se encuentra junto a las escaleras que conducen al primer piso del ala Denon.

El palacio comenzó siendo una fortaleza en las murallas de la ciudad medieval. Felipe Augusto amplió esta torre hacia el año 1200, creando un torreón rodeado por un foso. Ya bajo el nombre de Louvre, esta fortaleza fue utilizada como prisión y como arsenal. Unas excavaciones bajo el Cour Carrée dejaron al descubierto algunas de esas partes, que se muestran al público en la exposición que se encuentra en el ala Sully.

La transformación del Louvre en un palacio empezó en 1385, cuando Carlos V comenzó a convertirlo en una elegante residencia real con lujosos aposentos y una magnífica biblioteca.

No fue hasta el reinado de Francisco I (1515-1547) que el Louvre volvió a gozar del favor real. Este monarca coleccionó pinturas y esculturas durante sus viajes a Italia, y animó a los artistas italianos renacentistas como Leonardo da Vinci y Benvenuto Cellini a venir a Francia. Proyectó la remodelación del Louvre para albergar en él su colección, que ya incluía la pieza más famosa del museo: la *Mona Lisa* de Leonardo da Vinci.

El proyecto de Francisco I fue continuado por Enrique II. Después de su muerte, en 1559, su viuda, Catalina de Médicis, trasladó la residencia real del Hôtel des Tournelles hasta el Louvre. Entre 1595 y 1607, Enrique IV llevó a cabo el proyecto de Catalina de construir una larga galería al lado del Sena, para unir el Louvre con el Palais des Tuileries.

Entre los trabajos de construcción llevados a cabo en el siglo XVII se encuentra la mayor parte del Cour Carrée y la Colonnade, en el extremo este. El ritmo de dichos trabajos disminuyó en tiempos de Luis XIV, pero gracias al Rey Sol la colección real de arte se multiplicó por diez. Muchas de las obras más importantes del Louvre, como las de Rafael, Tiziano, Rubens y Holbein, fueron adquiridas durante este período.

En el siglo XVIII el Louvre se deterioró y perdió protagonismo. Sus aposentos se destinaron a varios usos, como el alojamiento para artistas vagabundos o la instalación de las sedes de academias francesas.

Finalmente, en 1793, el Musée

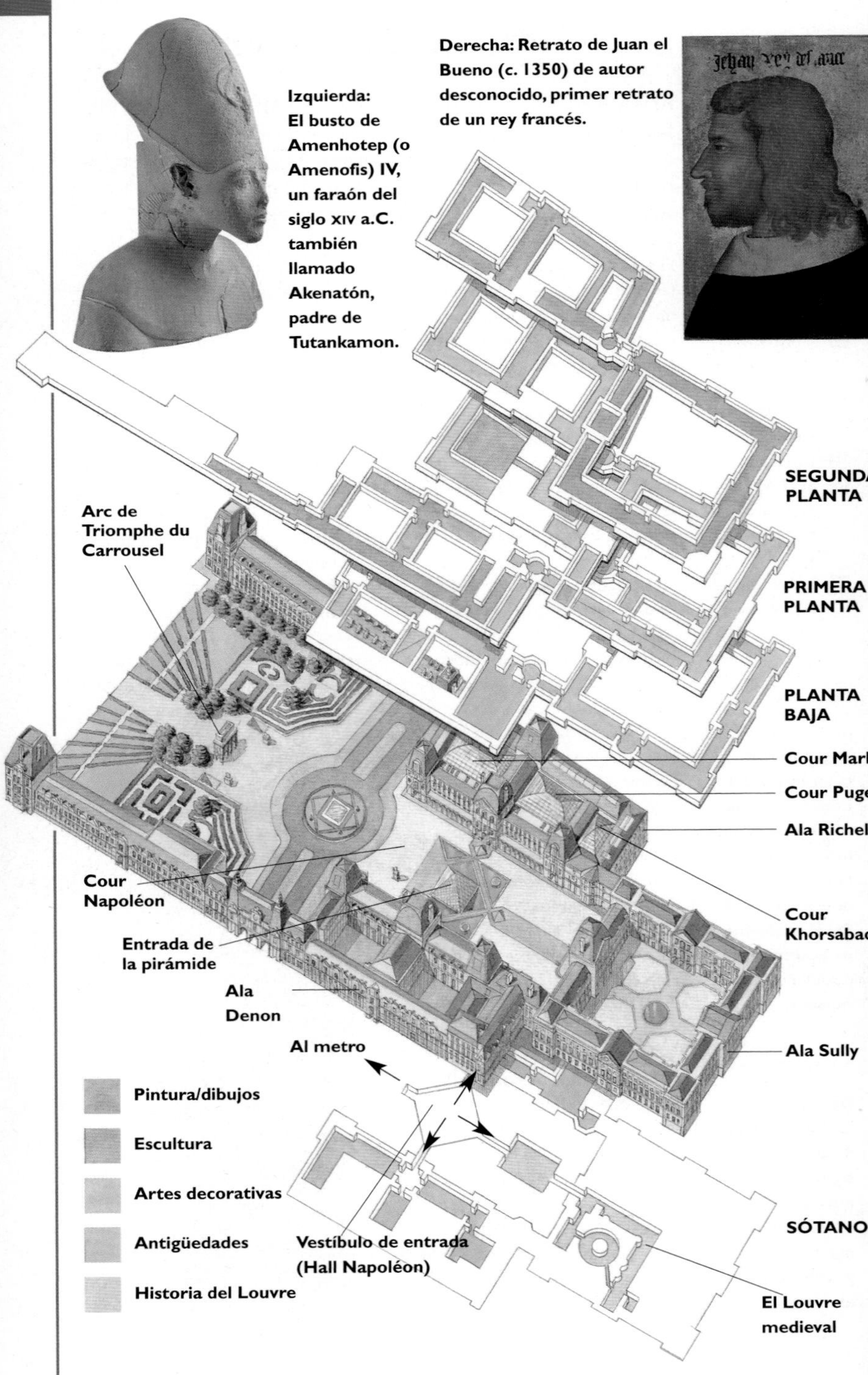

Izquierda: El busto de Amenhotep (o Amenofis) IV, un faraón del siglo XIV a.C. también llamado Akenatón, padre de Tutankamon.

Derecha: Retrato de Juan el Bueno (c. 1350) de autor desconocido, primer retrato de un rey francés.

Central des Arts se inauguró en el Louvre, y pronto acogió los muchos tesoros que Napoleón I trajo consigo de sus victorias en Europa. Napoleón III terminó finalmente el «gran diseño» simétrico del museo y creó los aposentos oficiales. El Louvre continúa con su tradición de cambios en un radical programa de reorganización y ampliación conocido como el proyecto «Grand Louvre». La Salle des États ha sido reabierta recientemente con una estancia dedicada únicamente a la *Mona Lisa.*

ORIÉNTESE POR EL MUSEO

La entrada principal del Louvre, en el Cour Napoléon, es una ingeniosa pirámide de 793 paneles de vidrio de I. M. Pei. Los visitantes descienden hasta la espaciosa área de recepción de deslumbrante mármol, conocida como el Hall Napoléon.

Aquí se encuentran los accesos a las tres alas del museo: Sully (situado en el Cour Carrée), Denon (al lado del Sena) y Richelieu (cerca de la Rue de Rivoli). Cada ala tiene cuatro niveles: sótano, planta baja, primera planta y segunda planta. (Una cuarta entrada conduce a los visitantes desde el Louvre hasta el Carrousel du Louvre, un centro comercial subterráneo, y hasta el metro.)

Con más de 30.000 obras de arte entre las que escoger, lo primero que necesita al visitar el Louvre es tener una idea clara sobre lo que le gustaría ver. Lo segundo es un mapa del museo, disponible en el punto de información, situado en el Hall Napoléon. El público también tiene a su disposición audioguías y visitas guiadas.

El museo consta de siete secciones: antigüedades orientales; antigüedades egipcias, antigüedades griegas, etruscas y romanas; artes decorativas; escultura; pintura, y grabados y dibujos. En cada sección hay diversas colecciones.

El ala Sully es un buen lugar para empezar su visita. Aquí, en el sótano (la planta inferior), se encuentran las ruinas de la fortaleza medieval de Felipe Augusto. Se pueden observar las mazmorras, la base de las torres gemelas y el soporte del puente levadizo, encima del foso, junto con cerámicas y objetos regios encontrados en las excavaciones.

El famoso retrato de Juan el Bautista, de Leonardo da Vinci.

LA ANTIGÜEDAD

A las galerías de la sección de antigüedades egipcias de las plantas inferiores del ala Sully, recientemente ampliadas, se puede llegar fácilmente desde la colección del Louvre medieval, a través de la Cripta de la Esfinge. La colección consta de dos partes: la planta baja, ordenada por temas (El Nilo; Escritura y escribas; Música y juegos), y la primera planta, ordenada cronológicamente. Ésta empieza con una daga ceremonial de 5.000 años de antigüedad, con mango de marfil grabado. La colección egipcia más grande fuera de El Cairo está formada por salas y más salas llenas de momias, frisos, telas, papiros, joyas y estatuas (incluyendo el *Escriba sentado*).

Las principales colecciones de Grecia y Roma se encuentran también en el ala Sully, donde seguro que reconocerá a la *Venus de Milo*, elegante como siempre, situada en la planta baja. No se pierda la enorme colección de jarrones de terracota griegos en la Galerie Campana (primera planta), y la espléndida cristalería griega y romana cerca de la renovada Salle des Verres. No muy lejos, en los antiguos establos de Napoleón III (ala Denon, sótano), se encuentra una fantástica galería nueva dedicada a la Grecia prehelénica. Fíjese especialmente en las esculturas de las Cícladas, unas

***El tramposo con el as de diamantes* (1635), de Georges de La Tour (1593-1652).**

figuras sorprendentemente modernas cuyas formas simples y elegantes no concuerdan con su verdadera edad (2000-3000 a.C.). Dos plantas más arriba, presidiendo la majestuosa escalinata Daru, se encuentra otra famosa estatua griega del Louvre, la grácil *Victoria alada de Samotracia*, tallada en mármol y que data de 190 a.C.

PINTURA

La enorme colección de pintura del Louvre se extiende por las tres alas. La segunda planta del ala Richelieu es quizás el mejor lugar para empezar. Se puede llegar a ella por las originales escaleras mecánicas de I. M. Pei, una respuesta de la década de 1990 a la gran escalinata de antaño.

La pintura del norte de Europa, que ocupa la zona oeste del ala, incluye obras de conocidos maestros holandeses y flamencos como Van Eyck, Rembrandt, los Brueghels y Vermeer. La gran galería Médicis es el escenario ideal para la obra más ambiciosa, la épica secuencia en 24 paneles de Rubens, que representa escenas de la vida de María de Médicis y que fue diseñada y realizada entre 1622 y 1625 para adornar el Palais du Luxembourg. En las galerías contiguas se encuentra una colección más pequeña, pero no menos significativa, de pintura alemana de los siglos XV y XVI, de autores como Durero, Cranach y Holbein, entre otros.

Una amplia secuencia cronológica de pintura francesa, desde el siglo XIV hasta el XIX, empieza en el extremo este de esta zona y continúa, en el sentido de las agujas del reloj, por toda la segunda planta del ala Sully. Entre los cuadros que se encuentran en las galerías del ala Richelieu, fíjese en dos tempranos retratos reales: el anónimo *Retrato de Juan el Bueno* (*c.* 1350) y el retrato a tamaño real de Carlos VII, de Jean Fouquet (1445-1450). Algunas obras que merece la pena buscar más tarde en esta larga secuencia son el enigmático *Pierrot* de Watteau (1718-1719), *Las bañistas* de

Fragonard (1764), y los cuadros de Ingres, incluido el retrato, hecho con una técnica brillante, del editor Louis-François Bertin (1832) y el conocido *Baño turco* (1862). Un conjunto de lienzos de Corot, incluyendo *La iglesia de Marissel* (1866), muestran cambios revolucionarios en el tema y la luz. Este nuevo pensamiento se convertiría muy pronto en la base del movimiento impresionista.

La colección italiana se encuentra en la Grande Galerie, en la primera planta del ala Denon, junto al Sena. Empieza con cuadros de Cimabue y Giotto y continúa con todos los grandes nombres del Renacimiento. Asegúrese de ver los delicados frescos de Botticelli de la Villa Lemmi, cerca de Florencia, del siglo XV, y el exquisito retrato de Rafael de su amigo Baldassare Castiglione (1515).

Tiziano y Tintoretto están representados en estas galerías no sólo a través de sus propios cuadros, sino también por Veronese, que, según cuentan, retrató a sus amigos entre los músicos de su enorme cuadro *Las bodas de Caná* (1563). Muy cerca se encuentra la sonrisa más enigmática del mundo, la de la *Mona Lisa* (1503-1506), conocida como *La Gioconda*. No se olvide de las otras obras maestras de Leonardo, que también se encuentran aquí, como *La virgen de las rocas* (1483-1486) y *La Virgen, Niño Jesús y santa Ana* (1510).

ESCULTURA

Las esculturas francesas se encuentran en las plantas inferiores del ala Richelieu, en las que durante la reciente remodelación del ala llevada a cabo por el gobierno, se instalaron tres patios cubiertos con sendas cúpulas de cristal. El Cour Marly se llamó así en honor al gran castillo y el parque que Luis XIV hizo construir en las afueras de París. El Rey Sol encargó la realización de un gran número de estatuas de mármol para su retiro, incluyendo *La fama montando sobre Pegaso* (1699-1702), de Antoine Coysevox. La colección de más de 20 estatuas de Marly también incluye la posterior *Los caballos de Marly*, tallada por Guillaume Coustou hacia el año 1745.

En el cercano Cour Puget se encuentran esculturas de Pierre Puget. Su obra más famosa, *Milón de Crotona* (1671-1682), fue encargada por Luis XIV para Versalles. La escultura extranjera puede verse en las dos plantas inferiores del ala Denon, donde los dos impresionantes, aunque inacabados, *Esclavos* de Miguel Ángel (1513-1515) son las obras más visitadas.

ARTES DECORATIVAS

En la Galerie d'Apollon, en la primera planta del ala Denon, verá el conjunto más deslumbrante de la colección: las joyas de la corona de Francia. Entre ellas se incluyen el cetro de oro realizado para Carlos V hacia el año 1380, y las coronas utilizadas en la coronación de Luis XV y Napoleón. También se expone uno de los diamantes más puros del mundo, conocido como el Regente, llevado por Luis XV el día de su coronación, en 1722.

Para ver más cosas sobre la vida de la realeza y el estilo del Segundo Imperio visite los aposentos oficiales de Napoleón III, decorados y amueblados de forma suntuosa, que se hallan en el extremo oeste de la primera planta del ala Richelieu. Desde la rue de Rivoli se accede al **Musée de la Mode et du Textile,** al **Musée des Arts Decoratifs** y al **Musée de la Publicité,** dedicado a la publicidad. ■

Uno de los *Esclavos* de Miguel Ángel, que estaban destinados a la tumba del papa Julio II.

Un paseo por Le Marais

Las joyas arquitectónicas de los siglos XVII y XVIII (varias de ellas convertidas ahora en museos) destacan al visitar esta parte de la ciudad, recientemente rejuvenecida.

Le Marais («pantano»), una zona pantanosa de la Rive Droite, fue delimitado por la gran muralla de París del rey Felipe Augusto. En el siglo XIII, el pantano fue drenado y se empezó a edificar. Hoy en día, la zona es una mezcla de calles medievales, mansiones del siglo XVII, pequeñas tiendas, galerías y bares.

Empiece desde la **Place de la Bastille** ❶, famosa por ser el lugar donde, el 14 de julio de 1789, fue tomado el fuerte de la Bastille y se desencadenó la Revolución francesa. Más reciente, de la década de 1980, es el edificio de la **Opéra National de Paris-Bastille,** en el extremo sureste. Su aspecto y la inversión que supuso provocaron un gran número de críticas. La columna de 50 m erigida encima de la plaza conmemora la Revolución de 1830.

Siga hacia el este por la Rue St-Antoine y gire a la derecha por la Rue de Birague hasta llegar a la **Place des Vosges** ❷. Esta plaza, que mandó construir Enrique IV y se terminó en 1612, posee dos pabellones reales. Muy

Ver mapa pág. 53
➤ Place de la Bastille (Metro: Bastille)
3,5 km
2 horas
➤ Quai des Célestins (Metro: Pont Marie)

PUNTOS DE INTERÉS

- Place des Vosges
- Musée Carnavalet
- Musée Cognacq-Jay
- Musée Picasso
- Hôtel de Sens

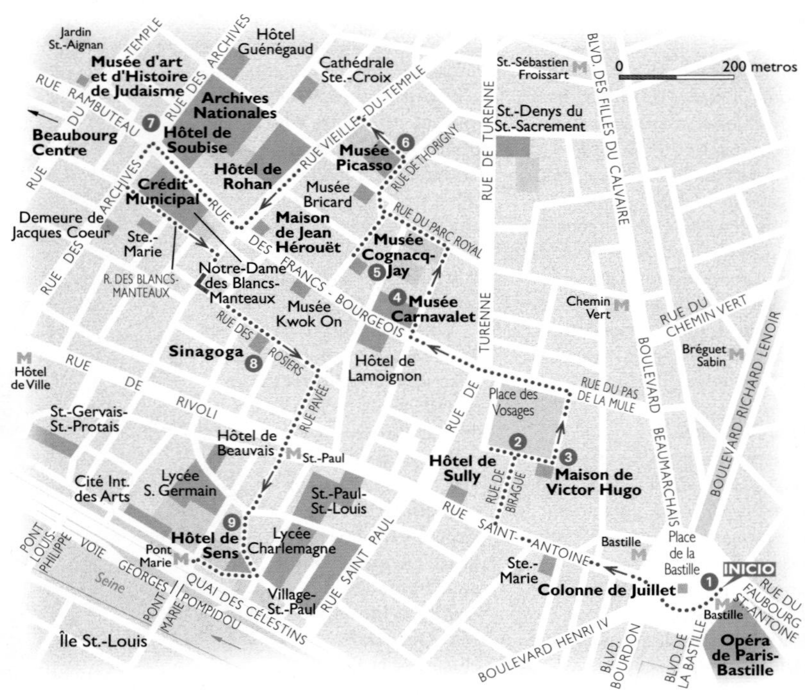

pronto atrajo a nuevos residentes, como el cardenal Richelieu y el dramaturgo Molière. La **Maison de Victor Hugo** 3, en el n.º 6, es un museo en memoria del escritor, que vivió aquí desde 1832 hasta 1848 (*Tel 01 42 72 10 16; cerrado lun.)*. En la esquina sudoeste está la entrada al **Hôtel de Sully,** que data aproximadamente de 1630; los dos patios están abiertos al público. Pasee por la plaza para admirar su simetría y, si lo desea, puede hacer una parada en las galerías y las tiendas o tomar algo bajo los soportales de Ma Bourgogne (n.º 19).

Abandone la plaza por la Rue des Francs-Bourgeois. Gire a la derecha por la Rue de Sévigné hasta llegar al **Musée Carnavalet** 4 (*Tel 01 44 59 58 58; cerrado lun.*). Parte del museo se encuentra en el Hôtel Carnavalet, una mansión del siglo XVI que fue residencia de la escritora Madame de Sévigné (1626-1696). El museo rememora la historia de París, desde el tiempo de los romanos pasando por el Renacimiento y la Revolución, hasta principios del siglo XX. El interior del museo es una muestra de la decoración de los siglos XVII y XVIII.

Beaubourg

Esta zona antiguamente muy deteriorada, entre Les Halles y Le Marais, recobró toda su vitalidad gracias a la construcción del Centre Georges Pompidou *(rue St Martin; Tel 0144 78 12 33; www.centrepompidou.fr; cerrado mar.)* durante la década de 1970. Con sus escaleras mecánicas exteriores que suben por un túnel de cristal, sus tuberías de colores y sus enormes estructuras de acero, este innovador centro cultural se alza como todo un símbolo del estilo de las nuevas tecnologías en medio del París medieval. A su lado se encuentra la Place Igor Stravinsky, famosa por sus esculturas de agua.

La remodelación de dos años terminada recientemente ha dotado al centro de más espacio para sus excelentes (y crecientes) colecciones del Musée Nationale d'Art Moderne, que cubre los movimientos artísticos contemporáneos más importantes. Otras partes del edificio están dedicadas a exposiciones temporales, diseño industrial, artes teatrales, películas y una biblioteca de referencia. Entre los servicios para los visitantes ofrece innovadores restaurantes. ■

Siga en dirección norte por la Rue de Sévigné, pasando por algunos típicos jardines de Le Marais, del siglo XVII. Gire a la izquierda por la Rue du Parc Royal y tome la segunda calle a la izquierda, la Rue Elzévir, hasta llegar al interesante **Musée Cognacq-Jay** 5 (*Tel 01 40 27 07 21; cerrado lun.)*. Aquí, en el exquisito Hôtel Denon, puede verse una colección de pinturas, mobiliario y objetos decorativos. Vuelva sobre sus pasos hasta la Rue de Thorigny y el Hôtel Salé, sede ahora del impresionante **Musée Picasso** 6 (ver págs. 86-87).

Gire a la derecha por la Rue des Coutures-St-Gervais y a la izquierda por la Rue Vielle-du-Temple. Pase frente al Hôtel de Rohan y por el torreón de la Maison de Jean Hérouët (privada), en la esquina con la Rue des Francs-Bourgeois.

Gire a la izquierda por la Rue des Francs-Bourgeois, conocida por sus eclécticas tiendas, sus elegantes mansiones y el Crédit Municipal (monte de piedad municipal), situado en el nº 55. Al otro lado de la calle se halla el patio del **Hôtel de Soubise** 7, un suntuoso edificio que alberga parte de los Archivos Nacionales. Reconstruido en 1709 a partir de una finca del siglo XIV de la princesa de Soubise, sus interiores estaban decorados por los artistas más famosos de la época. En la rue Temple, el **Musée d'Art et d'Histoire du Judaisme** *(71 rue temple; Tel 01 53 01 86 60)* conmemora la cultura judía.

Gire a la izquierda por la Rue des Archives, y luego a la izquierda por la Rue des Blancs-Manteaux hacia el mercado cubierto. En uno de los extremos del mercado, tome la Rue des Rosiers. Éste es el barrio judío, lleno de tiendas especializadas que llegan hasta la Rue Pavée. Pase por delante de la **Sinagoga** 8, diseñada en 1913 por Hector-Germain Guimard, conocido por sus estaciones de metro estilo *art nouveau*, y luego gire a la derecha por la Rue Pavée. Cruce la Rue St-Antoine y siga por la Rue du Figuier hasta llegar al **Hôtel de Sens** 9 (*abierto mar.-vier. tardes*), del siglo XV, cerca del Pont Marie, que acoge la Bibliothèque Forney, dedicada a las artes decorativas (*Tel 01 42 78 14 60; abierto mar.-vier. 15.30-20.30, sáb. 10.00-20.30*). Cerca de allí, en la Rue Geoffroy l'Asnier, se halla el **monumento conmemorativo del Holocausto,** que incluye el Muro de los Nombres y un centro de investigación *(Tel 01 42 77 44 72; cerrado mar.)*. ■

Musée Picasso

UNA ESPLÉNDIDA RESIDENCIA DEL SIGLO XVII EN LE MARAIS alberga hoy en día la mayor colección de obras de Picasso del mundo. Cuadros, collages, esculturas, dibujos y cerámicas, además de cartas, fotografías y otros materiales de archivo configuran la colección, junto con una selección de obras de algunos de sus contemporáneos, como Cézanne y Matisse.

Musée Picasso

- 53 E3
- Hôtel Salé, 5 rue de Thorigny
- 01 42 71 25 21 www.musee-picasso.fr
- Cerrado mar.
- $$
- Metro: Chemin Vert

La elegancia del Hôtel Salé, construido para un cobrador de impuestos de la sal en 1656, es el marco ideal para las obras de este maestro del siglo XX. Picasso (1881-1973) pasó casi todos sus años de madurez en Francia. Durante su larga y productiva carrera, Picasso había conservado la mayoría de sus obras y a su muerte el legado se convirtió en una herencia muy gravada por los impuestos. El estado francés los cobró en forma de obras de arte y luego restauró el Hôtel Salé para que albergara dichas obras.

Con más de 250 cuadros, 3.000 dibujos y 100.000 materiales de archivo, la colección es demasiado grande para ser expuesta toda a la vez. La colección permanente del museo está ordenada cronológicamente, con lo que los visitantes pueden seguir la evolución del artista en sus diferentes períodos, a pesar del constante solapamiento de estilos.

La colección empieza con las obras producidas después de la primera visita de Picasso a París, procedente de España, en 1900, entre las cuales se encuentra su adusto *Autorretrato* (1901), una obra maestra de su famoso Período Azul, y la *Celestina* (1904). Muchas de las obras de este período (1901-1904) se inspiraron en los personajes trágicos que vio en las calles de París: prostitutas, mendigos y borrachos. Picasso utilizó distintas tonalidades de azul para expresar su intensa melancolía y la preocupación por la vida y la muerte a raíz del suicidio de su amigo, el poeta Casagemas, quien le había acompañado a París.

Esta profunda tristeza impregnó también el llamado Período Rosa (1904-1906), aunque sus arlequines y componentes del circo están retratados con colores más tenues y cálidos que los utilizados en el Período Azul. La sensación es de una gran serenidad, como la que muestra en *Los dos hermanos* (1906).

La rápida evolución que sufrió Picasso y su obra entre los veinte y los treinte años de edad estuvo influenciada por unos acontecimientos claves en su vida. En París, los artistas de la época como Matisse, Cézanne, Braque y Rousseau le causaron una gran impresión. A menudo visitaba el Louvre, donde se familiarizó con el

Escultura de Picasso de un busto de mujer.

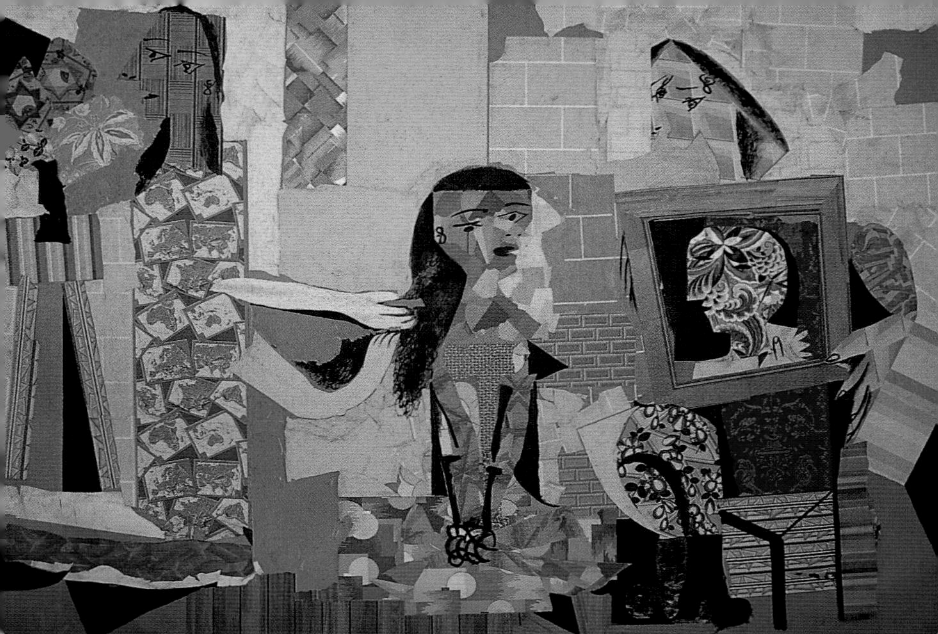

arte clásico. Sus viajes, principalmente a Roma, España y el Mediterráneo, le inspiraron nuevos temas. El arte primitivo de las colonias francesas de África y los Mares del Sur se estaban convirtiendo en objetos de profundo interés. Es posible notar todas estas influencias en un conjunto de obras de la época intermedia de Picasso, como *Las bañistas* (1918), *Tres mujeres en la fuente* (1921) y los primeros estudios para el cuadro *Les Demoiselles d'Avignon* (actualmente en Nueva York).

Hacia los 25 años, Picasso, junto con Georges Braque y Juan Gris, empezó a desarrollar el cubismo, un estilo que intentaba representar la estructura de un objeto descomponiéndolo en unidades geométricas. Los cuadros de Picasso de este período incluyen el *Hombre con mandolina* (1911).

Entre la gran variedad de obras posteriores que se encuentran en el museo vea *La crucifixión* (1930), la amenazadora *Gato cazando un pájaro* (1939) y el *Retrato de Dora Maar* (1937). Dora Maar fue una de las muchas mujeres que hubo en la vida de Picasso; otras fueron Françoise Gillot y Jacqueline Roque. Ellas aparecen en casi todas las colecciones, dando al museo un toque personal (éstas son, al fin y al cabo, las obras que él quiso conservar para sí).

Collages y cerámicas

En el año 1912, Picasso ya había empezado a realizar collages, utilizando materiales como la madera, el mimbre de las sillas y el papel de las paredes. En el museo se encuentran collages como la *Naturaleza muerta con mimbre de silla* (1912) o el *Hombre con pipa* (1914).

En 1948, Picasso empezó a trabajar con la cerámica en Vallauris, en la Provenza. Su entusiasmo por este soporte se observa en los jarros, macetas y figuras creadas durante este período. En un año, produjo más de 2.000 piezas de cerámica, primero con técnicas tradicionales, más tarde dando rienda suelta a su afán de experimentación artística, una de las principales características de este genio del arte del siglo XX. ■

***Femmes à leur toilette* (Mujeres vistiéndose), 1938.**

Basilique du Sacré-Cœur

 53 D5

place du Parvis du Sacré-Cœur

 01 53 41 89 00

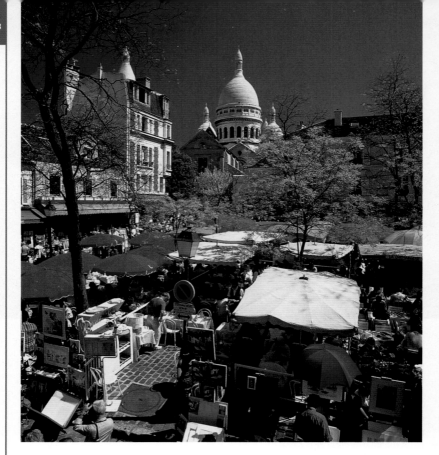 Cripta y cúpula, $

Metro: Abbesses, Anvers, Lamarck-Caulaincourt

La cúpula blanca de Sacré-Cœur se eleva por encima del bullicio de la Place du Tertre, en Montmartre.

Montmartre y Sacré-Cœur

TREINTA MOLINOS DE VIENTO POBLABAN EL ANTIGUO HOrizonte de Montmartre. La montaña que los parisinos llaman «La Butte» posee ahora una marca más distintiva: la gran Basilique du Sacré-Cœur. Aunque los grupos de turistas llenan Montmartre, todavía se puede pasear por tranquilas calles y plazas, que aún conservan un ambiente rural.

El hecho de dominar París desde lo alto convirtió a Montmartre en un lugar de gran importancia. El templo romano situado aquí probablemente dio nombre al distrito (De Mons Martis, «monte de Marte»). La iglesia de **St-Pierre-de-Montmartre,** fundada en el siglo XII y una de las más antiguas de París, aún domina la Place du Tertre.

Montmartre vivía de las minas y los viñedos, y permaneció como población autónoma hasta que las minas (y sus molinos de viento) tuvieron que cerrar debido al derrumbamiento de sus túneles. Hacia 1860, Montmartre se había convertido en el distrito XVIII.

A finales del siglo XIX, Montmartre era exactamente como normalmente se la describe hoy en día: el centro de un estilo de vida excitante y bohemio, habitado por poetas y pintores. En las lápidas del **Cimetière de Montmartre,** en la Avenue Rachel, se pueden ver muchos de los nombres más famosos de esta época, como los compositores Hector Berlioz y Jacques Offenbach (quien compuso el famoso cancan), los escritores Stendhal y Émile Zola, y el pintor Edgar Degas. El director de cine François Truffaut y el bailarín ruso Vaslav Nijinsky también se encuentran enterrados aquí.

El ambiente creativo de la belle époque ha sido sustituido por los artistas callejeros de la Place du Tertre, una de las paradas obligadas del circuito turístico.

Visible desde casi todo París, la Basilique du Sacré-Cœur se empezó a construir en 1876 en memoria de los muertos en la guerra franco-prusiana. Debido a la inestabilidad del terreno, los cimientos se tuvieron que cavar muy profundos para soportar la enorme iglesia, que finalmente fue consagrada en 1919. Dentro, la bóveda del coro y el presbiterio está decorada con un enorme mosaico cuadrado (1912-1922), obra de Luc-Olivier Merson.

Unas inclinadas escaleras de caracol llevan hacia la cúpula, donde desde una galería exterior se pueden ver unas espectaculares panorámicas de París. ■

Toulouse-Lautrec captó con una gran habilidad toda la atmósfera de las salas de cabaré de Montmartre con tan sólo unas pocas pinceladas.

Artistas en Montmartre

París ha sido durante mucho tiempo inspiración para artistas, franceses y extranjeros, que han venido aquí y lo han convertido en su hogar. Con sus calles pintorescas y bohemias y sus pensiones económicas, Montmartre empezó a atraer a artistas empobrecidos a principios del siglo XIX. Cafés y clubes legendarios, como Le Chat Noir, Au Lapin Agile o La Nouvelle Athènes, empezaron a ser conocidos como lugares de reunión de escritores y artistas.

El Moulin Rouge, en el Boulevard de Clichy, abrió sus puertas en 1889. Henri de Toulouse-Lautrec era un cliente habitual, y a menudo hacía bocetos y pintaba desde su asiento de la sala de baile. Las bailarinas y las *artistes* de cabaré de este mundo situado en Montmartre, como Aristide Bruant, Jane Avril e Yvette Guilbert, fueron inmortalizadas en sus láminas. Otra sala de baile de Montmartre, el Moulin de la Galette, fue el protagonista de algunos cuadros de Renoir, Bonnard y otros.

Las calles del Montmartre están llenas de recuerdos de artistas famosos. El Boulevard de Clichy, pintado por Van Gogh y Renoir, fue su centro neurálgico. Seurat, Signac y, más tarde, Picasso instalaron sus estudios allí. Degas murió en el nº 6 en 1917. En el escuálido edificio Bateau-Lavoir, donde Picasso vivió desde 1904 hasta 1909, vivían otros 30 inquilinos, la mayoría de ellos artistas. El edificio (en el nº 13 de la Place Émile-Goudeau) ya no existe, pero los payasos y los arlequines del mundo de circo de Montmartre todavía viven en los cuadros de Picasso. ■

La Défense

Grande Arche

52 A4

esplanade de la Défense

01 49 07 27 27

$$

Metro: Grande Arche de la Défense

Dôme IMAX

08 36 67 06 06

PARÍS SIEMPRE HA ESTADO A LA VANGUARDIA GRACIAS A sus atrevidas hazañas arquitectónicas, como la Opéra-Bastille y el Centre Georges Pompidou (ver pág. 85). Pero de todos estos *grands travaux*, ninguno ha sido tan ambicioso como el controvertido conjunto futurista de La Défense, dominado por el monumental Grande Arche.

El moderno distrito de La Défense, al oeste de París, al otro lado del Pont de Neuilly, debe su nombre a una estatua que se encuentra en la plaza central y que simboliza la defensa de París durante la guerra franco-prusiana de 1870.

Una gran avenida peatonal, la Esplanade du Général de Gaulle, parte del Pont de Neuilly y conduce hacia los edificios de oficinas, los bloques de apartamentos, el enorme complejo comercial de Les Quatre-Temps y el CNIT. El bloque triangular del CNIT, el edificio más antiguo del lugar (1985), es ahora un centro de negocios internacionales y de conferencias. Las carreteras y las líneas ferroviarias transcurren bajo tierra, por lo que en las zonas principales no hay tráfico. El paisaje de hormigón está decorado con 70 esculturas contemporáneas.

El edificio que más llama la atención en La Défense es el colosal **Grande Arche.** Diseñado por el arquitecto danés Johann Otto von Spreckilsen, se inauguró para el Bicentenario de la Revolución en 1989. Esta «ventana al mundo», que tiene forma de enorme cubo hueco con los lados de cristal y mármol blanco, es tan grande que Notre-Dame cabría debajo. Las paredes del arco contienen oficinas gubernamentales y privadas. Los ascensores externos de cristal suben a los visitantes a la azotea para que puedan apreciar París desde una altura de más de 100 metros. Asegúrese de mirar hacia el sudeste, donde un espectacular «pasadizo» corta la ciudad en dos. Extendiéndose hasta el Arc du Triomphe e incluso más allá, llega hasta la Place de la Concorde y La Bastille. El Grande Arche se alineó deliberadamente con este histórico «Camino triunfal».

En la base del arco, las fuentes y los cafés animan la plaza de La Défense. Junto al Grande Arche, el esférico **Dôme IMAX** esconde una de las pantallas de cine más grandes del mundo. Hay fuentes y esculturas de artistas como Miró, Serra, Calder y César. ■

El Grande Arche, piedra angular de La Défense.

Parc de la Villette
53 E5
01 40 03 75 75
Metro: Porte de la Villette

Cité des Sciences et de l'Industrie
30 avenue Corentin Cariou
01 40 05 70 00
www.cite-sciences.fr
Cerrado lun.
$$$
Metro: Porte de la Villette

Parc de la Villette y Cité des Sciences

AQUÍ, EN EL NORESTE DE PARÍS, HA TENIDO LUGAR UNA sorprendente transformación. La Villette, un antiguo mercado ganadero rodeado de mataderos, es ahora un parque cultural futurista y un museo de la ciencia interactivo. Dedique un día entero para visitarlo: hay mucho que ver y hacer.

La atracción estrella para niños y adultos del Parc de la Villette, la **Cité des Sciences et de l'Industrie,** es un enorme museo de la ciencia que ocupa el antiguo centro de subastas de ganado, reconvertido de una forma innovadora por Adrien Fainsilber.

Explora, la exposición principal, invita a los visitantes a descubrir el universo, desde el espacio hasta los volcanes y los océanos, a través de presentaciones interactivas. Los invernaderos y el acuario se centran en la vida en el planeta. Para ver las estrellas, diríjase hacia el **Planétarium,** en la segunda planta. Gracias a su proyector astronómico de 10.000 lentes, el público puede disfrutar de la visión de casi 5.000 estrellas en la cúpula semiesférica de 21 m.

A los niños les encantarán los robots y los cohetes, la cúpula de sonido y la sala de ilusiones ópticas. Además, la **Cité des Enfants** (para niños de 3 a 12 años) anima a los niños a experimentar con técnicas y teorías científicas como construir casas y programar ordenadores.

Reflejando el cielo y el agua que hay enfrente del edificio, se encuentra la **Géode,** hecha de acero brillante y que alberga una enorme pantalla de cine IMAX *(Tel 08 92 68 45 40)*. Al lado de la Géode se halla el submarino *Argonaute*, construido en 1957. Su interior resulta fascinante, pero no es apto para claustrofóbicos.

Los puentes que cruzan el canal de l'Ourcq conducen a la zona sur, llena de parques y cafés. Una parte del original mercado de ganado, la Grande Halle, está ahora dedicada a exposiciones y conciertos, mientras que en el Zénith se programan conciertos de rock. En la **Cité de la Musique** (*Tel 01 44 84 44 84*) se dan cita la música y el baile. ■

La Geóde, enfrente de la Cité des Sciences, tiene una pantalla hemisférica en la que se proyectan películas de formato gran angular.

Detalle de los *Nenúfares* de Claude Monet, en el Musée Marmottan.

Otras visitas interesantes en París

BOIS DE BOULOGNE

En esta gran explanada llena de zonas verdes, bosques y lagos se pueden realizar actividades deportivas y visitar el Jardin d'Acclimatation.
52 A4 Metro: Porte d'Auteuil (sur), Les Sablons o Porte Maillot (norte)

CHÂTEAU Y BOIS DE VINCENNES

Situado en un gran parque al este de París, el castillo posee un torreón del siglo XIV rodeado de un foso, una capilla gótica y aposentos reales. Entre las ampliaciones recientes se encuentran un centro budista, un teatro y un zoo.
52 F2 $$ Metro: Château de Vincennes

CIMETIÈRE DU PÈRE-LACHAISE

Aunque está situado fuera del centro histórico, vale la pena visitar este cementerio donde están enterrados algunos famosos (Héloïse y Abélard, Chopin, Molière, Victor Hugo, Édith Piaf, Oscar Wilde, Jim Morrison).
52 F3 boulevard de Ménilmontant
$ Metro: Père-Lachaise

MUSÉE D'ART MODERNE DE LA VILLE DE PARIS

Un escaparate para los artistas actuales, su colección también cubre los movimientos artísticos de principios del siglo XX, como el de la École de Paris, el cubismo y el pop art de la década de 1960.
52 A3 11 avenue du Président Wilson
01 53 67 40 00 Cerrado lun. $
Metro: Iéna, Alma Marceau

MUSÉE MARMOTTAN

Este museo, que no debe perderse, se halla en una mansión del siglo XIX y contiene una colección sobre Monet, incluidos algunos de sus cuadros de la famosa serie *Los nenúfares.* Renoir, Sisley y Gauguin también están representados. En el museo también se exponen esculturas, mobiliario y manuscritos medievales.
52 A3 2 rue Louis-Boilly 01 44 96 50 53 Cerrado lun. $$ Metro: La Muette

PALAIS DE CHAILLOT

La gran terraza de esta construcción de 1937 conforma el marco de muchos de los clásicos cuadros sobre la Tour Eiffel. El interior de este vasto edificio alberga varios museos interesantes, incluidos el **Musée de l'Homme** (*Tel 01 44 05 72 72*) revisa la historia de la humanidad; el **Musée de la Marine** (*Tel 01 53 54 69 69*) es un museo marítimo; y la **Cité de l'Architecture et du Patrimoine,** el nuevo museo de los monumentos franceses, está dedicado a la historia de la arquitectura y la construcción.
52 A3 place du Trocadéro Cerrado mar. $$ Metro: Trocadéro ■

Île-de-France

A pesar de no ser literalmente una isla (aunque está delimitada por ríos), la Île-de-France comprende la región que gobernó Hugo Capeto desde 987. Aunque su reino se extendía hasta el oeste y el sur de la Galia, de hecho sólo llegó a controlar un área de 100 por 200 km alrededor de su capital, París. Muy poblada durante el tiempo de los romanos, es una zona rica en arte y en arquitectura. St-Denis fue el lugar donde se construyó la primera catedral francesa y un cementerio real. Sèvres es famosa por su fábrica de porcelana del siglo XVIII, y Meudon tiene un museo dedicado a las obras de Rodin. La elegancia de Meaux y el encanto medieval de Provins son una muestra de la riqueza cultural de la zona.

París
Mapa de situación

0
60 kilómetros

OISE p. 105
AISNE p. 105
EURE p. 135
ORNE p. 135
MARNE p. 105
AUBE p. 105
YONNE p. 191
LOIRET p. 163
EURE-ET-LOIR p. 163
VAL-D'OISE
YVELINES
ESSONNE
SEINE-ET-MARNE
EURE-ET-LOIR
PARIS
1 VILLE DE PARIS
2 HAUTS-DE-SEINE
3 SEINE-SAINT-DENIS
4 VAL-DE-MARNE
Magny-en-Vexin
l'Isle-Adam
Pontoise
Écouen
Mantes-la-Jolie
St.-Denis
St.-Germain-en-Laye
Meaux
la Ferté-sous-Jouarre
Lagny
Disneyland®Paris
Malmaison
Sèvres
Sceaux
Coulommiers
Houdan
Versailles
Dreux
Rambouillet
Nogent-le-Roi
Senonches
Arpajon
Dourdan
Corbeil-Essonnes
Vaux-le-Vicomte
Provins
Melun
Chartres
Auneau
Étampes
Fontainebleau
Montereau-Faut-Yonne
Nemours
A13 A10 A11 A5 N12 N10 N154 N23 N20 N19 N7 N6 N3 N4
Seine Oise Marne Eure Loing

Éste es el corazón de la realeza francesa, plagado de castillos. El más grandioso de todos es el de Versalles, seguido de cerca por su precursor, el magnífico castillo de Vaux-le-Vicomte. Un gran número de castillos más pequeños atestiguan el carácter de retiro campestre de la zona. La íntima Malmaison fue la residencia de la emperatriz Josefina en sus últimos años, mientras que Champs-sur-Marne perteneció a Madame de Pompadour, amante de Luis XV. El bosque y el castillo de Fontainebleau han inspirado a generaciones de pintores. ■

Ángeles lloran sobre la tumba real de Luis XII y Ana de Bretaña en la basílica de St-Denis.

Versalles

EN 1661, LUIS XIV DECIDIÓ CONSTRUIR SU RESIDENCIA definitiva en Versalles (Versailles), a 17 km de París. Durante casi 50 años, los grandes artistas de la época trabajaron en el palacio: Louis Le Vau y luego Jules Hardouin-Mansart fueron los arquitectos; André Le Brun supervisó la decoración interior y André Le Nôtre diseño los jardines.

Château de Versailles

- 93 B2
- 17 km al sudoeste de París
- 01 30 84 78 00 www.chateauversailles.fr
- Cerrado lun.
- $$
- RER línea C: Château de Versailles o trenes desde Paris Montparnasse o Paris St-Lazare

El rey y su corte (unas 5.000 personas, que posteriormente aumentarían hasta 20.000) se trasladaron aquí en 1682. Versalles se convirtió en el centro político de Francia hasta octubre de 1789, cuando las multitudes revolucionarias invadieron el palacio y se llevaron prisioneros a Luis XVI y la reina María Antonieta a París. Durante la Revolución, todos los muebles del palacio se vendieron, sus pinturas se enviaron al Louvre y los edificios fueron abandonados. En 1837, Luis Felipe lo convirtió en un museo de historia francesa; en 1919, el tratado de Versalles, que supondría el fin de la primera guerra mundial, se firmó en la Galería de los Espejos.

El castillo fue construido alrededor de un pequeño pabellón de caza de Luis XIII, cuya fachada de ladrillos aún se puede observar en medio del Patio de Mármol. Le Vau hizo la primera ampliación en la década de 1660. Constaba de una serie de alas que se extendían a lo largo de un amplio patio. Se añadieron columnas en la fachada oeste y se creó una gran terraza en la primera planta. En 1678, Hardouin-Mansart añadió las enormes alas norte y sur, y construyó la Galería de los Espejos a partir de la terraza de Le Vau.

Los aposentos privados del rey y la reina están dispuestos alrededor del Patio de Mármol. En el ala norte, la Gran Escalinata conduce a los visitantes hacia los «Grands Appartements», unas obras extravagantes de mármol de colores, bronce dorado, cortinas de seda y terciopelo, murales en trampantojo y espléndidos cuadros y esculturas. Cada sala oficial está dedicada a una deidad olímpica. El Salon de Diane, con sus decoraciones de mármol basadas en los temas de

La Capilla Real es una de las estancias más grandiosas del palacio.

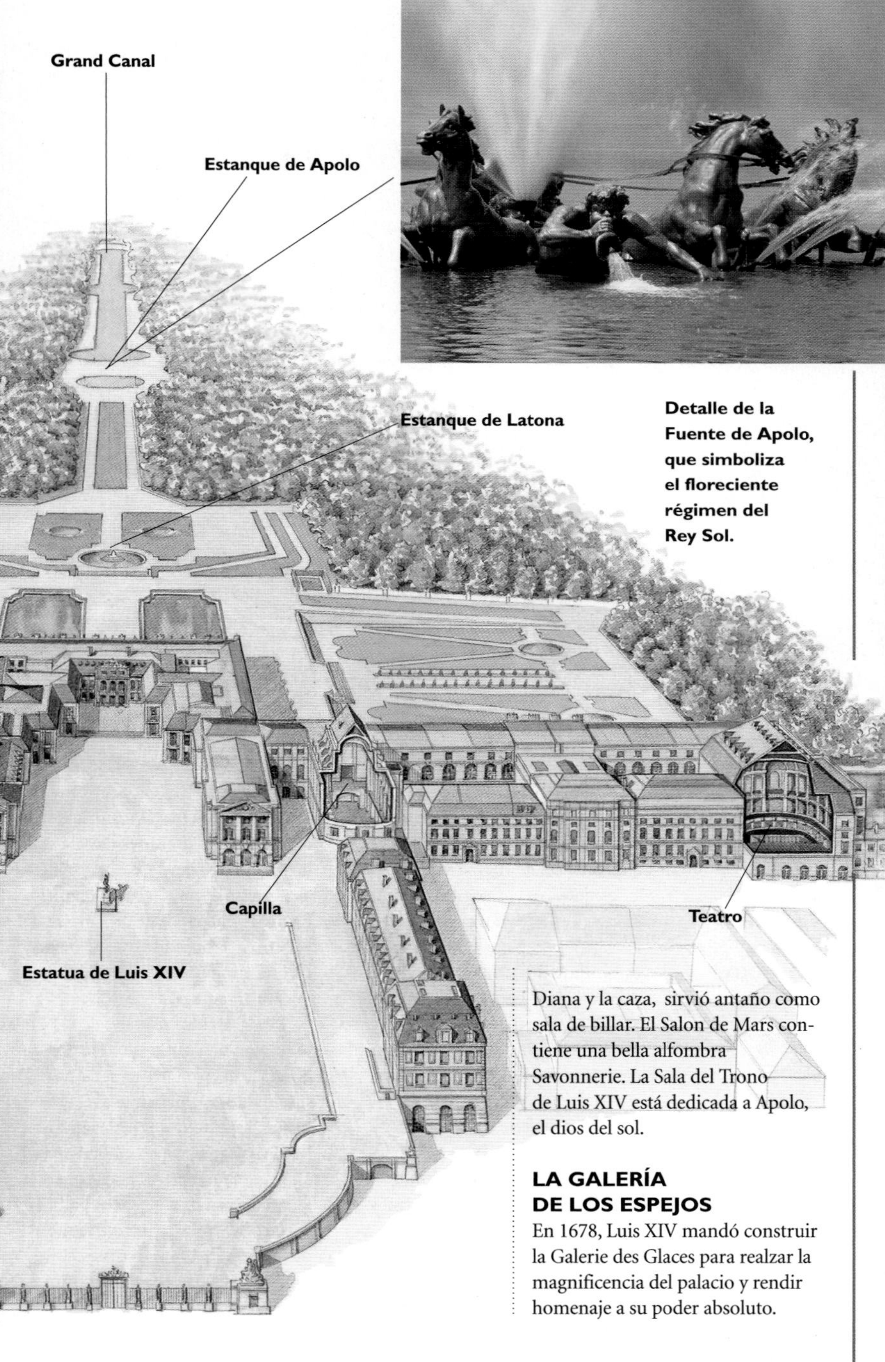

Detalle de la Fuente de Apolo, que simboliza el floreciente régimen del Rey Sol.

Diana y la caza, sirvió antaño como sala de billar. El Salon de Mars contiene una bella alfombra Savonnerie. La Sala del Trono de Luis XIV está dedicada a Apolo, el dios del sol.

LA GALERÍA DE LOS ESPEJOS

En 1678, Luis XIV mandó construir la Galerie des Glaces para realzar la magnificencia del palacio y rendir homenaje a su poder absoluto.

Los aposentos del rey muestran todavía la decoración suntuosa de la época de Luis XIV.

Flanqueado a lado y lado por los salones de «Guerra» y «Paz», esta enorme sala, de 70 m de largo, posee 17 gigantescos espejos, una exhibición de riqueza en una época en que los espejos eran increíblemente caros. Entre los otros elementos decorativos se encuentran grandes arañas de cristal, mobiliario de plata, candelabros dorados, cortinas de damasco y un trono de plata.

Los aposentos del rey

Desde 1701, Luis XIV concedía las audiencias privadas y celebraba cenas informales en sus aposentos reales. Las ceremonias del *levée* (levantarse por la mañana) del rey y *couchée* (acostarse) también tenían lugar en esta sala, y fue precisamente aquí donde Luis XIV murió en septiembre de 1715, después de haber reinado durante 72 años. La alcoba está decorada con terciopelo carmesí y brocados de oro, plata y carmesí; las pinturas, a excepción de una, son todavía las escogidas personalmente por Luis XIV.

Los aposentos oficiales de la reina, con una cama cubierta por un dosel y con colgantes de seda, ha sido restaurada para que tenga el mismo aspecto que tenía cuando María Antonieta la abandonó en 1789 para no regresar jamás. En esta sala, a la vista de algunos miembros de la corte, varias reinas de Francia dieron a luz a 19 niños reales.

La capilla barroca de dos pisos, dedicada a san Luis y terminada en

Fuentes

Las fuentes funcionan sáb.-dom. y algunos días festivos de abril a sept. 11.00-mediodía y 15.30-17.30

1710, fue el toque final de Luis XIV a Versalles. Aquí se oficiaban misas en honor de las victorias militares y se celebraban los bautizos y las bodas de los príncipes, con la familia real y los miembros de la alta nobleza sentados en el piso superior, y los cortesanos en el piso inferior. El interior de la capilla está decorado con mármol blanco, adornos dorados y murales barrocos.

La Opéra fue inaugurada en 1770 para la boda de María Antonieta con Luis XVI. El teatro tenía capacidad para 1.000 personas; hoy en día caben 700 espectadores. Como era habitual en los teatros de la corte, también se utilizaba como sala de baile.

El museo de Luis Felipe, que alberga casi 8.000 pinturas y esculturas dedicadas a la historia de Francia de los siglos XVII y XVIII, se halla en el ala norte. La enorme Galería de las Batallas está llena de cuadros que celebran las proezas militares de Francia desde el año 496 hasta 1809.

LOS JARDINES

El trabajo paisajístico sobre más de 815 ha de terreno creó un extenso conjunto de jardines con cientos de estatuas y fuentes, un invernadero de naranjos, huertos, un gran lago artificial e incluso un zoo.

Diseñados por Le Nôtre, las 100 ha de jardines parten de la fachada oeste del castillo. El carácter apoteósico del estilo formal francés del siglo XVII, su estricta simetría y la versión implacablemente dócil de la naturaleza reflejan las ideas clásicas de este período. El Grand Canal es el punto central, con estanques decorativos, fuentes, esculturas, lechos de flores, césped, arboledas y lugares apartados en la sombra situados simétricamente a su alrededor. Unas góndolas doradas navegaban antaño por sus aguas, lo que hoy en día todavía se puede hacer alquilando uno de los pequeños botes de remos.

Las estatuas más impresionantes de las 300 que hay en Versalles adornan el Jardín de Agua, la Fuente de la Pirámide en el Jardín del Norte y la Fuente de Apolo en el estanque de Apolo, al final de la Avenida Real y al principio del Grand Canal. Las referencias alegóricas al dios sol Apolo que impregnan toda la decoración interior y exterior del palacio son realmente magníficas en las elaboradas estatuas de las fuentes (sobre todo la soberbia figura de Apolo conduciendo el Carruaje del Sol).

Más allá del Jardín del Norte, la Avenida del Agua conduce hasta el Estanque de Neptuno, cuya figura central está rodeada por 22 fuentes, cada una a su vez con una pequeña taza de mármol sujetada por unas preciosas estatuas de niños.

Escondidos entre el diseño formal del jardín se encuentran una gran variedad de extravagancias, como una arboleda decorada con conchas de moluscos, jardines de piedra y farolas ornamentales a la luz de las cuales la corte bailaba en verano. También aquí, una columnata circular de mármol fue un elegante escenario para las celebraciones de palacio.

Grand y Petit Trianon

El Gran Trianon de estilo italiano fue construido para Luis XIV en 1687 como lugar de retiro lejos de la vida de la corte.

El Petit Trianon se construyó para la amante de Luis XV, Madame du Barry. Luis XVI ofreció esta joya de la arquitectura neoclásica a María Antonieta. Ésta transformó sus terrenos en un romántico parque de estilo inglés y construyó su famoso caserío, que tenía hasta una pequeña granja, en la cual ella y su corte simulaban disfrutar de una idealizada forma de vida rural. ■

Chartres

Chartres
93 B2
Información
place de la Cathédrale
02 37 18 26 26

Musée des Beaux-Arts
Cloître Notre Dame
02 37 90 45 80
Cerrado dom. mañanas y mar.
$

LA MODESTA LOCALIDAD DE CHARTRES, SITUADA A UNOS 75 km al sudoeste de París, en los límites de la Île-de-France, se enorgullece de su magnífica catedral, considerada uno de los mejores ejemplos de la arquitectura gótica del siglo XIII. Sus agujas asimétricas, que se elevan majestuosamente por encima de la ciudad y los campos que la rodean, son un perfecto monumento al fervor medieval de construir para glorificar a Dios.

Dedicada a la Virgen María, la primera catedral fue construida para albergar la preciosa reliquia de su velo, donada por Carlos el Calvo a finales del siglo IX, y que todavía se exhibe en el tesoro. Chartres inmediatamente se convirtió en un centro de peregrinaje. El fuego destruyó consecutivamente ese primer santuario y cuatro iglesias, la última en 1194, pero pronto llegaron de todas partes donativos para su reconstrucción. Terminada en el tiempo récord de 30 años, la nueva catedral conserva, de la anterior edificación, la fachada oeste y la torre sur, de estilo románico. El resto de la catedral, con sus característicos arbotantes, es de estilo gótico.

El rosetón y las ventanas ojivales del muro sur de la catedral datan del siglo XIII.

El pórtico triple de la fachada oeste y sus estatuas, dedicadas a la gloria de Cristo, son unos magníficos ejemplos de la escultura románica. Las esculturas del portal norte (*c.* 1230) están dedicadas al Antiguo Testamento, y las del portal sur (1225-1250) al Nuevo Testamento.

El Clocher Vieux, a 105 m de altura, es el campanario románico más alto que existe; el Clocher Neuf tiene una aguja gótica ligeramente más baja, añadida después de los daños sufridos a causa de un rayo, en el siglo XVI. Después de subir los arduos 378 escalones de la torre, los visitantes pueden contemplar unas excelentes vistas panorámicas.

EL INTERIOR

El impresionante interior de la catedral está iluminado por 176 espléndidas vidrieras, que cubren un área total de 2.500 m^2. La mayoría son del siglo XIII, aunque la fachada oeste tiene tres que sobrevivieron al incendio que devastó el edificio en el año 1194. Los rosetones representan escenas del Apocalipsis, la vida de la Virgen y el Juicio Final.

El suelo de la nave dibuja un laberinto circular de 280 m de recorrido (la mayor parte del cual está oculto por las sillas), que representa el bien y el mal, con el paraíso en el centro.

El coro, inusualmente ancho, está rodeado por un muro de piedra esculpido siguiendo una filigrana y con escenas de la vida de Cristo y la Virgen agrupadas en 41 grupos de unas 200 figuras. Detrás del coro, en la Chapelle St-Piat, se encuentra el tesoro. La cripta del siglo XI, a la cual se accede por las Maisons des Clercs, es la mayor de Francia, y encierra otra cripta del siglo IX.

El río Eure da un toque pintoresco a esta tranquila ciudad, con antiguos lavaderos y secaderos repartidos por sus orillas. La ciudad medieval posee algunos magníficos conjuntos arquitectónicos, especialmente los de la Rue du Cheval Blanc y también en el n.º 35 de la Rue des Ecuyers y el n.º 12 de la Rue des Grenets. El antiguo palacio del obispo, que aún tiene algunas salas oficiales, es la actual sede del **Musée des Beaux-Arts,** en el que pueden verse esmaltes, tapices, pinturas francesas del siglo XVIII, entre las cuales destacan las de Chardin y Fragonard, y obras contemporáneas, como una sala dedicada al pintor Vlaminck. Los amantes de las extravagancias disfrutarán con la **Maison Picassiette,** donde Raymond Isidore decoró cada rincón con fragmentos de porcelana y cristal. ■

Maison Picassiette

✉ 22 rue du Repos

☎ 02 37 34 19 78

🕒 Cerrado mar. y dom. mañana

Las agujas asimétricas de la catedral se elevan por encima de la ciudad de Chartres.

La esplendorosa Galerie François I, decorada por la escuela de Fontainebleau (1532-1570).

Château de Fontainebleau

ESTE ENCANTADOR CASTILLO, SITUADO A 60 KM AL SUR DE París, fue pabellón de caza en el bosque de Fontainebleau durante el siglo X y se convirtió en el lugar de descanso favorito de los reyes. Empezado en 1527, Francisco I lo transformó en castillo, encargando a artistas italianos el diseño de su interior. En pocos años, su estilo manierista llegó a ser conocido como la escuela de Fontainebleau, que posteriormente ejercería gran influencia en la pintura francesa.

Fontainebleau
93 C2

Château de Fontainebleau
01 60 71 50 70
Cerrado mar.
$$

Muchos monarcas franceses nacieron en Fontainebleau y algunos murieron aquí. El castillo fue testigo de la revocación del edicto de Nantes en 1685 (ver pág. 24) y de la abdicación de Napoleón como emperador en 1814.

El interior está decorado con paneles, estucados y frescos; los más conocidos se encuentran en la Galerie François I. Otros puntos de interés son la Salle de Bal, de 30 m de longitud, la Galerie Henri II y el salón de María de Médicis. Los aposentos de Napoleón I están decorados al más puro estilo imperio.

En el bosque se pueden realizar muchas actividades, como pasear, ir en bicicleta, montar a caballo y hacer escalada. ■

Maison Jean-François Millet
27 Grande Rue, Barbizon
01 60 66 21 55

La escuela de Barbizon

A mediados del siglo XIX se dio un movimiento que tendió al realismo en los paisajes; los pioneros fueron Jean-Baptiste Corot y Gustave Courbet, en Francia, y el británico John Constable. Influidos por estos, un grupo de pintores liderado por Théodore Rousseau se instaló en Barbizon, en el bosque de Fontainebleau. Trabajando al aire libre y pintando escenas de la vida campesina, produjeron paisajes tan vibrantes y cuadros tan conmovedores como el famoso *Los espigadores* de Jean-François Millet (1857). El pueblo, encantador, tiene varios museos dedicados a los artistas, como la casa de Millet y la casa de Rousseau, que acoge la oficina de turismo *(Tel 01 60 66 41 87)*. ■

Excursiones breves desde París

CATHÉDRALE ST-DENIS

Según la leyenda, St-Denis fue decapitado en Montmartre en el año 262 d.C., luego recogió su cabeza y caminó 6.000 pasos en dirección norte hasta morir. En ese lugar se construyó la iglesia de St-Denis y su tumba se convirtió en un santuario. Clodoveo I fue enterrado aquí en el año 511; Ste-Geneviève, santa patrona de París. Hacia 1143, en este lugar se alzaba una gran catedral gótica, el primer ejemplo de un nuevo estilo en Europa. Después de sufrir graves daños durante la Revolución, la catedral se restauró parcialmente en el siglo XIX. Actualmente sólo el coro y la fachada oeste conservan el estilo original. Aparte de su importancia en la arquitectura francesa, la catedral es el mausoleo de la monarquía de este país. San Luis encargó monumentos para sus predecesores, siendo el más destacable la tumba del rey Dagoberto. Los sepulcros posteriores son muy elaborados, especialmente el monumento renacentista de Enrique II y Catalina de Médicis. La cripta contiene la tumba colectiva de la dinastía de los Borbones.

93 C3 ✉ rue de la Légion d'Honneur ☎ 01 48 09 83 54 $ $$

CHANTILLY

Si quiere pasar un día agradable en las afueras de París, visite los castillos de Chantilly (ver pág. 116).

CHÂTEAU DE MALMAISON

En 1799, la emperatriz Josefina, la primera esposa de Napoleón, compró este elegante castillo del siglo XVII y murió allí en 1814. Alberga una colección de pinturas y artes decorativas estilo imperio. El Château Bois-Préau, justo al lado, contiene objetos de Napoleón.

93 B2 ✉ avenue du Château, Rueil-Malmaison ☎ 01 41 29 05 55 Cerrado mar. $ $$ ($ los dom.)

CHÂTEAU DE RAMBOUILLET

Desde 1897, el Château de Rambouillet ha sido la residencia presidencial de verano, pero está abierta al público cuando el presidente no se aloja allí. De la fortaleza original de 1375 sólo queda la torre circular. El resto fue reconstruido en 1706 por el hijo ilegítimo de Luis XIV, el conde de Toulouse. En el parque, Luis XVI construyó una vaquería y una gruta para que su esposa, María Antonieta, se entretuviera.

93 B2 ☎ 01 34 83 00 25 Cerrado mar. $ $$

CHÂTEAU DE VAUX-LE-VICOMTE

Este increíble castillo barroco construido para Nicholas Fouquet, uno de los ministros de Luis XIV, fue el primer proyecto en el cual trabajó el equipo formado por el arquitecto Louis Le Vau, el pintor Charles Le Brun y el paisajista de jardines André Le Nôtre, que posteriormente realizarían Versalles. En 1661, para celebrar el final de su construcción, Fouquet organizó una lujosa fiesta a la cual invitó a Luis XIV. La cena se sirvió en 432 platos de oro y 6.000 de plata; 1.200 fuentes servían de marco al espectáculo, escrito e interpretado por Molière y su compañía; y la noche culminó con unos fuegos artificiales. Por desgracia, antes de la fiesta, Luis fue informado de que Fouquet había malversado fondos públicos. Fouquet fue arrestado y Vaux-le-Vicomte confiscado. Las visitas guiadas a la luz de miles de velas(*jul.-agos.*) resultan impresionantes.

93 C2 ✉ Maincy ☎ 01 64 14 41 90 Las fuentes funcionan el 2º y último sáb. de abril-oct., de 15.00-18.00 $ $$-$$$

DISNEYLAND PARIS

Las instalaciones del enorme parque temático de Disneyland, en Marne-la-Vallée, ocupan casi 2.000 ha. La línea A4 de los RER llevan rápidamente a los visitantes desde la Gare de Lyon, en el centro de París, hasta la puerta del parque temático. El Reino Mágico posee más de 50 atracciones en Fantasyland, Adventureland, Discoveryland y Frontierland. Los piratas, una casa encantada, una gigantesca casa-árbol, los personajes de las películas de Disney y los famosos desfiles del Main Street U.S.A. se añaden a la diversión. Los Walt Disney Studios le llevan detrás de las escenas de las películas. El complejo incluye siete hoteles temáticos, campamentos, restaurantes, tiendas, un campo de golf, pistas de tenis y ocio nocturno.

93 C2 ✉ Marne-la-Vallée, a unos 20 km al este de París ☎ 08 25 30 $ $$$$$. La entrada incluye acceso a todas las atracciones

GIVERNY Y MONET

En la villa de Giverny, situada en el valle del Sena, entre París y Ruán, se encuentra la casa donde vivió Claude Monet desde 1883 hasta su muerte en 1926. Los jardines (incluidos los famosos jardines acuáticos), los estudios y la casa, restaurados tal como Monet los diseñó, son una delicia: la casa de muros amarillos, los muebles originales, una colección de litografías japonesas de Monet, las contraventanas y el mobiliario de jardín pintados en el mismo verde que escogió el maestro.

En la villa de Giverny también se encuentra el **Musée d'Art Americain** (*99 rue Claude Monet; Tel 02 32 51 94 65; cerrado nov.-marzo*), dedicado a los impresionistas americanos, muchos de los cuales vinieron a Francia en busca de inspiración, como Winslow Homer, Lila Cabot Perry, John Singer Sargent y Mary Cassatt, que llegó a exponer al lado de los impresionistas.

Fondation Claude Monet (casa y jardines de Monet) 105 C3 Rue Claude Monet, Giverny 02 32 51 28 21 Cerrado lun. $$

MAC/VAL MUSÉE D'ART CONTEMPORAIN DU VAL-DE-MARNE

Este nuevo museo está dedicado al arte francés de los últimos 50 años, con obras de Picasso, Miró, Tinguely, César y muchos otros, que se exhiben en un moderno y magnífico edificio de cristal rodeado de un vasto jardín.

Place de la Libération, Vitry-sur-Seine 01 43 91 64 20; www.macval.fr Cerrado lun. $$

ST-GERMAIN-EN-LAYE

Esta tranquila ciudad residencial se encuentra al oeste de París. Aquí encontrará la fortaleza de St-Germain-en-Laye, residencia de la monarquía francesa desde Francisco I hasta Luis XIV. Napoleón III restauró el castillo renacentista, convirtiéndolo en el **Musée des Antiquités Nationales** (*Tel 01 39 10 13 00; cerrado mar.*). Las colecciones del museo datan desde el Paleolítico hasta la Alta Edad Media. La enorme **Grande Terrasse** ofrece una majestuosa vista del valle del Sena. También es de gran interés la **Ste-Chapelle,** una obra maestra del gótico. Muy cerca, el **Musée du Prieuré** (*rue Maurice Denis; Tel 01 39 73 77 87; cerrado lun. y mar.*) exhibe arte postimpresionista y pinturas del movimiento *nabis*. También puede visitar la residencia del siglo XVII del músico Claude Debussy *(38 rue au Pain; Tel 01 34 51 05 12; abierto mar.-vier. tardes y sáb. 10.00-12.30 y 14.00-18.00; cerrado dom.-lun.)* y asistir a conciertos. 93 B2 ■

El puente sobre el estanque del jardín de Monet, en Giverny, tema de varios de sus cuadros.

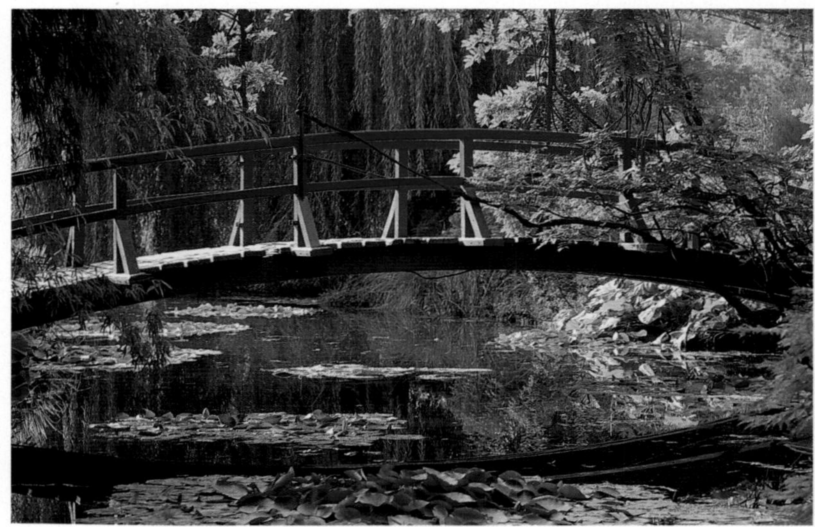

Las catedrales de esta región ilustran la evolución de la arquitectura gótica. En el noreste se encuentran dos zonas vinícolas, Champagne y Alsacia. Y desde Flandes hasta el Marne, abundan los recuerdos de la guerra.

Norte de Francia

Introducción y mapa **104-105**
Gastronomía **106-107**
Nord y Picardía 108-116
Lille **109**
Campos de batalla **110-111**
De Arras a la costa **112**
Amiens **113**
Bosques reales **116**
Champagne 117-122
Reims **118-119**
El país del champán **120-121**
Otras visitas interesantes en Champagne **122**
Alsacia y Lorena 123-132
Estrasburgo **124-125**
En coche por la ruta del vino de Alsacia **126-127**
Metz **128**
Nancy **129**
Colmar **130-131**
Otras visitas interesantes en Alsacia y Lorena **132**
Hoteles y restaurantes del norte de Francia **350-353**

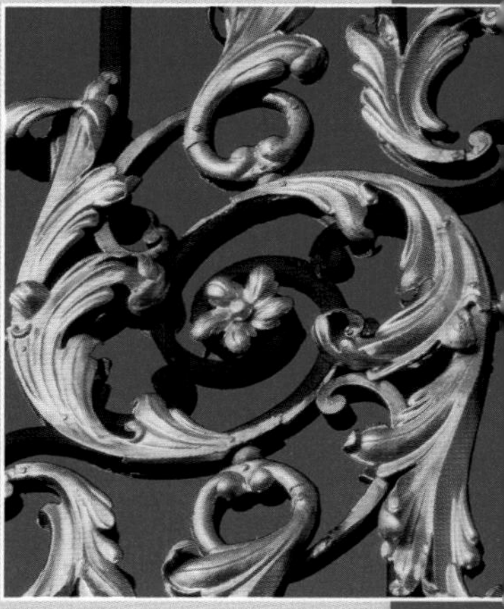

Detalle de la flor de lis de una puerta en la Place Stanislas, Nancy

Norte de Francia

ALGUNOS DE LOS VINOS MÁS FAMOSOS DE FRANCIA, LAS CATEDRALES góticas más antiguas y magníficas y colecciones de arte muy valiosas se pueden encontrar en cinco regiones norteñas: Nord-Pas-de-Calais, Picardía (Picardie), Champagne-Ardenne, Alsacia (Alsace) y Lorena (Lorraine). Éstas son las fronteras de Francia con Alemania, Suiza, Luxemburgo y Bélgica y, separadas por el estrecho Canal de la Mancha, con Gran Bretaña.

La mezcla de lenguas, culturas y tradiciones muestran los cambios frecuentes que ha experimentado el dibujo de las fronteras francesas. Calais, por ejemplo, fue una vez inglés; Alsacia y la mayor parte de Lorena han pertenecido, de forma intermitente, a Alemania; y Flandes, ahora en la región de Nord-Pas-de-Calais, formaba parte de un estado medieval junto con casi toda la actual Bélgica. Hace poco más de medio siglo estas fronteras aún fueron motivo de disputa, en unas guerras que llevaron a las mayores potencias del mundo a luchar en el norte de Francia.

EL PAÍS DEL VINO

Las vidrieras de la catedral de Reims ilustran el cultivo de viñedos y la elaboración del vino, ya que Reims es la capital de la región de Champagne, donde el vino se ha venido produciendo desde el tiempo de los romanos. Según se dice, fue precisamente aquí donde el conocido vino espumoso se elaboró por primera vez, hará unos 300 años. El clima más bien fresco de Champagne, la zona vitivinícola más septentrional de Francia, es una de las causas del éxito de este gran vino.

La principal área de producción se centra en los viñedos cerca de Reims y Épernay, donde se encuentran las *maisons de champagne* más importantes. La mayoría le invitarán a visitar sus cavas, las bodegas laberínticas donde fermenta, se mezcla y se almacena el vino, y a probar el champán antes de comprarlo (ver pág. 119). Es muy recomendable efectuar el recorrido por las encantadoras villas, abadías, iglesias y castillos de la Route Touristique du Champagne (ver pág. 120).

En Alsacia, el vino también se ha elaborado desde el tiempo de los romanos. Siga la señalizada Route du Vin durante unos 200 km, un trayecto que serpentea por las montañas de los Vosgos (Vosges) y atraviesa viñedos salpicados de pueblos, villas, iglesias y castillos antiguos.

LA CUNA DEL GÓTICO

Aquí se desarrolló la arquitectura gótica: sólo Picardía ya cuenta con seis grandes catedrales. El palacio episcopal, las abadías e iglesias medievales todavía se agrupan alrededor de la catedral de Estrasburgo y la Cathédrale de Notre-Dame, de estilo gótico temprano, en la población medieval de Laon. Los tesoros de estas catedrales antiguas conservan reliquias, oro, plata, pinturas, esculturas y ornamentos de iglesia centenarios. En la catedral de Reims tuvo lugar la coronación de los reyes de Francia, y su tesoro alberga una rica colección de cálices sagrados y galas de coronación. ■

Un canal serpentea entre bucólicos prados cerca de Montreuil.

C
D
E
F
BÉLGICA
LUXEMBURGO
ALEMANIA
SUIZA
Mapa de situación
París
Maubeuge
Givet
Avesnes-sur-Helpe
Fumay
Hirson
Guise
Vervins
Charleville-Mézières
Sedan
Ardennes
ARDENNES
Montmédy
Longwy
Longuyon
Stenay
Rethel
Vouziers
Thionville
Briey
Hagondange
Reims
Verdun
Jarny
Metz
Forbach
Sarreguemines
Wissembourg
Hautvillers
Ste.-Menehould
Ars
St.-Avold
MARNE
Épernay
Châlons-en-Champagne
MEUSE
Pont-à-Mousson
MOSELLE
Haguenau
Vertus
Lorraine
Château-Salins
BAS-RHIN
Commercy
Sarrebourg
Saverne
Bar-le-Duc
MEURTHE-ET-MOSELLE
Sézanne
Vitry-le-François
St.-Dizier
Toul
Nancy
Marlenheim
STRASBOURG
Lunéville
Vaucouleurs
Rosheim
Baccarat
Obernai
Domrémy-la-Pucelle
Joinville
Neufchâteau
Charmes
St.-Dié
Château d'Haut-Koenigsbourg
Troyes
AUBE
Mirecourt
Bruyères
Ribeauvillé
Bar-sur-Aube
Épinal
Riquewihr
Vittel
Gérardmer
Turckheim
Colmar
HAUTE-MARNE
Chaumont
VOSGES
1362m
le Hohneck
HAUT-RHIN
Remiremont
Éloyes
1424m
Guebwiller
le Grand Ballon
Plombières-les-Bains
le Thillot
Cernay
Langres
Bourbonne-les-Bains
Plateau de Langres
Thann
Mulhouse
HAUTE-SAÔNE
p. 191
TERRITOIRE-DE-BELFORT
p. 191
St.-Louis
Altkirch
CÔTE-D'OR
p. 191
0 60 kilómetros

Gastronomía

ALSACIA Y LORENA, LOS MAYORES EXPONENTES DE LA GASTRONOMÍA DEL norte, son el lugar de origen de la *quiche lorraine*, el foie gras, el cochinillo y la oca. La cocina alsaciana aporta la elegancia francesa a los platos alemanes como la *choucroutte*, los albondigones hervidos y el cocido (pruebe el tradicional *baeckenoffe*, un cocido de buey y cordero). Lorena tiene fantásticas confituras y tartas de fruta (de arándanos, ciruelas *mirabelle* y grosellas rojas) y el *jambon d'Ardennes* es un buen jamón curado.

A lo largo de la costa norte de Francia y en Flandes podrá disfrutar en invierno de deliciosos platos: *hochepot* (cocido de carne y verduras), *waterzooi* (guisado de pescado) y *carbonnade de boeuf à la flamande* (buey guisado con cerveza). En verano se puede elegir entre platos de pescado más ligeros, como los arenques de Boulogne (busque el *craquelot*, un plato con arenques ahumados a la plancha). Las excelentes verduras, como las endivias y los ingredientes para las *flamiches* (tartas de puerro, cebolla o calabaza con una base de pizza) provienen de los huertos de las zonas de Somme y Flandes. En Champagne tratan la col con imaginación, y las Ardenas (Ardenne) y los bosques de los Vosgos ofrecen una amplia variedad de setas.

La cerveza del país

El norte de Francia y Bélgica comparten una larga tradición cervecera. Pero en Francia solamente quedan unas 40 cervecerías tradicionales. Un grupo de presión a favor de la cerveza tradicional, Les Amis de la Bière, trabaja duro para preservarla. Aunque Estrasburgo es la ciudad cervecera por excelencia, la mejor cerveza se elabora cerca de Lille, en el corazón de Flandes. En Nord y Picardía puede hacer una ruta por las principales *brasseries* (cervecerías), incluyendo las de St-Sylvestre, cerca de Steenvoorde; Jeanne d'Arc en Ronchin, cerca de Lille; Lepers en Annoeullin y Castelain en Bénifontaine, ambas cerca de Lens; la Brasserie Duyck en Jenlain, cerca de Valenciennes; y Les Enfants de Guyant, en Douai.

Alsacia todavía posee algunas cervecerías independientes, la más importante es Fischer, en Schiltigheim, que también produce la cerveza Adelscott (con sabor a whisky de malta) y Meteor (cerveza pilsner sin pasteurizar). ■

Amiens es famosa por el pastel de pato y las pastas rellenas de patés; Arras y Troyes por las *andouillettes*, unas salchichas picantes. El cerdo es la especialidad de Troyes; Ste-Ménéhould es famosa por las manitas de cerdo. En los menús de las Ardenas y las montañas de los Vosgos podrá encontrar platos de conejo, liebre, perdiz, jabalí y trufas.

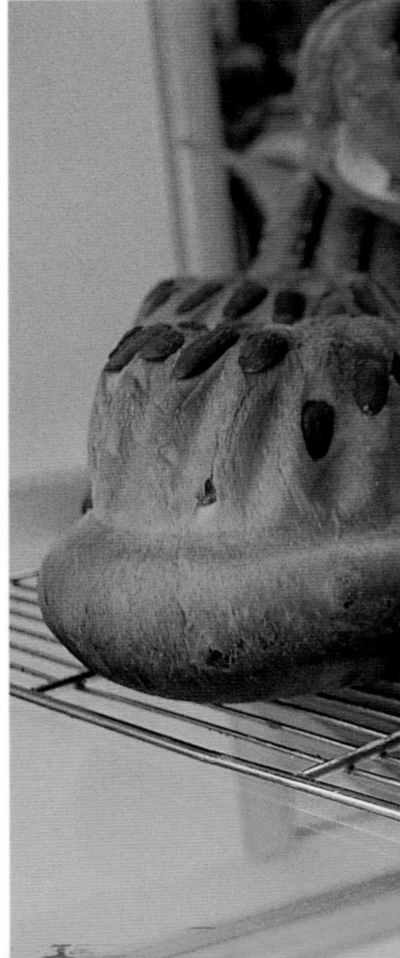

Los visitantes de los viñedos de Champagne seguramente se sorprendrán al descubrir que en esta zona también se producen vinos. El Bouzy, por ejemplo, es un vino tinto no espumoso elaborado a partir de la uva Pinot Noir que crece en los viñedos de Reims; el Rosé des Riceys es un vino rosado no espumoso de Les Riceys, una zona de viñedos situada al sur.

La tradición cervecera y de elaboración de sidra de Francia queda eclipsada por la excelente reputación de sus vinos (ver cuadro pág. 106). Aunque la sidra es una bebida típicamente normanda y bretona, también se produce en Champagne y en la Cidrerie Georges Maeyaert, en Milly-sur-Thérain, cerca de Beauvais. ■

El *Kugelhopf*, un pastel hecho con una masa deliciosa, es una especialidad de Alsacia.

Especialidades

Primer plato *Jambon sec*: jamón crudo ahumado

Segundos platos *Carbonnade de bœuf à la flamande:* buey guisado con cerveza

Choucroute à l'Alsacienne: cazuela de carnes y embutidos con col fermentada

Flamiche aux poireaux: tarta de puerros

Marcassin à l'Ardennaise: jabalí asado con apio

Potée champenoise: cocido de cerdo, jamón, salchichas y verduras al champán

Poularde en gelée champenoise: pollo frío con gelatina de champán

Quiche lorraine: tarta de huevo, queso, crema de leche y bacon

Postres *Galette au sucre:* bizcocho recubierto de azúcar

Tarte aux myrtilles: tarta de arándanos

Un antiguo molino en el valle Créquoise, cerca de Montreuil.

Nord y Picardía

En la ondulada y arbolada zona de Nord se encuentra el Flandes (Flanders) francés (el resto forma parte de Bélgica). Los canales, los molinos de viento y las poblaciones recuerdan a los Países Bajos. Al norte de Lille, la capital de la región, se hallan las poblaciones medievales amuralladas de Bergues y Wormhout, rodeadas de canales. Las fortificaciones son muy características de esta zona; Cambrai, por ejemplo, todavía conserva parte de la suya. Más al sur, Picardía posee espléndidas catedrales y fantásticas iglesias góticas, entre las que destaca la iglesia abacial de san Riquier, del siglo XVI, cerca de Abbeville.

Picardía es la más grande de las dos regiones del norte, con tres departamentos. De éstos, la tranquila Aisne, al este, es una región llana cruzada por ríos y salpicada de pastos, pueblos, iglesias y castillos. La capital de Aisne es Laon, dominada por la catedral y antaño una ciudad de la realeza. En el departamento del oeste, el Oise, abundan los bosques, antiguos cotos de caza de los reyes franceses, cuyo palacio de verano se encontraba en Compiègne. El Oise posee auténticas joyas de la arquitectura, en especial el Château de Chantilly y la espléndidamente conservada población de Senlis, con la catedral y la antigua muralla. La región de Somme, al norte, se asociará siempre con las batallas de la primera guerra mundial. Su capital, Amiens, posee una de las mejores catedrales góticas. ■

El Túnel del Canal

El Túnel del Canal, construido por ingenieros británicos y franceses, se inauguró en 1994, 192 años después de que el proyecto se discutiera por primera vez. En el Centro de Exposiciones de la terminal de Calais se describe cómo se construyó el túnel y su mantenimiento. La lanzadera entre Calais-Folkestone transporta vehículos en vagones especiales; el servicio de pasajeros lo realiza el Eurostar.

El Shuttle viaja a 140 km/h y tarda 35 minutos en recorrer el túnel, hasta cuatro trenes por hora en horas punta. Los trenes de Eurostar, cuyas locomotoras tienen una potencia de 16.000 caballos, alcanzan los 300 km/h, y transportan más de 6 millones de pasajeros al año. El recorrido París-Londres se hace en dos horas y media, mientras que el viaje desde Bruselas y Lille a la capital británica dura 1 hora y 40 minutos. ■

Lille

Lille
104 B4
Información
42 Palais Rihour, place Rihour
08 91 56 20 04
www.lilletourisme.com
Para visitar la Citadelle, debe pedir una autorización en la oficina de turismo.

Hôtel de Ville y campanario
place Roger Salergro
03 20 49 50 49
Campanario: cerrado indefinidamente por restauración

Palais des Beaux-Arts
place de la République
03 20 06 78 00
Cerrado mar. y lun. mañanas
$$

Musée d'Art Moderne
1 allée du Musée, Villeneuve d'Ascq
03 20 19 68 68
Cerrado por obras de renovación

Musée d'Art et d'Industrie
24 rue de l'Espérance, Roubaix
03 20 69 23 60
Cerrado lun.

LILLE ES UNA POBLACIÓN FRONTERIZA, AUNQUE LA frontera de Francia con Bélgica es apenas perceptible. En sus mil años de historia, Lille ha pertenecido a Flandes, Borgoña (Bourgogne), los Países Bajos españoles, Francia y Alemania. Uno de los edificios mejor conservados es su ciudadela en forma de estrella, una enorme fortificación diseñada por el ingeniero militar de Luis XIV, Vauban, en 1667, con el objetivo de defender la ciudad de las tropas imperiales cuando ésta se convirtió en parte de Francia.

Desde la galería de los visitantes, en lo alto del campanario de 105 m del **Hôtel de Ville** podrá hacerse una idea del tamaño de la mayor ciudad industrial del norte de Francia. Sus barrios periféricos se funden con las poblaciones cercanas hasta la misma frontera con Bélgica, a menos de 10 km. La encantadora **Place Général de Gaulle,** en el corazón de la ciudad y rodeada de antiguas casas de estilo flamenco, con sus inclinados tejados, es una agradable sorpresa para el visitante. Uno de sus edificios más atractivos es la **Vieille Bourse** (el antiguo mercado de valores), construido en 1652-1653 en el estilo renacentista flamenco. El **Palais des Beaux-Arts** muestra las obras de maestros flamencos, franceses, holandeses, italianos y españoles desde el siglo XV hasta el XX, así como una importante colección de obras de Goya. Lille, la encrucijada de trenes y autopistas más importante del norte de Francia, es un animado centro regional con excelentes opciones de compras, teatro, música y cine. Mejoró mucho su imagen tras ser nombrada Capital Cultural Europea en 2004; reabrió la Ópera y aumentaron los espacios para el arte y las representaciones.

Villeneuve-d'Ascq, un barrio en las afueras de Lille, al norte, posee el **Musée d'Art Moderne,** con una considerable colección cubista, y en **Roubaix,** el **Musée d'Art et d'Industrie,** que ocupa lo que fue una piscina *art déco.* ■

El campanario del Hôtel de Ville de Lille, de la década de 1930, es un ejemplo del estilo neoflamenco.

Campos de batalla

Arras
104 B4
Información
Hôtel de Ville, place des Héros
03 21 51 26 95
Visitas organizadas a Les Boves desde la oficina de turismo

EL MAPA DEL NORTE DE FRANCIA, DESDE DUNKERQUE hasta Verdún (Verdun), y desde Cambrai hasta más allá del río Somme, es un mapa de campos de batalla que ahora se encuentran enterrados bajo ciudades y pueblos, bosques y campos. Los más recientes datan de la segunda guerra mundial. Seis siglos antes, las tropas inglesas de Eduardo III derrotaron al ejército de Felipe VI en Crécy-en-Ponthieu, en 1346. Los monumentos conmemorativos, cementerios y museos repartidos por toda la región explican los detalles de todas estas guerras, desde las más recientes hasta las más lejanas.

Leyenda del mapa:
× **Batalla (con fecha)**
† **Cenotafio/ cementerio**
Museo

Muchos monumentos, algunos de gran valor artístico (como el de Edwin Lutyens en Thiepval, en el Somme, o el de Seymour Allward en Vimy Ridge, cerca de Vimy) señalan los lugares donde acontecieron las batallas de 1914-1918, en las que murieron más de un millón de hombres. La primera guerra mundial dejó una región destrozada, desde Amiens hasta Alsacia y desde Reims hasta Bélgica, y sembrada de trincheras, cementerios y cenotafios a las tropas francesas, británicas, australianas, neozelandesas, norteamericanas, marroquíes, indias, nepalesas y chinas.

Muchos visitantes se desplazan para ver el lugar de una batalla en particular, o para visitar una determinada tumba. Otra alternativa es la de seguir las señalizaciones de alguna de las rutas conmemorativas,

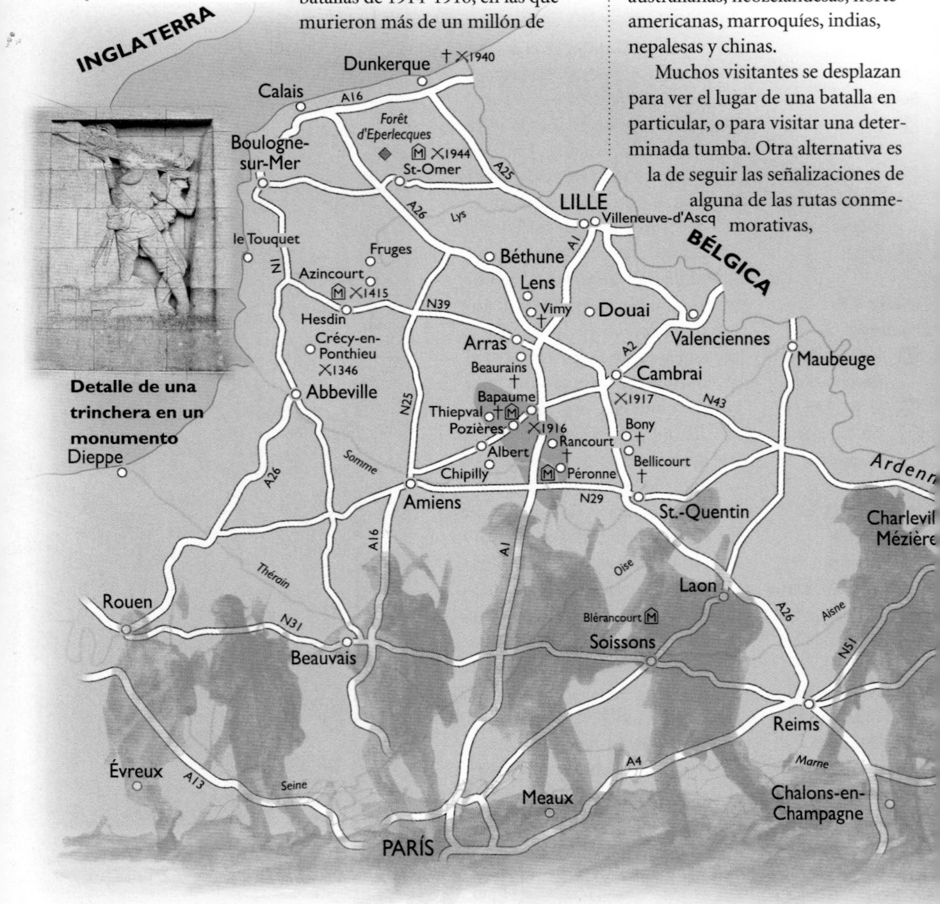

Detalle de una trinchera en un monumento

que reconstruyen el recorrido de un frente o las batallas en una campaña, o visitar uno de los museos dedicados a las distintas guerras.

Éstos son algunos de los campos de batalla que vale la pena visitar:

ARRAS

Debajo de la Grand'Place de Arras se encuentran **Les Boves,** un laberinto de cuevas que se cree fueron excavadas hace más de 1.000 años. Han servido como refugio a los habitantes de la población durante los conflictos acontecidos en la región. Si quiere visitar alguna cueva, pregunte en la oficina de turismo.

CAMBRAI

La primera batalla con tanques a gran escala se libró en 1917 cerca de Cambrai.

LA COUPOLE

Durante la Segunda Guerra Mundial, los nazis construyeron su primera fábrica y su primera base de lanzamiento para los misiles V2, que apuntarían a Londres, en el Forêt d'Éperlecques, al noroeste de St-Omer. El búnker, ahora un museo llamado **La Coupole,** exhibe desde la fábrica de oxígeno líquido hasta la plataforma de lanzamiento, todo ello acompañado de audiovisuales.

LA GUERRA DE LOS CIEN AÑOS

La torre de vigilancia situada en el campo de la batalla de **Crécy,** en 1346, contiene un mapa con el plan de la batalla. Un pequeño museo en el pueblo de **Azincourt** (*cerrado miér.*) se centra en la batalla de Azincourt. Un mapa y unas figuras a escala de arqueros y jinetes sobre el campo de batalla permiten a los visitantes seguir la batalla de 1415, entre ingleses y franceses.

EL SOMME

Un recorrido sigue los sucesos de las dos batallas de la Primera Guerra Mundial que tuvieron lugar en Somme (información en la oficina de turismo de Somme). Entre los lugares señalizados se hallan dos monumentos conmemorativos –el británico de Thiepval y el estadounidense de Bellicourt– y el cementerio francés de Rancourt. El recorrido incluye trincheras, refugios y la línea ferroviaria de aprovisionamiento. El **Historial de la Grande Guerre** es un museo que está al lado de la fortaleza de Péronne.

VERDÚN

La ciudadela del siglo XVII alberga ahora un museo que conmemora el ataque alemán de 1916, que destruyó la población. En verano se organizan visitas al campo de batalla (pregunte en la oficina de turismo). ■

Una estatua del cenotafio canadiense, en Vimy Ridge

Vimy
104 B4

Monumento conmemorativo canadiense, Vimy Ridge
03 21 50 68 68 (museo)
Abierto a diario. Visitas guiadas: mayo-nov.

St-Omer
104 B5

La Coupole
Forêt d'Éperlecques
03 21 12 27 27
Cerrado 2 semanas en dic.-enero
$$

Turismo Regional de Somme
21 rue Ernest Cauvin, Amiens
03 22 71 22 71

Péronne
104 B4

Información
1 rue Louis 1
03 22 84 42 38

Historial de la Grande Guerre
place du Château
03 22 83 14 18
Cerrado lun. en invierno y mediados dic.-mediados ene.

Verdún
105 D3

Información
place de la Nation
03 29 84 18 85
Abierto todos los días. Recorrido en minibús: mayo-sept. diario a las 14.00. Se requiere reserva
$$$

De Arras a la costa

Arras
104 B4
Información
Hôtel de Ville, place des Héros
03 21 51 26 95

Le Touquet
104 A4
Información
Palais de l'Europe
03 21 06 72 00

AL OESTE DE ARRAS, LA LLANURA DE PICARDÍA SE INCLINA ligeramente hasta llegar a la costa. El paisaje está formado por bosques y ríos serpenteantes: el pintoresco Authie, el majestuoso Somme y el Canche, bajo la colina donde se encuentra la población medieval de Montreuil. Le Touquet, en el estuario del Canche, es el más sofisticado de los lugares de veraneo en las playas de arena de la costa norte.

Con sus refugios subterráneos (ver pág. 111) y sus monumentos a los miembros de la Resistencia que fueron fusilados aquí durante la segunda guerra mundial, Arras es uno de los lugares más importantes del recorrido por los campos de batalla. El **Hôtel de Ville,** de estilo gótico tardío, domina la **Place des Héros,** una de las dos grandes plazas de Arras. Para apreciar las vistas, puede subir hasta el campanario del ayuntamiento, de 80 m de altura. En estas enormes plazas se organizaban mercados medievales de ropa y maíz. Durante las batallas de 1914-1918, los bombardeos destruyeron el Hôtel de Ville y la mayoría de las casas del siglo XVI que rodeaban las plazas. Aunque, después de la guerra, fueron fielmente reconstruidas.

Cafés en la Place Général de Gaulle en Montreuil. Esta población medieval fue antaño uno de los puertos más ricos del norte de Europa.

A medio camino entre las poblaciones de Arras y Lille se encuentra la antigua ciudad universitaria de **Douai** (*Información: place d'Armes; Tel 03 27 88 26 79*).

Durante la Reforma, los ingleses católicos abrieron una universidad en esta localidad para formar sacerdotes. Aquí se llevó a cabo la primera traducción católica del Antiguo Testamento al inglés, la Biblia de Douai. Douai es una encantadora población antigua, con estrechas calles llenas de casas del siglo XVIII y un famoso carillón de 62 campanas en el impresionante campanario del ayuntamiento.

Conducir de buena mañana desde Arras hasta **Le Touquet,** una elegante ciudad residencial, le resultará un viaje agradable. Tome la N39 desde la preciosa ciudad de **Hesdin** (cerca del lugar de la batalla de Azincourt, ver pág. 111) y siga por la D340 a lo largo del río Canche hasta la población de Montreuil, con sus murallas bien conservadas.

Le Touquet (llamado Paris-Plage) es una pieza de museo, llena de edificios de estilo *art nouveau* y *art déco*. Pero con su aeropuerto, casino, hipódromo, campo de golf, hoteles, restaurantes selectos y tiendas de París es todavía la ciudad más sofisticada de la costa norte. También tiene fantásticas playas, con actividades como la vela con kart en la arena, discotecas y clubes nocturnos y, muy cerca, en Bagatelle, un parque de atracciones para los niños. ■

Amiens

AMIENS, EN EL RÍO SOMME, SUFRIÓ UN DURO BOMBARDEO en 1918, y el de 1940 destruyó la mayor parte de su casco antiguo. Pero su gran catedral ha sobrevivido a siglos de guerras y revoluciones. Este modelo clásico de estilo gótico francés es el motivo principal para realizar una visita a Amiens.

Amiens
104 B4
Información
6 bis rue Dusevel
03 22 71 60 50
Cerrado dom.

La **Cathédrale de Notre-Dame** (*place Notre-Dame; Tel 03 22 91 79 28*) es la catedral más alta de Francia. Su nave, construida entre 1220 y 1236, mide 42 metros. Sitúese en el extremo oeste de la nave y mire hacia el altar. De forma instantánea, los altísimos pilares y los arcos ojivales harán que su vista se eleve hacia el cielo, cumpliendo así con uno de los ideales de la arquitectura gótica.

El impresionante interior de esta enorme iglesia está iluminado por unas ventanas en la pared superior de la nave, el coro y las capillas del ábside. El rosetón de la fachada oeste todavía conserva su vidriera del siglo XVI, restaurada tras la segunda guerra mundial. Los tallistas de madera de principios del siglo XVI decoraron las 110 sillas de roble del coro con más de 400 escenas del Antiguo Testamento, la vida de la Virgen María y escenas de la vida cotidiana.

La restaurada fachada oeste, con sus torres asimétricas, no posee la misma armonía que el interior, pero sus tres grandes pórticos son obras maestras de la escultura en piedra. Las estatuas de la Virgen adornan el portal derecho, las del izquierdo veneran a san Fermín, quien llevó el cristianismo a Picardía en el siglo IV. El «ángel que llora», una famosa estatua que llora sobre una tumba, está realizada por el escultor local Nicolas Blasset. Los peregrinos recorrían de rodillas el laberinto que hay en el suelo de la nave.

En las calles que rodean la catedral se encuentran unos edificios restaurados, como el campanario medieval, el **Musée de Picardie** (*48 rue de la République; Tel 03 22 97 14 00; cerrado lun.*); el **Hôtel de Berny,** del siglo XVII (*36 rue Victor Hugo; Tel 03 22 97 14 00; cerrado lun.*), actualmente un museo de artes decorativas locales expuestas en orden cronológico, y la **Maison à la Tour,** el hogar de Julio Verne *(2 rue Charles Dubois; Tel 03 22 45 45 75).*

Aunque no se puede decir que Amiens sea una ciudad bonita, tiene buenos restaurantes, museos y actividades de ocio. El distrito de St-Leu está rodeado de canales, y se puede pasear por los caminos de sirga y los puentes, o pasear por sus huertos (los *hortillonnages*) en las tradicionales barcas de proa alta. ■

La escena bíblica de *Las bodas de Caná*, tallada en el siglo XVI en las sillas del coro de la catedral de Amiens.

Las catedrales góticas

Las torres y las agujas de las catedrales góticas del norte de Francia se elevan por encima de sus llanuras y sus ciudades como señales espirituales. Éste es el lugar de origen de la arquitectura gótica. El estilo data de *c.* 1140-1144, cuando fue construido el coro de la iglesia abacial de St-Denis, al norte de París (ver pág. 101).

Construcción de una catedral, según un manuscrito iluminado.

La catedral de Reims, cuya construcción finalizó en el siglo XV.

La combinación de bóvedas ojivales y arcos con paredes reforzadas con ventanas identifican St-Denis como un edificio gótico.

Notre-Dame de París, empezada en 1163, fue la siguiente iglesia monumental en construirse según este nuevo estilo, con una nave de 33 m de altura. Con la proliferación de nuevas catedrales en un radio de 160 km de París, el estilo evolucionó desde la simplicidad de Laon (ver más adelante) hasta las espectaculares líneas verticales del estilo gótico pleno de Amiens (ver pág. 113), Chartres (ver págs. 98-99) y el gótico tardío de Reims (ver págs 118-119), con su complejo sistema de arbotantes. La catedral de Estrasburgo (ver pág. 124), empezada en el siglo XIII y terminada en el siglo XV, refleja esta evolución desde el románico (ver págs. 324-325) hasta el estilo flamígero, el gótico más tardío.

Recorrido por las principales catedrales

Con este recorrido de unos 380 km (ida y vuelta) podrá visitar seis de las catedrales góticas más espléndidas de Francia. Empiece en la catedral de **Amiens,** cuyo interior es un perfecto ejemplo del estilo gótico. Siga por la D934 en dirección este hasta llegar a **Noyon,** cuya catedral, empezada hacia el año 1150, es de transición del románico al gótico. Tome la N32 y la N44, en el departamento de Aisne, hasta llegar a **Laon,** antaño la capital de la monarquía carolingia. Aquí, la catedral de Notre-Dame, empezada en la década de 1160 y terminada en 1230, es un magnífico ejemplo del estilo gótico primitivo. Su fachada tiene unos espléndidos rosetones y unas fantásticas estatuas de animales exóticos. A su lado se encuentran el palacio del obispo y calles llenas de casas antiguas.

El trayecto desde Laon a **Reims** (con su catedral de estilo gótico tardío), por la N44 (o la A26) en dirección sureste, es muy corto.

Tome luego la N31 en dirección oeste hasta **Soissons** para admirar la catedral. Empezada en el siglo XII y terminada en el XIV, muestra la evolución del gótico.

Continúe en dirección oeste por la N31 via

Compiègne hasta **Beauvais,** cuya catedral se erigió en un intento de realizar el edificio más alto jamás construido. En 1284, 12 años después de haberse terminado, el coro se hundió y tuvo que ser reconstruido y reforzado con contrafuertes. Sin embargo, este gigantesco proyecto nunca llegó a terminarse; actualmente todavía se puede ver el coro y los cruceros en la pequeña nave de estilo románico de principios del siglo XI, que la nueva catedral intentó sustituir. Desde Beauvais, puede regresar a Amiens por la A16. ■

Estructura de una catedral gótica

La estructura clásica de tres plantas de una catedral gótica, como se muestra abajo, consiste en una nave de arcadas en el nivel inferior; un triforio (una galería con arcadas) justo encima; y un clerestorio (pared superior con ventanas) encima de todo. Para conseguir una buena estabilidad, las paredes están reforzadas con contrafuertes. A fin de poder elevar al máximo el techo de la nave, los arquitectos también construyeron unos arbotantes que desviaran el peso de las bóvedas de ladrillos o piedra hasta los contrafuertes verticales. A su vez, los arcos ojivales, característicos del estilo gótico, soportan el peso de las bóvedas y lo transmiten hacia abajo, con lo que los edificios podían tener unas paredes relativamente delgadas y llenas de ventanas. Estas ventanas se construían con gran detalle y llegaban a su complejidad máxima en los rosetones circulares. ■

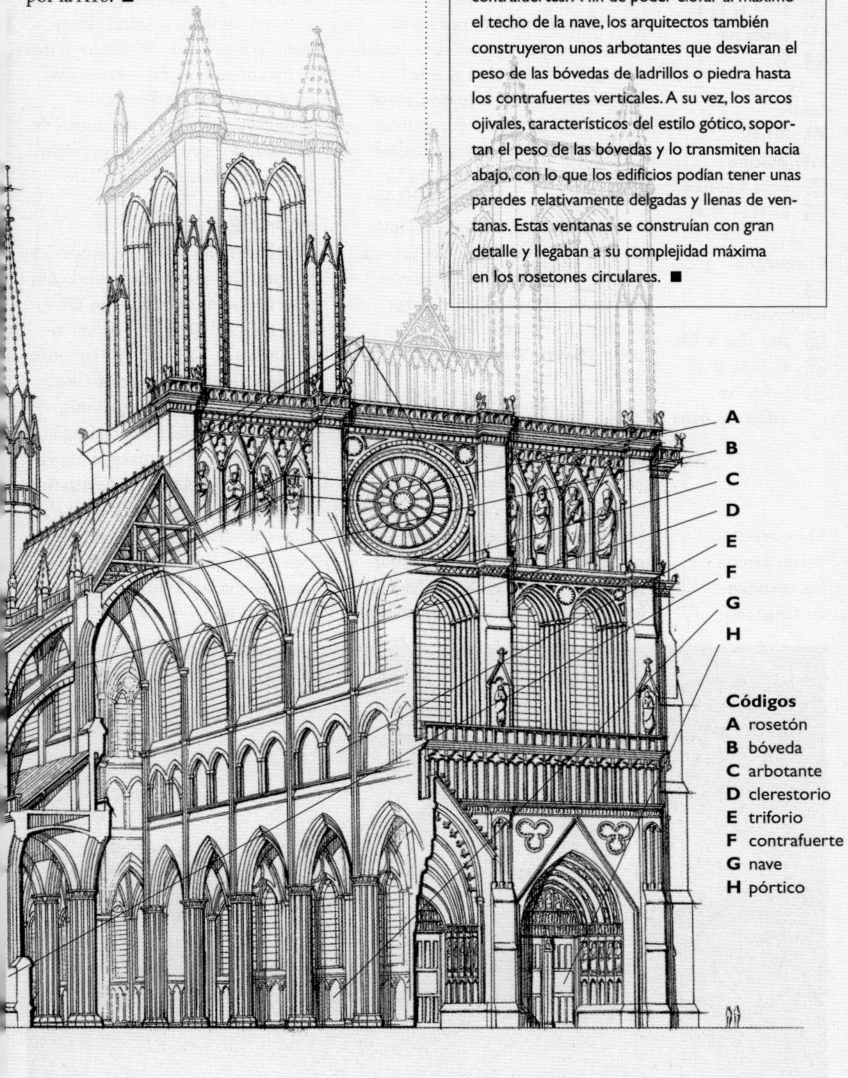

A
B
C
D
E
F
G
H

Códigos

A rosetón
B bóveda
C arbotante
D clerestorio
E triforio
F contrafuerte
G nave
H pórtico

Bosques reales

Chantilly
104 B3
Información
60 avenue du Maréchal Joffre
03 44 67 37 37

Chantilly
route national 924A
03 44 62 62 62
Cerrado mar.
$$

Senlis
104 B3
Información
parvis Notre-Dame
03 44 53 06 40

Compiègne
104 B3
Información
place Hôtel de Ville
03 44 40 01 00
Cerrado lun. mañanas oct.-marzo

LOS BOSQUES QUE TODAVÍA SOBREVIVEN EN EL SUR DE Picardía son tan sólo una muestra de los que cubrían la mayor parte del norte de Francia. Los reyes y los nobles vinieron aquí desde París y construyeron residencias de caza, palacios y castillos en los bosques.

CHANTILLY

Antaño famosa por sus encajes, actualmente Chantilly es más conocida por sus castillos situados en una isla en un lago y rodeados por los jardines diseñados por André Le Nôtre. El Petit Château y el adyacente Grand Château forman el **Musée Condé,** una colección de artes decorativas y una biblioteca de valor incalculable. Entre los tesoros se encuentra *Las muy ricas horas del duque de Berry,* un libro de horas del siglo XV (que no siempre se exhibe), y pinturas de Rafael y varios maestros franceses. Los espléndidos establos del siglo XVIII están ocupados actualmente por el **Musée Vivant du Cheval** *(Tel 03 44 57 40 40).*

SENLIS

Senlis se fundó antes que los romanos conquistaran la Galia. Su muralla galorromana serpentea por la ciudad; 16 de sus 28 torres aún se mantienen en pie, aunque escondidas por los edificios. La **Cathédrale de Notre-Dame,** empezada en 1155, es, comparativamente, de menor tamaño. Su fachada oeste posee unas espléndidas esculturas de la Virgen, y una esbelta aguja del siglo XIII. Desde la catedral, dese una vuelta por el casco antiguo, los restos de los antiguos castillos y murallas. En el **Château de Raray,** del siglo XVIII y situado en las afueras de Senlis, Jean Cocteau rodó su película *La bella y la bestia* (1945).

COMPIÈGNE

Situado en uno de los extremos del bosque, Compiègne está dominado por el palacio construido en 1754 para Luis XV. Dentro se hallan los aposentos de Napoleón I y su mujer María-Luisa, y la Galería de Caza, adornada con tapices gobelinos.

En un claro del Forêt de Laigue, a 6 km al este de Compiègne por la N31, está el **Musée de l'Armistice** (*Tel 03 44 85 14 18; cerrado mar.*), una reconstrucción del vagón de tren donde se firmó el armisticio que puso fin a la Primera Guerra Mundial. ■

El espléndido escenario de los castillos de Chantilly.

Los espléndidos viñedos de Champagne refulgen con los colores otoñales.

Champagne

Los viñedos de la región de Champagne cubren los extensos valles de los ríos y suben elegantemente por los escarpados bosques que festonean por uno de los paisajes más bellos del norte de Francia. Poblaciones con iglesias románicas y mercados medievales salpican este paisaje. Reims, al norte, y Troyes, al sur, capitales de Champagne, poseen unas soberbias catedrales góticas y espléndidos museos. Ambas se encuentran a poco más de una hora de París en coche.

El tamaño y el esplendor de las casas de los comerciantes medievales que todavía se conservan en los cascos antiguos, son un testigo del próspero pasado de Champagne. Durante la Edad Media, esta región formaba parte de las rutas comerciales europeas. Desde el siglo XIV hasta el siglo XVI, en las ferias de verano de seis semanas que se celebraban en Troyes, Lagny, Bar-sur-Aube y Provins, se comerciaba con telas de los estados de Italia, Flandes y Alemania, y madera, especias y oro del Mediterráneo. Las ferias de Champagne todavía se celebran, pero hoy en día son festivales de verano de carácter local.

La historia también ha dejado un legado de castillos y fortificaciones, construidos para repeler el ataque de posibles invasores. Desde el siglo V, cuando Atila, rey de los hunos, pasó cerca de Châlons-en-Champagne, hasta las invasiones nazis de 1940, esta parte de Francia ha sido una puerta de entrada para los ejércitos que han marchado sobre París.

Durante 2.000 años, en las tierras gredosas de Champagne se ha cultivado la uva. Según se dice, a finales del siglo XVII, Pierre Pérignon, el encargado de las bodegas de la abadía benedictina de Hautvillers, cerca de Épernay, descubrió cómo producir burbujas en el vino. Los historiadores del vino desmienten este mito (el vino producido en Champagne tiende a ser espumoso de forma natural), pero reconocen el papel que desempeñó Dom Pérignon en la evolución del champán. Elaboró vino blanco a partir de uva negra y mezcló los vinos de diferentes viñedos para producir un resultado más rico y delicado. ■

Reims

Reims

105 C3

Información

2 rue Guillaume de Machault

03 26 77 45 00

www.teims-tourisme.com

Cathédrale Notre-Dame

place du Cardinal Luçon

03 26 47 55 34

Misas: dom. 9.30 y 11.00; diario 8.00

EN 498, EN LA PRIMERA CATEDRAL DE REIMS, ST-RÉMI bautizó a Clodoveo, rey de los francos procedentes del alto Rin. A partir de este momento, casi todos los reyes de Francia, desde Felipe II en 1180 hasta Carlos X en 1825, fueron coronados aquí.

La majestuosa **Cathédrale Notre-Dame** se empezó a construir en 1211, después de que un incendio destruyera la anterior catedral, con el propósito de que en ella se oficiaran las coronaciones. Para crear el espacio necesario para las ceremonias, la nave y el coro se ampliaron hasta abarcar el crucero, por lo que el interior es increíblemente espacioso. Ni en su construcción ni en su decoración se escatimó dinero alguno (Reims debía superar a las catedrales de Chartres y Amiens). Sus fantásticas ventanas parecen eliminar las paredes superiores de la iglesia e inundar de luz el enorme edificio. Restauradas tras los bombardeos de la segunda guerra mundial; las ventanas nuevas de una de las capillas absidiales son obra de Marc Chagall.

Palais du Tau
- place du Cardinal Luçon
- 03 26 47 81 79
- $$

Maison Mumm
- 34 rue du Champ de Mars
- 03 26 49 59 69
- Cerrado sáb., dom. por la mañana en invierno

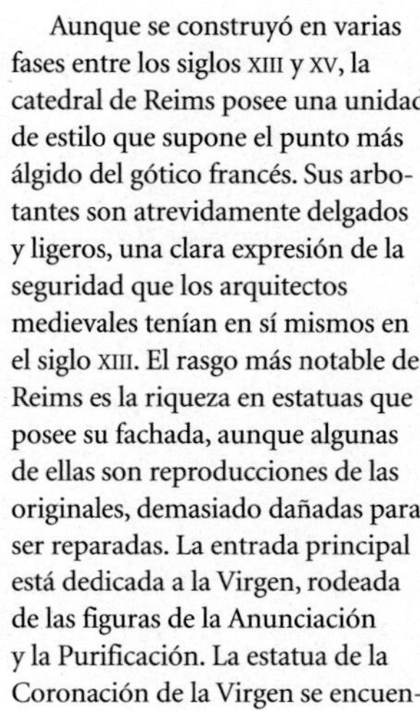

Aunque se construyó en varias fases entre los siglos XIII y XV, la catedral de Reims posee una unidad de estilo que supone el punto más álgido del gótico francés. Sus arbotantes son atrevidamente delgados y ligeros, una clara expresión de la seguridad que los arquitectos medievales tenían en sí mismos en el siglo XIII. El rasgo más notable de Reims es la riqueza en estatuas que posee su fachada, aunque algunas de ellas son reproducciones de las originales, demasiado dañadas para ser reparadas. La entrada principal está dedicada a la Virgen, rodeada de las figuras de la Anunciación y la Purificación. La estatua de la Coronación de la Virgen se encuentra ahora en el Palais du Tau. Fíjese en las colosales estatuas de los reyes de Francia situadas encima del rosetón de la fachada oeste, y en el sonriente Ángel de Reims, en el pórtico izquierdo.

El palacio del obispo que se encuentra al lado de la catedral, el **Palais du Tau,** muestra algunas galas de coronación, esculturas originales de la catedral y algunos tapices.

En el extremo sur de la ciudad, la **Basilique St-Rémi** (*place du Chanoine Ladaine*), fundada en el siglo XI, es la iglesia románica más grande del norte de Francia. Esta gran iglesia abacial fue construida sobre la capilla de St-Christophe, donde fue enterrado St-Rémi.

Bajo las calles de Reims se encuentran las ruinas de Durocorter, la metrópoli de una tribu gala llamada los remos, quienes en el año 55 a.C. se aliaron con Julio César durante su invasión de la Galia. Puede visitar el **Cryptocorticus** (*place du Forum; Tel 03 26 50 13 74; cerrado mañanas de med. de junio med. de sept. y todo el día de med. de sept.-med. de jun.*), unas galerías abovedadas, quizá un templo antiguo, debajo del foro de Durocorter, y la **Porte de Mars,** el arco de triunfo más grande del mundo románico. La piedra caliza para construir estos edificios, los acueductos, las carreteras y las viviendas fue extraída de debajo de la ciudad. Siglos después, estas canteras subterráneas se han convertido, gracias a su temperatura constante, en unas bodegas ideales para reposar el vino.

En la época medieval, Reims era una población textil, pero durante el siglo XV la producción de vino se convirtió en la actividad más importante. Hoy en día, Reims, situada entre viñedos, alberga más de 20 cavas de champán, muchas de las cuales ofrecen visitas guiadas y degustaciones (ver cuadro, izquierda). ■

Estatua de Juana de Arco frente a la catedral de Reims.

Visita por las cavas de Champagne

Entre las cavas de champán de Reims que puede visitar se encuentra Veuve Clicquot, cuyo *chef de caves*, Antoine Müller, perfeccionó la técnica del *remuage* (ver pág. 121) en 1818; Charles Heidsieck, que en 1851 exportó por primera vez champán a Estados Unidos; Pommery, que produjo el primer *brut* (champán muy seco); Roederer, productor de Cristal, probablemente el *cuvée* más prestigioso del mundo; y Ruinart, la casa más antigua de Champagne.

La Maison Mumm, fundada en 1827 por dos productores de vino alemanes protestantes de Rheingau, organiza diariamente visitas guiadas por sus cavas con degustación incluida, y tiene un pequeño museo dedicado al champán y una Oenothèque (un archivo de cosechas, con botellas que datan de 1893).

Pregunte en la oficina de turismo de Reims para más detalles de horarios, duración y precio de las visitas. ■

El país del champán

Épernay
105 C3
Información
7 avenue de Champagne
03 26 55 33 00
www.epernay.fr
Cerrado dom. en invierno
CIV (Centre Interprofessionel des Vins de Champagne), Epernay
03 26 51 19 30

LA RED DE CARRETERAS SECUNDARIAS DE LA REGIÓN DE Champagne conecta entre sí el gran número de preciosas poblaciones vitivinícolas. La mejor forma de disfrutar de Champagne es mediante un relajado viaje en coche, con paradas para visitar los *vignerons* (productores de vino independientes) y degustar sus champanes.

Explorando la región de Champagne

La serpenteante Route Touristique, de 70 km, que se inicia en Reims y recorre el Parc Naturel de la Montagne de Reims, explora el corazón de la región, deteniéndose en viñedos y en localidades históricas llenas de maravillas arquitectónicas. Los vinos que puede ver durante el recorrido están elaborados con uva negra Pinot Noir, utilizada para enriquecer las mezclas de champán.

Empiece tomando la D380 dirección sudoeste desde Reims y siga las señalizaciones; muy pronto se encontrará conduciendo por la D26 en dirección este. La ruta ofrece unas panorámicas magníficas desde la capilla de St-Lie, más allá de Jouy-lès-Reims. Más al este, y para obtener una fantástica vista de los viñedos, ascienda por el sendero del bosque que se halla encima de Verzy hasta llegar a un mirador en el **Mont Sinai.**

Cómo se elabora el champán

Cuando la uva ha sido recogida y prensada, el jugo o mosto se fermenta en cubas hasta la primavera siguiente, cuando el vino se mezcla y se embotella. La mezcla es lo que hace que el champán sea como es; hay muchos vinos espumosos elaborados a partir del método del champán (*méthode champenoise*), pero los mezcladores de champán juntan vinos de cosechas actuales con vinos de la reserva de cosechas anteriores. Una vez mezclados, en cada botella se añade azúcar y levadura junto con vino de reserva, y luego se cierra con un tapón de corcho y se almacena en unas estanterías en forma de V, llamadas pupitres. Las levaduras convierten el azúcar en dióxido de carbono que, atrapado dentro de la botella, se disuelve en el vino, formando burbujas. Las botellas se mueven cada día y se inclinan de forma gradual, un proceso conocido como *remuage* o criba. Después de la fermentación, se saca el tapón de corcho para que el gas que salga expulse los residuos que se han depositado en él. La pequeña cantidad de vino que también se expulsa se sustituye por una mezcla de champán y azúcar. El champán debe envejecer durante al menos un año. ■

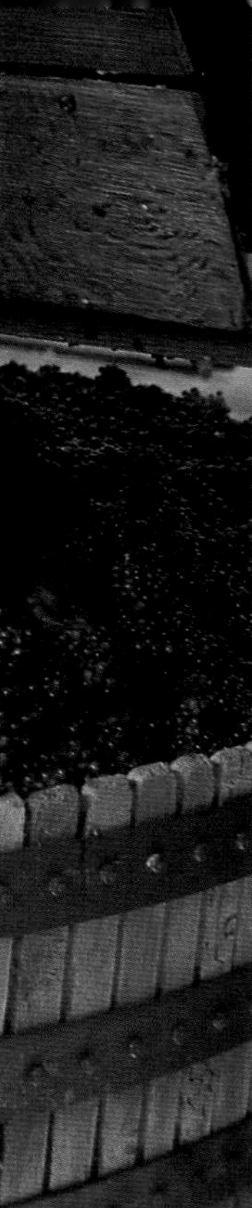

Arriba: extrayendo el jugo de las uvas para elaborar el champán en una prensa de vino cerca de Épernay. Arriba derecha: hileras de estantes de madera llenos de botellas de champán en proceso de maduración se alinean en las cavas excavadas en piedra caliza.

La carretera baja hasta el Vallée de la Marne, en el extremo sudoeste de la región de Champagne. Aquí, las uvas son de la variedad Pinot Meunier.

Pronto llegará a **Épernay,** la capital del país del champán. La prestigiosa **Avenue de Champagne** está llena de cavas de champán, incluyendo el gigante de la industria **Moët et Chandon** (ver pág. 378), que se fundó en 1743. Enfrente se encuentra el **Palacio Trianon,** construido a principios del siglo XIX por Jean-Rémy Moët para entretener a su amigo Napoleón Bonaparte.

El impresionante **Château Perrier,** construido en el siglo XIX por Charles Perrier, un antiguo alcalde de Épernay, acoge ahora el museo de la ciudad, donde podrá saber más del proceso de elaboración del champán. En la **Maison de Castellane,** con su característica torre ornamentada, se aloja otro museo. La **Maison Pol Roger** es la sede central de la firma del mismo nombre, fundada en 1849; su champán era el favorito de Winston Churchill.

OTRAS RUTAS TURÍSTICAS

En dirección oeste desde Épernay, puede seguir otra ruta turística a lo largo del río Marne, flanqueado en ambos lados por viñedos de la variedad Meunier. Antes de llegar a **Dormans,** una tranquila población al lado del río, la ruta pasa por **Hautvillers,** donde puede visitar la abadía donde vivía el monje Dom Pérignon (ver pág. 117). También es interesante **Boursault,** con un castillo del siglo XIX construido por Madame Clicquot, quien vendía su champán a la corte rusa.

Otra ruta turística conduce hacia Vertus, al sur de Épernay, a través de la región llamada la **Côte des Blancs** por la uva blanca Chardonnay que crece aquí de forma casi exclusiva. ■

Otras visitas interesantes en Champagne

CHÂLONS-EN-CHAMPAGNE

La tercera de las ciudades del triángulo de localidades vitivinícolas de Champagne, junto con Reims y Épernay, Châlons está llena de pintorescos canales. La puerta de entrada a la ciudad, la Porte Ste-Croix, fue erigida en 1770 por María Antonieta para dirigirse a su boda con Luis XVI. En 1791, durante la Revolución, la pareja real fue reconocida y arrestada en Ste-Ménéhould (*Información, place Général Leclerc; Tel 03 26 60 80 21; nov.-marzo cerrado dom.*), a 25 km al este, mientras escapaban de París. El libro de plegarias de la reina se exhibe en la biblioteca pública de Châlons.

105 C3 **Información** 3 quai des Arts 03 26 65 17 89 Abierto lun.-sáb. todo el año

Detalle de una de las espléndidas vidrieras de la Cathédrale St-Pierre-et-Paul de Troyes, que datan del siglo XIII.

LANGRES

Entrará en esta ciudad amurallada a través de las puertas del siglo XVII. Construida en una colina que domina la meseta del mismo nombre, Langres ya fue fortificada por los romanos y posee un arco de triunfo incrustado en la muralla. El encantador casco antiguo tiene varias mansiones de piedra renacentistas; una de ellas es un museo, el **Hôtel de Breuil de St-Germain,** con una sala dedicada a Denis Diderot, el filósofo del siglo XVIII (ver pág. 41).

105 D2 **Información** place O. Lahalle 03 25 87 67 67 Cerrado dom. de oct.-abril

SEDAN

El impresionante **Château Fort** (*1 place du Chateau; Tel 03 24 27 73 73*), empezado en 1424 en el emplazamiento de unas fortificaciones del siglo XI, todavía domina esta población fronteriza. Enorme y elevado, es uno de los castillos más grandes de Europa, aún conserva sus mazmorras *oubliette* (el nombre procede del francés *oublier*, olvidar) y los aposentos del señor.

Al sudeste de Sedan se encuentra el **Fort La-Ferté,** el fuerte más al norte de la Línea Maginot, invadido en 1940.

105 D3

TROYES

Las casas con entramados de madera del siglo XVI dominan las calles empedradas del distrito de St-Jean. El Centro Europeo de Estudios Hebreos se halla en un antiguo centro medieval de enseñanza judío. La **Cathédrale St-Pierre-et-St-Paul** posee unas preciosas vidrieras muy bien conservadas, algunas del siglo XIII. Entre las atracciones de Troyes se encuentra el Musée d'Art Moderne con una colección de obras de arte fauvistas.

105 C2 **Información** 16 boulevard Carnot 03 25 82 62 70 ■

De los viñedos de Hunawihr salen algunos de los mejores caldos alsacianos.

Alsacia y Lorena

Situadas en un cordillera de montañas llena de mesetas y bosques, medio francesas y medio alemanas, Alsacia y Lorena comparten una historia, un paisaje y una identidad cultural únicas en Francia. Su extremo este sigue la frontera alemana, marcada por el Rin, desde Lauterbourg al noroeste, hasta Basilea en el sudeste, donde se encuentran Alsacia, Alemania y Suiza. Tienen una historia común, al haber formado parte de un estado alemán desde el siglo IX, y no entraron a formar parte del reino de Francia hasta los siglos XVII y XVIII, respectivamente. Desde entonces, han sido conquistadas en varias ocasiones por Alemania y devueltas de nuevo a Francia. Las influencias alemanas y francesas se han mezclado de una forma interesante en la arqueología, la arquitectura y el arte, y son muy evidentes en la comida, el folclore y las festividades.

El departamento sur de Lorena son los Vosgos, lleno de montañas y bosques, un macizo muy antiguo que se extiende hacia el este en Alsacia. En invierno se practica el esquí en St-Maurice-sur-Moselle, la Bresse-le-Hohneck, Bussang y Gérardmer.

El pico más alto de los Vosgos, el Grand Ballon (1.424 m), se encuentra en Alsacia, y los viñedos cubren las laderas del macizo. Pocos visitantes pueden resistir la tentación de recorrer la «Route du Vin» a través de las poblaciones vitivinícolas y dedicar unas horas a descubrir Colmar y las otras localidades de la llanura. Los centros históricos medievales conservan intactas calles llenas de casas e iglesias antiguas. Estrasburgo (Strasbourg), en la frontera con Alemania, es uno de los mayores puertos del Rin; posee una de las catedrales más bonitas de Europa, situada en su casco antiguo, y alberga muchas instituciones europeas, como el Parlamento Europeo, el Tribunal Europeo y el Consejo de Europa.

Extendiéndose entre las dos grandes capitales de la región, Metz y Nancy, el tranquilo Parc Naturel Régional de Lorraine, atravesado por ríos, está salpicado de antiguas fortificaciones y emplazamientos asociados con guerras del pasado. Actualmente, un número creciente de visitantes acude aquí para seguir el rastro de esos conflictos. ■

El casco antiguo de Estrasburgo con sus casas con entramados de madera, al lado de uno de los brazos del río Ill.

Estrasburgo

ESTRASBURGO ES EL PUERTO FLUVIAL Y LA SEXTA CIUDAD más grande de Francia, pero aun así posee un encanto y belleza extraordinarios. Fundada hace más de 2.000 años, la ciudad creció en los terrenos pantanosos del río Ill, que está presente en el casco antiguo. El puerto fluvial y los distritos adyacentes son zonas industriales, pero la ciudad tiene la vitalidad de una localidad de estudiantes (su universidad, fundada en 1566, es una de las más antiguas de Francia). Estrasburgo, con algunas de las instituciones más poderosas de Europa albergadas en el barrio noreste, parece más la capital de Europa que la antigua capital de Alsacia.

«He visto muchos edificios magníficos en Suiza, Francia, Italia y Grecia. Pero lo más hermoso de todo es el interior de la catedral de Estrasburgo, con sus casi milagrosas vidrieras, toda una joya», escribió el escultor Hans Arp (1887-1966), que había nacido en una casa cerca de la **Cathédrale Notre-Dame.** Las vidrieras, que databan de los siglos XII y XIII y estaban dispuestas en dos rosetones, fueron extraídas para salvaguardarlas en la Segunda Guerra Mundial. En la década de 1220, cuando se empezó a construir la catedral, Estrasburgo era una ciudad independiente. El crucero de la catedral se construyó en estilo románico. Poco años después, la nave fue reconstruida en estilo gótico francés. Los planos demuestran que el proyecto se basó en la catedral de Notre-Dame de París, pero debido a que la de Estrasburgo se construyó en varias fases hasta el siglo XV, refleja una clara progresión del románico hasta el gótico pleno. De las dos torres con aguja que se proyectaron, solamente se terminó una, en 1439. Vale la pena subir la gran cantidad de escalones hasta la plataforma

Estrasburgo
- 105 F2

Información
- 17 place de la Cathédrale
- 03 88 52 28 28
- www.ot-strasbourg.fr

Cathédrale Notre-Dame
- place de la Cathédrale
- Escaleras para subir a la torre: entrada en la base de la torre, en la place du Château
- $

Reloj astronómico:
- el reloj suena a las 12.30
- $

que hay en lo alto de la torre para admirar las estatuas que adornan la aguja.

La fachada oeste posee unas notables esculturas medievales, especialmente las figuras de las Vírgenes Sabia y Necia en el pórtico derecho. La mayoría, sin embargo, son reproducciones: las originales se exhiben en el **Musée de l'Oeuvre de Notre-Dame** (*Tel 03 88 52 55 00*), delante de la catedral.

En el crucero de la catedral se encuentra un reloj astronómico del siglo XVI, al que se le instaló un nuevo mecanismo en el siglo XIX. Las pequeñas figuras mecánicas se pueden ver en acción cada día desde las 12.30 a las 12.35.

Notre-Dame y las calles medievales sobrevivieron a los terribles bombardeos de 1940-1944, durante la Segunda Guerra Mundial. Al otro lado de la Place du Château, cerca de la catedral, el **Palais Rohan** (*Tel 03 88 52 50 00*), del siglo XVIII y antaño el palacio del arzobispo, alberga los principales museos de la ciudad: el Musée des Beaux-Arts y el Musée des Arts Décoratifs et d'Archéologie. Muy cerca de aquí está la **Pharmacie du Cerf,** del siglo XIII, una de las farmacias más antiguas de Europa. Al oeste de la ciudad, en la Place Hans Jean Arp, se halla el **Musée d'Art Contemporain** (*Tel 03 88 23 31 31*), con obras de Hans Jean Arp entre otros. En el **Musée Alsacien** (*Tel 03 88 52 50 01*), en el Quai St-Nicolas, se exhiben vestidos regionales y mobiliario.

El casco antiguo de Estrasburgo está construido alrededor de los canales que antaño fueron utilizados por curtidores y pescadores. Los Ponts Couverts (el nombre significa puentes cubiertos, pero perdieron la parte superior en el siglo XVIII) cruzan los canales que fluyen bajo la muralla restaurada del siglo XIV. Casas altas limitan los muelles, una zona que está llena de restaurantes y bares. ■

CAPITAL EUROPEA

En el Parc de l'Orangerie, al noreste de Estrasburgo, se encuentran los edificios de las instituciones de la Unión Europea, el Palais de l'Europe (*Tel 03 88 61 49 61*). Aquí tienen lugar los debates de los miembros del Parlamento del Consejo de Europa. El cuerpo judicial del Consejo, el Tribunal Europeo y la Comisión para los Derechos Humanos, posee su propio edificio en el Palais. ■

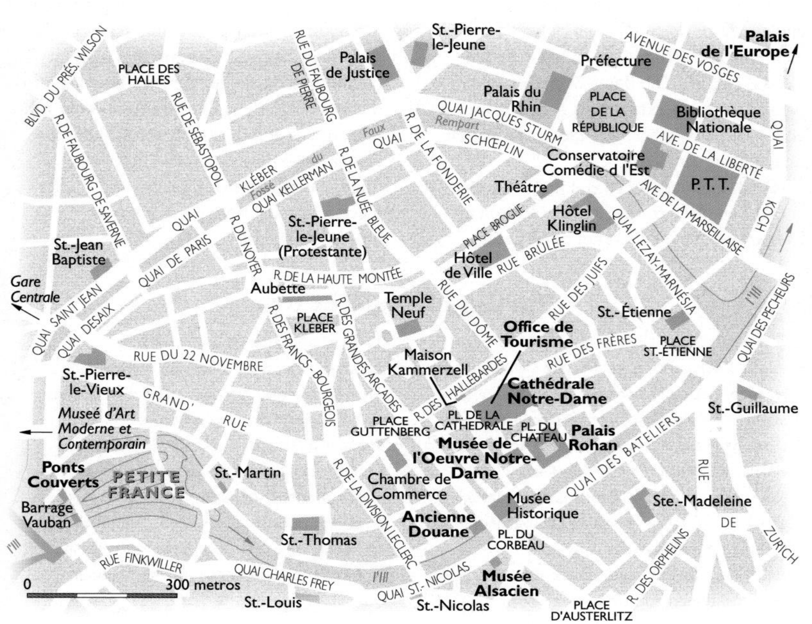

En coche por la ruta del vino de Alsacia

La Route du Vin serpentea por las estribaciones de los Vosgos, abriéndose paso a través del valle y de los márgenes de los bosques que cubren las laderas más altas.

Los viñedos de Alsacia se extienden a través de más de 200 km por las estribaciones de los Vosgos desde Marlenheim al norte hasta Thann al sur. La calidad de sus vinos, secos y con cuerpo, goza de una buena reputación, y Alsacia ostenta hoy en día 50 viñedos *grands crus.*

En Alsacia se producen principalmente vinos blancos, que varían desde los secos Rieslings hasta los *grands crus* elaborados con las cosechas más tardías, que dan como resultado los vinos dulces llamados *Vendanges tardives.* La mayoría de los productores independientes ofrecen degustaciones y visitas guiadas por los viñedos; sus cavas y lagares están debidamente señalizados. También puede degustar los vinos en las muchas ferias y festivales que existen (*pregunte en la Maison du Vin en Colmar, 12 avenue de la Foire aux Vins; Tel 03 89 20 16 20; www.vinalsace.com*).

La «Route du Vin» pasa por castillos tan antiguos como el de Eguisheim, al sur, y abadías como la de Andlau, al norte. Las ciudades y los pueblos tienen calles adoquinadas, aleros que sobresalen, fuentes y cestas colgadas con flores. Se necesitan días para disfrutar de toda la ruta, pero el tramo entre Colmar y Rosheim es ideal para realizar una salida de un día.

Desde Colmar (ver págs. 130-131), tome la D417 en dirección oeste hasta **Wintzenheim** ❶ y gire en dirección norte hasta la carretera secundaria que atraviesa el río Fecht hasta llegar a **Turckheim,** con sus tres puertas medievales. Desde aquí, siga las señalizaciones de la Route du Vin hasta llegar a **Niedermorschwihr,** engalanada con flores; luego vaya en dirección este y de nuevo en dirección oeste hasta Katzenthal, conocida por sus Rieslings; y en dirección norte hasta la población de **Ammerschwihr.** Desde aquí, siga la N415 en dirección norte hasta **Kaysersberg** ❷, lugar de nacimiento del premio Nobel Albert Schweitzer.

Gire en dirección este por la D28 y luego a la izquierda por la D1B. Una desviación en la D3 le lleva a la población de **Riquewihr** ❸ (ver pág. 132). Luego siga la D1B en dirección norte, que atraviesa la medieval **Ribeauvillé** ❹. Todavía en la D11B, continúe hasta Bergheim, donde los miércoles hay mercado, y **St-Hippolyte** ❺, cuyas murallas están dominadas por las torres del **Château d'Haut-Koenigsbourg** (ver pág. 132).

Desde St-Hippolyte, la D35 serpentea en dirección norte a través de una serie de poblaciones vitivinícolas: **Orschwiller,** con un pequeño museo del vino; **Scherwiller** ❻, productora de Riesling; **Dambach-la-Ville** ❼, una antigua comuna; **Ottrott** ❽, donde se elabora vino tinto de la uva Pinot Noir; y finalmente **Rosheim** ❾, cuya Maison des Païens es probablemente la casa más antigua de Alsacia (*c.* 1170). ■

Variedades de la uva

Los vinos de Alsacia se elaboran a partir de una sola variedad de uva, y se identifican por el nombre de cada variedad y del productor. La mayoría se elaboran a partir de una de las seis clases de uva «nobles». Sin embargo, en algunos viñedos de Ottrott (al norte de Alsacia) y Herrenweg (al sur), los vinos rosados y tintos también se producen a partir de la uva Pinot Noir. El Crémant d'Alsace es un vino espumoso elaborado a partir de una mezcla de vinos mediante el método *champenoise* (ver pág. 121).

Las seis variedades de uva noble y las características de sus vinos son las siguientes:

Gewürztraminer: vinos fuertes y aromáticos con un *bouquet* afrutado y sabroso.
Muscat d'Alsace: vinos ácidos, ligeramente aromáticos y esencialmente secos.
Pinot Blanc: vinos frescos y armoniosos.
Riesling: vinos afrutados, florales pero delicados.
Sylvaner: vinos blancos, ligeros y refrescantes.
Tokay Pinot Gris: vinos con mucho sabor y aromas complejos. ■

Ver mapa de la pág. 105
Colmar
85 km
un día
Rosheim

PUNTOS DE INTERÉS

- Turckheim
- Riquewihr
- Ribeauvillé
- Château d'Haut-Koenigsbourg
- Rosheim

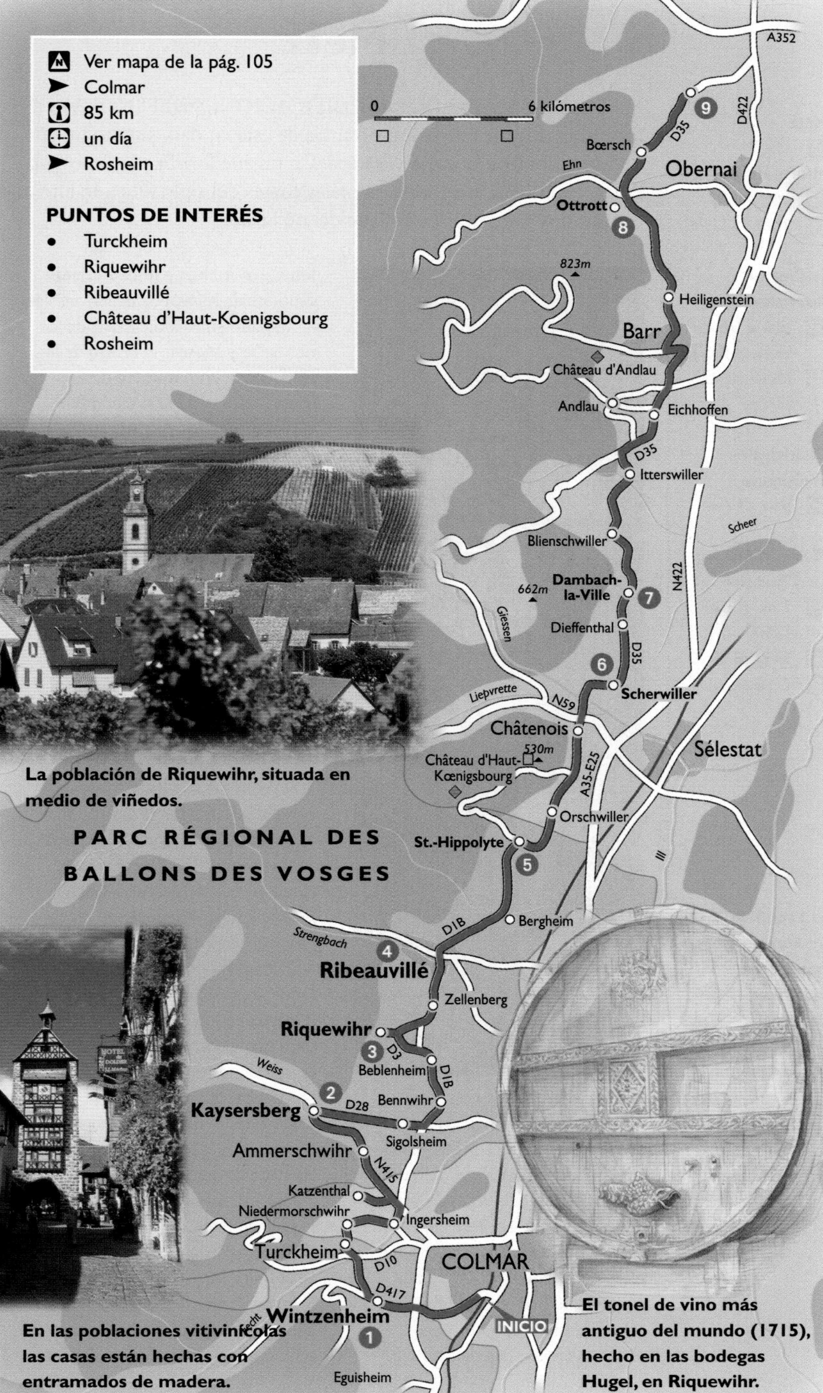

La población de Riquewihr, situada en medio de viñedos.

En las poblaciones vitivinícolas las casas están hechas con entramados de madera.

El tonel de vino más antiguo del mundo (1715), hecho en las bodegas Hugel, en Riquewihr.

Metz

Metz
105 E3
Información
place d'Armes
03 87 55 53 76

St-Pierre-Nonnains
justo al lado del boulevard Poincaré
Abierto sáb.-dom. jul.-agos.

Cathédrale St-Étienne
place d'Armes

Musée d'Art et d'Histoire
2 rue de Haut-Poirier
03 87 68 25 00
Cerrado mar.

EL GRAN TAMAÑO DE LAS EDIFICACIONES DEFENSIVAS DE Metz dan una idea de la importancia de esta ciudad, antaño una de las fortalezas fronterizas de Francia. Un puente fortificado conecta la Porte des Allemands (con almenas y torres del siglo XII en lo alto), con sus dos baluartes al otro lado del río Seille.

El *Sacrificio de Abraham*, una de las vidrieras de la catedral de Metz realizadas por Marc Chagall.

Metz ya era una antigua capital cuando los romanos invadieron la Galia, y fue la capital de la dinastía franco-merovingia antes de convertirse en una ciudad libre bajo el Sacro Imperio Romano Germánico.

Los romanos fortificaron la ciudad y la proveyeron de agua a través de un acueducto, cuyos restos todavía se pueden ver en Jouy-aux-Arches, a unos 7 km al sudoeste de Metz, por la N57.

Situado en la confluencia de los ríos Seille y Mosela, el centro de la ciudad, con gran número de iglesias, está todavía surcado por antiguos puentes. Al parecer, **St-Pierre-aux-Nonnains,** construida sobre una basílica del siglo IV, es la iglesia más antigua de Francia.

La **Cathédrale St-Étienne** fue edificada entre los siglos XIII y XVI en piedra arenisca Jaumet de color ocre. Su nave, de 42 m, es la tercera más elevada de las catedrales francesas, iluminada por unas grandes ventanas que todavía conservan las vidrieras medievales. El rosetón oeste es obra del artista del siglo XIV Hermann de Munster.

El convento de Petits-Carmes, entre la catedral y una de las bifurcaciones del río Mosela, se convirtió en museo en 1839. Durante la expansión de la década de 1930, bajo el convento se descubrieron las ruinas de los baños romanos de la ciudad. Puede verlos en la sección de arqueología del **Musée d'Art et d'Histoire,** un museo de arte e historia que incluye obras de Rembrandt, Durero, Van Dyke y Titian.

Aunque la visita a Metz se puede realizar en un día desde Nancy o Estrasburgo, las casas medievales y las vistas al valle del Mosela invitan a quedarse unos días. Desde aquí se pueden realizar excursiones a Verdún (ver pág. 111) y los fuertes de la Línea Maginot de Fermont, Entrange y Hackenberg. Metz posee también la mejor vida nocturna y actividades de ocio de la región. ■

Nancy

Nancy
105 E2
Información
1 place Stanislas
03 83 35 22 41

Musée des Beaux-Arts
3 place Stanislas
03 83 85 30 72
Cerrado mar.
$

Musée Historique Lorraine
64 Grande'Rue
03 83 32 18 74
Cerrado mar.
$$

Musée de l'École de Nancy
36-38 rue du Sergent-Blandan
03 83 40 14 86
Cerrado lun. mañana y mar.
$

LA CAPITAL DE LORENA PUEDE SER UNA MODERNA CIUDAD industrial, pero su centro histórico parece detenido en el siglo XVIII. Nancy creció en el siglo XII alrededor de la fortaleza de los duques de Lorena, pero su transformación tuvo lugar en el siglo XVIII, cuando se llevaron a cabo los elegantes planes de remodelación dirigidos por Stanislas Leszczynski, el rey de Polonia destronado. En 1738, Leszczynski fue nombrado duque de Lorena por Luis XV, su hijo político, y convirtió a Nancy en la sede de su espléndida corte.

Esta encantadora ciudad al lado del río Meurthe está llena de parques y jardines. La **Place Stanislas,** situada en el centro de Nancy y foco de la remodelación de la ciudad del siglo XVIII, ha sido reconocida Patrimonio de la Humanidad por la UNESCO. En el centro, una estatua de Stanislas se halla flanqueada por dos fuentes ornamentadas y enmarcada por una verja de hierro forjado dorado. Alrededor de la plaza se hallan varios palacios del siglo XVIII y el Hôtel de Ville, de Emmanuel Héré, alumno de Gabriel Boffrand, uno de los arquitectos más importantes del rococó francés.

Uno de los palacios de la plaza es actualmente un hotel; otro es la sede del **Musée des Beaux-Arts.** Todavía conserva la fachada original del siglo XVIII, pero el edificio se ha ampliado para acomodar la importante colección de obras de artistas de los siglos XIX y XX y artes decorativas, incluyendo cristalería de las Cristalleries Daum de Nancy.

El palacio ducal del siglo XVI, al oeste del Parc de la Pepinière, acoge el **Musée Historique Lorraine,** que expone joyería, armas, armaduras, manuscritos iluminados y mobiliario.

La mejor forma de apreciar las vistas es paseando desde la Place Stanislas a lo largo de la Place de la Carrière, flanqueada por hileras de árboles y elegantes residencias del siglo XVIII, hasta llegar al Palais du Gouvernement.

La verja dorada de hierro forjado de la Place Stanislas realizado por Lamour, el maestro forjador del siglo XVIII.

ART NOUVEAU

Un grupo de artistas liderados por el artesano del vidrio Émile Gallé promovió la fundación de la famosa escuela de *art nouveau* de la ciudad. Busque las obras de los artistas en la parte oeste de la ciudad, desde la Maison Huot (1903) por el arquitecto Émile André, hasta el interior de la Brasserie Excelsior, del año 1910. Al sudoeste de la estación de ferrocarriles, el **Musée de l'École de Nancy** exhibe objetos realizados en estilo *art nouveau,* especialmente muebles, cerámica y cristalería. ■

Colmar

Colmar
105 E2
Información
rue d'Unterlinden
03 89 20 68 92

Musée d'Unterlinden
place Unterlinden
03 89 20 15 50
Cerrado mar. de nov.-abril
$$

CIUDAD FORTIFICADA EN LA EDAD MEDIA, COLMAR conserva muchas de sus antiguas iglesias y su centro histórico medieval. Los tejados de las casas con entramados de madera tienen tejas de colores y, en el barrio Petite Venice, las calles serpenteantes cruzan los canales que llevan al río Ill, que a su vez unen Colmar con el Rin.

EL RETABLO DE SENHEIM

El antiguo convento dominico de Unterlinden (llamado así por sus tilos) fue fundado en el siglo XIII y todavía conserva su claustro con arcadas. Transformado en el **Musée d'Unterlinden** en 1849, se convirtió en el almacén de obras de arte de las instituciones religiosas de los alrededores. La pieza más famosa del convento es el retablo pintado para el convento de Isenheim, a 22 km al sur de Colmar. Esta obra es una de las pocas que se conservan del gran artista del siglo XVI Mathias Grünewald, pintor de la corte de Mainz.

Al sudoeste del Museo de Unterlinden, la **Basilique St-Martin,** construida entre los siglos XIII y XIV, alberga algunas vidrieras del siglo XIV. La iglesia dominica de al lado se

enorgullece de poseer la *Virgen en el rosal*, pintada en el siglo XVI por el artista de Colmar Martin Schongauer.

El casco antiguo de Colmar está cerrado al tráfico, así que es muy agradable pasear entre algunos de los espléndidos edificios antiguos de la ciudad. La **Maison Adolphe,** construida hacia el año 1350, y el antiguo **Corps de Garde,** con un balcón renacentista, se encuentran en Rue Mercerie, cerca de la basílica de St-Martin. La **Maison des Têtes,** en la Rue des Têtes, cerca del Museo Unterlinden, posee una ventana-mirador de piedra tallada. La **Ancienne Douane** (la Antigua Aduana) es del siglo XV y se encuentra en la Grand'Rue, situada al lado de uno de los canales. Termine su paseo en La Petite Venise, el antiguo distrito de los curtidores de cuero, donde el río Lauch y sus canales fluyen bajo las pintorescas casas del casco antiguo.

La casa donde nació el escultor Frédéric-Auguste Bartholdi es hoy en día el **Musée Bartholdi** (*30 rue des Marchands; Tel 03 89 41 90 60; cerrado mar. de nov.-marzo*), un museo de historia local, donde se exhiben sus estudios para la construcción de la Estatua de la Libertad. La **Fontaine du Vigneron,** una fuente dedicada a los propietarios de los viñedos alsacianos, adorna las calles de Colmar.

Al oeste, los viñedos trepan por las colinas de los Vosgos. La población de Colmar, como capital vitivinícola de Alsacia, acoge en agosto la feria del vino. ■

Arriba izquierda: pintoresca fachada de una casa de Colmar. Abajo: el retablo de Isenheim.

Otras visitas interesantes en Alsacia y Lorena

MUSÉE MÉMORIAL ALSACE-MOSELLE

Este museo se halla situado en el campo de internamiento de Schirmeck. Describe la historia de esta región fronteriza, que ha cambiado cuatro veces de nacionalidad desde 1870 e ilustra la historia del campo y de las evacuaciones en tiempos de guerra con reconstrucciones y documentos. ✉ Schirmeck ☎ 03 88 47 45 50 ⏲ Cerrado lun. y casi todo enero $ $$

CHÂTEAU D'HAUT-KOENIGSBOURG

La D159 serpentea desde St-Hippolyte hasta este castillo, proporcionando unas vistas sorprendentes de la llanura de Alsacia, 750 m más abajo. El castillo actual es una restauración del siglo XIX de las fortificaciones del siglo XV, levantadas alrededor de un torreón del siglo XII. Ⓜ 105 E2 ☎ 03 88 82 50 60 $ $$

DOMRÉMY-LA-PUCELLE

Esta población de los Vosgos, a unos 74 km al sudoeste de Nancy, alberga la casa donde nació Juana de Arco en 1412 . En la capilla de **Notre-Dame de Bermont** (*1,5 km al norte, en Brixey, abierto el primer sáb. de cada mes*), donde Juana de Arco rezaba, se descubrió durante la restauración de 1997 un fresco datado en el siglo XV que muestra a una adolescente con cabellos rubios y ojos azules vestida de campesina, y que podría ser un retrato de la santa guerrera. Ⓜ 105 D2

MULHOUSE

Hasta la Segunda Guerra Mundial, Mulhouse, una población medieval que antaño fue una ciudad independiente de la Confederación Suiza, tenía un precioso casco antiguo. El Hôtel de Ville, del siglo XVI, todavía se conserva y es un museo de historia local. En el **Musée de l'Automobile** (*avenue de Colmar; Tel 03 89 33 23 23*) se exhibe la colección Schlumpf, en la que se incluyen el Maserati de Juan Fangio y el Rolls-Royce Phantom III de 1937 de Charlie Chaplin. Ⓜ 105 E1 **Información** ✉ 9 avenue Maréchal-Foch ☎ 03 89 35 48 48

RIQUEWIHR

Las casas y patios del siglo XVI de esta localidad todavía están protegidos por varios estratos de fortificaciones. La calle principal está defendida por una puerta medieval fortificada, actualmente un museo de arqueología. En el Cour des Bergers, la puerta original de la ciudad, puede verse un rastrillo y una prisión con cámara de torturas.
Ⓜ 105 E2 **Información** ✉ rue 1ère Armée ☎ 03 89 49 08 40 (desde el extranjero); 08 20 36 09 22 (en Francia) ⏲ Cerrado dom. nov.-marzo y fiestas religiosas

ROUTE DES CRÊTES

El recorrido más espectacular del norte de Francia es el que asciende por la Route des Crêtes (literalmente, carretera de las cumbres). En un día claro, las vistas desde la cima del **Grand Ballon** (1.424 m), alcanza toda la cordillera de los Vosgos hasta la Selva Negra, en Alemania, el Jura al sur y el Mont Blanc en los Alpes. (Infórmese sobre la previsión del tiempo antes de salir; las nubes bajas son muy habituales e impiden ver las panorámicas.)

La Route des Crêtes empieza en Cernay, a unos 9 km al oeste de Mulhouse. Tome la D5 en dirección norte hasta Uffholtz y gire en dirección oeste en la D431. La carretera sube por las curvas del **Grand Ballon,** el pico más alto de los Vosgos, y cuyo nombre, según se dice, deriva de *bois long* (bosque largo, las cimas de las montañas antiguamente estaban llenas de árboles).

Pasado el Grand Ballon, la carretera se bifurca. Siga la D430 hasta **Le Hohneck** (1.362 m), donde su cima ofrece unas fantásticas vistas de los bosques de las laderas. Siga por la D340 hasta su intersección con la D417, luego tome la D61 en dirección norte pasando por el **Lac Noir** y el **Lac Blanc,** lagos que están en los cráteres de unos volcanes extintos, rodeados de bosques.

WISSEMBOURG

En la frontera entre Alsacia y Alemania, Wissembourg (*ver mapa de la pág. 105, F3*) posee un precioso casco antiguo, parcialmente encerrado por las murallas y rodeado por el río Lauter. La **Église de St-Paul-et-St-Pierre** (*avenue de la Sous-Préfecture*), del siglo XIII, se construyó sobre una abadía benedictina anterior del siglo VII. ■

Estas dos provincias tienen un carácter del norte de Europa, al haber estado históricamente más influenciadas por los vikingos y los celtas. El clima templado favorece la existencia de la ganadería y de la luz tenue que tanto seduce a los artistas.

Normandía y Bretaña

Introducción y mapa **134-135**
Gastronomía **136-137**
Normandía 138-149
Ruán **139**
Valle del Sena, de Ruán a la costa **140-141**
Bayeux **142-143**
Las playas del desembarco **144-145**
Mont-St-Michel **146-147**
Otras visitas interesantes en Normandía **148-149**
Bretaña 150-160
Rennes **151**
St-Malo **152**
Côte d'Émeraude y Côte de Granit Rose **153**
Recintos parroquiales de Finistère **156**
Quimper **157**
Concarneau **157**
Carnac y sus menhires **158-159**
Otras visitas interesantes en Bretaña **160**
Hoteles y restaurantes de Normandía y Bretaña **353-357**

Coloridas casetas de baño en una playa normanda

Normandía y Bretaña

NORMANDÍA Y BRETAÑA FORMAN EL EXTREMO NOROESTE DE FRANCIA Y combinan un interior principalmente agrícola con una costa muy popular entre los veraneantes franceses y extranjeros. Las dos regiones son grandes productoras agrícolas: Normandía (Normandie) es particularmente famosa por sus productos lácteos y sus manzanas y Bretaña (Bretagne) por sus hortalizas, aunque ambas también producen hoy en día grandes cantidades de carne y cereales.

La extensa costa ha convertido la pesca en una industria importante, junto con el cultivo de mejillones y ostras. La línea de la costa del norte de Normandía y el norte de Bretaña linda con el Canal de la Mancha, mientras que al sur, la costa de Bretaña se adentra en el océano Atlántico.

A lo largo de toda la costa, el tráfico en los puertos de pescadores y en los embarcaderos de los transbordadores de mercancías y pasajeros entre Francia y el Reino Unido es constante. Toda la línea del litoral ofrece una gran variedad de paisajes: accidentados promontorios de granito o gredosos acantilados entremezclados con playas de arena.

El clima es relativamente benévolo, influido por la corriente del Golfo y calentado por los vientos del oeste que le aportan humedad e inviernos suaves. Sin embargo, los vientos más severos del noroeste y el oeste pueden hacer descender las temperaturas y provocar repentinas tormentas. Alrededor de la bahía de Mont-St-Michel, Bretaña tiene algunas de las mareas más fuertes del mundo.

El sur de Normandía y Bretaña cubre lo que se conoce como el Massif d'Armorique, unas antiguas montañas de granito convertidas en colinas ligeramente onduladas. Al oeste, el duro granito configura la espectacular costa de Bretaña. Al este, el granito deja paso a la piedra caliza de la cuenca de París, de donde se extraía la pálida y maleable piedra de Caen usada para construir catedrales e iglesias, y a los acantilados gredosos de la costa normanda del Canal.

El Sena es el río principal de la región, que, serpenteando a través de Normandía desde París a Le Havre, ha sido durante milenios una gran ruta para el comercio y, en ocasiones, para los ejércitos invasores. Las principales ciudades de la zona son Ruán y Caen, capitales regionales de Normandía, y Rennes, capital de

Bretaña. Brest es un gran puerto naval, Nantes y Le Havre son importantes puertos comerciales.

A pesar de su proximidad, las historias de Normandía y Bretaña han sido muy diferentes, lo que ha dado como resultado unas identidades regionales muy distintas.

Normandía, avenada por el Sena y camino de París, ha sido siempre un blanco fácil para los invasores. Los vikingos empezaron sus incursiones por el Sena en el siglo IX y finalmente se instalaron y colonizaron la tierra que más tarde tomaría su nombre de este pueblo. El tráfico con Gran Bretaña, y el éxito de Guillermo el Conquistador en su invasión de 1066, significaron un importante intercambio cultural, ejemplificado en la multitud de iglesias románicas (que en Inglaterra se llama estilo normando) que hay a ambos lados del Canal de la Mancha.

Los celtas procedentes de las islas Británicas colonizaron la península d'Armorique en el siglo VI. Los celtas establecieron una cultura y una lengua absolutamente diferentes de las del resto de Francia que aún perdura hoy en día. ■

El antiguo puerto de Honfleur, actualmente lleno de yates, cafés, restaurantes y galerías de arte.

Gastronomía

TANTO NORMANDÍA COMO BRETAÑA DISFRUTAN DE UNA COSTA CON GRAN abundancia de pescado y marisco que, combinados con los productos de la industria lechera y los huertos de Normandía y Bretaña, caracterizan la gastronomía de la región.

En la costa se puede disfrutar del marisco, especialmente mejillones, ostras y langosta. El pescado, y en particular el lenguado, se sirve a menudo con *sauce normande*, hecha con nata líquida, mejillones, gambas y setas. El cerdo y sus derivados son muy populares, especialmente la gran variedad de salchichas, llamadas *andouilles*, que se hacen en cada población. El cordero es excelente, con un delicado sabor salado que adquiere en las marismas de la costa (*pré-salé*). Uno de los platos más conocidos es *tripes à la mode de Caen*, un cocido hecho con callos y verduras con sidra (un tradicional tentempié de media mañana).

Normandía es famosa por sus productos lácteos, las manzanas a partir de las cuales se elabora la sidra (la bebida tradicional que acompaña las comidas) y el Calvados (brandy de manzana). Las manzanas y la nata líquida se combinan a menudo con el Calvados para crear unas deliciosas salsas para la carne. La rica leche de las vacas de Normandía produce la mejor mantequilla de Francia y algunos de sus mejores quesos. Las manzanas se presentan en rebanadas, caramelizadas, bañadas en crema de almendras, fritas en buñuelos o mojadas en Calvados. El Calvados (o, más familiarmente, Calva) se utiliza en muchos platos para potenciar el sabor de los ingredientes y rebajar el de las salsas de crema de leche. También se bebe entre comidas como un *digestif*, con el nombre de *le trou Normand* (literalmente, «agujero normando», que expresa que debe llenarse con más comida). Otra especialidad es el licor benedictino, elaborado por monjes a partir de una receta de hierbas.

Bretaña ofrece una gastronomía menos elaborada que la de Normandía. El mar domina los menús locales. Entre la increíble variedad de pescado disponible, el lenguado, el rodaballo y la pescadilla se combinan para formar la espléndida *cotriade*, una sopa de pescado que se sirve a menudo con patatas o, en ocasiones, nata líquida.

El plato bretón más famoso es el *plateau de fruits de mer*, una gran mariscada de ostras, cangrejos, langostinos, camarones, gambas, berberechos, almejas y bígaros.

Cancale es el centro de la industria ostrera de Bretaña y vale la pena visitarla para probar sus mercancías principales, que normalmente se sirven crudas con un poco de vinagre de chalota o limón.

La comida bretona no consta sólo de pescado, cerdo y cordero *pré-salé*. Bretaña produce grandes cantidades de hortalizas. Las alcachofas se han convertido en el símbolo de la región.

Las *crêpes*, dulces o saladas (*galettes*), son la base de la dieta bretona, ya sea servidas como plato principal (rellenas de jamón y queso, o con huevos encima), o como finos y deliciosos postres (las *crêpes dentelles*). ■

Especialidades

Normandía

Platos principales *Canard au sang*: pato de Ruán con salsa espesada con sangre

Pieds de cochon farcis: manos de cerdo rellenas

Tripes à la mode de Caen: callos cocinados a fuego lento con verduras y sidra

Postres *Beignets de pomme à la normande*: buñuelos de manzana con Calvados

Quesos *Camembert, Livarot, Pont-l'Évêque*

Bretaña

Primeros platos *Mouclade*: sopa de mejillones

Moules marinières: mejillones cocinados con vino blanco, chalotas, cebolla y perejil

Platos principales *Gigot d'agneau à la bretonne*: cordero asado con alubias blancas

Palourdes farcies: almejas abiertas a la parrilla con chalotas y hierbas

Postres *Crêpes Suzette*: *crêpes* dulces con zumo de naranja y Grand Marnier

Kouign-Amann: pastas hojaldradas con azúcar caramelizado

Las ostras se cultivan y se venden a lo largo de las costas de Normandía y Bretaña.

LA
DOUZAINE
29F50

El valle del Rouvre de Normandía, donde los ganados pastan en los ricos prados.

Normandía

La variedad de paisajes es la característica más impactante de Normandía. La escarpada belleza de las costas de la península de Cotentin al oeste deja paso a las interminables arenas doradas del departamento de Calvados, la elegancia de la Riviera normanda de Deauville y Trouville-sur-Mer, y los amenazadores acantilados de la Côte d'Albâtre. En el interior, tómese tiempo para pasear por el campo, desde las acogedoras colinas y riachuelos de la Suisse Normande hasta la majestuosa meseta del Pays de Caux, y siguiendo hasta el mosaico del *bocage* y huertos del Pays d'Auge. Ésta es la tierra del queso, las destilerías de Calvados y los pequeños restaurantes para disfrutar de la buena comida. Y, por todos lados, las casas de piedra, las casas señoriales con entramados de madera y las granjas muestran una herencia que ha logrado sobrevivir a la Segunda Guerra Mundial.

Las pintorescas e idílicas escenas rurales que caracterizan Normandía contrastan con la decisiva y a menudo sombría historia de la región. Los conflictos sufridos son visibles en la ciudad de Ruán, con su espléndida catedral, y en las abadías medievales en ruinas dispersas a lo largo del curso del Sena. La más sobrecogedora es la Abbaye de Mont.-St-Michel, situada en una isla rocosa, un lugar de peregrinaje durante 10 siglos. Bayeux todavía guarda como un tesoro sus tapices, un recuerdo de la invasión de estas costas llevada a cabo por Guillermo el Conquistador en 1066 desde Gran Bretaña. Muy cerca, las playas donde desembarcaron las fuerzas aliadas sirven de recordatorio de un período de heroísmo y sufrimiento extremo.

Las otras imágenes, más amables, de Normandía se deben a los artistas impresionistas que buscaron la inspiración en sus marinas y sus cielos lluviosos. Los vestidos movidos por el viento en la playa de Trouville de Eugène Boudin y los yates que se balancean en Le Havre de Raoul Dufy captaron este aspecto de Normandía. Por encima de todos ellos, Monet creó, en sus exquisitos jardines de Giverny (ver pág. 102), unas composiciones de luz, reflejos y color que nadie dede perderse. ■

Ruán

LA ANTIGUA CAPITAL DEL DUCADO DE NORMANDÍA, fundada como emplazamiento romano sobre el Sena, Ruán (Rouen) es hoy una ciudad industrial con un importante puerto. El casco antiguo, al norte del río, fue restaurado después de la Segunda Guerra Mundial, y al pasear por sus calles se pueden descubrir museos, iglesias y casas normandas con entramados de madera.

Monet estudió los cambios de la luz sobre la fachada oeste de la catedral de Ruán.

Empiece por donde lo hizo Monet, en la **Cathédral Notre-Dame,** cuya gótica fachada oeste pintó tantas veces bajo luces diferentes. Los arcos góticos, las intrincadas esculturas y las dos torres asimétricas que flanquean la fachada se elevan sobre cimientos del siglo XII. Encima de las puertas de entrada, unos aguilones calados cubren las hileras de estatuas. El interior es un fresco refugio de elevadas columnas, luminosas vidrieras y tumbas antiguas, incluyendo la de Rollo, el primer duque de Normandía.

Para descubrir el centro histórico, tome la peatonal Rue du Gros-Horloge, llena de espléndidos edificios con entramados de madera y elegantes tiendas, que pasa bajo el gran reloj medieval situado en un arco renacentista. En el extremo oeste se encuentra la **Place du Vieux-Marché,** donde en 1431 Juana de Arco fue quemada en la hoguera. En el lugar exacto se construyó una iglesia en su honor. El **Musée Jeanne d'Arc** (*33 place du Vieux-Marché; Tel 02 35 88 02 70*) alberga uno de los pocos retratos que se conocen de Juana, un esbozo de 1429.

De vuelta a la catedral encontrará el **Palais de Justice,** un ejemplo de la arquitectura gótica flamígera del siglo XVI. Al oeste de la Place du Vieux-Marché está emplazado el **Hôtel-Dieu,** el antiguo hospital de Ruán, donde en 1821 nació Gustave Flaubert. Actualmente es la sede del **Musée Flaubert et d'Histoire de la Médecine** (*Tel 02 35 15 59 95; cerrado dom.-lun.*), dedicado a su vida y a la historia de la medicina.

Al norte, en la Square Verdrel, el **Musée des Beaux-Arts** (*Tel 02 35 71 28 40; cerrado mar.*) alberga una excelente colección de pinturas europeas, incluyendo una de la serie de la catedral de Ruán de Monet.

Más allá de la catedral se encuentran la magníficamente restaurada **Église de St-Ouen** y otra obra maestra del gótico flamígero, la **Église de St-Maclou.** ■

Ruán

N 135 E3

Información

✉ 25 place de la Cathédrale

☎ 02 32 08 32 40

www.rouentourisme.com

Cathédrale Notre-Dame

✉ place de la Cathédrale

Valle del Sena, desde Ruán a la costa

Más allá de Ruán, el Sena (Seine) se dirige lentamente hasta el mar, atravesando valles llenos de bosques, acantilados gredosos y pomares. Este magnífico recorrido por la orilla norte es también conocido como la Route des Abbayes, por las abadías que se construyeron en el siglo VII, y que se convertirían en influyentes centros de enseñanza.

Siga la D982 en dirección oeste desde Ruán hasta la población de **St-Martin-de-Boscherville** ❶. La **Abbaye de St-Georges** (*Tel 02 35 32 10 82*) es una iglesia románica construida sobre unos templos romanos. El interior es simple y con una atmósfera especial, el ábside muestra hermosas tallas y entre las obras de la capilla del siglo XII se encuentran algunos capiteles magníficamente esculpidos. Empezada en el año 1050, es uno de los mejores ejemplos de la arquitectura románica normanda.

Continúe por la D982 hasta **Duclair,** donde podrá contemplar unas bonitas vistas del río. Luego tome la bifurcación a la izquierda para desviarse por la D65, siguiendo un gran meandro del Sena y atravesando pomares y campos de cerezos que rodean la población de Les Mesnil-sous-Jumièges. Poco después de pasar por ella, aparecen a lo lejos las grandes torres blancas de la **Abbaye de Jumièges** ❷ (*Tel 02 35 37 24 02*). Estas impresionantes ruinas, las más importantes de Normandía, son un testigo de su turbulento pasado. Fundada en el año 654, la abadía fue saqueada en el siglo IX por los vikingos, y no se volvió a refundar hasta el año 1067. En sus mejores tiempos, en los siglos XIII y XIV, el monasterio albergaba más de 2.000 monjes y hermanos laicos. Sólo sobrevivieron a la Revolución las dos grandes torres del siglo XI, un arco de la linterna y parte de la nave descubierta.

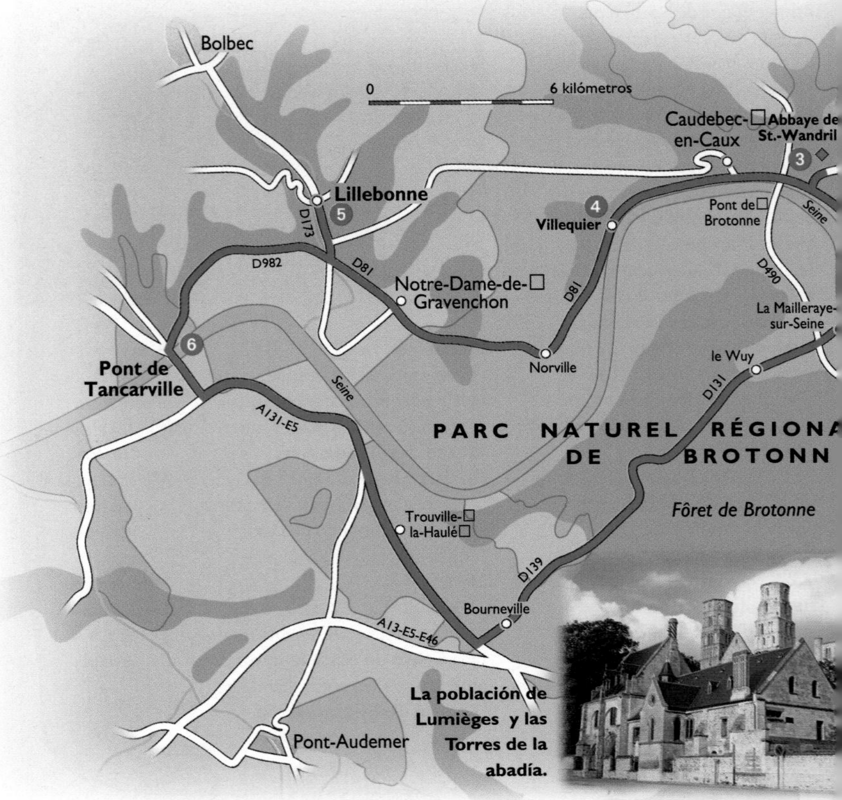

La población de Lumièges y las Torres de la abadía.

Siga por la D143 de vuelta a la D982, y vaya en dirección noroeste hasta el valle de Fontenelle y la **Abbaye de St-Wandrille** ③ (*Tel 02 35 96 23 11; misas entre semana a las 9.45 y dom. a las 10.00*), que, por contraste, es una próspera comunidad benedictina, revitalizada en el año 1931. Fundada en el siglo VII por san Wandrille, y luego saqueada por los vikingos, la abadía fue refundada en el siglo X y continuó floreciendo hasta la Revolución francesa. La iglesia, que data de los siglos XIII y XIV, sigue en ruinas, pero el claustro del siglo XIV ha sido restaurado. Los monjes fundaron una nueva iglesia en la década de 1960 en una antigua casa de diezmos rodeada de árboles. Si puede, intente asistir a una de las misas con canto gregoriano (*entre semana 9.25, dom. 10.00*).

Conduzca por la D982 hasta Caudebec-en-Caux, luego tome la D81 hasta **Villequier** ④, donde el **Musée Victor-Hugo** (*rue Ernest Binet; Tel 02 35 56 78 31; cerrado dom. mañanas y mar.*) cuenta la historia de la hija del escritor, que murió ahogada, y que inspiró algunos de sus poemas más conmovedores. **Lillebone** ⑤, un poco más al oeste por la D81 y la D173, posee unas impresionantes ruinas romanas. Regrese a la D982 y cruce el Sena por el **Pont de Tancarville** ⑥, un prodigio de la ingeniería que ofrece vistas del estuario.

Desde aquí, tome la A131 hasta la salida de la D139 hasta Bourneville. Siga por la D139 y la D131 hasta La Maillersaye-sur-Seine y luego tome la D65 en dirección sur a través del Forêt de Brotonne hasta Jumièges tomando el transbordador (*gratuito, sale cada 10 minutos*) y regrese a Ruán. ■

Ver mapa de la zona, pág. 135
Ruán
145 km
4 horas
Pont de Tancarville

PUNTOS DE INTERÉS
- Abbaye de St-Georges
- Abbaye de Jumièges
- Abbaye de St-Wandrille de Fontenelle
- Musée Victor Hugo, Villequier

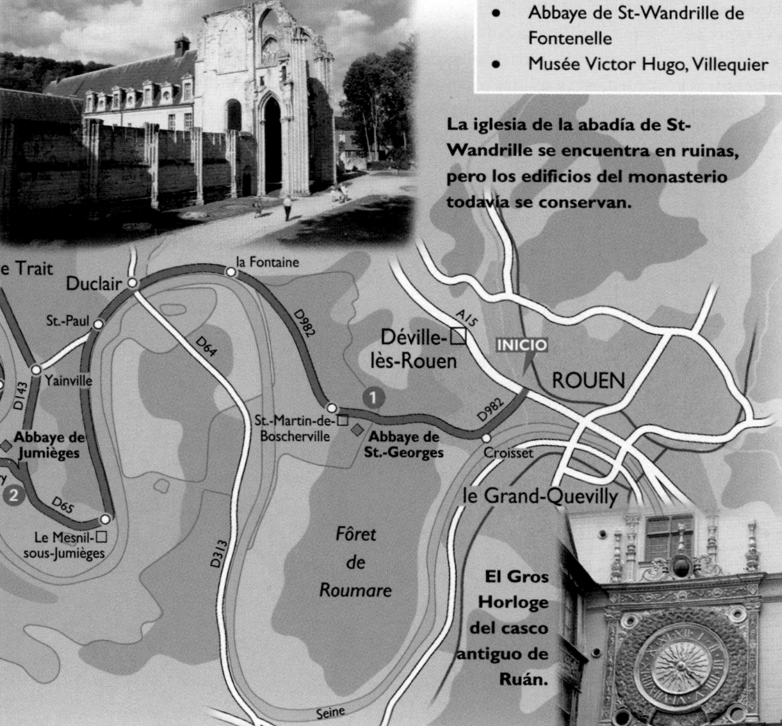

La iglesia de la abadía de St-Wandrille se encuentra en ruinas, pero los edificios del monasterio todavía se conservan.

El Gros Horloge del casco antiguo de Ruán.

Bayeux

Bayeux
135 D3
Información
Pont St-Jean
02 31 51 28 28

Tapisserie de la reine Mathilde
Centre Guillaume-le-Conquérant, rue de Nesmond
02 31 51 25 50
$$
En el precio de la entrada se incluye el acceso al Musée Baron Gérard, place de la Liberté y al Musée d'Art Religieux, 6 rue Lambert-Leforestier.

La historia que narra el tapiz se desarrolla entre la parte central y los frisos superior e inferior.

INCLUSO SIN LA TAPICERÍA DE BAYEUX, LA HISTÓRICA localidad de Bayeux merecería una visita por su casco antiguo, magníficamente conservado, y su impresionante catedral. Pero, por supuesto, lo más irresistible de Bayeux es su mundialmente famoso tapiz (de hecho, bordado sobre hilo).

El impresionante tapiz de 70 m de largo relata la invasión de Inglaterra por los normandos en el año 1066, lo que lo convierte en un documento histórico extraordinario así como una obra de arte única. El paso del tiempo ha difuminado algunos colores (especialmente el verde). Panel a panel (58 en total), cuenta una dramática historia, llena de incidentes y detalles, desde el encuentro original de Harold y Guillermo hasta la bendición de las tropas invasoras de Guillermo, la aparición del cometa Halley y la fatídica flecha que derribó al rey Harold de Inglaterra, lo que significó la victoria para los normandos. Los detalles de la vida medieval y militar son muy minuciosos: trajes de los correos en unos colgadores, los soldados comiendo sobre sus escudos mientras los duques disfrutan en la mesa de pollos asados. Protegido detrás de un cristal blindado en el **Centre Guillaume-le-Conquérant,** este precursor de las tiras cómicas fue probablemente encargado por el hermanastro de Guillermo, el obispo Odo de Bayeux, para la consagración de la catedral celebrada en el año 1077 (de hecho el mismo Odo aparece constantemente en la historia). Conocido entre los franceses como la «Tapisserie de la reine Mathilde», seguramente fue elaborado por bordadoras francesas o inglesas, pero la obra se ha atribuido siempre a tejedoras sajonas o a monjas inglesas. Dedique un buen rato a la visita para observar no sólo el tapiz en sí sino también los interesantes paneles

audiovisuales que lo preceden y le situarán en el contexto.

Al salir de la exposición, diríjase hasta el centro histórico medieval de Bayeux. La ciudad está dominada por las agujas góticas de la **Cathédrale Notre-Dame** (*rue du Bienvenu*), con su hermosa cripta del siglo XI y las torres de la iglesia románica original del obispo Odo. Las capillas y la cripta poseen unos magníficos frescos del siglo XV, y en la sala capitular del siglo XII hay un laberinto del siglo XV representado en el suelo de baldosas. En las calles adoquinadas al sur de la Rue St-Martin hay un gran número de casas de piedra y entramados de madera que datan del siglo XV al XVII. Puede cruzar el río Aure a través de un hermoso puente, y contemplar cómo sus aguas mueven las ruedas de un antiguo molino.

Los sábados hay mercado en la **Place St-Patrice,** cuyo bullicio mantiene en cierta manera aires del Bayeux medieval. Puede encontrar toda clase de frutas y hortalizas locales, además de flores, carne y especialidades regionales.

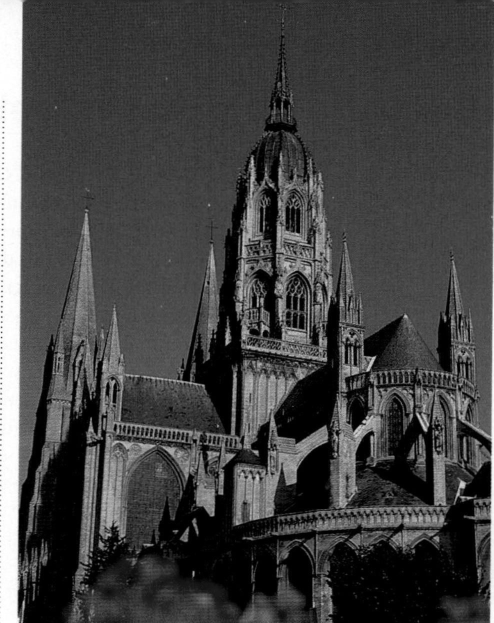

Los encajes de Bayeux todavía se confeccionan y vale la pena buscarlos.

En el extremo sur de la ciudad se encuentra el **Musée Mémorial de la Bataille de Normandie** (ver pág. 144), con un conmovedor cementerio de guerra británico casi enfrente. ■

A la Cathédrale de Notre-Dame, principalmente de estilo gótico del siglo XIII, se le añadió una torre central en el siglo XV.

Las playas del desembarco

Musée Mémorial de la Bataille de Normandie
boulevard Fabian-Ware, Bayeux
02 31 92 93 41
$$. Gratuito para veteranos de la Segunda Guerra Mundial

LA MAÑANA DEL 6 DE JUNIO DE 1944 (EL DÍA D), UN ejército de invasión de miles de embarcaciones desembarcó en las playas de la costa de Normandía, que en lo sucesivo se inmortalizarían bajo los nombres en clave de Utah, Omaha, Oro, Juno y Espada. Se trataba de la Operación Jefe Supremo, una heroica ofensiva aliada planeada meticulosamente para liberar a Francia de la ocupación alemana. Dos meses más tarde habían muerto 100.000 soldados, junto con miles de civiles franceses, y la mayoría de las poblaciones de Normandía habían quedado en ruinas. Pero la batalla de Normandía se había ganado, y el curso de la guerra se había decantado claramente a favor de los aliados.

Asalto de las tropas norteamericanas en la playa de Omaha.

Actualmente, más de 50 años después, en algunos lugares aún se pueden ver los escombros de la guerra, y todavía hay quien, al visitar las las playas del desembarco, recuerda aquellos días terribles.

Para comprender mejor el sentido de los búnkeres abandonados, las marañas de alambres de espino y los barcos oxidados, empiece por visitar uno de los museos dedicados a este tema. Casi cada población posee un pequeño museo en el que se exhiben recuerdos de guerra. El **Musée Mémorial de la Bataille de Normandie** de Bayeux ofrece una visión de conjunto de la batalla a través de una gran cantidad de fotografías, uniformes, armas y documentos.

A lo largo de todas las playas, los restos de búnkeres alemanes han sido convertidos en monumentos conmemorativos, permitiendo al visitante hacerse una idea del escalofriante desafío con el que se encontraron las tropas al desembarcar. Las grandes extensiones de arena que deja la marea baja evidencian por qué fue tan crítico hacer coincidir el desembarco con la marea alta.

Las historias heroicas abundan. En el extremo oeste de la **playa de Omaha** se eleva el **Pointe du Hoc,** donde una avanzadilla del ejército de Estados Unidos escaló los acantilados al alba para neutralizar las baterías alemanas. Fueron atacados violentamente y al final sólo sobrevivieron 65 de los 225 soldados. **St-Laurent-sur-Mer** tiene un museo Omaha (*rue de la Mer; Tel 02 31 21 97 44; cerrado mediados nov.-mediados feb.*).

Dominando la playa de Omaha, donde casi 10.000 norteamericanos murieron luchando contra las defensas alemanas más importantes de la batalla, se encuentra el cementerio militar norteamericano más grande de Normandía, en **Colleville-sur-Mer** (*Tel 02 31 51*

Arromanches
135 D3
Información
2 rue du Maréchal Joffre
02 31 21 47 56 o 02 31 22 36 45

62 00). Los restos de la mayoría de los soldados franceses que murieron yacen en sus ciudades de origen, pero el paisaje de Normandía está lleno de cementerios para los norteamericanos, británicos, canadienses y polacos. Más macabros son los cementerios alemanes. El más grande, en La Cambe, contiene 21.160 tumbas con la siguiente inscripción: «Aquí yacen soldados alemanes». Algunos tenían 16 años.

La población de **Arromanches** (cerca de la playa con el nombre en clave Oro) conserva parte de los famosos Puertos Mulberry, quizá los restos más impactantes de maquinarias de guerra. El **Musée du Débarquement** (*place du 6 Juin; Tel 02 31 22 34 31; cerrado enero*) de esta localidad cuenta la historia de estos puertos artificiales, que se remolcaron a través del Canal para desembarcar 135.000 hombres, 20.000 vehículos, la munición y el aprovisionamiento para las tropas.

En los días y las semanas siguientes al Día D, la tierra de Normandía se fue ganando centímetro a centímetro a fuerza de luchar encarnizadamente. Los prados y bosques de Normandía y las poblaciones atrapadas en el fuego cruzado fueron pulverizadas.

Tras dos meses de lucha, los centros históricos de muchas poblaciones quedaron en ruinas. St-Lô y Falaise fueron los epicentros de la batalla y sufrieron daños masivos, pero **Caen** también fue asolada. Tres cuartas partes de la ciudad fueron destruidas y murieron miles de personas. Su reconstrucción, como la de muchos otros puertos y localidades de Normandía, necesitó años.

Caen conmemora la guerra en **Le Mémorial,** un museo para la paz inaugurado en 1988. Este moderno edificio, que se encuentra donde en junio de 1944 estaban los cuarteles generales alemanes, narra los acontecimientos del Día D a través de filmaciones de archivo y audiovisuales. Con su tono de reflexión, es un lugar ideal para terminar el recorrido por las playas del desembarco. ■

Le Mémorial (Musée pour la Paix)

- esplanade Eisenhower, Caen
- 02 31 06 06 44
- Cerrado enero
- $$. Gratuito para veteranos de la Segunda Guerra Mundial

Algunas tumbas del cementerio de Colleville-sur-Mer.

RUTA DE LOS CAMPOS DE BATALLA

Ocho rutas señalizadas como «Normandie Terre-Liberté» recorren algunos campos de batalla clave; salen del Puente Pegaso, cerca de Caen. ■

Mont-St-Michel

Mont-St-Michel
135 D2
Información
boulevard de l'Avancée
02 33 60 14 30
Visitas guiadas (1 hora)
www.ot-montsaintmichel.com
$$

AZOTADA POR MAREAS Y VIENTOS TERRIBLES, RODEADA por arenas movedizas y accesible sólo a través de una estrecha carretera, la Abbaye de Mont-St-Michel se eleva majestuosa desde su pináculo de roca. Símbolo de Normandía y patrimonio de la humanidad, descrita por Guy de Maupassant como una «gigantesca joya de granito, delicada como un encaje, atestada de torres y esbeltos campanarios», la abadía ha sido lugar de peregrinaje durante más de mil años.

En el siglo VIII, este lugar no era más que un simple peñasco en medio del mar, un monte funerario celta cubierto de bosque. En el año 708, según una leyenda, Aubert, obispo de Avranches, tuvo una visión del arcángel san Miguel que le ordenó construir un oratorio sobre este peñasco, accesible sólo cuando la marea estuviera baja. En la iglesia de St-Gervais, en Avranches, se puede ver el cráneo de Aubert con una abolladura donde se dice que el arcángel le dio una suave palmadita.

La aguja de la iglesia abacial y la pequeña isla de Mont-St-Michel bajo la puesta de sol.

En el siglo X, Ricardo I, duque de Normandía, fundó una abadía benedictina en la isla, que poco a poco fue rodeándose de edificios monásticos. A través de los siglos, éstos se han reformado, ampliado o se han derrumbado.

Sobre el oratorio original, los monjes construyeron la iglesia de Notre-Dame-sous-Terre, que actualmente es la cripta de la iglesia abacial románica, empezada en el siglo XI. A medida que el monasterio cobraba importancia, la monarquía francesa se interesó más por su potencial estratégico, y se añadieron más edificios monásticos del nuevo estilo gótico, conocidos como **La Merveille.** Esta obra maestra del gótico tiene tres niveles. En el superior, los monjes permanecían encerrados en la iglesia abacial, con sus exquisitos claustros de mármol y su refectorio soberbiamente iluminado. En este nivel, una terraza ofrece unas panorámicas fantásticas de la bahía. El segundo piso acomodaba al abad, los invitados nobles y los caballeros. El abovedado de nervaduras y los capiteles decorados de la sala de los caballeros son particularmente espléndidos.

Los peregrinos recibían asilo en el nivel inferior.

Mont-St-Michel se convirtió en uno de los lugares de peregrinación más importantes de Francia. En el siglo XII, la influencia de la gran abadía se hizo patente al albergar las negociaciones de paz entre los soberanos Luis VII de Francia y Enrique II de Inglaterra.

Visitar la abadía es como viajar al pasado. La **Porte de l'Avancée,** la única brecha en las defensas de la abadía, da acceso a la **Grand Rue,** llena de casas de los siglos XV y XVI, que a su vez sube hasta las escaleras de la abadía, el **Grand Degré.** Arriba se encuentran las edificaciones de la abadía.

Durante la Revolución, los edificios de la abadía fueron requisados y convertidos en prisiones. A mediados del siglo XIX, después de un llamamiento público liderado por Victor Hugo, empezaron los trabajos de restauración. Además de las reparaciones, a la iglesia se le añadió una aguja. El arquitecto se trasladó a este lugar junto con su doncella, que se casó con el hijo del panadero y fundaron un hotel. Se trataba de la legendaria Mère Poulard. Su restaurante, en las laderas más bajas del peñasco, todavía se conserva.

En 1966, los monjes regresaron y la vida monástica continúa a pesar de los turistas. Vaya a primera o a última hora del día, o asista a la misa diaria del mediodía. El nuevo **Scriptorial,** en la localidad de Avranches, exhibe miles de libros y manuscritos medievales procedentes de Mont-St-Michel, muchos de los cuales es la primera vez que se exponen al público desde la Revolución francesa. ■

UN PUENTE SOBRE LA MAREA

Para impedir que la bahía se seque, hay un proyecto en marcha para eliminar el paso elevado hasta el Mont-St-Michel. Con la presa y el nuevo puente, los visitantes podrán aparcar en tierra firme, dispondrán de otra oficina de turismo y llegarán a la isla en lanzadera. ■

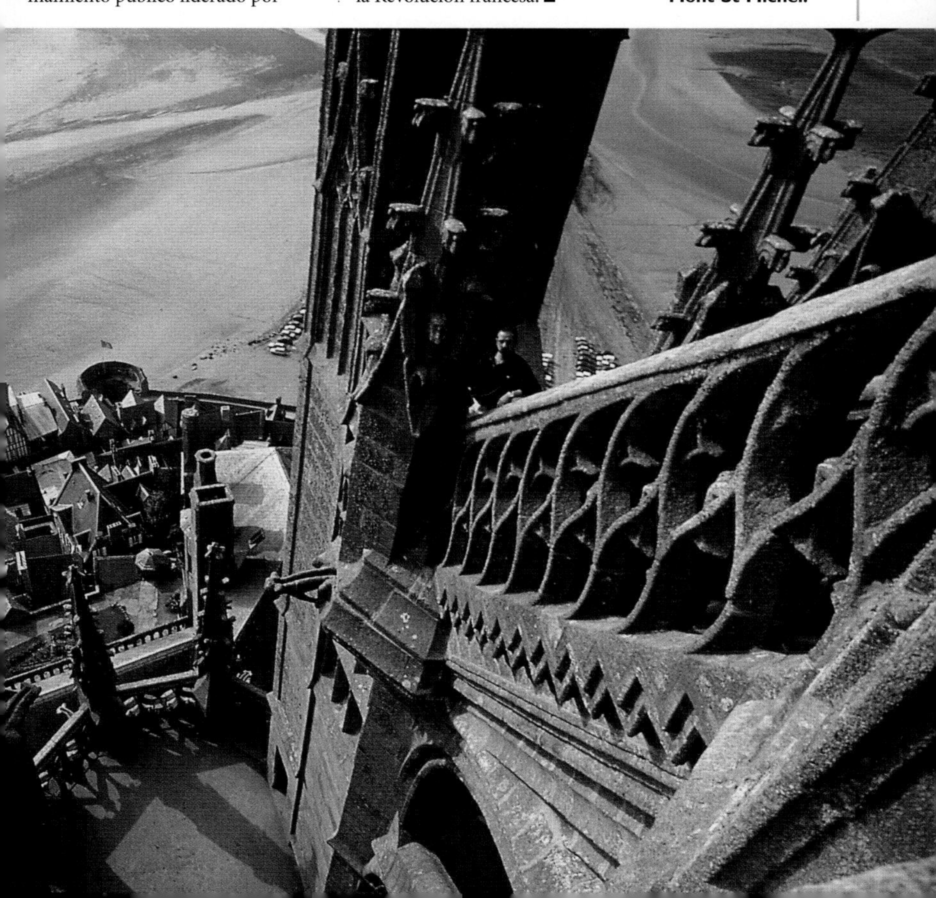

Contemplando el mar desde las agujas góticas de la abadía de Mont-St-Michel.

Otras visitas interesantes en Normandía

CAEN

Reconstruida por completo después de la Segunda Guerra Mundial, Caen conserva sin embargo algunos magníficos vestigios de su pasado. Éste fue el lugar elegido por Guillermo el Conquistador para construir su castillo en el siglo XI. Como penitencia por su matrimonio consanguíneo, él y su mujer, Matilda, regalaron a la ciudad dos joyas del románico, la **Abbaye aux Hommes** y la **Abbaye aux Dames,** construidas con la piedra de Caen. La iglesia de St-Étienne, en la Abbaye aux Hommes, refugió a cientos de ciudadanos durante los bombardeos de 1944; la iglesia de Matilda, **La Trinité,** en la Abbaye aux Dames, alberga su tumba. El castillo de Guillermo (en gran parte restaurado), rodeado por unas impresionantes murallas, la mayor parte originales, contiene el **Musée de Beaux-Arts.** También vale la pena visitar el museo dedicado al Día D, **Le Mémorial** (ver pág. 145).
135 D3 **Información** place St-Pierre
02 31 27 14 14

CHERBURGO

Cherburgo (Cherbourg), en la punta de la península de Cotentin, es famosa por su puerto: la construcción de su enorme rompeolas, de más de 3 km, fue todo un logro que se prolongó durante dos siglos. El **Fort du Roule,** que domina la ciudad, ofrece vistas panorámicas del puerto. Cherburgo cuenta con el **Musée de la Guerre et de la Libération** y el **Musée Thomas-Henry,** que contiene obras del pintor Jean-François Millet, natural de la localidad cercana de Gruchy.
135 D3 **Información** 3 quai Alexandre III 02 33 93 52 02

CÔTE FLEURIE

El conjunto de playas de arena y lugares de veraneo al oeste de Honfleur, conocido como la «costa florida», fue popularizado en el siglo XIX por artistas y escritores. En la década de 1860, Napoleón III empezó a traer su corte en verano a **Trouville-sur-Mer** (*Mapa pág. 135 E3; Información, boulevard F. Moureaux; Tel 02 31 14 60 70*). Después le seguiría la alta sociedad de París, gracias a la nueva línea del ferrocarril. Aún más espléndida es **Deauville** (*Mapa pág. 135 E3; Información, place de la Mairie; Tel 02 31 14 40 00*), creada en el siglo XIX por uno de los duques de Napoleón, quien también construyó su hipódromo. Poco después le siguió el casino, con su famoso paseo, Les Planches. Trouville-sur-Mer y Deauville poseen opulentas mansiones y magníficos hoteles.

Los Falaise d'Aval, en Étretat, acantilados gredosos típicos de la costa de Normandía permanentemente erosionados por el mar.

Más al oeste se encuentra **Cabourg** (*Mapa pág. 135 E3; Información, Jardins du Casino; Tel 02 31 91 20 00*), cuya elegancia fue inmortalizada por Marcel Proust en su obra *En busca del tiempo perdido*, bajo el nombre de Balbec. La espléndida playa todavía se encuentra allí, así como la impresionante arquitectura costera, incluyendo el Grand Hôtel donde se alojó Proust (y donde se sirven madalenas en el desayuno, por supuesto).

DIEPPE

Dieppe, uno de los puertos que más se adentra en el Canal de la Mancha, prosperó gracias al comercio en los siglos XVI y XVII, pero gozó de su máximo esplendor como lugar de veraneo en el siglo XIX. Actualmente, puede disfrutar del paseo marítimo, el casino, los parques de atracciones, las piscinas de agua marina y su animado puerto.

135 E3 **Información** pont Jean-Ango 02 32 14 40 60

LE HAVRE Y LA CÔTE D'ALBÂTRE

Aparte del barrio de St-François, situado alrededor de los antiguos muelles, Le Havre tiene poco que mostrar, al haber sido una localidad principalmente portuaria. Pero la nueva ciudad, construida por el arquitecto Auguste Perret a partir de las ruinas de la Segunda Guerra Mundial, es un ejemplo de la planificación urbanística del siglo XX y en 2005 fue incluida en la lista del Patrimonio de la Humanidad de la UNESCO. El **Musée des Beaux-Arts,** hecho de cristal y acero, alberga obras de Boudin, Dufy, Dubuffet y otros.

Al norte de Le Havre se extienden los acantilados de la Côte d'Albâtre (la costa de alabastro). Aquí, la pequeña localidad de **Étretat,** situada entre dos enormes acantilados, es famosa por los túneles y los arcos de sus formaciones rocosas.

135 E3 **Información** 186 boulevard Clemenceau, Le Havre 02 32 74 04 04

HONFLEUR

Esta localidad portuaria, situada en la desembocadura del Sena, conserva parte del encanto que atrajo a artistas del siglo XIX como Boudin y Pissarro. Hoy en día, los pintores se acomodan en los muelles y los antiguos almacenes del siglo XVII del Vieux Bassin, el puerto de pescadores ahora con embarcaciones de recreo, albergan exposiciones de arte contemporáneo. El **Musée Eugène-Boudin** cuenta el pasado artístico de Honfleur, con obras de Boudin, Dufy y Monet. Uno de los temas pintados por Monet fue la **Église Ste-Catherine,** del siglo XV, construida en madera y uno de los pocos ejemplos del trabajo de los carpinteros de ribera medievales.

135 E3 **Información** quai le Paulmier 02 31 89 23 30

PAYS D'AUGE

El Pays d'Auge, una región rural al sudeste de Caen y al sur de Lisieux (*Mapa pág. 135 E2; Información, 11 rue d'Alençon; Tel 02 31 48 18 10*), es la quintaesencia de Normandía, llena de antiguas granjas rodeadas de pastos. Déjese guiar por la comida, y siga la señalizada Route du Cidre (ruta de la sidra) y la Route du Fromage o ruta del queso (Camembert, Pont-l'Évêque y Livarot). Las carreteras serpentean a través de preciosas localidades y casas señoriales con entramados de madera, como la del siglo XVI en Coupesarte, al noroeste de Livarot. Ésta es la zona del Calvados, donde se elabora el mejor brandy de manzana. ■

Las rocas de granito del Point du Van, en Bretaña, son tan formidables como pintorescas.

Bretaña

Azotada por las olas y el viento, la costa de Bretaña se extiende a lo largo de más de 1.100 km, un mundo de penínsulas rocosas y promontorios, islas cubiertas por la niebla y pequeños puertos, calas secretas y ensenadas escondidas. Su fuerza se encuentra en las ciudades amuralladas como St-Malo y Vitré, y su riqueza en los grandes puertos pesqueros y en las poblaciones de veraneo. Su espectacularidad se encuentra en las elevadísimas olas y acantilados de Finistère al oeste, y en las fantásticas (y traidoras) formaciones rocosas de la Côte de Granit Rose, al norte.

En este lugar, el mar es una fuerza de la naturaleza que debe ser tratada con respeto. Pero el clima suave, las bahías abrigadas y las magníficas playas también convierten Bretaña en un lugar perfecto para pasar las vacaciones y observar las aves. Sus cielos claros y su belleza salvaje han inspirado generaciones de artistas, incluyendo a Turner, Monet, Picasso y, quizá de una forma más clara, a Gauguin, quien declaró: «Me encanta Bretaña. Tiene algo de salvaje y de primitivo. Cuando mis zuecos de madera golpean este granito, oigo el sonido sordo, apagado y potente que busco en mis pinturas».

Tierra adentro, abandonando el *Armor* (en celta, tierra del mar) se encuentra el *Argoat* (tierra de los bosques), donde habitaba el legendario rey Arturo. Éste es el corazón de la Bretaña rural, un paisaje de bosques, brezales y campos fértiles, atravesados por ríos y sembrados de ciudades y pueblos históricos. En Bretaña, el rico legado del pasado se puede observar por todos sitios, desde las catedrales góticas y los castillos medievales, hasta las casas señoriales renacentistas y las granjas de sólido granito, o las iglesias llenas de frescos y los recintos parroquiales únicos de Finistère.

Ninguna otra región europea posee tantos monumentos megalíticos, que incluyen las misteriosas alineaciones de Carnac. El legado celta de los colonos de Cornualles del siglo V a.C. todavía está presente en la lengua y la cultura bretonas. Independiente de Francia hasta el siglo XVI, la provincia conserva sus tradiciones locales. La lengua bretona todavía se habla entre los más mayores, que la recuerdan, y entre los jóvenes, que la aprenden. Los visitantes pueden disfrutar de la cultura bretona en los festivales de verano y los *pardons* (procesiones religiosas). ■

Rennes

CAPITAL DE BRETAÑA HASTA 1561, RENNES ES ACTUALMENTE una ciudad universitaria y centro de investigación de telecomunicaciones. Aunque pocos de sus habitantes hablan bretón, es el centro neurálgico para la recuperación de la cultura bretona. La ciudad cobra todo su esplendor a principios de julio, cuando se celebra un festival callejero (Les Tombées de la nuit), con música, poesía y baile.

Rennes
135 C1
Información
11 rue St-Yves
02 99 67 11 11
www.tourisme.rennes.com

Aunque Rennes floreció en la Edad Media, perdió la mayor parte de sus edificios medievales en un terrible incendio en 1720. El resultado de la reconstrucción fue una ciudad con espléndidos edificios del siglo XVIII alrededor de un pequeño núcleo medieval. La mayoría de las calles antiguas, llenas de casas con entramados de madera, están en un área pequeña alrededor de la **Place des Lices,** donde antaño se celebraban las justas medievales. Hoy en día, en esta plaza, al norte del río Vilaine, los sábados por la mañana se celebra un mercado. Fíjese en las casas medievales de la place Ste-Anne, la Rue de la Psalette, la Rue St-Georges y la Rue du Chapitre. El Auberge St-Sauveur, en la Rue St-Sauveur, conserva su interior renacentista.

El **Palais de Justice** (*place du Palais*), del siglo XVII, que acogía el parlamento y que sobrevivió al incendio de 1720, se quemó casi por completo durante los disturbios de 1994 originados por los pescadores. Actualmente se encuentra en reformas. La **Cathédrale St-Pierre** *(para información de visitas guiadas, Tel 02 99 67 11 11)*, en el centro histórico, data de 1844, posee un retablo flamenco del siglo XVI.

Los edificios públicos y las mansiones de Rennes están dispuestos alrededor de la Place de l'Hôtel de Ville. Vale la pena fijarse en el mismo Hôtel de Ville (ayuntamiento), en las soberbias arcadas del Théâtre y en el Palais du Commerce.

Al este se encuentra el **Jardin du Thabor,** un jardín botánico y rosaleda. Al sur del río se halla el **Musée des Beaux-Arts** (*20 quai Émile Zola; Tel 02 23 62 17 45; cerrado mar.*), un Museo de Bellas Artes famoso por su *Virgen y Niño*, de Georges de La Tour, y algunas obras de la escuela de Pont-Aven. ■

Las fachadas principales de las casas medievales de Rennes poseen unos intrincados entramados de madera.

St-Malo

St-Malo
135 C2
Información
esplanade St.-Vincent
08 25 13 52 00

Musée d'Histoire de la Ville et du Pays Malouin
Gran torreón y torre principal del Château
02 99 40 71 57
Cerrado lun. en invierno
$$

EN UN PROMONTORIO ROCOSO EN EL ESTUARIO DEL RANCE, este puerto fortificado virtualmente inaccesible fue conocido durante siglos como la ciudad de los piratas. Los corsarios que habitaban aquí se dedicaban al saqueo de barcos en el Canal de la Mancha, y con sus ganancias se construyeron espléndidas casas dentro de las murallas de la ciudad. Los corsarios de St-Malo exploraron las distantes islas Malvinas, y Jacques Cartier, quien descubrió el río San Lorenzo y empezó la colonización de Canadá en el siglo XVI, también zarpó desde aquí. El novelista Gustave Flaubert describió sus murallas de granito gris como una «corona de piedra sobre las olas», y, sin duda, la vista más impresionante de St-Malo se obtiene desde el mar.

La primera comunidad fue fundada en la vecina isla de Aleth (ahora parte de St-Servan), por el monje galés Maclou o Malo, en el siglo VI. Dos siglos después, los ataques de los francos obligaron a la población a refugiarse en la isla de St-Malo, que posteriormente se unió a tierra firme con una carretera.

Las estrechas calles de la antigua ciudad amurallada (la ciudadela), agrupadas alrededor de la **Cathédrale St-Vincent,** en parte del siglo XII, están llenas de casas de armadores ricos, de los siglos XVII y XVIII. Todo es tan auténtico que es difícil creer que la mayoría fueron reconstruidas, piedra a piedra, después de los bombardeos de la Segunda Guerra Mundial. La Place Chateaubriand posee algunas espléndidas casas y buenos cafés, y entre las elegantes residencias de la Rue Chateaubriand se encuentra la **Maison de la Duchesse Anne,** con un torreón. La misma duquesa fue responsable de la construcción del castillo, a finales del siglo XV, que ahora acoge el museo de la ciudad. Un paseo por las murallas proporciona vistas increíbles del mar y del puerto y la ciudadela. En marea baja, puede caminar por la playa, debajo de la muralla, hasta la isla de Grand-Bé, donde el escritor del siglo XIX Chateaubriand pasó sus últimos años, y hasta el Fort National, construido por Vauban en un pequeño promontorio situado al norte. ■

El puerto amurallado de St-Malo, que goza de una aislada posición geográfica, siempre ha sido un lugar aparte.

Côte d'Émeraude y Côte de Granit Rose

LA COSTA ESMERALDA SE EXTIENDE DESDE EL POINTE DE Grouin, al oeste de St-Malo y al norte del criadero de ostras de Cancale, hasta le Val-André al oeste, a través de playas, lugares de veraneo y promontorios con vistas espectaculares. En la Côte de Granit Rose, sus erosionadas rocas de color rosado tienen formas fantásticas.

Rothéneuf, al este de St-Malo, posee una pared de roca llena de esculturas extrañas, talladas por un clérigo del siglo XIX. Enfrente de St-Malo, al otro lado del estuario del Rance, se encuentra **Dinard,** descrita a principios del siglo XX como «el lugar de veraneo costero más aristocrático y elegante al norte de Europa». A mediados del siglo XIX, esta población de pescadores se llenó de visitantes que construyeron villas con torreones, cúpulas, terrazas y otros adornos de estilo belle époque. Dinard y St-Malo están actualmente unidos por una carretera sobre el **Rance Barrage** (*Tel 02 99 16 37 14*), el dique de la mayor central maremotriz, y que se encuentra abierta al público.

Al oeste, entre las espléndidas playas y los atractivos lugares de veraneo, destaca **St-Briac-sur-Mer,** con sus pequeñas calas, el puerto pesquero de **St-Jacut-de-la-Mer,** y las arenas de **Sables-d'Or-les-Pins** y **Erquy.** El medieval **Fort la Latte** (con dos puentes levadizos) domina la bahía de La Frenaye, y el **Cap Fréhel** ofrece unas vistas espectaculares de la costa y la **Île de Bréhat.** A la isla se puede llegar en trasbordador desde el Pointe de l'Arcouest. Los acantilados de esta zona son un santuario de aves: fíjese en los cormoranes, las alcas y los araos.

Más al oeste, entre el Pointe de l'Arcouest y Trégastel, se encuentra la **Côte de Granit Rose,** donde los vientos y las mareas han erosionado las rocas de granito rosado formando extraordinarias figuras. La parte más espectacular se halla cerca de **Perros-Guirec.** Desde aquí, el Sentier des Douaniers (sendero de los aduaneros) recorre los acantilados hasta Ploumanac'h, y se puede observar Les Sept-Îles, una reserva de la vida salvaje. ■

Rothéneuf
Mapa 135 C2

Dinard
Mapa 135 C2
Información
✉ 2 boulevard Féart
☎ 02 99 46 94 12

Perros-Guirec
Mapa 134 B2
Información
✉ 21 place Hôtel de Ville
☎ 02 96 23 21 15

La casa del guardacostas en Île de Bréhat. Esta isla, accesible gratuitamente para los coches, es un paraíso para las aves.

Las costumbres bretonas

Las claves del carácter y las tradiciones de Bretaña (tan marcadamente distintas del resto de Francia) no sólo se encuentran en el accidentado paisaje de la región, sino también, y de una forma más significativa, en la influencia de los celtas. Los colonizadores celtas del siglo VI a.C. eran druidas adoradores de la naturaleza, cuyas creencias comprendían todo un mundo de seres míticos y hechiceros. Sus monumentos sufrieron múltiples adaptaciones de los invasores romanos que los subyugaron. La segunda oleada de celtas, que huían de las islas Británicas en los siglos V y VI, trajo consigo la religión cristiana.

A partir de esta mezcla de influencias, se ha desarrollado una cultura con costumbres distintivas, una fuerte tradición de música y baile y una lengua propia. La lengua bretona que se habla actualmente (por más de un cuarto de millón de personas) no se parece en nada al francés, pero tiene muchos puntos en común con el galés, el gaélico y el córnico.

Bretaña logró conservar su independencia hasta el siglo XVI. No fue hasta la muerte de la formidable Anne, duquesa de Bretaña, en 1532, que el rey Francisco I se apoderó de su hija y de sus tierras. La provincia pasó oficialmente a formar parte de Francia, y la lengua, la cultura y las costumbres bretonas fueron suprimidas.

ESPÍRITU CELTA

Sin embargo, el indomable espíritu celta pervivió durante siglos. El siglo XX vio resucitar todo lo bretón (aunque pedir la independencia sigue siendo un delito). La lengua se enseña en las escuelas y el interés por la música celta ha experimentado un gran auge.

Los festivales más importantes de la cultura celta (de música, teatro, danza y poesía) se celebran cada año en Rennes (Les Tombées de la Nuit, los primeros 10 días de julio), Quimper (el Festival de Cornouaille, en la semana del cuarto domingo de julio), y Lorient (el Festival Intercelta, el más importante de todos, desde el primer viernes hasta el segundo domingo de agosto).

Izquierda: Cada población tiene sus propios tocados de encaje o *coiffes*; éstos son de Pont-l'Abbé. Derecha: La música de las gaitas acompaña las procesiones bretonas.

La procesión del *pardon* empieza y acaba en la iglesia e involucra a todos los habitantes, jóvenes y mayores; en la foto, la de Le Folgoët, al noreste de Brest.

PARDONS

Los cristianos celtas sentían un respeto reverencial por la naturaleza e integraron esta fe en las otras creencias y costumbres religiosas, adoptando santos locales y fuentes y pozos sagrados. La figura pagana de Ankou, un segador que representaba la muerte, aparecía en la imaginería religiosa bretona, como puede verse en la *danse macabre* de la capilla de Kermaria, del siglo XIII, al lado de la D786 entre St-Brieuc y Paimpol. Los primeros misioneros fueron elevados desde la categoría de matadragones milagrosos a la de santos, adorados en Bretaña pero desconocidos en el Vaticano.

La pasión bretona por la música y la danza, el ritual y la religión, se mezcla en los *pardons*, procesiones anuales hasta los altares de los santos locales para hacer algún voto o pedir perdón. Después de la procesión se celebra una misa; los participantes llevan estatuas y reliquias, cantan himnos y algunos visten de forma tradicional.

Estos *pardons* ofrecen la posibilidad de admirar los chalecos, con elaborados bordados, de los hombres y los tocados de las mujeres: confecciones magníficas de encajes y ropas almidonadas, a veces con agujeros para dejar pasar el aire. Cada población tiene un estilo característico de tocado. Después de la procesión, empiezan la música y los bailes tradicionales.

De los muchos *pardons* que tienen lugar, algunos de los más importantes son los de St-Yves, el santo patrón de Bretaña, un abogado eclesiástico que ayudaba a clientes pobres, en Tréguier (el 19 de mayo); los de Ste-Anne en Ste-Anne-d'Auray (25 y 26 de julio); y los de la Petite Troménie de Locronan (segundo dom. de julio), cuando la procesión sube una colina, lugar de retiro (Tro Minihy, el recorrido del retiro, Troménie en francés). La Grande Troménie, cuando la procesión rodea la colina, tiene lugar cada seis años; la próxima será en el segundo y el tercer domingos de julio de 2007. ■

Pays des Enclos et des Monts d'Arrée
12 avenue Foch, Landivisiau
02 98 68 33 33

Recintos parroquiales de Finistère

LOS *ENCLOS PAROISSIAUX*, O RECINTOS PARROQUIALES, DE Finistère son un fenómeno único en Bretaña, que demuestra la devoción del catolicismo tradicional bretón.

El restaurado calvario del siglo XVI de Guehénno, que representa la Crucifixión.

Estos recintos amurallados, que datan del siglo XV al XVII, contienen, entre la iglesia y el cementerio, un arco triunfal que simboliza la entrada al paraíso, un osario y, lo que es más importante, un calvario. Las estatuas de piedra frecuentemente representan leyendas de la región, con figuras que se basan en personajes locales. Éste fue un período próspero en la historia bretona, y las poblaciones que se enriquecieron con el comercio del lino competían entre sí en la extravagancia de sus recintos parroquiales. Dos de los más llamativos se encuentran al sur de Morlaix y muy cercanos, en St-Thégonnec y Guimiliau.

St-Thégonnec (*ver mapa pág. 134, B2*) no escatimó dinero en intentar superar en esplendor a Guimiliau, su rival, empleando incluso a artesanos extranjeros. El resultado es una iglesia con un interior impresionante y un púlpito espléndido. El calvario contiene un conjunto de detalladas y fascinantes figuras, incluyendo el mismo san Thégonnec, representado con los lobos que enganchó a su arado después de que éstos devoraran sus caballos. Los hechos que rodean la Crucifixión son bastante confusos. Esto es debido a que muchos de los elementos del calvario, escondidos antes de la Revolución, se volvieron a exhibir en orden incorrecto.

El aún más famoso calvario de **Guimiliau** (*ver mapa pág. 134, B2*), a unos kilómetros de St-Thégonnec, forma parte de un conjunto de 200 figuras que representan escenas de la vida de Cristo, entre las cuales se encuentra la de Kate Gollet (Catalina la Condenada), quien, según diferentes calvarios, sufrió varias muertes. Aquí es mostrada hecha a pedazos en las puertas del infierno por robar una hostia sagrada.

Se pueden ver otros magníficos recintos parroquiales, algunos muy sencillos, en Sizun, Commana, Ploudiry, La Martyre y Guehénno, cerca de Josselin. ■

Una tienda de cerámicas en Quimper expone sus mercancías.

Quimper

Quimper
134 B1
Información
place de la Résistance
02 98 53 04 05

Musée des Beaux-Arts
02 98 95 45 20
Cerrado mar. excepto jul.-agos. y dom. mañanas de oct.-marzo
$

La ciudad más antigua de Bretaña y capital del antiguo ducado de Cornouaille, Quimper, tiene una historia de leyenda. El rey Gradlon fundó Quimper después de las inundaciones que sufrió su fabulosa ciudad de Ys, en Douarnenez. El lugar que escogió se encuentra en la confluencia (*kemper* en bretón) de los ríos Odet y Steir. El Odet serpentea a través de las calles del barrio medieval y lo cruzan puentes bajos adornados con flores.

El casco antiguo, con muchas tiendas en la Rue Kéréon, está dominado por la **Cathédrale St-Corentin,** de estilo gótico del siglo XIII y con una nave formando un ángulo con el coro. El **Musée des Beaux-Arts,** en la Place St-Corentin, posee una espléndida colección de obras de los siglos XIX y XX, incluyendo algunas de la escuela de la cercana población de Pont-Aven, donde pintó Paul Gauguin.

También es conocida por su cerámica (*faïence*), una industria que data del siglo XVII. El **Musée de la Faïence Jules-Verlingue** (*Tel 02 98 90 12 72*), que domina el río en las Allées Locmaria, ilustra la historia de esta artesanía. El mejor lugar para comprarla está detrás del museo, en H. B. Henriot (*Tel 08 00 62 65 10; cerrado sáb.-dom.*), la fábrica más antigua de Quimper. ■

Concarneau

Concarneau
134 B1
Información
quai d'Aiguillon
02 98 97 01 44

Gran puerto pesquero y lugar de veraneo, su principal atracción es la **Ville Close,** el casco antiguo amurallado que se encuentra en una isla de la bahía y que estuvo habitada durante siglos antes de construir sus fortificaciones, en el siglo XIII.

El arquitecto de Luis XIV, Vauban, reforzó sus defensas en el siglo XVII. Desde las murallas hay unas vistas fantásticas, y las pequeñas calles están llenas de restaurantes y tiendas de recuerdos. Los antiguos cuarteles albergan en la actualidad el **Musée de la Pêche** (*3 rue Vauban; Tel 02 98 97 10 20*), dedicado a la industria pesquera local. En la segunda mitad de agosto, la Ville Close cobra vida con la Fête des Filets Bleus (redes azules), un festival de música y danza bretonas que tiene su origen en la ceremonia tradicional de bendecir las redes de pesca. ■

Carnac y sus menhires

Carnac
134 B1
Información
74 avenue des Druides
02 97 52 13 52
www.carnac.fr

Musée de Préhistoire (Miln-le-Rouzic)
10 place de la Chapelle
02 97 52 22 04
Cerrado miér. mañanas y jun.

Maison des Megalith (Alignements du Ménec)
Carnac
02 97 52 29 81

BRETAÑA ESTÁ CUBIERTA DE MEGALITOS (MENHIRES, mojones, galerías de tumbas y dólmenes), tallados de granito sólido y erigidos por una misteriosa civilización neolítica. De todos ellos, los círculos y alineaciones de piedras de Carnac, cuyo nombre significa el lugar donde hay montones de piedras, son los más espectaculares por su gran tamaño, número y complejidad. Erigidos probablemente hacia 5000 a.C., están reconocidos como el yacimiento prehistórico más importante de Europa. Algunas de las hileras podrían haber llegado a los 4 km de largo y contenían miles de menhires. Una construcción de esta envergadura debió de tener un gran significado para la civilización que la erigió. Los arqueólogos parecen estar de acuerdo en que se trataba de algún tipo de observatorio astronómico gigantesco. Visítela a primera o última hora del día para evitar las aglomeraciones y captar toda su magia.

Para situarse en el contexto de estas piedras, es una buena idea empezar por el **Musée de Préhistoire** de Carnac. Las piedras se concentran en tres lugares distintos. Las mayores, en **Le Ménec,** al norte de Carnac por la D196, forman dos recintos ovales, uno de los cuales tiene un poblado medieval en la cima. En este lugar, 12 hileras de menhires (con más de mil piedras en la alineación central) se extienden más de 1,6 km. El acceso es restringido para proteger el lugar. En la Maison des Megaliths hay un mirador y audiovisuales.

Las alineaciones mejor conservadas son las de **Kermario.** Más de mil menhires se hallan dispuestos en diez hileras, incluyendo el gigante de Le Manio, de 6,5 m, el menhir más grande de los que todavía se mantienen en pie, rodeado por un conjunto más alejado de piedras más pequeñas. **Kerlescan** posee otras 594 piedras, dispuestas en 13 hileras, con una galería cubierta. Al este de Carnac se encuentra el **Tumulus St-Michel,** un espectacular recinto funerario fechado hacia 4000 a.C. En la cima, la pequeña capilla de St-Michel tiene un panel de orientación desde el cual se puede ver toda la zona.

Carnac-Ville es una pequeña población del interior llena de jardines y avenidas con una iglesia del siglo XVII, justamente al lado del lugar de veraneo de Carnac-Plage. ■

Recorridos en barco por el Golfe du Morbihan
desde Vannes, Locmariaquer, Port Navalo, o Auray
☎ 02 97 46 60 00
$ $$$–$$$$$

Hileras de menhires en Le Ménec, cerca de Carnac.

Menhires

Los miles de megalitos de Bretaña consiguen impresionarnos con su aire de profundo y misterioso significado. Como destacó el arqueólogo R. P. Giot: «Podemos concluir que simplemente se tratan de monumentos religiosos, y recurriendo a esta descripción tan vaga y sencilla quizá podamos disimular nuestra ignorancia».

Según una leyenda, los megalitos son soldados romanos que fueron convertidos en piedra por san Cornély mientras lo perseguían hacia el mar. En tiempos más recientes se creía que formaban parte de los ritos funerarios romanos o celtas o que fueron creados para ayudar a los marineros a orientarse. No fue hasta finales del siglo XVIII cuando se apuntó el significado astronómico de los alineamientos, y hasta ahora ninguna otra teoría lo desmiente.

¿Era Carnac un observatorio para seguir las trayectorias de las estrellas, para predecir los días del solsticio de verano y los equinoccios? Esto habría permitido a sus creadores establecer un calendario para la siembra y la cosecha.

El menhir gigante de la localidad cercana de Locmariaquer formaba probablemente parte del mismo enorme recinto. Derribado por un terremoto en el siglo XVIII y hoy partido en cuatro pedazos, este coloso medía originariamente 20 m de altura. A su lado se encuentra el famoso dolmen conocido como Table des Marchands (mesa de los comerciantes), decorado con espirales y curvas. Los mismos diseños cubren la cámara funeraria de la Île de Gavrinis, en el Golfe du Morbihan. Recorriendo el golfo en barco se pueden entrever los innumerables dólmenes, menhires y círculos de piedras, algunos medio enterrados por las olas. ■

GLOSARIO

alineación:
hilera de piedras erguidas

dolmen:
dos piedras erguidas con una tercera que hace de techo. Probablemente, soportes de una cámara funeraria originalmente cubiertos con tierra

menhir:
piedra erguida

Otras visitas interesantes en Bretaña

BREST

Brest, uno de los puertos más importantes de Francia, se vio muy dañada por la Segunda Guerra Mundial. Pero aún se pueden ver los restos del castillo del siglo XI y recorrer la zona marítima. **Océanopolis,** el centro de investigación oceanográfico, es la principal atracción, con reproducciones de ecosistemas marinos.

134 B2 **Información** place de la Liberté 02 98 44 24 96

PENÍNSULA DE CROZON Y POINTE DU RAZ

Los mejores lugares de la costa del sur de Finistère son los brazos rocosos de la península de Crozon y la Pointe du Raz. Unos senderos en los acantilados conducen a los puntos más occidentales: a Pointe du Raz desde Lescoff y a Pointe de Pen-Hir, en la península de Crozon desde Veryach, más allá de Camaret.

134 A2

DINAN

La ciudadela amurallada de Dinan fue restaurada magníficamente. Las murallas del siglo XIII encierran calles adoquinadas, dos espléndidas iglesias y un torreón del siglo XIV.

135 C2 **Información** 9 rue du Château 02 96 87 69 77

FOUGÈRES Y VITRÉ

Estas dos localidades fortificadas defendían la antigua frontera entre Bretaña y Francia. Desde su posición privilegiada en un recodo del río Nançon, la fortaleza de **Fougères** (*Mapa 135 D2; Información: 2 rue Nationale; Tel 02 99 94 12 20*) es un baluarte feudal. Un foso de roca rodea el centro de la fortaleza, del siglo XI, cuya seguridad fue reforzada por 13 espléndidas torres en los siglos XIV y XV.

Guardando el valle de Vilaine, los torreones y el puente levadizo del castillo de **Vitré** (*Mapa 135 D1; Información, place du Général-de-Gaulle; Tel 02 99 75 04 46*) también se empezaron en el siglo XI. Desde las murallas se pueden ver las casas con entramados de madera y la iglesia gótica flamígera del siglo XV.

JOSSELIN

Los tres torreones de tejado de pizarra del castillo de Josselin, que se encuentra en una pared de granito que cae a pico hasta el río Oust, conforman una de las siluetas más famosas de Bretaña. Construido en el siglo XIV por la familia Rohan, hoy en día sigue siendo su residencia, pero está abierto al público.

135 C1 **Información** place de la Congrégation 02 97 22 36 43

TRÉGUIER

Situada sobre una colina, la localidad de Tréguier está dominada por la aguja de su catedral del siglo XIV, dedicada a san Tugdual. El *pardon* de St-Yves se celebra el 19 de mayo.

134 B2 **Información** 67 rue Ernest Renan 02 96 92 22 33 ■

Las murallas del castillo de Fougères tienen un grosor de hasta tres metros.

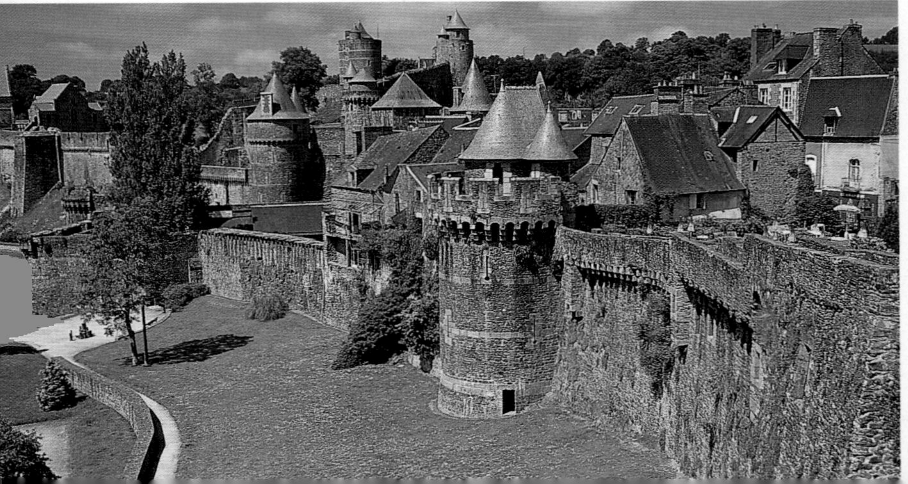

Gracias a la suavidad de su clima, su luz y sus paisajes, la región del valle del Loira se ha considerado siempre la más francesa de todas. Visite sus castillos medievales y renacentistas para sentir el pulso de la historia de Francia.

Valle del Loira

Introducción y mapa **162-163**
Gastronomía **164-165**
Orleans **166**
Blois **167**
Chambord **168-169**
Amboise **170**
Tours **171**
Chenonceau **172-173**
Villandry **174-175**
Recorrido en coche por el río Indre **176-177**
Azay-le-Rideau **178**
Chinon **179**
Fontevraud **180-181**
Saumur **182-183**
Angers **184-185**
El Loir y Vendôme **185**
Bourges **186-187**
Otras visitas interesantes en el valle del Loira **188**
Hoteles y restaurantes del valle del Loira **357-361**

El emblema del puerco espín de Luis XII adorna el Château de Blois

Valle del Loira

LA MAYOR ATRACCIÓN DEL VALLE DEL LOIRA(LOIRE), CATALOGADO POR LA UNESCO Patrimonio de la Humanidad, se encuentra en los castillos repartidos como joyas a orillas del río y sus afluentes. El valle, lugar de recreo de reyes y nobles, se convirtió en la cuna del Renacimiento francés. Hoy, estos suntuosos palacios y castillos y sus jardines se encuentran entre las atracciones más importantes de Francia; algunos ofrecen alojamiento, con lo que los visitantes pueden experimentar por ellos mismos *la vie de château.*

El Loira es el río más largo de Francia, recorriendo una distancia de 1.000 km desde su nacimiento en el Ardèche hasta su estuario en St-Nazaire, en la costa atlántica. Durante casi todo el recorrido, el curso del río es ancho y lento, pero a veces se desborda y provoca inundaciones. Para contenerlo se han construido *levées,* terraplenes, pero se ha desatado la controversia sobre si añadir más presas y diques para controlarlo mejor. Aunque el Loira fue durante siglos una ruta comercial y de comunicaciones crucial, hoy en día la mayor parte está tan llena de sedimentos que es casi imposible navegar por él.

La región del Loira está dividida en dos áreas administrativas, Centre y Pays de la Loire. Centre tiene como capital la gran ciudad de Orleans, e incluye Tours al oeste y Bourges al sur. Sus paisajes abarcan desde los vastos campos de trigo de la Beauce, el área norte del Loira, hasta los lagos y los bosques de la Sologne, al sur del río, históricamente un área de caza real. Más al sur, las colinas ondulantes de la región de Berry son uno de los lugares más marcadamente rurales de Francia.

Touraine, el antiguo nombre del área que rodea Tours, es el corazón del valle del Loira, con fértiles tierras que producen melones, espárragos, ciruelas, fresas y algunos de los mejores vinos del Loira. La mayoría de los castillos más impresionantes se encuentran en Touraine.

El Pays de la Loire empieza al oeste de Tours e incluye Angers, Le Mans, Nantes (la capital) y la Vendée al sur. Anjou, el antiguo nombre de la región que rodea Angers, fue antaño un poderoso ducado, con posesiones tan remotas como Provenza y Sicilia. Precisamente en el valle del Loira, en Orleans, los ingleses sufrieron la mayor derrota de su historia por parte de Juana de Arco, una figura muy querida todavía en esta región.

Los poetas han cantado durante siglos *la douce vie,* la vida apacible, de este gran valle del corazón de Francia, que divide de forma clara el norte del sur. Las fértiles tierras aluviales y el clima excepcionalmente suave se combinan para dar unos espléndidos vinos y gran cantidad de frutas y hortalizas.

La mayoría de los grandes castillos se hallan cerca de las orillas del Loira o sus afluentes, y el río es un eterno acompañante en todos los viajes por la región. Para poder llegar a todos los lugares deseados, hay que planificar con antelación dónde cruzar el río, especialmente en los tramos en que los embalses no permiten verlo desde la carretera. De vez en cuando deberá abandonar el río para explorar sus recodos y afluentes. ■

«Uno de los ríos más maravillosos del mundo, que refleja, desde el mar hasta sus fuentes, un centenar de ciudades y quinientas torres.»
Oscar Wilde (1880)

La entrada del Château d'Azay-le-Rideau, una joya renacentista, mostrando las ventanas de la escalinata de estilo italiano.

Gastronomía

LOS VIÑEDOS FLANQUEAN GRAN PARTE DEL CURSO DEL LOIRA, AUNQUE LOS vinos del Loira no se pueden comparar con los de Borgoña o Burdeos. Pero para relajarse después de un día de visitar los castillos y escuchar historias sobre los placeres de los nobles, pruebe los excelentes vinos y los platos típicos regionales que se ofrecen hoy en día.

Las vides fueron introducidas en el valle del Loira por los romanos, y posteriormente fueron cultivadas por los monjes que establecieron aquí sus abadías. Los vinos eran disfrutados por los reyes y cortesanos que convirtieron el valle del Loira en su lugar de ocio. En los últimos años, los viticultores del valle del Loira han hecho un gran esfuerzo para mejorar sus vinos y para promocionarlos. Los restaurantes de la zona poseen una buena carta de vinos locales, y en la mayoría de las bodegas se puede realizar una *dégustation* de vinos, que por supuesto también se pueden comprar. Para obtener una lista de estas bodegas, pregunte en el *syndicat d'initiative* o la oficina de turismo de cualquier población.

Los vinos del valle del Loira son ligeros, frescos y de relativa poca graduación. Los vinos blancos son los que predominan, elaborados a partir de uvas Chenin Blanc, Muscadet y Sauvignon, desde el Muscadet de la zona de Nantais, perfecto para acompañar el marisco, a los espléndidos Vouvrays y Sancerres, más al este. De todos los vinos rosados, el Rosé d'Anjou es el más conocido, y la uva Cabernet Franc, característica de esta región, proporciona un gran número de vinos tintos. Pruebe los afrutados tintos Chinon y Bourgeuil y los vinos espumosos elaborados con el *méthode champenoise* en Saumur. Los que tienen más cuerpo son los vinos dulces de Coteaux du Layon.

Estos vinos locales combinan perfectamente con la cocina regional que, como el clima del Loira, es suave y agradable. La clave está en la simplicidad: la carne, el pescado, las hortalizas y la fruta de la región son tan buenos que para desplegar todo su sabor sólo necesitan una salsa ligera.

El valle del Loira es el huerto de Francia: espárragos blancos tiernos de temporada, lechugas y calabacines, setas (que crecen en las cuevas de los acantilados cercanos al río, próximas a Saumur), y patatas. En las huertas crecen las frambuesas y las fresas, mientras que los campos están llenos de manzanos, perales y membrillos, así como ciruelos, especialmente de la variedad claudia (*reines claudes*). En la mayoría de los menús hay platos de pescado, entre los que se incluyen la carpa y el lucio con salsa de chalotas, mantequilla y vinagre; el salmón (con salsa de acederas); y la anguila, guisada con vino tinto. También se sirve pescadito frito y en la costa se puede comer marisco.

En Tours, el cerdo se cocina con ciruelas pasas, y la carne proviene de la región de Sologne, al sur del Loira. El pollo y los capones son la base de los fricandós y las cazuelas. Busque los quesos frescos, sobre todo los de cabra. Los postres incluyen tartas de manzana y ciruela y buñuelos aderezados con *eau-de-vie.* ■

«Las alcachofas y las ensaladas, los espárragos, las chirivías y los melones de Touraine son mucho más tentadores que la abundancia de carne de la corte.»
Pierre de Ronsard (1524-1585)

Especialidades

Platos principales *Caneton de Nantes aux navets*: pato con nabos
Friture de la Loire: pescaditos de río fritos
Matelote d'anguilles: anguilas al vino tinto
Rillettes du Mans: cerdo o conejo trinchado conservado en su propia grasa
Rillons de Tours: trozos de cerdo crujientes y dorados
Sandre au beurre blanc: perca con salsa de mantequilla, chalotas y vinagre
Saumon à l'oseille: salmón en salsa de acederas
Postres *Gâteau Pithiviers*: pastel de crema de almendras
Tarte Tatin: tarta de manzana caramelizada
Quesos Valençay, Crottin de Chavignol, Sainte-Maure de Touraine, Crémet de Nantes

Productos del Loira: queso de cabra, fruta, tarte tatin y vinos blancos ligeros.

Orleans

Orleans
163 E3
Información
2 place de l'Étape
02 38 24 05 05
www.tourisme-orleans.com

Maison Jeanne d'Arc
3 place du Général-de-Gaulle
02 38 52 99 89
Cerrado lun. y mañanas nov.-abril
$

Parc Floral de la Source
Orléans-la-Source
02 38 49 30 00
parque $, parque e invernadero $$

Juana de Arco y sus tropas liberaron la ciudad de Orleans, sitiada por los ingleses. Su estatua está en la Place du Martroi.

DEBIDO A SU POSICIÓN ESTRATÉGICA PERO VULNERABLE en un gran meandro del Loira, Orleans (Orléans)ha sufrido grandes reveses, que culminaron durante la Segunda Guerra Mundial, cuando la mayor parte del centro fue destruido. Cuenta con buenos restaurantes, comercios (especialmente en la Rue Royale) y preciosos parques.

Empiece su visita en la Place du Martroi, dominada por una estatua de Juana de Arco, y recorra las calles medievales del casco antiguo. En la Place du Général-de-Gaulle se encuentra la reconstrucción de la **Maison Jeanne d'Arc,** donde en 1429 pasó diez días después de derrotar a los ingleses y de liberar Orleans de su sitio. El **Hôtel Groslot,** en la Place d'Étape, es el mejor edificio renacentista de la ciudad.

La **Cathédrale Ste-Croix** (*place Ste-Croix*), construida en estilo gótico en los siglos XVII y XVIII, ha estado siempre rodeada de controversia, pero es interesante por sus torres en forma de pastel de bodas, su elevadísima nave y el enorme rosetón. Entre los museos se incluye el **Musée des Beaux-Arts** (*place Ste-Croix; Tel 02 38 79 21 55; cerrado lun. y dom.por la mañana*), con obras de Tintoretto y Velázquez; y el **Musée Historique et Archéologique** (*place de l'Abbé Desnoyers; Tel 02 38 79 25 60; llamar para preguntar los horarios*), que exhibe, entre otras piezas, interesantes estatuas celtas del siglo II.

Fuera de Orleans, diríjase en dirección sur hacia Olivet, donde puede recorrer el río en barco y visitar el fantástico **Parc Floral de la Source,** un parque natural de 100 ha que rodea un castillo del siglo XVII. ■

Juana de Arco

Cada año, el 7 y 8 de mayo, en Orleans se rinde homenaje a la Doncella de Orleans, conmemorando aquellos días de 1429 en que liberó la ciudad de las fuerzas inglesas que la tenían sitiada, convirtiéndose en una de las heroínas más importantes de Francia.

Esta joven campesina de Lorena (ver pág.132) mostró por primera vez sus cualidades cuando, al llegar a Chinon, reconoció entre la multitud de cortesanos al delfín Carlos VII. Impulsada por unas voces celestiales que le habían ordenado salvarle, consiguió reunir tropas francesas y liberar Orleans. Los ingleses fueron expulsados y Juana condujo a Carlos a Reims para ser coronado. Tras una serie de desastres fue capturada por los ingleses, que la acusaron de bruja y la quemaron en la hoguera en Ruán, el 30 de mayo de 1431. Fue canonizada en 1920. ■

Blois

Blois
163 D3
Información
Pavillon Anne de Bretagne, 23 place du Château
02 54 90 41 41

Château de Blois
place du Château
02 54 70 33 33
$$

Musée des Beaux-Arts Décoratifs y Musée Archéologique
place du Château
02 54 70 33 33
Visita incluida en la entrada al castillo

ELEGANTEMENTE CEÑIDA A LAS COLINAS QUE DOMINAN EL Loira, Blois es una población perfecta para los visitantes, por su tamaño y su situación ideal para explorar el río arriba y abajo. Las tierras que la rodean (principalmente cultivos de fresas y espárragos) y los cotos de caza de la cercana zona de Sologne abastecen los restaurantes con deliciosos productos locales, ideales para saborear después de un día de visitas. Sus inclinadas calles serpenteantes, llenas de edificios medievales con entramados de madera, pequeños callejones y patios escondidos, han conservado la arquitectura y el ambiente del ilustre pasado de la ciudad.

Blois todavía está dominada por su magnífico chateau. De la fortaleza original del siglo XIII todavía se conservan el gran vestíbulo y la torre. Las ampliaciones que se efectuaron en siglos posteriores presentan una extraordinaria mezcla de estilos arquitectónicos. Luis XII (1498-1515) lo transformó en un opulento palacio renacentista (su emblema, el puerco espín, está por todos lados). Su hijo, Francisco I (1515-1547), hizo construir la que sería su principal característica, la magnífica escalinata octogonal en espiral, abierta al exterior, que forma parte de la espléndida ala Francisco I.

El armario de Catalina de Médicis es realmente fascinante, lleno de cajones en los cuales supuestamente escondía sus venenos. El castillo también es conocido por el asesinato del duque de Guise a instigación de su hermano protestante, Enrique III (1574-1589), temeroso del creciente poder de los católicos. De poco le sirvió, pues él mismo fue asesinado seis meses después.

El ala Luis XII del castillo alberga actualmente el **Musée des Beaux-Arts Décoratifs** y el **Musée Archéologique,** y los jardines de su terraza ofrecen unas buenas vistas de la ciudad, del río Loira, del puente del siglo XVIII y de la iglesia de St-Nicolas, del siglo XII. En la Orangerie hay un espléndido restaurante (ver pág. 358). ■

La escalinata octogonal en espiral, abierta al exterior, del Château de Blois, antaño utilizada por la corte de Francisco I.

Chambord

EL CASTILLO MÁS GRANDE DEL LOIRA, CHAMBORD, ES UNA obra maestra del Renacimiento de dimensiones gigantescas, con 440 habitaciones, 85 escalinatas y 365 chimeneas. Hasta que Francisco I, en 1519, decidió construirse este espléndido castillo, Chambord era una simple residencia de caza. Se inspiró en la arquitectura italiana e incluso invitó a Leonardo da Vinci a vivir en Amboise. Parece más que probable que Leonardo habría diseñado los primeros planos para el castillo, incluyendo un proyecto para desviar el curso del Loira.

Casi 2.000 artesanos y albañiles trabajaron durante 25 años para construir el Château de Chambord. Diseñado en forma de cruz, el torreón central está flanqueado por cuatro torres y rodeado por un patio. La Gran Escalinata se eleva desde el torreón hasta una torre con linterna que originalmente estaba abierta, aunque posteriormente se le añadieron cristales. Esta famosa escalinata doble en espiral fue diseñada para que dos personas que bajaran y subieran a la vez pudieran verse durante el recorrido pero sólo se encontraran arriba o abajo.

La escalinata está flanqueada por aposentos en los cuatro costados, y por todos lados se puede ver la imagen de la salamandra, el emblema de Francisco I. La habitaciones más grandes son los aposentos oficiales; en concreto, el **dormitorio** lleno de cortinajes de terciopelo lujosamente bordados, añadidos por Luis XIV, quien terminó el castillo en 1685 mientras esperaba que se construyera Versalles.

Lo más extraordinario de todo es el tejado, una exhibición de tejas, torres y agujas. Las terrazas se diseñaron para que la corte observara los espectáculos en verano o anunciaran el regreso del rey después de salir de caza. Son un mirador excelente para contemplar las 5.500 ha que todavía rodea el castillo. ■

135 E3 02 54 40 50 00, www.chambord.org Cerrado 25 de dic., 1 de enero y 1 de mayo $$

Chambord, el castillo más grande del valle del Loira y un ejemplo soberbio de arquitectura renacentista.

Escalinata central.

Uno de los dormitorios, con el techo de artesonados de oro, las paredes cubiertas con tapices y un lujoso y enorme hogar.

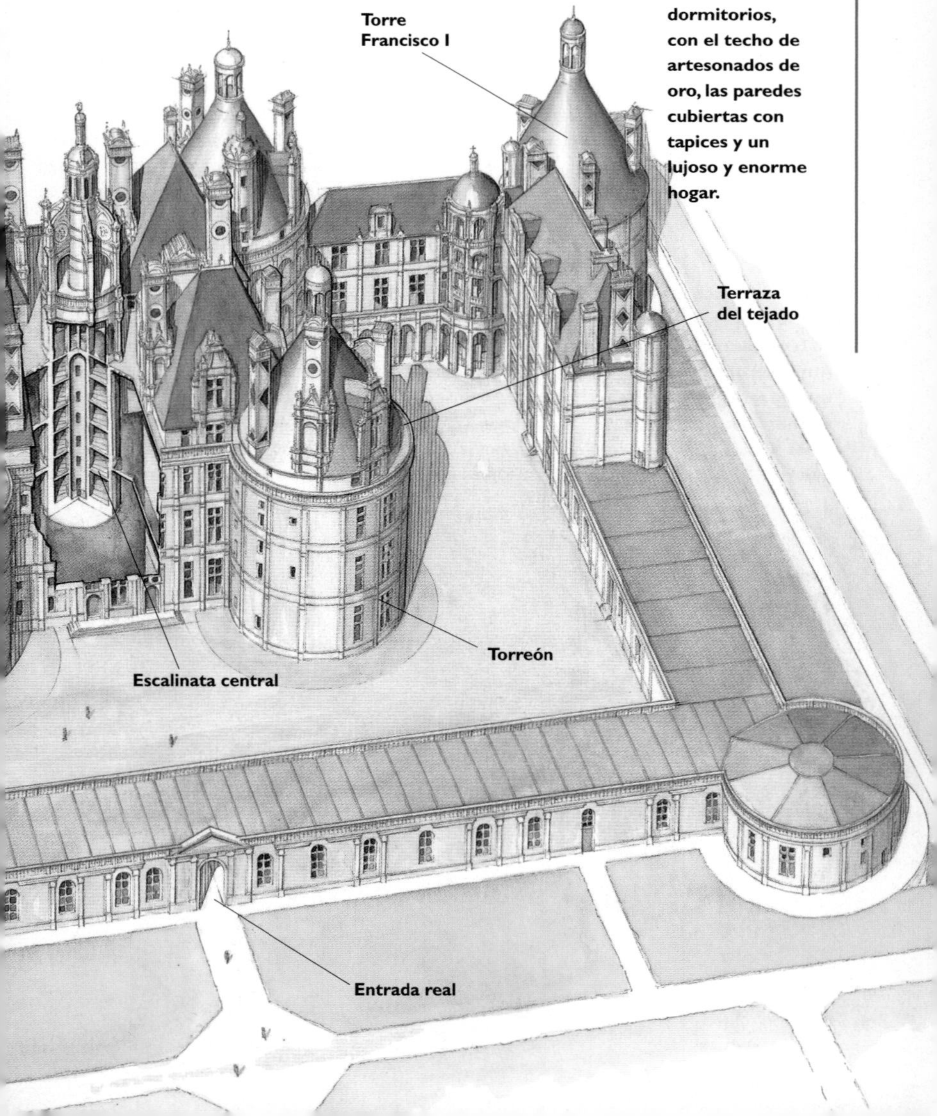

Torre Francisco I

Terraza del tejado

Torreón

Escalinata central

Entrada real

Amboise

Amboise
163 D2
Información
quai du Général de Gaulle
02 47 57 09 28

Château Royal d'Amboise
02 47 57 00 98
$$

Manoir du Clos-Lucé
2 rue du Clos-Lucé
02 47 57 62 88
Cerrado enero
$$

Leonardo da Vinci vivió en el Manoir du Clos-Lucé, en las afueras de Amboise, donde trabajó los tres últimos años antes de su muerte.

AUNQUE SÓLO SE CONSERVA UNA PEQUEÑA PARTE DEL castillo original, sus muros de color crema y sus torres con tejados de pizarra forman un espléndido conjunto, dominando el Loira y las encantadoras callejuelas del casco antiguo. Durante los siglos XV y XVI, fue la residencia favorita de los reyes, y fue precisamente aquí donde el Renacimiento llegó por primera vez a Francia, procedente de Italia.

Francisco I instauró una ostentosa corte en Amboise, animada por torneos, bailes de máscaras y fuegos artificiales diseñados por Leonardo da Vinci. Pero en 1560, una conspiración protestante para asesinar al joven Francisco II (casado con María, reina de los escoceses) finalizando con cientos de cadáveres colgados de las almenas.

Hoy, después de haber sufrido demoliciones y un período transformado en cárcel, este elegante castillo se encuentra de nuevo en manos de la realeza, administrado por el Comte de París, heredero del trono francés. Disfrute desde la terraza de las vistas del valle del Loira, visite los aposentos reales del Logis du Roi del siglo XV, de estilo gótico, y ascienda por la Tour des Minimes, con su rampa en espiral diseñada para permitir el acceso a los carruajes. La joya más preciada de Amboise es la Chapelle St-Hubert, de finales del siglo XV, un espléndido ejemplo del gótico flamígero que supuestamente contiene la tumba de Leonardo da Vinci.

En 1516 Leonardo vino a Amboise como pintor, ingeniero y arquitecto del rey, trayendo consigo la *Mona Lisa.* Francisco I le alojó en la **Manoir du Clos-Lucé,** en las afueras de Amboise, donde actualmente se pueden visitar sus aposentos. En un museo dedicado a sus bocetos y sus experimentos se exhiben modelos diseñados por ordenador de algunas de sus invenciones. Al sur de Blois está el **parque del Mini-Château** (*Tel 08 25 08 25 22; cerrado nov.-marzo*), con maquetas a escala de los *châteaux* del Loira. ■

La intrincada fachada oeste de estilo gótico flamígero de la Cathédrale St-Gatien fue terminada en el siglo XVI.

Tours

LA QUE FUE CAPITAL DE LUIS XI, ES HOY EN DÍA UNA CIUDAD grande y próspera, que vale la pena visitar por sus museos, comercios, restaurantes y edificios antiguos magníficamente restaurados.

Tours
163 D2
Información
78-82 rue Bernard-Palissy
02 47 70 37 37

Musée de l'Hôtel Gouin
25 rue du Commerce
02 47 66 22 32
$

Musée des Vins de Touraine/Musée du Compagnonnage
Cloître St Julien, 8 rue Nationale
02 47 61 07 93
Cerrado mar.
$

Ciudad influyente incluso en tiempos galorromanos, Tours disfrutó de una gran riqueza y celebridad en la Edad Media gracias a la tumba de su famoso obispo, san Martín (actualmente en la cripta de la Nueva Basílica). La ciudad floreció durante el Renacimiento, haciéndose famosa gracias a sus sedas, joyas y armas. Pero a ello le siguieron varios siglos de declive, culminando en la devastación de la Segunda Guerra Mundial. En 1959, la ciudad empezó un proceso que la ha convertido en un modelo de desarrollo urbano.

El **Quartier St-Julien,** que limita con el río, está lleno de restaurantes y tiendas de antigüedades. Empiece en la bulliciosa Place Plumereau, con sus cafés y sus edificios con entramados de madera restaurados. Cerca se encuentra el **Hôtel Gouin,** un edificio renacentista lujosamente esculpido que alberga el **Musée de l'Hôtel Gouin**. Al otro lado de la Rue Nationale (que atraviesa el Pont Wilson, una fidedigna reconstrucción de 1978 del puente de piedra del siglo XVIII, parcialmente arrastrado por el río), en la antigua abadía de St-Julien, se encuentra el **Musée des Vins de Touraine.** El **Musée du Compagnonnage,** emplazado justo al lado, está dedicado a la historia de los gremios de artesanos y comerciantes.

La magnífica **Cathédrale St-Gatien** (*place de la Cathédrale*) fue construida entre los siglos XIII y XVI. Es un ejemplo de la evolución del gótico. Especialmente interesante es la fachada de estilo gótico flamígero, las vidrieras medievales y un fresco del siglo XIV de san Martín y el mendigo.

En el edificio de al lado, el antiguo Palacio del Obispo, de los siglos XVII y XVIII, se encuentra el **Musée des Beaux-Arts** (*18 place François-Sicard; Tel 02 47 05 68 73; cerrado mar.*), que alberga dos de las partes de un tríptico de Andrea Mantegna (1431-1506). ■

Chenonceau

Château de Chenonceau
163 D2
02 47 23 90 07
$$

CONSTRUIDO POR Y PARA MUJERES, CHENONCEAU ES quizás el castillo más romántico de Francia, y se extiende sobre la suave corriente del amplio río Cher encima de una serie de elegantes arcos. Diseñado por Catherine Briçonnet a principios del siglo XVI a partir de una casa señorial y un molino, Enrique II regaló esta joya de la arquitectura renacentista a su amante Diane de Poitiers. Fue ella la que en el año 1556 hizo llamar al gran arquitecto Philibert Delorme para construir un puente que le permitiera acceder a la otra orilla del río, para poder ir a cazar más fácilmente. Cuando el rey murió, fue expulsada por su celosa esposa, Catalina de Médicis, que obligó a Diane de Poitiers a trasladarse al lóbrego castillo de Chaumont. En el año 1570, Catherine contrató a Delorme para que construyera una galería de dos pisos sobre el puente. Éste diseñó una edificación de elegancia y simetría clásicas. Ambas mujeres dispusieron en Chenonceau unos jardines formales magníficos. Les siguió la viuda de Enrique III, Luisa, quien se retiró a este lugar durante 11 años de luto, cubriendo su dormitorio con terciopelo negro decorado con símbolos de la muerte.

El lujoso dormitorio de las Cinco Reinas se llama así en recuerdo de las dos hijas y las tres cuñadas de Catalina de Médicis.

EL CASTILLO ACTUAL

Una avenida de plátanos conduce hasta el antepatio del castillo. A la derecha se encuentra el torreón del siglo XIII, con una entrada esculpida. Dentro del castillo, las salas están lujosamente amuebladas con techos pintados, majestuosas chimeneas de piedra, preciosos tapices flamencos y muchos cuadros.

El Cabinet Vert, el fantástico estudio de Catalina de Médicis, con vistas al río, estaba originariamente decorado con terciopelo verde y todavía está lleno de suntuosos brocados, mientras que el trágico dormitorio de la reina Luisa ha sido redecorado de fúnebre color negro. También hay una pequeña capilla privada con vidrieras diseñadas por Max Ingrand (sustituidas después del bombardeo de 1944). No se pierda las cocinas, que están en la base de los hondos pilares de la casa.

En el siglo XVII, el castillo cayó en el olvido, del que resurgió cuando, en el siglo XVIII, el filósofo Jean-Jacques Rousseau se alojó en él. Logró salir indemne de los daños de la

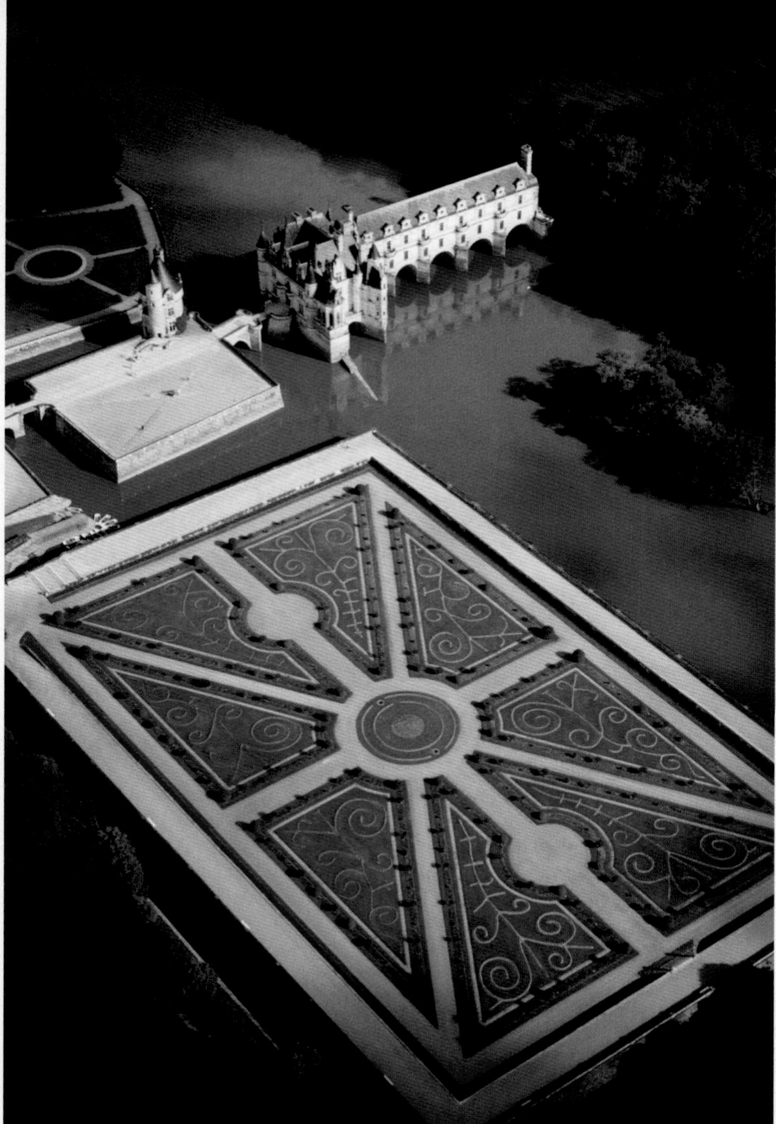

Revolución, y se convirtió en un hospital militar durante la Primera Guerra Mundial.

Desde 1913, Chenonceau es propiedad de la familia Menier, fabricantes de chocolate. Es muy popular, por lo que es mejor visitarlo a primera hora del día o en temporada baja. Dedique todo el día a disfrutar del castillo, recorrer el río en barca y pasear por los jardines, quizás asistiendo a uno de los espectáculos de luz y sonido. En los establos hay un restaurante, y puede comprar los vinos de Chenonceau.

La población más cercana es **Chenonceaux** (*Información, 13 rue Bretonneau; Tel 02 47 23 94 45*), que curiosamente se escribe diferente que el castillo. ■

Dos jardines formales flanquean el castillo de Chenonceau, construido sobre un puente en medio del río Cher.

Pág. siguiente y arriba: el admirado jardín renacentista de Villandry, donde las hortalizas, los árboles frutales y las flores están dispuestos siguiendo formas geométricas.

Villandry

LA PARTE MÁS DESTACADA DEL CHÂTEAU DE VILLANDRY SON sus jardines, recreados fielmente en el estilo renacentista del siglo XVI, con flores, hortalizas y arbustos dispuestos en formas geométricas.

Hace menos de cien años el castillo se encontraba abandonado. A principios del siglo XX fue rescatado por un médico español, Joaquín Carvallo, y su mujer, Ana. Después de restaurar el castillo, con un foso en tres de los lados, lo amueblaron al estilo renacentista y replantaron los jardines como seguramente habían estado en el siglo XVI. Los jardines se encuentran en tres niveles diferentes, unidos por sombreadas pérgolas y fuentes. En la terraza superior se encuentra el **Jardin d'Eau,** donde un enorme estanque abastece de agua el foso y las fuentes. Una avenida de tilos configura el eje principal de los jardines. Abajo se encuentra el **Jardin Potager,** o jardín de hortalizas, dispuesto geométricamente, con árboles frutales y hierbas aromáticas.

En la terraza sur, el **Jardin d'Ornement,** está dedicado al amor; un conjunto de parterres en forma de llamas, mariposas, corazones y dagas, simbolizando las distintas manifestaciones del amor. ■

Château de Villandry

- 163 D2
- 02 47 50 02 09
- Cerrado mediados de nov.-mediados de feb., excepto durante las vacaciones navideñas
- $$

Los jardines franceses

El jardín renacentista francés (una combinación estilizada y bella de amplias avenidas y modelos geométricos, terrazas y setos recortados, fuentes y estanques) fue muy influenciado por las ideas italianas, que en aquel momento se encontraban presentes en todo el arte. André Le Nôtre (1613-1700), la figura más importante de este estilo, creó jardines en los castillos de toda Francia, los más famosos son los de Vaux-le-Vicomte y Versalles. En el siglo XVIII, María Antonieta puso de moda los jardines pintorescos e informales *à l'anglaise*, una versión libre de la tradición paisajística inglesa. Se pueden apreciar algunos ejemplos de este espléndido estilo en el Grand Trianon de Versalles y el Jardin de Bagatelle, en el Bois de Boulogne. Actualmente, en Francia el diseño de jardines vuelve a estar de moda. En Chaumont-sur-Loire se celebra cada agosto un festival internacional de jardinería y en Blois hay una escuela de diseño de jardines. ■

Recorrido en coche por el río Indre

Este recorrido le llevará por el río Indre, desde Rigny-Ussé hasta la lejana Loches. Empiece en Ussé, una pintoresca localidad al sur del Indre, cerca de su confluencia con el Loira, entre Tours y Saumur.

El **Château d'Ussé** ❶ (*Tel 02 47 95 54 05; cerrado mediados nov.-mediados feb.*) en la D7 es un placer: un verdadero castillo de cuento de hadas con las siluetas de sus románticas torres que sobresalen en medio de un sombrío bosque. Éste es el escenario de *La Bella Durmiente* original (*La Belle au bois dormant*), el cuento de Charles Perrault del siglo XVII. Desde Rigny-Ussé, la D7 corre paralela al río Indre, y su hermano mayor, el Loira, se hace visible más allá de la fértil llanura. Flanqueando el otro lado de la carretera se encuentra el bosque de Chinon. Algunos recodos que se adentran en él permiten ver de cerca sus pequeñas aldehuelas.

Después de pasar por la población de Rivarennes, gire a la derecha por la D17, que sigue el río Indre y pronto atraviesa la pequeña localidad de **Azay-le-Rideau** ❷, al otro lado del río; no se pierda su encantador **Château** (ver pág. 178). Gire en dirección sur desde la D17 hasta la D57 y la población de **Villaines-les-Rochers** ❸, famosa por sus cestas hechas de los juncos que crecen al lado del Indre. Regrese al río por la D217 y continúe en dirección sur hasta llegar a **Saché** ❹, una pequeña población con una casa señorial del siglo XVI situada entre castaños. En 1835, Balzac escribió aquí *Le Père Goriot*, escapando de sus acreedores. Actualmente es un museo (*Château de Saché; Tel 02 47 26 86 50*), y sus salas se han conservado perfectamente (sobre todo su dormitorio) y se exhiben los originales de sus obras con anotaciones.

Desde aquí hasta **Montbazon** ❺, las dos orillas del río son igualmente atractivas. Éste es un paisaje de pequeños valles boscosos y poblaciones al lado del río, que serpentea por huertas, castillos y molinos. En Montbazon, la muralla de piedra del siglo XI está en ruinas pero vale la pena por las vistas. También puede detenerse en el **Château d'Artigny,** en las afueras de la población, un hotel-restaurante de lujo albergado en una mansión de principios del siglo XX.

El Château d'Azay-le-Rideau.

El castillo de cuento de hadas de Ussé.

La D17 sigue al norte del río hasta la pequeña y encantadora población de **Cormery** 6, donde en la Rue de l'Abbaye se encuentran los restos de una abadía benedictina medieval, y la Église de Notre-Dame, del siglo XII, posee un gran número de frescos, estatuas y tallas. Cormery es famosa por sus barquillos de almendras. En Azay-sur-Indre, el río Indrois confluye con el Indre, y un desvío en la D10 le llevará a **Montrésor** 7, cerca del Indre, una tranquila población con un antiguo castillo (*Tel 02 47 92 70 71 cerrado nov.-marzo*). Los muros y las torres de la fortaleza del siglo XI encierran una residencia restaurada del siglo XVI con vistas al río.

Desde Azay-sur-Indre, la ruta principal sigue la D17; en Chambourg-sur-Indre cruce el río y tome la D25, que atraviesa el valle y pasa por el bosque de Loches, dejando atrás huertas y prados. **Loches** 8 (*Información, place de la Marne; Tel 02 47 91 82 82*) es una población espléndida, con su centro histórico medieval en lo alto de un peñasco encima del río. Pasee por sus murallas, admire los fantásticos portales renacentistas de la ciudad y explore el torreón del siglo XI, las mazmorras, la casa señorial y los aposentos reales del castillo. En este lugar, Agnès Sorel (1422-1450), la amante del monarca Carlos VII, vivió rodeada de lujos; busque su tumba y el retrato de la Virgen de Jean Fouquet, cuyo rostro, según se dice, es el de Agnès.

Desde Loches puede seguir río arriba, regresar por la D25 para ver el bosque o tomar la N143 para volver directamente a Tours. ■

Ver mapa de la zona pág. 163
➤ Rigny-Ussé
80 km
Medio día
➤ Loches

PUNTOS DE INTERÉS

- Château d'Azay-le-Rideau
- Villaines-les-Rochers y sus cestas de juncos
- Cormery
- Loches

Pescar en las tranquilas aguas del río Indre puede proporcionar los ingredientes necesarios para cenar *friture* y, a la vez, unos momentos relajantes.

Elaborando una cesta en Villaines-les-Rochers

Azay-le-Rideau

Château d'Azay-le-Rideau
163 D2
rue de Pineau
02 47 45 42 04
$$

AZAY-LE-RIDEAU ES UNO DE LOS CASTILLOS MÁS BONITOS del Loira, descrito por Balzac como un diamante de muchas caras situado en el Indre. Con sus delicadas torres y sus fortificaciones puramente decorativas reflejadas en el tranquilo foso y rodeadas de árboles, éste es un castillo sin duda construido por placer más que por razones defensivas. Aunque el edificio conserva su aspecto gótico, la delicada decoración es de inspiración renacentista italiana.

La construcción de Azay empezó en 1518 a cargo de un rico financiero, Gilles Berthelot (un pariente de Catherine Briçonnet, quien hizo construir Chenonceau), supervisada por su esposa, Philippa Lesbahy. Su propiedad pasó al manos de la realeza al ser confiscada, aún sin acabar, por Francisco I (no se terminó de dar los últimos retoques hasta el siglo XIX).

Quizá lo más sorprendente de Azay es la armonía conseguida entre el castillo y su localización, una conseguida composición de piedra clara, aguas cristalinas y una exuberante vegetación. Situada en una isla entre los dos brazos del río Indre, el castillo está casi totalmente rodeado de agua. Azay destaca también por su gran escalinata, una gran innovación en esta época, que consiste en tres tramos de escaleras en zigzag, con ventanas abiertas de estilo italiano en cada rellano.

El interior, aunque lujoso, tiene algo de doméstico. Ha sido amueblado con piezas de la época, decorado con brocados suntuosos y tapices espléndidos. La impresionante cocina está equipada con enormes chimeneas de piedra, puertas de roble y una fascinante selección de utensilios de cocina. Un espectáculo de luz y sonido explica la historia del castillo todas las noches de mayo a septiembre.

La pequeña población de Azay-le-Rideau es encantadora. Fíjese en la talla de piedra renacentista que hay en muchas puertas y ventanas de las calles antiguas. La **Église de St-Symphorien,** del siglo XI, cerca del castillo, tiene una fachada con doble aguilón con fragmentos de otra fachada del siglo VI y pequeñas estatuas sobre la puerta. ■

El Château d'Azay-le-Rideau, construido en piedra toba de color crema procedente del valle del Cher.

Chinon
163 D2
Información
place Hofheim
02 47 93 17 85
www.tourisme.chinon.com

Château de Chinon
route de Tours
02 47 93 13 45
$

Musée Rabelais
La Devinière, D117, Seuilly
02 47 95 91 18
$

Chinon

LAS MEJORES VISTAS DE CHINON, UNA PEQUEÑA POBLACIÓN saturada de historia y todavía dominada por las ruinas de su gran fortaleza, se obtienen desde la orilla opuesta del río Vienne. Las formidables fortificaciones cuentan su propia historia. El castillo, un lugar de máxima importancia estratégica, tuvo un papel clave en las escaramuzas anglofrancesas de toda la Edad Media.

El rey inglés Enrique II Plantagenet vivió en la parte más antigua de la fortaleza (el Fort St-Georges, ahora en ruinas, al este del Château du Milieu y el Vieux Logis), y murió aquí en 1189. La corona francesa tomó posesión del castillo, y en el siglo siguiente se añadieron un torreón y otras fortificaciones. Las partes mejor conservadas datan del siglo XIV.

Aunque ruinoso, los enormes muros del castillo, las elevadas murallas y las altas torres lo convierten en un lugar espectacular. En las paredes del Château de Coudray podrá ver todavía los melancólicos mensajes labrados en 1308 por los templarios encarcelados y condenados a la hoguera.

Pero Chinon es más conocido por ser el lugar donde Juana de Arco se entrevistó con el delfín, Carlos VII, cuando le reconoció escondido entre una multitud de cortesanos y le contó su sueño premonitorio de que sería coronado rey. Su recuerdo se halla por todas partes.

Las calles adoquinadas del casco antiguo son encantadoras; la calle principal, la Rue Voltaire, está llena de casas con entramados de madera, cuyas ventanas talladas y sus portales son unos ejemplos estupendos del estilo renacentista. Más allá de esta calle se encuentran las Caves Peintes (bodegas pintadas), unas minas bajo el castillo donde se reúne la fraternidad local del vino. También son el escenario de las jaranas y banquetes de Pantagruel del *Gargantúa y Pantagruel* de Rabelais. Rabelais, cuyo nombre es sinónimo de exceso bucólico, nació a finales del siglo XV a 5 km al sudoeste de Chinon, en una modesta casa señorial de La Devinière, que ahora es el **Musée Rabelais,** restaurado y amueblado según el estilo típico del siglo XV. ■

Desde el otro lado del río Vienne se vislumbran las imponentes ruinas del Château de Chinon.

Fontevraud

RESERVE MUCHO TIEMPO PARA VISITAR FONTEVRAUD, UNO de los conjuntos de edificaciones monásticas medievales más completos que se conservan (aunque restaurado en su mayor parte). La iglesia, los claustros, las cocinas, el refectorio y los jardines conforman una escena de 600 años de vida monástica entre los siglos XII y XVIII.

Abbaye Royale de Fontevraud
- 163 C2
- place des Plantagenets
- 02 41 51 71 41
- $

Fundado en 1099 por un ermitaño devoto, Robert d'Arbrissel, quien se unió a la regla de san Benito, Fontevraud estuvo integrada por cinco órdenes religiosas diferentes con distintas vocaciones. Su peculiaridad era que la comunidad estaba formada por monjes y monjas, y además estaba gobernada por una mujer. Las abadesas fueron mujeres de considerable influencia, a menudo de la realeza, y Fontevraud se convirtió en uno de los santuarios reales principales. Éste fue el lugar de retiro escogido por Leonor de Aquitania, y la iglesia

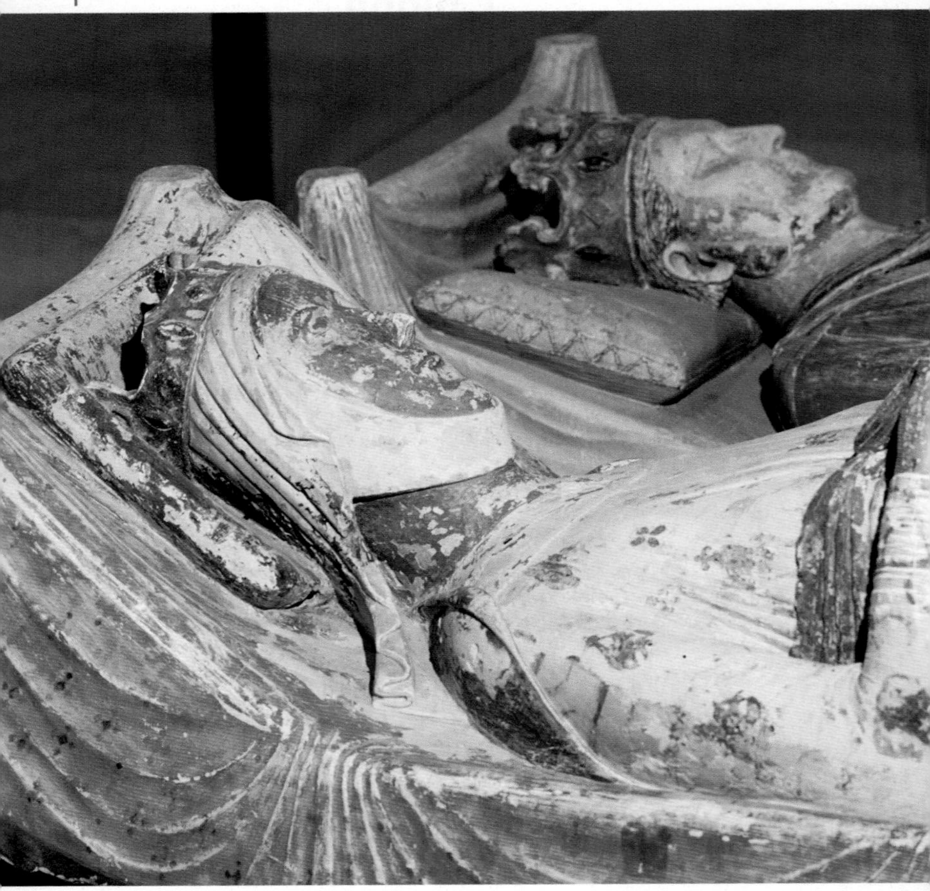

abacial se convirtió en el panteón de los Plantagenet. Se pueden ver las efigies pintadas del siglo XIII de Leonor, su marido Enrique II, su hijo Ricardo Corazón de León y su hija Isabel de Angoulême.

Después de la Revolución, algunas partes del monasterio fueron destruidas y fue utilizado como prisión desde 1804 hasta 1963. Fue restaurado por el Estado y las excavaciones todavía continúan. Los visitantes pueden pasear por el exterior de los edificios de la abadía, a través de los jardines medievales, el invernadero de naranjos y los antiguos establos.

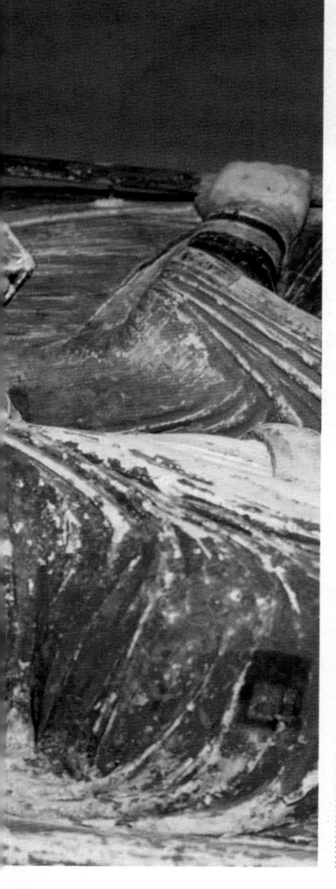

La iglesia es una edificación románica, con un ambulatorio y tres ábsides. La nave es de gran simplicidad y las enormes columnas están coronadas por unos capiteles tallados con misteriosas y sugerentes formas (utilice unos prismáticos para poder verlos de cerca).

La magnífica sala capitular, de estilo renacentista, posee una espléndida bóveda, portales tallados y murales del siglo XVI. Los claustros también datan del Renacimiento, y el refectorio posee muros románicos y un techo abovedado gótico. El edificio más impresionante es la restaurada cocina románica (la Tour d'Évraud). De forma octogonal, posee una gran torre central y un conjunto de chimeneas acabadas en forma de pimentero. Dentro hay seis hogares, sobre los cuales se preparaban las comidas. Los edificios de la abadía se utilizan en la actualidad como centro de conferencias. ■

Izquierda: las efigies pintadas de cuatro Plantagenet, incluidas de Leonor de Aquitania y Enrique II que aparecen en la imagen, se hallan en la iglesia de Fontevraud. Arriba: las cocinas de la abadía.

La torre de vigilancia del Château de Saumur domina el Loira y el casco antiguo de Saumur.

Saumur

Saumur
163 C2
Información
place de la Bilange
02 41 40 20 60

Château de Saumur
02 41 40 24 40
Cerrado mar. oct.-mayo
$$

École Nationale d'Équitation
St-Hilaire-St-Florent
02 41 53 60 50
Cerrado dom. y lun.

SAUMUR, UNA DE LAS POBLACIONES MÁS BONITAS DEL VALLE del Loira, es famosa por su vino espumoso, su castillo y su escuela hípica de primera categoría. Las elegantes torres blancas del castillo del siglo XIV se elevan sobre la población y el río, como en la ilustración luminosa del libro *Las muy ricas horas del duque de Berry*, que actualmente se encuentra en uno de los castillos de Chantilly (ver pág. 116), pintado poco después de que se construyera el castillo.

Antaño bajo el dominio de los reyes de Inglaterra, Saumur pasó a manos de Francia en el siglo XII. El **Château de Saumur** alberga un excelente museo dedicado a la equitación, así como colecciones de mobiliario, pinturas y porcelanas (cerrado por obras de restauración).

Superviviente de los bombardeos de 1940, el castillo está rodeado de elegantes casas de piedras restauradas, mientras que las calles serpenteantes de la población, más abajo, están llenas de residencias de entramados de madera, entre las cuales Balzac situó su novela *Eugène Grandet*. En la Place St-Pierre se encuentra la medieval **Église de St-Pierre,** una iglesia que contiene tapices del siglo XVI.

En la **École Nationale d'Équitation** (Escuela Nacional de Equitación), situada en St-Hilaire-St-Florent, al oeste de Saumur, los jinetes del ejército francés ofrecen exhibiciones de equitación. Pruebe los vinos espumosos locales de las cavas de toba que hay sobre el río. En estas cuevas también se crían setas; para más información, visite el **Musée du Champignon** (*Tel 02 41 50 31 55*). ■

Viviendas trogloditas

La región del Loira posee la concentración más elevada de viviendas trogloditas de Europa. Durante siglos, se excavaron cavernas en los acantilados o alrededor de un hoyo central, visibles a veces sólo por el humo de las chimeneas en medio de un campo. Entre **Saumur** y **Montsoreau**, las orillas del Loira contienen poblaciones enteras talladas en la dúctil piedra caliza de toba. **Doué-la-Fontaine** tiene un zoo subterráneo (*103 rue de Cholet; Tel 02 41 59 18 58*), **Turquant** posee varias viviendas trogloditas y los acantilados del río Loira están plagados de casas excavadas en la roca.

Rochemenier, a 6 km al norte de Doué-la-Fontaine por la D69, posee un museo que alberga una población troglodita en perfecto estado de conservación, el **Village Troglodyte** (*Tel 02 41 59 18 15, cerrada dic.-enero y lun.-vier., sáb. y dom. mañanas de nov., feb., marzo excepto vacaciones escolares*). En esta colmena de cuevas se incluyen graneros, bodegas de vino y establos, así como residencias utilizadas hasta la década de 1930. Hay una sala de reuniones donde toda la población podía congregarse para la *veillée*, las largas tardes de invierno en que se hilaba lino, se comía nueces e incluso se cantaba y se bailaba bajo tierra. ■

En el pueblo troglodita de Trôo, las casas excavadas en la roca son espaciosas y tienen ventanas y puertas amplias.

Angers

Angers
163 C2
Información
place Kennedy
02 41 23 50 00
www.angers-tourisme.com

ANGERS, LA ANTIGUA CAPITAL DE ANJOU, ES LA PUERTA DE entrada al valle del Loira más occidental. Una población civilizada con un casco antiguo rico en museos, cafés y tiendas elegantes, se halla dominada por los muros y las torres impresionantes de su formidable castillo del siglo XIII. Construido por Luis IX (san Luis, 1226-1270) en 20 años, a este coloso de granito y esquisto negro se accede por un puente levadizo que cruza un foso seco, actualmente lleno de flores. Desde las almenas (rectificadas de altura en el siglo XVI para acomodar los cañones), se obtienen unas vistas espléndidas de la población y del río. En el castillo se encuentra el orgullo de Angers, el famoso tapiz del Apocalipsis (ver cuadro inferior).

Los cuatro jinetes del Apocalipsis del tapiz.

Château d'Angers
promenade du Bout-du-Monde
02 41 84 48 77
$$

El Tapiz del Apocalipsis

Ningún otro tesoro en Angers puede rivalizar con el magnífico Tapiz del Apocalipsis, que se exhibe en el castillo. Tejido en el siglo XIV por encargo del duque Luis I de Anjou, esta joya extraordinaria fue despedazada para hacer sábanas y felpudos durante el caos de la Revolución. Milagrosamente, unos 103 m (el original medía 134 m de largo, dividido en 70 enormes paneles) lograron salvarse y han sido cuidadosamente restaurados. Sus brillantes hilos de color rojo, azul y dorado ilustran dramáticas escenas del Apocalipsis de san Juan. ■

La espléndida **Cathédrale St-Maurice** (*4 rue St-Christophe; Tel 02 41 87 58 45*), de estilo gótico, posee una elaborada fachada, una alta nave abovedada y vidrieras del siglo XII. Muy cerca, la **Maison d'Adam** es un fantástico edificio con entramados de madera del siglo XV. En el casco antiguo, dos palacios renacentistas albergan sendos museos. El **Hôtel Pincé** (*32 bis rue Lenepreu; Tel 02 41 88 94 27; cerrado lun. excepto jun.-sept.*) contiene una colección clásica y oriental, y el Logis Barrault acoge el **Musée des Beaux-Arts** (*14 rue du Musée; Tel 02 41 05 38 00; cerrado lun. excepto jun.-sept.*). La fascinante **Abbaye de Toussaint** (*33 bis rue Toussaint; Tel 02 41 05 38 90; cerrada lun.*), del siglo XIII, exhibe las obras del escultor del siglo XVIII David d'Angers. Cruzando el río desde el castillo se halla el medieval **Hôpital St-Jean** (*4 boulevard Arago; Tel 02 41 24 18 45; cerrado lun. nov.-mayo*), uno de los hospitales más antiguos de Francia. En él se encuentra *Le Chant du monde*, un tapiz moderno (1957-1966) de Jean Lurçat, inspirado en el tapiz del Apocalipsis. ■

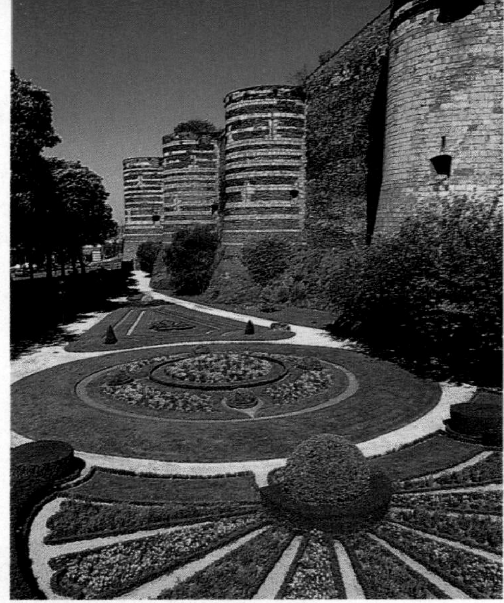

El oscuro Château de Angers, con el foso lleno de flores.

El Loir y Vendôme

Al norte del gran Loira se encuentra el río Loir, que transcurre desde Illiers-Combray hasta Angers. **Vendôme,** sobre un conjunto de islas formadas por el Loir, es una de las poblaciones más atractivas de Francia. En la Edad Media era famosa por sus curtidurías, sus molinos y sus guantes para niños. Hoy en día, las casas y los molinos antiguos son segundas residencias de los parisinos.

El lugar más bello de la ciudad es la **Abbaye de la Trinité,** con una fachada gótica y algunas de las vidrieras más antiguas de Europa. Río abajo desde Vendôme se encuentra **Lavardin,** con casas medievales, una iglesia románica y una lúgubre fortaleza. **Trôo** (*Información: Tel 06 88 53 52 69*) posee unas casas trogloditas construidas alrededor de un antiguo montículo funerario. Al otro lado del río, la iglesia de **St-Jacques-des-Guérets** posee unos murales románicos. Desde Trôo, siga las señalizaciones hasta **La Possonnière,** donde en 1524 nació el poeta Ronsard.

Más abajo está el **Château du Lude** (*Tel 03 43 94 60 09; cerrado miér. mayo-sep.*), del siglo XV. Desde este lugar, continúe hasta la encantadora población de **La Flèche,** o en dirección sudoeste hasta **Baugé,** donde puede ver la Vraie Croix d'Anjou (*cerrada mar. tardes*), una pequeña cruz de dos brazos que data de las Cruzadas. Durante la Segunda Guerra Mundial fue el símbolo de las fuerzas de liberación francesas. ■

Vendôme

163 D2

Información

Hôtel du Saillant, Parc Ronsard

02 54 77 05 07

Vraie Croix d'Anjou

8 rue de la Girouardière, Baugé

02 41 89 12 20

Cerrado tardes excepto mar.

Bourges

EN EL CORAZÓN DEL BERRY RURAL, LA REGIÓN SUR DEL valle del Loira, se encuentra la población histórica de Bourges. Su famosa Cathédrale St-Étienne, de estilo gótico y patrimonio de la humanidad desde 1993, está considerada como uno de los ejemplos más extraordinarios de la arquitectura gótica francesa.

Construida muy rápidamente, la mayor parte entre 1195 y 1260, la peculiaridad de la catedral es que no posee cruceros, con lo que el interior, con sus elevadísimas columnas, es muy espacioso. La fachada tiene cinco pórticos magníficamente tallados, tres torres y un rosetón que data del siglo XV. En el interior, la catedral entera está iluminada por las vidrieras; destacables son las ventanas que ilustran la historia de la Anunciación, en la capilla de Jacques Cœur.

Un observador de piedra en la ventana del palacio de Jacques Cœur.

Bourges
163 E2
Información
21 rue Victor-Hugo
02 48 23 02 60

Cathédrale St-Étienne
02 48 65 49 44

Musée des Arts Décoratifs
Hôtel Lallemant, 6 rue Bourbonnoux
02 48 57 81 17
Cerrado dom. mañanas y lun.

Musée du Berry
Hôtel Cujas, 4 rue des Arènes
02 48 57 81 15
Cerrado dom. mañanas y mar.

En Bourges es imposible no saber de Jacques Cœur, comerciante de sedas y especias y uno de los hombres más poderosos de la Francia del siglo XV. Su **Palais Jacques Cœur** (*rue Jacques Cœur; Tel 02 48 24 79 42; sólo visitas guiadas*) incorpora algunos fragmentos de la muralla romana de Bourges y fue diseñado en parte por motivos defensivos. Pero una vez dentro de sus muros, los espléndidos dibujos de sus azulejos, las chimeneas de piedra y los techos pintados revelan la elegancia de la vida en el Renacimiento. El barrio medieval y renacentista alrededor de la catedral posee muchos otros lugares de interés, como un jardín del siglo XVII diseñado por Le Nôtre, una casa de diezmos medieval adjunta al claustro de la catedral y las casas voladizas. Entre los palacetes de la ciudad (*hôtels*), busque el Hôtel des Échevins y el Hôtel Lallemant, que actualmente acoge el **Musée des Arts Décoratifs.** El Hôtel Cujas, construido en el año 1515 para un mercader florentino, alberga el **Musée du Berry,** dedicado a la historia de la región de Berry. ■

El tímpano sobre el pórtico principal de la fachada oeste de la catedral muestra el Juicio Final, esculpido con un detalle exquisito.

Otras visitas interesantes en el valle del Loira

OTROS CASTILLOS

Por toda la región del Loira hay un gran número de pequeños castillos. **Montreuil-Bellay** (*Mapa pág. 163 C2; Información, place de la Concorde; Tel 02 41 52 32 39*), una población al lado del río, al sur de Saumur, posee una fortaleza del siglo XI que encierra una elegante mansión del siglo XV espléndidamente amueblada, con una cocina medieval, grandes bodegas y curiosas capillas.

La construcción del **Château de Serrant** (*Mapa pág. 163 C2; Tel 02 41 39 13 01; cerrado mar. y nov.-marzo*), cerca de Angers, rodeado de un foso habitado por cisnes, tuvo lugar hace dos siglos. En el interior, el castillo está lujosamente decorado, y posee una enorme biblioteca y un dormitorio diseñado para Napoleón.

Un puente levadizo conduce hasta el pequeño **Château du Plessis-Bourré** (*Mapa pág. 163 C3; Tel 02 41 32 06 01*), un castillo típicamente angevino y rodeado por un paisaje bucólico y un foso que refleja los blancos muros, el tejado de pizarra azul y las agujas. El interior renacentista le da un aspecto más decorativo que defensivo.

Fortaleza medieval por fuera (con foso, puente levadizo, ventanas con almenas y torres) y palacio renacentista por dentro, **Langeais** (*Mapa pág. 163 D2; Tel 02 47 96 72 60*), del siglo XV, posee espléndidos tapices y *tableaux vivants*, que evocan su larga historia.

El **Château de Cheverny** (*Mapa pág. 63 E3; Tel 02 54 79 96 29*), construido entre 1620 y 1634, tiene una clásica fachada regular y un interior lujosamente pintado.

La novelista del siglo XIX Georges Sand (1804-1876) vivió en **Nohant** (*Mapa pág. 163 E1; Tel 02 54 51 26 27*), una pequeña población al norte de La Châtre. Su casa y su jardín están abiertos al público.

LE MANS

Le Mans es famoso por su carrera de coches, detalladamente explicada en el **Musée de l'Automobile de la Sarthe.** Pero hay mucho más que ver en Le Mans, incluyendo una antigua casa renacentista y otras medievales, murallas romanas y la **Cathédrale St-Julien,** de estilo gótico, famosa por sus arbotantes y su pórtico románico tallado.

163 D3 **Información** rue de l'Étoile
02 43 28 17 22

NANTES

El Loira llega al mar justo después del gran estuario de la ciudad de Nantes, cuya riqueza se derivó de la actividad marítima. Actualmente, la ciudad, uno de los lugares más populares para vivir en Francia, está en pleno apogeo. El enorme *château* del siglo XV está siendo restaurado. El **Palais Dobrée,** neogótico, del siglo XIX, alberga una importante colección de arte, mobiliario, tapices y manuscritos.

El **Quartier Greslin,** del siglo XIX, en el centro de la ciudad, es un conjunto de fachadas neoclásicas y balcones de hierro forjado, arcadas belle époque llenas de comercios y cafés de estilo *art nouveau.* No se pierda la famosa *brasserie,* La Cigale, enfrente del teatro.

162 B2 **Información** 7 rue du Valmy
08 92 46 40 44

SANCERRE

Arriba del Loira, Sancerre, una pequeña población de tejados rojizos y calles antiguas que serpentean por una colina, se halla rodeada de viñedos y elabora un exquisito vino blanco.

163 F2 **Información** Nouvelle Place
02 48 54 08 21

VENDÉE

Al sur de Nantes se encuentra el área de la Vendée, en el Loira occidental, famosa a finales del siglo XVIII por sus alzamientos contrarrevolucionarios y sus guerrillas. Todo ello acabó con la masacre de 1794, en la que murieron más de 80.000 monárquicos. En **Cholet** y en **Challans** se pueden encontrar monumentos de guerra conmemorativos y museos que detallan el alzamiento. La costa atlántica posee largas playas y pequeñas poblaciones de veraneo. Un puente une Fromentine con la isla de **Noirmoutier,** refugio de solitarias playas. En el interior, varios canales atraviesan **Marais Poitevin,** un paisaje de marjales lleno de reservas de aves. El **Château de Puy de Fou** *(cerca de les Epesses; Tel 02 51 64 11 11; abierto jun.-sept., fines de semana abril-mayo y las dos primeras semanas de sept.)* ■

Bajando desde Auvernia hasta las tierras del Ródano y el Saona, y subiendo hasta los Alpes, esta región ofrece variados paisajes: las montañas del Macizo Central, las de los Alpes y muchos valles atravesados por ríos.

Francia central y los Alpes

Introducción y mapa **190-191**
Gastronomía **192-193**
Borgoña y el Jura 194-210
Dijon **195**
Beaune **196-197**
Recorrido en coche por la Côte-d'Or **198-199**
Sens **200**
Auxerre **201**
Vézelay **202**
Abbaye de Fontenay **203**
Autun **206**
Cluny **207**
El Jura **208-209**
Otras visitas interesantes **210**
Valle del Ródano y los Alpes 211-223
Lyon **212-214**
El país del Beaujolais **215**
El Mont Blanc **216-217**
Grenoble **218**
Chambéry **219**
Gorges de l'Ardèche **220-221**
Otras visitas interesantes **222-223**
Macizo Central 224-230
Le Puy-en-Velay **225**
Volcanes de Auvernia **226-227**
Recorrido en coche por Gorges du Tarn **228-229**
Otras visitas interesantes **230**
Hoteles y restaurantes **361-364**

Detalle de una verja, Palais des Ducs, Dijon

Francia central y los Alpes

ESTA REGIÓN ABARCA LA PROVINCIA DE BORGOÑA Y LAS montañas del Jura al norte, el valle del Ródano al sur, los Alpes al este, y al oeste las montañas del corazón de Francia, el Macizo Central. Borgoña es una región agrícola, dominada por su prestigiosa industria vitivinícola, pero aun así con considerables extensiones de tierras vírgenes salvajes. Durante milenios, el valle del Ródano ha sido una importante ruta comercial y actualmente acoge ciudades y centros industriales. Las cimas escarpadas, las profundas gargantas, los lagos cristalinos y los grandes espacios abiertos de los Alpes atraen a caminantes y esquiadores, y deportistas en general. La provincia de la Auvernia, que abarca el centro del Macizo Central, era hasta no hace mucho una región poco desarrollada, pero la situación está cambiando rápidamente.

La historia ha dejado un importante legado en esta región. La presencia romana durante siglos dejó una gran cantidad de vestigios que aún se conservan. En Borgoña abundan los monumentos religiosos y arquitectónicos, desde la Basílica, centro de de peregrinación, de Vézelay hasta la Abadía de Fontenay. El poder del ducado medieval de Borgoña rivalizaba con el de la monarquía de Francia; sus duques instalaron la corte en la localidad de Dijon.

El río más importante de la región es el Ródano, que nace en Suiza, en el lago Ginebra. Los ríos Isère, el Drôme y el Durance se alimentan de las nieves alpinas. Lyon, en la confluencia del Ródano y el Saona (Saône), es la segunda ciudad más grande de Francia, una enorme metrópoli industrial que fue durante siglos un importante productor de seda.

Los Alpes franceses, al este, están dominados por el Mont Blanc, de 4.807 m. Las montañas del Jura, a lo largo de la frontera con Suiza, forman mesetas cortadas por profundos valles, llenas de tupidos bosques, ríos, lagos y cascadas.

En el corazón del Macizo Central hay rocas de granito cristalizado producidas por los volcanes, los *puys* que forman los puntos más elevados del macizo. En este lugar nacen algunos de los ríos más importantes de Francia: el Loira, el Dordoña, el Tarn, el Ardèche y el Hérault. ■

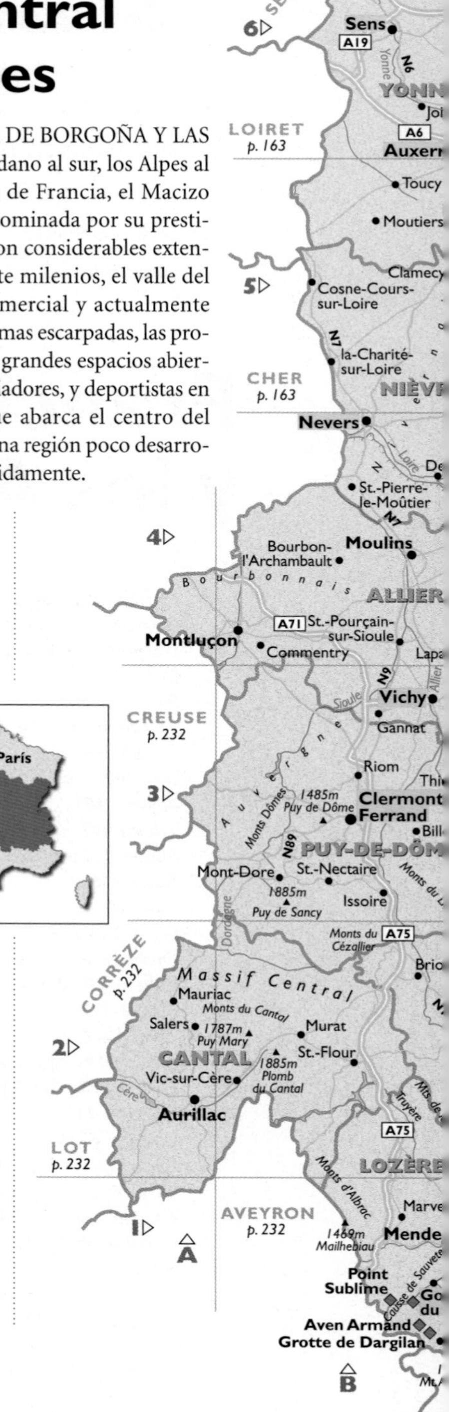

0 60 kilómetros
AUBE p. 105
HAUTE-MARNE p. 105
VOSGES p. 105
HAUT-RHIN p. 105
Tonnerre
Châtillon-sur-Seine
Luxeuil-les-Bains
N19
Saône
Lure
Ronchamp
Fontenay
Seine
HAUTE-SAÔNE
Belfort
Montbard
N71
Vesoul
Semur-en-Auxois
Vénarey-les-Launes
A31
Montbéliard
TERRITOIRE-DE-BELFORT
CÔTE-D'OR
Gray
Ognon
Pouilly-en-Auxois
Dijon
A36
Doubs
Saulieu
A38
Pesmes
Besançon
Maîche
Bourgogne
Clos de Vougeot
Auxonne
DOUBS
Nuits-St.-Georges
Cîteaux
Dole
N57
Monts du Morvan
Arroux
Saône
Arc-et-Senans
Ornans
Morteau
Meursault
Beaune
N5
Franche-Comté
SUIZA
Autun
Seurre
Salins-les-Bains
Arbois
Pontarlier
Chagny
Chalon-sur-Saône
N73
Poligny
le Creusot
JURA
Champagnole
Montceau-les-Mines
Cirque de Baume
SAÔNE-ET-LOIRE
Lons-le-Saunier
Doucier
Cascades du Hérisson
Canal du Centre
N78
Louhans
Tournus
Morez
N79
Digoin
Monts du Charollais
A39
Charolles
Cluny
A6
Divonne-les-Bains
Lac Léman
Evian-les-Bains
Paray-le-Monial
St.-Claude
N83
Thonon-les-Bains
Berzé-la-Ville
Mâcon
1689m Mont Colomby de Gex
Ain
A40
Oyonnax
Chablais
Juliénas
Annemasse
Morzine
N7
Beaujeu
Fleurie
Bourg-en-Bresse
Bellegarde
Bonneville
481m Mt. Brouilly
A40
St.-Julien-en-Genevois
Cluses
Roanne
Villefranche-sur-Saône
Saône
AIN
HAUTE-SAVOIE
Oingt
Pérouges
Annecy
Chamonix
A46
Megève
3842m Aiguille du Midi
Tarare
RHÔNE
A42
Rumilly
A41
Lac d'Annecy
4807m Mont Blanc
Lyonnais
N75
Rhône
Lac du Bourget
LOIRE
Feurs
LYON
N89
Monts du Lyonnais
Aix-les-Bains
le Châtelard
Albertville
A72
A43
la-Tour-du-Pin
Chambéry
A430
Isère
3747m Grande Sassière
Montbrison
Givors
Bourgoin-Jallieu
les Arcs
Moutiers
la Plagne
A47
Rive-de-Gier
Vienne
A48
A43
Val d'Isère
St.-Chamond
SAVOIE
Tignes
ST.-ETIENNE
Voiron
Méribel
Courchevel
Pélussin
ISÈRE
St.-Pierre-de-Chartreuse
Val Thorens
3676m Ciamarella
Loire
Firminy
N82
N6
Arc
Chaise-Dieu
Hauterives
A49
A41
Valloire
Modane
Annonay
PARC NAT.
Grenoble
Tunnel du Fréjus
ITALIA
Tain-l'Hermitage
Romans-sur-Isère
Lans-en-Vercors
RÉGIONAL
Vizille
Yssingeaux
le-Bourg-d'Oisans
3983m le Meije
le-Puy-en-Velay
Isère
Lamastre
Dauphiné
DU VERCORS
3946m Mt. Pelvoux
Briançon
1753m Mt. Mezenc
Valence
Vercors
N75
la Mure
Massif des Ecrins
Gazeille
Monts du Vivarais
2086m Mont Aiguille
Vallouise
Cévennes
Drac
St.-Véran
Privas
Die
Drôme
ARDÈCHE
Crest
Guillestre
HAUTES-ALPES
DRÔME
Aubenas
Gap
Embrun
Montélimar
N94
F
Largentière
Rhône
Vallon-Pont-d'Arc
A7
Serres
Durance
ALPES-DE-HAUTE-PROVENCE
Aven de Marzal
N75
Pont d'Arc
Nyons
E
Gorges de l'Ardèche
St.-Martin-d'Ardèche
p. 281
Aven d'Orgnac
VAUCLUSE p. 281
GARD p. 281
C
D

Gastronomía

TANTO LOS BORGOÑONES COMO LOS LIONESES RECLAMAN PARA SÍ EL HONOR de ser el punto neurálgico de la comida francesa. Su actitud se resume en el dicho «Mejor una buena comida que buena ropa». Es una cocina consistente, que varía desde el colmo de la sofisticación hasta los platos más rústicos elaborados con los productos disponibles.

Ésta es una cocina rica en proteínas, con mucha carne y queso, y salsas de vino y nata líquidad. Bresse es famosa por sus pollos de *appellation contrôlée*; Charollais, por su carne de buey. Los caracoles de Borgoña son los más rollizos de Francia, servidos con una rica salsa de mantequilla y ajo; en Morvan se produce uno de los mejores jamones de Francia. También abunda el pescado, y servido de formas muy imaginativas: la *pochouse* es un tipo de bullabesa con pescado de agua dulce, elaborada con vino blanco; las *quenelles de brochet* son unas delicadas albóndigas de lucio.

Lyon es famosa por su renombrados restaurantes y chefs. Su cocina tradicional es conocida por su *charcuterie*, las salchichas y otros embutidos de cerdo que tan bien combinan con el Beaujolais Nouveau. Dijon es famosa por la mostaza y por las especias que dan sabor al *pain d'épices*, un delicioso pastel de centeno, especias y miel.

Una vez en la región de las montañas, la comida se vuelve más consistente, con cocidos, sopas y reconstituyentes *gratins*. El *gratin dauphinois* está hecho a base de patatas cocinadas con huevos, mantequilla, leche y queso. La *fondue* goza de una fama bien merecida, y si tiene la oportunidad pruebe la *raclette*. En las montañas se produce una mantequilla y unos quesos espléndidos. El Jura es el lugar de origen del Vacherin, la Saboya del indispensable queso gruyère, el Macizo Central del Cantal, otro elemento presente en toda despensa francesa, y del incomparable y muy conocido roquefort, un queso elaborado con leche de oveja.

El centro volcánico de Auvernia, en el Macizo Central, posee también una consistente cocina rural. Los ingredientes clave son las patatas y la col; pruebe el *potée Auvergnate* (cerdo con col estofada). Auvernia también es famosa por sus jamones salados y sus salchichas secas, y Le Puy, por sus excelentes lentejas verdes.

Las cerezas, las frambuesas, las ciruelas y los albaricoques aparecen en todos los menús. Las grosellas negras, con su intenso sabor, se utilizan en tartas y conservas, y destiladas hacen el licor Cassis. El Cassis, combinado con vino blanco, es el aperitivo de la región, el *kir* y combinado con champán es el *kir royale*.

No puede abandonar la región sin antes probar el vino de Borgoña: los blancos de Chablis y Meursault y los tintos de Gevrey-Chambertin o Nuits-St-Georges. ■

Especialidades

Primeros platos *Escargots à la bourguignonne*: caracoles con mantequilla de ajo y perejil

Jambon persillé: gelatina de jamón y perejil

Soupe à l'oignon: sopa de cebolla con gruyère rallado

Soupe aux cerises: sopa de cerezas

Platos principales *Bœuf bourguignon*: buey cocido a fuego lento con cebolletas, setas y vino tinto

Coq au vin à l'ancienne: pollo al vino tinto con cebolletas y setas

Œufs en meurette: huevos escalfados en salsa al vino tinto

Perdrix aux lentilles: perdiz braseada con lentejas

Pintade aux choux: gallina de Guinea con col y salchichas

Pochouse: pescado de río (carpa, lucio, anguila, trucha) guisado en vino blanco

Verduras *Aligot*: puré de patatas con queso y crema de leche

Pommes lyonnaises: patatas con cebollas

Postres *Gâteau de noix et de marrons*: pastel de nueces y castañas

Tarte à la lyonnaise: tarta de almendras, kirsch y pan rallado

Bebidas *Vin jaune*: vino parecido al jerez, fuerte y de color amarillento, que se toma como aperitivo

Vin de paille: vino blanco dulce elaborado a base de uvas desecadas al sol en esteras de paja

Algunos de los mejores vinos de la región de Beaujolais proceden de la población de Fleurie.

La pequeña población de Irancy, cerca de Chablis, famosa por sus cerezas y su vino.

Borgoña y el Jura

Durante la mayor parte de su historia, Borgoña fue un poderoso estado independiente, y todavía conserva un fuerte sentimiento de identidad regional. También se recuerda con nostalgia su glorioso pasado, a partir de las historias de Vercingetórix y la resistencia gala. Los romanos fundaron varias ciudades y dejaron vestigios en lugares como Autun.

Borgoña es una de las regiones más ricas de Francia y sus poblaciones y ciudades históricas son el producto de muchos años de civilización. La región es conocida por producir algunos de los mejores vinos del mundo. Un recorrido por la Côte-d'Or y una visita a la población vitivinícola de Beaune son una gran oportunidad para que los amantes de los vinos ejerciten sus paladares.

Las abadías cistercienses y las iglesias románicas demuestran la importancia que tuvo el cristianismo en esta región durante la Edad Media. La abadía benedictina de Vézelay fue uno de los puntos de salida de los peregrinajes a Santiago de Compostela (ver págs. 266-267). Dos de las órdenes monásticas de la cristiandad alcanzaron su apogeo en Borgoña. Entre los siglos X y XII, la regla benedictina tuvo su máxima influencia en Cluny. La insatisfacción frente a la relajación en la disciplina entre los benedictinos provocó que san Bernardo fundara una nueva orden en el siglo XII, los cistercienses. La Abadía de Fontenay es un tributo a la laboriosidad y la austeridad de la vida monástica cisterciense. En Borgoña podrá observar la evolución arquitectónica de las iglesias desde las bóvedas de cañón del románico hasta las naves góticas de las catedrales de Sens y Auxerre.

Los siglos XIII y XIV fueron testigos de la ascensión de los duques de Borgoña, una edad dorada que ha dejado como legado en Dijon magníficos palacios, nobles mansiones y colecciones de arte. Los castillos de la región son un reflejo de la riqueza de sus nobles.

Los paisajes que rodean las poblaciones de Borgoña son espléndidos, desde el parque regional del Morvan hasta los pastos del Brionnais. Al este, la región montañosa del Jura está repleta de valles y saltos de agua.

Borgoña se extiende sobre una cuenca. El Saona se dirige al Mediterráneo y el Yonne fluye hacia el Sena. Las principales poblaciones están unidas por canales. Viajar por las vías fluviales es una buena manera de recorrer la historia de la región. ■

Dijon

DIJON, BURGUESA Y ACOGEDORA, HA SIDO DURANTE CASI 2.000 años una ciudad de mercaderes de una ruta comercial internacional. El comercio medieval con especias orientales aportó los ingredientes de sus dos especialidades gastronómicas: la mostaza y el *pain d'épices*. El placer de visitar Dijon reside en el equilibrio entre su espléndida arquitectura y su excelente cocina.

Durante el siglo XIV, Dijon fue la capital de los grandes duques de Borgoña, y precisamente su palacio, el **Palais des Ducs,** domina la ciudad. Las partes más antiguas que se conservan son la Tour de Bar del siglo XIV y las cocinas ducales abovedadas del siglo XV. La Tour Philippe-le-Bon, también del siglo XV, ofrece unas fantásticas vistas de la ciudad. En el siglo XVII, el palacio fue ampliado para convertirse en el parlamento de los Estados de Borgoña. Parte de este enorme edificio, un Versalles en miniatura, alberga el **Musée des Beaux-Arts,** famoso por las obras de maestros holandeses y flamencos.

Pasee por el casco antiguo de Dijon para apreciar sus espléndidas edificaciones. En la Rue Verrerie hay casas con entramados de madera y vidrieras. La Rue des Forges, al norte del Palais des Ducs, es también un lugar histórico. El **Hôtel de Chambellan** (ahora la oficina de turismo), con su patio gótico y su escalinata de piedra en espiral, data del siglo XV, mientras que la fachada de arcadas del **Hôtel Aubriot** es del siglo XIII. Pero fue en los siglos XVII y XVIII, cuando se construyeron las grandes mansiones. El **Hôtel de Vogüé** posee unas peculiares tejas y un patio de mármol rosado; las ventanas de la **Maison des Cariatides** están rodeadas por cariátides de piedra.

Entre las espléndidas edificaciones religiosas se encuentra la catedral; y la antigua **Abbaye St-Bénigne,** con una fantástica cripta románica del siglo XI debajo. La soberbia **Église de Notre-Dame,** de estilo gótico, posee un reloj Jacquemart medieval en la fachada.

Todos los martes, viernes y sábados hay mercado de productos de alimentación en Les Halles. Pruebe el famoso *aperitif* de Dijon, el *kir*, en algún café de la Place François-Rude. ■

Dijon
191 D5
Información
34 rue des Forges
08 92 70 05 58
www.dijon.tourisme.com

Palais des Ducs et des États de Bourgogne
place de la Libération
03 80 74 52 70
Cerrado mar.
$$

Église de Notre-Dame
place Notre-Dame

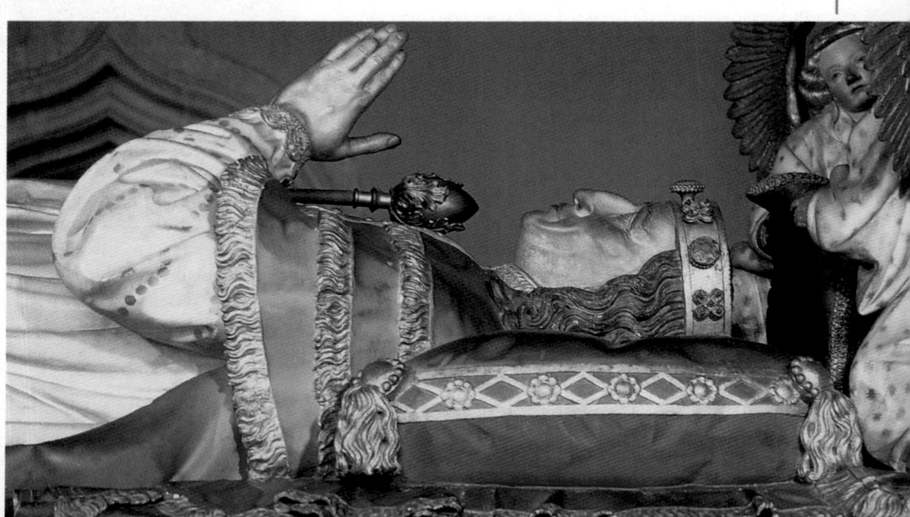

La efigie esculpida del duque Felipe el Negro (1363-1404), tallada por Claus Sluter, en la Salle des Gardes del Palais des Ducs.

Beaune

Beaune
191 D5
Información
rue de l'Hôtel-Dieu
03 80 26 21 30
www.ot-beaune.fr

Musée des Beaux-Arts
rue de l'Hôtel de Ville
03 80 24 56 92
Cerrado mañanas y mar. dic.-marzo
$

Musée du Vin de Bourgogne
Hôtel des Ducs de Bourgogne
03 80 22 08 19
$

BEAUNE, UNA PEQUEÑA LOCALIDAD CON UNA GRAN reputación, es el verdadero centro neurálgico del negocio del vino en Borgoña. Situada entre algunos de los viñedos más distinguidos del mundo, éste es, sin duda, el mejor lugar si quiere probar una variedad de los diferentes vinos de la región. También posee uno de los monumentos más famosos de Borgoña, el Hôtel-Dieu.

Para tener una visión general de esta antigua localidad, espléndidamente preservada, entre por el arco triunfal de la Porte St-Nicolas, del siglo XVIII, situado al norte de la población. Pasee por los restos de las murallas de los siglos XI al XV y explore los estrechos callejones y los patios adoquinados, prestando atención a los detalles góticos y renacentistas de las casas. Diríjase a la Place Monge, con un campanario del siglo XV y casas espléndidas, como el Hôtel de la Rochepot, del siglo XVI. Al norte de la Place Monge se encuentra la Rue de Lorraine, llena de mansiones y patios decorados con obras de talla renacentistas, elaboradas obras de forja y escalinatas de piedra. El Hôtel de Ville, un antiguo convento del siglo XVII, alberga el **Musée des Beaux-Arts,** con obras de pintores holandeses y flamencos y una colección de obras de Félix Ziem, nacido en Beaune en 1821.

La **Église de Notre-Dame** fue construida en el siglo XII en el estilo románico de Cluny, y posteriormente se añadieron adornos góticos y renacentistas. En el coro y el presbiterio se encuentran tapices del siglo XV que ilustran la vida de la Virgen María.

En el corazón de Beaune se encuentra la Place de la Halle, lugar donde se celebra un mercado medieval de maíz. Los sábados, los puestos del mercado se llenan de productos gastronómicos de Borgoña. En las calles de los alrededores hay bodegas que ofrecen degustaciones. Si quiere conocer los misterios del vino, diríjase al **Musée du Vin de Bourgogne,** que se halla en una mansión de piedra y entramados de madera de los siglos XIV al XVI, antigua residencia de los duques de Borgoña. En él se cuenta la historia de la elaboración del vino y se muestran herramientas y prensas antiguas.

NOTAS PARA LA DEGUSTACIÓN

Para evaluar el vino, observe su color, luego hágalo girar dentro del vaso para que desprenda todo su aroma, y huélalo. Tome un pequeño sorbo y saboréelo, y luego escúpalo. Recuerde que los vinos se ofrecen a menudo en orden ascendente de calidad, por lo que no se entusiasme demasiado con el primero o no le ofrecerán otro mejor. ■

EL HÔTEL-DIEU

El exterior del edificio más famoso de Beaune, el Hôtel-Dieu (*rue de l'Hôtel Dieu; Tel 03 80 25 45 00*), es imponente y sobrio. Hasta que no se accede al patio no se aprecia su majestuosidad, engalanada con cúpulas, torres y tejas de distintos colores.

Recuadro pág. anterior: *Pichet* de vino en el museo del vino.
Abajo: el patio del Hôtel-Dieu.

Este extraordinario edificio fue fundado como hospital por Nicolas Rolin, canciller de los duques de Borgoña, y su mujer, Guigone de Salins, en 1443. La guerra de los Cien Años había terminado y Borgoña estaba sumida en el caos, con bandas de soldados licenciados merodeando, pobres muriéndose de hambre y lobos en las calles. Rolin dotó el hospicio de viñedos para financiarlo, que al final se convertiría en el asilo de Beaune. El último paciente del Hôtel-Dieu lo abandonó en 1971.

Los pacientes eran atendidos por monjas en la Grande Salle des Malades. Hileras de camas, cada una con cortinas y en las que se acomodaban dos enfermos, llenan los costados de la sala, y todo dominado por un gran altar en el extremo. Las bóvedas de cañón del techo entramado están esculpidas y pintadas. Otras salas abiertas al público son la lavandería y la farmacia, pero la mejor es la cocina, con su gran chimenea y los utensilios de cobre.

Entre los espléndidos tapices y pinturas del Hôtel-Dieu, la más famosa es el retablo del siglo XV *El Juicio Final*, de Rogier van der Weyden, con sus figuras bellamente pintadas que resplandecen sobre el fondo dorado. ■

Recorrido en coche por la Côte-d'Or

La Côte-d'Or es un corredor de 48 km que produce los vinos más apreciados de Borgoña. La Route des Grands Crus, desde Dijon pasando por Beaune hasta Santenay, es de carácter obligado para todo experto en vinos. La D122 y la N74 le llevarán a través o cerca de las principales poblaciones, desviándose en los lugares más pequeños; Beaune y Meursault son sitios ideales para alojarse o detenerse a comer.

Las vides inundan el paisaje, creciendo hasta casi tocar las casas para no desperdiciar ni un centímetro del precioso suelo, y con los mejores viñedos en las laderas que están orientadas al este y al sur. La tierra está dividida en una miríada de pequeñas parcelas de diferentes propietarios, cada uno de los cuales elabora su propio vino. A menudo, el vino se mezcla, pero algunos son tan distinguidos que se embotellan y se venden individualmente; aquí, el productor de vino es tan importante como el *domaine* (similar a los châteaux de Burdeos).

La mejor época para visitar la región es a finales de verano, cuando el tiempo todavía es cálido, o, aún mejor, durante la vendimia, a principios de otoño. Para más información contacte con Bureau Interprofessionnel des Vins de Bourgogne en Beaune (*BIVB; Tel 03 80 25 04 80; www.vins-bourgogne.fr*).

CÔTE DE NUITS

Las vides se han cultivado durante siglos, atendidas por los monjes de las grandes abadías. Empiece su recorrido en **Chenôve** ❶, en la D122, paralela y al oeste de la N74. En esta población podrá ver una colosal prensa del siglo XIII que se encuentra en las antiguas instalaciones de prensa de los duques de Borgoña. Aquí empieza la región de la Côte de Nuits, donde se elaboran los mejores vinos tintos a partir de la uva Pinot Noir. Siga hasta **Gevrey-Chambertin** ❷, com más *grands crus* que ninguna otra población en Borgoña. El **Clos de Bèze** es supuestamente el viñedo más antiguo de Borgoña, plantado por la Abadía de Bèze en el siglo VI. Siga por la D122 hasta Chambolle-Musigny. Un poco más al sur se encuentra el famoso **Clos de Vougeot** ❸, fundado en el siglo XII por los monjes de Cîteaux. Hoy en día, sus 50 ha están divididas entre 80 propietarios. El **Château du Clos de Vougeot,** del siglo XVI, es la sede de la Confrérie des Chevaliers du Tastevin, la hermandad del vino fundada para promover Borgoña. Se invita a los visitantes a degustaciones y a su museo del vino (*Tel 03 80 62 86 09*). Tome la N74 y continúe en dirección sur hasta **Vosne-Romanée,** en la cual se producen seis *grands crus*, incluyendo el magnífico Romanée-Conti. Una pequeña cruz de piedra señala la apreciada parcela de terreno. **Nuits-St-Georges** ❹ (*Información: Tel 03 80 62 11 17*) posee numerosas bodegas para visitar y una iglesia del siglo XIII; la población da nombre a esta parte de la Côte-d'Or: la Côte de Nuits.

CÔTE DE BEAUNE

Al sur de Nuits-St-Georges, por la N74, aparece la Côte de Beaune. La tierra de esta área es perfecta para la uva Chardonnay. Diríjase primero a **Aloxe-Corton** ❺, por la D2, donde se elaboran espléndidos vinos tintos y blancos. Siga las señalizaciones para llegar al **Château Corton-André,** con tejados de brillantes colores y donde se ofrecen degustaciones. Siga después en dirección norte por la D18 hasta **Pernand-Vergelesses,** una de las poblaciones vitivinícolas más hermosas. Vuelva por la D18 y continúe por la D2 hasta **Savigny-lès-Beaune,** cuyos viñedos están más abajo.

Después de pasar por **Beaune** ❻ (ver págs. 196-197), tome la D973 en dirección sur. La Côte de Beaune posee algunos de los mejores vinos blancos de Borgoña. Un buen lugar para degustarlos es **Meursault** ❼. El **Château de Meursault** (*Tel 03 80 26 22 75*); posee unas bodegas del siglo XIV y una galería de arte. **Puligny-Montrachet** ❽, volviendo por la D113, es una pequeña población donde se elabora un vino excelente. El viñedo de Montrachet produce uno de los mejores vinos blancos secos del mundo. La D113 continúa hacia el sur hasta **Santenay.** Regrese a Beaune por las Hautes-Côtes, una ruta con buenas vistas de la Côte-d'Or. Tome la D33 por St-Aubin hasta el **Château de la Rochepot** ❾ (*Tel 03 80 21 71 37; cerrado mar.*), luego tome la D17 hasta **Orches,** que posee vistas al Saona y al Jura. ■

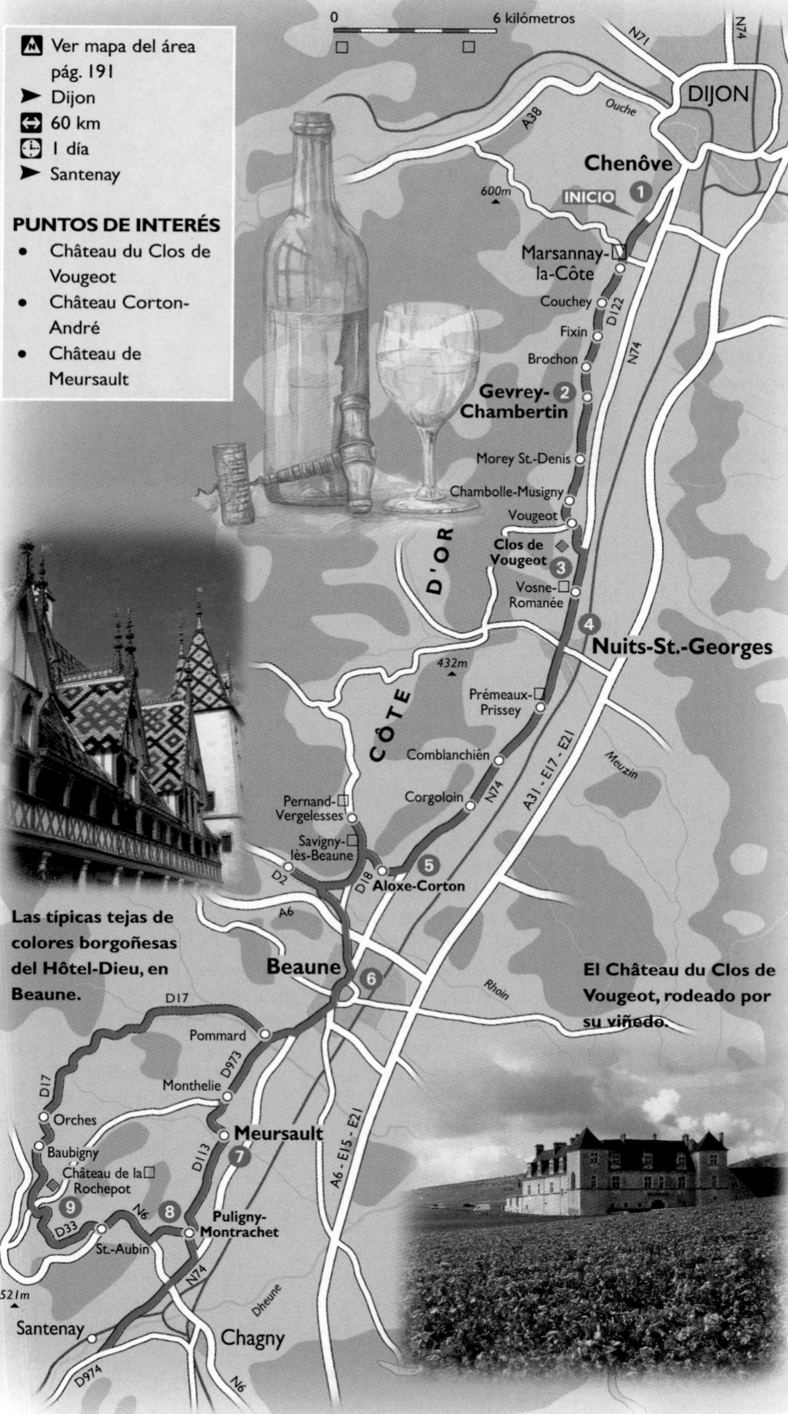

Las típicas tejas de colores borgoñesas del Hôtel-Dieu, en Beaune.

El Château du Clos de Vougeot, rodeado por su viñedo.

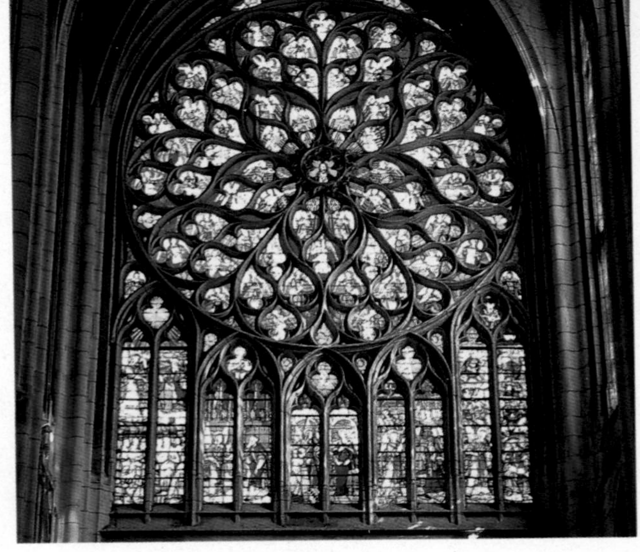

Una reluciente vidriera del siglo XVI en uno de los rosetones de la Cathédrale St-Étienne.

Sens

SI LLEGA A BORGOÑA DESDE EL NORTE, SENS ES LA PRIMERA población importante que encontrará. Cruce de caminos a lo largo de la historia, su período de mayor influencia fue en el siglo XII, cuando era un arzobispado que controlaba la mayor parte del norte de Francia, incluidos París y Chartres.

Sens
190 B6
Información
place Jean-Jaurès
03 86 65 19 49
Cerrado dom. excepto en verano

Cathédrale St-Étienne
place de la République

Musée de Sens
place de la Cathédrale
03 86 83 88 90
Cerrado mar.
$

La magnífica **Cathédrale St-Étienne,** una de las primeras grandes catedrales góticas de Francia, muestra la importancia de Sens durante la Edad Media. Su construcción empezó en 1130; posteriormente se añadieron elementos góticos más evolucionados. El arzobispo Henri le Sanglier, que recibió el encargo de la construcción del edificio de Guillermo de Sens, mantenía una gran amistad con St-Bernard de Clairvaux, y la influencia de la austeridad cisterciense en la simplicidad de la estructura es muy clara, lo que le confiere, como se planeó, una belleza extraordinaria.

Las proporciones están calculadas matemáticamente (la anchura de la nave es dos veces las de la nave lateral), y el efecto global es de un espacio armonioso. Las elevadas ventanas están cubiertas por vidrieras, algunas originales del siglo XII.

La fachada oeste es especialmente hermosa, a pesar de haber perdido una de sus torres y la mayoría de su estatuaria. En la entrada principal, fíjese en la estatua de St-Étienne, una obra gótica del siglo XII que sobrevivió a la destrucción de la Revolución.

El palacio adjunto del arzobispo ha sido restaurado y actualmente alberga el **Musée de Sens,** con uno de los tesoros más importantes de Francia: una impresionante colección de arte religioso, sedas bizantinas, sudarios, ropas de altar, relicarios y vestiduras. En el museo también se explica la historia y el desarrollo de Sens desde tiempos prehistóricos.

Un paseo por los alrededores de la catedral le llevará a descubrir calles llenas de pintorescas casas de piedra y entramados de madera que datan de los siglos XVI al XVIII. ■

Auxerre

AUXERRE ES UNA PEQUEÑA POBLACIÓN A ORILLAS DEL Yonne, un lugar perfecto para empezar un recorrido en barco por las aguas de Borgoña. Desde el otro lado del río se pueden ver los tejados del casco antiguo y de las iglesias que lo han hecho famoso.

La silueta de la **Cathédrale St-Étienne** domina la ciudad. En 1215, el obispo Guillaume de Seignelay decidió reconstruir según el estilo gótico la catedral románica preexistente. Dos siglos más tarde se completó la estructura principal de la catedral, pero no se terminó del todo hasta 1560. Las columnas y las bóvedas nervadas son tan sutiles que parece que no soporten ningún peso. Esta sensación etérea se acentúa con las vidrieras. La cripta románica con bóveda de cañón y robustas columnas contrasta completamente con este ambiente. El ábside conserva los frescos de Cristo a caballo rodeado de ángeles, del siglo XII, vestigio de los que antaño recubrían toda la iglesia.

Un corto paseo por la Rue Cauchois le llevará hasta la **Abbatiale de St-Germain** (*Tel 03 86 18 05 50; cerrado mar.*). Escondida bajo la iglesia neogótica se encuentra una oscura cripta carolingia abovedada con antiguos sarcófagos de piedra de obispos ya olvidados y la tumba de St-Germain. Los frescos del siglo IX de la lapidación de St-Étienne (san Esteban) son uno de los murales más antiguos de Francia.

El reloj del siglo XVII de la puerta de entrada a la población, la **Tour de l'Horloge,** posee una esfera lunar y otra solar. ■

Auxerre
190 B5
Información
1-2 quai de la République
03 86 52 06 19
www.ot-auxerre.fr

Cathédrale St-Étienne
03 86 52 23 29
Cripta: $; tesoro: $

La Cathédrale St-Étienne (izquierda) y la Abbatiale de St-Germain (derecha).

Chablis

Chablis, una pequeña población de casas de piedra, posee los viñedos situados más al norte de la región de Borgoña y da nombre a un famoso vino blanco, notable por su carácter aromático y seco. En primavera el aire se impregna del fresco aroma de codeso, que recuerda al vino.

En esta población encontrará buenos restaurantes y hoteles, y varios *domaines* abren sus bodegas para ofrecer degustaciones. Para recorrer los viñedos de uvas de la variedad Chardonnay en coche, siga el curso del río Serein por la D91 en dirección norte hasta Maligny; a su derecha se encuentran los viñedos de los *grands crus*, mirando en dirección sur y sudeste. Regrese a la D131 en dirección a Milly, desde donde se obtienen unas vistas espléndidas de los sorprendentemente escasos viñedos de Chablis. ■

Chablis
191 C6
Información
1 rue du Maréchal de Lattre de Tassigny
03 86 42 80 80

Vézelay
191 C5
Información
rue St-Pierre
03 86 33 23 69
www.vezelaytourisme.com

Vézelay

LA GRAN BASÍLICA DE STE-MADELEINE DE VÉZELAY SE ALZA sobre un promontorio, en un profundo valle. La mejor forma de acceder a ella es subiendo por la empinada calle principal, siguiendo los pasos de los peregrinos medievales que acudían aquí para adorar las (supuestas) reliquias de santa María Magdalena.

En el pórtico central del nártex de la basílica hay una representación de Jesús con los doce apóstoles.

La reputación espiritual de Vézelay todavía atrae a multitudes, y las calles medievales de la población están llenas de librerías, tiendas de antigüedades y galerías de arte. Desde sus murallas se divisan unas espléndidas vistas de las exuberantes colinas onduladas que las rodean.

Fundada en el año 864, la **Basilique de Ste-Madeleine** (*place de la Basilique; Tel 03 86 33 39 50*) prosperó hasta 1280, cuando se descubrió que los restos de María Magdalena todavía se encontraban en St-Maximin, en la Provenza, y que las reliquias de Vézelay eran falsas. Abandonada, dañada por los protestantes en el siglo XVI y descuidada durante la Revolución, la basílica estaba en estado ruinoso cuando empezaron las obras de restauración, en el siglo XIX.

Pasee por el exterior para observar el ábside con sus capillas radiales, la sala capitular (que es todo lo que se conserva del monasterio del siglo XII) y la fachada oeste con su ventana y su torre del siglo XIII restauradas. Luego entre por el enorme nártex, que se añadió en el siglo XII para acomodar a la gran cantidad de peregrinos. El famoso tímpano, sobre la puerta interior, es la pieza más importante de estilo románico de Borgoña. Con un movimiento y una sensibilidad impresionantes, ilustra los sucesos de Pentecostés: unos rayos de luz emanan de los dedos de Cristo hacia los Apóstoles.

Observando desde la puerta en dirección a la nave lateral, los arcos románicos de la nave, que alternan piedras oscuras y claras, orientan la vista hacia el coro gótico. Los capiteles recuerdan los tormentos que sufrirán los no creyentes. Baje hasta la cripta para observar las reliquias desacreditadas. ■

De aspecto austero, los sencillos claustros románicos de Fontenay expresan a la perfección el espíritu cisterciense.

Abbaye de Fontenay

FONTENAY ES EL MONASTERIO CISTERCIENSE MÁS ANTIGUO que se conserva. Fue fundado en 1118 por St-Bernard de Clairvaux en un tranquilo valle rodeado de bosques, y su nombre proviene del manantial que se encuentra en este lugar.

Desde la colina boscosa que hay sobre Fontenay, se puede ver toda la localidad, situada en el valle. El paisaje es más fascinante en invierno, cuando los árboles están desnudos. Aparte de los aposentos del abad, del siglo XVII, situados en el extremo oeste de la iglesia, todos los edificios, actualmente restaurados, datan del siglo XII y fueron construidos por los monjes, aunque han sido restaurados. También hay que destacar que la mayoría de las tejas marrones borgoñesas son originales. La arquitectura en su forma más pura y austera sigue las creencias de St-Bernard de que toda decoración superflua se apartaba del propósito espiritual del edificio.

En el corazón del antiguo monasterio se encuentra el claustro, con arcadas sotenidas por dobles columnas de piedra dorada. La iglesia, cuya fachada no posee ningún adorno, se encuentra contigua a la galería norte. Dentro, los pasadizos flanquean la larga nave; sólo se detecta un pequeño rastro de decoración en los capiteles. Su sobria belleza es ensalzada por la tenue luz que atraviesa las ventanas de los pasadizos y el coro, y las siete ventanas de la fachada. En el crucero norte, una estatua de la Virgen, del siglo XIII, se alza serena y maternal, con el Niño apoyado en la cadera.

La sala capitular posee una bóveda y unas columnas exquisitas. En los dormitorios del piso superior, los monjes dormían en el suelo sobre jergones y copiaban manuscritos en el escritorio; la sala caldeada de al lado es donde se ponían las tintas (y las manos de los monjes) para que no se helasen en invierno. La forja se encuentra cerca de un riachuelo.

Fontenay recibió muchas donaciones y prosperó de forma importante durante la confusión de las guerras religiosas del siglo XVI. Durante la Revolución, la abadía fue vendida y se convirtió en un molino papelero. En 1906, los nuevos propietarios, descendientes de los Montgolfier, la restauraron en su forma cisterciense original. ■

Abbaye de Fontenay

- 191 C5
- Fontenay, Marmagne
- 03 80 92 15 00
- Abierta todo el año. Visitas guiadas sólo en francés abril-nov.
- $$

Los monasterios

La expansión del cristianismo, y en particular el desarrollo de los monasterios, fue crucial para el crecimiento y la estabilidad del reino de Francia durante la Edad Media. Borgoña tuvo un papel clave en la proliferación de los monasterios durante los siglos IX y X. Dos de los más importantes se encontraban en Cluny y Citeaux, en el corazón de este influyente ducado, que era a la vez un cruce de caminos y una región relativamente segura.

Los benedictinos

La orden benedictina, fundada en Italia por san Benito en el año 529, se expandió rápidamente por toda Europa, poblándola de monasterios que seguían la regla benedictina de castidad, obediencia, renuncia al mundo material y trabajo físico: «Ora et labora», era el lema. Los monjes debían trabajar entre seis y ocho horas, rezar otras cuatro y leer otras cuatro más. No se les permitía tener ninguna posesión aparte del hábito que llevaban, una cuerda, una capa, un cinturón y un cuchillo.

En contraste con los principios herméticos de los primeros monasterios, los benedictinos dieron mucha importancia a la vida en comunidad (dormir, rezar, leer y comer juntos siguiendo una rutina precisa de trabajo y culto). El abad ostentaba todo el poder, y cada monasterio era autosuficiente. Los primeros monjes construyeron sus iglesias y sus hábitats en territorios vírgenes, y vivían de la agricultura, los viñedos y el ganado.

Oasis del orden en un tiempo de gobiernos caóticos, en los monasterios se estableció una jerarquía de poder que rápidamente aumentó su influencia en toda Europa. Grandes (un monasterio importante podía llegar a albergar hasta más de 1.000 personas, más que cualquier población de esa época), prósperos, seguros y disciplinados, frecuentemente eran centros de educación y cultura.

Cluny

Hacia el siglo X, los benedictinos se habían convertido en víctimas de su propio éxito. Los abades eran cada vez más corruptos y los monjes incumplían a menudo sus votos. En respuesta a esta decadencia, en el año 910 se fundó Cluny (ver pág. 207), que reformó la orden benedictina y extendió su radio de influencia por casi toda Europa. Con el tiempo,

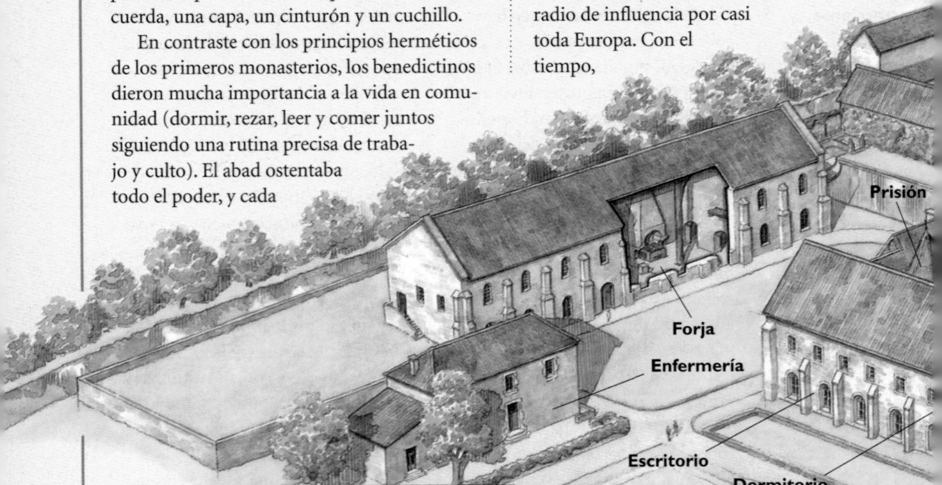

Prisión

Forja

Enfermería

Escritorio

Dormitorio

El dormitorio (izquierda) y los claustros (derecha) de la Abadía de Fontenay siguen los principios de austeridad y simplicidad de los cistercienses.

Cluny constituyó unas 1.450 filiales y el monasterio original creció tanto que hacían falta 40 granjas.

Cistercienses

Pero también Cluny decayó. En consecuencia, en 1098 en Citeaux, cerca de Dijon, se fundó la orden cisterciense. Su austeridad atrajo a un joven noble llamado Bernard, que se convertiría en uno de los líderes religiosos más influyentes de su época. Rodeándose rápidamente de seguidores, Bernard estableció su propio monasterio en Clairvaux, en el norte de Borgoña. Miles de personas venían a oír sus sermones, y fue su oratoria apasionada la que desencadenó la Segunda Cruzada desde Vézelay. El movimiento cisterciense creció rápidamente, fundando cientos de nuevos monasterios, incluyendo el de Pontigny y el de Fontenay (ver pág. 203), en Borgoña.

Bernard retomó la regla de san Benito, que subrayaba la importancia del trabajo manual, la pobreza y la simplicidad, y denostaba los excesos de Cluny. «Silencio y alejamiento absoluto de todo desorden» era su ideal, para «obligar a la mente a meditar sobre cosas celestiales». Su rechazo de todo lo superfluo influyó significativamente en la arquitectura de la orden. Para los cistercienses, la forma dependía de la función, y la austeridad de sus edificios reflejaba el ascetismo de su vida cotidiana.

En tiempos de la Revolución, sin embargo, incluso estas abadías se habían vuelto corruptas, explotando a las personas y abusando de su influencia. El profundo resentimiento contra el poder de la Iglesia y de los monasterios desembocó en la destrucción brutal de los edificios durante y después de la Revolución. Cluny fue totalmente destruido; Citeaux es todavía un monasterio, aunque la mayoría de sus edificaciones son nuevas; Pontigny y Fontenay han sido restaurados para ofrecer una visión de cómo debía de haber sido la vida monástica. ■

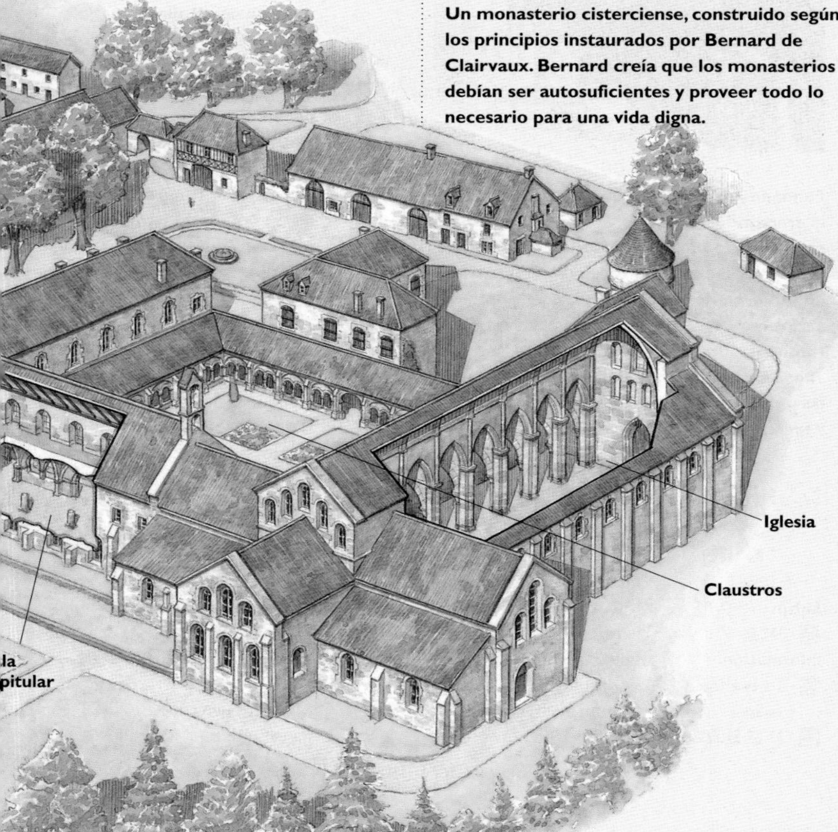

Un monasterio cisterciense, construido según los principios instaurados por Bernard de Clairvaux. Bernard creía que los monasterios debían ser autosuficientes y proveer todo lo necesario para una vida digna.

Autun

DESDE UNA COLINA JUSTO AL SUR DE AUTUN SE DIVISA perfectamente la ciudad, que muestra sus orígenes romanos y su centro histórico medieval. Fundada por el emperador Augusto en el siglo I a.C., Autun fue una de las ciudades más importantes de la Roma gala.

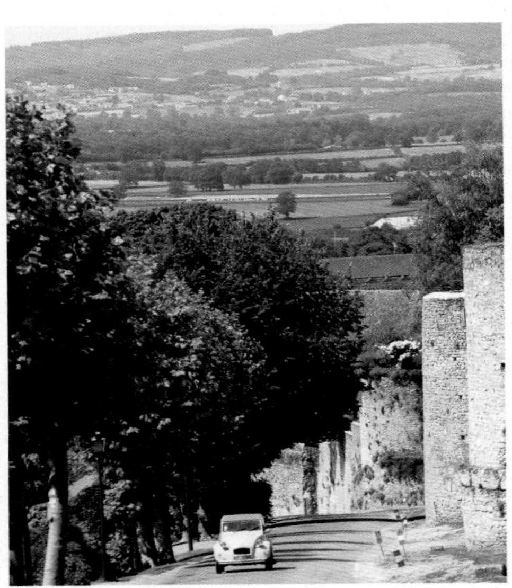

Fundada por el emperador romano Augusto, la antigua ciudad de Autun conserva varios restos romanos, entre ellos las murallas, las puertas y un teatro.

El importante legado de este período incluye el santuario del Templo de Jano, la Porte d'Arroux con sus arcadas y columnas esculpidas (y todavía la entrada principal a la población desde el norte), y la Porte St-André, diseñada con arcos independientes para los carruajes y para los peatones. Los restos del teatro romano cobran vida cada agosto con un espectáculo que evoca la vida galorromana, carreras de cuadrigas incluidas.

Pero Autun también es una ciudad medieval, todavía rodeada de murallas. Su tesoro más importante, la **Cathédrale St-Lazare,** de estilo románico y que data del siglo XII, es famosa por sus hermosas esculturas. Gislebertus d'Autun fue uno de los grandes escultores de una época no muy prolífica en artistas individuales, y el tímpano sobre la fachada oeste fue su obra maestra. Se salvó de la destrucción durante la Revolución porque a principios del siglo XVIII se había cubierto con yeso. Su vívida reproducción del Juicio Final, tallado entre los años 1130 y 1135, llevó a André Malraux a describirlo como «un Cézanne románico». La sala capitular contiene más obras suyas, como los capiteles que ilustran el *Suicidio de Judas* y el *Sueño de los Tres Reyes* (que duermen con sus coronas puestas).

El **Musée Rolin** (*5 rue des Bancs; Tel 03 85 52 09 76; cerrado mar.*) se encuentra en la mansión contigua del siglo XV, construida por Nicolas Rolin, quien fundó el Hôtel-Dieu de Beaune (ver pág. 197). Contiene antigüedades galorromanas, así como obras románicas y góticas. La estrella de la colección es de Gislebertus, una talla de la catedral y descubierta en 1856. Esta *Tentación de Eva* ilustra a Eva cogiendo la manzana de una forma sutilmente sensual.

En la cima del Mont Beuvray, al sudoeste de Autun, se encuentra **Bibracte,** un *oppidum* (campamento) galo. En este lugar, Vercingetórix convocó un consejo de guerra de todas las tribus galas en el año 52 a.C., en un intento fallido de derrotar a los romanos. El **Musée Bibracte** (*St-Léger-sous-Beuvray, cerrado mediados de nov.-mediados de marzo*) está dedicado a este emplazamiento.

Autun es la puerta de entrada a Morvan, cuyo paisaje es ideal para pasear o montar a caballo. ■

Autun
191 C4
Información
3 avenue Charles-de-Gaulle
03 85 86 80 38

Cluny

EL NOMBRE DE CLUNY, FUNDADA EN EL AÑO 910, APARECE constantemente a través de los siglos. Durante cientos de años, la abadía fue el poder más influyente de la cristiandad, descrita por el papa Urbano II como la «luz del mundo». Pero las grandes edificaciones de la abadía fueron destruidas por la Revolución, quedando sólo algunos restos esparcidos.

Cluny
191 C4
Información
6 rue Mercière
03 85 59 05 34
Cerrado en Navidad y 1ª semana de enero

Paray-le-Monial
191 C4
Información
avenue Jean-Paul II
03 85 81 10 92

Berzé-la-Ville
191 C4
Chapelle aux Moines
03 85 36 66 52
Cerrado nov.-marzo

De la construcción original sólo quedan el crucero sur y la torre. La población de Cluny se halla justo encima del resto, aunque las excavaciones realizadas muestran el extremo oeste de la nave. La iglesia medía 180 m de largo, con dos torres y dobles pasadizos y el interior estaba pintado con brillantes colores bizantinos. Durante siglos, entre sus muros resonaron los cantos gregorianos y algunos de los capiteles que se conservan poseen esculpidas figuras de músicos con sus instrumentos. Estas figuras, obra del desconocido «maestro de Cluny» y que actualmente se exhiben en el **Musée Ochier,** en el palacio del obispo, del siglo XV, influenciaron las de otros escultores como los de Vézelay y Autun.

Para situar la abadía de Cluny en el contexto adecuado, visite las iglesias borgoñesas, las grandes y las pequeñas, inspiradas en ella. La arquitectura de la iglesia abacial de **Tournus** (*Información: place Carnot; Tel 03 85 27 00 20*), un poco más antigua y situada a 33 km al noreste, es firme y orgullosa, con arcos perfectos y delgadas columnas. La basílica del siglo XI de **Paray-le-Monial,** al oeste, proporciona una idea del aspecto original de Cluny, a escala reducida. Elevándose unos 22 m, la nave se encuentra coronada por una bóveda austera y elegante. Las ventanas del clerestorio proporcionan la única pista de la iluminación de Cluny.

La **Chapelle aux Moines,** parte de una congregación cluniacense en Berzé-la-Ville, al sudeste de Cluny, es una muestra de la magnífica decoración de la abadía. El ábside y las paredes están cubiertos de frescos de Cristo en majestad rodeado de santos, en ricos tonos ocres, azules, oro y violeta, «la dorada penumbra del estilo bizantino».

El **Circuit des Églises Romanes** (*detalles en la oficina de turismo de Mâcon, pág. 210*) es una ruta para realizar en coche, y recorre varias iglesias antiguas, incluyendo el priorato de Anzy-le-Duc; Iguerande; y St-Hilaire en Semur-en-Brionnais, con su campanario octogonal. ■

El Clocher de l'Eau Benite (c. 1100), de forma octogonal, y una pequeña torre son los vestigios que quedan de la abadía de Cluny.

El Jura

LA REGIÓN MONTAÑOSA DEL JURA, EN LA FRONTERA SUIZA, cubre la mayor parte de la antigua región del Franco Condado, que no formó parte de Francia hasta el siglo XVII. En las antiguas montañas del Jura, de cuyo nombre proviene el del período jurásico, se han encontrado importantes restos de dinosaurios. Las onduladas mesetas están divididas por amplios valles con rápidos torrentes. Los lagos y los ríos están llenos de truchas, carpas y lucios, y las laderas están cubiertas por bosques de piceas, pinos y árboles de hoja ancha.

Comité Départemental du Jura, Información
- 8 rue Louis-Rousseau, Lons-le-Saunier
- 03 84 87 08 88

Arbois
- 191 D4

Información
- rue de Hôtel de Ville
- 03 84 66 55 50

Arc-et-Senans
- 191 D5

Información
- porche de la Saline Royale
- 03 81 57 43 21

Ornans
- 191 E5

Información
- 7 rue Pierre-Vernier
- 03 81 62 21 50

Musée de la Maison Natale de Gustave Courbet
- Maison Natale de l'Artiste, place Robert-Fernie, Ornans
- 03 81 62 23 30
- Cerrado mar. nov.-abril
- $$

Los visitantes vienen aquí para disfrutar de la naturaleza, pasear por las laderas más bajas, ir en canoa por los ríos y, durante los meses de invierno, esquiar. A pesar de que ya no es tan inaccesible como antes, el Jura todavía es una reserva de la vida salvaje, e incluye especies como el lince, la nutria y la liebre de montaña. Las aguas pluviales nutren los pantanos, que proporcionan el hábitat de aves raras, mariposas y musgos. **Cirque-de-Baumes,** cerca de Lons-le-Saunier, acoge una curiosa colonia de flora y fauna mediterráneas en medio de sus acantilados de piedra caliza. En primavera y en verano, los caminos y los prados de la región están cubiertos por una alfombra de flores silvestres.

Las características casas de madera del Jura pueblan los valles, con sus enormes chimeneas que sirven de habitaciones, salas de fumar o incluso de salidas de emergencia cuando la nieve sepulta la casa.

La región del Jura posee algunos de los quesos más famosos de Francia, como el Morbier y el denso y cremoso Vacherin. La región también produce su propio vino, principalmente en la pequeña zona que rodea la localidad de **Arbois,** conocida por su Tavel rosado. Pruebe el *vin jaune,* un vino de Château-Chalon parecido al jerez. Aquí también podrá saborear el vino de postre conocido como *vin de paille,* cada vez más difícil de encontrar, elaborado a partir de la uva que se deja secar en esteras de paja antes de ser prensada. El médico Louis Pasteur nació en Arbois. Su casa y el laboratorio se conservan en la **Maison de Pasteur.**

VALLE DEL LOUE

Si quiere realizar una visita breve al Jura, siga el curso del valle del Loue para disfrutar de impresionantes paisajes, saltos de agua y magníficas vistas de las montañas. Empiece en **Arc-et-Senans,** con su ambicioso proyecto urbanístico del siglo XVIII, Saline Royale, construido para explotar las minas de sal locales, pero nunca finalizado. Ahora hay dos museos con exposiciones de arte y arquitectura.

Tome la D17 en dirección norte hasta Quingey. Luego siga la D101 en dirección este, tomando la D102 y la D103 sucesivamente para seguir hasta **Ornans,** la población más interesante del valle, con balcones llenos de flores sobre el río. Famosa por ser el lugar de nacimiento del pintor Gustave Courbet, algunas de sus obras se exhiben en el hogar donde pasó su infancia, que ahora alberga el **Musée Courbet.**

Continúe subiendo el valle por la D67, que tiene algunos miradores a pie de carretera para poder gozar del paisaje. Tres kilómetros después de Mouthier, llegará a las fuentes del Loue, un gran torrente que nace en una pared de roca, a pocos minutos de la carretera. Al este de Salins-les-Bains, las fuentes del río Lison son

un salto de agua sobre un profundo estanque verde.

La **Région des Lacs,** que comprende el valle del Ain, al sur de Champagnole, está formada por villas y saltos de agua, montañas y bosques. Uno de los parajes más bonitos son las **Cascades du Hérisson.** Puede llegar hasta ellas a pie desde la población de Doucier, bajo el Pic de l'Aigle. El sendero sube entre bosques (a veces la pendiente es pronunciada) hasta la espectacular Cascade de l'Éventail y luego sigue hasta la Cascade du Grand Saut, donde pasa justo por detrás de los saltos de agua.

Al oeste se encuentra **Lons-le-Saunier** (*Información: place du 11 Novembre; Tel 03 84 24 65 01*), una población que es un buen punto de partida para disfrutar de las mejores vistas de la región. Se construyó sobre unas fuentes termales romanas y ahora abastecen los baños termales y la piscina de la localidad. ■

La hermosa población de Arbois, centro de la región vinícola del Jura y lugar de nacimiento de Louis Pasteur.

Otras visitas interesantes en Borgoña y el Jura

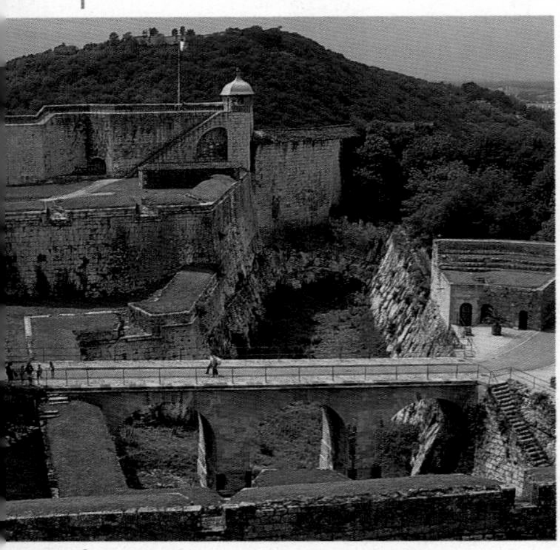

Desde la ciudadela de Besançon, realizada por Vauban en el siglo XVII, se divisa la ciudad antigua.

BESANÇON

Situada en un recodo del río Doubs, la antigua población fortificada de Besançon es la capital del Franco Condado. Un reloj astronómico del siglo XIX adorna la gótica **Cathédrale St-Jean,** del siglo XII. La ciudadela del siglo XVII alberga varios museos: el de historia natural, el Vauban *(Tel 03 81 87 83 33)* y el de la historia de la resistencia *(Tel 03 81 87 83 12)*. El **Musée des Beaux-Arts** expone algunas obras de Courbet, Ingres y Boucher.

191 E5 **Información** 2 place de la 1ère Armée Française 03 81 80 92 55

CHÂTILLON-SUR-SEINE

Châtillon, cerca del nacimiento del Sena, alberga el tesoro galo de Vix, que se exhibe en el **Musée Archéologique** (*7 rue du Bourg; Tel 03 80 91 24 97*) y que fue desenterrado en 1953 en Vix, a 6 km al noroeste de Châtillon. Una princesa celta del siglo VI a.C. se hallaba enterrada en este lugar, cubierta de joyas y oro y rodeada de varios objetos, entre los cuales se hallaba la famosa crátera de Vix, la vasija de bronce más antigua que se conserva.

191 C6 **Información** place Marmont 03 80 91 13 19

MÂCON

La población vinícola más al sur de Borgoña, Mâcon, da nombre a la región del Mâconnais, donde se elaboran vinos tintos, rosados y blancos, entre los cuales se encuentran el Pouilly-Fuissé y el Saint-Véran, muy similares. Visite la **Maison des Vins** (*484 avenue-le-Lattre-de-Tassigny; Tel 03 85 22 91 11*) para obtener más información y participar en degustaciones (y comer en un buen restaurante). Uno de los primeros centros del protestantismo, Mâcon destruyó sus 14 iglesias románicas. En la espléndida **Place des Herbes** hay un mercado y un edificio del siglo XV con entramados de madera (hoy en día, un café) y esculturas de monstruos y figuras lascivas. El cercano **Rocher du Solutré,** un enorme afloramiento de piedra caliza donde se han encontrado los esqueletos de miles de renos y caballos prehistóricos, posee un museo subterráneo.

191 D4 **Información** place St-Pierre 03 85 21 07 07

NEVERS

Famosa por sus azulejos, que introdujeron los artistas italianos en el siglo XVI, Nevers tiene una importante colección que se exhibe en el **Musée Municipal** (*rue St-Genest; ubicado en la oficina de turismo por obras de renovación*). Puede comprar azulejos en la Faïencerie Montagnon (*rue de la Porte du Croux; Tel 03 86 71 96 90*), del siglo XVII. Entre las principales atracciones de Nevers se incluyen sus murallas del siglo XII, el Palais Ducal del siglo XV, la románica Église de St-Étienne y la **Cathédrale St-Cyr,** con vestigios de una pila bautismal del siglo VI y una nave gótica del siglo XIII.

190 B4 **Información** Palais Ducal, rue Sabatier 03 86 68 46 00

RONCHAMP

La capilla de **Notre-Dame-du-Haut,** en Ronchamp, es una proeza técnica y estética, erigida entre 1950 y 1954 por Le Corbusier. La obra más revolucionaria de su período escultural y antirracionalista, está moldeada en cemento de una forma muy expresiva y crea la atmósfera perfecta para orar y meditar.

191 E5 **Información** place du 14 Juillet 03 84 63 50 82 ■

El Mont Blanc y el Lac Blanc se unen en este espectacular escenario alpino.

Valle del Ródano y los Alpes

Desde las laderas nevadas de los Alpes hasta los campos de olivos del valle del Drôme, la región del Ródano (Rhône) y los Alpes (Alps) abarca una gran variedad de paisajes y actividades, y en ella los amantes del vino, los esquiadores, los caminantes y los apasionados de la cultura se sentirán como en casa.

El caudaloso curso del río Ródano recorre toda la región, una importante ruta comercial que conecta el norte y el sur, y sus orillas están llenas de pueblos y ciudades. Los Alpes son un fascinante telón de fondo, cuyo horizonte está dominado por el Mont Blanc, la montaña más alta de Europa.

El eje principal de la región es Lyon, la segunda ciudad de Francia, una gran metrópoli industrial con una intensa vida cultural. Sus museos son de primera categoría, sobre todo su espléndido museo de arte. También es famosa por su cocina, avalada por sus excepcionales restaurantes.

Los romanos colonizaron el área en el siglo II a.C., y todavía se pueden observar un gran número de vestigios romanos en Lyon, Vienne y St-Romain-en-Gal.

Los Alpes contienen algunas de las mejores estaciones de esquí del mundo, como Chamonix y Courchevel. Pero las montañas también son unos atractivos lugares de veraneo, con lagos transparentes para nadar e ir en barca, y elegantes balnearios. Las reservas naturales protegen la flora y la fauna características de las zonas más altas.

La vida rural de los granjeros y pastores de las montañas no es tan dura como antaño, pero todavía se conserva la peculiar arquitectura local. En invierno, los amplios balcones de las enormes granjas de madera o piedra todavía se utilizan como graneros. Los imaginativos museos regionales ilustran acerca de las tradiciones seculares.

Al norte se encuentran las ricas tierras de la provincia de Bresse. Al sur se halla Nyons, famosa por su gran variedad de aceitunas. Los viñedos de Beaujolais y Côtes du Rhône proporcionan los buenos vinos de mesa así como los vinos con denominación de origen Beaujolais y Hermitage. Más al sur, la región se une con la Provenza en las gargantas del Ardèche y los campos de lavanda, de olivos y de girasoles del valle del Drôme. ■

Lyon

PASAR UNOS DÍAS EN LA GRAN CIUDAD DE LYON ES UN placer, no sólo porque es, con razón, la capital gastronómica de Francia. Lyon es la segunda ciudad de Francia: su posición estratégica en la confluencia de los ríos Ródano y Saona la ha convertido en un eje histórico de una importante ruta comercial.

Lyon

191 D3

Información

place Bellecour

04 72 77 69 69

www.lyon-france.com

Musée de la Civilisation Gallo-Romaine

17 rue Cléberg

04 72 38 81 90

Cerrado lun.

$

Musée Historique de Lyon y Musée de la Marionnette

Hôtel Gadagne, 1 place du Petit-Collège

Cerrado mar.

$

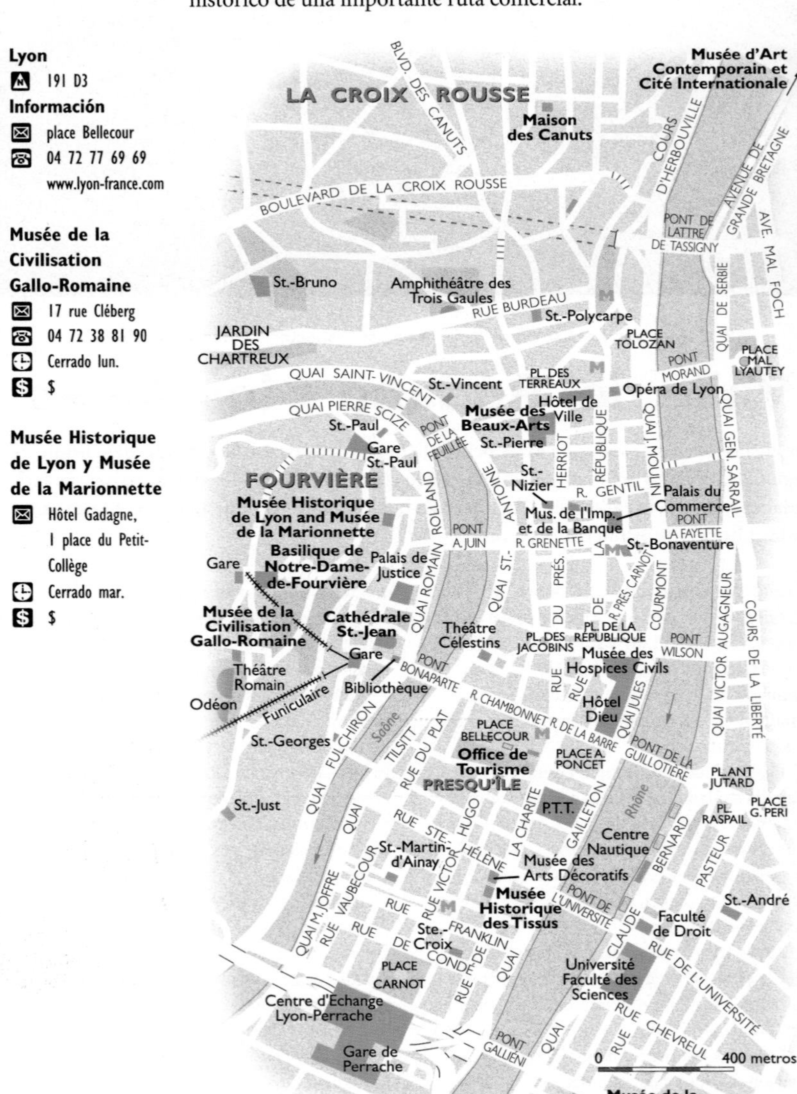

La historia de Lyon está impresa en sus monumentos y calles. Fue fundada por los romanos con el nombre de Lugdunum en el año 43 a.C. Su gran anfiteatro en la colina de **Fourvière** es un buen lugar para empezar la visita. Llegará allí subiendo por el serpenteante Chemin du Rosaire, o con el funicular que hay enfrente de la catedral. La vista desde arriba muestra la ciudad en su península (la Presqu'île) entre el Ródano y el Saona. En un día claro, se pueden ver los Alpes.

El **Musée de la Civilisation Gallo-Romaine** (un moderno edificio astutamente escondido en la ladera, con unas grandes ventanas con vistas al anfiteatro) evoca a la perfección la vida cotidiana romana. En su soberbia colección se incluyen mosaicos (es famoso el que representa una carrera de cuádrigas), inscripciones, estatuas y monedas. Desde los tiempos romanos, Fourvière ha sido un lugar de santuarios, el más reciente la **Basilique Notre-Dame-de-Fourvière** (*place Fourvière*), del siglo XIX y llena de torres, mármol y vidrieras.

EL LYON HISTÓRICO

Bajo la colina de Fourvière, en la orilla oeste del Saona, se encuentra el Lyon histórico. Uno de los conjuntos arquitectónicos renacentistas más importantes de Europa, ha sido declarado Patrimonio de la Humanidad por la UNESCO. En el siglo XV, Luis XI garantizó a Lyon el derecho de organizar ferias, que atrajeron a comerciantes de toda Europa. Se construyeron los magníficos *hôtels particuliers* (mansiones), que, puesto que la mayoría de los comerciantes eran italianos, poseen los rasgos distintivos de la arquitectura florentina. Cada mansión tenía su propio pasaje privado (*traboule*), un patio interior con un pozo y a menudo una torre con una escalera en espiral. El Hôtel Gadagne del siglo XVI alberga el **Musée Historique de Lyon** y el **Musée de la Marionnette,** dedicado a las famosas marionetas de Lyon (*temporalmente cerrado por restauración*). En el corazón del casco antiguo está la **Cathédrale St-Jean,** una síntesis perfecta de románico y gótico, construida entre 1180 y 1480.

Panorámica de Lyon en la que se ve la ópera y el ayuntamiento.

Centre d'Histoire de la Résistance et de la Déportation

- 14 avenue Berthelot
- 04 72 73 33 54
- Cerrado lun. y mar.
- $

Musée Historique des Tissus y Musée des Arts Décoratifs

- 34 rue de la Charité
- 04 78 38 42 00
- Cerrado lun.
- $

Musée des Beaux-Arts

20 place des Terreaux
04 72 10 17 40
Cerrado lun. y mar.
$

Musée d'Art Contemporain

Cité Internationale, 81 quai Charles-de-Gaulle
04 78 03 47 00
Cerrado lun. y mar. y entre exposiciones
$

Los *traboules*, pasajes cubiertos, unían las casas, al haber muy poco espacio para las calzadas.

La Presqu'île es el centro del Lyon moderno, y la vida gira alrededor de la Place Bellecour y sus fuentes, flores y estatuas. Aquí se están las mejores tiendas, especialmente cerca de la Rue de la République, la Rue Émile-Zola, la Rue Gasparin y la Rue du Président Herriot. Las bufandas de seda, que evocan la famosa industria de la seda de Lyon, son un buen recuerdo.

Al norte de la ciudad, en la colina de La Croix-Rousse, se amontonan las casas de los trabajadores de la seda (*canuts*), que enriquecieron Lyon a principios del siglo XIX. Las casas son especialmente altas para acomodar los enormes telares Jacquard que transformaron la industria a partir de 1804. Muchas de las casas se han convertido en elegantes *lofts*, pero la zona todavía está llena de *traboules*. Estos pasajes tuvieron un papel clave durante la Segunda Guerra Mundial, al servir de escondrijo a los miembros de la Resistencia, y fue aquí donde su líder, Jean Moulin, fue capturado por los nazis. El **Centre d'Histoire de la Résistance et de la Déportation** ocupa algunas de las celdas donde torturaba la Gestapo.

La historia de la industria de la seda de Lyon, y de sus productos en general, se exhibe en el **Musée Historique des Tissus.** Situado en una residencia del siglo XVIII, posee una espléndida colección de sedas, antiguas y modernas, occidentales y orientales. Al lado se encuentra el **Musée des Arts Décoratifs**, lleno de muebles, tapices y porcelana.

La vida artística de la ciudad se desarrolla alrededor de la Place des Terreaux. Aquí, en el **Musée des Beaux-Arts,** un antiguo convento benedictino, se exhibe una de las colecciones más importantes de Francia, con obras de Veronese, Tintoretto, Rubens y El Greco, así como muchos cuadros franceses modernos. La cúpula de cristal y acero de Jean Nouvel de la ópera neoclásica se eleva sobre la Place des Terreaux, adornada por la escultura de Daniel Buren. El **Musée d'Art Contemporain** se encuentra en la Cité Internationale, un moderno complejo en la orilla este del Ródano.

Y luego, por supuesto, está la comida. Para empezar, visite el mercado del Quai St-Antoine o el mercado cubierto de Les Halles. Los restaurantes varían desde los establecimientos de categoría, propiedad de reputados chefs, hasta los locales familiares o *restaurants du quartier* (restaurantes de barrio). Finalmente, están los *bouchons*, locales donde se sirven especialidades locales como los callos o las salchichas, y Beaujolais. ■

El país de Beaujolais

BEAUJOLAIS ES UNA REGIÓN VINÍCOLA DONDE EL PAISAJE es tan importante como las vides. Las suaves colinas llenas de árboles están coronadas por castillos de piedras doradas y casas de *vignerons* con bodegas en los sótanos, escaleras exteriores y terrazas.

El mejor vino procede del norte, donde en tan sólo un día de coche se pueden degustar la mayoría de los diez *crus* de Beaujolais. **Villefranche-sur-Saône,** a 32 km al norte de Lyon, es la principal población de Beaujolais, una versión en miniatura de Lyon con mansiones al estilo italiano, elegantes patios y pequeños cafés que sirven Beaujolais fresco con *saucisson.* **Beaujeu,** al noreste de Villefranche, es otra antigua población vinícola, donde en los Hospices de Beaujeu se han celebrado subastas vinícolas desde el siglo XII. Pruebe el vino local en la **Place de l'Hôtel de Ville,** donde hay un museo de tradiciones locales.

Unas tranquilas y sinuosas carreteras (la D26 y la D18 en dirección noreste desde Beaujeu) conducen hasta la **Terrasse de Chiroubles,** donde podrá divisar una panorámica de los viñedos. Siga en dirección norte por la D26 hasta llegar a **Juliénas,** donde todos los edificios parecen bodegas, incluso la iglesia. La próxima parada puede ser el molino de viento epónimo de **Moulin-à-Vent** (al sur de Juliénas por la D266), desde donde divisará el valle del Saona y tendrá la oportunidad de probar el *cru* más antiguo de Beaujolais. En **Romanèche-Thorins,** muy cerca, vive el entusiasta Georges Duboeuf, en cuyo Hameau du Vin se ofrece una gran variedad de vinos. En **Fleurie,** al oeste de la D32, busque la Chapelle de la Madone en los viñedos, y pruebe la especialidad local, *andouillettes au Fleurie* (salchichas al vino de Fleurie). **Villié-Morgan,** al sur por la D68, ofrece degustaciones de vino en las bodegas de una mansión del siglo XVIII. Cerca están el **Château de Pizay,** con sus espléndidos jardines, y el renacentista **Château de Corcelles,** pintado por Maurice Utrillo (1883-1955). Más al sur se encuentran **Brouilly** y la **Côte de Brouilly,** y sus viñedos en las laderas del Mont Brouilly, seguidos por **La Chaise,** un castillo del siglo XVII con unos jardines diseñados por Le Nôtre.

Si quiere alojarse en un castillo y disfrutar del Beaujolais, pruebe el **Château de Bagnols** (*Tel 04 74 03 42 77*), al sudoeste de Villefranche. ■

Villefranche-sur-Saône

191 C3

Información

96 rue de la Sous-Préfecture

04 74 07 27 40

Vino

Información

Union Interprofessional des Vins du Beaujolais (UIVB). Villefranche-sur-Saône

04 74 02 22 10

Beaujeu

191 C3

Información

Sq. de Granhan

04 74 69 22 88

La Chapelle de la Madone domina los viñedos de Fleurie.

El glaciar Mer de Glace (mar de hielo), en la ladera septentrional del Mont Blanc, desciende lentamente hacia Chamonix.

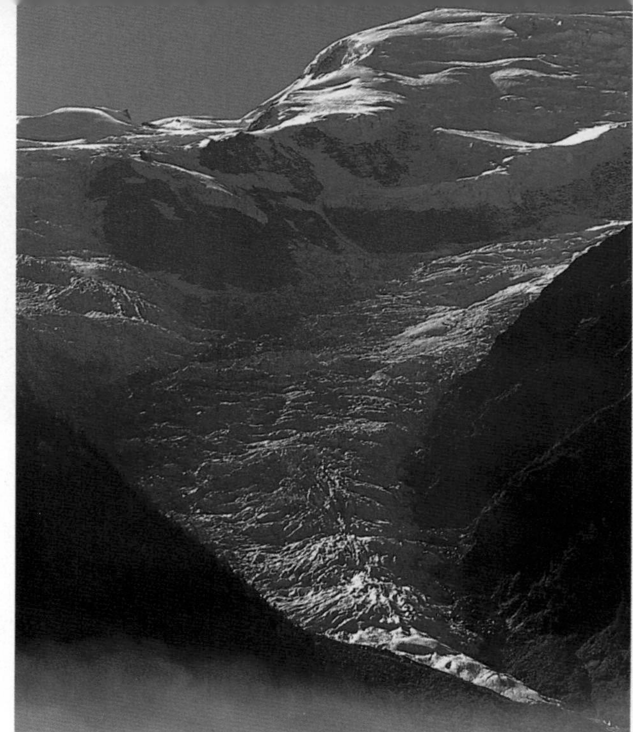

El Mont Blanc

Chamonix-Mont Blanc
191 E3
Información
85 place Triangle-de-l'Amitié
04 50 53 00 24
www.chamonix.com

Información del Parc National de la Vanoise
135 rue du Docteur-Julliand, Chambéry
04 79 68 30 54

Información
Thonon-les-Bains
place du Marché
04 50 71 55 55
Évian-les-Bains
pl. Pont d'Allinges
04 50 75 04 26

DESDE EL LAGO DE GINEBRA HASTA CASI EL MEDITERRÁNEO, los majestuosos picos nevados de los Alpes franceses forman un estremecedor paisaje. El más fascinante es el Mont Blanc, el pico más alto de Europa (4.807 m).

Al pie del Mont Blanc se encuentra **Chamonix,** la capital del alpinismo. Su **Musée Alpin** muestra la historia del Mont Blanc y de sus primeros exploradores. Aquellos que no pretendan escalarlo pueden ascender a las cumbres con el teleférico: a los 3.842 m del **Aiguille du Midi,** o los 2.526 m de **Le Brevent,** ambos con excelentes vistas al Mont Blanc. Vaya pronto para evitar las multitudes y las neblinas del mediodía, y llévese ropa de abrigo. Si no tiene vértigo, tome el cremallera hasta el glaciar **Mer de Glace.** Chamonix funciona todo el año, con piscinas, campos de golf y pistas de tenis en verano y el esquí invernal.

Para disfrutar de los Alpes no tiene por qué ser un aficionado al esquí. En verano, el aire es fresco y puro y la luz es nítida, los puertos de alta montaña están abiertos y los prados llenos de flores alpinas. La mejor manera de disfrutar de la belleza de esta región es hacer senderismo (*ver pág. 385 para más información, o pregunte en la oficina de turismo de Chamonix*). No olvide, sin embargo, que ésta es una zona de alta montaña y que se deben tomar precauciones: ropa de abrigo, unas buenas botas, comida y un mapa, y comunique a alguien dónde va y cuándo tiene previsto regresar.

La región montañosa al este del Ródano formaba el principado independiente de Saboya (Savoie) hasta que fue cedido a Francia en 1860. Fue un área pobre y remota hasta que los primeros alpinistas y posteriormente los primeros esquiadores transformaron su economía. Hoy en día, sus paisajes de montañas y los lagos cristalinos atraen visitantes todo el año.

RESERVAS NATURALES

Los Alpes siguen siendo un refugio para gran variedad de flora y fauna. Saboya posee cinco grandes reservas naturales, la más importante es Vanoise, el primer parque nacional de Francia. En este hábitat de alta montaña, entre Courchevel y Val-d'Isère, viven gamuzas, cabras montesas y águilas doradas. Los prados remotos contienen innumerables especies de flores silvestres, incluyendo azafranes, gencianas azules y amarillas, lirios y orquídeas, anémonas alpinas y tulipanes.

LAGOS

Rodeados por montañas nevadas, los lagos son una visión inolvidable. **Thonon-les-Bains** y **Évian-les-Bains** son dos poblaciones termales en la orilla del Lac Léman (lago de Ginebra); desde ambas poblaciones, unos transbordadores cruzan el lago hasta Suiza. **Aix-les-Bains,** a orillas del Lac du Bourget, es una famosa población termal; un recorrido en barco por el lago puede incluir una visita a la benedictina **Abbaye de Hautecombe.** Reconstruida en el estilo neogótico del siglo XIX, la iglesia abacial alberga las tumbas de los reyes de Saboya.

Annecy, a orillas del Lac d'Annecy, es el punto de partida ideal para recorrer la región. Posee un casco antiguo con fachadas color pastel, un castillo que data del siglo XII, canales y puentes, cafés cerca del lago y playas. ■

Información

Megève
✉ Masion des Frères
☎ 04 50 21 27 28

Morzine
✉ place du Baray
☎ 04 50 74 72 72

Albertville
✉ place de l'Europa
☎ 04 79 32 04 22

Val-d'Isère
✉ Maison de Val-d'Isère
☎ 04 79 06 06 60
www.valdisere.com

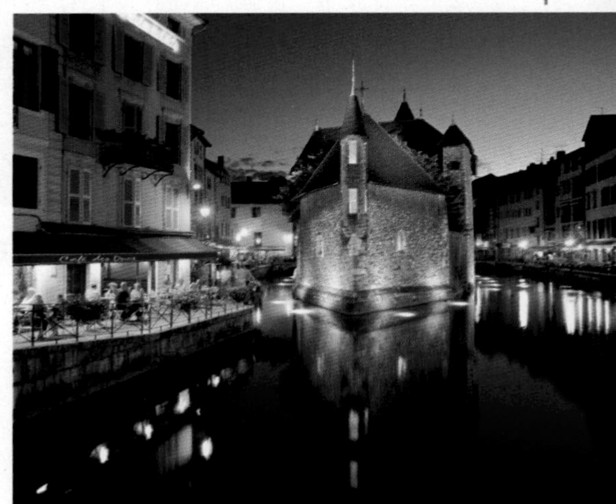

Annecy de noche, con las luces de la calle reflejadas en el canal Thiou.

Estaciones de esquí

Con grandes alturas, nieve segura, lo último en telesillas y cañones de nieve artificial y una amplia variedad de pistas, Francia tiene algunas de las mejores estaciones de esquí de todos los niveles. Las conexiones entre los valles y las pistas son buenas, lo que permite esquiar largas distancias de un valle al otro.

El alojamiento varía desde los hoteles de cuatro estrellas hasta los apartamentos, y hay un gran número de restaurantes. La mayoría de las poblaciones se encuentran a tres horas en coche de los aeropuertos de Chambéry, Ginebra o Lyon; Chamonix, Mégève y Morzine están a una hora de Ginebra.

Chamonix-Mont Blanc es la capital del esquí alpino, donde en 1924 se celebraron las primeras Olimpiadas de Invierno. ■

Annecy

191 E3

Información

✉ Bonlieu, 1 rue Jean-Jaurès
☎ 04 50 45 00 33

Grenoble

Grenoble
191 D2
Información
14 rue de la République
04 76 42 41 41

Musée Dauphinois
30 rue Maurice-Gignoux
04 76 85 19 01
Cerrado lun.
$

Musée de la Résistance
14 rue Hébert
04 76 42 38 53
Cerrado mar.

El teleférico que atraviesa el río Isère, en Grenoble.

Capital de la antigua provincia de Dauphiné, Grenoble, elegantemente situada en la confluencia de los ríos Isère y Drac, es la única ciudad importante de los Alpes.

Grenoble prosperó gracias al descubrimiento de la energía hidroeléctrica en el siglo XIX, y con el tiempo se convirtió en un centro de investigación química y nuclear. El progreso se aceleró aún más después de los Juegos Olímpicos de Invierno de 1968. Punto de partida excelente para visitar la región, la ciudad posee una intensa vida cultural. La mejor manera de ver la ciudad es desde lo alto del vertiginoso teleférico del **Fort de la Bastille,** donde unos mapas ayudan a distinguir cada una de las montañas; también hay un buen café en la terraza. Baje del fuerte a través del Jardin des Dauphins hasta el **Musée Dauphinois,** un excelente museo regional ubicado en un convento del siglo XVII. Cerca está el **Musée de la Résistance.**

Para ver el casco antiguo, con edificios del siglo XIII y la iglesia, diríjase a la Place St-André. La catedral y el palacio del obispo se encuentran en la Place Notre-Dame. La Place Grenette y la Place Victor Hugo son lugares muy concurridos, ideales para tomar algo o ir de compras. El antiguo Hôtel de Ville alberga el **Musée Stendhal** (*1 rue Hector Berlioz; Tel 04 76 54 44 14; cerrado lun.*), dedicado al escritor nacido en Grenoble; hay una ruta por los lugares significativos en la vida de Stendhal. El arte está bien representado en el enorme complejo del **Musée de Grenoble** (*5 place de Lavalette; Tel 04 76 00 79 79; cerrado mañanas y mar.*) y la danza, la música y el teatro en **Le Cargo Maison de la Culture** (*4 rue Paul Claudel; Tel 04 38 49 95 95; cerrado dom.-lun.*). ■

Chambéry

La histórica capital de la antaño italiana Saboya, Chambéry es otro buen punto de partida para visitar los Alpes. Su magnífico casco antiguo está lleno de mansiones de estilo italiano y pequeños pasajes cubiertos. La Fontaine des Éléphants, en el Boulevard de la Colonne, es un monumento al Comte de Boigne, que amasó una fortuna en la India en el siglo XVIII y cedió una gran parte al municipio. La fuente se ha convertido en el símbolo de la ciudad.

Entre los siglos XV y XVI, el Santo Sudario se guardó aquí, en la Chapelle des Ducs de Savoie, y Chambéry se convirtió en un centro de peregrinaje. Pero en 1578, el sudario fue trasladado a Turín, cuando esa ciudad se convirtió en la capital administrativa de la Casa de Saboya.

Al sudeste de Chambéry se encuentra **Les Charmettes,** el lugar de retiro del filósofo Jean-Jacques Rousseau, restaurado como él describió en sus *Confessions.* ■

Chambéry
191 E3
Información
24 boulevard de a Colonne
04 79 33 42 47

Musée Jean-Jacques Rousseau
890 chemin des Charmettes
04 79 33 39 44
Cerrado mar.
$

La Fontaine des Éléphants de Chambéry, llamada *quatre sans culs* (cuatro sin trasero).

Gorges de l'Ardèche

LAS GORGES DE L'ARDÈCHE, EN EL EXTREMO SUR DEL VALLE del Ródano y la región de los Alpes, son un recorrido impresionante. Durante casi 32 km entre Vallon-Pont-d'Arc y St-Martin-d'Ardèche, la D290 serpentea bordeando la garganta del río.

Gorges de l'Ardèche
191 C1
Información
1 place de la Gare, Vallon-Pont-d'Arc
04 75 88 04 01

Antes de salir, fíjese en el **Pont d'Arc,** un puente natural de piedra caliza excavado por los rápidos del río Ardèche. A lo largo del recorrido se puede disfrutar de unas vistas magníficas, sobre todo en la Haute Corniche, encaramada sobre el río.

Las alternativas más aventureras al recorrido en coche incluyen el kayak y el ráfting en las aguas bravas del Ardèche. Puede alquilar kayaks en Vallon-Pont-d'Arc y tomar un transporte de vuelta en St-Martin-d'Ardèche (*Información en Vallon-*

Los acantilados de piedra caliza de las Gorges de l'Ardèche, dominan los rápidos del río.

Pont-d'Arc). El Ardèche es uno de los ríos más rápidos y traicioneros de Francia; la época más segura para aventurarse en sus aguas es a principios de verano.

La meseta de piedra caliza que rodea la garganta está llena de cuevas. La enorme **Grotte de la Madeleine,** cerca de la D290, posee un gran número de estalagmitas y estalactitas; **Aven d'Orgnac** (*aven* significa cueva profunda), justo al oeste, tiene múltiples formaciones rocosas, de color rojizo por la oxidación del hierro y brillante por los cristales. El museo que se encuentra en este lugar incluye una reconstrucción de una colonia de la Edad de Piedra. El interior de **Aven de Marzal,** un poco más al norte, brilla gracias a los cristales de colores. En un museo de espeleología se encuentran artefactos antiguos utilizados para explorar la cueva en el momento de su descubrimiento. A lo largo de la garganta hay magníficas poblaciones como **Balazuc,** del siglo XII, situada en un acantilado sobre el río Ardèche, y **Vogüé,** con un castillo del siglo XII. ■

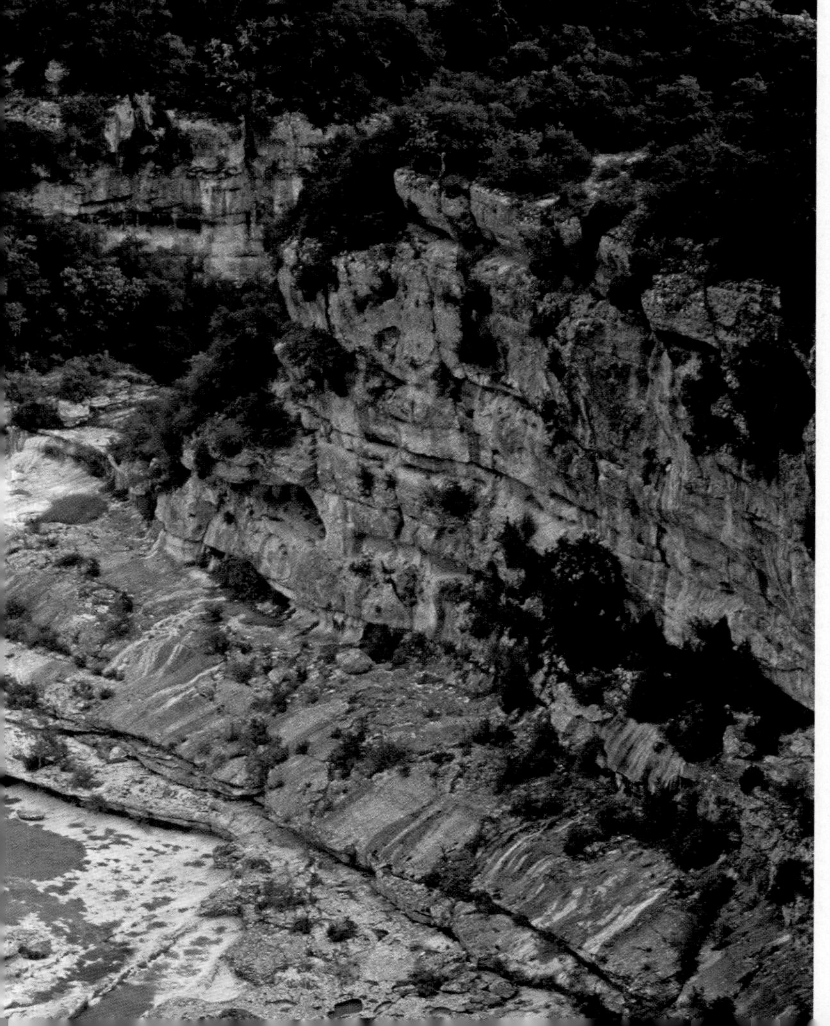

Otras visitas interesantes en el valle del Ródano y los Alpes

BOURG-EN-BRESSE

La población de Bourg-en-Bresse es gastronómicamente famosa por sus pollos y culturalmente por el **Monastère Royale de Brou,** en las afueras. Este ejemplo de arquitectura gótica flamígera, construida entre 1505 y 1536 por Margarita de Austria, tiene hermosas tallas en la fachada y en las butacas del coro, y una espléndida reja entre la nave y el coro. Lo más espectacular son las tumbas de Margarita; la de su marido, Philibert le Beau, y la de su madre, Margarita de Borbón, esculpidas con exquisito detalle en mármol de Carrara.

191 D3 **Información** 6 ave. Alsace-Lorraine 04 74 22 49 40

BRIANÇON

La población, más elevada de Europa, a 1.310 m, está estratégicamente situada en uno de los puertos que comunican con Italia. Importante baluarte, fue fortificada por Vauban, el arquitecto militar de Luis XIV, que también diseñó la sólida Église de Notre-Dame, situada en lo alto de la colina defensiva escogida para construir la ciudadela. Unos riachuelos recorren las estrechas calles de la parte antigua, y las vistas de las montañas de los alrededores son soberbias.

191 E2 **Información** place du Temple 04 92 21 08 50

HAUTERIVES

Situado a unos 24 km al norte de Romans-sur-Isère por la D538, el **Palais Idéal** de Hauterives (*Tel 04 75 68 81 19*) es una visión sorprendente. Este extraño palacio fue construido por un cartero local, Ferdinand Cheval, usando piedras que había ido recogiendo durante sus recorridos. Esta singular creación mezcla una gran variedad de estilos arquitectónicos orientales.

NYONS

Famosa por sus aceitunas, Nyons es una población encantadora, con un clima parecido al de la Riviera gracias al abrigo de las montañas. El **Musée de l'Olivier** explica la historia del cultivo de las aceitunas. El mejor momento para visitarla es en día de mercado (jueves), donde podrá comprar una gran variedad de aceitunas, y productos elaborados con aceite de oliva.

191 D1 **Información** place de la Libération 04 75 26 10 35

PARC NATUREL RÉGIONAL DU VERCORS

El parque regional de Vercors protege los pinares, los saltos de agua y las escarpadas gargantas del macizo de Vercors. Un recorrido señalizado atraviesa el bosque de la elevada meseta, que es una reserva natural. Esta zona fue el centro de operaciones de la Resistencia. Conmovedores cementerios y monumentos (en Nizier y Vassieux) conmemoran los sucesos que acontecieron aquí, en particular el ataque aéreo alemán que en 1944 destruyó varias localidades.

191 D2 **Información** Maison du Parc, Lans en Vercors 04 76 94 38 26

PÉROUGES

A unos 30 km al noreste de Lyon, en lo alto de una colina se encuentra la antigua localidad de Pérouges. Sus días de prosperidad, gracias a la elaboración manual de tejidos, llegaron a su fin en el siglo XIX, cuando la mecanización convirtió estos productos en poco competitivos. Una cuidada restauración y el influjo de nuevos artesanos le han devuelto la vida. Todavía puede observar las fortificaciones originales, las puertas de entrada del casco antiguo, las calles adoquinadas, los balcones de madera y el mercado.
191 D3 **Información**
Syndicat d'Initiative, Entrée de la Cité
04 74 46 70 84

VIENNE

Vienne es una de la poblaciones más antiguas de Francia. Posee un espléndido legado arquitectónico: el **Temple d'Auguste et Livie,** construido en el año 25 a.C. en el corazón de la antigua población romana, con una espléndida fachada de columnas corintias; los restos del **Théâtre de Cybèle;** y el **Théâtre Antigue,** que llegó a ser uno de los anfiteatros más grandes de Francia. El **Musée des Beaux-Arts et d'Archéologie** describe la ciudad romana. La **Cathédrale St-Maurice** es la iglesia antigua más imponente de Vienne.
191 D3 **Información** 3 cours Brillier
04 74 53 80 30 ■

Camino de Italia por el Col de Montgenèvre.

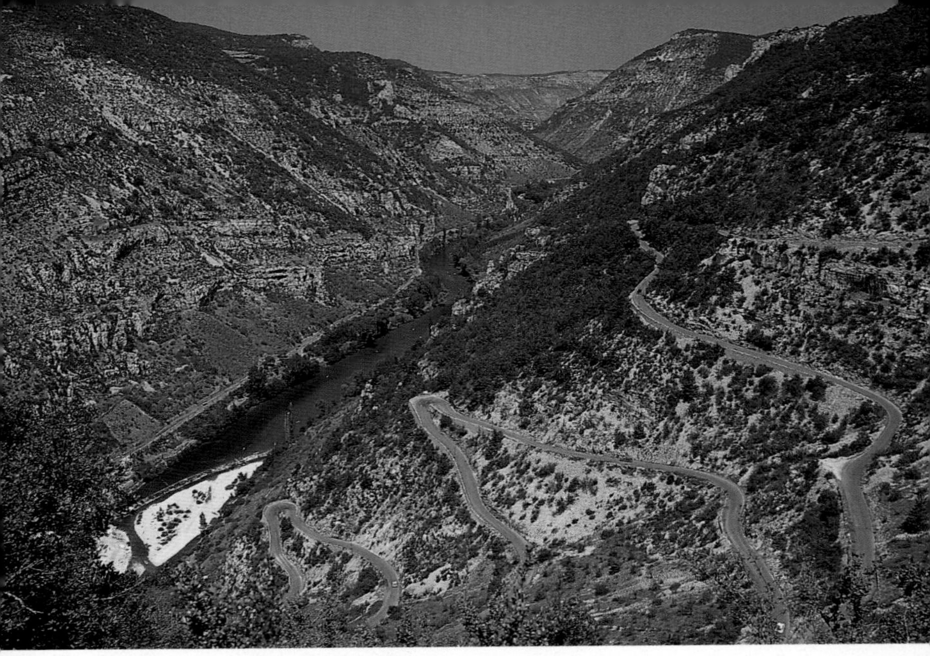

La carretera al sureste de La Malène serpentea por la ladera de la montaña.

Macizo Central

En el mismo centro de Francia se encuentra la región montañosa del Macizo Central. En su corazón se encuentra la Auvernia, probablamente la primera región francesa en ser poblada. Los auvernienses, que tienen fama de ser duros y ahorrativos y les gusta describir Francia como «la Auvernia con un poco de tierra alrededor», han viajado muy lejos en busca de trabajo. Su influencia por toda Francia es considerable, desde la gran cantidad de cafés en París regentados por auvernienses, hasta los cargos de poder ocupados por políticos auvernienses como Valery Giscard-d'Estaing, Georges Pompidou y Jacques Chirac.

El Macizo Central es una tierra de muchas caras. Una de las más espectaculares es la que ofrecen sus enormes volcanes, cuyas cimas forman un paisaje lunar. Las accidentadas gargantas de los ríos Tarn y Jonte atraen un gran número de visitantes, ya sea para recorrerlas en coche o en kayak. Al sur de la Auvernia, las salvajes tierras altas de la meseta de Cévennes son un refugio para flores silvestres y aves. Esta región, dotada de belleza natural y grandes espacios es ideal para pasear, practicar el senderismo y el ala delta. Aquellos que prefieran la tranquilidad pueden elegir entre varias rutas en coche o alojarse en un balneario.

La historia del Macizo Central, tan antiguo que sólo puede entenderse bajo parámetros geológicos, se explica en varios museos, incluido uno importante de vulcanología, cerca de Clermont-Ferrand. Los museos regionales evocan la vida tradicional basada en la cría de gusanos de seda, la producción de cuchillos y la elaboración de quesos. El queso de oveja de Roquefort es un clásico sin rival. La arquitectura local está formada por granjas de granito, tejados de esquisto y graneros de madera para secar y almacenar alimentos en invierno.

Ahora la región también tendrá su toque moderno con el viaducto de Millau. Salvando el valle del Tarn a una altura de 343 m y con una longitud de 2.460 m, este prodigio de la ingeniería diseñado por Norman Foster ya se ha convertido en una atracción turística. Pregunte en la oficina de turismo de Millau desde dónde puede verse mejor *(Tel 05 65 60 02 42)*. ■

Le Puy-en-Velay

DEDIQUE TIEMPO PARA VISITAR LA POBLACIÓN DE LE PUY y sus alrededores. La población se encuentra en medio de una meseta en la cual se eleva un bosque de conos volcánicos. Quizás este extraño paisaje contribuyó a su importancia como un temprano lugar de culto. Durante siglos, los peregrinos han acudido a este lugar, que fue el punto de partida del primer peregrinaje registrado a Santiago de Compostela, liderado por su obispo en el año 951 d.C.

Para realizar un paseo, empiece por subir al **Rocher Corneille** y obtendrá una panorámica del casco antiguo. En la cima de este cono volcánico se encuentra una enorme estatua de **Notre-Dame-de-France,** a la que puede subir hasta cierta altura. Fue elaborada a partir de los cañones capturados tras la caída de Sebastopol en la guerra de Crimea.

El dédalo de callejuelas del casco antiguo rodea el Rocher. La **Cathédrale Notre-Dame-du-Puy** fue construida sobre un pináculo volcánico al que se accede subiendo por la Rue des Tables. Este edificio del siglo XII muestra la influencia árabe que va apareciendo durante toda la ruta de peregrinaje. Sus cúpulas y la fachada oeste, con arcos ojivales, mosaicos y piedras rayadas, poseen un cierto aire oriental. En el interior, la catedral alberga unos frescos del siglo XIII y una copia de la Virgen Negra, traída de las Cruzadas y quemada durante la Revolución.

Justo al norte del Rocher Corneille se encuentra un monumento aún más característico, la capilla románica de **St-Michel-d'Aiguilhe,** del siglo XI, encaramada en el más escarpado de los conos volcánicos. Un total de 268 escalones conducen hasta la capilla, que también posee rasgos orientales en las elegantes curvas y las *losanges* de la fachada.

Los encajes son tradicionales en Le Puy, y en el **Musée Crozatier** (*Jardin Henri Vinay; Tel 04 71 06 62 40; cerrado oct.-abril*) podrá admirar una bonita colección de encajes hechos a mano. ■

Le Puy-en-Velay
191 C2
Información
place de Clauzel
04 71 09 38 41

Cathédrale Notre-Dame-du-Puy
04 71 05 45 52
Tesoro, claustros y museo $

St-Michel-d'Aiguilhe
Aiguilhe
04 71 09 50 03
Cerrado mediados nov.-mediados feb.
$

Le Puy-en-Velay está dominado por conos volcánicos, uno de los cuales está coronado por una capilla y otro por una estatua.

Volcanes de Auvernia

Parc Régional des Volcans d'Auvergne

Centre d'Information et de Découverte Montlosier
✉ 2 km del Pic de la Vache y de Lassolas
☎ 04 73 65 64 00

Parc Régional Livradois-Forez Centre d'Information
✉ St-Gervais-sous-Meymont
☎ 04 73 95 57 57

Vulcania
✉ St-Ours-les-Roches
☎ 04 73 19 70 00
www.vulcania.com
Abierto a diario med. de marzo-med. de oct.; cerrado lun.-mar. sept.

EN EL CENTRO DE FRANCIA HAY UN EXTRAORDINARIO paisaje lunar de conos y cráteres color púrpura. La mayoría de estos *puys* (o picos) forman parte de la reserva natural del Parc Régional des Volcans d'Auvergne, al oeste de Clermont-Ferrand. Hoy en día todos están inactivos, pero hace tres millones de años las erupciones escupieron la lava que creó este extraño y desolado paisaje. El nuevo parque temático Vulcania está dedicado a la vulcanología y ofrece impresionantes espectáculos y tecnología interactiva.

Los volcanes se agrupan en tres categorías: los Monts Dôme se extinguieron hace tan sólo 4.000 años y todavía poseen su fascinante aspecto volcánico. Los Monts Dore se apagaron hace mucho más tiempo y sus conos se han erosionado hasta conseguir la actual forma, mucho más estilizada. El volcán Cantal, originalmente muy grande, se ha erosionado casi por completo, y sólo quedan algunos fragmentos de lava en el sistema de valles.

Toda la zona es ideal para realizar excursiones, pero si no dispone de demasiado tiempo, la más espectacular es sin duda la de la cima del **Puy de Dôme.** El volcán más famoso, y también el más antiguo y el más alto (1.464 m), en la sierra de los Monts Dôme.

Para los celtas, el Puy de Dôme era una montaña regia, y en ella adoraban al dios de la guerra. Posteriormente, los romanos construyeron un templo dedicado al dios Mercurio. No fue hasta mediados del siglo XVIII que se confirmó que estas extrañas formaciones eran en realidad volcanes. Hasta ese momento, la gente creía que los habían construido los romanos.

Senderos de largo recorrido

El relato más famoso de una excursión por el Macizo Central es el que hizo el escritor británico Robert Louis Stevenson en *Viajes en burra por las Cévennes*. Stevenson caminó con su burra Modestine desde el Monastier-sur-Gazeille, al sur de Le Puy, hasta Langogne. Durante su viaje, atravesó el macizo de granito de Mont Lozère hasta Florac, y luego siguió hasta St-Jean-du-Gard y por la cornisa de las Cévennes, una ruta interesante con espléndidas vistas de las *causses*. La ruta original de Stevenson está señalada en los mapas de la zona del *Institut Géographique National* (IGN). Esta área es ideal para las excursiones y se pueden seguir todo tipo de recorridos señalados. Las rutas indicadas como *Grande Randonnée* (GR) son recorridos largos, para excursiones de varios días o semanas de duración; si quiere seguir alguno de ellos, necesitará información sobre dónde alojarse durante el camino (ver pág. 383). Las rutas *Petite Randonée* (PR) son más cortas, y pueden variar desde excursiones de pocas horas hasta de uno o dos días de duración. Normalmente atraviesan los mejores paisajes de la región. No olvide que en el Macizo Central el tiempo puede cambiar de forma repentina, así que asegúrese de que va correctamente equipado. ■

Puede subir en coche hasta la cima por una sinuosa carretera serpenteante (*de peaje*) o recorrer a pie la ruta romana original (*aparque en el puerto de Ceyssat*). Antes de decidirse por esto último, tenga en cuenta que está considerada una de las etapas más duras del Tour de France. Arriba se encuentran un centro y tableros de información, un restaurante y un museo de geología. Las ruinas del templo romano de Mercurio se hallan justo debajo de la cima (*no está permitido el acceso a los visitantes*).

Según se dice, desde el punto más alto del Puy de Dôme se divisan, en un día claro, casi una octava parte de Francia. Ciertamente se pueden ver más de cien *puys* (montes), aunque la mayoría de sus picos hace mucho que se erosionaron o estallaron en alguna erupción. Muchos de los cráteres resultantes se llenaron de lagos. Las vistas cambian cada instante dependiendo del tiempo y de la hora del día; las más espectaculares se disfrutan durante la puesta de sol, ofreciendo una increíble gama de colores y sombras fascinantes. A veces las nubes bajas transforman el paisaje desde la cima en un brillante mar de algodón.

Hacia el sur se eleva la sierra de los Monts Dore. En ella se encuentra el **Puy de Sancy**, el punto más elevado de la Francia central con 1.885 m de altura, y las fuentes del río Dordogne. Para llegar a la cima puede tomar un teleférico en la población de Le Mont-Dore y seguir a pie. ■

El accidentado Puy de Sancy es el punto más elevado de todo el Macizo Central.

Recorrido en coche por Gorges du Tarn

Al sur del Macizo Central, los ríos Tarn y Jonte han atravesado profundamente las mesetas de piedra caliza, conocidas como *causses*, creando espectaculares cañones y gargantas.

No sorprende que las gargantas del Tarn sean tan turísticas. Puede visitarlas en coche o en bicicleta, o alquilar kayaks o balsas y recorrerlas por el río. Visítelas a primera hora o en temporada baja para evitar las multitudes, aunque nada puede quitar atractivo a las profundas gargantas y a sus paredes. Para más información visite www.gorgesdurtarn.net.

La antigua población color canela de **Millau** ❶ es un buen punto de partida (*Información: Tel 05 65 60 02 42*) para visitar las gargantas del Tarn. Desde allí, tome la N9-E11 en dirección norte y la D907 en dirección noreste siguiendo el río Tarn. Cerca de **Les Vignes** ❷, a casi medio camino del cañón, tome las curvas de la D995 y luego la D46 hasta **Point Sublime** ❸. Desde este privilegiado lugar obtendrá una fantástica vista de la garganta y del río. La parte más espectacular de la garganta, Les Détroits, se encuentra entre Les Vignes y **La Malène** ❹. Es un buen sitio para tomar un barco río abajo (*Información: Tel 04 66 48 50 77; mediados jun.-mediados sept., Tel 04 66 48 53 44 temporada baja*). Más adelante, el **Château de la Caze** (*Tel 04 66 48 51 01*), del siglo XV, posee un excelente restaurante.

Una vez llega a **Ste-Énimie** ❺, puede elegir entre varias rutas. La más larga sigue la D907 en dirección este hasta justo pasado Ispagnac, luego sigue por la N106 hasta **Florac** ❻ y luego toma la D907 dirección sur, adentrándose en el Parc National des Cévennes. En el cruce entre la D996 y la D983, puede tomar la D996 hasta Meyrueis (ver más abajo) o seguir la D983, la D9 y la D260 por la **Corniche des Cévennes** durante 50 km hasta **St-Jean-du-Gard** ❼ (*Información: Tel 04 66 85 32 11*). Desde la cornisa hay unas vistas excelentes. Originalmente fue cortada por Luis XIV durante la persecución de los camisardos, los protestantes que se rebelaron contra el rey a principios del siglo XVIII. St-Jean-du-Gard tiene un buen museo sobre la vida local, el **Musée des Vallées Cévenoles** (*95 Grande-Rue; Tel 04 66 85 10 48*).

También puede ir en dirección sur desde Ste-Énimie por la D986 hasta Meyrueis cruzando la **Causse Méjean.** Esta meseta se llena de flores en primavera y es el hábitat de aves poco comunes como el buitre grifón, reintroducido en esta zona. Desde **Meyrueis** ❽ (*Oficina de turismo: Tel 04 66 45 60 33*), la D996 sigue las **Gorges de la Jonte** hasta Millau, pasando por algunas cuevas conocidas: **Aven Armand,** una enorme gruta con estalactitas de colores, y la **Grotte de Dargilan,**

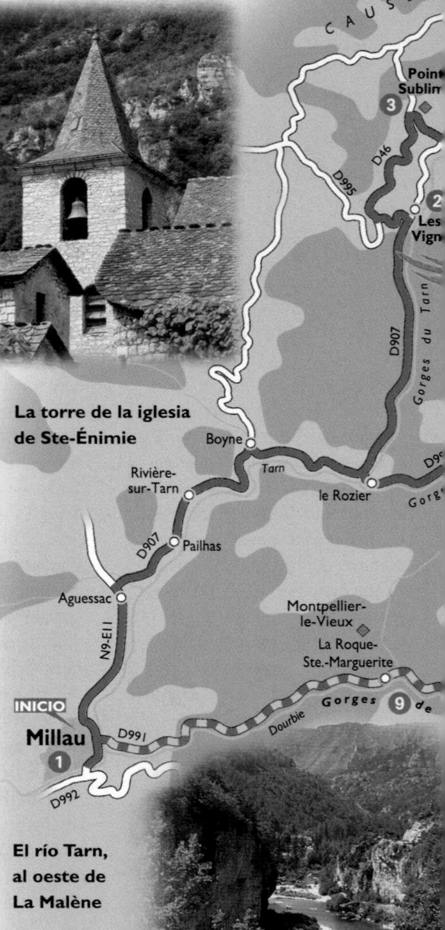

La torre de la iglesia de Ste-Énimie

El río Tarn, al oeste de La Malène

- Ver mapa del área pág. 191
- Millau
- 90 km
- Medio día
- Millau

VISITAS INTERESANTES

- Point Sublime
- La Malène
- Corniche des Cévennes
- Grotte de Dargilan

en la que unos escalones bajan hasta un conjunto de cuevas y lagos. Al sudeste de Meyrueis por la D986 se encuentra el **Abîme de Bramabiau,** una sima con un río subterráneo.

Otro recorrido desde Millau le llevará por las **Gorges de la Dourbie** 9 por la D991. Al norte se encuentra la formación rocosa de **Montpellier-le-Vieux,** que parece una ciudad en ruinas. Al sur de Millau, por la D992 y la D23, en **Roquefort-sur-Soulzon,** podrá visitar las cuevas en las que se deja madurar el queso Roquefort. ■

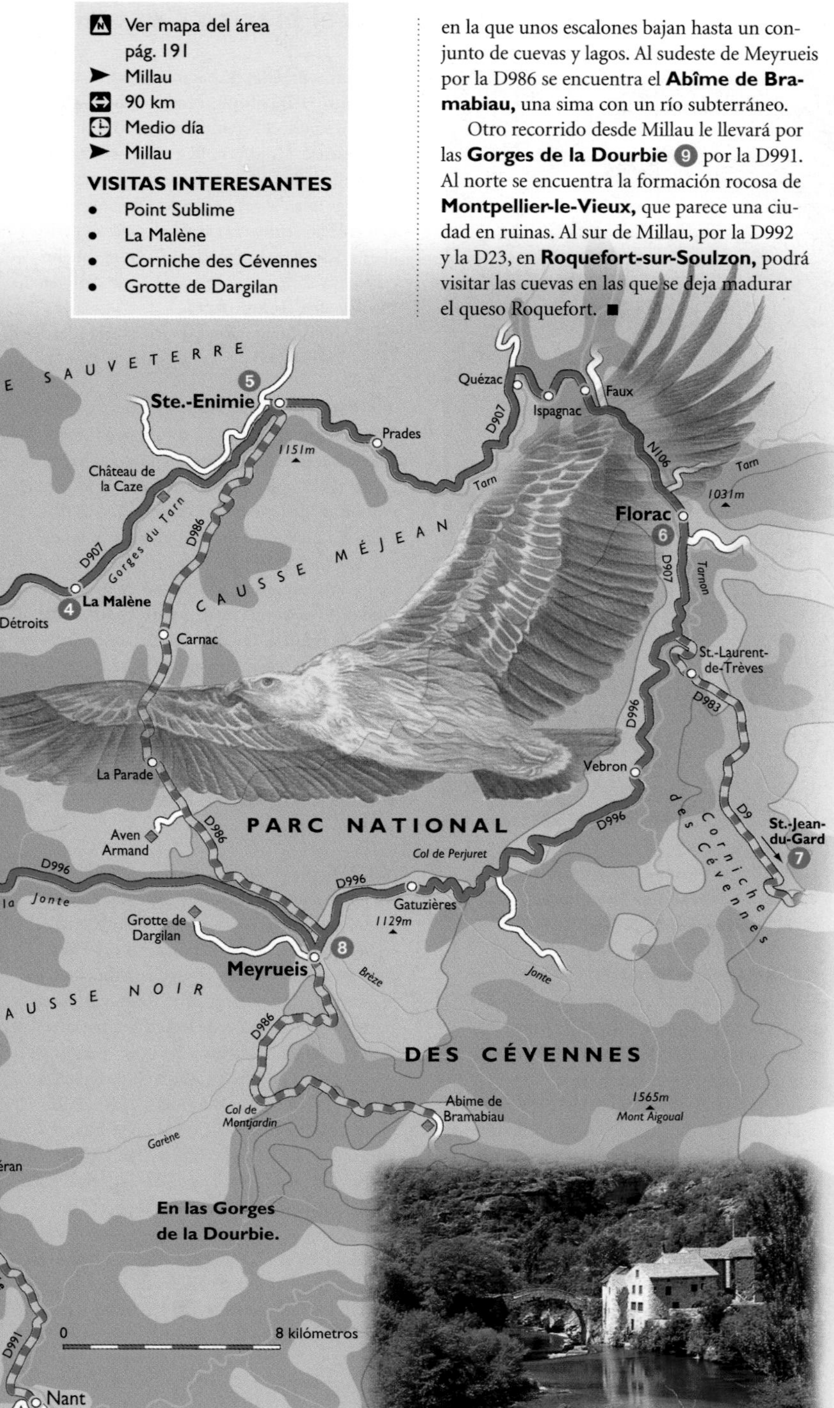

En las Gorges de la Dourbie.

Otras visitas interesantes en el Macizo Central

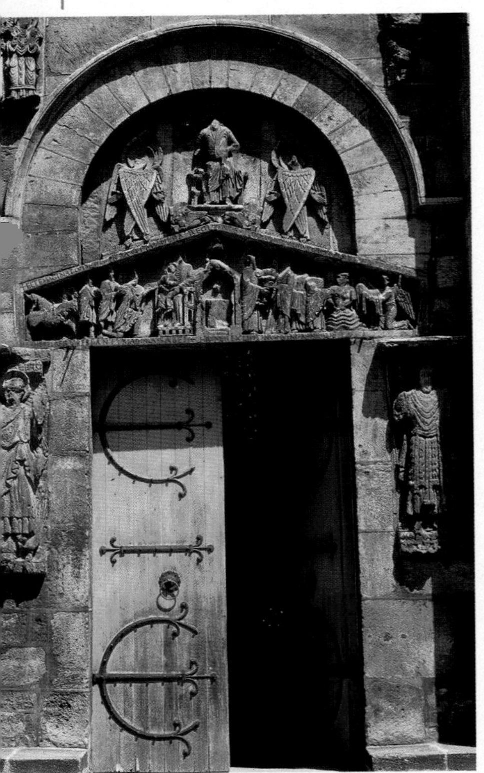

La Basilique Notre-Dame-du-Port de Clermont-Ferrand es Patrimonio de la Humanidad de la UNESCO.

CLERMONT-FERRAND

Bulliciosa localidad comercial que debe su fortuna a la empresa de neumáticos Michelin, fundada aquí en 1830, Clermont-Ferrand eran dos poblaciones distintas hasta 1731. Clermont, la mitad más antigua, tenía una catedral del siglo VI. Los condes de Auvernia fundaron Montferrand, la otra población, para contrarrestar el poder de los obispos; pero hacia el siglo XVII ésta había decaído y en 1731 Clermont se anexionó a su vecino. Las diferencias son todavía evidentes. En Clermont hay mercado a diario en la Place St-Pierre y la **Cathédrale Notre-Dame-de-l'Assomption,** con vidrieras de los siglos XII al XV que resaltan en las oscuras paredes de basalto. Más al este se encuentra la **Basilique Notre-Dame-du-Port,** un perfecto ejemplo de estilo románico auverniense. Montferrand es un enclave más tranquilo lleno de casas renacentistas restauradas. Tras unas obras de modernización, el antiguo palacio se dispuso alrededor de un patio, al estilo del Museo Solomon R. Guggenheim de Nueva York, para albergar la colección del **Musée des Beaux-Arts.**

190 B3 **Información** place de la Victoire
04 73 98 65 00

THIERS

Tan sólo por sus vistas ya vale la pena visitar Thiers. Desde su localización, junto al barranco del río Dorelle, se pueden apreciar las cimas volcánicas de los Monts Dôme y los Monts Dore. La población dependía de las aguas del río, que hacían funcionar las ruedas de afilar de los artesanos de cuchillos y convirtieron la ciudad en el centro más importante de cuchillería de Francia. En las calles del casco antiguo, llenas de casas con entramados de madera y repisas talladas, puede aprender sobre la historia de la cuchillería en el **Musée de la Coutellerie,** así como comprar una gran variedad de utensilios y cuchillos.

190 B3 **Información** Maison du Pirou
04 73 80 65 65

VICHY

Vichy ha sido durante mucho tiempo famosa por su balneario, alcanzando su apogeo en el siglo XIX. Todavía puede pasear por el **Parc des Sources** y tomar las aguas, beber algo en el Grand Café, contemplar el Casino estilo art nouveau y las arcadas de forja y buscar la **Source des Célestins** y las otras fuentes termales de agua de Vichy. Abundan los hoteles de lujo, los buenos restaurantes y las tiendas elegantes, que dan a la ciudad un seductor encanto de fin de siglo. Entre 1940 y 1944, Vichy se convirtió en la sede del gobierno colaboracionista francés. En 1963, la suerte de Vichy cambió de nuevo cuando se construyó un dique en el río Allier, creándose un enorme lago artificial para actividades de ocio.

190 B3 **Información** 19 rue du Parc
04 70 98 23 83 ■

El sudoeste de Francia combina el sol, el mar y la arena con un rico legado histórico y cultural y un hermoso paisaje. Los grandes ríos Garona, Dordogne, Lot y Tarn atraviesan la región, en la que abundan los viñedos.

Sudoeste de Francia

Introducción y mapa **232-233**
Gastronomía **234-235**
Aquitania y la costa atlántica 236-246
Poitiers **237** La Rochelle **238**
Limoges y Aubusson **239**
Burdeos **240-241**
Recorrido en coche por Haut-Médoc **242-243**
Biarritz **244** Bayona **245**
Otras visitas interesantes **246**
Dordogne y Midi-Pyrénées 247-268
Alrededores de Périgord **248-249**
Recorrido por el valle del Dordoña **250-252**
Sarlat-la-Canéda **253**
Lascaux **254-255**
Cahors **256** Rocamadour **257**
Alrededores del valle del Lot **258-259**
Conques **260-261**
Poblaciones fortificadas **262**
Toulouse **263** Albi **264**
Montauban **265** Moissac **265**
Otras visitas interesantes **268**
Los Pirineos 269-278
Parc National des Pyrénées Occidentales **270-272**
Pau **273** Lourdes **274**
St-Bertrand-de-Comminges **275**
Alrededores del valle del Ariège **276-277**
Otras visitas interesantes **278**
Hoteles y restaurantes **364-371**

Ocas cebadas de Périgord

0
60 kilómetros
París
Mapa de situación
MAINE-ET-LOIRE p. 163
INDRE-ET-LOIRE p. 163
VENDÉE p. 163
INDRE p. 163
6
5
4
3
2
1
A
B
C
D
Thouars
Loudun
N149
Bressuire
Châtellerault
Sèvre
Futuroscope
N10
Parthenay
DEUX-SÈVRES
Poitiers
Chauvigny
St.-Savin
St.-Maixent-l'Ecole
A10
Poitou
VIENNE
Montmorillon
Île de Ré
Niort
Crozant
St.-Martin-de-Ré
N11
la Rochelle
Melle
Vienne
N147
Gartempe
Marche
Surgères
Bellac
la Souterraine
A10
A20
Fouras
Rochefort
Ruffec
Confolens
HAUTE-VIENNE
Île d'Oléron
St.-Jean-d'Angély
Angoumois
CHARENTE-MARITIME
Charente
Plateaux
Marennes
CHARENTE
Limoges
Saintes
Cognac
St.-Léonard-de-Noblat
la Rochefoucauld
du Limousin
Royan
Saujon
Jarnac
Angoulême
Pointe de Grave
Limousin
Soulac-sur-Mer
N10
Nontron
N137
St.-Fort-sur-Gironde
Jonzac
Barbezieux-St.-Hilaire
Puyguilhem
CORRÈZE
St.-Jean-de-Côle
Thiviers
Uzerche
Lesparre-Médoc
Mirambeau
Aubeterre-sur-Dronne
Brantôme
Médoc
Pauillac
Gironde
Saintonge
Hautefort
Brive-la-Gaillarde
Étang d'Hourtin-Carcans
Dronne
Périgueux
Isle
Blaye
DORDOGNE
N89
Collonges-la-Rouge
Lacanau-Océan
Grotte de Rouffignac
Vézère
Grotte de Lascaux
Étang de Lacanau
GIRONDE
Libourne
N89
les Eyzies-de-Tayac
Sarlat-la-Canéda
St.-Emilion
Beynac-et-Cazenac
Lormont
BORDEAUX
Dordogne
Bergerac
Rocamadour
Andernos-les-Bains
Bassin d'Arcachon
A63
Garonne
Cadouin
Domme
Arcachon
Monbazillac
Castelnaud
LOT
Dune du Pilat
Monpazier
Eyre
la Réole
Biron
Grotte du Pech-Merle
Étang de Cazaux et de Sanguinet
Langon
Monflanquin
Bonaguil
Cénevières
A62
Marmande
Étang de Biscarrosse et de Parentis
Bazas
Guyenne
Cahors
Parentis-en-Born
Lot
Casteljaloux
LOT-ET-GARONNE
Villeneuve-sur-Lot
St.-Cirq Lapopie
A20
Mimizan
Landes
Marquèze
Agen
TARN-ET-GARONNE
Golfe de Gascogne
Sabres
Nérac
Caussade
N10
LANDES
Roquefort
A62
Moissac
les Landes
Mont-de-Marsan
Castelsarrasin
Montauban
Castets
Condom
Gascogne
Tartas
Eauze
Rabastens
N124
Gers
Garonne
Tarn
Hossegor
Dax
Douze
A68
Adour
Aire-sur-l'Adour
GERS
HAUTE-
Adour
Baïse
Auch
Gimone
TOULOUSE
Biarritz
Adour
A64
Orthez
Mirande
Save
St.-Jean-de-Luz
A63
Bayonne
GARONNE
Sauveterre-de-Béarn
Muret
Hendaye
Espelette
PYRÉNÉES-ATLANTIQUES
Gave de Pau
Pau
A64
Aïnhoa
Pays Basque
A64
HAUTE-
Tarbes
Ariège
N117
N20
St.-Jean-Pied-de-Port
Béarn
Oloron-Ste.-Marie
St.-Gaudens
Grottes de Bétharram
Lourdes
Lannemezan
Grotte du Mas-d'Azil
Pamiers
Laruns
Argelès-Gazost
PYRÉNÉES
St.-Lizier
Roquefixade
Lescun
St.-Savin
St.-Bertrand-de-Comminges
Foix
Gabas
Pyrénées
Massif de l'Arize
Montségur
2884m Pic du Midi d'Ossau
Cauterets
Luz St.-Sauveur
Bédeilhac
ARIÈGE
Tarascon-sur-Ariège
3298m Vignemale
Parc Nat. des Pyrénées
Bagnères-de-Luchon
Grotte de Niaux
Lombrives
ESPAÑA
Cirque de Gavarnie
Ax-les-Thermes
3115m Pic d'Estats
ANDORRA

Sudoeste de Francia

SI VIAJA POR EL SUDOESTE DE FRANCIA ATRAVESARÁ ALGUNAS DE LAS tierras agrícolas más ricas del país antes de llegar a los Pirineos. En el centro se encuentra la cuenca de Aquitania (Aquitaine), creada por el gran río Garona (Garone), que nace en los Pirineos y desemboca en el Atlántico pasando por Toulouse y Burdeos. Por el camino, los ríos Tarn y Lot, procedentes del Macizo Central, se unen a él. El Dordoña (Dordogne), que comparte el estuario de Gironde con el Garona, también nace en el Macizo Central. Durante siglos, estos ríos fueron las arterias principales de las comunicaciones y del comercio de la región. En el puerto de Burdeos se embarcaba vino, madera y papel, y los barcos regresaban con sal, pescado, azúcar y otros productos. Pero la introducción del ferrocarril en el siglo XIX significó el abandono de los transportes fluviales.

Llana y arenosa, a veces llena de dunas creadas por el viento, el interior de la costa atlántica está bordeado por una serie de lagos. Hasta hace un siglo, la costa era salvaje e inhóspita, y la arena avanzaba a gran velocidad hacia el interior. Para evitarlo, se plantaron arbustos y los pinares que actualmente forman el gran bosque de las Landas, uno de los mayores de Europa. Las antaño amenazadoras arenas de la costa son hoy playas muy apreciadas por los veraneantes y los surfistas. Al sur, el sistema montañoso de los Pirineos se extiende desde el Mediterráneo hasta el Atlántico, formando una frontera natural entre Francia y España. Las ciudades más importantes del sudoeste son Burdeos y Toulouse. Burdeos fue la capital del antiguo ducado de Aquitania, que en la Edad Media incluía Gascuña, Périgord, Poitou y Limousin, así como Aquitania. Toulouse era la sede de los poderosos condes de Toulouse y el corazón de la importante cultura trovadoresca. Era la capital del Languedoc, que abarcaba todo el sur de Francia desde Aquitania hasta Provenza.

Hacia el siglo XII, el sudoeste de Francia, que gozaba de cierta autonomía pero debía lealtad a la corona francesa, bullía de actividad económica y cultural. Pero los problemas llegaron con los matrimonios dinásticos de Leonor de Aquitania y la expansión de la herejía cátara en Languedoc. Leonor se casó en primeras nupcias con el rey de Francia, Luis VII, en 1137, pero el matrimonio fue anulado y en 1152 Leonor se casó con Enrique Plantagenet, conde de Anjou y duque de Normandía, quien heredó la corona inglesa. Entre los dos, gobernaban la mayor parte de Gran Bretaña y el oeste de Francia desde Normandía hasta Aquitania. A partir de allí, siguieron siglos de disputas territoriales entre los reinos rivales de Francia y Inglaterra, lo que desembocó en la guerra de los Cien Años.

En Languedoc, la Cruzada albigense contra los cátaros permitió a la hambrienta corona francesa terminar con la autonomía de los condes de Toulouse.

Todavía se pueden observar rastros de estos conflictos en las poblaciones fortificadas (*bastide*), los castillos que pueblan las orillas del Dordoña y el Lot, las adustas fortalezas cátaras en las estribaciones de los Pirineos y las iglesias fortificadas de Toulouse y Albi. Paradójicamente, estos vestigios de un pasado conflictivo son hoy en día unos de los rasgos más hermosos de esta variada región. ■

Gastronomía

DESDE PÉRIGORD, LA REGIÓN AL NORTE DEL RÍO DORDOÑA, HASTA EL PAÍS Vasco en la frontera con España, el sudoeste de Francia se enorgullece de poseer algunos de los mejores productos culinarios del país.

La costa de Aquitania proporciona pescado y marisco en abundancia (mejillones, vieiras, gambas y, sobre todo, ostras) y en el Gironde incluso caviar.

Périgord es sinónimo de *foie gras* y trufas (ver cuadro pág. 249). La base de los platos tradicionales es la grasa de oca o de pato, en oposición a la mantequilla utilizada en Normandía o el aceite de oliva del Mediterráneo. Así que pruebe los espléndidos *confits* (pato u oca conservados en su propia grasa) y los muchos otros platos deliciosos de pato y oca. La suculenta carne local de cerdo, vaca y cordero se adereza con ajo, hierbas y trufas, y no se desperdicia nada. Los *tripons* (callos) y los *ris de veau* (mollejas de ternera) son especialmente apreciadas.

La cosecha local de setas como los níscalos, los morel o los *cèpes*, se sirven simplemente cocinadas con mantequilla, para hacer en tortilla o en las salsas. Las trufas, tan caras que se las llama «el oro negro», pueden saborearse ralladas en las tortillas, para darles más sabor. En esta región se obtienen más nueces que en ningún otro lugar de Francia. Se añaden a las ensaladas y las salsas, se trituran para elaborar aceite y se destilan para hacer aguardiente.

Burdeos posee una envidiable reputación gastronómica, con platos sofisticados que complementan sus exquisitos vinos. Toulouse y el área más al sur es el país del *cassoulet*, una cazuela con una receta original de habas con salchichas y carne (normalmente pato, cerdo o cordero) cocinada a fuego lento y recubierta de una crosta de migajas de pan. Todavía más al sur, en el País Vasco francés, el pimiento es el rey, combinado de una forma deliciosa con huevos en la popular *piperade*. El jamón de Bayona posee una merecida fama por su aromático sabor.

En esta región la fruta es espléndida, tanto en cantidad como en variedad. De las deliciosas ciruelas de Agen se obtienen las mejores ciruelas pasas de Francia, que a menudo aderezan platos de carne, especialmente el conejo.

Vinos

En Burdeos, junto con Borgoña, se elaboran algunos de los mejores caldos del mundo. Deguste los tintos aromáticos, los afrutados blancos secos y los sublimes blancos dulces. Pruebe los vinos locales de los restaurantes. Aparte de los *châteaux* de Burdeos, también es recomendable probar otros vinos, como el Bergerac, el Buzet, el Cahors, el Gaillac y el

vino vasco, el Irouléguy. Entre los inmejorables brandys se encuentran el Cognac y el Armagnac. ■

Especialidades

Primeros platos *Chipirons*: calamares, normalmente cocinados en su propia tinta

Garbure béarnaise: espesa sopa elaborada con col, beicon, *confit* de oca o cerdo

Sobronade: sopa de habas y beicon

Tourain bordelais: sopa de cebolla, tomate, pan y yema de huevo

Platos principales *Bœuf à la sarladaise*: filete de buey relleno de paté de *foie gras*

Canard aux cèpes: pato con setas

Cou farci: cuello de oca relleno

Coquilles St-Jacques à la bordelaise: vieiras salteadas con chalotas y perejil

Daube bordelaise: carne de buey cocida en vino tinto

Enchaud Périgourdin: cerdo a la brasa con ajo

Miques: bolas de pan, hervidas con caldo

Poulet basquaise: pollo con tomates, pimientos y jamón de Bayona

Zakiro (plato vasco): cordero a la brasa

Postres *Kanougas*: chocolate caramelizado

Touron: mazapán (pasta de almendras) con nueces

Ocas esperando a ser vendidas en el mercado.

Las arenas de la costa de Aquitania se amontonan en la Dune du Pilat, la más alta de Europa.

Aquitania y la costa atlántica

La costa atlántica del sur de Francia es toda una revelación: una gran extensión de playas que se extiende desde la península de Gironde hasta la frontera con España, una luz cegadora y unas olas blancas que le han ganado el poético nombre de la Côte d'Argent, o Costa de Plata.

Para los veraneantes en busca de playa y mar (y especialmente de lugares para practicar el surf), esto es el paraíso. Las playas, las dunas y los enormes lagos que se entremezclan con las pequeñas poblaciones de veraneo y los puertos deportivos hacen de esta costa un lugar perfecto para pasar las vacaciones en familia. Para quienes tienen gustos más sofisticados, el glamour se encuentra en la desvanecida moda imperial de Biarritz, con sus clásicos hoteles estilo belle époque, sus lujosas tiendas, sus casinos y sus clubes de golf. En el interior se encuentran las enormes extensiones de bosques de Las Landas, el pinar más importante de Europa, plantado en el siglo XIX para contener el avance de las arenas de la costa, y actualmente un lugar apartado lleno de pequeñas poblaciones rústicas y reservas naturales.

Al norte de la región se encuentra la tranquila ciudad de Poitiers, con un magnífico legado de iglesias románicas y hoy en día quizá más conocida por su parque temático futurista cinemático: Futuroscope.

Conocida mundialmente por su exquisita porcelana y sus esmaltes, Limoges, al sur, posee algunos de los mejores museos dedicados a las artes decorativas.

Al norte del gran estuario de Gironde se encuentra la población de La Rochelle, un antiguo puerto que actualmente contiene la mayor cantidad de barcos de la costa.

Desde siempre un puerto importante, la metrópoli de Burdeos posee un elegante centro histórico del siglo XVIII, excelentes museos y restaurantes y, por supuesto, caldos de fama mundial. Ningún aficionado al vino debería dejar de visitar las tierras vinícolas de los alrededores, con su letanía de nombres mágicos como Château Mouton-Rothschild, Haut-Brion, St-Émilion y Château Margaux.

Finalmente, recostada en los Pirineos, en el sur, se encuentra la región del País Vasco francés, una tierra diferenciada, con su propia lengua, su propia identidad, gastronomía y costumbres, que ofrece al viajante la posibilidad de contemplar una cultura antigua pero próspera. ■

Poitiers

Poitiers
232 C5
Información
45 place Charles de Gaulle
05 49 41 21 24
www.ot-poitiers.fr

Notre-Dame-la-Grande
Grande Rue

Baptistère de St-Jean
rue Jean-Jaurés
Abierto todos los días jul.-agos. Cerrado mar. abril, jun. y sept., y mar. y mañanas oct.-marzo
$

Parc de Futuroscope
www.futuroscope.fr
232 C5
Jaunay-Clan, a 6 km de Poitiers por la N10
05 49 49 11 12 o 08 36 68 50 20
www.futuroscope.com
$$$-$$$$$. Modalidades de la entrada: uno, dos o tres días; temporada baja, media o alta. Precios especiales para visitas de dos días, incluyendo estancia en hotel.

SITUADA ENTRE EL NORTE Y EL SUR DE FRANCIA, POITIERS es una antigua ciudad que después de años de declive vuelve a recuperarse. Entre sus riquezas se encuentra una gran concentración de arquitectura románica. Su enclave, sobre un promontorio de roca en un recodo del río Clain, se aprecia mejor desde la orilla opuesta. Las batallas que tuvieron lugar cerca de esta fortaleza estratégica cambiaron el curso de la historia de Francia, la más conocida se dio en el año 732, cuando Charles Martel, fundador de la dinastía carolingia, venció a los invasores sarracenos. En 1356, el Príncipe Negro logró conquistar para Inglaterra las poblaciones de Poitiers y Aquitania.

Los vestigios de la historia todavía se pueden observar en el legado arquitectónico de la ciudad. La **Église de Notre-Dame-la-Grande,** del siglo XII, es un ejemplo del estilo románico de Poitevin. La fachada oeste es una galería con esculturas medievales (antaño espléndidamente pintadas), flanqueadas por un par de pináculos en forma de piña, característicos de este estilo. El cercano **Palais de Justice** (*rue Gambetta*) contiene algunos restos del magnífico palacio del siglo XII de los duques de Aquitania.

La iglesia del siglo XI de **St-Hilaire-le-Grand** (*rue Doyenné*) es única en Europa por tener siete naves laterales, reforzadas por un extraordinario conjunto de columnas, muchas de ellas con fascinantes capiteles tallados. El **Baptistère de St-Jean,** del siglo IV, que según se dice es el edificio cristiano más antiguo de Francia, posee columnas romanas de mármol, frescos y la piscina donde originalmente se bautizaban los conversos. ■

Parc de Futuroscope

La arquitectura futurista de Futuroscope (el Parque Europeo de la Imagen en Movimiento) no podía ser un mayor contraste para los imponentes edificios románicos de Poitiers. Cubos blancos semienterrados, esferas del mismo color y espejos con formas de cristales emergen del llano paisaje. Toda forma imaginable de tecnología visual se encuentra aquí: pantallas de una altura de siete pisos; una «alfombra mágica» con una pantalla debajo y frente al espectador; auditorios con sillas que simulan el movimiento de la pantalla; proyecciones en 3-D que sumergen al espectador en la acción, y la más reciente atracción, un zoo interactivo de robots. Desde su inauguración en 1987, atrae a varios millones de visitantes al año. ■

La Rochelle, uno de los mejores puertos naturales de la costa atlántica.

La Rochelle

CON UN ENCANTADOR PUERTO ANTIGUO, ESPLÉNDIDAS torres y calles peatonales medievales, La Rochelle es la ciudad con el puerto más hermoso y mejor conservado de la costa atlántica. Hoy en día el mayor centro de embarcaciones de recreo de la Francia occidental, es un lugar de veraneo de moda, lleno de restaurantes y cafés. El mayor festival de música pop de Francia, el Francofolies, tiene lugar aquí en julio.

La Rochelle
232 B5
Información
place de la Petite Sirène, Le Gabut
05 46 41 14 68
www.larochelle-tourisme.com

Musée du Nouveau Monde
10 rue Fleuriau
05 46 41 46 50
Cerrado mar., y mañanas sáb. y dom.
$

En el siglo XIII, Leonor de Aquitania concedió a este puerto el privilegio de ser una zona libre de obligaciones feudales. Posteriormente, se convirtió en el semillero del protestantismo gracias a sus relaciones comerciales con el norte de Europa. Su momento más trágico (y heroico) fue en 1627, cuando fue asediado por las tropas católicas del cardenal Richelieu durante 15 meses. Cuando Richelieu entró en la ciudad, la encontró llena de cuerpos demacrados: sólo sobrevivieron 5.000 de sus 25.000 habitantes.

Los muros de la población fueron destruidos, pero la entrada al puerto todavía está guardada por dos torres del siglo XIV, la **Tour de la Chaîne** y la **Tour St-Nicolas.** Entre ellas se colgaba una enorme cadena para proteger el puerto. Una tercera torre al oeste de la Tour de la Chaîne, la **Tour de la Lanterne,** era un faro, con una vela gigante de cera para iluminarlo. Puede subir hasta arriba para obtener unas buenas vistas del puerto.

Desde el antiguo puerto, la Porte de la Grosse Horloge conduce al centro de la población, lleno de edificios renacentistas del siglo XVIII del estilo rochelais, con comercios bajo arcadas y tejados de pizarra en forma de cola de pescado.

Una espléndida mansión del siglo XVIII, construida por unos armadores, alberga hoy en día el **Musée du Nouveau Monde** (Museo del Nuevo Mundo). Está dedicado a las relaciones entre La Rochelle y las Américas, y su influencia en Luisiana, Canadá y las Indias Orientales.

Justo delante de la costa de La Rochelle, se encuentra la **Île de Ré,** unida a tierra firme por un puente de más de 3 km. Un tranquilo lugar lleno de marismas, viñedos y lagunas poco profundas, la isla atrae todo tipo de aves, incluyendo zarapitos, cercetas y gansos. La capital, **St-Martin-de-Ré,** es un puerto de pesca lleno de calles adoquinadas y casas blanqueadas protegidas por unas murallas del siglo XVII. ■

Limoges y Aubusson

PARA CUALQUIER INTERESADO EN LAS ARTES DECORATIVAS, y sobre todo en la porcelana, los esmaltes y los tapices, Limoges y Aubusson son una atracción fuera de lo común. El descubrimiento en 1768 de un importante yacimiento de caolín en los alrededores convirtió el nombre de Limoges en sinónimo de porcelana blanca. Éste sería el inicio de una importante industria que produciría algunas de las mejores porcelanas de todos los tiempos.

El **Musée National Adrien-Dubouché** contiene una colección de más de 11.000 objetos de porcelana y metal desde los tiempos antiguos hasta la actualidad.

Siglos antes de que empezara la industria de la porcelana, Limoges ya era famosa en Europa por sus magníficos esmaltes. En el **Musée Municipal de l'Évêché** (*place de la Cathédrale; Tel 05 55 45 98 10; cerrado mar. de oct.-jun.*) se exhibe una colección única del siglo XI en adelante. El museo episcopal también posee una colección de pinturas, incluyendo el *Retrato de Madame le Cœur* de Renoir, cedidas por varios artistas a su ciudad natal.

La elevadísima **Cathédrale St-Étienne** de Limoges, de estilo gótico, posee algunas obras de talla magníficas, especialmente su famosa reja entre la nave y el coro.

AUBUSSON

La pequeña localidad de Aubusson ha sido la capital mundial de la tapicería desde el siglo XV. A mediados del siglo XVII, la artesanía de la ciudad recibió el sello de garantía real, pero la revocación del edicto de Nantes en 1685 obligó a los artesanos hugonotes a emigrar.

En 1937, el diseñador Jean Lurçat vino a Aubusson y volvió a darle vida. El **Musée Départemental de la Tapisserie** muestra obras de los siglos XVII, XVIII y XX. En la **Maison du Vieux Tapissier** (*rue Vieille*), la casa de un tejedor del siglo XVI, se ha instalado una tienda de artesanía tradicional. En la **Manufacture St-Jean** (*3 rue St-Jean; Tel 05 55 66 10 08; cerrado sáb.-dom. de oct.-jun.*) se puede observar cómo se elaboran tapices y alfombras. ■

Limoges
232 D4
Información
12 boulevard de Fleurus
05 55 34 46 87
www.tourismelimoges.com

Musée National Adrien-Dubouché
place Winston Churchill
05 55 33 08 50
Cerrado mar. y mañanas de jul.-agos.
$

Aubusson
232 E4
Información
rue Vieille
05 55 66 32 12

Musée Départemental de la Tapisserie
avenue des Lissiers
05 55 83 08 30
Cerrado mar. excepto tardes de jul.-agos.
$

Círculo: plato esmaltado de Limoges que ilustra la coronación de la Virgen, c. 1340.

Burdeos

Bordeaux
232 B3
Información
12 cours du 30 Juillet
05 56 00 66 00
www.bordeaux-tourisme.com

Grand Théâtre
place de la Comédie
Visitas guiadas concertadas por anticipado. Información y reservas en la oficina de información. Visita: 1 hora.
05 56 00 85 95
$$

Musée d'Art Contemporain
7 rue Ferrère
05 56 00 81 50
Cerrado lun.
$$. Entrada gratuita para la colección permanente

UNA DE LAS MAYORES CIUDADES DE LA FRANCIA DEL SIGLO XVIII, formal, sólida y sofisticada, Burdeos (Bordeaux) posee la reputación de producir algunos de los mejores vinos del mundo. El comercio del vino comenzó en tiempos romanos, cuando Burdeos empezó a embarcar vino para el Midi; luego, en el siglo I d.C., inició el cultivo de viñedos en las afueras de Burdeos. Durante parte de los siglos XII, XIV y XV, la ciudad estuvo en manos inglesas, mientras los franceses y los ingleses se peleaban por Aquitania (de hecho, Burdeos era la cuarta ciudad inglesa más importante, después de Londres, York y Winchester).

La ciudad actual es la del siglo XVIII, llena de espléndidas mansiones construidas por los ricos comerciantes del vino. Después de décadas de restauración, desprenden un halo de distinción y prosperidad. Un proyecto de renovación urbana ha creado parques y paseos peatonales, y en 2007 se completará el nuevo tranvía. Para conocer la historia de esta antigua ciudad, visite el **Bordeaux Monumental** *(28 rue des Argentiers; Tel 05 56 48 04 24)*, una exposición permanente de su historia y edificios.

A orillas del río

Empiece su visita en el muelle, una enorme zona llena de almacenes de vino desde donde se embarcaba esta valiosa mercancía. Desde el **Pont de Pierre,** se obtiene una magnífica vista de las fachadas clásicas que se alinean en los muelles que hay frente al sublime barrio de St-Pierre. Un paseo por los muelles le llevará hasta el imponente **Hôtel de la Bourse,** la antigua lonja, que se halla en una de las plazas del siglo XVIII más impresionantes de la ciudad. Un poco más adelante se encuentra la enorme Esplanade des Quinconces, llena de fuentes y estatuas. En lo alto se eleva el **Monument aux Girondins,** erigido en memoria de los representantes locales enviados a la guillotina por Robespierre. La Resistencia lo desmontó y lo escondió una noche para evitar que las fuerzas alemanas de ocupación de la Segunda Guerra Mundial lo fundieran. En la zona más alejada del río, las anchas avenidas llenas de árboles de Cours de l'Intendance, Cours Georges Clemenceau y Allées de Tourny, conocidas como el Triangle, contienen la zona más activa de Burdeos, llena de tiendas de moda y cafés tradicionales. Una visita a la **Maison du Vin** (*3 cours du 30 Juillet; Tel 05 56 00 22 66*) es indispensable para empezar cualquier ruta o degustación del vino. La misma calle conduce a la Place de la Comédie, dominada por el **Grand Théâtre,** una obra maestra del estilo neoclásico, que luce todo su esplendor original gracias a una restauración impecable. Construido entre 1773 y 1780 por Victor Lewis, posee una escalinata que inspiró a Charles Garnier para su Opéra Garnier de París, y un auditorio fabulosamente redecorado en los tonos originales dorados, azules y blancos.

Al norte de la Esplanade de Quinconces se halla el antiguo barrio de los comerciantes, actualmente lleno de tiendas de antigüedades de moda. En el Cours Xavier-Arnozan lucen con todo su esplendor las grandes residencias construidas por los comerciantes de vino para estar cerca del puerto, cuyas fachadas clásicas están adornadas con espléndidos balcones de hierro forjado. Aquí también se

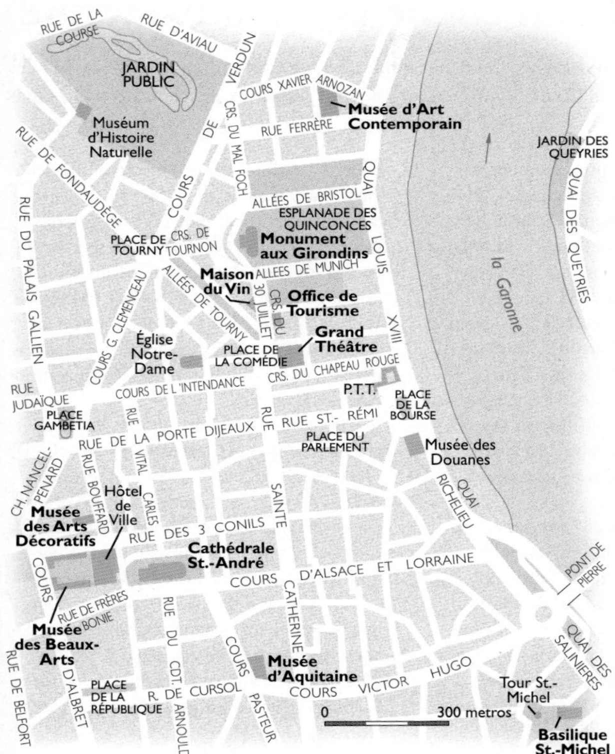

encuentra el nuevo **Musée d'Art Contemporain,** albergado en un almacén de especias del siglo XIX. Los arcos de piedra del gran edificio son el escenario perfecto para una variedad de obras contemporáneas.

Los otros museos interesantes de la ciudad se concentran alrededor de la Cathédrale St-André. El **Musée d'Aquitaine** da un imaginativo repaso a la historia local, tanto rural como urbana. La colección del **Musée des Beaux-Arts** posee un gran número de pinturas renacentistas, además de dos famosos lienzos de Eugène Delacroix, *Grecia sobre las ruinas de Missolonghi* y *La caza del león*, y unas cuantas obras impresionistas. El **Musée des Arts Décoratifs** recrea la vida de las mansiones de la ciudad en el siglo XVIII, con salas que muestran mobiliario, porcelana, cristalería de la época y los forjados famosos de Burdeos.

La **Cathédrale St-André** es una enorme construcción del siglo XI con ampliaciones posteriores entre las cuales se encuentran un coro y un crucero muy elevados, de estilo gótico flamígero. La Porte Royale de la fachada sur, del siglo XIII, tiene un interesante tímpano del Juicio Final. La casi igualmente inmensa **Basilique St-Michel,** al lado del muelle sur de la ciudad, tiene un campanario gótico que con sus 114 m es la torre más alta del sudoeste de Francia. Desde la terraza que hay a media altura de la torre se obtienen unas magníficas vistas de la ciudad. ■

Musée d'Aquitaine

✉ 20 cours Pasteur
☎ 05 56 01 51 00
🕒 Cerrado lun.
$ $. Entrada gratuita para la colección permanente

Musée des Beaux-Arts

✉ 20 cours d'Albret
☎ 05 56 10 20 56
🕒 Cerrado lun.
$ $. Entrada gratuita para la colección permanente

Musée des Arts Décoratifs

✉ 39 rue Bouffard
☎ 05 56 00 72 50
🕒 Cerrado mañanas y cada mar.
$ $. Entrada gratuita para la colección permanente

Recorrido en coche por Haut-Médoc

En una región que produce los vinos más nobles del mundo, con unos 4.000 caldos de viñedos independientes (o castillos), el Médoc se enorgullece de poseer las cosechas más aristocráticas.

Un área pantanosa, a primera vista poco interesante, al noroeste de Burdeos, el Médoc no se empezó a drenar y cultivar hasta el siglo XVIII, pero pronto alcanzó su importancia actual. Cuando los vinos de la región de Gironde se clasificaron en 1855, todos los 62 *crus classés* procedían del Médoc. Este recorrido de un día) por el Haut-Médoc (la parte superior del Médoc) le llevará por algunos de los mejores viñedos del mundo. La mejor época para realizar la visita es justo antes de la vendimia, a mediados de septiembre, cuando las hojas se han vuelto doradas y las suculentas uvas cuelgan de las parras.

Si prefiere visitar otra de las regiones vinícolas de Burdeos, quizá St-Émilion, Entre-Deux-Mers, Sauternes, Graves, Côtes de Bourg o Côtes de Blaye, en el **Conseil du Médoc** (*3 cours du 30 Juillet; Tel 05 56 48 18 62*) de Burdeos encontrará toda la información que necesita; también organizan recorridos en autocar. Si desea viajar por libre, prepárelo todo con antelación. Intente contactar con los viñedos que quiera visitar para concertar una visita (algunos necesitan hasta dos semanas de antelación) y recuerde que durante la vendimia probablemente no será muy bienvenido.

LA RUTA

Para realizar esta ruta tome la D2 (*Route du Vin*) en dirección norte saliendo de Burdeos, atravesando hileras de vides plantadas en la tierra arenisca que hay al lado del estuario de Gironde, entre el río y el bosque del Landes. Deténgase primero en el **Château Siran** ❶ (*Tel 05 57 88 34 04*); antaño hogar de la familia Toulouse-Lautrec, y espléndidamente amueblado, con pinturas como una copia del *Joven Baco* de Caravaggio. El **Château Margaux** ❷ (*Tel 05 57 88 83 83; cerrado sáb.-dom. y agos.*; *sólo visitas concertadas*), a unos 3,5 km al este de la D2 y llamado el Versalles del Médoc, es quizás el más impresionante de los castillos, con una gran avenida de árboles que conduce hasta la columnata dórica de la fachada. Pero no podrá ver mucho más que las oscuras y frías bodegas (*chais*) donde se almacena el excelente vino. Pase por alto la población de Margaux y tome una desviación en la D5 hasta el **Château Maucaillou** ❸ y el **Musée des Arts et des Métiers de la Vigne et du Vin** (*Tel 05 56 58 01 23*). Desde el **Fort Médoc** de Vauban ❹ (*Tel 05 56 58 98 40*), del siglo XVII y con forma de estrella, se obtiene una panorámica del estuario de Gironde y, a lo lejos, de los viñedos de Blaye.

De vuelta a la ruta del vino, en la D2, la siguiente parada es el **Château Beychevelle** ❺ (*Tel 05 59 73 20 70*), situado en un precioso edificio del siglo XVIII donde se ofrecen degusta ciones. Más adelante, el **Château Latour** ❻ (*Tel 05 56 73 19 80*) se llama así por la torre que hay cerca del castillo. A medida que se acerque al puerto fluvial de **Pauillac,** respire hondo, puesto que según las señalizaciones por aquí se encuentran los vinos más venerados, incluyendo el Mouton-Rothschild y el Lafite-Rothschild. En el **Château Mouton-Rothschild** ❼ (*Tel 05 56 73 18 18; sólo visitas concertadas*) podrá visitar las salas de recepción y de banquetes del castillo, y una colección de etiquetas de vino diseñadas por artistas como Pablo Picasso, Salvador Dalí, Jean Cocteau y Henry Moore (que cobraron, por supuesto, en botellas de vino). Parte de las bodegas son hoy en día un museo, con pinturas, esculturas, tapices, cerámicas y cristalería dedicadas al vino.

En el **Château Lafite-Rothschild** ❽, otro espléndido castillo edificado en un gran parque, se ofrecen visitas guiadas (*Tel 05 56 73 18 18; sólo concertadas con antelación*). Un poco más adelante en la D2, en el **Château Cos d'Estournel** ❾ (*Tel 05 56 73 15 50*), un extraño palacio «oriental» del siglo XVIII, se elabora uno de los cinco *crus classés* de St-Estèphe. Este pequeño puerto fluvial posee uno de los viñedos más antiguos del Haut-Médoc, anterior a los trabajos de drenaje del siglo XVIII.

Desde este punto hasta el estuario, la zona se convierte en el Médoc, y los vinos pasan a clasificarse como tales. Vuelva sobre sus pasos, o retome más rápidamente por la N215 y la D1.

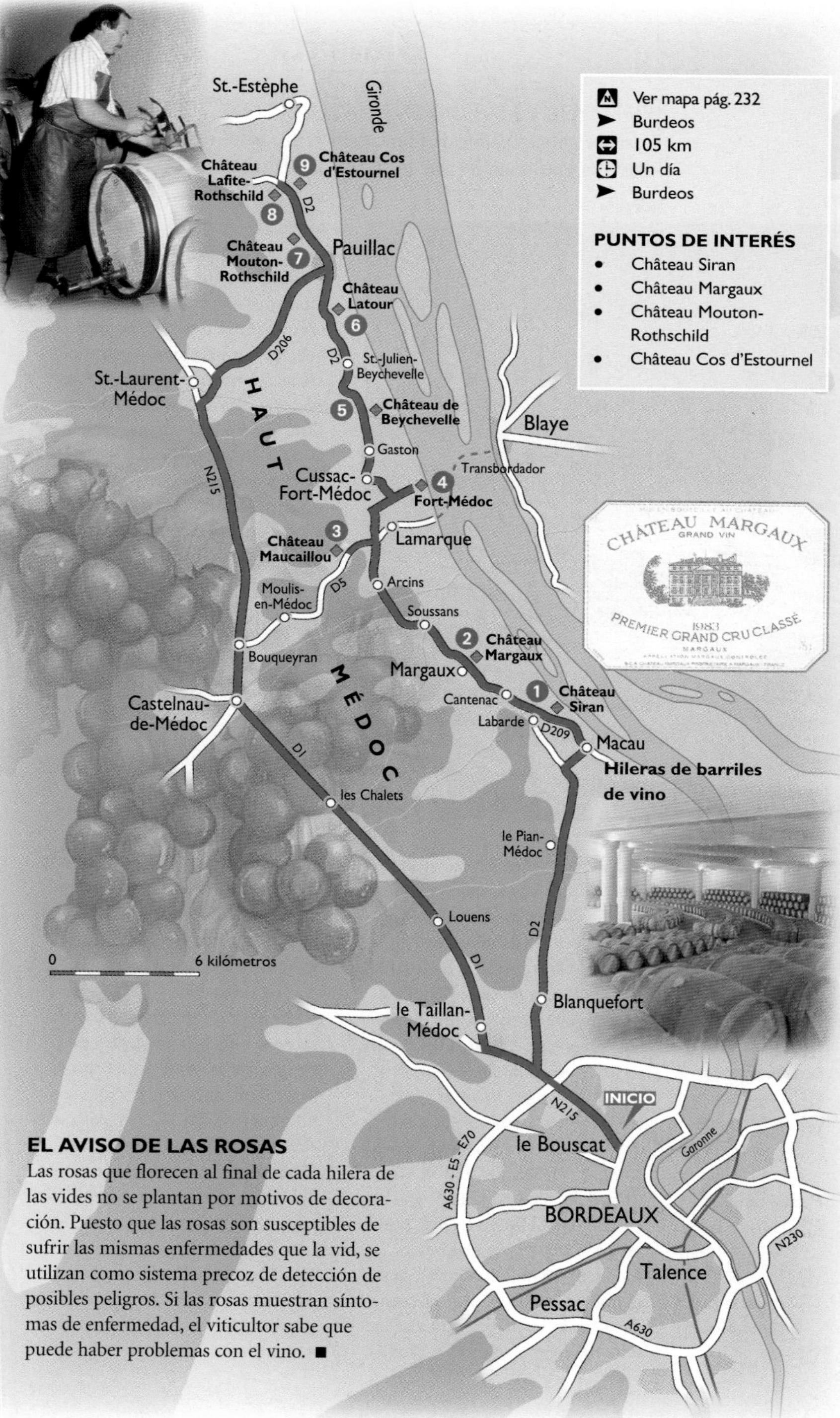

EL AVISO DE LAS ROSAS

Las rosas que florecen al final de cada hilera de las vides no se plantan por motivos de decoración. Puesto que las rosas son susceptibles de sufrir las mismas enfermedades que la vid, se utilizan como sistema precoz de detección de posibles peligros. Si las rosas muestran síntomas de enfermedad, el viticultor sabe que puede haber problemas con el vino. ■

Biarritz

EL MAYOR Y MÁS OSTENTOSO LUGAR DE VERANEO DE LA costa atlántica del sur de Francia, Biarritz, posee un clima suave gracias a su localización entre los Pirineos y la costa.

La elegante Grand Plage de Biarritz.

Biarritz
232 B2
Información
1 square d'Ixelles
05 59 22 37 00
www.biarritz.fr

Musée de la Mer
esplanade de la Rocher de la Vièrge
05 59 24 02 59
Cerrado la primera semana de enero
$$

Cuando los baños de mar se pusieron de moda en el siglo XIX, la pequeña población ballenera de Biarritz pronto llamó la atención. Y cuando la emperatriz Eugenia convenció a su marido, Napoleón III, para que construyese la Villa Eugénie, ahora el **Hôtel du Palais,** su suerte se acabó de decidir. Le siguieron la reina Victoria y una colección tal de nobles europeos que la localidad llegó a ser conocida como la playa de los reyes. Coco Chanel añadió una nota de glamour, y la población todavía posee un gran número de tiendas de moda. El casino, actualmente restaurado con toda la magnificencia de su estilo *art déco*, atrajo a jugadores de todo el mundo, y Biarritz se ganó la reputación del Montecarlo de la costa atlántica.

Mientras que hoy en día este esplendor se ha diluido ligeramente, la costa posee todavía una gran belleza, con sus amplias playas de arena, sus enormes peñascos y las potentes olas del Atlántico. La **Grande Plage** es la más grande y famosa de las playas. El **Vieux Port** protege una más pequeña, mientras que las olas rompen en la **Plage de la Côte des Basques,** un lugar de peregrinaje anual para los vascos. Todo ello es un escenario ideal para pasear tranquilamente por los caminos de ronda adornados con tamarisco y hortensias púrpuras y azules, y llenos de una ecléctica combinación de villas inglesas, haciendas andaluzas y chalets suizos. Una pasarela desde el promontorio del extremo sur de la Grande Plage le lleva hasta el **Rocher de la Vièrge,** con su estatua de la Virgen y una espléndida vista de la costa española. Desde el faro situado al norte de la Grande Plage (subiendo los 248 escalones) se obtiene una panorámica aún más espectacular.

En el promontorio que hay sobre la Virgen se encuentra el **Musée de la Mer,** dedicado a la pesca local, que tiene piscinas con tiburones y focas. Gustos más esotéricos se tratan en el **Musée du Chocolat** (*14 avenue Beau Rivage; Tel 05 59 41 54 64*), que ofrece visitas guiadas y degustaciones; y un centro de talasoterapia en **Les Thermes Marins** (*80 rue Madrid; Tel 05 59 23 01 22*), donde puede tomar baños de barro y de vapor con agua marina. ■

Bayona

HOY EN DÍA LA ATRACTIVA Y ELEGANTE CAPITAL DEL PAÍS Vasco francés, Bayona (Bayonne) fue disputada durante siglos por su situación estratégica en la frontera entre Francia y España.

Gigantes tradicionales desfilan en un festival vasco.

Constantemente asediada y controlada por los ingleses durante casi 300 años, Bayona consiguió la prosperidad gracias a los corsarios, la construcción de barcos y la fabricación de armas (y dio su nombre a la bayoneta). Las estrechas calles que rodean la **Cathédrale Ste.-Marie** son ideales para pasear. La catedral, empezada en el siglo XIII, es un monumento a diversas épocas y maestros. Su elevada nave gótica, construida por los ingleses en el siglo XIV, está hecha según el estilo gótico norteño, con flores de lis francesas en las claves de bóveda. Cerca, el **Musée Bonnat** posee una excelente colección de arte con obras de Rubens, Poussin y Goya. El restaurado **Musée Basque** (*Quai des Corsaires; Tel 05 59 59 46 61 90; cerrado lun.*) presenta exposiciones sobre la vida vasca.

Bayona es un buen lugar para comprar especialidades vascas como boinas, alpargatas, telas, mantas de lana y chocolate de Bayona. Visite las arcadas de la Rue Pont-Neuf, entre la catedral y el Hôtel de Ville. ■

Los vascos

El País Vasco se extiende sobre la frontera entre Francia y España. Los vascos han conseguido conservar su identidad propia más que ningún otro grupo étnico de Europa, y su lengua, el euskera, no se parece a ninguna otra lengua europea. El origen de este pueblo y de su idioma se desconocen.

El deporte de la pelota es una tradición vasca. Se juega en pistas con paredes altas, conocidas como frontones. Es un deporte rápido y violento, y consiste en golpear una pelota dura contra una pared con una especie de guante de mimbre o con la mano desnuda.

Entre las poblaciones típicas vascas (*ver mapa pág. 232, B2*) se incluyen **San Juan de Luz** (St-Jean-de-Luz) un puerto de pescadores, la ciudad amurallada de **Aïnhoa**, y **Espelette**, famosa por sus pimientos, un ingrediente esencial de la cocina vasca. ■

Bayonne
232 B2
Información
place des Basques
05 59 46 01 46
www.bayonne-tourisme.com

Musée Bonnat
5 rue J.-Lafitte
05 59 59 08 52
Cerrado mar.

Otras visitas interesantes en Aquitania y la costa atlántica

COGNAC

La población portuaria de Cognac, en el río Charente, es famosa por su excelente brandy. Está llena de destilerías que ofrecen degustaciones, pero la mejor es la **Distillerie Otard,** en un castillo del siglo XV. Fíjese en los hongos negros que crecen en los almacenes, alimentados por los gases del brandy al evaporarse. Para saber más visite el **Musée des Arts du Cognac** (*Place de la Salle Verte; Tel 05 45 32 07 25; cerrado lun.*).

232 C4 **Información** rue du 14 Juillet 05 45 82 10 71; www.tourisme-cognac.com

CÔTE D'ARGENT

Aquitania posee la duna más alta de Europa, la **Dune du Pilat,** y poblaciones de veraneo. La principal es **Arcachon** (*ver mapa pág. 232, B3; Información, esplanade Georges-Pompidou; Tel 05 57 52 97 97*); en el Bassin d'Arcachon, donde se cultivan ostras. Es un atractivo lugar con puerto deportivo y chalés. Más al sur están **Hossegor,** un lago de sal, y **Cap-Breton,** con un faro.

232 B3

LAS LANDAS

En el siglo XVIII, las dunas de Las Landas se estabilizaron, los pantanos se drenaron y se plantaron arbustos y pinos. El **Écomusée** (*Tel 05 58 08 31 31*) en Marquèze muestra la dureza de la vida tradicional en Las Landas.

ST-ÉMILION

St-Émilion, una ciudadela medieval amurallada, representa la esencia de la localidad vinícola. Sus preciosas casas de piedra la convierten en el lugar ideal desde el cual visitar la zona.

232 C3 **Información** place des Creneaux 05 57 55 28 28

SAINTES

Saintes, en el valle de Charente, contiene un rico legado de arquitectura romana y medieval. El **Arc de Germanicus** (actualmente en la Place Bassompierre) formaba parte de un puente romano, y también hay vestigios de termas y un anfiteatro. La **Abbaye aux Dames,** del siglo XII, un precioso edificio románico, posee unos pórticos espléndidamente esculpidos. A 20 km de Saintes se halla **Paleosite,** un nuevo centro dedicado a la prehistoria que se ha abierto en el emplazamiento donde se descubrió una mujer de Neardental *(Sainte-Césaire, Tel 08 10 13 01 34).*

232 B4 **Información** 62 cours National 05 46 74 23 82 ■

Trabajando los pinos para obtener resina en los bosques de Las Landas.

La tarde cae sobre el río Dordoña.

Dordogne y Midi-Pyrénées

Dordogne exalta los sentidos más que ninguna otra región de Francia, excepto, quizá, Provenza. En los días que siguieron al inicio de la Segunda Guerra Mundial, los sinuosos arroyos, onduladas colinas y tranquilas poblaciones inspiraron a Henry Miller para escribir con cierto optimismo: «Quizás algún día Francia deje de existir, pero la Dordogne vivirá como lo hacen los sueños, alimentando las almas de los hombres».

Aunque el Dordoña es sobre todo un río, y un pequeño departamento administrativo, a muchos visitantes el nombre les evoca una gran y elegíaca área fluvial. El clima es suave y el sol del verano no es tan implacable como más al sur. Los ríos Dordoña, Lot y Tarn riegan las tierras, lo que asegura una variedad de cosechas.

Al norte del río Dordoña se encuentra Périgord, una de las zonas agrícolas más importantes de Francia. Al sur del río, la *causse* (piedra caliza) no es tan rica, pero hay otro tipo de tesoros: abismos y grutas subterráneas y algunos de los mejores ejemplos de la arquitectura medieval religiosa. El gran número de castillos y *bastides* (poblaciones fortificadas) son los vestigios del intenso período guerrero de la Edad Media.

Por toda la región de Dordogne hay poblaciones comerciales como Sarlat-la-Canéda, Cahors y Périgueux, con centros históricos llenos de oscuros soportales y edificios decorados con obras de talla.

Al sur están los Midi-Pyrénées. Su capital, Toulouse, posee una atmósfera mediterránea. Al este, Albi, con casas de ladrillos rosados, una gran catedral y unas espléndidas calles antiguas, posee una colección única de obras de Toulouse-Lautrec. Al oeste de Toulouse se encuentran las tierras de cultivo de Gascuña, lugar de origen del brandy Armagnac.

La región posee ejemplos fascinantes de la arquitectura rural, como las granjas antiguas de piedra caliza dorada e inclinados tejados de pizarra con buhardillas, las pequeñas torres y los elaborados palomares. Las tejas de terracota y las terrazas a la sombra de las parras anuncian que nos encontramos en pleno sur. ■

Alrededores de Périgord

Périgueux
232 C4
Información
26 place Francheville
05 53 53 10 63

Brantôme
232 C4
Información
Pavillon Renaissance, Boulevard Charlemagne
05 53 05 80 52

Château de Puyguilhem
232 D4
05 53 54 82 18
Cerrado enero y lun. oct.-junio
$$

Château de Hautefort
232 D4
05 53 50 51 23
Cerrado dic.-febrero y mañanas oct.-marzo
$$

«Aquí (en Vienne) cenamos y dormimos, tomando, entre otras exquisiteces, un plato de trufas, que son unas nueces que crecen bajo tierra y que las encuentran perros entrenados para ello... Es un manjar incomparable».
John Evelyn (1644)

EL ANTIGUO TERRITORIO DE PÉRIGORD (CUYA MAYOR parte se encuentra en el departamento de Dordogne) concuerda perfectamente con la imagen ideal de la Francia provincial; exuberante, delicadamente rural y llena de granjas y casas señoriales. La región está unida por sus ríos, el Dronne, el Isle, el Vézère y el Dordoña, todos ellos vías para el transporte fluvial desde los tiempos galorromanos. Hoy en día son unas rutas ideales para descubrir la zona.

Périgord, verde y tranquilo, fue el epicentro de la guerra de los Cien Años y la frontera entre el reino de Francia y Aquitania, en manos inglesas. Las poblaciones fortificadas y los castillos son testigos de este beligerante período.

Esta región histórica ha estado dividida entre Périgord Blanc (llamado así por su piedra caliza blanca), centrado en Périgueux y el río Isle; y Périgord Noir (por sus densos bosques), alrededor de Sarlat-la-Canéda, al sudeste. Más recientemente, se han incluido Périgord Vert (los verdes pastos del norte) y Périgord Pourpre (los viñedos que rodean Bergerac).

PÉRIGUEUX

La capital regional, Périgueux, en un recodo del río Isle, es un buen punto de partida para realizar excursiones por la región. El horizonte de la población está dominado por las exóticas cúpulas y torres de la **Cathédrale St-Front,** la mayor del sudoeste de Francia. Construida originalmente en el siglo XII, fue restaurada por el arquitecto Paul Abadie en el siglo XIX, que luego se inspiró en ella para construir la Basilique du Sacré-Cœur de París. Desde su espléndido tejado se obtienen unas buenas vistas del casco antiguo que se abre a sus pies, un laberinto de calles adoquinadas, ventanas con parteluz y patios escondidos.

Desde la **Tour Mataguerre,** parte de las murallas medievales, se obtienen también unas vistas excelentes, como las ruinas de un anfiteatro y un templo galos. Visite el nuevo **Musée Gallo-Roman** *(Rue Claude Bernard; Tel 05 53 53 00 92; cerrado lun. sept.–jun.; $),* que muestra la villa romana excavada de Vesunna y sus preciosas pinturas murales.

BRANTÔME

Al norte de Périgueux, en el tranquilo valle del río Dronne, se encuentra Brantôme, una de las poblaciones más encantadoras de todo el Périgord. Pasee por las orillas del río para admirar sus puentes, su vegetación, su antigua iglesia abacial y el excepcional campanario del siglo XI. Los primeros monjes de la población excavaron su monasterio en los acantilados que hay detrás de la abadía, y actualmente las cuevas están abiertas al público. La **Cueva del Juicio Final** posee unas esculturas espléndidas de la Crucifixión y el Triunfo de la Muerte. Pierre de Bourdeille, un abad del siglo XVI, se haría famoso por sus groseras historias de cortesanas, escritas bajo el pseudónimo de Brantôme.

Unos pocos kilómetros al noreste de Brantôme, se encuentra el **Château de Puyguilhem,** un elegante ejemplo de la arquitectura renacentista francesa. Al este de Périgueux, el magnífico **Château de Hautefort** se halla en un parque lleno de árboles adornado con arbustos podados y parterres con mosaicos. ■

Las trufas y el *foie gras*

Las trufas y el *foie gras* son todo un símbolo del desenfreno epicúreo sin parangón de Périgord. Caprichosas y misteriosas, resistiéndose a cualquier intento de cultivo o análisis científicos, las trufas sólo pueden ser localizadas en sus escondites subterráneos entre las raíces de algunos robles por cerdos y perros entrenados especialmente para ello. Su incomparable sabor no sólo es exquisito sino también muy fuerte. Las trufas, que se venden en mercados especializados como los de Périgueux y Sarlat, pueden alcanzar los 65 € los 100 g. También se puede comprar enlatadas, cuidadosamente clasificadas por categorías.

Según la definición del ensayista y sabio del siglo XIX, el reverendo Sydney Smith, el cielo es «comer paté de *foie gras* al son de las trompetas». El *foie gras* se elabora a partir del hígado de las ocas o los patos cebados con maíz, que produce una carne suave y deliciosa. Aunque muchas personas ven esta práctica (conocida con el nombre de *gavage*) como cruel, hay que decir que las ocas acuden a comer en tropel. El *foie gras* se presenta en varias formas, en tarros o latas; *foie gras d'oie entier* significa el mejor hígado de oca, envasado entero; el *bloc de foie gras* son pedazos de hígado presionados para formar un bloque; el *mi-cuit* indica que el hígado está cocinado para conservarse un mes. El mejor de todos es el *foie gras truffé*, aromatizado con flores negras de trufa. ■

Los perros están entrenados para indicar a sus amos dónde se hallan las trufas.

Recorrido por el valle del Dordoña

Una de las rutas más atractivas de la Dordogne es la que sube por el valle desde Bergerac hasta Sarlat-la-Canéda, una sencilla excursión de dos días que recorre unos 170 km. En este lugar, el gran río atraviesa valles boscosos, fértiles tierras de cultivo y los escarpados acantilados de piedra caliza, coronados por pintorescas poblaciones y castillos. Esta encantadora región, que goza de una excelente reputación por su buena comida y sus espléndidos vinos, ofrece una combinación perfecta de placeres gastronómicos, paisajísticos e históricos. Realice este recorrido con calma, deteniéndose frecuentemente para perderse, contemplar las vistas y disfrutar de los antojos del río: brillante con el sol, plateado en la luz del crepúsculo.

A su paso por **Bergerac** 1 (*Información: rue Neuve d'Argenson; Tel 05 53 57 03 11; www.bergerac-tourisme.com*), el curso del Dordoña es ancho, formando una llanura aluvial que es la mayor área de plantación de tabaco de Francia. El antiguo puerto abarca ambos lados del río, y la población tiene casas medievales. El **Musée du Tabac,** en la Maison Peyrarède del siglo XVII *(place du Feu; Tel 05 53 63 04 13; cerrado sáb.-lun. nov.-marzo)*, realiza un recorrido por la historia del tabaco, con muchas tabaqueras y pipas. El **Musée du Vin** (*5 rue des Conférences; Tel 05 57 57 80 92*) está dedicado a los vinos locales, que se pueden degustar en el centro del vino del **Cloître des Récollets** (*place du Docteur-Cayla*).

La vendimia local más famosa es la del vino dulce de Monbazillac. El **Château de Monbazillac** (*Tel 05 53 63 65 00; cerrado nov.-marzo*), del siglo XVI y rodeado por un foso, se encuentra en la cima de unas colinas al sur de Bergerac por la D13, posee un interesante museo de artesanía local, un buen restaurante y se organizan degustaciones de vino.

Ver mapa del área pág. 232
Bergerac
128 km
2 días
Domme

PUNTOS DE INTERÉS

- Château de Monbazillac
- Cingle de Trémolat
- Abbaye de Cadouin
- Beynac-et-Cazenac
- La Roque-Gageac

Las ocas, como *confit* o como foie gras, proveen la cocina de Dordogne.

Regrese sobre sus pasos y tome la D660 siguiendo la orilla norte del río desde Bergerac. Cruce el río en **St-Capraise-de-Lalinde** 2 por la D37 hasta el **Château de Lanquais** (*Tel 05 53 61 24 24; cerrado nov.-marzo y mar. abril-oct.*). Parte fortaleza medieval, parte palacio renacentista, el castillo se encuentra en un magnífico lugar sobre la preciosa población antigua de Lanquais. La pequeña población de **Couze-et-St-Front** 3 al este, es conocida por su industria papelera, de gran importancia en el pasado. En el **Moulin du Larroque** (*Tel 05 63 61 01 75; cerrado sáb.-dom.*) todavía se utilizan los métodos tradicionales de moler.

Más adelante, en la orilla sur, la pintoresca población de **St-Front-de-Colubri** está emplazada en lo alto de un acantilado, y posee unas vistas espléndidas de los rápidos del Dordoña y del Gratusse, el punto de navegación más peligroso para los barcos.

En este lugar se encuentra el **Cingle de Trémolat** 4, uno de los extraordinarios recodos en forma de herradura conocidos como *cingles*. Cruce hasta la orilla norte del río en St-Front para rodear el *cingle* y disfrute de las vistas panorámicas de los pastos. Trémolat es una pequeña y encantadora población, que el director Claude Chabrol hizo famosa al utilizarla como escenario para la película *Le boucher* (1969). Entre Trémolat y Limeuil, la D31 sigue el acantilado que hay sobre el río.

Limeuil se encuentra en la confluencia de los ríos Vézère y Dordoña; aquí, el río está enmarcado por terraplenes rocosos, y la pequeña población, con sus casas renacentistas y su iglesia del siglo XII, trepa por la colina, lo que proporciona unas vistas espléndidas. Tome la D51, que sigue el curso del río, rodeado por acantilados, y crúzelo para desviarse un rato por la D25, que atraviesa un valle de bosques de castaños, hasta llegar a **Cadouin** 5 (*Tel 05 53 63 36 28; cerrado mar. en invierno y mediados dic.-principios feb.*). Esta abadía cisterciense posee un espléndido claustro gótico. Desde Cadouin, una pequeña carretera serpentea en dirección este hasta **Urval,** en la que hay una iglesia fortificada del siglo XII. Desde Urval diríjase en dirección norte hasta la D25 y luego en dirección este hasta **Siorac-en-Périgord** 6, que tiene un castillo del siglo XVII y una pequeña playa a orillas del río.

Cruce el río de nuevo hasta la orilla norte y siga la D703E río arriba hasta la ciudad comercial de **St-Cyprien** 7 (*Información: Tel 05 53 30 36 09*), que se concentra alrededor de una iglesia y un campanario del siglo XIV en una ladera llena de árboles. Siga río arriba por la

La población de Beynac-et-Cazenac, dominando el río.

Las casas de La Roque-Gageac están construidas contra el acantilado sobre el Dordoña.

D703; en este punto, el valle se torna más estrecho. En lo alto se encuentra el formidable **Château de Beynac-et-Cazenac** 8 (*Información, Tel 05 53 29 50 40*), que se eleva sobre la roca como una corona de piedra, y se accede a él por un empinado sendero o desde la pequeña población, tomando una desviación interior. Esta enorme fortaleza del siglo XIII posee puente levadizo, rastrillo y cocina medieval. En la abovedada sala principal hay unos fantásticos frescos estilo *naïf*, y las vistas desde el torreón del castillo sólo son aptas para los más atrevidos.

Beynac fue un baluarte francés durante la guerra de los Cien Años. Justo delante, en la orilla sur, se encuentra la fortaleza de **Castelnaud** (*Tel 05 53 31 30 00; cerrado oct.-principios mayo, y lun. y sáb. excepto jul.-agos.*), que en ciertos períodos fue un baluarte inglés. Actualmente alberga un museo de objetos de defensa armamentística, incluyendo antiguos cañones y una catapulta reconstruida. Cruce el río desde la D703 hasta la D53, bajo el Château de Castelnaud, y desvíese por unos momentos río abajo por esta carretera para visitar el **Château les Milandes** (*Tel 05 53 59 31 21; cerrado nov.-abril*), del siglo XV, en el pasado el hogar de la famosa Josephine Baker. En este lugar, Josephine Baker quiso convertir en realidad su sueño de «un lugar» con una «tribu arco iris» de 12 niños adoptados procedentes de todas las partes del mundo. En 1969, las dificultades financieras y su frágil estado de salud la obligaron a abandonar la idea.

Vuelva sobre sus pasos hasta Castelnaud, luego cruce el río y continúe en dirección este por la D703 hasta **La Roque-Gageac** (*Información, Tel 05 52 29 17 01*). Este irresistible lugar, ideal para detenerse unos minutos, se esconde bajo un escarpado acantilado. Siéntese en el café que hay a orillas del río, pasee por la localidad, llena de casas de color ocre y tiendas de artesanía, o suba hasta la iglesia del siglo XII para disfrutar de las vistas.

Siga por la D703 y cruce de nuevo hacia el sur del río por la D46. Justo allí, tome la D50 que sube serpenteando hasta **Domme** 9 (*Información, Tel 05 53 31 71 00*), la población fortificada mejor conservada y, seguramente, la más hermosa de cuantas existen (ver pág. 262). En lo alto de un peñasco que se eleva sobre el río, las calles, estrechas y decoradas con flores, todavía se esconden detrás de los muros del siglo XII. Bajo el mercado cubierto del siglo XVII hay una caverna, donde se supone que la población se refugiaban durante la guerra de los Cien Años y las de religión. El **Belvédère de la Barre,** al final de la Grand-Rue, tiene vistas panorámicas del río. Desde Domme, la D50 y la D46 le llevarán a **Sarlat-la-Canéda** (ver pág. 253; *información: rue Tourny; www.ot-sarlat-perigord.fr*). ■

Sarlat-la-Canéda

Sarlat-la-Canéda
232 D3
Información
rue Tourny
05 53 31 45 45
www.ot-sarlat-perigord.fr

SITUADA EN UN VALLE BOSCOSO A POCOS KILÓMETROS al norte del río Dordoña, Sarlat es como un museo de arquitectura al aire libre, con uno de los mejores conjuntos medievales, renacentistas y del siglo XVII de Francia. Sus estrechas calles adoquinadas, rodeadas por murallas, están llenas de casas que datan de estas épocas de prosperidad, ricamente esculpidas y a veces cubiertas por los tradicionales tejados de bloques de piedra caliza. Reconstruida en su mayor parte entre 1450 y 1500, después de la devastación sufrida en la guerra de los Cien Años (lo que justifica su coherencia arquitectónica), por fortuna sobrevivió intacta durante los siglos XIX y XX (con una lamentable excepción, la construcción de una avenida que atraviesa el centro de la población). En 1962, Sarlat fue de las primeras poblaciones de Francia en beneficiarse de una política nacional de rehabilitación.

A ambos lados de la Rue de la République (la desafortunada avenida del siglo XIX que divide la ciudad en dos), las laberínticas calles medievales están llenas de espléndidas edificaciones. Una de las más destacadas, en la Place du Peyrou, es la pinaculada **Maison de la Boétie** del siglo XVI, residencia del poeta Étienne de la Boétie, con elegantes arcos en la planta baja y ventanas con parteluz delicadamente talladas. Todavía pueden verse vestigios de la abadía, del siglo XII, en la **Chapelle des Pénitents Bleus** (*place du Peyrou*). La extraña torre cónica de la **Lanterne des Morts,** en el cementerio de la abadía, se construyó en honor de St-Bernard en Sarlat en 1147.

Una calle de casas antiguas cerca del cementerio de la abadía de Sarlat.

La **Place de la Liberté,** la plaza principal, está llena de cafés y en ella se sitúa el famoso mercado de Sarlat, los miércoles y los sábados, en cuyos puestos se ofrecen trufas, nueces y foie gras, así como recuerdos para los visitantes. Por ello no es de extrañar que Sarlat sea un destino turístico tan popular; si puede, visítelo en temporada baja. Tómese tiempo para pasear por sus fascinantes calles y descubrir los rincones más escondidos. Es mejor visitarlo de noche, cuando un moderno sistema de iluminación de gas hace resaltar aún más toda su historia y su ambiente. Para conseguir una buena panorámica, conduzca hasta la población de **Temniac,** que posee una espléndida vista de Sarlat desde el norte. ■

Lascaux y las pinturas rupestres prehistóricas

LAS CUEVAS DE LASCAUX HAN SIDO LLAMADAS LA CAPILLA Sixtina de la prehistoria por la extraordinaria calidad de las obras. Pero hoy en día sólo se puede ver una réplica en Lascaux II. Aunque todavía vale la pena realizar la visita, el espléndido valle Vézère está también lleno de maravillas, así que la zona ofrece varias opciones.

Muchas construcciones en Les Eyzies-de-Tayac se han edificado al abrigo de los salientes de los acantilados.

La zona está llena de cuevas de piedra caliza que forman una red subterránea de túneles y cavernas con una temperatura y humedad constantes.

Hasta hace aproximadamente 17.000 años, los hombres habitaban en viviendas de piel y turba, bajo salientes de roca y a veces en entradas de cuevas. Aun así, las pinturas se encuentran normalmente en las oscuras profundidades de las cuevas, pintadas o grabadas con la luz de las lámparas de aceite de piedra o de las antorchas. Estos lugares eran probablemente santuarios religiosos dedicados a la adoración de los animales en los cuales se basaba la vida del hombre de Cromañón. Los animales representados son caballos, bisontes, ciervos, jabalíes, lobos, zorros, pájaros y reptiles, y a veces mamuts y rinocerontes. Muy a menudo los animales se muestran preñados, como para invocar la fertilidad. Las figuras humanas aparecen en pocas ocasiones. Estos artistas primitivos utilizaban carbón vegetal, ocre y pigmentos rojos y amarillos extraídos del óxido de hierro, aplicados con los dedos, pinceles o soplando a través de tubos. También rascaban y tallaban con cuernos, piedras o huesos, a menudo aprovechando los relieves naturales de las rocas.

Las primeras excavaciones científicas empezaron a mediados del siglo XIX, desvelando secretos de la vida de hace decenas de miles de años, y de períodos enteros de la prehistoria. El musteriense, el magdaleniense y otras culturas primitivas adoptaron sus nombres después de estos hallazgos. Los primeros esqueletos se descubrieron en 1868, durante las excavaciones para una nueva línea de ferrocarril en Cro-Magnon. La prehistoria apasiona a las gentes de este lugar. Los granjeros buscan utensilios de sílex en sus terrenos, y en los museos de los pueblos se exhiben hallazgos locales.

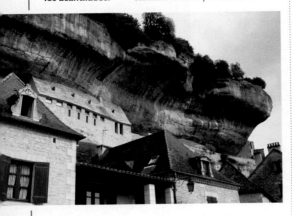

NOTA SOBRE TERMINOLOGÍA

La palabra francesa para cueva es *grotte*; el *gouffre* es un abismo con una amplia obertura en la superficie; *cave*, por otro lado, significa bodega o almacén, a menudo para el vino.

LES EYZIES-DE-TAYAC

El mejor lugar para situar estas maravillas en su contexto es Les Eyzies-de-Tayac, conocida como la capital prehistórica del mundo. Aquí, en el **Musée National de Préhistoire,** se exhiben descubrimientos locales, diagramas, cronologías y objetos de cada período prehistórico con una introducción a

la materia en francés. Desde la terraza que hay frente al museo se difruta de unas espléndidas vistas del río Vézère.

Cerca hay un gran número de cuevas. **Font-de-Gaume,** descubierta en 1901, posee algunos de los ejemplos de arte rupestre todavía abiertos al público, con dibujos de ciervos, caballos, mamuts y un friso de bisontes. La **Grotte de Combarelles,** en el valle de Beune, al este de Les-Eyzies-de-Tayac, descubierta en el año 1910, esconde en su interior más de 200 grabados y dibujos de animales y símbolos mágicos. Hay un cupo diario de entradas, así que se recomienda llegar pronto. En el refugio rocoso de **Cap Blanc,** situado en lo alto del valle de Beune, hay un friso de caballos esculpidos en relieve. Las cuevas de **Rouffignac,** al norte, se conocen desde el siglo XV. Actualmente, los casi 8 km de cuevas y galerías pueden recorrerse en un tren eléctrico, desde donde se pueden observar dibujos de cabras montesas, rinocerontes, mamuts y ciervos luchando entre sí.

LASCAUX

Lascaux misma, cerca de Montignac, arriba del valle de Vézère, permaneció enterrada por un corrimiento de tierras durante miles de años antes de que la descubrieran por accidente en 1940 unos niños que buscaban a su perro (según dice la leyenda). Lo que encontraron fue una galería de arte prehistórica de más de 150 pinturas y 1.500 grabados, perfectamente conservados por una fortuita capa de barniz hecha de cristales.

Los dibujos de animales en movimiento, pintados con pigmentos ocres y rojos y marcadas líneas de carbón, muestran un nivel de habilidad artística excepcionalmente sofisticado. Abiertas al público en 1948, las cuevas atrajeron tal cantidad de visitantes que en 1963 se decidió cerrarlas, después de que se descubriera que las algas y la calcita estaban estropeando las pinturas. Muy cerca se construyó una espléndida réplica, Lascaux II, donde las pinturas se copiaron durante 11 años, utilizando herramientas y pigmentos originales. ■

Los artistas de Lascaux usaron los relieves de las rocas para dar vida a los animales.

Les Eyzies-de-Tayac

232 D3

Información

19 avenue de la Préhistoire

05 53 06 97 05
www.leseyzies.com

Musée National de Préhistoire

05 53 06 45 45

Cerrado mar. sep.-junio

$

Lascaux II

232 D3

En la D704E, Montignac

05 53 51 95 03

Cerrado enero y lun. nov.-Semana Santa

$$

Cahors

LAS COLINAS DEL NORTE Y DEL SUR DE CAHORS OFRECEN bellas panorámicas de la totalidad de las torres, murallas y puentes que configuran la ciudad, casi rodeada por completo por el río Lot. En la Edad Media, Cahors, como capital de Quercy, la zona de piedra caliza de los alrededores del río Lot, fue una importante localidad.

Cahors
232 D3
Información
place François-Mitterrand
05 65 53 20 65
www.mairie-cahors.fr

Próspera y orgullosa de su antigua universidad, la población medieval de Cahors fue un importante centro de comercio, negocios bancarios y enseñanza. Pero en 1360, durante la guerra de los Cien Años, fue entregada a los ingleses. La población emigró y la ciudad, casi desierta, nunca se llegó a recuperar del todo. Todavía quedan vestigios de su esplendor medieval: el famoso Pont Valentré, del siglo XIV, que extiende sobre el río sus siete arcos góticos, vigilados por tres torres fortificadas.

Llena de plátanos, la calle principal de Cahors es el Boulevard Gambetta, bautizado así por el famoso político radical del siglo XIX Léon Gambetta, hijo de esta ciudad. En las tiendas y el cercano mercado cubierto se pueden encontrar todo tipo de delicias locales, como el sabroso y denso vino de Cahors, conocido como *vin noir*. Al este del Boulevard Gambetta se concentra el casco antiguo, donde las casas muestran abundantes restos del pasado esplendor. Los callejones, cruzados por puentes, dibujan sombras en las calles, mientras que la luz descubre las ventanas, las esculturas y magníficas repisas de madera de estas impresionantes mansiones renacentistas. Una de las más cautivadoras es el **Hôtel Roaldès** (*quai Champollion*), con la fachada sur hecha de entramados de madera y ladrillos desgastados de color rojizo, una galería y una torre de estilo italiano, y una fachada norte con soles, árboles y el emblema de la rosa de Quercy esculpidos.

En el centro del casco antiguo se encuentra la **Cathédrale St-Étienne** (*place Aristide-Briand*), de estilo románico. Las dos grandes bóvedas, decoradas con frescos del siglo XIV, le dan al interior una sensación de espacio, y el claustro de estilo gótico flamígero tiene magníficas obras de talla. Pero lo más destacable de la catedral es el tímpano del siglo XVI que se eleva sobre la puerta norte, representando la Ascensión de Cristo rodeado de ángeles. ■

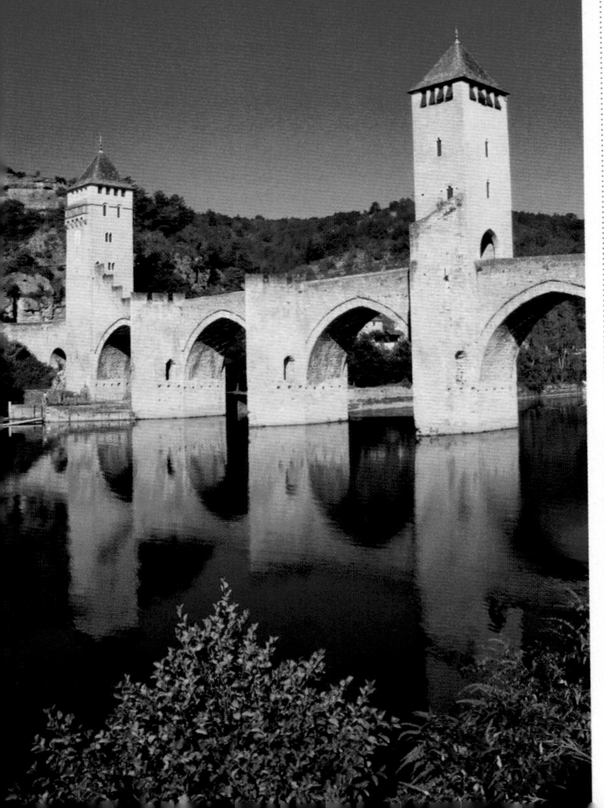

El medieval Pont Valentré, construido para defender Cahors de los invasores.

Rocamadour

SITUADA EN UNA GRIETA DE LA GRAN GARGANTA DEL RÍO Alzou, Rocamadour es uno de los lugares más impresionantes de Francia. En el siglo XII, la localidad se hizo famosa por el descubrimiento del cuerpo de un hombre, que se identificó como el de Zacarías, marido de Ste-Veronica, que fue recristianizado como St-Amadour. Enterrado bajo una capilla anterior dedicada a la Virgen, a sus restos pronto se le atribuyeron milagros y atrajeron peregrinos.

Desde la población, una escalinata conduce hasta el altar de la Virgen Negra y la tumba del santo. En la **Chapelle de Notre-Dame,** excavada en la roca, se halla la famosa estatua de la Virgen Negra, probablemente del siglo XII. La talla es poco delicada, pero lo que conmueve más es su simplicidad, la madera desgastada y oscurecida con el paso de los años. Arriba se encuentra una campana del siglo IX, que, según se cuenta, suena sola cuando anuncia un milagro. Bajando unos escalones, a la izquierda de la capilla, se halla la cripta del siglo XII con la tumba de St-Amadour. En el **Musée d'Art Sacré** se exhibe una colección de arte sacro.

Sobre la capilla todavía continúa la ascensión, ya sea pasando por las estaciones del Vía Crucis hacia las murallas de la fortaleza original, construida para proteger el altar. ■

Rocamadour
232 D3
Información
Maison de Tourisme l'Hospitalet
05 65 33 22 00
www.rocamadour.com

Musée d'Art Sacré
parvis des Sanctuaires
05 65 33 23 30

Gouffre de Padirac

Gouffre de Padirac, al este de Rocamadour por la D673, es una enorme grieta en la piedra caliza de unos 100 m de ancho y 246 m de profundidad. Conduce hasta una serie de grutas que se adentran al menos 15 km bajo tierra. En la Edad Media servía como refugio, pero no fue hasta el siglo XIX cuando los espeleólogos empezaron a descubrir su importancia en la prehistoria. Ascensores y escaleras descienden por la grieta, y unas embarcaciones de fondo plano navegan por el río subterráneo y se adentran en las cuevas iluminadas. Después de recorrer unos 315 m se llega a la Salle du Grand Dôme, una caverna de 90 m de altura.

232 D3 05 65 33 64 56
Cerrado nov.-marzo
$$ (ida y vuelta) ■

Rocamadour, antaño lugar de peregrinación, se eleva sobre rocas calizas.

Alrededores del valle del Lot

A MEDIDA QUE SE ACERCA A CAHORS, EL RÍO LOT ENCUENTRA a su paso las *causses* o mesetas de piedra caliza. En algunos lugares sobresalen acantilados color crema o rosados, en donde se aferran poblaciones y fortalezas de postal; más adelante, el río serpentea a través de bucólicos paisajes de prados y viñedos. Al norte, el curso de su afluente, el Célé, rodeado de álamos, confluye con él atravesando un romántico valle lleno de cuevas prehistóricas y castillos renacentistas. Cahors (ver pág. 256) es un buen punto de partida para realizar excursiones. Este recorrido sigue el curso del río Lot hasta la población comercial de Figeac, regresando por el valle de Célé.

St-Cirq-Lapopie
232 D3
Información
05 65 31 29 06
www.saint-cirqlapopie.com

Cajarc
232 D3
Información
05 65 40 72 89

Figeac
233 E3
Información
place Vival
05 65 34 06 25

Musée Champollion
place Champollion
Cerrado por renovación

Musée du Plein Air de Quercy
Sauliac-sur-Célé
05 65 31 36 43
Cerrado lun. y sept.-junio
$$

En este lugar, los turistas disfrutan de la vida apacible, montando a caballo, paseando en embarcaciones, visitando los interesantes museos y el gran número de cuevas muy bien indicadas.

Salga de Cahors por la D653, en dirección este por la D662 hasta llegar a **St-Cirq-Lapopie,** una de las poblaciones más hermosas de Francia. Toda ella ha sido rehabilitada: las sinuosas calles adoquinadas, la iglesia fortificada y las casas con entramados de madera llenas de detalles renacentistas y repisas. Poblada por artistas desde la segunda mitad del siglo XX, el más conocido fue el escritor surrealista André Breton (1896-1966).

En el valle del Lot abundan los castillos; en **Cénevières** podrá visitar un castillo del siglo XIII (*Tel 05 65 31 27 33; cerrado nov.-Semana santa*), con vistas al río, y admirar los anexos renacentistas incluyendo la escalinata de piedra, la galería y los techos artesonados. Desde las terrazas podrá disfrutar también de unas espléndidas vistas del poblado troglodita del acantilado de enfrente.

La siguiente población más importante a orillas del río es la hermosa **Cajarc,** donde se encuentra el **Musée Georges-Pompidou,** en el que se organizan exposiciones de arte contemporáneo europeo (*Tel 05 65 40 78 19*). Siga subiendo por el valle hasta **Montbrun-les-Bains,** donde puede verse otra fortaleza en ruinas situada en un emplazamiento espectacular. En **Larroque-Toirac,** el castillo medieval fue reconstruido después de que los ingleses lo quemaran en el siglo XIV.

PIEDRA DE ROSETTA

Unos pocos kilómetros más adelante, la D662 atraviesa la *causse* hasta llegar a **Figeac,** una antigua población comercial. En este lugar, el curtido de piel era una industria muy importante, y la mayoría de las casas medievales del casco antiguo poseen chimeneas octogonales y *soleilhos* abiertos (salas de secado) en el piso superior. La oficina de turismo y el museo local se encuentran en el **Hôtel de la Monnaie,** del siglo XIII, la antigua casa de la moneda. Jean-François Champollion, el egiptólogo del siglo XIX que descifró los jeroglíficos egipcios utilizando la inscripción en tres lenguas de la Piedra de Rosetta, nació en Figeac. Su casa es actualmente el **Musée Champollion** (*cerrado por renovación*). El suelo de la Place des Écritures es una réplica aumentada de la piedra.

Salga de Figeac por la D13, luego gire a la izquierda por la D41 para seguir el valle del río Célé. Deténgase para visitar **Espagnac-Ste-Eulalie** y las peculiares ruinas del **Prieuré du Val-Paradis,** un

nombre apropiado, del siglo XIII. Prosiga por los acantilados color melocotón y las cuevas fortificadas de la benedictina **Abbaye de Marcilhac.** Unos 5 km más adelante, deténgase en **Sauliac-sur-Célé** para visitar su museo del trabajo en las granjas del siglo XIX, el **Musée du Plein Air de Quercy**. Dos granjas reconstruidas ilustran los trabajos tradicionales, con cosechas y animales auténticos, carros, tractores y hornos de pan.

Más allá de Cabrerets y sus dos imponentes castillos se encuentran los tesoros de la **Grotte de Pech-Merle,** descubiertas en 1922 por dos chicos de la localidad. Esta galería de pinturas rupestres de 20.000 años de antigüedad, según las estimaciones más conservadoras, todavía está abierta al público. Se puede explorar más de un kilómetro de cuevas y galerías espectaculares, decoradas con fantásticas pinturas de bisontes y mamuts, siluetas de caballos, figuras femeninas y misteriosas huellas de manos.

EL DISPARATE DE BÉRENGER

Al oeste de Cahors se alza el **Château de Bonaguil,** lo último en fantasía militar. A finales del siglo XV, Bérenger de Roquefeuil comenzó a fortificar y ampliar el ya existente torreón del siglo XIII, dispuesto a construir un castillo totalmente inexpugnable. Cuarenta años después, Bérenger se convirtió en el orgulloso señor de una obra maestra de la ingeniería militar. Por desgracia, nadie atacó su castillo, así que nunca llegó a poner a prueba su eficacia. ■

«St-Cirq me ha embrujado para siempre. No deseo ir a ningún otro lugar.»
André Breton (1951)

La población de St-Cirq-Lapopie y el río Lot.

Grotte de Pech-Merle
- ✉ Cabrerets
- ☎ 05 65 31 27 05
- 🕒 Cerrado nov.-marzo
- $ $$

Château de Bonaguil
- ☎ 05 53 71 90 33
- 🕒 Cerrado Navidad-enero
- $ $$

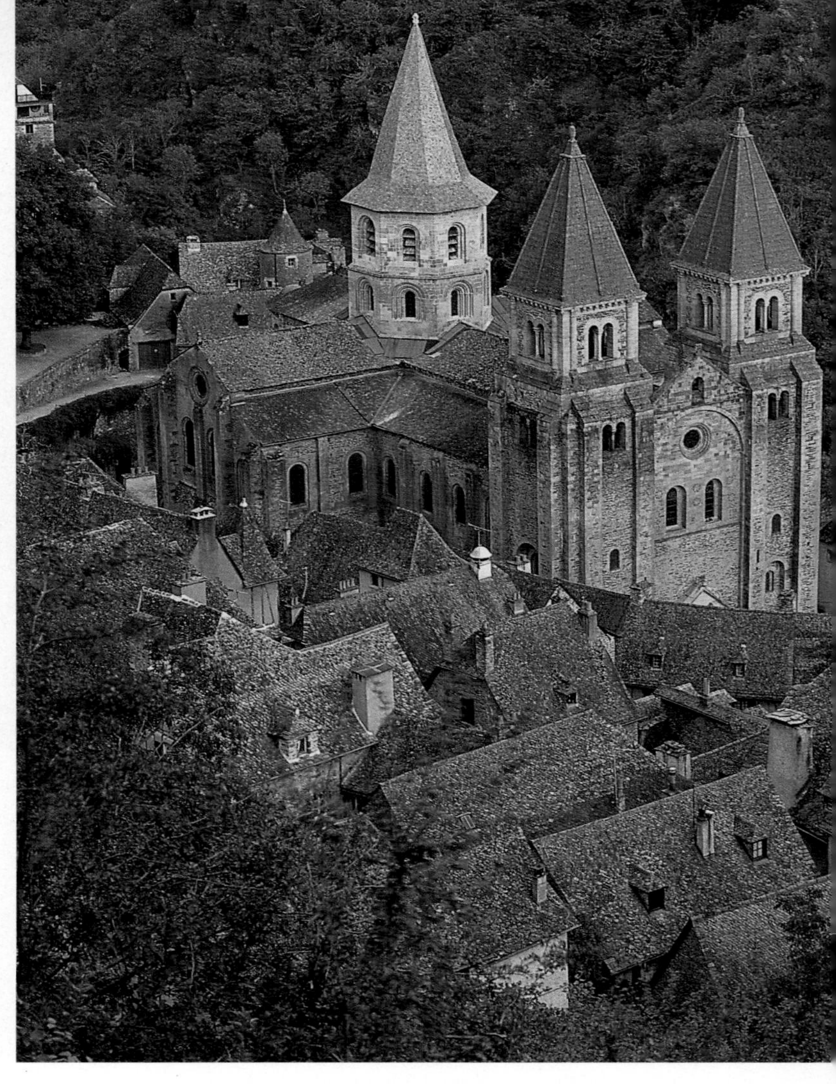

Conques

LA POBLACIÓN DE CONQUES SE ESCONDE EN EL VALLE DEL río Dourdou. Este inusual emplazamiento oculta una de los centros de peregrinación más importantes de Francia, la Abbaye de Ste-Foy.

Conques
233 E3

Abbaye de ste-Foy
08 20 82 08 03

Las tres grandes torres de la abadía se elevan sobre las casas de la población, unas y otras cubiertas con la misma pizarra local.

Los peregrinos empezaron a llegar aquí en el siglo XI, cuando los monjes de Conques robaron las reliquias de santa Foy, una de las primeras mártires cristianas, de la población de Agen. La abadía se convirtió en parada del camino de Santiago (ver págs. 266-267).

El interior de la iglesia, del siglo XI, es de estilo románico, con una nave

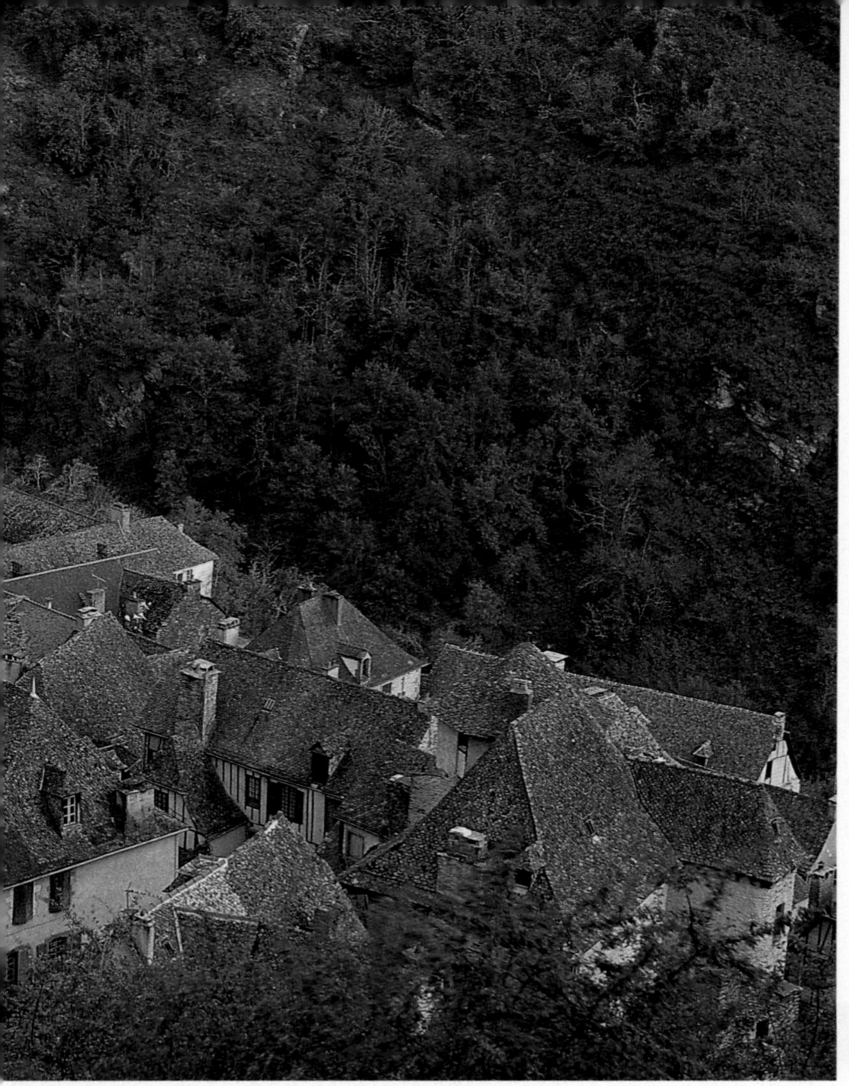

muy elevada, capiteles espléndidamente decorados y tres capillas en el redondeado extremo este, construidas para proporcionar más altares a los peregrinos. El tímpano de la puerta oeste es una obra maestra de la escultura del siglo XII, que ilustra el Juicio Final.

El tesoro de la abadía logró sobrevivir intacto a la Revolución, escondido por las gentes. Entre sus preciosas piezas se encuentran esmaltes, vestiduras y relicarios, pero la estrella de la colección es el propio relicario de Ste-Foy, del siglo IX, hecho para contener los restos del joven santo. Tiene forma de estatua, hecha de oro y adornada con joyas y camafeos, algunos de los cuales datan de tiempos romanos.

A veces, la pequeña población se inunda de turistas que acuden principalmente para visitar la iglesia, pero las empinadas calles poseen algunas espléndidas casas antiguas que vale la pena visitar. ■

La Abbaye de Ste-Foy y la población de Conques están situadas en las empinadas laderas del valle del Dourbou, un afluente del río Lot.

Poblaciones fortificadas

Cordes
232 D2
Información
Maison Fontpayrouse
05 63 56 00 52
www.cordes-sur-ciel.org

Monpazier
232 D3
Información
place des Cornières
05 53 22 68 59
www.pays-des-bastides.com

Monflanquin
232 D2
Información
place des Arcades
05 53 36 40 19

La plaza central de Monpazier, una población fortificada muy bien conservada, está rodeada de arcadas.

JUNTO AL NOBLE LEGADO DE CASTILLOS Y ABADÍAS, EL sudoeste de Francia proporciona, a través de sus poblaciones fortificadas o *bastides*, una percepción de la beligerante vida medieval.

Construidas entre los siglos XIII y XIV, las *bastides* fueron diseñadas para proteger la población rural asediada durante la guerra de los Cien Años. A quienes se trasladban a las nuevas poblaciones se le garantizaba tierra, se veían liberados de las obligaciones feudales y tenían derecho a organizar un mercado y a elegir a sus representantes.

El trazado básico constaba de una cuadrícula de calles alrededor de una plaza central con soportales. Construidas por ingleses y franceses en lugares estratégicos, se fortificaron con enormes muros. Puesto que no habían castillos se fortificaron las iglesias.

ALGUNAS POBLACIONES FORTIFICADAS

Cordes, a 90 km al sudeste de Cahors, es una de las primeras *bastides*, fundada por el conde de Toulouse en 1222. También es de las más hermosas; conserva intactas las murallas y las puertas de la ciudad, y sus estrechas calles adoquinadas, llenas de casas góticas, se han rehabilitado de forma impecable. Al lado del gran mercado cubierto se encuentra el pozo, perforado a 114 m de profundidad, que abastecía de agua durante los asedios.

Monpazier, al sudeste de Bergerac, es una de las poblaciones fortificadas más completas. Todavía conserva su plaza central con exquisitos soportales, su mercado cubierto, su iglesia fortificada, sus calles distribuidas según un patrón regular y sus antiguos muros.

En **Monflanquin,** situada en una colina al sudeste de Bergerac, la plaza del mercado se conserva intacta. Encima de la oficina de turismo está el **Musée des Bastides,** que explica el desarrollo de estas poblaciones.

Entre los otros ejemplos de *bastides* se encuentran Montauban (*ver pág. 265*), Mirepoix (*ver mapa pág. 232, D1*), Domme (*ver pág. 252*) y Lauzerte, al sudoeste de Cahors. ■

Toulouse

METRÓPOLI COSMOPOLITA, CAPITAL DE REGIÓN Y CENTRO de la investigación aeronáutica, el centro de Toulouse todavía conserva la espléndida *ville rose*, cuyas calles de ladrillos rosáceos conforman el casco antiguo. Toulouse es una ciudad llena de actividad, con la mayor población de estudiantes después de París. Visite la parte antigua a pie, luego tome el metro, con cada estación diseñada y construida por equipos de artistas y arquitectos distintos. Toulouse es también un centro de investigación aeroespacial, como se muestra en el Museo Aeroespacial de la ciudad (Cité de l'Espace).

Empiece en la **Place du Capitole,** la plaza central llena de cafés. Está dominada por el propio Capitole, el **Hôtel de Ville** del siglo XVIII llamado así por los cónsules medievales de la ciudad, o *capitouls*. A partir del siglo X, Toulouse fue la sede de los poderosos condes de Toulouse y el centro neurálgico de la civilización más desarrollada de la Europa occidental. Todo esto terminó bruscamente con la Cruzada albigense del siglo XIII, cuando Toulouse perdió su autonomía. Pero en el siglo XV, la ciudad disfrutó de un nuevo apogeo, gracias al cultivo del *pastel* o glasto, que proporcionaba un tinte azul muy apreciado.

Los mercaderes y los *capitouls* se enriquecieron, construyéndose mansiones de estilo renacentista italiano cada vez más espléndidas. Diríjase al magnífico **Hôtel d'Assézat,** en la Rue de Metz, y al **Hôtel Bernuy,** en la Rue Gambetta. La **Basilique,** construida en honor a St-Sernin, es la mayor iglesia románica de Europa (consagrada en 1096, aunque la nave y la torre son del siglo XIII) y fue la mejor iglesia de peregrinaje. Siga los pasos de los peregrinos a través del pórtico sur, con sus magníficas obras de talla, bajando por la nave, pasando cerca de los frescos y los tapices, los capiteles pintados y las sillas del coro talladas, hasta el altar del siglo XI, el deambulatorio y el tesoro.

La iglesia gótica de **Les Jacobins** (*rue Lakanal*) es especialmente bonita, con una hilera de columnas que acaban en un techo abovedado, en forma de palmera, sobre el ábside. En el **Musée des Augustins** se exhiben muestras de la escultura románica de las iglesias y claustros de la ciudad (*21 rue de Metz; Tel 05 61 22 21 82*).

No se pierda el **Espace d'Art Modern et Contemporain** en el distrito de St-Cyprien. En las inmediaciones de Toulouse, la **Cité de l'Espace** es un popular museo interactivo que muestra, entre otras muchas piezas, el cohete Ariane y la estación espacial Mir. ■

Toulouse
232 D2
Información
Donjon du Capitole
05 61 11 02 22
www.ot-toulouse.fr

Basilique St-Sernin
place St-Sernin
Cerrado a los visitantes dom. por la mañana

Espace d'Art Moderne et Contemporain
Les Abbatoires, 76 Allées Charles-de-Fitte
05 34 51 10 60
Cerrado mañanas y lun.
$

Cité de l'Espace
avenue Jean-Gonord
08 20 37 72 23
Cerrado lun.
$$

Capitel tallado del Musée des Augustins, que ilustra la muerte de Juan Bautista.

Su situación en las empinadas orillas del río Tarn confiere a la ciudad de Albi un carácter extraordinario.

Albi

LA VISTA DE ALBI DESDE EL PONT VIEUX SOBRE EL RÍO TARN, del siglo XI, es espléndida, con casas de color rosado y ocre en diferentes niveles para llegar a su enorme catedral fortificada.

Como Toulouse, Albi es una *ville rose*, construida con los mismos ladrillos rosados. Su edificio más impresionante es la **Cathédrale Ste-Cécile.** Las gruesas paredes de ladrillos, reforzadas con espectaculares pilares, son tan amedrentadoras como sorprendentes. En la espaciosa nave, construida sin columnas ni crucero, hay un vistoso conjunto de murales italianos y delicadas esculturas del siglo XVI. Destacan las filigranas de la reja entre la nave y el coro y el fresco del Juicio Final que recubre la pared oeste. Desde las murallas de los jardines del siglo XIII del palacio del obispo, el **Palais de la Berbie,** se obtienen unas impresionantes vistas del Tarn. Dentro del palacio se halla el otro tesoro de Albi: una importante colección de obras de Henri de Toulouse-Lautrec. Puede visitarse la casa donde nació, el **Hôtel du Bosc.**

En el casco antiguo encontrará la **Maison Enjalbert** y el **Hôtel de Reynes,** ambos del siglo XVI, y la románica **Église de St-Salvy** (*rue Mariès*), con un encantador claustro del siglo XIII. ■

Albi
233 E2
Información
Palais de le Berbie. Place Ste-Cécile
05 63 49 48 80
www.albi-tourisme.fr

Palais de la Berbie: Musée de Toulouse-Lautrec
place Ste-Cécile
05 63 49 48 70
Cerrado mar. oct.-marzo
$

Toulouse-Lautrec

Nacido en Albi en 1864, Henri de Toulouse-Lautrec descendía de los condes de Toulouse. Minusválido y con un defecto de crecimiento a causa probablemente de una enfermedad ósea, buscó consuelo en la pintura y la libertad de los círculos bohemios del barrio parisino de Montmartre. Con una excepcional habilidad en casi todas las técnicas del dibujo, sólo utilizaba unos pocos trazos expresivos para reproducir las escenas que le llamaban la atención. El **Musée Toulouse-Lautrec,** en el Palais de la Berbie, posee una colección de más de 600 obras, desde los primeros paisajes y retratos hasta bocetos e ilustraciones de libros, dibujos y pinturas, litografías y carteles. ■

Soportales de la plaza central.

Montauban

Montauban
232 D2
Información
Place Prax Paris
05 63 63 60 60

Musée Ingres
Palais Épiscopal, 19 rue de l'Hôtel de Ville
Cerrado lun. excepto jul. y agos., y dom. mañanas med. de oct.-med. de abril
$

Montauban, otra población de color rosáceo a orillas del río Tarn, fue fundada en el siglo XII por el conde de Toulouse. En el siglo XVI se convirtió en un importante centro del protestantismo e incluso resistió el asedio de Luis XIII, a pesar de que el rey había organizado una comida especial para presenciar el asalto.

La parte más importante de la ciudad es el **Palais Nationale,** que debe su homogeneidad a la reconstrucción del siglo XVII después de haber sido destruido en un incendio. La fortificada **Église de St-Jacques,** en su mayor parte del siglo XIII, se encuentra cerca del Pont Vieux, similar en estilo al puente de Albi. Al final del puente se halla el antiguo palacio del obispo, actualmente el **Musée Ingres.** A su muerte, Jean-Auguste Dominique Ingres legó los contenidos de su estudio a su ciudad natal, incluyendo vasijas griegas, esculturas romanas y la mayoría de sus dibujos. ■

Moissac

Moissac
232 D2
Información
6 place Durand-de-Bredon
05 63 04 01 85
www.moissac.fr

Abbaye de St-Pierre
place St-Pierre
$. Entradas en la oficina de información turística

La pequeña localidad de Moissac, en la orilla norte del río Tarn, es famosa por las esculturas de la iglesia abacial. En el siglo XI, la **Abbaye de St-Pierre** de Moissac se hermanó con la abadía de Cluny (*ver pág. 207*).

La iglesia, parte románica y parte gótica, es impresionante, pero las esculturas del siglo XII del pórtico sur son todavía más increíbles. La puerta está decorada por un marco de conchas de vieiras, y una columna central entrelazada con leones sostiene el tímpano. Con gran detalle y perfección (hasta los revolucionarios contuvieron sus martillos), ilustra la visión de san Juan del Apocalipsis, en el Libro de la Revelación. En el centro se encuentra Cristo coronado y rodeado por los Evangelistas, ángeles y animales simbólicos. La figura solitaria de Jeremías en la jamba de la puerta oeste posee una belleza melancólica. En el lado este, la Avaricia y la Infidelidad sufren terribles tormentos. En los claustros, 76 esbeltas columnas sostienen unas elegantes arcadas, y sus capiteles son extremadamente delicados. ■

El camino hacia Compostela

El símbolo de la concha de vieira se encuentra por todo el sudoeste de Francia, marcando las etapas del recorrido de peregrinación hasta Santiago de Compostela. Junto con Jerusalén y Roma, esta ciudad fue uno de los santuarios más importantes del cristianismo medieval. En Francia habían cuatro rutas principales: desde París; desde Vézelay, en Borgoña; desde Le Puy-en-Velay, en Auvernia; y desde St-Gilles, cerca de Arles, en Provenza. Todas convergían en el sudoeste para cruzar los Pirineos por los pasos de Roncesvalles o Somport, y continuaban a través de Navarra como una sola ruta.

Actualmente, miles de peregrinos y viajeros todavía siguen las rutas, pasando por las mismas ciudades y pueblos que antaño. También rezan en las grandes iglesias de Conques o Toulouse, se maravillan ante los claustros y el tímpano de Moissac, con magníficas tallas, se detienen para descansar en los altares y las cruces esparcidos en varios puntos del camino o se cobijan en las pequeñas capillas decoradas con frescos.

El destino final de los peregrinos es el altar de san Jaime (Santiago), el discípulo que se cree que introdujo el cristianismo en España, entonces parte del Imperio romano. Al regresar a Judea fue ejecutado por Herodes, y sus seguidores devolvieron su cuerpo martirizado a Galicia, en España. Mientras se acercaban a la orilla, tuvieron la visión de un hombre cubierto de conchas de vieira que salía de las olas a caballo; la concha de vieira se convirtió en un emblema del peregrinaje. El cuerpo de san Jaime fue enterrado, y posteriormente la mayor parte de España cayó en manos de los árabes. En el año 814, las estrellas (*compostela* significa «campo de estrellas») mostraron el camino hasta la tumba del santo, y el 25 de julio (actualmente la fiesta oficial de Santiago) se descubrió el cuerpo. Pronto se edificó una iglesia en ese lugar. La que existe en la actualidad en Compostela es una enorme iglesia románica a la cual se añadió posteriormente una fachada barroca.

A los peregrinos se les atrajo con la promesa de indulgencias (el perdón de sus pecados y la remisión del tiempo en el purgatorio), y los peregrinajes se hicieron muy populares. El primero del que se tiene constancia escrita es el que efectuó el obispo de Le Puy en el año 951.

La poderosa abadía benedictina de Cluny, en Borgoña (ver pág. 207) proporcionó a la ruta una ayuda vital, pues erigió casas de hermandad, iglesias y santuarios por el camino, y donó algunas reliquias para aumentar su prestigio. Ningún santuario o lugar de peregrinaje estaba completo sin una reliquia guardada en un relicario de oro y plata adornado con joyas. Los restos de los santos eran guardados como tesoros, y los fragmentos de la Vera Cruz eran especialmente apreciados. Santiago de Compostela mostraba con orgullo el cuerpo de san Jaime, y en el camino, muchos peregrinos habrían rezado en altares que contenían reliquias de al menos cinco Apóstoles y, en la Basilique de St-Sernin, en Toulouse (ver pág. 263), una astilla de la Vera Cruz. Todo esto, siglos antes de que se empezara a cuestionar la autenticidad de la mayoría de estas reliquias. Una intensa y a veces desleal competencia se desencadenó para conseguir las reliquias más importantes. Un monje de la abadía de Conques robó las reliquias de santa Foy en Agen. Vézelay careció igualmente de escrúpulos al negarse a devolver los restos de María Magdalena.

A menudo, los peregrinos tardaban años en recorrer el camino sagrado, sufriendo infortunios y peligros. Conmovido por sus ruegos, a finales del siglo XII un monje de Poitou llamado Amery Picaud escribió el *Liber Sancti Jacobi.* Esta primera guía de viajes detallaba los mejores lugares donde comer, las fuentes de agua más seguras y las capillas o monasterios más acogedores para visitar durante el camino.

Los peregrinos llevaban el símbolo de la concha de vieira para identificarse, y aún hoy en día se utiliza con el mismo objetivo. En 1987, la Comunidad Europea reconoció oficialmente un sistema de señalizaciones que se había desarrollado a partir de las conchas de vieira. Describió el camino de Santiago como «uno de los símbolos más antiguos de cooperación e iniciativa europeas... una parte clave de nuestro legado europeo». ■

Izquierda: grupos de peregrinos que se dirigen a Santiago de Compostela, según un manuscrito iluminado de 1450.

En el camino a Santiago, los peregrinos se detenían para rezar en la Basilique de St-Sernin, en Toulouse (arriba a la derecha) y en la abadía de Moissac, con su hermoso claustro (abajo).

Los torreones de piedra arenisca rojiza son característicos de las casas de Collonges-la-Rouge.

Otras visitas interesantes en Dordogne y Midi-Pyrénées

BIRON

Justo al sur de la población fortificada de Monpazier (ver pág. 262), el colosal Château de Biron del siglo XII domina el paisaje. El torreón original se fue ampliando generación tras generación de la familia Gontaut, hasta que fue expropiado en 1978. Actualmente, el castillo se utiliza como un centro de arte durante el verano. A los edificios feudales se le añadieron elegantes anexos renacentistas durante el siglo XVI, incluyendo la espléndida capilla doble (para alojar las tumbas de la familia en la parte superior, y con un espacio para que los aldeanos pudieran rezar). 232 D3 05 53 63 13 39 Abierto todos los días julio-agos.; cerrado enero y lun., vier.-sáb. nov.-marzo.

COLLONGES-LA-ROUGE

Los señores de Turenne mandaron construir esta población rojiza, cuyas espléndidas mansiones, torres, torreones, mercado y castillo poseen una homogeneidad un tanto estrafalaria. El tímpano de piedra caliza blanca de la iglesia rojiza (siglos XI-XII) es un descanso para la vista. Pasee por la Rue Noire, en la parte más antigua, para tener una idea de conjunto. 232 D3

ST-CÉRÉ

St-Céré es una pequeña población comercial, cuya situación es ideal para salir de excursión por el valle del Lot. El río Bave acompaña con su murmullo las hermosas calles, la plaza del mercado y las mansiones con balcones del siglo XV. Más arriba, al norte, se asoman los dos torreones (siglos XII y XV) del castillo de **St-Laurent-les-Tours,** residencia del artista Jean Lurçat desde 1945 hasta su muerte en 1966. Actualmente alberga un museo dedicado a su trabajo, y las galerías de la población venden obras originales y reproducciones. 232 D3 **Información** 13 avenue François de Maynard 05 65 38 11 85 ■

El camino hacia el Cirque de Gavarnie, en el Pirineo central.

Los Pirineos

Visibles desde la llanura de Aquitania y, en un día despejado, desde los márgenes del Macizo Central, los resplandecientes picos de los Pirineos otorgan al horizonte una espectacularidad sin igual. Aquí podrá encontrar la majestuosidad y la tranquilidad de la alta montaña, combinada con la exuberancia de los verdes valles, los impetuosos saltos de agua y flora y fauna poco comunes. En primavera y en verano, los prados están cubiertos de flores (lirios y aguileñas, fritilarias y gencianas, violetas y geranios, asfódelos y orquídeas), mientras que en invierno las montañas se transforman en pistas de esquí. Pero quizá la mejor época de todas es la *arrière-saison*, los soñolientos días dorados de otoño, cuando el aire huele a leña quemada.

Extendiéndose en la frontera entre España y Francia, los Pirineos en realidad no pertenecen a ninguno de los dos países. Durante siglos, la mayor parte de los Pirineos estaba formada por un mosaico de comunidades pequeñas. La región todavía conserva este espíritu de independencia, orgulloso de su historia y sus tradiciones.

Los Pirineos son un paraíso para los caminantes, con el GR10, uno de los senderos de larga distancia más famosos de Francia, que cruza toda la cadena montañosa desde el Mediterráneo hasta el Atlántico. No hay una forma mejor de descubrir las montañas tan de cerca. Pero le recomendamos cuidado, estas montañas son difíciles, con peligros acechando en todo momento. El transporte público en los Pirineos es irregular. Pero la mayoría de las carreteras están en buen estado y bien señalizadas, aunque las gasolineras escasean y la nieve provoca el cierre de las carreteras más altas entre octubre y mayo. ■

Un excursionista se toma un respiro en un espléndido lugar desde el que se divisa el Cirque de Gavarnie.

Parc National des Pyrénées Occidentales

ÁGUILAS DORADAS, BUITRES LEONADOS, LINCES, CABRAS montesas, incluso (algunos) osos pardos de los Pirineos (Pyrénées). Esto sólo es un ejemplo de las especies insólitas y en peligro de extinción que viven protegidas en el Parque Nacional de los Pirineos Occidentales. Creado en 1967, cubre una extensión de 45.700 ha y posee algunos de los paisajes más espectaculares de los Pirineos, incluyendo el impresionante Cirque de Gavarnie. Bajo estrictos controles y una gestión prudente, la caza y la recolecta de flores está estrictamente prohibida, y la acampada libre se permite sólo en distancias equivalentes a más de una hora de la carretera (y debe abandonarse el lugar de acampada a la salida del sol).

Siguiendo el curso de la gran cantidad de ríos que nacen en las montañas, existen magníficas carreteras para subir por algunos valles hasta el parque. Las poblaciones de los alrededores están bien equipadas, con hoteles, restaurantes, cámpings y guías de montaña. Las Maisons du Parc son centros oficiales de información que aconsejan sobre recorridos, tiempo atmosférico, vida salvaje y la rica flora de la región.

COL DU SOMPORT

Al oeste del parque, la N134 sigue un camino romano que atraviesa el valle del Aspe desde Oloron-Ste-Marie, subiendo 1.632 m, hasta Col du Somport, en España. Por este lugar cruzó el ejército sarraceno para derrotar a Carlos Martel en el año 732, y fue utilizado durante siglos por los peregrinos que se dirigían a Santiago (ver págs. 266-267). En 2003 se excavó un polémico túnel de 8 km en el Col, que despeja las carreteras costeras, pero pone en peligro la tranquilidad del vallée d'Aspe y el último hábitat del oso pardo pirenaico. **Lescun,** situada en lo alto del valle, posee unas vistas magníficas del anfiteatro de roca y los pináculos del Cirque de Lescun.

Al este, la D934 sube por el valle del Ossau, dejando atrás Pau y atravesando poblaciones de aguas termales encaramadas entre el río y la ladera de la montaña, y pasando por magníficos saltos de agua. Busque las grandes aves rapaces (águilas doradas, azores, halcones y buitres) que han hecho famoso este valle.

Siga a través de Laruns y Gabas, luego gire en dirección sudoeste por la D231 hasta llegar al lago artificial **Lac de Bious-Artigues,** parte de la gran red hidroeléctrica de los Pirineos. Desde este lugar se puede realizar una excursión de unas cuatro horas por un sendero señalizado que rodea los **Lacs d'Ayous.** El sendero atraviesa bosques y prados cubiertos de flores en primavera. En lo alto se eleva el volcán apagado del **Pic du Midi d'Ossau,** con 2.884 m de altura. En sus laderas pacen manadas del conocido *isard,* el rebeco. Un teleférico le llevará desde Gabas al Pic de la Sagette, a 2.134 m, desde donde disfrutará de unas vistas espléndidas.

Vuelva sobre sus pasos hasta Laruns para tomar la D198 en dirección este, un espectacular recorrido que desciende por dos impresionantes *cols* (pasos) hasta llegar a Argelès-Gazost. Siguiendo en dirección sur por la D921 hasta Gavarnie llegará a la población de **St-Savin,** donde se

La Vallée d'Aspe Información
✉ place François Saraille, Bedous
☎ 05 59 34 57 57

Maison de la Vallée d'Ossau
✉ Laruns
✉ 05 59 05 31 41

Cauterets
232 C1
Información
✉ place du Maréchal Foch
☎ 05 62 92 50 50
www.cauterets.com

Cirque de Gavarnie
232 C1
☎ www.gavarnie.com

Gavarnie Información
☎ 05 62 92 49 10

Observatoire du Pic du Midi
✉ La Mongie
☎ 05 62 95 81 81
🕒 Cerrado mar. (acceso según el tiempo; llamar antes, Tel 08 25 00 28 77)

encuentra una abadía del siglo XI que en el pasado llegó a controlar el valle entero; la iglesia románica del siglo XII todavía se conserva, junto con la sala capitular. Enfrente se elevan las ruinas del Château de Beaucens, ahora una reserva para aves de presa.

Desde Pierrefitte-Nestalas, puede elegir entre dos valles muy destacados. La D920 recorre la estrecha garganta de **Cauterets,** una espléndida población termal de aguas sulfurosas, mansiones con columnatas y balcones de hierro forjado, y un lugar ideal para los amantes del esquí y del excursionismo. Desde aquí, paseando cerca de espléndidos saltos de agua, llegará a **Pont d'Espagne,** donde convergen tres cataratas. Un poco más arriba, a 1.725 m de altura, se encuentra el **Lac de Gaube,** un profundo lago rodeado de un paisaje estéril y dominado por la cumbre nevada de Vignemale (3.298 m) y su glaciar.

La D921, la otra ruta desde Pierrefitte-Nestalas, recorre la Gorge de Luz hasta **St-Sauveur,** un balneario de moda del siglo XIX. Desde una apertura de la garganta se puede disfrutar de una de las vistas más conocidas de los Pirineos: la del **Cirque de Gavarnie.**

Desde la población de Garvarnie, debe caminar o montar en burro o caballo hasta el mismo *cirque,* un anfiteatro de roca excavado por ríos y glaciares, bordeado de picos de hasta 3.000 m de altura. Varias cascadas se precipitan por el cirque, la más espectacular la **Grande Cascade de Gavarnie.** Con un desnivel de 422 m, éste es el salto de agua más elevado de Europa. A la derecha se encuentra la Brèche de Roland, donde, en el poema épico medieval de *El cantar de Roldán,* el héroe intentó romper su espada encantada antes que darla a los infieles, y, en vez de ello, abrió una grieta de 120 metros.

Desde Luz-St-Sauveur siga por la D918 por Barèges hasta el **Col de Tourmalet.** Este paso, a 2.115 m, es el más elevado de las montañas y se puede llegar en coche. Un teleférico sube a **La Mongie** hasta el observatorio del **Pic du Midi de Bigorre.** La cumbre ofrece espléndidas vistas de los Pirineos. ■

La vida salvaje de los Pirineos

Los Pirineos albergan más de 400 especies de flores, 160 de las cuales no se encuentran en ningún otro sitio, incluyendo la ramonda y la saxífraga, diferentes especies de columbinas y lirios, pequeños azafranes púrpuras y androsacias rosas. Además, en esta flora tan diversa viven un gran número de mariposas únicas, como por ejemplo la Gavarnie azul y la Gavarnie rizada.

En las laderas montañosas más altas, las grandes aves rapaces pueden criar relativamente tranquilas. En el cielo los magníficos y grandes buitres vuelan en círculo: el buitre grifón, el lammergeyer (o buitre barbado) y el buitre leonado.

Entre los mamíferos se encuentra el *isard,* o rebeco. Símbolo del parque, sus cuernos se enroscan de una forma muy característica. Su número va en aumento, y se pueden observar entre las rocas más elevadas. De las otras especies autóctonas destacan la perdiz de las nieves, la marmota y el desmán de los Pirineos, un curioso mamífero acuático. Tan sólo quedan unos pocos osos pardos, en peligro de extinción a medida que se han visto desplazados de su hábitat natural hacia las zonas de parque más bajas y también hacia las zonas más altas de las montañas. Los esfuerzos para reintroducirlos ha tropezado con la oposición de los granjeros. ■

Pau

Pau

232 C2

Información

place Royale

05 59 27 27 08

www.pau.fr

Musée National du Château de Pau

rue du Château

05 59 82 38 02

$ Sólo visitas guiadas

Musée des Beaux-Arts

rue Mathieu-Lalanne

05 59 27 33 02

Cerrado mar.

$

PAU ES UN LUGAR IDEAL PARA INICIAR UN RECORRIDO POR los Pirineos. Desde el Boulevard des Pyrénées, bajo el castillo, hay unas vistas excelentes de las montañas, que en un día claro abarcan más de 83 picos. La capital histórica de la antigua provincia de Béarn, y actualmente la préfecture del département de los Pyrénées-Atlantiques, Pau debe mucho de su elegancia, curiosamente, a los ingleses. Los primeros habitantes ingleses fueron oficiales retirados del ejército de Wellington que decidieron quedarse después de la Campaña de la Península (1807-1814). Más tarde, en el siglo XIX, se les unieron compatriotas suyos atraídos por el aire puro de la localidad.

Bonita y tranquila, Pau invita a pasear por sus frondosas avenidas, con sus elegantes mansiones y villas de estilo *art nouveau*, y por calles adoquinadas, llenas de casas con entramados de madera. En el extremo oeste del Boulevard des Pyrénées, dominando el río Gave de Pau bordeado por plátanos, se alza el **Château de Pau**. En sus inicios una residencia construida por los condes de Foix, su gran torreón de ladrillos rojizos fue añadido por Gaston Fébus, que defendió el ducado de Foix de todos los contendientes.

En el siglo XVI, Margarita de Angoulême transformó el castillo en un palacio renacentista, con entradas, ventanas y arcadas espléndidamente talladas. En este lugar nació su nieto, Enrique de Navarra, quien ascendió al trono de Francia en 1589 como Enrique IV. Lo más destacado de la visita al castillo son los espléndidos tapices gobelinos de las salas oficiales, las cocinas del siglo XVI y un enorme caparazón de tortuga que, según dicen, hizo de cuna del pequeño Enrique. En el último piso se encuentra el **Musée Béarnais,** dedicado a la vida y la artesanía tradicionales del lugar, como la fabricación de queso y boinas.

El **Musée des Beaux-Arts,** al noreste del castillo, posee una impresionante colección de arte, con obras de El Greco, Rubens y Degas, y una sección dedicada a pintores de los Pirineos. El papel de Pau en los primeros años de la aviación y la escuela fundada por los hermanos Wright se describe en el nuevo museo **Pau Wright Aviation** *(Palais Beaumont, Tel 06 75 29 47 33).*

Los viñedos de **Jurançon,** al otro lado del río Gave de Pau, merecen una visita. Unos indicadores señalan la ruta a través de los viñedos. Para obtener más información sobre la ruta y las bodegas que aceptan visitantes, diríjase a la oficina de turismo de Pau. ■

LA INFLUENCIA INGLESA

Los ingleses trajeron consigo el cricket y el rugby (actualmente una obsesión en el sudoeste de Francia), el polo, el croquet, el golf (el primer campo de golf de Francia se construyó aquí) y la caza del zorro. ■

El elegante Boulevard des Pyrénées de Pau.

Lourdes
232 C1
Información
place Peyramale
05 62 42 77 40
www.lourdes-infotourisme.com

Musée Pyrénéen d'Art et de Traditions Populaires
Le Château Fort
05 62 42 37 37
$

Lourdes

EL SANTUARIO CATÓLICO MÁS POPULAR DEL MUNDO, Lourdes, es también la puerta de entrada a los valles de los ríos Arrens, Cauterets, Ossau y Gavarnie. Cada año, Lourdes recibe 5 millones de peregrinos, y la población posee más hoteles que ningún otro lugar de Francia, aparte de París. Los creyentes vienen en busca de curas milagrosas para sus enfermedades y discapacidades. A pesar de su increíble carácter comercial, Lourdes no les defrauda.

Todo empezó en enero de 1858, cuando una niña de 14 años llamada Bernadette Soubirous aseguró haber visto a la Virgen María. Una orden divina la condujo hasta la fuente de la Grotte de Massabielle, y, desde su última visión en 1862, los peregrinos han venido a la pequeña cueva para llenar sus botellas de agua milagrosa y abandonar sus muletas. Algunos visitan la humilde casa de la Rue des Petits-Fossés, donde ella vivió con su familia.

Sobre la gruta milagrosa, donde existe una estatua de la Virgen en el lugar de las apariciones, se construyó una iglesia. Además de la **Basilique du Rosaire,** construida en honor de Bernadette en 1889, en el año del centenario de las apariciones, 1958, se consagró una iglesia subterránea, la **Basilique St-Pie X,** que puede albergar a unas 30.000 personas.

En la localidad se encuentra un museo de cera que ilustra la vida de Cristo y la de Bernadette y una maqueta de piedra de Lourdes tal como era en la época de Bernadette.

En la parte antigua de Lourdes, cerca del castillo al otro lado del río Gave de Pau, se halla el **Musée Pyrénéen d'Art et de Traditions Populaires.** Dedicado a los *pyrénéistes*, los alpinistas de estas montañas, en el museo se exhiben materiales, mapas y dibujos, junto con colecciones de artesanía y trajes locales, y exposiciones sobre la vida salvaje de los Pirineos.

A unos 15 km al sudoeste de Lourdes se encuentran las espectaculares **cuevas Bétharram** (*Tel 05 62 41 80 04; cerrado nov.-dic. y mañanas enero-marzo*). Un tren y una barcaza en miniatura conducen a los visitantes por un río subterráneo a través de un paisaje de fantásticas formaciones de piedra caliza. ■

El altar de Ste-Bernadette, en Lourdes.

La catedral de St-Bertrand-de-Comminges, del siglo XIII, ofrece una magnífica panorámica de los Pirineos.

St-Bertrand-de-Comminges

IMPORTANTE POBLACIÓN ROMANA EN EL PASADO, St-Bertrand-de-Comminges todavía muestra vestigios de tiempos mejores. Entre ellos se encuentran los restos de las termas, un teatro y un templo, junto con las ruinas de un mercado rodeado de soportales y una basílica cristiana del siglo V. Las invasiones de los bárbaros, junto con las epidemias, destruyeron la población, que permaneció en ruinas hasta el siglo XI. Entonces, un conde de la región, canonizado como St-Bertrand, se embarcó en la construcción de la catedral.

St-Bertrand-de-Comminges
232 C1
Información
Les Olivetains, parvis de la Cathédrale
05 61 95 44 44

Église de St-Just-de-Valcabrère
05 61 95 49 06
Cerrado enero y lun. nov.-marzo

Apodado el Mont-St-Michel de los Pirineos, la **Cathédrale Ste-Marie** empequeñece la diminuta población de los siglos XV-XVI que se concentra a su alrededor. La belleza de su localización, la grandiosidad de su arquitectura y sus tesoros artísticos la convierten sin duda en una de las edificaciones más importantes de los Pirineos.

La iglesia es románica, con algunos añadidos góticos posteriores, especialmente el espléndido claustro. Los capiteles, esculpidos de una forma soberbia, enmarcan las vistas de las montañas. Dentro, en la galería del órgano, hay una gran cantidad de obras de talla del siglo XVI, y muy especialmente en los bancos y las misericordias del coro. En ellos, los artesanos medievales ilustraron, con carácter lúdico, una galería de figuras y escenas devotas, humorísticas e incluso satíricas, sin duda basadas en personajes locales.

A la sombra de este magnífico monumento se encuentran las calles de la pequeña población, cuyas casas de piedra y entramados de madera han sido espléndidamente restauradas. A unos 3 km más abajo, la fantástica **Église de St-Just-de-Valcabrère,** de estilo románico del siglo XII, posee algunos toques romanos, desde los capiteles hasta los sarcófagos de mármol, reciclados de las ruinas de la ciudad romana. ■

La fortaleza de Montségur, en lo alto de un risco, uno de los castillos cátaros más importantes.

Alrededores del valle del Ariège

LLENO DE LUGARES INTERESANTES, DESDE CASTILLOS cátaros hasta cuevas con pinturas rupestres, y fácilmente accesible (a una hora en coche) desde Toulouse, el valle del Ariège es una de las mejores zonas de los Pirineos para realizar una visita breve.

St-Lizier
232 D1
Información
place de l'Église
05 61 96 77 77
www.ariege.com/st-lizier

Foix
232 D1
Información
29 rue Delcassé
05 61 65 12 12
www.ot-foix.fr

Desde Toulouse, diríjase hacia el río Ariège por el precioso valle del Lèze. Aunque el paisaje montañoso es espeluznante, el recorrido en coche no lo es tanto. En Pailhès, desvíese en dirección oeste por la D119 hasta la **Grotte du Mas d'Azil,** una cueva que posee un túnel tan grande que la carretera lo atraviesa. De la cueva principal salen otras más pequeñas que los pueblos prehistóricos habitaron durante 20.000 años; una visita guiada le mostrará huesos, herramientas y piedras pintadas de esta época descubiertos aquí. En un pasado más reciente, las cuevas sirvieron como santuario para protestantes, cátaros e incluso para los primeros refugiados por motivos religiosos. En este lugar se descubrió una pequeña capilla del siglo III.

Siga por la D119 y gire a la derecha por la D117 hasta llegar a **St-Lizier,** una población medieval fortificada, que se caracteriza por tener dos catedrales. La **Cathédrale St-Lizier,** en la parte baja de la ciudad, posee frescos románicos y un claustro de dos pisos. Su campanario gótico de ladrillos rosados,

construido siguendo el modelo de St-Sernin, en Toulouse (ver pág. 263), contrasta con los lejanos picos de las montañas. La **Cathédrale de la Sède** data del siglo XII.

Más al este, **Foix,** capital del Ariège, fue la sede de los conflictivos condes de Foix durante la Edad Media. Antes de conseguir tomar este bastión cátaro en 1211, Simon de Montfort asedió el castillo cuatro veces. Actualmente es una tranquila población de calles serpenteantes, dominada por los tres torreones del castillo, el más antiguo del siglo XI, y que vale la pena subir para contemplar las vistas de la localidad y las estribaciones de los Pirineos.

Un poco más al sur, por la N20, en medio de un gran número de cuevas prehistóricas, se encuentra **Tarascon-sur-Ariège**. **Bédeilhac** (*Mapa pág. 232 D1; Tel 05 61 05 95 06*), al noroeste de Tarascon-sur-Ariège, es una gigantesca cueva llena de estalagmitas, cuyas paredes están cubiertas de dibujos de animales del paleolítico pintados hace 15.000 años. **Lombrives** (*Mapa pág. 232 D1; Tel 05 61 05 98 40*), al sudeste, posee una enorme caverna de 117 m de altura conocida como La Cathédrale, con un pequeño tren que la recorre. Las cuevas más impresionantes, sin embargo, son las de **Niaux** (*Mapa pág. 232 D1; Tel 05 61 05 88 37*), justo al sur de Tarascon-sur-Ariège. En ellas se encuentran algunas de las mejores pinturas rupestres de Europa, con dibujos de bisontes, caballos y ciervos, representados con gran detalle. A diferencia de las cuevas de Lascaux, en Dordogne (ver págs. 254-255), las cuevas de Niaux todavía están abiertas al público; la entrada es muy restringida, así que le aconsejamos que reserve con antelación, por teléfono o personalmente en las cuevas. En Niaux está el **Musée Pyrénéen** (*Tel 05 61 05 88 36*), dedicado a la artesanía y la vida tradicional de la zona del Ariège.

Regresando en dirección norte por la N20, gire a la derecha justo antes de Foix por la sinuosa D9. La carretera pasa bajo los muros de dos fortalezas cátaras, Montgaillard y Roquefixade, antes de llegar a **Montségur,** el último y trágico bastión cátaro.

Después de que el tratado de Meaux proporcionara apoyo legal a la Cruzada albigense (ver págs. 322-323), esta región se convirtió en el centro de la resistencia cátara. A medida que caían las fortalezas, el señor de Montségur convirtió este castillo en un refugio para los cátaros. En 1244, después de diez meses de asedio, los cátaros se rindieron. Dos semanas más tarde, los más de 200 cátaros (hombres, mujeres y niños) que rehusaron abandonar sus creencias, fueron quemados vivos. El **Musée de Montségur** está dedicado a los cátaros. ■

En el corazón del impresionante Massif de Tabe se esconden las ruinas de la fortaleza cátara de Montségur.

CUEVAS PREHISTÓRICAS

Las cuevas que se describen en el texto principal abren en diferentes horarios según la época del año, y algunas sólo se pueden visitar con reserva previa, puesto que hay un límite de visitantes por día. Compruebe los horarios en la oficina de turismo de Foix o llame directamente.

Musée de Montségur

☎ 05 61 01 06 94

Cerrado enero mañanas de oct.-feb., lun. y mar. en dic.

$

El antiguo puente de St-Jean-Pied-de-Port y las casas blanqueadas del casco antiguo.

Otras visitas interesantes en los Pirineos

MIREPOIX

La población fortificada del siglo XIII de Mirepoix, al noreste de Foix, es famosa por las espléndidas arcadas de entramados de madera de la plaza principal y por la enorme nave gótica y la fantástica aguja de su catedral. El momento más animado para visitar la población es en día de mercado (jue. o sáb.) o durante el mercado de ganado que se celebra dos veces al mes.

232 D1 **Información** place du Maréchal Leclerc 05 61 68 83 76

OLORON-STE-MARIE

Esta pequeña población comercial, en la N134 en la intersección entre los valles de Ossau y Aspe, se distingue por sus dos iglesias: la Cathédrale Ste-Marie, con su entrada principal románica de mármol tallado, y la Église Ste-Croix, con esculturas españolas del siglo XIII. También se pueden comprar las famosas boinas vascas, que se fabrican aquí.

232 B1 **Información** allée du Comte de Tréville 05 59 39 98 00

ST-JEAN-PIED-DE-PORT

Situada en la D933, a los pies del Paso de Roncesvalles, St-Jean-Pied-de-Port estaba en una de las rutas de peregrinaje a Santiago. También es famosa por ser el lugar donde Roldán fue vencido por los sarracenos, inmortalizado en *El cantar de Roldán*. El casco antiguo, de calles adoquinadas, y la parte nueva de la ciudad, en la orilla opuesta del Nive, están rodeados de fortificaciones de los siglos XV al XVII.

232 B1 **Información** place Charles-de-Gaulle 05 59 37 03 57

SAUVETERRE-DE-BÉARN

Una espléndida población situada en la N124, con fantásticas vistas al río, una iglesia del siglo XIII, un castillo en ruinas y vestigios de un puente fortificado, Sauveterre es conocida por celebrar en julio los campeonatos anuales del mundo de la pesca del salmón.

232 B2 **Información** Château de Nays 05 59 38 58 65

TARBES

Importante población agrícola, Tarbes se halla en la orilla oeste del Adour, al este de Pau y justo a la salida de la autopista transversal, La Pyrénéenne. El **Musée Massey,** dedicado a los húsares está situado en el Jardin Massey, en el centro de la ciudad. El comandante mariscal Foch de la primera guerra mundial nació en Tarbes, y en su casa hay una exposición de fotografías, medallas y recuerdos. En las caballerizas, **Le Haras,** se organizan en verano exhibiciones de equitación.

232 C1 **Información** 3 cours Gambetta 05 62 51 30 31; www.tarbes.com ■

Entre Italia y España, el sur de Francia, que abarca la Costa Azul, Provenza y Languedoc-Rosellón, es un paraíso para las vacaciones. Monumentos romanos, poblaciones medievales, playas de arena y modernos edificios conviven en un clima perfecto.

Sur de Francia

Introducción y mapa **280-281**
Gastronomía **282-283**
La Costa Azul 284-302
Jardines de la Costa Azul **285**
Niza **286-287**
Las Corniches **288-289**
Mónaco **290-291**
Alrededores de St-Paul-de-Vence **292-293**
Grasse **294-295** Antibes **296**
Cannes **297** St-Tropez **298**
Hyères y las Îles d'Hyères **299**
Marsella **300-301**
Otras visitas interesantes **302**
Provenza 303-316
Aviñón **304** Orange **305**
Alrededores del Lubéron **306-307**
Arles **308-309** La Camarga **310-311**
Les Baux-de-Provence **312**
Aix-en-Provence **313**
Gorges du Verdon **314-315**
Otras visitas interesantes **316**
Languedoc-Rosellón 317-330
Montpellier **318** Nîmes **319**
Pont du Gard **320** Carcasona **321**
La ruta de los cátaros **322-323**
Las abadías románicas **324-325**
Colliure y la Côte Vermeille **326**
Céret y el valle del Tech **327**
Perpiñán y la Cataluña francesa **328-329**
Otras visitas interesantes **330**
Hoteles y restaurantes **371-377**

Campos de lavanda en Provenza

Sur de Francia

EL SUR DE FRANCIA ES UNA REGIÓN MUY POPULAR, TANTO en verano como en invierno. Durante la mayor parte del año el clima es templado; en algunos rincones de la Costa Azul, protegidos por las montañas, las temperaturas son especialmente suaves. La única excepción es el frío viento invernal del norte, el mistral. Los veranos son muy calurosos y secos. Millones de personas se desplazan hasta la Costa Azul, la Provenza y los lugares de veraneo de Languedoc-Rosellón.

El Macizo Central y los Alpes separan geográficamente la costa Mediterránea del resto de Francia. La comunicación principal de esta costa con el norte es el gran río Ródano. Al este, las montañas llegan casi al mar, y la mayor parte de la Costa Azul es rocosa. Al oeste, más allá del delta del Ródano, la costa forma un gran arco, lleno de modernas instalaciones de veraneo y bañado por aguas cristalinas. En la llanura de Languedoc-Rosellón se cultiva de forma intensiva, se obtiene una gran variedad de fruta y especialmente vinos, cuya fama crece a medida que aumenta su calidad. En las lagunas de agua salada de la costa hay criaderos de marisco. Al norte se encuentran las Cévennes, cubiertas por *garrigue*, y al sur, los Pirineos sirven de frontera natural con España.

Marsella es la ciudad más importante del sur, y el puerto más grande de Francia. Sète, al este, es otro puerto destacado. Nîmes y Montpellier son ciudades de gran importancia y atractivo que tienen centros de alta tecnología.

Córcega, sin embargo, sigue adoptando la postura separatista que ha frenado su desarrollo y que la ha convertido en una de las islas más vírgenes del Mediterráneo.

Los romanos tuvieron un papel clave en la historia de esta región. Su provincia, con Narbona como capital, se extendía por toda la costa sur. En la actualidad se conservan muchas de sus edificaciones, como el Pont du Gard, los anfiteatros de las ciudades de Arles y Nîmes, y el teatro de Orange.

Durante la Edad Media, Provenza y Languedoc eran conocidas por el amor cortés y la poesía de los trovadores, y en el siglo XIX, un grupo de entusiastas de la región unieron esfuerzos para recuperar la lengua y la identidad provenzales. Como casi toda Francia, esta zona sufrió durante el siglo XVI las guerras de Religión, que destruyeron muchos de sus pueblos y ciudades.

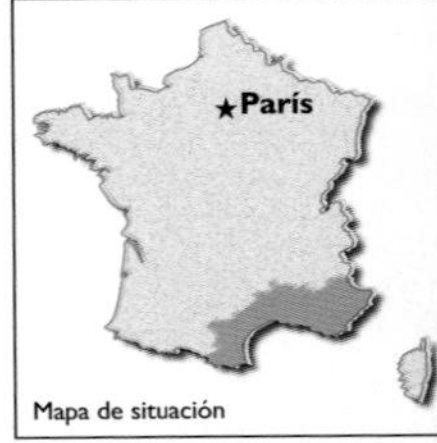

Mapa de situación

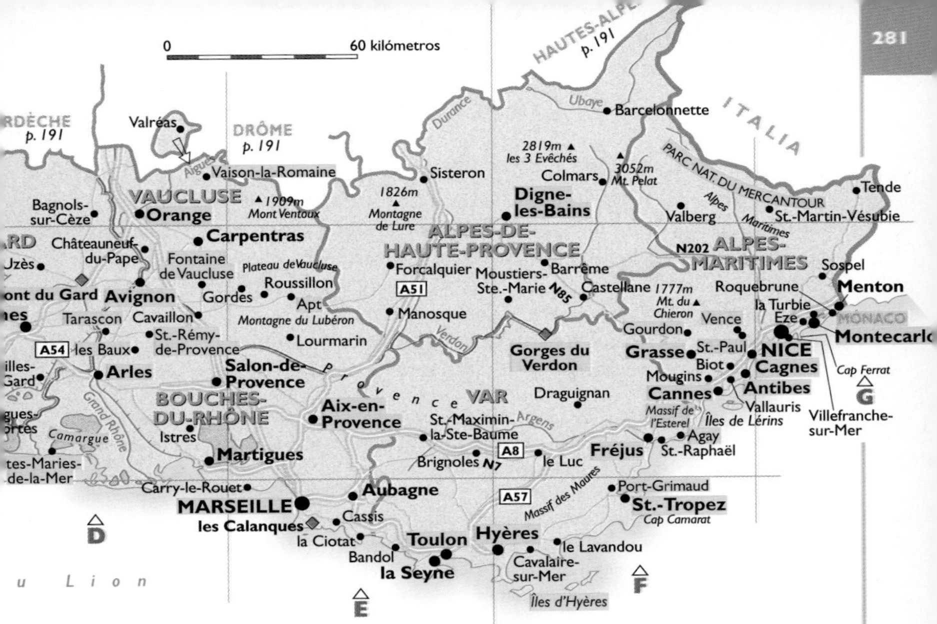

En los siglos XVIII y XIX, los ingleses llegaron al sur de Francia para hacer curas de salud y pasar las vacaciones de invierno. Durante la década de 1920, tomar el sol se puso de moda y la Costa Azul se convirtió en un paraíso de los veraneantes. Durante la década de 1960, la costa de Languedoc-Rosellón también se convirtió en un centro turístico, pero logró mantener algunas reservas naturales.

La luz y el color del sur siempre han atraído a los artistas, originando importantes movimientos artísticos como el cubismo y el fauvismo (cuyo legado se conserva en los museos de la región). ■

El puerto de Niza y el castillo, en lo alto de una colina cubierta de árboles.

Gastronomía

LA *CUISINE DU SOLEIL*, LA COCINA DEL SOL, ES COMO SE HA BAUTIZADO A la comida de esta región. Es una cocina mediterránea, suculenta, aromática y, además, sana. Los puestos de los mercados están llenos de productos de temporada locales como pimientos, tomates, higos, melones, cerezas, melocotones y aceitunas. Precisamente la aceituna es el ingrediente principal de la cocina meridional, ya que utiliza el aceite en lugar de la mantequilla. El ajo es el otro ingrediente clave, junto con las hierbas como el romero, el tomillo y el orégano. A partir de estos ingredientes se elabora el *aïoli*, un ajoaceite hecho con yema de huevo, que se sirve con verduras crudas, pescado o sopa.

Al este, la cocina tiene acento italiano, y entre las especialidades locales se encuentran las tortas de *socca* (harina de garbanzos); la *pissaladière*, una pizza con cebolla, anchoas o aceitunas negras; el *pistou*, una sopa de verduras con albahaca; flores de calabacín rellenas; y el omnipresente *pan bagnat*, un panecillo relleno con *salade Niçoise*. Más al oeste, la influencia es española. En el Rosellón, pida una *cargolade*, caracoles a la brasa con salchichas (y *aïoli*, por supuesto). Las anchoas son otra deliciosa especialidad.

A lo largo de toda la costa mediterránea el pescado y el marisco son excelentes. En Languedoc-Roussillon se producen mejillones, ostras y otras exquisiteces marinas. El pescado guisado a la bullabesa es la principal especialidad. Entre sus ingredientes se incluye el rape, el mújol, la anguila, tomates y azafrán. La sencilla *soupe de poisson* es también deliciosa, servida con picatostes y *rouille*, una mayonesa con guindilla roja picante. La *bourride* es otro estofado de pescado, al que se le añade *aïoli* en el último momento. Los platos de pescado más sencillos, como las sardinas o los salmonetes a la brasa, son también deliciosos, al igual que la *brandade*, un puré de bacalao y aceite de oliva.

El sur es sin duda el mejor lugar de Francia para ser vegetariano, pero si no lo es pruebe el cordero del área de Sisteron, alimentado con vegetación rica en hierbas aromáticas, un manjar exquisito. O los sabrosos *daubes*, elaborados con buey cocido con vino tinto (y a menudo con aceitunas y tomates), y que también se hacen con otros ingredientes, como los calamares. En la Camarga, debería probar la *gardiane de taureau*, guiso de buey, servido con un delicioso arroz.

Escoger la bebida para cada plato nunca es un problema. En Languedoc-Rosellón se elabora la mayor parte del vino de mesa de Francia, y sus vinos son cada vez más apreciados. Tome el *vin de pays* local o saboree una muestra de los vinos locales, un poco más caros, desde el Corbières, Nîmes, Minervois, Fitou y el Côtes de Roussillon. En Provenza, pruebe el Châteauneuf-du-Pape o el Gigondas. A lo largo de la costa, la selección es más limitada; pruebe el Côtes de Provence rosado o el Bandol. El *pastis* (un licor dulce anisado) se toma como aperitivo con hielo y mucha agua, y entre los vinos dulces de postre se encuentran el Banyuls y el Muscat, especialmente el de Rivesaltes. ■

Especialidades

Primeros platos *Anchoïade*: salsa de anchoas
Salade Niçoise: tomates, anchoas, huevos duros y aceitunas, a veces atún y judías
Tapenade: puré de aceitunas negras y anchoas
Platos principales *Aubergines farcies à la provençale*: berenjenas rellenas con carne, cebolla y hierbas, servidas con salsa de tomate
Perdrix à la Catalane: perdiz con naranja y salsa a la pimienta
Morue à la Niçoise: bacalao salado cocinado con cebollas, tomates, ajo y hierbas
Verduras *Artichauts à la barigoule*: pequeñas alcachofas cocidas con aceite y vino blanco
Fleurs de courges farcies: flores de calabacín rellenas
Ratatouille: estofado de berenjenas, calabacines, pimientos y tomates
Postres *Calissons d'Aix*: galletas de almendra
Crème Catalane: natillas de huevo con azúcar caramelizado

En los mercados provenzales se vende una gran variedad de aceitunas.

Olives Vertes
Nature
Olives Vertes

El puerto de Villefranche, lleno de restaurantes.

La Costa Azul

De imponente belleza, con aguas de azul cristalino y un espléndido clima, la Riviera francesa tiene una posición privilegiada entre los lugares de veraneo con más clase del mundo. Ya los romanos conocían la región y sus brisas marinas, pero no fue hasta el siglo XIX, con la llegada de la aristocracia inglesa en busca de salud y especímenes botánicos, cuando se inventó la Costa Azul. Luego vinieron los ricos procedentes de América y Europa, que construyeron chalets y ocuparon las mesas de juego del casino de Montecarlo. En la década de 1920, Coco Chanel inventó los baños de sol y F. Scott Fitzgerald sacó a la luz la era del jazz. Posteriormente, Brigitte Bardot y otras estrellas promocionaron St-Tropez como el símbolo de la nueva Costa Azul.

A pesar de las multitudes, la costa todavía conserva su glamour y su lugar en los calendarios sociales de la elite. Los puertos están llenos de yates inmensos; la vida social es muy intensa y las playas exclusivas resplandecen con los cuerpos untados de aceite. Pero la costa ofrece mucho más. Sus museos están llenos de obras de arte modernas, y músicos de jazz de fama mundial tocan de noche en los anfiteatros romanos. Los placeres más sencillos son quizá los que más duran: el mar de un azul brillante, las playas cobijadas por los pinos y las vistas desde los acantilados; el aroma de las hierbas y la lavanda, la mimosa y el pino, y las hermosas poblaciones del interior. ■

Jardines de la Costa Azul

RODEADA POR MONTAÑAS AL NORTE, A RESGUARDO DE las heladas del invierno, y bendecida por una primavera temprana y suave, la Costa Azul es un paraíso para los amantes de los jardines.

Los opulentos chalets que poblaban la costa en el siglo XIX y principios del XX estaban rodeados por suntuosos jardines. Los entusiastas aficionados ricos y los diseñadores de jardines profesionales introdujeron en seguida plantas exóticas. Lujosos y eclécticos, los jardines que crearon se adaptaron muy bien y conservaron la innata moderación francesa.

La cuidada población de **Menton** posee un conjunto particularmente impresionante de estos paraísos subtropicales, en los cuales se mezclan de una forma irresistible fuentes, terrazas, plantas esculturales y espléndidas panorámicas. En cuestión de variedades de palmeras y especies subtropicales, el **Jardin Botanique du Val Rameh** no tiene igual.

El paisajista inglés Lawrence Johnston diseñó su único jardín francés en el **Jardin de la Serre de la Madone** (*Val de Gorbio*), en las afueras de Menton. En este lugar cultivaba especies de diversos lugares del mundo, demasiado delicadas para el clima inglés.

En el Cap Ferrat, visite el **Jardin y Musée Ephrussi-de-Rothschild.** Bajo la sombra de los pinos, con el mar de fondo, se reúnen jardines de varios estilos (desde italianos hasta japoneses). En Hyères, el **Parc St-Bernard** (*siga las señalizaciones desde el Cours de Strasbourg*) es un paraíso de flora mediterránea. El **Parc Ste-Claire** (*boulevard Victor Basch*) posee unos encantadores jardines dispuestos en terrazas diseñados por la escritora estadounidense Edith Wharton. ■

Menton

🅼 281 G3

Información

✉ 8 avenue Boyer

☎ 04 92 41 76 76

Jardin Botanique du Val Rameh

✉ avenue St-Jacques, Menton

☎ 04 93 35 86 72

$ $

Jardin et Musée Ephrussi-de-Rothschild

✉ Cap Ferrat

☎ 04 93 01 33 09

🕒 Cerrado lun.-vier. de nov.-mediados de feb. por la mañana

La hermosa villa *belle époque* de la baronesa Béatrice Ephrussi está rodeada por nueve espléndidos jardines.

Niza

Los vivos colores de la ciudad vieja de Niza reflejan su cercanía a la frontera italiana.

COMBINANDO UN CORAZÓN PROVENZAL CON UNA acogedora alegría de vivir, y una gran cantidad de museos con abundantes jardines, fuentes y palmeras, la increíble ciudad de Niza eleva la vida al aire libre a la categoría de arte.

Niza posee tres partes muy diferenciadas: la Vieux Nice, que comprende el casco antiguo y el puerto, de carácter muy marcado y estilo italiano; el imponente centro del siglo XIX, detrás de la Promenade des Anglais; y el elegante Cimiez, lugar predilecto de los romanos y la reina Victoria.

El laberinto de empinadas y estrechas calles de la parte antigua de Niza, es hoy en día un lugar de moda lleno de *bistros*, clubes nocturnos y galerías, todo ello rodeado de paredes ocres y persianas color turquesa. Pero el olor a pescado seco y ajo todavía flota en el aire. El mercado diario del Cours Saleya es famoso por sus flores y sus productos locales. Pruebe algunas de las deliciosas especialidades de Niza en uno de los cafés, le saldrá muy barato.

Las pequeñas plazas y las encantadoras capillas del casco antiguo están dominadas por la enorme y sombría catedral. De todos los palacios y *hôtels particuliers* (palacetes) construidos por antiguos residentes y emigrantes ilustres, el más importante es el **Palais Lascaris** (*15 rue Droite; Tel 04 93 62 72 40;cerrado lun.)*, del siglo XVII, con techos cubiertos de frescos y puertas con incrustaciones rococó de plata. Tome el ascensor hasta el parque donde en el pasado se encontraba el castillo para disfrutar del salto de agua, el café y las vistas.

La parte antigua de Niza acaba en el río Paillon, que hoy en día alberga espaciosos jardines,

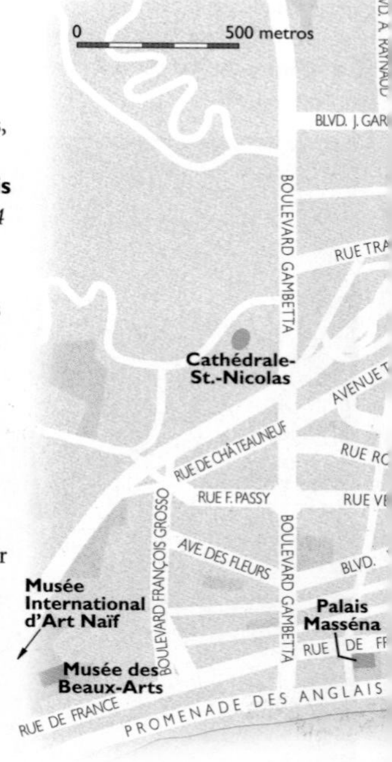

plazas y fuentes, y el espectacular **Musée d'Art Moderne et Contemporain (MAMAC),** de cristal y mármol. Las colecciones que alberga se centran en el arte vanguardista francés y americano a partir de la década de 1960.

Extendiéndose a lo largo de la costa hacia el oeste del casco antiguo se encuentra la **Promenade des Anglais.** Construido por la comunidad inglesa y con espléndidos hoteles, posee toda la elegancia del siglo XIX. El hotel más antiguo es el Negresco.

Más allá del río se encuentra la Niza del siglo XIX: solemnes plazas llenas de arcadas, edificios de apartamentos de estilo italiano, modernas tiendas y un conjunto de galerías de arte. El **Musée International d'Art Naïf** (*Château Sainte-Hélène, avenue de Fabron; Tel 04 93 71 78 33; cerrado mar.*) se encuentra en un castillo de color rosado; y el **Musée des Beaux-Arts** guarda obras de Monet, Degas y Sisley. El **Musée d'Art et d'Histoire,** en el Palais Masséna, alberga una ecléctica colección de lozas y arte primitivo religioso. En la catedral rusa ortodoxa del Boulevard Tzaréwitch, la **Cathédrale-St-Nicolas,** se exhiben frescos e iconos.

En el selecto barrio de **Cimiez,** poblado de caprichosos chalets, se pueden ver los restos del antiguo asentamiento romano. El fabuloso **Musée Marc Chagall** (*Musée National Message Biblique; avenue du Dr. Ménard; Tel 04 93 53 87 20; cerrado mar.*) contiene obras del artista. Cerca, un chalet genovés del siglo XVII, alberga el **Musée Matisse.** Contiene la colección personal de Matisse, incluyendo bodegones, la *Tempête à Nice* y objetos personales. ■

Niza

281 G3

Información

5 promenade des Anglais

08 92 70 74 07

www.nicetourisme.com

Musée d'Art Moderne et Contemporain

promenade des Arts

04 97 13 42 01

Cerrado mar.

$. Entrada gratuita el 1er y 3er dom. de cada mes

Musée des Beaux-Arts

33 avenue des Baumettes

04 92 15 28 28

Cerrado lun.

$

Musée Matisse

164 avenue des Arènes de Cimiez

04 93 81 08 08

Cerrado mar.

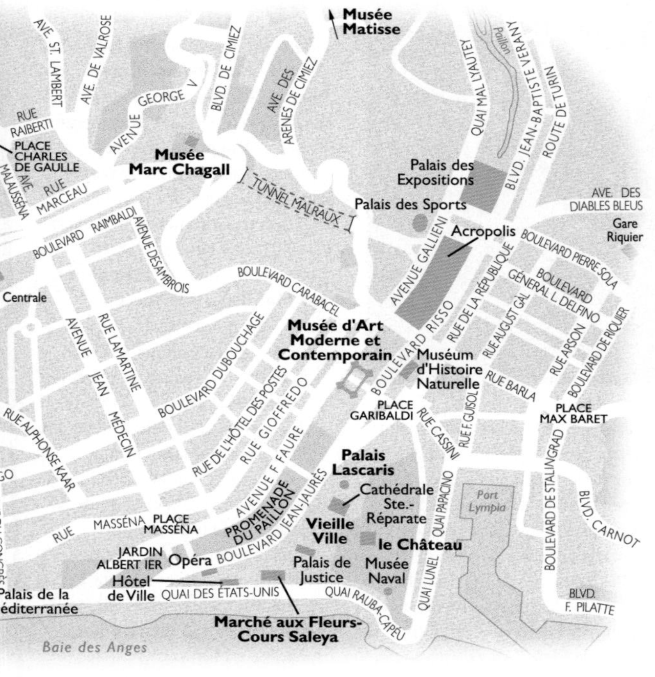

Las Corniches

Villefranche-sur-Mer
281 G3
Información
square François-Binon
04 93 01 73 68

Beaulieu-sur-Mer
Información
place Georges-Clemenceau
04 93 01 02 21

EN UNA REGIÓN DE ESPECTACULAR BELLEZA, LA FRANJA de costa entre Menton y Niza es particularmente impresionante. Para disfrutar de las vistas de los acantilados, el azul del mar y los extravagantes chalets tome las carreteras de la costa. De las tres, la Grande Corniche y la Corniche Moyenne son las que ofrecen paisajes impactantes, mientras que la Corniche Inférieure, más cercana al mar, es la que tiene más tráfico y mejores vistas de urbanizaciones lujosas. Este recorrido de ida y vuelta toma la carretera inferior desde Niza hasta Menton, regresando por las carreteras más elevadas.

Desde Niza, la N98 rodea el Cap de Nice y atraviesa el puerto hasta llegar a **Villefranche-sur-Mer.** En este lugar, las calles estrechas y cercadas se precipitan hacia el puerto natural, excepcionalmente profundo, que ha convertido esta pequeña población pesquera en un importante puerto naval, lo que le ha dado este aire disipado a diferencia de las otras poblaciones de esta opulenta costa. El pequeño puerto, lleno de preciosas casas color pastel y animados cafés, está dominado por la **Chapelle St-Pierre,** una seductora iglesia decorada por Jean Cocteau en 1957.

La localidad medieval de Èze, emplazada en la Moyenne Corniche, se encarama sobre el mar Mediterráneo.

Justo después de Villefranche, sobresaliendo por encima del mar, la península de Cap Ferrat, junto con las de Cap-d'Ail y Cap Martin, más lejanas, es la conocida sede de los millonarios. No se pierda el **Musée Ephrussi-de-Rothschild,** un chalet rosa y blanco con suelos de mármol y techos Tiépolo, que alberga una impresionante colección de arte decorativo y está rodeado de magníficos jardines (ver pág. 285). Al final del *cap*, el extremo rocoso de la península, se encuentra el **Grand Hôtel du Cap-Ferrat,** que posee, entre otros lujos, un funicular que conduce hasta la playa. La pequeña población pesquera y de embarcaciones deportivas de **St-Jean-Cap-Ferrat** es un pintoresco lugar, ideal para comer; la relativamente tranquila **Plage des Fossés** conduce hasta un sendero panorámico que rodea la península.

Unos tres kilómetros más al este de Villefranche por la N98, la población escondida de **Beaulieu-sur-Mer** disfruta de un clima delicioso y no es de extrañar que posea imponentes hoteles. El edificio más extravagante y encantador es la **Villa Kérylos** (*rue Gustave-Eiffel*), una fiel reproducción de una villa griega antigua, en la cual el excéntrico arqueólogo Théodore Reinach vivió según el estilo de vida ateniense (aunque con ventanas acristaladas).

Continuando por la costa, la carretera serpentea entre bahías y cabos rocosos. A medida que se aproxime a **Mónaco** (ver págs. 290-291), evite los atascos

desviándose por la Corniche Moyenne (N7) hasta Menton.

Menton (ver pág. 285), a sólo 1,5 km de la frontera italiana, es elegante, acunada por montañas, y llena de jardines tropicales. Las empinadas calles del casco antiguo desembocan en el **Promenade du Soleil,** lleno de cafés y palmeras.

Ésta es la ciudad de Cocteau. Visite el **Musée Jean-Cocteau** (*quai Napoleón; Tel 04 93 57 72 30*), albergado en un fuerte del siglo XVII, para admirar la colección de sus dibujos, mosaicos y cerámicas. Y, aún mejor, visite el **Hôtel de Ville** (*rue de la République*),el ayuntamiento, donde él mismo decoró la Salle des Mariages en su estilo inimitable. En agosto, la **Église de St-Michel** (*place St-Michel*), del siglo XVII, es el escenario de un festival de música de cámara.

Desde Menton, diríjase por la N7 hasta Roquebrune-Cap-Martin. Gire hacia el interior por la Grande Corniche (la D2564) hasta **Roquebrune,** una población medieval fortificada con magníficas vistas del mar Mediterráneo.

Siga por esta espectacular carretera en dirección oeste durante unos 6 km hasta **La Turbie,** dominada por el elevado Trophée des Alpes, un monumento al poder romano del siglo VI. Disfrute del paisaje desde un pequeño y tranquilo jardín situado en el borde del acantilado.

En el Col d'Èze, 6 km más adelante, la D45 conduce hasta la pequeña población de **Èze,** encaramada de forma vertiginosa sobre el Mediterráneo, con calles exquisitamente restauradas, callejuelas cubiertas y escaleras empinadas y retorcidas que se llenan de visitantes.

Siga la Corniche Moyenne (N7) desde Èze a Niza, deteniéndose en los miradores hechos para disfrutar de las espectaculares vistas. ■

La extraordinaria luz y el clima subtropical de Menton, una localidad situada entre los Alpes y el Mediterráneo, propician el cultivo de limoneros, naranjos, palmeras y mimosas.

Mónaco

Mónaco
281 G3
Información
2A boulevard des Moulins, Monte-Carlo
377 92 16 61 16

Palais du Prince
place du Palais
377 93 25 18 31
Cerrado nov.-mayo
$

Musée Océanographique
avenue St-Martin
377 93 15 36 00
$$

Jardin Exotique
boulevard du Jardin Exotique Moneghetti
Jardín: 377 93 15 29 80
Cerrado mediados de nov.-25 dic.
$$

MÁS PEQUEÑO QUE EL CENTRAL PARK DE NUEVA YORK, EL pequeño Estado independiente y paraíso fiscal de Mónaco atrae a todos aquellos que buscan glamour. La condición de residente es muy codiciada, pero los visitantes acuden en masa a Mónaco para disfrutar de su excitante vida nocturna, sus hoteles de lujo y sus carísimos restaurantes. El príncipe Rainiero III ha transformado este principado en un enorme negocio, haciéndolo crecer vertical y horizontalmente con rascacielos y vertederos de basura, y consiguiendo que se haya ganado el apodo de Hong Kong del Mediterráneo.

La parte antigua de Mónaco, situada en el promontorio de Rocher, es un conjunto de elegantes mansiones, de pequeñas y encantadoras plazas y fuentes. El **Palais du Prince** (palacio del Príncipe), sede de la familia Grimaldi, tiene partes que datan de cada uno de los siglos desde el año 1000. Lleno de mobiliario, pinturas y frescos espléndidos, sólo está abierto al público cuando el príncipe se halla ausente. Pero el cambio de guardia de palacio, que se celebra a diario en el exterior, es ya todo un espectáculo. La enorme catedral blanca de al lado, del siglo XIX y de estilo neorrománico, alberga la tumba de la princesa Grace. Sobre el acantilado se encuentra el **Musée Océanographique,** con un impresionante acuario.

Al sur de Rocher se encuentra el nuevo puerto deportivo de **Fontvieille,** el **Jardín de Rosas Princesa Grace,** y el puerto deportivo de **La Condamine.** En los acantilados del fondo se eleva el **Jardin Exotique,** con gran variedad de plantas exóticas, cuevas prehistóricas y un museo de antropología.

Los Grimaldi

La familia Grimaldi es dueña del principado independiente de Mónaco desde el siglo XIV, lo que la convierte en la dinastía gobernante más antigua de Europa. En su apogeo, Mónaco se extendía desde Mento hasta Antibes, y su economía se basaba en los impuestos sobre los limones y las aceitunas de Menton. La cesión de Menton a Francia en 1860 estuvo a punto de provocar un desastre financiero, pero el príncipe reinante, Carlos III, tuvo la brillante idea de abrir un casino (en esa época, las salas de juego estaban prohibidas en Francia) en lo alto de la colina, y lo llamó Monte-Carlo en su honor. La construcción de nuevas líneas de ferrocarril a lo largo de la costa atrajo a una clientela deslumbrante, y la empresa resultó tan lucrativa que Carlos pudo exonerar a sus súbditos del pago de impuestos.

Por esta razón, Mónaco prosperó, y, junto a él, los Grimaldi. El toque definitivo de glamour lo dio el príncipe Rainiero III en 1956, cuando se casó con la actriz americana Grace Kelly. Durante años fueron una pareja de cuento de hadas, pero desde la muerte de la princesa, los problemas han perseguido a la familia: el primer marido de la princesa Carolina falleció en una competición náutica y su hermana Estefanía ha protagonizado numerosos escándalos. El príncipe Alberto sucedió a Rainiero tras su fallecimiento en 2005, con la aparente intención de democratizar el país. ■

En Mónaco se celebran constantemente festivales y carreras de coches, el más importante el Grand Prix, que tiene lugar en mayo, y durante el cual las carreteras se cierran al tráfico y el puerto entero se convierte en un circuito de carreras. En 1997, el principado celebró sus 700 años de independencia con conciertos, competiciones de lanchas y un histórico Grand Prix de época (que era una pasión de Rainiero).

MONTECARLO

Más allá del puerto se encuentra Montecarlo, con su famoso casino y su ópera, que no debería perderse. Para asegurarse de que los visitantes no desentonen, hay un estricto código del vestir. Diseñados por Charles Garnier, responsable también de la Opéra Garnier de París, los interiores conservan su extravagante glamour estilo belle époque, y los Salons Privés todavía hacen estremecer de emoción.

Desde los jardines de palmeras del Casino y la terraza que los rodea se obtienen unas fantásticas vistas del Mediterráneo. De mayor opulencia es el conjunto de hoteles de lujo de Montecarlo. Los más importantes son el **Hôtel de Paris** y el **Hôtel Hermitage,** con el famoso vestíbulo de su invernadero, que despliega todo su lujo bajo una cúpula de cristal diseñada por Gustave Eiffel. ■

Montecarlo, más allá del puerto (arriba), y su Casino (abajo).

La población fortificada de St-Paul-de-Vence.

Alrededores de St-Paul-de-Vence

SITUADO EN LAS COLINAS QUE HAY DETRÁS DE LA BAIE des Anges, St-Paul-de-Vence es una población rodeada de murallas del siglo XVI, con cubiertas de tejas, cipreses y piscinas azul celeste. Gracias a que en la población residieron numerosos artistas, en el hotel-restaurante Colombe d'Or puede cenar en la terraza rodeado por una colección de arte de incalculable valor: un mosaico de Léger en el jardín y una paloma de Braque cerca de la piscina, entre obras de Picasso, Dufy, Modigliani y muchas otras, todas ellas donadas por artistas sin dinero a cambio de alojamiento.

St-Paul-de-Vence

281 F3

Información

Maison de la Tour, 2 rue Grande

04 93 32 86 95

Fondation Maeght

Montée des Trious

04 93 32 81 63

$$

Entre en la población a través de las puertas del siglo XIII, y siga la Rue Grande hasta llegar a la iglesia gótica del siglo XII y el museo de historia local. El museo alberga una curiosa exposición de fotografías de todas las celebridades que han visitado St-Paul: Simone de Beauvoir, Catherine Deneuve, F. Scott Fitzgerald y muchos más.

Pero la población es famosa por la **Fondation Maeght,** uno de los museos de arte moderno más famosos del mundo, rodeado por un laberinto de divertidas y coloridas esculturas y fuentes de Miró, Calder y otros. Unas figuras estilizadas de Giacometti pasean por el patio, y la capilla está decorada por Braque. Los

Un refugio para la creación

Las obras de los artistas y escritores a los que inspiró esta región conforman la imagen que tenemos hoy en día de ella. La presencia de las ninfas de Picasso, los paisajes marinos de Matisse y la luz dorada de Renoir es constante. Lo que atrajo a los impresionistas fue la intensidad de la luz. Aún podemos ver el cielo y el mar a través de sus ojos en las galerías y los museos, en medio de los paisajes que les inspiraron.

Los escritores también han acudido a este lugar en tropel. Colette escribió evocativos retratos de la vida provenzal. Ford Madox Ford y Aldous Huxley trabajaron aquí, y Katherine Mansfield y D. H. Lawrence murieron en este lugar. F. Scott Fitzgerald retrató los ambientes de moda. ■

fundadores, Aimé y Marguerite Maeght, encargaron al arquitecto español José Luis Sert el diseño de un edificio concebido en armonía con las obras que iba a contener, y el resultado es impresionante.

CAGNES

Lo mejor de la población cercana de Cagnes es el pueblo original de **Haut-de-Cagnes**, con sus estrechas callejuelas y empinados escalones, coronado por el **Château Grimaldi** (*Tel 04 92 02 47 30; cerrado mar.*), del siglo XIV. Dentro de sus murallas se encuentra un espectacular interior renacentista; una colección de arte moderno del Mediterráneo con obras de Matisse, Chagall y otros; y la fantástica colección Suzy Solidor, formada por 40 retratos de la cantante de la década de 1930, pintada por artistas como Cocteau, Dufy y Tamara de Lempicka.

Renoir pasó los últimos 20 años de su vida en Cagnes, en la Maison Les Collettes. Esta espléndida casa, situada entre los viejos olivos que le fascinaban, es actualmente el **Musée Renoir,** que aún conserva un estudio tal como él lo dejó, incluso con su paleta y su caballete (donde pintó con el pincel atado a la mano cuando la artritis le atenazaba los dedos haciéndole casi imposible pintar). En la casa hay diez fantásticos cuadros, y algunas esculturas en el jardín.

VENCE

La población de Vence, otro refugio para artistas y escritores, se encuentra en lo alto de una colina, rodeada de criaderos de rosas. Justo a la salida se encuentra la **Chapelle du Rosaire** (*avenue Henri-Matisse; Tel 04 93 58 03 26; cerrado nov.*), decorada por Matisse al final de sus días, también él aquejado de artritis. En el interior, pintado de blanco, los monocromáticos dibujos del Vía Crucis, y los azules, verdes y amarillos acuosos de las vidrieras son un tributo a la dedicación del artista. ■

Cagnes
281 F3
Información
boulevard Maréchal Juin
04 93 20 61 64

Musée Renoir (Maison Les Collettes)
19 chemin des Colettes
04 93 20 61 07
Cerrado mar. y me diados oct.-principios nov.
$

Vence
281 F3
Información
place du Grand-Jardin
04 93 58 06 38

F. Scott Fitzgerald también estuvo en la Costa Azul.

En la perfumería Gallimard, una de las más importantes de Grasse.

Grasse y alrededores

Grasse
281 F3
Información
22 place du Cours Honoré-Cresp
04 93 36 66 66

Musée International de la Parfumerie
8 place du Cours
04 97 05 58 00
Actualmente cerrado por obras de renovación
$

Villa-Musée Fragonard
23 boulevard Fragonard
04 97 05 58 00
Cerrado mar. de oct.-mayo y todo nov.
$

PROTEGIDA POR LAS COLINAS QUE HAY DETRÁS DE CANNES se encuentra la capital mundial del perfume, la encantadora y tranquila Grasse. El paisaje que la rodea es un perfumado mar de flores. La mimosa dorada cubre las laderas en enero y febrero, seguida por las rosas y la lavanda en verano y el jazmín en otoño. La población es un laberinto de calles empinadas con soportales, llenas de detalles renacentistas que revelan la influencia de los mercaderes italianos. El curtido de piel era la principal industria durante la Edad Media, y fue la moda de los guantes perfumados del siglo XVI, fomentada por Catalina de Médicis, la que promovió la industria del perfume.

Hacia el siglo XVIII, Grasse era el centro mundial del perfume, y todavía lo es hoy en día. Las esencias que se venden, sobre todo a prestigiosas firmas de moda, se extraen de flores importadas, como el pachulí, o de las toneladas de flores que se cultivan aquí. Las empresas de perfumería Molinard y Fragonard poseen sus propios museos y ofrecen visitas guiadas. El **Musée International de la Parfumerie** proporciona una espléndida introducción al arte del perfume y en la azotea hay un jardín de plantas aromáticas. Al parecer, en cada tienda de Grasse se pueden encontrar perfumes y aguas de flores, y en el mercado diario de la Place aux Aires se venden flores secas y hierbas aromáticas.

El artista y grabador Jean-Honoré Fragonard (1732-1806) nació en Grasse. La **Villa-Musée Fragonard,** donde vivió con su familia, contiene algunos de sus dibujos y copias de sus murales. También se puede encontrar una obra de carácter religioso, poco común en él, en la **Cathédrale**

Notre-Dame-du-Puy (*place du Petit-Puy*), empezada en el siglo XII, tres obras de Rubens y un tríptico de Bréa del siglo XVI.

GOURDON

Al norte de Grasse, un espléndido recorrido en coche por el agreste paisaje de las **Gorges du Loup** le llevará hasta Gourdon, uno de los *villages perchés* (pueblos colgados) más espectaculares de la región. A medida que se acerque a la población, podrá ver el precipicio sobre el que se levantan los muros del castillo de Gourdon. El castillo, que posee unos bonitos jardines del siglo XVII en el borde del acantilado, diseñados por André Le Nôtre, alberga ahora el **Musée des Arts Décoratifs et de la Modernité** (*Tel 04 93 09 68 02; abierto jul.-agos. y con cita previa*), dedicado al modernismo y decorado en estilo *art déco* con muebles y alfombras de diseñadores y arquitectos renombrados que van desde Eileen Gray hasta Marcel Breuer.

EL PAÍS DE PICASSO

La costa al sur de Grasse fue la primera y la principal residencia de Picasso. El artista pasó la mayor parte de su vida en Juan-les-Pins, Antibes y Cannes y murió en **Mougins,** pequeña y elegante población con espléndidas vistas y numerosas galerías de arte. El **Musée de la Photographie** (*67 rue de l'Église; Tel 04 93 75 85 67*) posee una colección de fotografías de Picasso hechas por Lartigue, Doisneau y Villiers. En Mougins también se encuentra el **Moulin de Mougins** (ver pág. 372), un molino transformado en un paraíso de la gastronomía francesa.

Vallauris, en el interior de Cannes, debe su fama a Picasso, quien la convirtió de nuevo en el centro del arte de la alfarería al instalar su estudio de cerámica en este lugar. La calle principal, la Avenue Georges-Clemenceau,está llena de tiendas de cerámica. En la Galerie Madoura, donde trabajó Picasso, todavía se pueden encontrar cerámicas de alta calidad a un precio razonable. En 1952, el artista pintó la capilla románica del castillo renacentista del siglo XVI con su composición *Guerra y Paz*, y en el mismo año dio a la ciudad su escultura *Hombre con oveja*, que se encuentra en la Place Paul-Isnard.

Subiendo por la costa, la población de **Biot** posee un espléndido barrio medieval y una famosa fábrica de vidrio. El **Musée National Fernand-Léger** (*chemin du Val-de-Pome; Tel 04 92 91 50 30*), en las afueras de la población, alberga la colección privada del artista, obras de carácter fuerte y positivo. Se trata de un museo hecho a medida, con el exterior adornado con brillantes composiciones cerámicas.

Los niños disfrutarán en **Marineland** (*Antibes; Tel 04 93 33 49 49; $*), un gran parque temático del mar con ballenas y delfines. ■

Un arroyo en las Gorges du Loup, cerca de Gourdon.

Gourdon
281 F3

Mougins
281 F3
Información
avenue Charles-Mallet
04 93 75 87 67

Vallauris
281 F3
Información
square du 8 mai 1945
04 93 63 82 58

Biot
281 F3
Información
46 rue St-Sebastian
04 93 65 78 00

Las murallas de Vauban rodean el casco antiguo de Antibes y el Château Grimaldi.

Antibes

EL CAP D'ANTIBES SIGUE SIENDO UNO DE LOS ÚLTIMOS escondrijos exclusivos de la Costa Azul (Côte Bleu), con exóticos chalets de estilo belle époque y fabulosos hoteles modernistas ocultos por una densa vegetación. Pero las playas públicas de este lugar, aunque rocosas, se conservan intactas; pruebe la Plage de las Sales o a la pequeña Plage de la Garoupe. Antibes es una antigua población situada frente a Niza (Nice), al otro lado de la Baie des Anges.

Antibes

281 F3

Información

11 place du Général de Gaulle

04 92 90 53 00

Musée Picasso/ Château Grimaldi

place Mariejol

04 92 90 54 20

Cerrado por obras de renovación

$$

Musée d'Histoire et d'Archéologie

Bastion St-André ave. Adm. de Grasse

04 92 90 54 35

Cerrado lun. y nov.

$

La fortaleza y el puerto de Antibes, una antigua colonia griega (Antípolis), fueron reconstruidos en el siglo XVII por Vauban. Sobre el puerto se encuentra el casco antiguo, un dédalo de callejuelas con uno de los mejores mercados de la región, que se abre cada mañana (y, dos veces a la semana, un gran mercadillo). En las murallas, con vistas al mar, se asoma el **Château Grimaldi,** del siglo XVI. En este lugar vivió Picasso tras la Segunda Guerra Mundial y cedió a la ciudad pinturas, dibujos y cerámicas de esta época, incluyendo *La joie de vivre, Pesca nocturna en Antibes* y la *Suite de Antípolis.* El Castillo es actualmente el **Musée Picasso,** y las obras están magníficamente expuestas bajo la deslumbrante luz del país. También se exhiben pinturas de Nicolas de Staël, junto con obras de artistas de la escuela de Niza. El jardín de la terraza es el escenario perfecto para las esculturas. Siguiendo las murallas encontraremos el **Musée d'Histoire et d'Archéologie,** que muestra hallazgos griegos y romanos, entre otros restos arqueológicos, en dos enormes salas abovedadas.

Durante el día, **Juan-les-Pins** (*Información: Tel 04 92 90 53 05*), al oeste de Antibes, se parece mucho a cualquier otro centro turístico de la costa, pero por la noche cobra vida, y el festival de jazz de julio es un espectáculo único. ■

Cannes

UNA DE LAS CIUDADES MÁS ELEGANTES DEL SUR DE FRANCIA, Cannes posee todos los magníficos hoteles, restaurantes, playas y tiendas que se puedan desear y es lo suficientemente pequeña como para recorrerla a pie. También está muy bien comunicada con los lugares más bellos del interior, como Grasse y Mougins.

En 1834, cuando Cannes era sólo una población pesquera, el antiguo canciller británico, Lord Brougham, se enamoró del lugar y se construyó un chalet de verano; pronto le siguieron otros extranjeros, y Cannes floreció. Hoy en día, Cannes es famosa por su Festival Internacional de Cine, que se celebra en mayo. La actividad se concentra en **La Croisette,** llena de palmeras, tiendas y hoteles de fama mundial como el Carlton, cuya terraza es el lugar favorito de los magnates del cine.

La playa es ancha, de arena y en su mayor parte privada: Cannes es elegante y cara, y se enorgullece de ello. Al oeste del nuevo **Palais des Festivals,** la avenida principal del festival, se encuentra el puerto deportivo, escenario también cada mañana del mercado de flores. En el **Marché de Forville,** un mercado cubierto que se encuentra dos manzanas más al interior, se venden tentadoras exquisiteces.

Desde el mercado, unos pequeños callejones conducen hasta el barrio antiguo de **Le Suquet,** lleno de restaurantes entre los que elegir. Si sube hasta la **Tour du Mont Chevalier,** del siglo XI, podrá disfrutar de una espléndida panorámica de la costa. Sobre Cannes se eleva la exclusiva **Corniche du Paradis Terrestre,** que proporciona vistas espectaculares, especialmente de los fuegos artificiales del Día de la Bastilla (14 de julio).

Desde Cannes puede tomar un barco hasta las tranquilas **Îles de Lérins,** visibles desde la bahía. El monasterio de St-Honorat controlaba en el pasado la mayor parte de la costa; hoy en día, los monjes cultivan lavanda y uvas, y la austeridad de sus vidas contrasta fuertemente con la vida mundana de la orilla de enfrente. Ste-Marguerite todavía conserva su bosque. En el siglo XVII, el Hombre de la Máscara de Hierro vivió en la prisión que se encuentra aquí. ■

Cannes

281 F3

Información

Palais des Festivals

04 92 99 84 22

www.cannes.fr

Barco a las Îles de Lérins desde Cannes

04 93 38 66 33

o 04 93 39 11 82

$$$$$

El Carlton, el más espléndido de los hoteles de La Croisette.

St-Tropez

HASTA HACE BIEN POCO UN SENCILLO PUEBLO DE pescadores, más accesible por mar que por tierra, St-Tropez se ha convertido en uno de los lugares que dan fama a la Costa Azul.

Puede que una parte del puerto de St-Tropez todavía conserve su aspecto de puerto pesquero, pero hoy en día el carácter de esta ciudad ha cambiado por completo.

Guy de Maupassant se trasladó aquí en la década de 1880, seguido pronto por el pintor Paul Signac, cuyo chalé se convirtió en un refugio para artistas. Otra ola bohemia tuvo lugar en la década de 1930, liderada por los escritores Jean Cocteau y Colette. Y en la década de 1950, llegó la actriz Brigitte Bardot, que se convirtió en la atracción principal del lugar. Hoy en día, la población está llena de yates y residencias de famosos. Los bohemios ricos alquilan las casas de las colinas cercanas y pasan los días en la Plage de Pampelonne (la más de moda del momento).

Sin embargo, la pequeña población todavía conserva su encanto en el mercado de la Place des Lices o en los cafés del puerto. Desde la ciudadela del siglo XVI se puede disfrutar de espléndidas vistas. En el **Musée de l'Annonciade** puede verlas en cuadros. La antigua capilla de la Anunciación alberga hoy en día la colección de arte del mecenas Georges Grammont. Entre los excelentes ejemplos de obras postimpresionistas se encuentran las de Derain, Signac, Seurat, Dufy y Braque, todos los cuales residieron en algún momento de su vida en St-Tropez.

Sobre el puerto se encuentra la ciudadela elevada (*rue de la Citadelle*). El torreón hexagonal, construido en el siglo XVI, posee tres torres y murallas con vistas al mar. Dentro se encuentra un museo marítimo, una réplica del que hay en el Palais de Chaillot de París (ver pág. 92). ■

St-Tropez
281 F2
Información
quai Jean-Jaurès, avenue Général de Gaulle
04 94 97 45 21

Musée de l'Annonciade
quai St-Raphael
04 94 17 87 10
Cerrado mar. sep.-junio, abierto a diario julio-agos.
$

Brigitte Bardot

En 1956, el director de cine Roger Vadim y su equipo desembarcaron en St-Tropez para filmar una película que protagonizaba su mujer, una actriz poco conocida. La película se llamaba *Et Dieu créa la femme (Y Dios creó a la mujer)*, la actriz era Brigitte Bardot, y St-Tropez nunca la olvidaría. Hija de unos burgueses parisinos, Bardot había estado trabajando como modelo cuando a la edad de 15 años conoció a Vadim. El desnudo y las escenas de amor en *Y Dios creó a la mujer* provocaron el escándalo, y la película tuvo un gran éxito. B. B. alcanzó el estrellato y la sensualidad de su cuerpo bañado por el sol, descalzo, de *femme-enfant*, la convirtieron en el símbolo de toda una generación. Bardot todavía vive en su chalet de las afueras de St-Tropez, aunque en la actualidad su actividad se centra en proteger los derechos de los animales. ■

Porquerolles, la isla más popular de las Hyères, posee viñedos, rutas para senderistas y magníficas playas.

Hyères y las Îles d'Hyères

El lugar de recreo más apreciado y más al sur de la Costa Azul es la anticuada y solemne población de Hyères. En el siglo XIX era un lugar selecto, la residencia preferida de invierno de la emperatriz Eugenia, la reina Victoria, Robert Louis Stevenson, Edith Wharton y la aristocracia británica que acudían para sus curas de salud.

A pesar de las urbanizaciones cercanas a la costa, de hermosas playas de arena, Hyères aún conserva su encanto, ligeramente marchito.

La gran cantidad de palmeras y edificios de estilo morisco dan a sus anchas avenidas del siglo XIX un toque exótico. Detrás de las puertas medievales se halla el casco antiguo, con calles que suben por la ladera de la colina de Casteau, preciosos jardines y vistas al mar. La **Tour St-Blaise** y la **Église de St-Paul,** ambas del siglo XII, dan una idea del pasado de Hyères.

De exótica belleza , las tres Îles d'Hyères, antiguas guaridas de piratas, forman un espléndido ecosistema protegido y virgen. El acceso de los vehículos es restringido, por lo que las islas son ideales para los aficionados a los paseos entre *maquis* perfumadas y los baños en aguas cristalinas.

En **Porquerolles,** la mayor de las islas, se pueden alquilar bicicletas para recorrer las calas rocosas de la costa norte (que no son seguras para el baño) y las arenosas del sur, aptas para bañistas. Bañado por fuentes naturales y con una gran variedad de flora y fauna, **Port-Cros,** parque nacional desde el año 1963, se halla estrictamente protegido. Desde la playa de La Palud puede sumergirse a lo largo de una ruta submarina para observar una gran diversidad de criaturas marinas.

Y, para los apasionados de la naturaleza, en la **Île du Levant** (isla del Levante) se encuentra la colonia naturista más antigua del mundo, Héliopolis. ■

Hyères

281 F2

Información

avenue de Belgique

04 94 01 84 50

BARCOS

Desde el puerto de Hyères salen barcos a las Îles d'Hyères (90 minutos; Tel 04 94 58 21 81); desde Le Lavandou (35 minutos; 15 Gare Maritime; Tel 04 94 64 08 04); desde Cavalaire-sur-Mer (45 minutos). Tarifa ida y vuelta: $$$$

Cae la noche sobre el puerto de Marsella.

Marsella

LA CIUDAD PORTUARIA MÁS ANTIGUA Y MÁS GRANDE DE Francia es vital, disipada, cosmopolita y hoy en pleno renacimiento cultural. Fundada por los griegos en el siglo VII a.C., fue independiente de Francia hasta el siglo XV, después del cual dejó para la posteridad su toque de turbulencia mediterránea. El himno *La Marsellesa* debe su nombre al fervor de los rebeldes marselleses.

Marsella
281 E2
Información
4 La Canebière
04 91 13 89 00
www.marseille-tourisme.com

Musée des Docks Romains
place Vivaux
04 91 56 28 38
Cerrado lun.
$

La puerta de Francia a Oriente Medio y el norte de África, Marsella (Marseille) ha sido siempre un crisol de culturas. En el pasado, la gran avenida de **La Canebière,** una vía todavía bulliciosa, era el lugar de cita de los magnates occidentales y orientales, mientras sus barcos estaban amarrados en el puerto.

El **Vieux Port,** o puerto viejo, sigue siendo el centro neurálgico de la ciudad, ocupado por el mercado de pescado y algunos espléndidos restaurantes.

Al norte del puerto, el barrio antiguo de Le Panier todavía conserva algunos edificios históricos, incluyendo el Hospicio de La Vieille Charité, del siglo XVII, que ahora alberga el **Musée d'Arts Africains, Océaniens et Amérindiens** *(2 rue de la Charité; Tel. 04 91 14 58 38; cerrado lun.)*. Cerca,

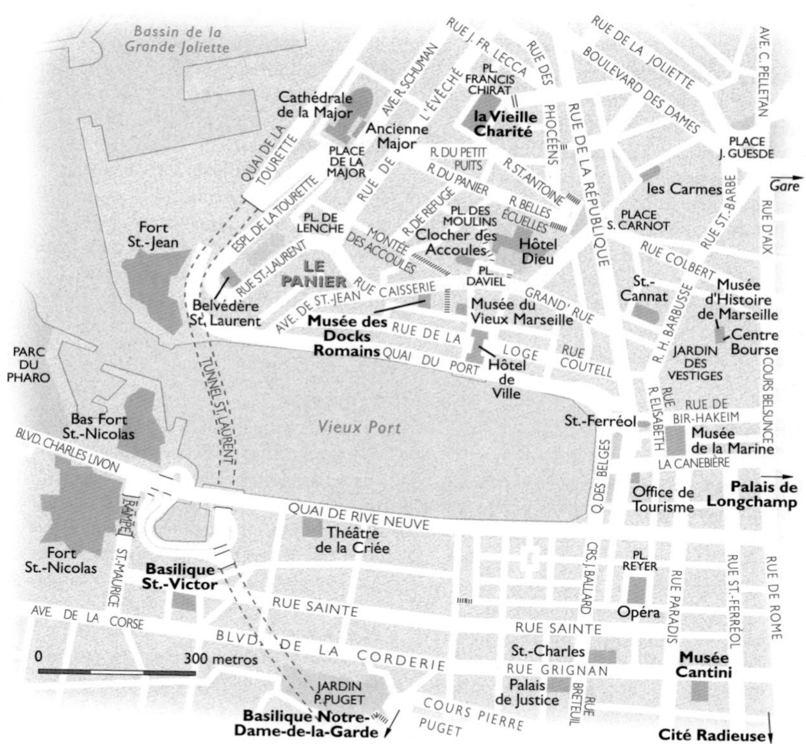

la **Cathédrale de la Major** (*esplanade de la Tourette*), del siglo XIX, hace empequeñecer a la **Ancienne Major** del siglo XII, la catedral original, que fue parcialmente derruida para erigir la nueva. En el **Musée des Docks Romains** se exhiben restos romanos.

Al este del puerto, el Palais de Longchamp, del siglo XIX, alberga el **Musée des Beaux-Arts** (*boulevard Longchamp;cerrado por obras de renovación*). Al sur se encuentra la **Basilique St-Victor** (*quai de Rive Neuve*), del siglo V. Cerca, la **Basilique Notre-Dame-de-la-Garde** (*parvis de la Basilique de Notre-Dame-de-la-Garde*), una basílica del siglo XIX.

El compromiso de la ciudad con la arquitectura moderna es evidente en el Hôtel du Département, del arquitecto Will Alsop, y en la **Cité Radieuse** del arquitecto Le Corbusier, cerca del **Musée Cantini** (*19 rue Grignan; Tel 04 91 54 77 75; cerrado lun.*), una moderna galería de arte. El **Musée d'Art Contemporain** (*69 ave. d'Haifa; Tel 04 91 25 01 07; cerrado lun.*) ofrece más obras de arte.

Desde la cornisa de Marsella, el Boulevard J. F. Kennedy, se disfruta de vistas de la isla-prisión del **Château d'If.** Al final se encuentra la Plage du Prado.

Al este de **Cassis,** entradas parecidas a fiordos en los acantilados blancos llamadas *calanques*, salpican la costa. En el puerto de Cassis hay buenos restaurantes de pescado. Al oeste de Marsella se encuentran los *calanques* y pueblos de la **Costa Azul.** ■

Cassis

281 E2

Información

quai des Moulins

08 92 25 98 92

Otras visitas interesantes en la Costa Azul

MACIZO DE ESTEREL

El macizo de Esterel abarca una extensión única de costa virgen de la Costa Azul, un paisaje de recortados acantilados y barrancos llenos de vegetación. Una espectacular carretera serpentea por la cornisa. Deténgase en **Pointe de l'Esquillon** para disfrutar de vistas del Mediterráneo, el macizo de Esterel y los acantilados de Cap Roux. Desde **Agay** (*Información, place Gianetti; Tel 04 94 82 01 85*), en su fantástica bahía, podrá cruzar el Cap du Dramont hasta Le Dramont.
281 F3

FRÉJUS

Puerto romano (Forum Julii) fundado por Julio César, en Fréjus abundan las ruinas romanas y medievales. Aunque el puerto está obstruido por los sedimentos, todavía se conserva un anfiteatro bastante grande, junto con varias partes de un acueducto, una puerta y un teatro. Entre los monumentos más destacados de la **Cité Épiscopale** medieval se encuentran la catedral gótica y renacentista con su elegante claustro, el palacio del obispo del siglo XIV, y uno de los baptisterios más antiguos de Francia, probablemente del siglo V (un octágono de columnas corintias robadas del foro).
281 F3 **Información** 325 rue de Jean-Jaurès 04 94 51 83 83

PORT-GRIMAUD

Port-Grimaud, cruzando la bahía desde St-Tropez, es una fascinante precursora del retorno a la arquitectura vernácula que se produjo en la década de 1960, una ingeniosa imitación de una población pesquera provenzal, construida por el arquitecto François Spoerry en 1968.
281 F2

TOULON

La ciudad portuaria de Toulon se encuentra en un profundo puerto natural sobre unas colinas de fuerte pendiente coronadas por fortificaciones. El barrio cercano al puerto, el **Quai de Stalingrad,** reconstruido después de la guerra, está lleno de animadas tiendas y cafés. Al norte se encuentra el casco antiguo, una mezcla pintoresca de edificios antiguos, entre los cuales se halla la **Cathédrale Ste-Marie-Majeure,** del siglo XI remodelada en el siglo XVII. El **Musée de la Marine** (*place Monsenergue; Tel 04 94 02 02 01*) muestra la larga historia marítima de la ciudad.
281 E2 **Información** 334 avenue de la République 04 94 18 53 00 ■

Las aguas cristalinas y las rocas rojizas de pórfido de la cornisa de Esterel, cerca de St-Raphaël.

Campos de lavanda cerca de Forcalquier.

Provenza

Tierra de campos de lavanda y olivares, laderas perfumadas y fértiles valles, colores y luz deslumbrantes, Provenza (Provence) es conocida y elogiada por todos sus fantásticos tesoros naturales. Según la tradición provenzal, esta tierra fue creada cuando Dios decidió construir su propio paraíso. Tan sólo el exasperante viento del invierno, el mistral, empaña este jardín del Edén. Para resistirlo, las paredes orientadas al norte de las tradicionales granjas de contraventanas azules (*mas*) se construyen sin ventanas.

Codiciada siempre por los extranjeros, Provenza fue colonizada por los griegos antes de que los romanos la llamaran Provincia y dejaran a su paso grandes anfiteatros y monumentos en Arles y Orange. El poder de la Iglesia medieval se refleja en el Palais des Papes en Aviñón, y en las espléndidas abadías cistercienses. La fuerte identidad regional es evidente en la ciudad de Aix-en-Provence, de larga historia, y en Arles, lugar de origen del orgulloso folclore provenzal.

Las maravillas naturales de la región son espectaculares, desde las Gorges du Verdon (el Gran Cañón de Europa), hasta la misteriosa Fontaine de Vaucluse. Mont Ventoux es el punto más elevado de la región y su parte más insólita es la gran extensión de la Camarga.

Pero quizá los mejores placeres son los más simples y los que perduran: un relajado *pastis* a la sombra de la terraza de un café; una partida de *boules* en la plaza del pueblo, bajo los tilos; los puestos de los mercados, la lavanda y la miel de la región y los productos tradicionales provenzales. Y no existe nada más evocador en Provenza que los encantadores e intactos *villages perchés* (pueblos colgados), en áreas como el Lubéron. Si quiere pasar un día perfecto, visite una de estas antiguas poblaciones con cubiertas de teja, visite una galería de arte y pasee por campos de flores salvajes o hierbas aromáticas.

En esta tierra de placeres para los sentidos abundan los buenos restaurantes, espléndidos y simples. Pero un picnic es la mejor manera de saborear los aromáticos melones, melocotones y cerezas, los quesos de cabra, los tomates y las aceitunas que crecen en este lugar. O simplemente duerma la siesta a la sombra de un olivo y disfrute de *la vie en plein air (vida al aire libre).* No querrá marcharse. ■

Aviñón

Aviñón

281 D3

Información

41 cours Jean-Jaurès

04 32 74 32 74

www.ot-avignon.fr

A SALVO ENTRE SUS GRANDES MURALLAS, AVIÑÓN (Avignon) conserva la firmeza de su apogeo del siglo XIV, cuando aquí vivieron los papas. Entonces, las estrechas calles hervían con las idas y venidas de la corte papal. Actualmente, la ciudad es un próspero centro cultural, animado cada verano por un festival de música y teatro, con los patios de los palacios y las grandes mansiones como escenario. El centro neurálgico de los días del festival es la Place de l'Horloge, con la torre del reloj de estilo gótico y sus animados cafés.

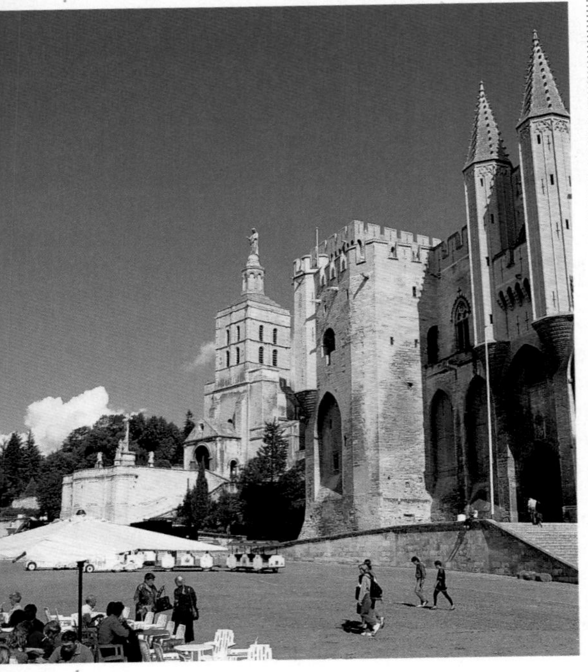

El Palais des Papes fue descrito por Prosper Merimée como «más parecido al reducto de un tirano que a la residencia del vicario de Dios».

El magnífico pero frío **Palais des Papes** (*place du Palais; Tel 04 90 27 50 00; www.palais-des-papes.com*) domina la ciudad histórica. La mayor parte de este enorme edificio blanco se encuentra extrañamente vacío después del expolio de la Revolución, pero los seis espléndidos tapices gobelinos y unos destacables frescos de Matteo Giovanetti dan una idea de su antiguo esplendor. La Chambre du Cerf, estudio de Clemente VI, posee fantásticas losas de cerámica y frescos, muy bien restaurados. El magnífico **Petit Palais** (*Tel 04 90 86 44 58; cerrado mar.*) del siglo XIV, que se encuentra justo delante, contiene elegantes pinturas y esculturas medievales, una impresionante introducción al estilo gótico internacional que trajeron a Aviñón artistas italianos del siglo XIV. Destacan las obras de Simone Martine y una *Madonna y Niño* de Botticelli.

Al lado del palacio se encuentra la catedral de Notre-Dame-des-Doms, y detrás de ella el parque del **Rocher des Doms.** Abajo se hallan el río Ródano y las famosas ruinas del **Pont St-Bénézet,** más conocido como el Pont d'Avignon. Este puente del siglo XII quedó destruido por las aguas del Ródano en el siglo XVII. Sólo quedan cuatro ojos de los 22 originales.

Al sur se encuentran las estrechas calles del casco antiguo. Una de las más bonitas es la Rue des Teinturiers, al lado del río Sorgue. En este lugar, hasta el siglo XIX, los tintoreros elaboraban los estampados provenzales sobre algodón conocidos como *Indiennes*. Entre los museos de esta población se encuentran el **Musée Calvet** (*65 rue Joseph-Vernet; Tel 04 90 86 33 84; cerrado mar.*), y la **Fondation Angladon-Dubrujeaud,** que alberga el único lienzo de Van Gogh que se encuentra aún en Provenza, *Les wagons de chemin de fer.* ■

Orange y alrededores

VISITE ORANGE POR SU MAGNÍFICA HERENCIA ROMANA: el arco de triunfo y el teatro son unos de los vestigios romanos más importantes del mundo. Situada en el valle del Ródano, en la Via Agrippa romana, Orange era (y es) la puerta de acceso entre el norte y el sur. La ciudad prosperó bajo el emperador Agustín: con una extensión tres veces mayor que la actual y colmada de templos, baños y un estadio. En el siglo XVI, Orange fue heredada por Guillermo, príncipe de Nassau, antepasado de la familia real holandesa.

Orange
281 D4
Información
5 cours Aristide-Briand
04 90 34 70 88
www.otorange.fr

Théâtre Antique
place des Frères-Mounet
04 90 51 17 60
$

Châteauneuf-du-Pape
281 D3
Información
place du Portail
04 90 83 71 08

Vaison-la-Romaine
281 D4
Información
place du Chanoine-Sautel
04 90 36 02 11
Cerrado mar. en invierno

El arco de triunfo es una monumental obra maestra construida hacia el año 20 a.C. para conmemorar la victoria de Julio César sobre los griegos en Massina (Marsella). Pero incluso este monumento se empequeñece al lado del teatro. El teatro, el ejemplo más completo que existe, todavía conserva la mayoría de sus asientos originales (para unas 8.000 personas), algunas de sus columnas y arcos, y el impresionante muro del escenario, que hace parecer la estatua de Augusto una miniatura. La acústica es perfecta y aún se utiliza para el festival de música que se celebra en julio. Ahora luce un nuevo y discreto techo de acero y cristal.

Châteauneuf-du-Pape se encuentra al sur, plantado por los papas, es el más elegante de los viñedos de las Côtes du Rhône.

VAISON-LA-ROMAINE

Al noreste de Orange se halla Vaison-la-Romaine, una atractiva población de venerable historia. Unas excavaciones descubrieron partes de la ciudad romana (*Fouilles de Puymin, place du Chanoine-Sautel; Tel 04 90 36 02 11; cerrado dom.-mar.*), con una basílica, baños y un teatro, en el que actualmente se celebra un festival de música en julio. El excelente **Musée Municipal** alberga un espléndido mosaico de un pavo real. Sobre el río, cruzando el puente romano que logró sobrevivir a las terribles inundaciones de 1992, se encuentra la **Haute Ville,** pequeñas calles adoquinadas con casas del siglo XIV restauradas que conducen hasta las ruinas de su castillo. La catedral románica tiene un ábside y un altar de mármol del siglo VI, así como un claustro del siglo XII con hermosas esculturas. ■

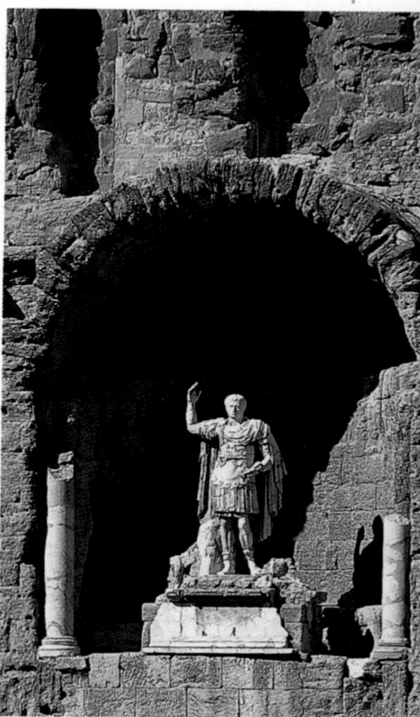

La estatua de Augusto en el teatro romano de Orange mide 3 m de altura.

«Como atraído por la insistente llamada de trompetas romanas en la lejanía, un día, a principios de otoño, me encaminé hacia Provenza.»
Augustus John (1878-1961)

Alrededores del Lubéron

LA CADENA DE COLINAS DE MANOSQUE A CAVAILLON, Y los valles cercanos, forman el Lubéron. A través de este recorrido por campos de lavanda, viñedos y huertos podrá disfrutar de *villages perchés*, majestuosas vistas de las montañas y agradables paseos.

Al norte de la región las colinas del macizo del Lubéron, la mayor parte del cual se encuentra en el departamento de Vaucluse, están cuarteadas por profundos barrancos. Al sur, una tierra más fértil se inclina hasta el río Durance. El Grand Lubéron, al este, ha sido declarado parque natural regional, y está gestionado desde la pequeña población de **Apt**.

La **Maison du Parc,** en Apt, tiene vídeos e información sobre excursiones locales, vida salvaje y vegetación. La **Cathédrale Ste-Anne,** del siglo XI, guarda el sudario de la santa y un pequeño museo arqueológico documenta el pasado romano de la población. Interesante y animado mercado de especialidades locales los sábados.

Después de una ardua excursión se llega al **Mourre Nègre,** al sudeste de Apt, el pico más alto de la Montagne du Lubéron, desde donde se disfruta de excelentes vistas de toda la región.

Antes de la invención de los tintes sintéticos, la industria de la extracción de ocre era muy importante en el Lubéron. Al norte del Mourre Nègre se encontraban las minas del Colorado de Rustrel, un paisaje escarpado de tonos rojos y anaranjados.

Los muros y los soportales de la población de **Roussillon,** justo al oeste de la localidad de Apt, lucen toda la gama de ocres. Durante la puesta de sol, los **Falaises du Sang** (acantilados de sangre) que hay cerca de la población son espectaculares.

Más allá de la meseta de Vaucluse, al norte, se alza el **Mont Ventoux,** a más de 1.900 m de altitud. La excursión hasta la cima (desde Brantes, Malaucène o Bédoin) vale la pena (es una etapa del Tour de France).

El Lubéron occidental (el Petit Lubéron) está lleno de poblaciones encantadoras. Visite la pequeña **Bonnieux** (*Información: place Carnot; Tel 04 90 75 91 90*). Situada en lo alto de una colina, podrá disfrutar del **Musée de la Bou-**

Apt
281 E3
Información
20 avenue Philippe-de-Girard
04 90 74 03 18

Maison du Parc Naturel Régional de Lubéron
04 90 04 42 00

Roussillon
281 E3
Información
place de la Poste
04 90 05 60 25

Gordes
281 E3
Información
place du Château
04 90 72 02 75

Abbaye de Sénanque
04 90 72 05 72
Sólo visitas guiadas
$

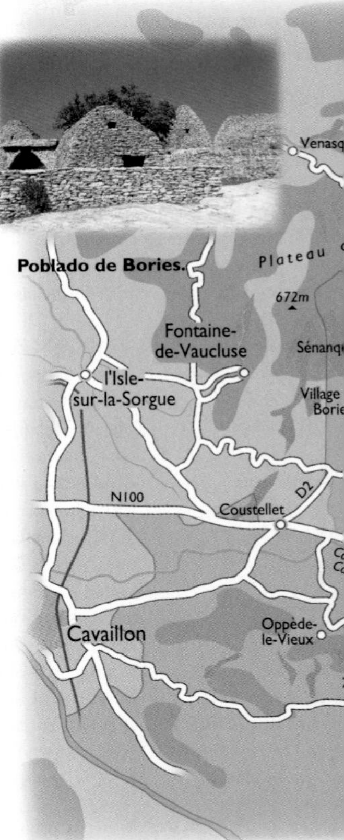

Poblado de Bories.

langerie, un museo del pan (*Tel 04 90 75 88 34; cerrado mar. y de nov.-mayo*). **Oppède-le-Vieux** tiene un castillo en ruinas y **Ménerbes** fue la protagonista de la novela *Un año en Provenza,* del escritor británico Peter Mayle. La pintoresca población de **Gordes** se agrupa en torno a un castillo del siglo XVI, en el que se exhibe arte contemporáneo.

Muy cerca de allí, el **Village des Bories** está formada por un conjunto de antiguos hábitats construidos según el estilo neolítico, algunos de los cuales fueron ocupados hasta el siglo XX. Al norte de Gordes se encuentra la **Abbaye de Sénanque,** de la orden cisterciense, la capilla y el claustro, de piedras claras, contrastan con los tonos malvas de los campos de lavanda de los alrededores.

La **Fontaine-de-Vaucluse** se encuentra en una garganta, a los pies de la fuente del río Sorgue. En invierno y en primavera, nace de la tierra un torrente que forma una profunda charca (¡más de 300 m!) de color verde oscuro. En este lugar, Petrarca compuso muchos de sus sonetos. El **Musée Pétrarque** alberga ediciones de sus poemas ilustrados por Braque, Picasso, Miró y otros. También puede visitarse el interesante **Moulin à Papier Vallis Clausa,** un molino papelero. ■

Fontaine-de-Vaucluse
281 D3
Información
chemin de la Fontaine
04 90 20 32 22

Musée Pétrarque
rive Gauche de la Sorgue
04 90 20 37 20
Cerrado mar. abril-sept.; abierto el resto del año para visitas en grupo

Moulin à Papier Vallis Clausa
chemin de la Fontaine
04 90 20 34 14

Las rocas de tonos ocres cerca de Roussillon.

La población de Roussillon.

Arles

SUBA HASTA LA ÚLTIMA GRADA DEL ANFITEATRO ROMANO para obtener la mejor vista de Arles, desde sus cubiertas de teja y sus paredes ocres hasta el río Ródano.

Arles
281 D3
Información
boulevard des Lices
04 90 18 41 20

Arènes Romaines
Rond-point des Arènes
04 90 49 38 20
$

Musée de l'Arles Antique
presqu'île du cirque Romain
04 90 18 88 88
Cerrado mar. y oct.-marzo
$

Museon Arlaten
29 rue de la République
04 90 93 58 11
Cerrado lun. excepto jul.-agos.
$

Musée Réattu
10 rue du Grand Prieuré
04 90 49 37 58
$

Fondation Vincent van Gogh
24 Rond-point des Arènes
04 90 49 94 04

Los vestigios de esta ciudad romana nos transportan a un intenso pasado. Actualmente utilizadas para corridas de toros y festivales, las enormes **Arènes Romaines,** del siglo I, eran en el pasado el escenario de luchas de gladiadores. Sus medidas (136 m por 107 m) con dos pisos de 60 arcos cada uno permitían un aforo de 25.000 espectadores. Al recorrer la arcada inferior del anfiteatro, fíjese en los túneles por los que los animales salían a la pista.

Muy cerca se encuentra el teatro romano, construido un poco antes, descrito por Henry James como «una de las ruinas con más encanto y más emocionantes que nunca había visto antes». Su escenario es hoy en día el telón de fondo para los espectáculos del Festival de Arles que se celebra de finales de junio a principios de julio.

Los monumentos romanos conviven con los edificios medievales, el más importante de los cuales es la **Église St-Trophime** (*place de la République*). Obra maestra del románico provenzal, destaca el magnífico claustro y el pórtico esculpido del siglo XII.

No satisfecha con ser, en palabras del escritor Chateaubriand, un gran «museo al aire libre», Arles tiene un gran número de excepcionales museos. El nuevo e impresionante **Musée de l'Arles Antique** hace un repaso a la historia de la ciudad; el **Museon Arlaten** está dedicado al folclore, la artesanía y los vestidos tradicionales provenzales. El espléndido **Musée Réattu** contiene 57 dibujos de Picasso donados por el artista, al que le encantaban las corridas de toros.

Pero el artista más vinculado a Arles es Vincent van Gogh (1853-1890). Fue aquí donde se enamoró del sur y de sus vivos colores, y en

donde pintó algunas de sus obras más conocidas, como *Los girasoles* y *La silla*. La **Fondation Vincent van Gogh** cubre su falta de cuadros originales del pintor con pinturas inspiradas en él.

Hoy en día, en Arles pueden verse gran cantidad de festivales, como la Fête St-Jean del 24 de junio y las corridas de toros de Semana Santa, cuando los arlesianos salen a la calle con sus vestidos tradicionales, los hombres con trajes de vaqueros y las mujeres con elaborados tocados y chales.

Justo en las afueras de Arles, el cementerio romano y de los primeros cristianos en **Les Alyscamps,** pintado por Van Gogh, es una tranquila avenida de tumbas y sarcófagos. ■

«El Midi te abrasa los sentidos, tu mano es más ágil, tu ojo más fino, tu mente más clara...»
Vincent van Gogh (1853-1890)

El espectáculo y el color de las corridas de toros atrae mucho público al anfiteatro romano de Arles.

La Camarga

Stes-Maries-de-la-Mer
281 D3
Información
5 avenue Van Gogh
04 90 97 82 55

St-Gilles-du-Gard
281 D3
Información
04 66 87 33 75

Aigues-Mortes
281 D3
Información
place St Louis
04 66 53 73 00

UNA MISTERIOSA BELLEZA EMANA DE LOS MARJALES DE las bocas del Ródano. Es un mundo de amplios horizontes, hierbas mecidas al viento y lagunas azules, bañado en una luz extraordinaria.

El ecosistema de La Camarga (Camargue) rebosa de vida salvaje, sobre todo de anfibios y aves acuáticas (cabe destacar las curiosas bandadas de flamencos rosas). Las brillantes salinas proporcionan grandes cantidades de sal, y en este lugar se cultiva una deliciosa variedad de arroz. En los prados pastan los famosos caballos blancos nativos de la región, montados por sus pastores, conocidos como *gardians*. Estos robustos hombres siguen fuertemente arraigados a la vida tradicional, criando sus pequeños toros negros destinados a las arenas de Nîmes o Arles.

La historia y las tradiciones de este extraordinario territorio salvaje, actualmente parque regional protegido, se muestran en el **Centre de Ginès** (Maison du Parc Naturel; *Tel 04 90 97 86 32*) en Pont-de-Gau, cerca de Stes-Maries-de la Mer, y en el **Musée Camarguais,** al sudoeste de Arles por la D570 (*Mas du Pont de Rousty; Tel 04 90 97 10 82; cerrado mar. y oct.-marzo*), un museo de la vida de la Camarga situado en un rancho reconvertido, y el centro

Caballos de La Camarga galopan a sus anchas por los marjales.

principal del parque regional. También proporciona información sobre rutas a pie y a caballo, y sobre hoteles y restaurantes.

Los márgenes de La Camarga están llenos de playas desiertas y pequeñas y humildes poblaciones. **Stes-Maries-de-la-Mer** se concentra alrededor de su enorme iglesia fortificada (excelentes vistas desde la azotea). Éste es un buen lugar para comprar una camisa vaquera provenzal. Albergado en el antiguo ayuntamiento, el **Musée Baroncelli** (*rue Victor-Hugo; Tel 04 90 97 87 60; cerrado mar.*), actualmente cerrado por obras de renovación, muestra las tradiciones de La Camarga; su nombre proviene de un *manadier* (ganadero) local que promovió la colaboración entre las gentes del pueblo y los gitanos.

Según una tradición del siglo XVI, cada 24 y 25 de mayo, peregrinos gitanos acuden a la población para participar en una procesión que lleva la estatua de santa Sara, patrona de los gitanos, hasta el mar para ser bendecida. Durante el festival, las calles laten al ritmo del flamenco, las carreras de caballos y el caleidoscopio de vestidos tradicionales. Entre los platos camargueses que ofrecen los restaurantes se encuentra el *bœuf gardian*, un estofado de carne de buey o de toro que se puede acompañar con arroz de La Camarga, de ligero sabor a nueces.

Al norte se encuentra **St-Gilles-du-Gard,** apodada la Puerta de La Camarga, una pequeña población dominada por una importante iglesia con tres portales del siglo XII, magníficamente esculpidos.

El extremo oeste de La Camarga está vigilado por la población medieval amurallada de **Aigues-Mortes.** En el pasado fue un puerto de gran importancia, desde el cual el rey Luis IX embarcó para ir a las Cruzadas en el siglo XV. Hoy en día está a 5 km del mar. Las murallas, a las que se accede a través del **Musée Archéologique** (*Tel 04 66 51 37 57*), ofrecen las mejores vistas de esta extraña ciudad y del paisaje de los alrededores. ■

Reserva natural

Uno de los mayores humedales de Europa, la Camarga es un importante refugio de flora y fauna, que viven cómodamente en estas tierras pantanosas llenas de marismas poco profundas (*étangs*). El gran **Étang de Vaccarès**, que cubre unas 6.500 ha, ha sido declarado reserva zoológica y botánica. El acceso es muy restringido (éste es, por ejemplo, el único lugar de cría en Francia de la gaviota de pico delgado y del porrón de cresta roja). Una caminata por el **Digue de la Mer** desde Stes-Maries-de-la-Mer proporciona buenas vistas de la reserva, y desde algunos puntos de la D37 y la C134 se pueden ver gaviotas, garzas reales, avocetas, garcetas y los famosos flamencos (su característico color rosa procede de los pequeños crustáceos con los que se alimentan). El centro de visitantes de **La Capelière** (*Mapa pág. 281 D3, cerrado dom.*), en la parte este del Étang de Vaccarrès, informa sobre la reserva y tiene una exposición de La Camarga según cada estación del año. En el **Parc Ornithologique** de Pont-de-Gau, al norte de Stes-Maries-de-la-Mer, hay una gran variedad de aves, incluyendo rapaces como los buitres egipcios, el milano real negro y los búhos águila. ■

Les Baux-de-Provence

ELEVÁNDOSE SOBRE LOS RISCOS DE CALIZA BLANCA DE les Alpilles, las ruinas de la ciudadela feudal de Les Baux se fusionan con los afloramientos de roca sobre las que se encuentran.

Les Baux
281 D3
Información
impasse du Château
04 90 54 34 39

Musée de l'Histoire de la Citadelle
Château des Baux de Provence
04 90 54 55 56
$

En el pasado éste fue el baluarte de los poderosos señores de Baux, orgullosos y sedientos de sangre. De linaje muy antiguo, los señores se atrevieron a colocar la Estrella de Belén en su escudo de armas, y aterrorizaron a la región durante la la Edad Media. El más infame de todos fue el cruel Raymond de Turenne, conocido como el azote de Provenza. En el siglo XIV se divertía obligando a sus desventurados prisioneros a lanzarse desde los muros del castillo.

En el siglo XIII, por el contrario, Les Baux era la ciudad del poema caballeresco por excelencia, la forma más famosa de amor cortés provenzal que atraía a trovadores de todas partes a cortejar a las damas de la nobleza. Pero la gran ciudadela tendría un final terrible cuando, en 1632, el cardenal Richelieu, harto de la rebeldía de los señores y los habitantes de Les Baux, ordenó derribar la fortaleza entera. El resultado son las impresionantes ruinas que se ven hoy en día esparcidas a lo largo de una estrecha y vertiginosa grieta.

Entre a la **Ville Morte** (ciudad muerta) por la **Tour du Brau,** del siglo XIV, que actualmente alberga el museo del castillo. Desde aquí, puede subir a las ruinas del castillo y la antigua población, entre restos de torres y muros. Desde el borde de la escarpa hay unas vistas magníficas de las rocas retorcidas de la **Val d'Enfer,** lugar que según la leyenda frecuentaban las brujas y que se dice sirvió de inspiración a Dante para situar su *Infierno.*

La población que hay bajo la ciudadela data principalmente de los siglos XVI y XVII, y tiene un gran número de capillas y mansiones convertidas en museos. La **Fondation Louis Jou,** en el Hôtel Jean de Brion, muestra la parafernalia de un maestro tipógrafo; el **Musée des Santons,** en el Ancien Hôtel de Ville (*rue Porte Mage*), el antiguo ayuntamiento, está dedicado a las tradicionales figuras de barro que decoran los belenes provenzales. Otros museos que merece la pena visitar son el **Musée d'Art Contemporain** (*Hôtel des Porcelets, place St-Vincent*) y el fascinante **Musée de l'Olivier,** que se centra en reproducciones de olivos de diferentes artistas. ■

Panorámica de Les Baux.

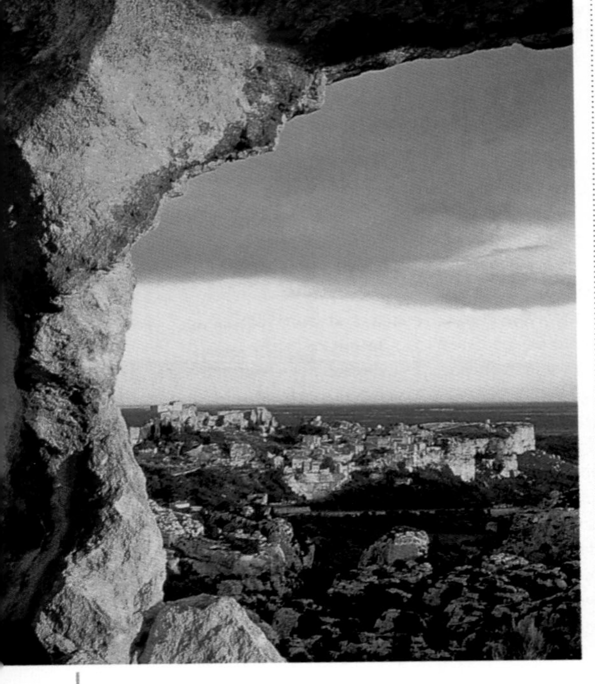

Aix-en-Provence

Las frutas y verduras locales colorean los puestos del mercado de Aix-en-Provence.

«LA POBLACIÓN MÁS BELLA DE FRANCIA DESPUÉS DE PARÍS», según un viajero del siglo XVIII, Aix es una elegante ciudad con preciosas avenidas, plazas sombreadas y cientos de fuentes de piedra espléndidamente esculpidas. El agua es un elemento esencial de la ciudad, fundada por el cónsul romano Sextius, atraído por las fuentes termales que aún se utilizan hoy en día.

En el corazón de Aix se encuentra el majestuosa **Cours Mirabeau,** la famosa avenida llena de árboles, flanqueada por elegantes casas de los siglos XVII y XVIII y por algunas fuentes de gran belleza. Relájese en la terraza de algún café como Les Deux Garçons, refugio favorito de artistas e intelectuales desde 1792, y observe la actividad de la ciudad.

El laberinto del casco antiguo se extiende al norte. Los sábados se instala el mercado, y esta zona es irresistible. Entre los edificios más elegantes se encuentra el **Hôtel de Ville** (ayuntamiento), del siglo XVII, y el antiguo palacio del obispo, que alberga el **Musée des Tapisseries,** con espléndidos tapices. Al lado está la **Cathédrale St-Sauveur,** de estilo gótico, que se distingue por sus pórticos esculpidos del siglo XVI, las columnas del baptisterio merovingio del siglo V y el claustro románico. Entre sus tesoros está el *Arbusto en llamas,* un tríptico de Nicolas Froment del siglo XV.

Al sur del Cours Mirabeau se encuentra el elegante Quartier Mazarin. El **Musée Granet** (*Tel 04 42 52 88 32*), en el que hay ocho obras de Paul Cézanne, el hijo más famoso de Aix. Existe una ruta Cézanne que recorre toda la ciudad, y también puede visitar el **Atelier Paul Cézanne** (*Tel 04 42 21 06 53*), donde el artista trabajó desde 1897 hasta su muerte en 1906. En este lugar, Cézanne pintó *Les grandes baigneuses,* y desde la ventana se puede ver su querido Mont Ste-Victoire, que sirvió de inspiración para más de 50 de sus pinturas. Ha sido recreado tal como se cree que él lo dejó. ■

Aix-en-Provence

281 E3

Información

2 place Général-de-Gaulle

04 42 16 11 61

www.aixenprovencetourism.com

Musée des Tapisseries

place de l'Ancien-Archevêché

04 42 23 09 91

Cerrado mar.

$

Cathédrale St-Sauveur

place de l'Université

Gorges du Verdon

Castellane
281 F3
Información
rue Nationale
04 92 83 61 14

Moustiers-Ste-Marie
281 F3
Información
place de l'Église
04 92 74 67 84
Cerrado mañanas oct.-mayo

LA VISIÓN DE LAS AGUAS COLOR ESMERALDA DEL RÍO Verdon, encajado en una garganta de caliza es suficiente para comprender por qué la llaman «el regalo verde». La garganta más profunda y ancha de Europa, es una maravilla de la naturaleza y un parque regional que acoge flora y fauna poco frecuentes. Geográficamente, aquí se encuentran los Alpes y el paisaje mediterráneo, y el resultado es una enorme variedad de hábitats y un gran número de plantas y animales, incluyendo varias especies de helechos y de rapaces que no se encuentran en ningún otro lugar.

Desde su nacimiento en los Alpes, el río Verdon serpentea en dirección sur a lo largo de 64 km antes de adentrarse por un cañón de piedra caliza durante 24 km entre abismos de 700 m. Para realizar un recorrido de ida y vuelta desde **Castellane,** un centro turístico lleno de actividad, reserve un día entero y mucha gasolina. El paisaje es muy hermoso, pero conduzca con precaución.

Abandone Castellane en dirección oeste por la D952. El primer mirador de la orilla norte es **Point Sublime;** hay un acceso al fondo de la garganta. Después de Point Sublime, la D23 serpentea en dirección sur, proporcionando espectaculares vistas antes de volver a encontrarse con la D952 en **La Palad-sur-Verdon.**

Situado en un profundo barranco sobre el extremo oeste del cañón se encuentra **Moustiers-Ste-Marie,** una localidad del siglo XV conocida por la cerámica. El famoso chef Alain Ducasse tiene un restaurante en este lugar. Desde aquí, diríjase en dirección sur por la D957, pasando por el **Lac de Sainte-Croix,** un lago artificial de aguas azul cobalto, luego gire a la izquierda siguiendo el lado sur del cañón por la Corniche Sublime, la D71. Disfrute las vistas del **Pont de l'Artuby,** que se extiende sobre la garganta del río Artuby, y en los **Balcons de la Mescla.**

Izquierda: los impresionantes acantilados calizos de las Gorges du Verdon.

Derecha: descenso en kayak en aguas rápidas por la garganta.

Para regresar a Castellane, siga la D71 en dirección este, gire en dirección norte por la D90 (una carretera empinada y estrecha), y de nuevo en dirección norte por la D955 hasta llegar a la D952. Si quiere realizar un recorrido más sencillo, tome la D71 en dirección este hasta llegar a la D21 en la población de Comps-sur-Artuby. Gire en dirección este por esta carretera e, inmediatamente, gire a la izquierda por la D955 y continúe en dirección norte por la D952. ■

PARA SENDERISTAS

Para una estimulante excursión de 24 km, tome el sendero que sigue la base de la garganta. Pero la mayor parte de la ruta sólo se puede realizar en grupos con guía, a causa de las condiciones del terreno y el riesgo de crecidas del río. ■

Otras visitas interesantes en Provenza

HAUTE-PROVENCE

En el extremo noreste de Provenza se halla una región montañosa de poblaciones remotas, ríos con gargantas, bosques de pinos y pastos. El verano, Haute-Provence es ideal para hacer excursiones; en invierno predominan las estaciones de esquí. La mejor forma de descubrir esta zona es tomar el ferrocarril de vía estrecha, el **Chemin de Fer de Provence,** desde Niza hasta **Digne-les-Bains** (*Información: place du Tampinet; Tel 04 92 36 62 62*). Esta población balnearia es la capital de la región. Cerca de la frontera italiana, el **Parc National du Mercantour** (*contacte con el Bureau des Guides de Mercantour; Tel 04 93 03 26 60*) es una reserva natural con gran variedad de flora y fauna. En el **Musée des Merveilles** (*ave. 16 septembre; Tel 04 93 04 32 50; abierto todos los días mayo-oct. y miér.-lun. el resto del año*), en Tende, verá esculturas y exposiciones interactivas relacionadas con la prehistoria del parque.

ST-RÉMY-DE-PROVENCE

En la fértil llanura al norte de la Chaîne des Alpilles, encontrará esta pequeña y encantadora población. En 1889, Vincent van Gogh ingresó como paciente en el hospital de **St-Paul-de-Mausile.** Puede visitar los jardines y el claustro del siglo XII, y el **Centre d'Art Présence Van Gogh,** en el Hôtel Estrine, del siglo XVIII. El **Musée des Arômes de Provence** está dedicado al cultivo de hierbas aromáticas. St-Rémy es más conocida por las ruinas de la ciudad grecorromana, en la cercana **Glanum;** dañadas por las inundaciones de 2003, ahora están cerradas.

281 D3 **Información** place Jean-Jaurès
04 90 92 05 22

TARASCÓN

Suspendido sobre el Ródano, Tarascon está dominado por su castillo gótico del siglo XV, en su día un centro de la cultura medieval. Situada justo enfrente, la **Église de Ste-Marthe,** del siglo XII, está dedicada a santa Marta, que salvó la ciudad de un monstruo anfibio, la Tarasca, una victoria que aún se celebra el último fin de semana de junio. En el **Musée Souleïado** se exponen productos provenzales y se venden los característicos Souleïado.

281 D3 **Información** rue des Halles
04 90 91 03 52 ■

Las cubiertas de teja de Tarascón.

Embarcaciones amarradas en el puerto de Sète.

Languedoc-Rosellón

El «otro» sur de Francia, Languedoc-Rosellón (Languedoc-Roussillon), es tanto o más deslumbrante que Provenza y la Costa Azul, pero presume menos de ello. Estas dos provincias se extienden desde el Ródano hasta los Pirineos, y desde la costa hasta las regiones montañosas de Cévennes, Corbières y Minervois. El nombre de Languedoc procede de la lengua medieval de los trovadores (la *langue d'oc*, ver abajo). En el Rosellón, de sabor más español y orgulloso de su pertenencia a Cataluña hasta que en el siglo XVII se convirtiera en parte de Francia, la lengua catalana todavía se utiliza habitualmente.

Ninguna otra región de Francia posee tal variedad de paisajes. Las poblaciones vinícolas, rodeadas de viñedos y garrigas con olor a tomillo, representan el Midi, bañado por el sol; bajo las cumbres nevadas de los Pirineos, huertos de melocotones, ciruelas, almendras y cerezas florecen entre prados. A los caminantes les gustarán las tranquilas colinas de Corbières y las mesetas del Haut-Languedoc. Las poblaciones pesqueras y las marismas no sólo son un paraíso para los animales, sino también para los artistas.

También hay un rico legado de arquitectura romana (*romain*) y románica (*roman*), desde los monumentos romanos de la ciudad de Nîmes y el Pont du Gard, hasta las abadías románicas del Rosellón, influenciadas por el estilo mozárabe. ■

Langue d'oc

Lengua de la poesía caballeresca derivada del latín, etimológicamente el nombre de *langue d'oc* procede de la fórmula romana para decir «sí», *hoc ille*. En el sur de Francia, esta construcción se quedó en *oc*, en el norte *il*. De ahí que la lengua del sur se la bautizara como *langue d'oc* y la del norte *langue d'oil* (el francés moderno). La *langue d'oc*, lengua de los trovadores y su poesía lírica, sobrevivió a los varios intentos de los franceses por erradicarla. Aún se puede oír en el *patois* (habla regional popular) hablado por los más ancianos en mercados y cafés, y en la lengua occitana (provenzal), que hoy día se enseña en las escuelas y las universidades. ■

Montpellier

FUNDADA EN EL SIGLO X, MONTPELLIER ES UNA DE LAS ciudades más activas del sur de Francia. Su antigua escuela de medicina y su universidad todavía atraen a muchos estudiantes.

La Tour de la Babote defendió la ciudad desde el siglo XII.

Montpellier
280 C3
Información
Allée Jean-de-Lattre de Tassigny
04 67 60 60 60
www.ot-montpellier.fr

La vida en Montpellier se desarrolla fundamentalmente alrededor de la **Place de la Comédie,** una plaza con cafés muy animada. En un extremo se encuentra la ópera del siglo XIX a la que debe su nombre, y una fuente coronada por la estatua de *Las tres gracias* de Étienne d'Antoine. Al norte y al oeste se encuentran las laberínticas calles medievales con mansiones de los siglos XVII y XVIII.

Durante los siglos XVI y XVII, Montpellier se convirtió en un baluarte del protestantismo. En 1622, Luis XIII la sometió a un asedio de ocho meses, lo que acabó con la mayor parte de sus edificios medievales. La ciudad aprovechó esta circunstancia para construir grandes mansiones dispuestas alrededor de patios. Algunas de las que se conservan y están abiertas al público son el **Hôtel de Manse,** en la Rue Embouque-d'Or, y el **Hôtel des Trésoriers de la Bourse,** en la Rue Ancien-Courrier. El **Hôtel Lunaret,** en la Rue des Trésoriers, una obra maestra construida por Jacques Cœur, el tesorero de Carlos VII, alberga el **Musée Languedocien** (*entrada por 7 rue Jacques Cœur; Tel 04 67 52 93 03; cerrado dom.*).

Situado al lado de la catedral, el antiguo palacio del obispo, del siglo XVII y actualmente la escuela de medicina, contiene los dibujos franceses e italianos del **Musée Atger.** El **Musée Fabre** (*39 boulevard Bonne Nouvelle; Tel 04 67 14 83 00*), que atesora una excelente colección de arte, está previsto que reabra en 2007.

Para disfrutar de las vistas desde Montpellier de las Cévennes y del mar, pasee por el **Promenade du Peyrou,** un paseo con jardines del siglo XVIII dominados por un elegante *château d'eau*, una exquisita fuente, y el acueducto que abastecía la ciudad. Al norte del paseo se encuentra el **Jardin des Plantes,** uno de los jardines botánicos más antiguos de Europa.

Montpellier se enorgullece de su arquitectura moderna, como el barrio de Antigone (que se extiende al este de la Esplanade Charles-de-Gaulle), del arquitecto catalán Ricardo Bofill, y las plazas que reinterpretan la arquitectura clásica. ■

Nîmes

NÎMES COMBINA LA HISTORIA ANTIGUA Y LA VIDA MODERNA con un brío y un entusiasmo formidables, sobre todo durante la Féria du Pentecôte, el festival taurino y folklórico que se celebra en mayo.

La ciudad debe todo su esplendor a los romanos, que construyeron un poderoso conjunto de fortificaciones y edificios públicos. El emperador Augusto erigió las murallas y las puertas de la ciudad, según una inscripción en la Porte d'Auguste. El edificio más impresionante es **Les Arènes** (*Tel 04 66 21 82 56*), un anfiteatro ovalado edificado en el siglo I. En el interior, las gradas daban cabida a 24.000 personas.

La otra gloria romana de la ciudad, el templo conocido como la **Maison Carrée** (casa cuadrada), de 2.000 años de antigüedad, es un elegante edificio de proporciones exquisitas (hoy en día alberga un museo dedicado a la región). Enfrente se encuentra el **Carrée d'Art,** una enorme galería de arte y biblioteca diseñada por el arquitecto británico Norman Foster como un tributo de cristal y aluminio al templo romano.

El casco antiguo es una mezcla de calles estrechas, plazas sombreadas y fuentes. Muchas de las casas de los siglos XVI y XVII son un legado de la industria textil (éste es el lugar de origen del tejido denominado dril), fundada por un grupo de protestantes, vetados para ejercer cargos públicos, que se dedicaron al comercio. Si desea descansar en un lugar tranquilo, diríjase al **Jardin de la Fontaine** (*quai de la Fontaine*), donde se hallan las fuentes y las ruinas de un *nymphaeum* romano con estanques de aguas transparentes y frescas terrazas de piedra. En lo alto, la **Tour Magne,** parte de las murallas de la ciudad construidas por Augusto, proporciona excelentes vistas. ■

Nîmes
281 D3
Información
6 rue Auguste
04 66 58 38 00
www.ot-nimes.fr

Maison Carrée
place de la Maison Carrée
04 66 21 82 56

Carrée d'Art
place de la Maison Carrée
04 66 76 35 35
Cerrado lun., biblioteca cerrada dom. y lun.
$

Las corridas de toros

Las arenas romanas de las ciudades de Nîmes y Arles, en el pasado escenarios de luchas de gladiadores, resuenan hoy en día con las corridas de toros. El toro es soltado por un oscuro corredor hasta la cegadora luz del día que inunda el ruedo. Después de ser recibido por el capote del torero, los picadores y los banderilleros preparan al astado para desarrollar la estilizada danza de la muerte (solemne o grotesca, según el punto de vista) que el animal entabla con el torero. En el momento de la verdad, una estocada acabará con su vida. ■

Las corridas de toros siguen siendo populares en Nîmes.

Pont du Gard

Pont du Gard
281 D3
Información
place des Grands Jours, Remoulins
04 66 37 50 99

TAN BELLO COMO FUNCIONAL, EL PONT DU GARD MUESTRA las proporciones épicas bajo las cuales los romanos construían y pensaban. El problema era simple: la fuente de Nîmes no bastaba para abastecer de agua la floreciente ciudad. La solución fue radical: se canalizaría agua fresca desde las fuentes de Uzès, a unos 48 km de Nîmes, a través de un sistema de acueductos, fosos y túneles excavados en la roca. La altura total del acueducto es de tan sólo 17 m, y los sistemas de ingeniería utilizados fueron muy avanzados para esa época.

Construido por los romanos, el Pont du Gard es un testimonio de su dominio de la ingeniería.

Dos milenios más tarde, el acueducto se extiende sobre el río en tres grandes pisos de arcos de caliza dorada, que, a pesar del paso del tiempo, se han conservado a la perfección. Incluso todavía pueden verse las marcas de los constructores romanos en algunas de las piedras (la mayor de las cuales pesa seis toneladas), así como pintadas dejadas por jóvenes *compagnons* (oficiales albañiles) franceses, para quienes este acueducto era un lugar de peregrinación. Los que ahora comen debajo, al lado del río Gardon, se deben de preguntar sobre la necesidad de construir a una escala tan monumental. En invierno, sin embargo, el río aumenta su caudal y puede llegar a convertirse en un peligroso torrente, capaz de destruir puentes modernos (como hizo en 1958). Los ingenieros romanos diseñaron el acueducto con una ligera curvatura de manera que permitiera soportar una gran presión de agua. Fue puesto a prueba de nuevo recientemente con las inundaciones que devastaron Nîmes. Otro acierto técnico es el tratamiento de impermeabilidad que se le dio al interior de la canalización.

La mejor vista del acueducto se obtiene desde el puente del siglo XVIII que se levanta al lado. Las novedades incluyen una oficina de visitantes, un auditorium, un paseo peatonal y restaurantes. ■

Carcasona

La ciudad medieval de Carcasona.

PROVISTAS DE TORRES Y MATACANES, LAS MURALLAS dobles de Carcasona (Carcassone) representan a la perfección la ciudadela medieval ideal. Este escenario evoca la resistencia heroica a los asedios, los torneos de caballeros y la poesía de los trovadores.

Carcassonne
280 B2
Información
15 boulevard Camille-Pelletan
04 68 10 24 30
www.carcassonne-tourisme.com

Cité Medieval y Château Comtal
04 68 10 24 35. Chateau: 04 68 11 70 77
$

QUEMA DE LA CIUDAD

El Festival de la Cité se celebra cada 8 de julio y termina con la quema de la ciudad *(L'embrasement de la cité)* el 14 de julio, el Día de la Bastilla, la fiesta nacional francesa. ■

Carcasona fue conocida por los celtas y fortificada por los romanos. Al dominar la ruta entre Toulouse y el Mediterráneo, fue objeto de disputa de visigodos, sarracenos y Carlomagno. En el siglo XIII, el ejército de Simon de Montfort llegó a Carcasona, entonces un baluarte cátaro, y asedió y sometió la ciudad.

De Montfort convirtió la ciudadela en el cuartel general de sus incursiones. Los habitantes se rebelaron, pero Luis IX los trasladó a la nueva fortaleza que construyó bajo la ciudad. De esta forma se desarrollaron las dos partes gemelas de Carcasona. A finales del siglo XIII, Felipe el Valiente reforzó de modo imponente las defensas de la ciudadela, creando un baluarte.

Pero cuando los franceses se anexionaron el Rosellón en 1659, la frontera española se trasladó más al sur, y la ciudadela perdió su razón de ser. La *ville basse* prosperó y la *cité* entró en declive hasta tal punto que a mediados del siglo XIX se decidió demoler las fortificaciones que quedaban en pie. El arquitecto y medievalista Viollet-le-Duc se movilizó para salvar esta joya. Gracias a él, hoy en día podemos apreciar una ciudad medieval completa. Pasee entre las dos murallas, y luego entre por las torres gemelas de arenisca de la Puerta de Narbona, con rastrillo y puente levadizo. En el interior se encuentra un barrio de casas medievales rehabilitadas (y, por supuesto, hoteles, restaurantes y tiendas de recuerdos).

En el corazón de la ciudad se halla el **Château Comtal,** del siglo XII. Recorra las murallas, pasando por todo tipo de defensas medievales: torres de vigilancia, postigos y matacanes desde los cuales se vertía aceite hirviendo y piedras sobre los invasores. La **Cathédrale St-Nazaire,** de estilo románico y gótico, tiene soberbias vidrieras y la «piedra del asedio» del siglo XIII, que posiblemente ilustra el ataque de 1209. ■

Recorrido por la ruta de los Cátaros

Siga esta ruta por los últimos baluartes de los cátaros, que se refugiaron en castillos y poblaciones fortificadas de peligroso acceso, erigidas en las estribaciones salvajes e inhóspitas de los Pirineos.

La era dorada del Languedoc (poderoso, independiente y cuna de una brillante civilización) se vio truncada en el siglo XIII por la feroz cruzada contra la herejía cátara. Los cátaros (también conocidos como albigenses por la población de Albi) llevaban una vida basada en unos estrictos principios morales («cátaro» deriva del griego *katharos*, que significa puro) y eran muy críticos con la corrupción de la Iglesia oficial. La clave de su herejía residía en su creencia maniquea en los poderes duales del bien y el mal, y la convicción de que sólo el mundo espiritual era bueno, mientras que el mundo material era irredimiblemente malvado. Sus líderes, conocidos como *perfecti*, viajaban por todo el territorio, predicando y enseñando en la vernácula *langue d'oc.*

En 1209, el papa y el rey francés unieron sus fuerzas lanzando una cruzada liderada por el implacable Simon de Montfort. Los cátaros buscaron refugio en los aislados castillos de las Corbières, cuyos nombres (Montségur, Quéribus, Peyrepertuse) se han visto asociados desde entonces a la memoria de los cátaros que los habitaron y su fatal destino.

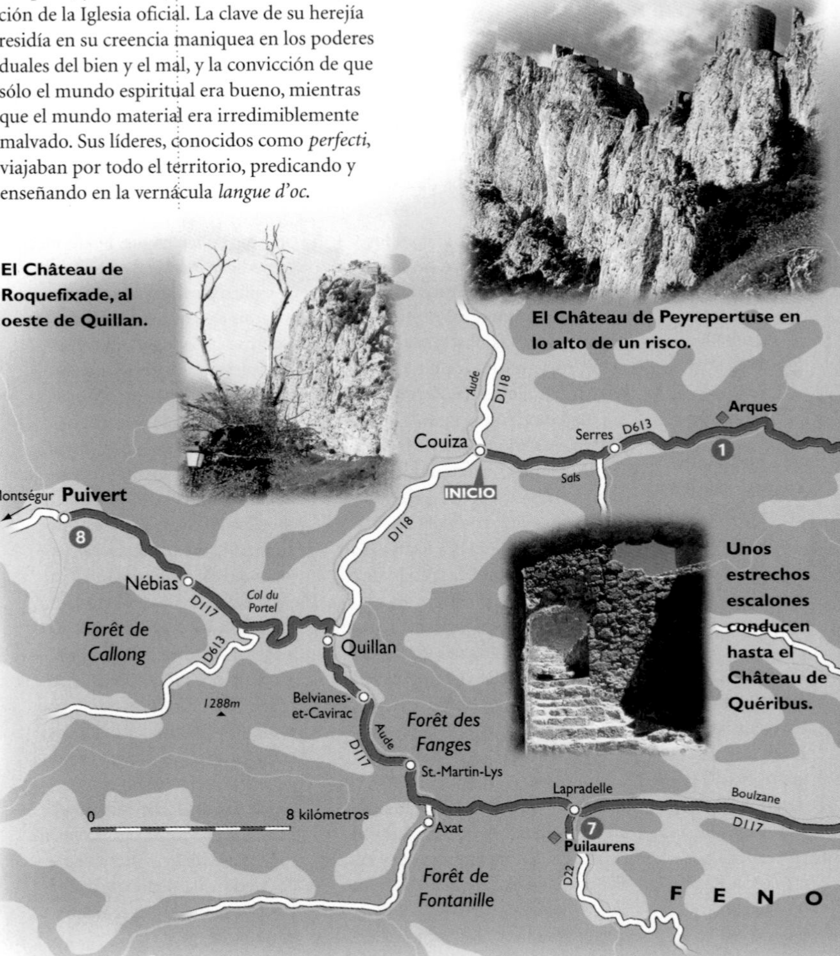

El Château de Roquefixade, al oeste de Quillan.

El Château de Peyrepertuse en lo alto de un risco.

Unos estrechos escalones conducen hasta el Château de Quéribus.

Una ruta por las montañas le permitirá visitar varios castillos cátaros. Empiece en **Couiza,** por la D118, a 40 km al sur de Carcasona, y tome la D613 en dirección este hasta **Arques** ❶ *(Tel 04 68 69 85 68)*, con un torreón del siglo XIII. Gire en dirección norte por la D40 y ascienda por un camino algo difícil hasta las ruinas de **Termes** ❷ (*Tel 04 68 70 09 20*) y el **Château de Durfort** ❸. La captura de la inexpugnable **Termes** en 1210 fue un mal presagio para las demás fortalezas cátaras.

Ver mapa del área pág. 281
Cuiza
180 km
1 día
Montségur
Conducción: Aunque el recorrido es por una zona montañosa, la conducción no es difícil.
Advertencia: Las gasolineras escasean.
Comidas: Llévese comida y mucha agua.

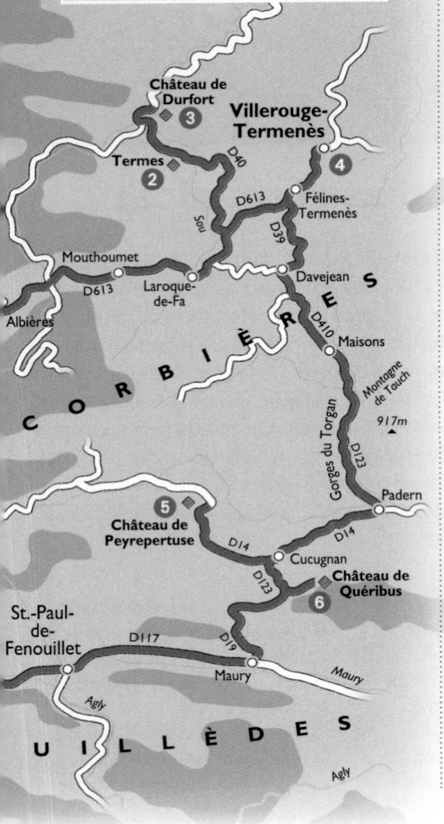

Regrese a la D613 y diríjase en dirección este hasta **Villerouge-Termenès** ❹, que ha crecido alrededor de las torres circulares de su castillo (*Tel 04 68 70 09 11*). Éste fue el refugio del último «perfecto» cátaro, que murió en la hoguera en 1321. Cada año, en el patio se celebra un banquete medieval en su honor.

Vuelva de nuevo a la D613 y sígala durante 3 km hasta pasar por Félines-Termenès, luego diríjase en dirección sur hasta Padern, a través de la garganta rocosa del río Torgan. Tome la D14 en dirección oeste para llegar a los castillos más espectaculares.

Al **Château de Peyrepertuse** ❺ (*Tel 06 79 09 33 61*) se llega subiendo en coche durante una media hora por una sencilla y serpenteante carretera. El lugar es tan estrecho que el castillo se construyó amoldándose a su vertiginoso emplazamiento, en algunas partes de pocos metros de anchura. En el interior se encuentra una sencilla capilla románica. El viento corta la respiración, así como las vistas del abismo y de los picos de los Pirineos.

Visible desde Peyrepertuse se halla el **Château de Quéribus** ❻ (*Tel 04 68 45 03 69*), cuyo torreón y su espléndida capilla dominan la llanura del Rosellón. Siga de nuevo la D14 durante 8 km y tome la D123 hasta llegar a él, el último baluarte de los cátaros. Su inexpugnabilidad quedó probada, y finalmente los cátaros se entregaron en 1255.

Siga en dirección sudoeste por la D19 y la D117 hasta el **Puilaurens** ❼ (*Tel 04 68 20 52 07; cerrado lun.-vier. fuera de temporada*), con matacanes, ventanas a prueba de flechas y murallas. La sencilla escalera de piedra, que sube en zigzag, aseguraba que ningún asaltante se fuera sin ser visto o atacado.

Tome la D117 hasta Quillan, al sur de Couiza, y vaya hacia el oeste hasta **Puivert** ❽ (*Tel 04 68 20 80 98*), más un palacio que un castillo, a pesar de sus robustas defensas. También podrá visitar el **Musée de Quercorb** *(16 rue Bairy du Lion; Tel 04 68 20 80 98; cerrado dic.-marzo)*, para las tradicioners locales y la música medieval. Más al oeste (por la D117 y la D9) se eleva el promontorio de **Montségur,** el cuartel general cátaro (ver pág. 277). ■

St-Guilhem-le-Désert, perdida en las montañas del departamento de Hérault.

Las abadías románicas

ENTRE LOS MONUMENTOS MÁS DESTACADOS DE LA región de Languedoc-Rosellón se encuentran las abadías románicas. Estos fantásticos edificios, que datan de los siglos X, XI y XII, combinan los espacios simples y austeros (naves de bóvedas de cañón y tranquilos claustros) con capiteles de piedra y paneles exquisitamente tallados. Algunas están situadas en lugares remotos, conservan su tranquila atmósfera monástica y han sido espléndidamente rehabilitadas. También sirven de escenarios maravillosos para los festivales de música de verano, como el Festival Pau Casals, que se celebra cada agosto, y en el cual se programan conciertos en la enorme iglesia abacial del siglo IX de St-Michel-de-Cuxa.

St-Michel-de-Cuxa

- 280 B1
- Codalet
- 04 68 96 15 35
- Cerrado dom. mañana y festividades religiosas
- $

Serrabone

- 280 B1
- Prieuré de Serrabone et Jardin Mediterranéen, Boule d'Amont
- 04 68 84 09 30
- $

Fundado por los benedictinos en el año 878, el espléndido monasterio de **St-Michel-de-Cuxa** es de estilo prerrománico. Sus inusuales arcos de herradura son de estilo mozárabe, un legado de la ocupación morisca de la región. La silueta de la gran torre cuadrada de la plaza de la abadía que se ha conservado, de piedra blanqueada en color ocre, destaca frente al oscuro macizo del Mont Canigou. El mejor capitel del claustro de mármol rosado del siglo XII, que fue saqueado por la Revolución, se encontró en la localidad de Prades en 1909, y fue vendido al Museo Metropolitano de Arte de Nueva York.

Situado en un risco de las laderas de Mont Canigou, al tranquilo y ascético retiro de **St-Martin-du-Canigou** (*Tel 04 68 05 50 03*) sólo se puede llegar en todoterreno o tras una excursión de 40 minutos a pie. Pero la belleza del lugar merece el esfuerzo. La visita guiada muestra el claustro, la capilla románica y la tumba de Guifré, conde de la Cerdaña, que fundó el monasterio en el siglo XI como penitencia por haber causado la muerte de su esposa y su hijo.

El priorato agustino de **Serrabone** también está situado en una vertiente del Mont Canigou. Está rodeado de un magnífico jardín de vides, arbustos y hierbas aromáticas. La iglesia del siglo XI, de una atractiva sencillez, alberga una espléndida muestra de columnas y arcos de mármol rosado, tallados con gran variedad de bestias mitológicas, flores y figuras humanas.

Entre huertos y vides, al sur de Perpiñán se encuentra la antigua población de **Elne,** que cada año acoge un festival de música en su catedral del siglo XI. El tesoro más preciado de Elne es el claustro, con capiteles de mármol magníficamente tallados. El más antiguo (del siglo XII), y sin duda el mejor, ilustra la historia de la Creación. El panel de Adán y Eva es una auténtica obra de arte.

ST-GUILHEM-LE-DÉSERT

Medio escondida en la garganta de Hérault, al norte de Montpellier, se encuentra la pintoresca población y la magnífica aunque austera abadía de St-Guilhem-le-Désert. Guilhem de Aquitania, hombre de confianza de Carlomagno, fundó la abadía en el siglo IX. Su devoción, junto con una reliquia de la Vera Cruz que le había regalado Carlomagno, le aseguraron un grupo de fieles a pesar de lo remoto que resultaba el emplazamiento.

A la abadía se accede subiendo por la encantadora población que hay a sus pies, con un sinfín de arroyos que atraviesan jardines y puentes, llena de modestas casas románicas espléndidamente restauradas y dominada por la silueta de los ábsides de la capilla. La iglesia abacial es un ejemplo perfecto de la simplicidad y la fuerza de la arquitectura románica, con una gran nave con bóvedas de cañón, enormes pilares y robustos arcos.

Todavía se conservan dos galerías del claustro, pero el resto se encuentra en la ciudad de Nueva York (en la sección de claustros del Museo Metropolitano de Arte). En este museo conviven los claustros de St-Guilhem-le-Désert y de St-Michel-de-Cuxa. ■

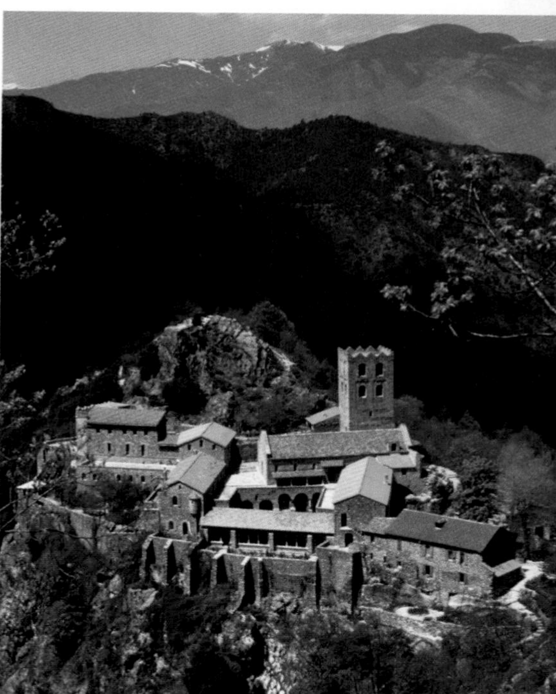

Vista de la abadía de St-Martin-du-Canigou.

Elne

Ⓜ 280 B1

Información

✉ place Sant Jordi

☎ 04 68 22 05 07

www.ot-elne.fr

St-Guilhem-le-Désert

Ⓜ 280 C3

Información

✉ St-Guilhem-le-Désert

☎ 04 67 57 44 33

Colliure y la Côte Vermeille

Colliure
280 CI
Información
place du 18 Juin
04 68 82 15 47
www.collioure.com

Banyuls-sur-Mer
280 CI
Información
avenue République
04 68 88 31 58

LA CÔTE VERMEILLE (COSTA ROJA), DONDE LOS PIRINEOS SE encuentran con las aguas cerúleas del Mediterráneo, es seguramente la parte más hermosa de la costa de Languedoc. Rocas rojizas cubiertas de vides se asoman por encima de las bahías de arena, y la línea de la costa, cosida por serpenteantes carreteras que proporcionan unas vistas espectaculares, tiene un gran número de pequeñas cuevas y poblaciones pesqueras hasta la frontera con España.

La joya de la costa es el pequeño puerto de **Colliure** (Collioure). A principios del siglo XX, su luz deslumbrante y el colorido inspiraron a Matisse y otros artistas a experimentar con las explosiones de color, lo que les hizo merecedores del sobrenombre de *fauvistes* (literalmente, «bestia salvaje»). Hoy en día, las calles están llenas de galerías de arte, restaurantes y comercios, y se puede recorrer un *chemin du Fauvisme* (para más detalles, pregunte en la oficina de turismo), con reproducciones de los cuadros de Matisse y Derain.

El encanto de Colliure ha permanecido casi intacto. Su pequeño puerto está flanqueado por el **Château Royal** (*Tel 04 68 82 06 43*), construido por los Templarios en el siglo XIII y más tarde reforzado por Vauban. Actualmente se utiliza para exposiciones de arte moderno. La fortificada **Église de Notre-Dame-des-Anges,** del siglo XIV, utiliza el antiguo faro como campanario. Bajo las soleadas terrazas de los restaurantes del puerto, donde puede saborear el pescado fresco (especialmente anchoas) y el vino de Colliure, hay tres pequeñas playas.

Al sur de Colliure, la carretera pasa serpenteando por varias poblaciones costeras y las empinadas terrazas llenas de viñedos de **Banyuls-sur-Mer.** Deténgase en el Cap Béar para disfrutar de la vista. La población de Banyuls es tan dulce como su vino (pruébelo bien frío como aperitivo), con cafés a la sombra de las palmeras, una pequeña playa y *caves* (bodegas) de vino. En la parte sudoeste de la población se encuentra un instituto de investigación oceanográfica con un acuario de vida marina local (*Tel 04 68 88 73 39*).

La localidad de **Cerbère** es el punto más meridional de la costa francesa. ■

El pintoresco puerto de Colliure inspiró a Matisse y a otros artistas fauvistas a principios del siglo XX.

Puentes en el valle del Tech.

Céret y el valle del Tech

CRUZANDO EL RÍO TECH A TRAVÉS DEL PONT DU DIABLE, un puente del siglo XIV de un solo arco, se llega a las sinuosas calles y las plazas sombreadas de Céret, la capital de estilo español del Vallespir (el valle del Tech). La catalana Céret es una población muy activa, con un festival internacional en agosto.

Céret
280 B1
Información
1 avenue Georges-Clemenceau
04 68 87 00 53
www.ot-ceret.fr

Amélie-les-Bains
280 B1
Información
quai 8 Mai
04 68 39 30 83

Arles-sur-Tech
280 B1
Información
04 68 39 11 99

En el pasado, los encantos de Céret atrajeron a un gran número de artistas de vanguardia, como Picasso y Braque. En este lugar, pintaron obras como *Paisaje de Céret* (Picasso, 1911) y *Tejados, Céret* (Braque, 1911). Sus tardes en el **Grand Café** (*boulevard Maréchal-Joffre; Tel 04 68 87 02 85*) quedaron plasmadas en algunos dibujos que Picasso pintó sobre papeles de notas del café.

Céret posee un excelente **Musée d'Art Moderne** (*8 boulevard Maréchal-Joffre; Tel 04 68 87 27 76; cerrado mar. oct.-abril*). Este museo de arte moderno, ubicado en un moderno edificio de terrazas ocres, patios sombreados y paredes de cristal, alberga obras de los artistas catalanes Capdevila y Tàpies, así como lienzos de Dufy y Chagall; un conjunto de vasijas de cerámica de Vallauris hechas por Picasso, y un espléndido Picasso de la primera época, el *Retrato de Corina Père Romeu* (1902).

EL VALLE DEL TECH

El valle se extiende en dirección oeste desde Céret hasta la población termal romana de **Amélie-les-Bains.** Por la D115 se encuentra **Arles-sur-Tech.** La enorme iglesia románica fue reconstruida en el siglo XII y posee un elegante claustro del siglo XII.

Siguendo por este remoto valle se llega a las **Gorges de la Fou,** supuestamente las gargantas más estrechas del mundo. Una pasarela metálica, que sólo se puede cruzar a pie y debidamente equipados con el casco obligatorio, recorre los escarpados acantilados. ■

La sardana es el baile nacional del Rosellón.

Perpiñán y la Cataluña francesa

CON SUS RAÍCES HISTÓRICAS EN EL CONDADO DE Barcelona y los reinos de Aragón y Mallorca, no es de extrañar que el Rosellón a menudo se sienta más español que francés. Y la Cataluña francesa posee el mismo orgullo de identidad propia. La bandera roja y amarilla catalana ondea en todos sitios; la danza nacional, la sardana, se baila solemnemente en las plazas de las poblaciones, y bastante gente habla catalán, a veces como primera lengua.

La soleada ciudad meridional de **Perpiñán** (Perpignan) es la capital de la Cataluña francesa, de gran influencia española dada la emigración que se produjo tras la finalización de la guerra civil española.

El **Palais des Rois de Majorque** ocupa todo un barrio del casco antiguo (en el siglo XIII la ciudad era la capital de los reyes de Mallorca). Situado dentro de las murallas del siglo XVII, construidas por Vauban, el enorme palacio de dos pisos y patio con arcadas, capillas reales con preciosos frescos y tejados, y un gran vestíbulo gótico,

revela una inequívoca influencia hispano-mozárabe.

El centro del casco antiguo está al norte, en la **Place de la Loge.** En este lugar, entre calles pavimentadas con mármol rosa y estrechos callejones, se encuentra la **Loge de Mer.** Construida en el exquisito estilo gótico del siglo XIV para albergar la bolsa y el tribunal marítimo, está llena de techos de madera tallada y ventanas esculpidas. Sus gárgolas y barandillas decoradas con filigranas se pueden contemplar desde alguno de los cafés de la plaza. A su lado se encuentra el **Hôtel de Ville,** el ayuntamiento, del siglo XIV, con espléndidas puertas del siglo XVII, y el edificio del parlamento del Rosellón, del siglo XV, el **Palais de la Députation**.

Le Castillet, un pórtico del siglo XIV, alberga el **Musée Casa Païral,** un museo de tradiciones y artesanía catalanas. El **Musée Rigaud** muestra la obra del artista Hyacinthe Rigaud, nacido en Perpiñán, junto a pinturas de Dufy y Picasso, y obras del escultor Aristide Maillol.

La **Cathédrale de St-Jean,** del siglo XIV, domina la Place de Gambetta, donde antiguamente se celebraban desfiles, con casas del siglo XVI. Edificada por los reyes de Mallorca, la catedral, de estilo rosellonés, está construida con ladrillos rojos y guijarros, y tiene un campanario del gótico sureño. En el interior, las velas iluminan los frescos de las paredes, las vidrieras y un brillante altar dorado. En una capilla del extremo sur cuelga la angustiosa estatua del Cristo, del siglo XIV, que cada Viernes Santo una hermandad de penitentes saca a la calle. Al son de las campanas y de los tambores, los penitentes recorren la ciudad vestidos con túnicas escarlata o negras y altas capuchas puntiagudas.

LOS ALREDEDORES DE PERPIÑÁN

Las playas de **St-Cyprien-Plage** y **Canet-Plage,** ambas cercanas a Perpiñán, son muy populares pero no tienen un interés especial. Los restos del ser humano más antiguo de Europa, fechados hace aproximadamente 450.000 años, fueron descubiertos en el año 1971 en **Tautavel.** El **Musée de la Préhistoire** de esta población muestra su historia y una reconstrucción del famoso cráneo.

La cumbre nevada del **Mont Canigou** (2.785 m), una montaña entrañable para los catalanes, domina Perpiñán. La ascensión hasta la cumbre desde la localidad de Vernet-les-Bains-Cortalets es una experiencia magnífica. ■

Perpignan
280 B2
Información
place Armand Lanoux
04 68 66 30 30
www.perpignan.tourisme.com

Palais des Rois de Majorque
4 rue des Archers
04 68 34 48 29
$

Musée Casa Païral-Le Castillet
place Verdun
04 68 35 42 05
$

Musée Rigaud
16 rue de l'Ange
04 68 35 43 40
Cerrado mar.
$

Tautavel
280 B2

Musée de La Préhistorire
avenue Leon-Jean Gregory
04 68 29 07 76
www.tautavel.com
$$

Otras visitas interesantes en Languedoc-Rosellón

BÉZIERS

Famosa por el vino, el rugby y las corridas de toros, esta antigua ciudad, grande y animada, sube por la orilla izquierda del río Orb, hasta la enorme **Cathédrale St-Nazaire,** del siglo XIV. La catedral original fue quemada durante el saqueo de Béziers en 1209, cuando los atemorizados habitantes buscaron en vano refugio en su interior. Al sudoeste de Béziers se encuentra el **Oppidum d'Ensérune,** un emplazamiento prerromano documentado en un fascinante museo.

280 C2 **Información** rue avenue St-Saens 04 67 76 84 00

CANAL DU MIDI

Extendiéndose a lo largo de 241 km desde Toulouse hasta el Mediterráneo, el Canal du Midi es una monumental proeza de ingeniería y una obra maestra de la arquitectura, comenzada en 1667. Fue un invento de Pierre-Paul Riquet, un oficial del gobierno que aportó la mayor parte de su financiamiento.

Las estrechas calles de la población montañosa de Villefranche-de-Conflent.

NARBONA

Narbona (Narbonne) fue la capital de la provincia romana más importante de la Galia y una gran ciudad portuaria durante la Edad Media. Actualmente, ha recuperado su prosperidad gracias a las zonas vinícolas que la rodean. El centro histórico, al norte del Canal de la Robine, divide la ciudad. En este lugar se asoma el fortificado **Palais des Archevêques** (palacio arzobispal), construido entre los siglos XIII y XIV. A su lado, la inacabada catedral gótica posee un espléndido claustro, vidrieras del siglo XIV y hermosos tapices. Detrás se encuentran los restos de la Narbona romana, unos almacenes conocidos como **Horreum.**

280 B2 **Información** place R. Salengro 04 68 65 15 60

SÈTE

Importante puerto durante tres siglos, la activa población de Sète posee una red de canales y puentes con espléndidos edificios. Pasee por el Grand Canal para descubrir los restaurantes especializados en marisco, que sirven *fruits de mer* recién pescados. Sète es aún más animada durante las *joutes nautiques* de agosto: tradicionales y pintorescos torneos acuáticos al son de antiguas canciones.

280 C3 **Información** 60 Grand' Rue Mario-Roustan 04 67 74 71 71

VILLEFRANCHE-DE-CONFLENT

Fundada por los condes de Cerdaña en el siglo XII como defensa contra la invasión árabe, la guarnición medieval de Villefranche está perfectamente conservada. Sus únicas alteraciones datan del siglo XVII, cuando Vauban añadió unas robustas murallas y puertas y el **Fort Libéria.** Situado en lo alto de la garganta, el fuerte es accesible por un sendero o por un túnel subterráneo. Villefranche es el punto de partida de una ruta hasta la comarca de la Cerdaña, a bordo del popular **Petit Train Jaune,** un encantador ferrocarril amarillo de vía estrecha.

280 B1 **Información** place de l'Église 04 68 96 07 66 ■

Situada en el Mediterráneo, a 225 km de Niza, pero sólo a 145 km de Italia, Córcega fue italiana durante siglos, e incluso llegó a ser independiente. Un turismo restringido permite que la isla prospere sin malograr su belleza.

Córcega

Introducción **332**
Mapa **333**
Recorrido por la isla **333-335**
Recorridos a pie por Córcega **336**
Hoteles y restaurantes en Córcega **377**

El eléboro corso tan sólo puede encontrarse en Córcega

Bonifacio, en los acantilados rocosos del extremo sur de Córcega.

Córcega

PROBABLEMENTE, LA MEJOR MANERA DE EMPAPARSE DEL SABOR DE CÓRCEGA es tomar un aperitivo en la terraza de un café a última hora de la tarde, y observar la *passagiata*, el habitual paseo nocturno de los lugareños. Como la lengua corsa, esta costumbre es más italiana que francesa, pero Córcega tiene un carácter propio. La isla ha sido una provincia de Francia desde 1769, después de varios siglos de estar bajo el dominio de Pisa o Génova. En el siglo XVIII incluso disfrutó de un breve (y recordado con nostalgia) período de autonomía bajo el gobierno de Pasquale Paoli. La violencia puntual de los separatistas y la repulsa frente a la intervención extranjera (e incluso francesa) han provocado que Córcega no estuviera dentro de los circuitos turísticos hasta hace poco.

La tercera isla más grande del Mediterráneo, Córcega es un lugar salvaje y hermoso. La costa es espléndida, con accidentados acantilados, maravillosas playas y un mar de aguas cristalinas. También hay centros turísticos totalmente equipados con enormes paseos marítimos, todo tipo de deportes acuáticos y una frenética vida nocturna. Los puertos costeros como Ajaccio, Bastia y Bonfacio son tan animados como cualquier otro del Mediterráneo. Pero todavía quedan muchas cuevas remotas y playas desiertas que descubrir, y las montañas son un paraíso para los caminantes y los amantes de la naturaleza. Córcega tiene un legado de hermosas iglesias románicas y varios monumentos megalíticos, como los guerreros de piedra de Filitosa.

La auténtica Córcega vive detrás de la costa, los pastores todavía guían sus rebaños y se celebran festividades religiosas con verdadera pasión medieval y canciones antiguas. En las montañas y sus ciudadelas fortificadas, el pasado tempestuoso de bandidos y venganzas de Córcega nunca parece lo bastante lejano. ■

Recorrido por la isla

LA FORMA MÁS ROMÁNTICA DE LLEGAR HASTA CÓRCEGA por mar es en barco hasta Bastia, al norte, o Bonifacio o Ajaccio, al sur. Cuando desembarque, el perfume de las *maquis*, que ha hecho famosa la isla, vendrá a recibirle.

Bastia (*Mapa 333 C4*) es un buen punto de partida: se trata de una ciudad portuaria activa y animada, dominada por una gran ciudadela genovesa del siglo XVI. La vida se desarrolla alrededor de la **Place St-Nicolas** (la oficina de turismo se encuentra aquí, *Tel 04 95 54 20 40*), con su paseo sombreado, y el laberinto de calles de estilo italiano del casco antiguo. El muelle del puerto es muy animado, lleno de cafés y restaurantes que flanquean la **Église de St-Jean Baptiste,** del siglo XVII.

Al norte de Bastia se extiende la península de **Cap Corse.** La puede recorrer en coche en un día, deteniéndose en tranquilas playas o puertos de pesca.

En la costa este se encuentra **Erbalunga,** una población pesquera frecuentada por artistas. Vale la pena desviarse hasta **Macinaggio** y, en el interior, **Rogliano** y el castillo de **San Colombano.** En la costa oeste, el recorrido de la carretera de la costa es espectacular y escarpado, pero las espléndidas panorámicas lo compensan. **Canari** posee una magnífica iglesia del románico pisano del siglo XII, con fantásticas vistas al mar. La torre de vigilancia genovesa de **Nonza** también es un excelente mirador sobre el **Golfe de St-Florent,** al sur del cabo.

EL VALLE DEL NEBBIO Y MONTE GROSSO

St-Florent (*Mapa pág. 333 C4, información, Tel 04 95 37 06 04*), en la cuenca del Valle del Nebbio es una población realmente elegante.

La Île Rousse, llamada así por sus acantilados rojizos, es un importante centro turístico y terminal de transbordadores, tan popular que es mejor evitarla en verano. **Calvi** (*Mapa pág. 333 B4*), situada en lo alto de un promontorio y dominada por una iglesia barroca, es encantadora.

A través de un magnífico recorrido en coche tierra adentro desde la Île Rousse se llega a **Belgodère** y **Muro,** con espléndidas vistas al mar. **Calenzana** (*Mapa pág. 333 B4*) es uno de los puntos de partida de las rutas de senderismo de Córcega, y de la ruta hasta el Monte Grosso.

El **Golfe de Porto** es tan hermoso que está protegido en su totalidad; se pueden efectuar recorridos en coche y en barco rodeando toda la costa. Los rojizos acantilados de **Calanche,** se pueden observar mejor desde un barco (pregunte en la oficina de información de Porto). **Porto** es una pequeña población costera muy popular; pero **Piana,** costa arriba, es más recomendable.

AJACCIO Y LA CÓRCEGA PREHISTÓRICA

La capital del sur de Córcega es **Ajaccio** (*Mapa pág. 333 A3, información, boulevard du Roi Jerome, Tel 04 95 51 53 03*). Situada entre montañas, esta población disfruta del clima más suave de Córcega y de un cierto aire árabe, con sus casas estucadas de blanco. Aquí nació Napoleón Bonaparte. La **Maison Bonaparte** (*rue St-Charles*), donde creció, tiene retratos familiares y recuerdos personales. El **Palais Fesch,** construido por el tío de Napoleón, alberga una magnífica colección de arte italiano. Al lado, la **Chapelle Impériale** fue construida por Napoleón III como mausoleo de su familia. Desde la **Jetée de la Citadelle,** asomándose por el puerto, hay buenas vistas de la población y la bahía. En el extremo norte de la bahía se encuentran las **Îles Sanguinaires,** islotes rocosos llamados así (islotes sanguinarios) por su brillo rojizo durante la puesta de sol.

Al sur se encuentra **Filitosa** (*Mapa pág. 333 B2*), con menhires de 3.000 años de antigüedad que parecen guerreros armados. Algunos están expuestos en el Musée de Préhistoire Corse, en Sartène (ver pág. 335).

En el extremo sur de Córcega se halla la población de **Bonifacio** (*Mapa pág. 333 B1*), cuya parte alta, fortificada, está situada sobre acantilados de caliza llenos de cuevas. Desde este luga en un día claro se puede divisar Cerdeña. La ciudadela, del siglo XII, fue en el pasado el cuartel general de la Legión Extranjera de Francia.

PORTO-VECCHIO Y EL INTERIOR DE CÓRCEGA

El **Golfe de Porto-Vecchio** (*Mapa pág. 333 C2*) posee espléndidas playas de aguas tranquilas. Aquí empieza la Côte des Nacres (costa del nácar), con playas, enormes paseos marítimos, bares y discotecas.

En el interior se

Calvi
333 B4
Información
Port de Plaisance
04 95 65 16 67

Porto
333 A3
Información
place de la Marine
04 95 26 10 55

Palais Fesch
50 rue Fesch
04 95 21 48 17
Cerrado sept.-jun., lun. mañana jul.-agos.
$$

Site Préhistorique de Filitosa
04 95 74 00 91

Napoleón nació en Córcega.

encuentra **Solenzara** (*Mapa pág. 333 C2*); unas sinuosas carreteras conducen hasta el paso de Bavella, dominado por la estatua de Notre-Dame de Bavella.

SARTÈNE

Sartène, una ciudad de montaña con paredes de granito y caminos adoquinados, situada en el valle del Rizzanese (*Mapa pág. 333 B2*), está cobijada por la sombra de los plátanos y las palmeras. El antiguo palacio genovés es hoy un centro vinícola con *dégustations* de vino local. La **Église de Ste-Marie** alberga la cruz de madera y la cadena de hierro utilizada en la procesión religiosa, U Catenacciu (el encadenado). El Viernes Santo, un ciudadano, vestido con una túnica roja y una capucha, recrea los esfuerzos de Cristo para llevar la cruz hasta el Calvario a través de las calles de Sartène, seguido por una procesión de velas. El **Musée de Préhistoire Corse** (*rue Croce, Tel 04 95 77 01 09; cerrado por obras de renovación*), situado en la antigua prisión, muestra hallazgos arqueológicos de la isla, en especial de Filitosa.

CORTE

Corte (*Mapa pág. 333 B3*), en el centro de Córcega, es la ciudad universitaria más importante. Desde 1755 a 1769, fue la capital de Córcega durante su breve período de independencia. Las calles del casco antiguo y la ciudadela dominada por su campanario morisco están situadas en un promontorio rocoso. Para saber más sobre la vida de Córcega, visite el **Musée de la Corse,** en la ciudadela *(Tel 04 95 45 25 45)*. Una buena manera de llegar a Corte es con el ferrocarril de vía de Bastia a Ajaccio. ■

La remota población de Montemaggiore, situada cerca de la popular Calvi.

Bonifacio
333 B1
Información
2 rue Fred. Scamioni
04 95 73 11 88

Sartène
333 B2
Información
6 rue Borgio
04 95 77 15 40

Corte
333 B3
Información
La Citadelle
04 95 46 26 70

Recorridos a pie por Córcega

CÓRCEGA ES UN LUGAR IDEAL PARA PRACTICAR SENDERISMO. Un sendero de largo recorrido (el GR20) cruza el centro montañoso de la isla de norte a sur, atravesando el Parc Naturel Régional de la Corse, una enorme área protegida de montañas y costa.

Para información sobre recorridos a pie por Córcega, consulte la **Agence du Tourisme de la Corse**
17 boulevard Roi-Jérôme, Ajaccio
04 95 51 00 00
www.visit-corsica.com

Empezando en Calenzana, la primera población interior desde Calvi, y finalizando en Conca, en el golfo de Porto Vecchio, el GR20 recorre unos 210 km y se pueden tardar unos 15 días en completarlo. A lo largo del camino hay refugios de montaña equipados con lo básico (llévese comida). La primera parte entre Calenzana y Vizzavona es la más difícil: es fundamental poseer experiencia en senderismo.

Una alternativa más fácil es la **Ruta Mare e Monti,** entre Calenzana y Cargese. Puede tomar el tren hasta Corte o Vizzavona desde Ajaccio o Bastia. **Corte** es un buen lugar de partida; le sugerimos que visite las **Gorges de la Restonica,** el **Lac de Melo** y el **Forêt de Vizzavona**, con algunas rutas señalizadas. ■

Flores silvestres

Córcega es famosa por su *maquis*, la maleza aromática de arbustos y hierbas que cubre la mayor parte de la isla. En el pasado, la isla estaba llena de árboles, especialmente robles, como los de Porto-Vecchio. Cuando los árboles fueron talados, la vegetación se convirtió en *maquis*, un matorral espinoso de lentisco, retama y enebro, olivos silvestres, rosas de montaña, tomillo, romero y lavanda. En la Segunda Guerra Mundial, los partisanos adoptaron el nombre de *maquis*, por la vegetación en donde se escondían. La primavera es la mejor época para ver especies únicas como el azafrán o el eléboro de Córcega. ■

Las escarpadas montañas de Córcega se elevan, soberbias, sobre las aguas del Golfe de Porto.

Información práctica

Información práctica 338-345
Planear el viaje **338-339**
Cómo llegar a Francia **339**
Cómo desplazarse **339-342**
Consejos prácticos **342-344**
Urgencias **344-345**
Hoteles y restaurantes por regiones 346-377
De compras en Francia 378-382
Ocio 383-386
Vocabulario básico 387
Leer la carta 387-388
Glosario de arquitectura 389

Indicadores de carretera en el Jura

INFORMACIÓN PRÁCTICA

PLANEAR EL VIAJE

CUÁNDO IR

Escoger el momento de viajar depende del tipo de vacaciones deseadas. La Oficina de Turismo del Gobierno Francés (FGTO) dispone de varias oficinas fuera de Francia que pueden aconsejarle (direcciones en la pág. 344). Las oficinas de Air France en el extranjero ofrecen todo tipo de servicios además de reservar vuelos (ver más adelante).

Una vez que haya decidido qué regiones del país desea visitar, puede ponerse en contacto con el Comité Départamental de Tourisme (CDT) de la región o con la oficina de turismo local para recibir folletos y más información. Muchas oficinas de turismo y puntos turísticos también disponen de páginas web:
www.tourisme.fr
www.franceguide.fr
www.francetourism.com
www.culture.fr
www.paris.org
www.visitmonaco.com

CLIMA

Francia presenta tres tipos de clima distintos: el atlántico, el mediterráneo y el continental. Las temperaturas invernales pueden descender bajo cero, sobre todo en el centro y el norte del país, y los vientos y tormentas azotan regularmente las regiones de la costa atlántica. Las zonas atlánticas del sur y las mediterráneas, a pesar de ser más cálidas, tienen inviernos fríos. Los turistas que deseen viajar en la época de Navidad necesitarán llevar ropa de abrigo. La nieve no es desconocida en el sur. El clima continental de Francia oriental generalmente es más frío, tanto en invierno como en verano, pero se caracteriza por su carácter extremo, los inviernos fríos van seguidos de veranos calurosos, húmedos y tormentosos.

Por regla general, en Francia las temperaturas invernales oscilan entre los -10 °C y los 10 °C, y las temperaturas veraniegas varían entre los 18 °C y los 30 °C en las áreas más cálidas, a lo largo de las costas del sur del océano Atlántico y del mar Mediterráneo.

ACONTECIMIENTOS DE INTERÉS

En Francia, durante todo el año se organizan numerosos festivales, desde las fiestas tradicionales más importantes, como por ejemplo el festival de las flores en Niza, a fiestas de la cosecha del ajo o de la castaña en pueblos más pequeños. Otros ejemplos son las romerías de la Bretaña. Asimismo, las ciudades y los pueblos franceses acogen un sinfín de acontecimientos culturales como festivales de jazz, ópera y teatro, que pueden tener lugar en edificios históricos como abadías románicas o anfiteatros romanos.

Aunque la mayoría de los festivales más importantes se celebran durante los meses de verano, existen otros estacionales; las fiestas del vino, por ejemplo, tienen lugar en octubre, después de la *vendange* (la vendimia).

Enero Ferias de moda en París; Carnaval de Limoux
Febrero Fiesta del limón en Menton; Carnaval de Niza.
Marzo Festival de Música de cine contemporáneo en Montecarlo.
Abril Festival de Música Sacra en Lourdes; celebraciones de Pascua; Maratón de París; Carrera de motos en Le Mans.
Mayo Festival de Cine de Cannes; Exposición internacional de rosas de Grasse; Feria del vino en Mâcon; Peregrinación gitana en Stes-Marie-de-la-Mer; Gran Premio de Mónaco; Feria de Nîmes.
Junio Festival de música de Estrasburgo; Les Imaginaires en el Mont-St-Michel; Festival internacional de órgano de Chartres; Festival de música de Noirlac; 24 horas de Le Mans; Carrera de caballos del gran premio de Diane Hermès en Chantilly.
Julio Tour de Francia; Festival de Aix-en-Provence; Festival de Jazz de Antibes; Festival de Avignon; Día de la Bastilla: se celebra en toda Francia el día 14; Festival de jazz de Niza; Fiestas de Quimper en Cornouailles.
Agosto Festival internacional de fuegos artificiales en Antibes; Festival Celta de Lorient; Festival de Jazz de Marciac; Festival internacional de música de cámara en Menton; Feria tradicional y vendimia en Dijon; Festival de las flores en Bagnères de Luchon.
Octubre Feria internacional de la gastronomía en Dijon; Feria del motor de París; Festival de Jazz de París.
Noviembre Celebraciones Beaujolais Nouveau; Subasta de vino de Beaune; Feria gastronómica de Dijon.
Diciembre Exposición de barcos en París; Mercado de Navidad en Estrasburgo.

QUÉ LLEVAR

Las farmacias disponen de una gran variedad de medicamentos, artículos de farmacia y de perfumería: pueden asesorarle, pero es conveniente llevar consigo las recetas de los medicamentos que pueda necesitar. Si utiliza gafas, es una buena idea llevar un segundo par (así como una autorización legal si piensa conducir).
En verano, es aconsejable llevar gafas de sol, cremas solares y productos antimosquitos. El tipo de ropa dependerá del destino y de la época. Sólo tendrá que vestirse de manera formal para ir a los restaurantes o casinos de las ciudades importantes. Aunque se puede alquilar todo tipo de material deportivo, es conveniente llevar el equipo

personal, como botas de montaña. En Francia el sistema eléctrico es de 220 voltios y la mayoría de los enchufes tienen dos clavijas redondas.

Por último, no olvide lo esencial: DNI o carné de identidad, permiso de conducir, tarjetas de crédito y documentación de seguros.

SEGURO DE VIAJE

Compruebe que su seguro cubra la asistencia sanitaria y los costes, incluidos la repatriación, y la pérdida de equipaje y dinero.

CÓMO LLEGAR A FRANCIA

LÍNEAS AÉREAS

Todas las líneas aéreas internacionales importantes tienen vuelos a Francia y algunas organizan paquetes y vuelos a bajo precio. Air France cuenta con oficinas en el extranjero donde puede informarse.

Teléfonos útiles
Air France, Tel 08 02 80 28 02
Ryanair, Tel 08 92 68 20 73
www.ryanair.com
Easyjet, Tel 08 26 10 26 11
www.easyjet.com

Aerolíneas para presupuestos ajustados:
La proliferación de este tipo de líneas aéreas ha multiplicado las opciones de vuelos baratos entre muchas ciudades europeas y los aeropuertos regionales franceses, entre ellos los de Biarritz, Burdeos, Carcassone, Estrasburgo, Marsella, Montpellier, Nîmes, Niza, Pau, Perpiñán, Toulon, Toulouse y muchos otros. Sin embargo, recuerde que es un mercado volátil con frecuentes cambios.

AEROPUERTOS

Desde España hay vuelos frecuentes a algunas de las principales ciudades francesas, como Burdeos, Lyon, Estrasburgo o Perpiñán. Si su destino es París llegará a los aeropuertos de Roissy-Charles de Gaulle u Orly Sud.

Roissy-Charles de Gaulle
Tel 01 48 62 12 12
El aeropuerto de Roissy-Charles de Gaulle está a 26 km al norte de París, cerca de la autopista A1. Desde ahí puede tomar el Périphérique (ronda de circunvalación) de París. Si quiere llegar a la ciudad por carretera, intente evitar las horas punta (de 7.30 a 10 y de 16.30 a 19.30). El autobús del aeropuerto que sale de Rossy-Charles de Gaulle (líneas 1 y 2) llega hasta Rue Scribe (cerca de la Opéra Garnier), circula todos los días entre las 5.45 y las 23 horas. Hay otro autobús del aeropuerto que llega hasta la Gare de l'Est, la principal estación de tren. También existe un servicio de trenes de cercanías (RER B cada 15 minutos) que para en la Gare du Nord, Châtelet, St-Michel, Notre-Dame, Luxembourg, Port Royal, Denfert-Rochereau y Cité Universitaire.

Orly Sud
Tel 01 49 75 15 15
Orly se encuentra a 15 km al sur de París. Un autobús de enlace comunica Orly Sud (vuelos internacionales) con Orly Ouest (vuelos nacionales) cada 15 minutos entre las 6.00 y las 23.30 horas. Los autobuses desde el aeropuerto de Orly llegan a la estación de metro de Denfert-Rochereau y circulan desde las 6.00 hasta las 22.30 horas. El servicio de trenes de cercanías desde Orly hasta el centro de París (RER C cada 15 minutos) tarda alrededor de 40 minutos.

Los billetes de tren pueden adquirirse en las máquinas expendedoras de billetes de las terminales de los aeropuertos. Si necesita ayuda, diríjase a recepción (*accueil*). Los autobuses que conectan con los servicios de trenes de cercanías son fáciles de encontrar. Si no desea alquilar un coche en el aeropuerto, la manera más fácil de llegar a la ciudad es mediante el tren. Muchas de las estaciones de tren se encuentran cerca de alguna estación de metro o están conectadas. Busque los carteles con las letras RER (Réseau Express Régional: la línea suburbana de alta velocidad del metro o trenes de cercanías) para conexiones rápidas entre líneas de metro y estaciones de tren (RER A y B) y entre estaciones principales
(RER C y D).

En los principales aeropuertos existen servicios de aerotaxis (avions-taxis). También ofrecen un servicio de helicóptero (Comptoir Helifrance) que tiene oficinas tanto en Roissy-C. D. G. como en los aeropuertos de Orly. Para reservar un aerotaxi llame al 01 45 54 95 11.

Hay un autobús del aeropuerto que circula entre Orly y Roissy-C.D.G. cada 20 minutos. El autobús Orlyval conecta con la línea de tren RER B que va hacia Roissy-C.D.G.

CÓMO DESPLAZARSE

VIAJAR POR FRANCIA

Air France es la principal aerolínea francesa
Air France, Tel 08 20 82 08 20
www.airfrance.com

EN TREN
El sistema francés de ferrocarriles, la SNCF (Société Nationale des Chemins de Fer) comunica París con todas las ciudades importantes. Los billetes de tren pueden adquirirse por adelantado en su agencia de viajes, en una oficina SNCF, en la estación o en una agencia de viajes (*agence de voyage*) en Francia.

Algunos de los servicios requieren reserva de plaza

además del billete. Las estaciones suelen disponer de taquillas de billetes y taquillas de reserva. Puede viajar a todas las ciudades principales desde París con el TGV (Train à Grande Vitesse) o con los trenes regulares. El servicio Motorail transporta pasajeros, así como sus coches o motocicletas. Tanto para el TGV como para el servicio Motorail es necesario hacer una reserva previa. Actualmente hay una nueva conexión del TGV entre Marsella y París, vía Aviñón, que enlaza ambas ciudades en tan sólo 3,5 horas.

Para viajes de larga distancia, puede viajar por la noche en *couchette* (compartimentos de literas con capacidad para seis personas) o *voiture-lit* (coches cama de hasta tres personas). Ambos servicios están disponibles en primera y segunda clase. Es necesario reservar con antelación.

Los billetes de tren en Francia tienen que validarse en la máquina validadora (*composteur*) que está situada a la entrada del andén antes de emprender el viaje. Una vez validado, el billete es válido durante 24 horas. Un billete sin validar no será considerado válido.

Los turistas extranjeros en Francia pueden comprar un bono de tren especial para las vacaciones que dura hasta un mes. Si su intención es viajar sobre todo en tren, este pase le ahorrará tener que comprar los billetes cada vez y también le saldrá más barato que los billetes individuales. El bono también ofrece otras ventajas, como reducciones en otros tipos de transportes públicos. Infórmese sobre La Carte «France Vacances Pass». El bono France Rail 'n' Drive es un paquete flexible de tren y alquiler de coche, mientras que el pase Fly, Rail and Drive combina vuelos internos con viajes en tren y alquiler de coches. Existen descuentos para estudiantes y personas mayores con carné de estudiante o documento de identificación.

Oficina central de reservas de la SNCF en París: Tel 008 91 36 35; www.sncf.fr

EN COCHE

Francia tienen una buena red de carreteras, desde pequeñas y a veces pintorescas carreteras C y D a autopistas, también llamadas *péages*, porque hay que pagar peaje. En ocasiones hay que pagar una tarifa estándar al entrar en la autopista, pero la mayoría de las veces al entrar se recoge un tique que se paga al salir de la autopista de acuerdo con el tramo recorrido. Se aceptan tarjetas de crédito (pero no de débito) en las cabinas de peaje. Las autopistas pueden tener sólo dos carriles en cada dirección, pero son las vías más rápidas.

Existen gasolineras con un servicio 24 horas cada 20 km, pero es más frecuente encontrar espacios bien equipados con áreas para párking y para picnic (llamadas *aires*). Las principales *routes nationales* entre las pequeñas y grandes ciudades (N en los mapas) generalmente están en excelentes condiciones. Muchas de ellas tienen dos carriles en cada sentido.

Alquilar un coche

Alquilar un coche en Francia es caro. Seguramente le saldrá más económico alquilar un coche desde su agencia de viajes local antes de emprender el viaje. Si no, en los aeropuertos y en las principales estaciones de tren francesas encontrará oficinas donde alquilar. También existen las opciones avión-alquiler de coche para muchos de los vuelos y la SNCF ofrece paquetes de tren-alquiler de coche.

Oficinas centrales:
ADA, Tel 08 25 16 91 69
Avis, Tel 08 20 05 05 05
Budget, Tel 08 25 00 35 64
Europcar, Tel 08 25 35 83 58
Hertz, Tel 01 41 91 95 25
Rent-a-Car, Tel 08 92 69 46 95 (París)

Para alquilar un coche en Francia hay que tener el permiso de conducir en regla (obtenido como mínimo tres años antes) y ser mayor de 21 años. Algunas compañías no alquilan a menores de 26 años ni a mayores de 65. Infórmese sobre qué puede hacer en caso de accidente o de avería, así como de los teléfonos en caso de emergencia y los trámites que hay que seguir. Es necesario que lleve consigo los documentos del coche y algún documento de identificación.

Información para el conductor

Límite de edad y permisos
La edad mínima para poder conducir en Francia es 18 años (21 para alquilar un coche). No es necesario estar en posesión del permiso internacional para conducir en el país, pero se debe contar con la carta verde.

Asistencia en caso de avería
Las autopistas *(autoroutes)* y las *routes nationales* disponen de teléfonos de emergencia cada 2 kilómetros. Las comisarías de policía (*gendarmeries*) pueden informarle sobre servicios de asistencia o talleres: llamar al 17.

Accidentes Ver más adelante.

Períodos de mucho tráfico
Las carreteras francesas están muy transitadas desde principios de julio, cuando empiezan las vacaciones de verano. La peor época es alrededor del 15 de agosto, una de las fiestas nacionales más importantes. Existen carreteras especiales que descongestionan el tráfico veraniego. Las pequeñas señales verdes BIS (*Bison Futé*) indican estas carreteras alternativas.

Niños Los niños menores de diez años deben viajar en los asientos traseros.

Beber y conducir El límite de alcoholemia es de 50 mg de alcohol por 100 ml de sangre. Con un vaso de cerveza ya se llega a este límite.

Gasolina La mayoría de las gasolineras aceptan las principales tarjetas de crédito.

Faros Las motocicletas deben llevar los faros encendidos y los coches han de usar los faros cuando haya poca visibilidad. Todos los vehículos tienen que llevar bombillas de recambio y los conductores que utilicen gafas o lentes de contacto también deben llevar otro par de recambio consigo cuando conduzcan.

Multas que se pagan en el acto La policía puede poner este tipo de multas por varias clases de infracciones, incluido el exceso de velocidad, no llevar el cinturón de seguridad atado o no disponer de la documentación del coche.

Aparcamiento La gran mayoría de las pequeñas y grandes ciudades de Francia disponen de zonas azules donde el aparcamiento es gratuito durante una hora. Hay que mostrar un disco de aparcamiento (*disque de stationnement*), que puede obtenerse en los garajes, estancos *(bureaux de tabac)* oficinas de turismo. Si no, muchas ciudades tienen máquinas expendedoras (*horodateurs*) donde pueden comprarse los tiques que hay que colocar en el coche. Los aparcamientos de varias plantas son bastante comunes. Compruebe el horario, algunos aparcamientos permanecen cerrados por la noche y pueden cerrar a las 20 horas.

Prioridad a la derecha
Tradicionalmente, en las carreteras francesas siempre se ha dado prioridad a los vehículos que se acercan desde la derecha, a no ser que se indique de otra manera. En la actualidad, en las calles principales es la calle principal la que tiene prioridad y el tráfico se para en las vías secundarias transversales con las siguientes señales:
• *Cédez le passage:* ceda el paso
• *Vous n'avez pas la priorité:* no tiene prioridad
• *Passage protégé:* dirección prohibida
Una señal con un rombo amarillo indica que tiene prioridad y ese mismo el rombo con una línea negra diagonal significa que no tiene prioridad.
Tenga cuidado en las ciudades pequeñas y en las áreas rurales sin señales de tránsito, donde se supone que hay que ceder el paso a los vehículos que vienen por la derecha, en especial los vehículos como tractores, etc.
Si un conductor que viene hacia usted le hace señales con las luces, significa que el otro conductor tiene la prioridad y no al revés. Por otro lado, siempre se da prioridad a las ambulancias, coches de bomberos y a los vehículos públicos.

Condiciones de la carretera
Para obtener información acerca de las condiciones de la carretera, puede llamar al Inter ServiceRoute o sintonizar la radio local (a menudo aparece indicado en las carreteras).
Información de las autopistas: Tel 08 26 02 20 22, www.autoroutes.fr.

Señales de tráfico
• *Access interdit:* prohibido el paso
• *Allumez vos feux:* encienda las luces
• *Interdiction de stationner:* prohibido aparcar
• *Passage pour piétons:* paso de peatones
• *Rappel* (recuerde): recordatorio de una prohibición anterior
• *Sens unique:* sentido único
• *Virages sur... km:* curvas a... km
• *Zone bleue:* zona azul

Cinturones de seguridad
Llevar el cinturón de seguridad es obligatorio tanto en los asientos delanteros como en los traseros.

Límites de velocidad
Hay diferentes límites de velocidad dependiendo de las condiciones climáticas y de la franja horaria, y para cuando hay poca visibilidad (lluvia fuerte y niebla).
Las autopistas tienen límites de 110-130 km/h; el límite es menor cuando hay poca visibilidad.
Carreteras de dos carriles, 90-110 km/h
Otras carreteras abiertas, 80-90 km/h
Ciudades (desde el cartel con el nombre de la ciudad hasta el cartel de salida) 50 km/h.

Rotondas Los vehículos que estén en la rotonda tienen prioridad, aunque en ocasiones en las pequeñas ciudades la prioridad a la derecha aún es válida.

Semáforos Algunas veces están colgados encima de las calles y es fácil no verlos.

TRANSPORTE EN PARÍS

Pueden encontrarse taxis fuera de las principales estaciones de tren y los aeropuertos, así como en las paradas de taxi por toda la ciudad. Los taxistas de París operan con tres tipos de tarifas:
• Tarifa A, 7 a 19 horas.
• Tarifa B, 19 a 7 horas.
• Tarifa C, de noche en las afueras y durante el día en distritos alejados como Hauts-de-Seine, Seine St-Denis y Val-de-Marne, cuando el taxi no puede encontrar un cliente para el viaje de vuelta.
Se cobran suplementos cuando se recoge a alguien en una estación de tren, cuando el equipaje pesa más de 5 kg, cuando hay un cuarto pasajero (el taxista puede negarse a llevar a más de tres pasajeros) o un animal (a excepción de los perros guía). Suele darse una propina del 10% al taxista, aunque no es obligatoria.

Si tiene alguna queja sobre el servicio de taxis de París, diríjase al Service de Taxis, Préfecture de Police, 36 rue des Morillons, París 75015

Transporte público
Hay cuatro tipos de transporte público en París e Île-de-France: Métropolitan (metro), Réseau Express Régional (líneas de

trenes de cercanías de alta velocidad), Autobus (el autobús, normalmente se le llama «bus») y Tramway (el tranvía). Para más información, consulte la página www.ratp.fr

Metro Hay planos expuestos en cada estación de metro, pero también puede pedir un *Plan du Métro* gratuito cuando compre un billete. Cada línea tiene un número y se identifica por las estaciones finales de cada extremo. La línea 1 este-oeste, por ejemplo, es La Défense-Château de Vincennes.

Si tiene previsto utilizar mucho el metro, los *carnets* (tarjetas) de diez viajes le saldrán más baratos. La *Carte Orange* le permite hacer un número ilimitado de viajes en metro, RER y en autobús durante una semana o un mes. Para tramitarla, necesitará una fotografía tamaño pasaporte. La tarjeta *Paris Visite* puede comprarse en las estaciones de metro, sirve para uno, dos, tres o cinco días y le da derecho a un número ilimitado de viajes en transporte público, así como a descuentos en algunos puntos de interés turístico. La tarjeta *Formule 1* también puede adquirirse en las taquillas del metro y es útil para viajar sólo durante un día. Si necesita información acerca de los autobuses, el metro, el tranvía o el tren, diríjase a una oficina turística.

CONSEJOS PRÁCTICOS

COMUNICACIONES

En Francia, los servicios de correo y de telecomunicaciones están controlados por la misma organización, llamada PTT. Las oficinas abren de 9.00 a 17.00 horas los días laborables y de 9.00 a 12.00 los sábados (en las ciudades pequeñas las oficinas cierran para comer al mediodía y en los pueblos puede ser que las oficinas abran los días laborables de dos a tres horas por las mañanas). Puede recibir correo en una oficina de correo si el sobre está marcado «Poste Restante» y lleva el código postal del Bureau de Poste donde quiere recoger el correo. El código postal es esencial. También tendrá que pagar por cada carta o paquete recibido.

Buzones En el exterior de cada PTT hay *boîtes postales* (buzones) amarillos y en las ciudades grandes pueden encontrarse buzones en las paredes. Suelen tener compartimentos separados para correo local, *départamental* (correo dentro del departamento o provincia) y *autres départements/destinations* (otras partes de Francia y extranjero).

TELÉFONOS

Las oficinas de correo tienen teléfonos desde los cuales se puede llamar y pagar después el importe de la comunicación en el mostrador. Las guías o listines de teléfono (*annuaires*) ya no están disponibles en la mayoría de las oficinas de correos desde que se introdujo el Minitel (véase más adelante). Para encontrar un número pregunte en la recepción de su hotel o llame a la operadora al 12. Los números de teléfono tienen diez dígitos divididos en pares, por ejemplo, 01 23 45 67 89. Los números en París empiezan por 01, los números en el noroeste del país empiezan por 02, en el nordeste con 03, en el sudeste con 04 y en el sudoeste con 05.

Para llamar a un número francés (por ejemplo, 01 23 45 67 89) desde el extranjero hay que marcar el código internacional (00 desde España) después el código para Francia (33), seguido del número del abonado omitiendo el primer 0: 00 33 1 23 45 67 89.

Cabinas de teléfono Hay *cabines téléphonique* en el exterior de las principales oficinas de correos, en las estaciones de tren, en los aeropuertos o en los aparcamientos, en ciudades y en pueblos. Aceptan tarjetas de teléfono, tarjetas de crédito y, en ocasiones, monedas. Las tarjetas de teléfono (*télécartes*) pueden comprarse en cualquier estanco (*bureau de tabac*), indicado con un letrero rojo en forma de rombo.

Hacer una llamada Seguir las instrucciones que aparecen en la pantalla de teléfono: «*décrochez*» (descolgar); «*inserez votre carte*» (introducir la tarjeta o las monedas); «*patientez*» (esperar); «*numérotez*» (marcar el número); «*raccrochez*» (colgar el auricular una vez finalizada la llamada). En los pueblos donde no haya cabinas de teléfono, busque un cartel azul que indique *téléphone publique* en una casa privada. Si es así, el propietario está obligado a dejarle utilizar el teléfono y cobrarle la tarifa normal de la llamada.

Llamadas internacionales
Para realizar una llamada internacional desde Francia hay que marcar 00 seguido del código internacional del país. Esta información puede encontrarse en la primera sección de las *Pages Jaunes* (Páginas amarillas) o colgada en la cabina de teléfono. Números útiles: España 34

Para contactar con la operadora marque el 12. Si necesita asistencia para las llamadas internacionales, marque el 32 12 seguido del código del país. Para más información consulte www.pagesjaunes.fr

Para llamar a números gratuitos (*numéros verts*), introduzca una tarjeta o monedas para realizar la conexión (se le devolverán las monedas después de la llamada o no se le restarán unidades en el caso de las tarjetas).

Las tarifas reducidas en Francia van de 19.00 a 8.00 h entre semana, y de 12.00 h del sábado a 8.00 h del lunes. Las tarifas reducidas también son aplicables a los días festivos.

Teléfonos móviles
En Francia se pueden utilizar la mayor parte de los teléfonos móviles o celulares, siempre que haya cobertura. En algunas zonas rurales o montañosas es probable que no pueda usarlos. Con todo, hacer o recibir llamadas internacionales puede resultar muy caro, por lo que es recomendable que consulte con su operadora antes de emprender el viaje para averiguar si disponen de ofertas para las llamadas internacionales.

MINITEL
Se trata de un sistema de referencia de pantalla que aporta información y números de teléfono de empresas y establecimientos de todos los lugares de Francia. También ofrece un sistema de información multilingüe diseñado para facilitar la organización de un viaje. Todavía puede encontrarse en las oficinas de correo, pero en los últimos años está siendo rápidamente sustituido por Internet.

DEPARTAMENTOS

Francia está dividida en 96 *départements* (departamentos) administrativos. Los nombres corresponden al del río principal y se identifican por un número. A la hora de informarse acerca de alguna región, es muy útil conocer los nombres de los departamentos y sus números correspondientes: por ejemplo 09 (*zéro-neuf*) Ariège.

COSTUMBRES LOCALES

El protocolo es muy importante en Francia. Siempre hay que estar dispuesto a darse un apretón de manos cuando nos presentan a alguien o cuando nos encontramos con amigos o conocidos. Los dos besos (o tres o cuatro, dependiendo de la región) en las mejillas también son muy habituales. Al entrar en algún establecimiento lo correcto es decir «*Bonjour, messieurs/dames*». No se olvide de utilizar las fórmulas de cortesía «*Monsieur*» y «*Madame*». Para dirigirse a chicas jóvenes, se usa «*Mademoiselle*», pero cuando la chica es mayor de 20 años se utiliza «*Madame*». Para dirigirse a un camarero, diga «*Monsieur*» y para una camarera puede emplear tanto «*Madame*» como «*Mademoiselle*». No es aceptable utilizar «*Garçon*» (chico).

Al visitar las iglesias y las catedrales vístase con corrección y respete la sensibilidad de aquellas personas que estén en la iglesia por motivos religiosos. Se ruega a los turistas que no paseen por estos edificios religiosos durante la misa. Aunque en la mayoría de los casos no hay que pagar entrada para visitar una iglesia o catedral, es correcto dejar un donativo.

VACACIONES

Todos los bancos, oficinas de correos y muchos museos, galerías y tiendas cierran los siguientes festivos nacionales:
1 de enero (*Jour de l'An*)
Domingo y lunes de Pascua (*Pâques*)
1 de mayo (*Fête du Travail*)
8 de mayo (*Victoire 1945*)
Ascensión (*Ascension*)
Pentecostés (*Pentecôte*)
14 de julio (*Fête Nationale*)
15 de agosto (*Assomption*)
1 de noviembre (*Toussaint*)
11 de noviembre (*Armistice 1918*)
25 de diciembre (*Noël*)

MEDIOS DE COMUNICACIÓN

PRENSA
En las Maisons de la Presse (quioscos) se venden periódicos y revistas. Muchas también ofrecen periódicos internacionales (a menudo la edición del día anterior). En los aeropuertos y en las estaciones de tren y en la mayoría de los hoteles importantes también los encontrará.

Los diarios regionales contienen noticias nacionales, internacionales y locales, y suelen leerse más que los periódicos de tirada nacional. Los periódicos nacionales más importantes son *Le Monde*, el conservador *Le Figaro* y el progresista *Libération*.

TELEVISIÓN
La televisión francesa ofrece cinco canales: TF1, France 2, France 3, 5 o La Cinquième (por la noche se convierte en Arte, una cadena franco-alemana) y M6. El canal Arte ofrece frecuentemente películas internacionales subtituladas en francés. El canal de pago Canal + (Canal plus) cuenta con una programación mensual de películas emitidas al menos una vez en la lengua original (señalada como VO: versión original), así como deportes. La televisión por cable está cada vez más extendida. Los principales espacios de noticias se emiten a las 13.00 y a las 20.00 horas.

DINERO

Los billetes y las monedas de euro fueron introducidos en enero de 2002.

Los ciudadanos franceses están obligados a llevar siempre consigo un documento de identificación y se aconseja que los extranjeros hagan lo mismo.

Generalmente se aceptan todas las tarjetas de crédito, aunque Visa es la más habitual. También se aceptan Mastercard (Access/Eurocard), Diners Club y American Express.

HORARIOS COMERCIALES

Casi todas las tiendas y las oficinas cierran a la hora de comer desde las 12.00 hasta las 14.00 o 15.00, o incluso las 16.00 en verano en el sur. Muchas tiendas cierran por la mañana o todo el día lunes o miércoles.
Bancos de 9.00 a 17.00, lun.-sáb., cierran al mediodía.
Oficinas de correo de 9.00 a 18.00, días laborables, cierran al mediodía, de 9.00 a 12.00 sáb.
Tiendas de 9.00 a 19.00, lun.-

sáb., cierran al mediodía; algunas tiendas de comida también abren los domingos por la mañana.
Tiendas de comestibles de 9.00 a 19.00, lun.-sáb., algunas cierran al mediodía excepto el sáb. y a veces el vier.
Estancos y quioscos de 8.00 a 19.00 horas lun.-sáb., de 8.00 a 12.00 dom.
Gasolineras normalmente cierran a las 21.00 excepto en las autopistas.
Museos cierran al mediodía de 12.00 a 14.00, excepto durante los meses de julio y/o agosto. Los museos municipales suelen cerrar los lunes y los museos nacionales, los martes.

ANIMALES DE COMPAÑÍA

Los animales menores de tres meses no pueden entrar en Francia; los animales mayores deben disponer de un certificado que asegure que han recibido la vacuna antirrábica en el último año, o una declaración oficial que indique que proviene de una zona libre de rabia.

PROPINAS

La mayoría de las cuentas en los restaurantes incluyen un recargo por el servicio, que viene indicado al final del menú. Si tiene alguna duda, pregunte: «*Est-ce que le service est compris?*» Es habitual dejar una pequeña propina adicional para el camarero si el servicio ha sido bueno. También es costumbre dejar una propina del 10 % al taxista, aunque no es obligatorio. Es habitual dar una propina a los botones, porteros, guías turísticos, peluqueros, acomodadores y encargados del guardarropa. No es necesario dejar propina al servicio del hotel a no ser que se haya pedido un servicio fuera de lo habitual.

LAVABOS

Las cabinas con servicios que se encuentran en la calle no son accesibles para minusválidos y cuestan 0,40 €. Los grandes almacenes tienen servicios públicos. También puede utilizar los servicios de un bar o de un café señalizados como «*les toilettes*» o «*les WC*». Los servicios públicos pueden variar considerablemente, sobre todo en el sur del país, donde todavía se encuentran servicios antiguos. Si hay un encargado, es conveniente dejar una pequeña propina.

OFICINAS DE TURSMO

EN FRANCIA
Maison de la France
8-10 avenue de l'Opéra
París 75001
Tel 01 42 86 70 00
www.franceguide.com

VIAJEROS CON DISCAPACIDADES

La oficina de turismo del Gobierno francés publica un folleto informativo para los turistas discapacitados. La guía *Où Ferons Nous Etape?* (en francés) incluye una lista de alojamientos aptos para turistas con discapacidades, incluidas las personas en silla de ruedas.
Puede encargarse una a la Association des Paralysés, 17 boulevard Auguste Blanqui, París 75013, Tel 01 40 78 69 00.

El CNRH (Comité National de Liaison pour la Réadaptation des Handicapés), 280 boulevard St-Germain, París 75013, Tel 01 44 11 10 41, www.handicap.org

Para más información consulte Minitel: 3614 Handitel.
E-mail: cnrh@worldnet. net

Para más información sobre vacaciones y alojamiento, consulte *Le Quotidien du Handicap* en Internet en www.handitel.org

LECTURAS

Francia y los franceses, G. Francois Dumont. Madrid: Acento Editorial, 2000.
La formación de Francia. Madrid: Alianza Editorial, S.A., 2000.
Arte en Francia 1900-1940, C. Green. Madrid: Cátedra, 2001.
Recuerdos de viaje por Francia y Bélgica, R. de Mesonero Romanos. Madrid: Miraguano Ediciones, 1983.
Sobre París y Francia, J. Pla. Barcelona: Destino, 1972.
Los vinos de Francia, J. Bergeret. Barcelona: Orbis, 1989.

URGENCIAS

EMBAJADAS EN FRANCIA

Embajada de Argentina
6, rue Cimarosa, 75116 París.
Tel 33 1 45 53 14 69. Fax 33 1 45 53 46 33

Embajada de Chile
2, avenue de la Motte-Picquet, 75007 París. Tel 33 1 44 18 59 60. Fax 33 1 41 51 13 33

Embajada de España
22, avenue Marceau, 75008 París.
Tel 33 1 44 43 18 00
Fax 33 1 47 20 56 69
http://amb-espagne.fr

Embajada de México
9, rue de Lonchamp, 75116 París.
Tel 33 1 53 70 27 70
Fax 33 1 47 55 65 29
www.sre.gob.mx/francia/

Embajada de Venezuela
11, rue Copernic, 75116 París.
Tel 33 1 45 53 29 98. Fax 33 1 47 55 64 56.
www.embavenez-paris.com

NÚMEROS DE URGENCIAS

15 SAMU (*Service d'Aide Médicale d'Urgence*) Ambulancia
17 Police secours (policía)
18 Pompiers (bomberos)
Tanto la policía como los bomberos tienen un equipo médico de refuerzo y trabajan en coordinación con el SAMU. En caso de accidente grave, llame antes a la policía (17) o a los bomberos (18).

Para recibir asistencia legal en caso de emergencia, póngase en contacto con la embajada o consulado para recibir una lista de abogados que hablen español.

QUÉ HACER EN CASO DE ACCIDENTE

No es necesario que avise a la policía si sufre un accidente en el que nadie ha resultado herido. Según el procedimiento oficial, cada conductor debe rellenar un *constat à l'amiable* (un parte amistoso) en el que cada parte firma la copia del otro. Llame a la compañía que le alquiló el coche y cuénteles lo ocurrido.
Si sufre un accidente de tráfico grave, avise a la policía (17) o a los bomberos (18). Estos números son gratuitos, pero desde una cabina de teléfono necesitará introducir una moneda para establecer la conexión (le será devuelta al final de la llamada). En la cabina hay un número y una dirección que le indicarán dónde se encuentra. Puede que le pregunten por el nombre de la ciudad más cercana para que la operadora pueda identificar el *département* donde está. También puede recurrir al número local de *police secours* que figure en la cabina de teléfono.

OBJETOS PERDIDOS

Si pierde algo en un autobús o en el metro, intente preguntar primero en la terminal para ver si alguien lo ha entregado.
En París, transcurridas 48 horas puede dirigirse al Bureau des Objets Trouvés, 36 Rue des Morillons, 75015 París, Tel 08 21 00 25 25, donde tendrá que pagar el 4 % del valor de cada objeto encontrado. Para denunciar un robo o una pérdida, diríjase a la *gendarmerie* o al *commissariat de police*. Los números de teléfono podrá encontrarlos en la guía telefónica local; en caso de emergencia marque el 17.

En caso de extraviar el pasaporte, denúncielo primero a la policía y después a la embajada o consulado más cercano (ver antes). Si la policía local le detiene, tiene derecho a realizar una llamada al consulado más cercano para recibir asistencia de un miembro de la embajada.

Pérdida de tarjetas de crédito
American Express:
Tel 01 47 77 72 00
Diners Club: Tel 08 10 31 41 59
Mastercard: Tel 01 45 67 84 84
Visa: Tel 08 92 70 57 05

SALUD

Compruebe antes de emprender el viaje si su seguro sanitario le cubre la estancia en Francia.

Las farmacias, identificables por la cruz verde, disponen de un personal de farmacéuticos cualificados que pueden recomendarle un tratamiento y que podrán decirle si necesita consultar a un médico y dónde encontrarlo.

Si sufre una herida grave, diríjase a urgencias (*urgences*) del hospital más cercano . En las farmacias le podrán indicar dónde ir. Para renovar una receta, lleve la medicina y la caja a la farmacia. En el caso de que no tuvieran ese producto, intentarán buscar uno equivalente. Si sólo se lo pueden dispensar con receta, le informarán de dónde está el médico más cercano.

Urgencias médicas
Para pedir una ambulancia, marque 15. Service d'Aide Médicale d'Urgence.

El tratamiento médico francés es de muy buena calidad y las instalaciones generalmente están en excelentes condiciones.

HOTELES Y RESTAURANTES

En Francia se puede disfrutar de una amplia variedad de alojamiento de excelente calidad, desde los grandes hoteles de lujo hasta las acogedoras casas rurales. Puede deleitarse en algunos de los mejores hoteles del mundo o alojarse en un establecimiento económico perteneciente a cadenas como Formule I o Balladins, donde una familia de cuatro personas podrá instalarse por menos de 30 euros la noche. Puede elegir un bello castillo o buscar pequeñas casas rurales (*chambres d'hôte*). En los hoteles más económicos no siempre encontrará baño privado.

HOTELES

Muchos hoteles ofrecen alojamiento en régimen de *pension* o *demi-pension*. La *demi-pension* incluye desayuno y cena, mientras que la *pension* completa también incluye el almuerzo.

Sistema de clasificación

Los hoteles franceses están clasificados por estrellas, de cuatro a una estrellas, indicando el nivel mínimo de las instalaciones. Los requerimientos de los grados inferiores se dan por supuestos en los establecimientos de mayor categoría. En esta selección unos pocos hoteles, ya sea restaurantes con habitaciones u hoteles en castillos, no cuentan con estrella.

✪✪✪✪ Cuatro estrellas indica un hotel con restaurante y todas las habitaciones con baño/ducha privados.

✪✪✪ Los hoteles de tres estrellas disponen al menos del 80 % de las habitaciones con baño/ducha privados y ofrecen el desayuno en la habitación.

✪✪ Los establecimientos de dos estrellas deben tener al menos el 40 % de las habitaciones con baño/ducha y teléfono en cada habitación.

✪ Los hoteles de una estrella ofrecen un alojamiento sencillo pero adecuado.

La siguiente es una selección de hoteles de buena calidad repartidos por todo el país (indicados por precio y luego en orden alfabético). Cuando ha sido posible hemos elegido hoteles que son a un tiempo originales y típicos.

Asimismo, tenga en cuenta que, **a menos que se indique lo contrario:**

1. El desayuno no está incluido en el precio.
2. El hotel tiene restaurante. Si es importante, el símbolo del restaurante también se incluye o bien se ofrece una entrada separada para el restaurante.
3. Todas las habitaciones tienen teléfono y televisión.

Las categorías de precio de las habitaciones sólo se ofrecen como una guía y no incluyen las variaciones estacionales. Al precio se le pueden sumar impuestos adicionales. Las tarifas indicadas corresponden a una habitación doble.

En temporada alta, siempre debe tratar de hacer sus reservas con suficiente antelación, si es posible confirmándolas por fax. Pueden pedirle una paga y señal o bien el número de su tarjeta de crédito.

Tarjetas de crédito

Muchos hoteles sólo aceptan las tarjetas de crédito más importantes. Los establecimientos más modestos puede que acepten sólo algunas de ellas, como se muestra en la entrada correspondiente. Las abreviaturas utilizadas son AE (American Express), DC (Diners Club), MC (Mastercard) y V (VISA).

Cadenas y grupos hoteleros

Números de contacto en Francia:
Maisons des Gîtes de France
Tel 01 49 70 75 85
Muchos departamentos disponen de servicio de reservas Loisirs Accueil para hacer reservas de hotel, *gîtes* y lugares de acampada; consulte en la Oficina de Turismo de Francia para disponer de un listado completo o póngase en contacto con la oficina de turismo local más próxima.

PRECIOS

HOTELES

La indicación del precio de una habitación doble sin desayuno se ofrece con el signo $.

$$$$$	Más de 240 €
$$$$	200-240 €
$$$	120-200 €
$$	65-95 €
$	Menos de 65 €

RESTAURANTES

La indicación del precio de una cena de tres platos sin bebidas se ofrece con el signo $.

$$$$$	Más de 80 €
$$$$	50-80 €
$$$	35-50 €
$$	20-35 €
$	Menos de 20 €

RESTAURANTES

Nuestra selección (indicada en primer lugar por precio y luego en orden alfabético) sugiere buenos restaurantes regionales que ofrecen platos locales típicos y también algunas de las grandes estrellas de la cocina francesa. En las diferentes regiones siempre merece la pena buscar los restaurantes locales típicos y probar las especialidades de la zona. Estudie cada sección de comida regional para encontrar una guía de la cocina y los platos locales, y el glosario gastronómico en las páginas 387-388.

A = almuerzo C = cena

Horarios de comida en Francia

El almuerzo comienza alrededor del mediodía y se prolonga hasta las 14.00. La cena se sirve aproximadamente a las 20.00 pero puede comenzar a las 19.00; en lugares pequeños o en las zonas rurales después de las 21.00 puede ser tarde. La cena tiende a tomarse más temprano en el norte del país, y más tarde a medida que se desciende hacia el sur.

En temporada alta o si piensa en un lugar especial, es mejor que haga sus reservas con antelación.

A menudo los restaurantes ofrecen mesas en el exterior cuando hace buen tiempo. La posibilidad de comer en el exterior del local sólo se menciona cuando la vista, o quizás el jardín, merece realmente la pena.
La ley exige que el menú esté expuesto a la vista, fuera de cualquier establecimiento que sirva comidas, y parte del placer consiste en estudiarlos y compararlos entre ellos.
La mayoría de los restaurantes ofrece uno o más *prix fix* (menús de precio fijo), que en ocasiones también incluyen el vino. Por más dinero, también se puede comer a la carta.

Los franceses acostumbran comer una ensalada después del plato principal y, a veces, la tabla de quesos, que siempre viene antes de los postres. El pan y el agua se sirven sin cargo.

Las cartas de los vinos en las regiones suelen estar dominadas por los productos locales y todos los restaurantes ofrecen una jarra o media jarra de *vin du pays* (vino de la zona). Aunque la ley prohíbe fumar en todos los lugares públicos, de hecho está ampliamente aceptado y debe especificar si prefiere una sección para no fumadores (*non-fumeurs*).

Cafés
En Francia los cafés siguen siendo una verdadera institución, tanto para el café de la mañana como para tomar unas copas o comidas sencillas. En las ciudades pequeñas y los pueblos constituyen el centro de la vida local. Recuerde que beber en la barra es más barato que hacerlo en una mesa.

Propinas
El cargo por el servicio está incluido habitualmente en la cuenta. No obstante, puede añadir una propina si considera que el servicio ha sido especialmente bueno.

PARÍS

ÎLE DE LA CITÉ

DU JEU DE PAUME
$$$ ✪✪✪✪
54 RUE ST-LOUIS-EN-L'ÎLE
TEL 01 43 26 14 18
FAX 01 40 46 02 76
Este edificio, en el que se jugaba al tenis real en el siglo XVII, alberga hoy en día un atractivo hotel. Habitaciones pequeñas. Jardín.
30 Pont-Marie
Principales tarjetas

DE LUTÈCE
$$$ ✪✪✪
65 RUE ST-LOUIS-EN-L'ÎLE
TEL 01 43 26 23 52
FAX 01 43 29 60 25
Pequeño y acogedor: los leños arden en la chimenea del vestíbulo, y todas las habitaciones tienen detalles de buen gusto.
30 Pont-Marie
AE, MC, V

LA TOUR D'ARGENT
$$$$$
15 QUAI DE LA TOURNELLE
TEL 01 43 54 23 31
FAX 01 44 07 12 04
Situado en un muelle del Sena frente a la Île de la Cité. Tal vez ya no exhiba la excelencia de otras épocas, pero tiene dos estrellas Michelin y es el lugar preferido por los turistas por su pato y sus preciosas vistas sobre el Sena y Notre-Dame.
Maubert-Mutualité
Cerrado lun. y mar. A
Principales tarjetas

RIVE GAUCHE

MONTALEMBERT
$$$$$ ✪✪✪✪
3 RUE MONTALEMBERT
TEL 01 45 49 68 68
FAX 01 45 49 69 49
Hotel de la década de 1920 rehabilitado en estilo tradicional o contemporáneo.
56 + suites Rue du Bac
Principales tarjetas

RELAIS CHRISTINE
$$$$$ ✪✪✪✪
3 RUE CHRISTINE, 75006
TEL 01 40 51 60 80
FAX 01 40 51 60 81
Lujo discreto en el edificio de un antiguo convento. No tiene restaurante pero se desayuna en las cocinas del siglo XIII con techos abovedados. Dispone de jardín.
35 habitaciones + 16 dúplex Odéon
Principales tarjetas

DUC DE SAINT-SIMON
$$$$ ✪✪✪
14 RUE ST-SIMON, 75007
TEL 01 44 39 20 20
FAX 01 45 48 68 25
Un refugio lujoso, decorado con exquisito mobiliario antiguo. Tiene un encantador sótano para tomar el desayuno y un jardín. Carece de restaurante.
29 + 5 suites Rue du Bac
AE, CD, MC, V

LUTÉTIA
$$$$ ✪✪✪✪
45 BOULEVARD RASPAIL, 75006
TEL 01 49 54 46 46
FAX 01 49 54 46 00
Detrás de la impresionante fachada de este enorme edificio estilo *art déco*, el interior ha sido restaurado con elegancia por la diseñadora Sonia Rykiel. El restaurante «París» tiene una estrella Michelin.
220 + 30 suites
Sèvres-Babylone
Principales tarjetas

L'HOTEL
$$$$
13 RUE DES BEAUX-ARTS, 75006
TEL 01 44 41 99 00
FAX 01 43 25 64 81
www.l-hotel.com
Un hotel magníficamente renovado con una estupenda escalera y piscina. Oscar Wilde murió en una de sus habitaciones No dispone de restaurante.
St-Germain-des-Prés
Principales tarjetas

STE-BEUVE
$$$ ✪✪✪
9 RUE STE-BEUVE, 75006
TEL 01 45 48 20 07
FAX 01 45 48 67 52
Hotel acogedor que combina muebles antiguos y obras de arte contemporáneas. No tiene restaurante.
22 Principales tarjetas

DE L'UNIVERSITÉ
$$$ ✪✪✪
22 RUE DE L'UNIVERSITÉ, 75007
TEL 01 42 61 09 39
FAX 01 42 60 40 84
En este hotel con ambiente de residencia privada, situado cerca de la zona universitaria, se cuidan los detalles.
27 Rue du Bac
Principales tarjetas

DE VIEUX PARIS
$$$ ✪✪✪✪
9 RUE GIT LE COEUR
TEL 01 44 32 15 90
FAX 01 43 26 00 15
www.vieuxparis.com
El famoso hotel de la *beat generation* que en las décadas de 1950 y 1960 alojó a los escritoresestadounidenses Williams Burroughs y Allen Ginsberg. El edificio del siglo XV ha sido renovado. Las habitaciones son pequeñas.
13 + 7 suites St-Michel
Principales tarjetas

LE JULES VERNE
$$$$$
TOUR EIFFEL, 2° PISO
TEL 01 45 55 61 44
Cena panorámica en este restaurante, con una estrella Michelin, en uno de los monumentos más famosos de la capital francesa. No es extraño que haya que hacer reserva y con semanas de antelación.
Trocadéro
Principales tarjetas

CLOSERIE DES LILAS
$$$$
171 BOULEVARD MONTPARNASSE
TEL 01 40 51 34 50
En este bar/*brasserie*/restaurante, en otra época lugar de reunión de artistas como Picasso, Hemingway, Apollinaire y otros, se puede comer y beber entre literatos.
Vavin Principales tarjetas

VIOLON D'INGRES
$$$$
135 RUE ST-DOMINIQUE
TEL 01 45 55 15 05
Christian Constant, el ex chef del restaurante Les Ambassadeurs del Hôtel de Crillon, ofrece la misma cocina de alta calidad pero a precios más económicos. Tiene una estrella Michelin.
Pont de l'Alma
Cerrado dom., lun. y agos.
AE, MC, V

R
$$
8 RUE DE LA CAVALERIE
TEL 01 45 67 06 85
Elegante restaurante con fabulosas vistas de la torre Eiffel; cocina regional clásica y postres deliciosos.
La Motte-Piquet-Grenelle
Cerrado agos. AE, MC, V

LE DÔME
$$$
108 BOULEVARD MONTPARNASSE
TEL 01 43 35 25 81
Brasserie de Montparnasse que ofrece fundamentalmente platos de pescado y mariscos.
Montparnasse
Cerrado dom.-lun.
Principales tarjetas

SPOON
$$$
14 RUE DE MARIGNAN
TEL 01 40 76 34 44
Un lugar donde puede crear su propio menú a partir de los platos que se ofrecen combinándolos a su gusto. El Speedy Spoon es perfecto para un bocado rápido.
Franklin D. Roosevelt
Cerrado sáb.-dom.
AE, DC, MC, V

BRASSERIE LIPP
$$
151 BOULEVARD ST-GERMAIN
TEL 01 45 48 53 91
Conocida por sus conexiones históricas y literarias y su decoración de fin del siglo XIX, más que por su comida.
St-Germain-des-Prés
AE, MC, V

LA COUPOLE
$$
102 BOULEVARD MONTPARNASSE, 75014
TEL 01 43 20 14 20
Legendaria *brasserie* de estilo *art déco*: todos los que contaban (incluido, naturalmente, Hemingway) visitaban este local en la década de 1920. Buena comida y servicio.
Montparnasse
Principales tarjetas

LE PROCOPE
$$
13 RUE DE L'ANCIENNE COMÉDIE, 75006
TEL 01 40 46 79 00
Recuperado su esplendor del siglo XVII, Le Procope (ver pág. 70) sirve las típicas especialidades de *brasserie*, sorbetes y helados.
Odéon AE, MC

RIVE DROITE

BALZAC
$$$$$ ✪✪✪✪
6 RUE BALZAC
TEL 01 44 35 18 00
FAX 01 44 35 18 05
Hotel con enormes habitaciones, lujoso mobiliario y el restaurante de Pierre Gagnaire (ver más adelante).
56 + 14 suites
George-V
Principales tarjetas

BRISTOL
$$$$$ ✪✪✪✪
112 RUE DU FAUBOURG ST-HONORÉ
TEL 01 53 43 43 00
FAX 01 53 43 43 01
Lujo y discreción para los ricos y/o famosos, con importantes obras de arte.

195 + suites St-Philippe-du-Roule Principales tarjetas

DE CRILLON
$$$$$ ✪✪✪✪
10 PLACE DE LA CONCORDE
TEL 01 44 71 15 00
FAX 01 44 71 15 02
www.crillon.com
Uno de los grandes establecimientos hoteleros de París. Cuenta con dos restaurantes: Les Ambassadeurs –dos estrellas Michelin– y L'Obélisque. Dispone de jardín.
163 + suites Concorde Principales tarjetas

FOUR SEASONS GEORGE V
$$$$$ ✪✪✪✪
31 AVENUE GEORGE V
TEL 01 49 52 70 00
FAX 01 49 52 70 10
www.fourseasons.com
Su reciente restauración ha actualizado el lujoso estilo de este hotel. Jardín interior.
260 George V Principales tarjetas

MARIGNAN-CHAMPS-ÉLYSÉES
$$$$$ ✪✪✪✪
12 RUE MARIGNAN
TEL 01 40 76 34 56
FAX 01 40 76 34 34
www.sofitel.com
Tapices Beauvais en el salón, mobiliario antiguo y habitaciones confortables.
5 + 16 suites dúplex Franklin-Roosevelt Principales tarjetas

PAVILLON DE LA REINE
$$$$$ ✪✪✪✪
28 PLACE DES VOSGES
TEL 01 40 29 19 19
FAX 01 40 29 19 20
Habitaciones elegantes y con mobiliario antiguo, algunas de ellas con camas con dosel. Dispone de un bonito patio interior.
31 + 14 suites + 10 dúplex St-Paul Principales tarjetas

VERNET
$$$$$ ✪✪✪✪
25 RUE VERNET
TEL 01 44 31 98 00
FAX 01 44 31 85 69
Un lujoso establecimiento hotelero. Dispone de piano en el vestíbulo y *jacuzzi* en las habitaciones. El restaurante, de estilo *belle époque*, tiene dos estrellas Michelin.
42 + 9 suites George-V Principales tarjetas

COSTES
$$$$ ✪✪✪✪
239 RUE ST-HONORÉ
TEL 01 42 44 50 00
FAX 01 42 44 50 01
Hotel con estilo que destaca por el diseño y la elegante decoración. Algunas de las habitaciones dan al jardín.
85 Tuileries Principales tarjetas

PERGOLÈSE
$$$$ ✪✪✪✪
3 RUE PERGOLÈSE, 75016
TEL 01 53 64 04 04
FAX 01 53 64 04 40
Decoración de estilo moderno y habitaciones recubiertas de mármol.
40 Argentine Principales tarjetas

GALILÉE
$$$ ✪✪✪
54 RUE GALILÉE
TEL 01 47 20 66 06
FAX 01 47 20 67 17
Hotel pequeño y refinado, decorado con elegante mobiliario.
27 George V AE, DC, MC, V

LE RELAIS DU LOUVRE
$$$ ✪✪✪
19 RUE DES PRÊTRES-ST-GERMAIN-L'AUXERROIS
TEL 01 40 41 96 42
FAX 01 40 41 96 44
Hotel pequeño y acogedor con jardín situado cerca del Louvre.
20 Louvre o Pont-Neuf Principales tarjetas

SAINT-MERRY
$$-$$$ ✪✪✪
78 RUE DE LA VERRERIE
TEL 01 42 78 14 15
FAX 01 40 29 06 82
www.hotelmarais.com
En una época era la rectoría de la iglesia de St-Merry. Las habitaciones más caras tienen muebles góticos; pero todas están decoradas con encanto.
12 Hôtel-de-Ville Principales tarjetas

ALAIN DUCASSE AU PLAZA ATHÉNÉE
$$$$$
HOTEL PLAZA ATHÉNÉE 25 AVENUE MONTAIGNE
TEL 01 53 67 65 00
Tres estrellas Michelin para este establecimiento de Ducasse con excelente comida y un servicio impecable.
Alma Marceau Cerrado sáb.-dom., miér. A, mediados de julio-mediados de agos. y las 2 últimas semanas de dic. Principales tarjetas

L'AMBROISIE
$$$$$
9 PLACE DES VOSGES
TEL 01 42 78 51 45
Cocina francesa clásica y tres estrellas Michelin en una exquisita ubicación. Imprescindible reservar.
St-Paul Cerrado dom., lun., 3 primeras semanas de agos., y vacaciones escolares de feb. AE, MC, V

CARRÉ DES FEUILLANTS
$$$$$
14 RUE CASTIGLIONE
TEL 01 42 86 82 82
El chef Alain Dutournier ofrece platos de la cocina tradicional del sudoeste del país. Dos estrellas Michelin.
Concorde o Tuileries Cerrado sáb. A, dom. y agos. Principales tarjetas

SENDERENS
$$$$$
9 PLACE DE LA MADELEINE,
01 42 65 22 90

No fumadores Aire acondicionado Piscina cubierta/descubierta Gimnasio Tarjetas de crédito **CLAVE**

El chef Alain Senderens ha reinventado su reputado restaurante de *haute cuisine* con una moderna decoración y eclécticos y originales platos como el *foie gras* de pato con higos y regaliz.
Madeleine
Principales tarjetas

PIERRE GAGNAIRE
$$$$$
6 RUE BALZAC
TEL 01 58 36 12 51
Es uno de los chefs más innovadores de Francia; tres estrellas Michelin. Reserve con suficiente antelación.
George-V Cerrado sáb. y dom. A, vacaciones escolares de feb. y jul.-mediados de agos.
Principales tarjetas

TAILLEVENT
$$$$$
15 RUE LAMENNAIS
TEL 01 44 95 15 01
Veterano líder de la *haute cuisine* con tres estrellas Michelin. Servicio perfecto y una renovada bodega. Imprescindible reservar.
George-V Cerrado sáb., dom., fiestas nacionales y agos.
Principales tarjetas

LA MAISON BLANCHE
$$$$
15 AVENUE MONTAIGNE
TEL 01 47 23 55 99
Decoración moderna y una clientela elegante, pero su irregular cocina no está a la altura del conjunto.
Alma-Marceau
Cerrado sáb. A, dom., lun. A, 1-10 enero y agos.
AE, MC, V

LE TRAIN BLEU
$$$
GARE DE LYON,
20 BOULEVARD DIDEROT
TEL 01 43 43 09 06
Tiene una decoración de estilo *belle époque* que corta la respiración. Típica comida de cervecería.
Gare de Lyon
Principales tarjetas

ANGÉLINA
$$
226 RUE DE RIVOLI
TEL 01 42 60 82 00
Únase a los elegantes clientes para disfrutar de un chocolate caliente en este elegante salón de té. Los fines de semana quizá tenga que hacer cola.
Tuileries Cerrado C y mar. en agos. AE, V

BOFINGER
$$
5 Y 7 RUE DE LA BASTILLE
TEL 01 42 72 87 82
Enormes espejos en esta cervecería clásica; no deje de probar el *choucroute*.
Bastille Principales tarjetas

LE MOULIN À VIN
$$
6 RUE BURQ
TEL 01 42 52 81 27
En este pequeño local de Montmartre sirven comida tradicional y buenos vinos. Acompañan la comida con música de acordeón.
Abbesses Cerrado dom.-lun., vier. y jue. A, y agos. MC, V

AU PIED DE COCHON
$$
6 RUE COQUILLIÈRE
TEL 01 40 13 77 00
Bullicioso restaurante abierto toda la noche que sirve platos típicos de cervecería, excelentes manos de cerdo y mariscos.
Louvre o Les Halles
Principales tarjetas

CHEZ OMAR
$
47 RUE DE BRETAGNE
TEL 01 42 72 36 26
Excelente cuscús, decoración de *bistrot* antiguo.
Filles-du-Calvaire AE, MC, V

HARRY'S NEW YORK BAR
$
5 RUE DAUNOU
TEL 01 42 61 71 14
Piano bar de estilo neoyorquino que otrora fue muy popular entre escritores como Hemingway y F. Scott Fitzgerald. Se recomiendan los Bloody Mary.
Opéra AE, DC, V

FUERA DE PARÍS

LE PRÉ CATELAN
$$$$
ROUTE DE SURESNES
TEL 01 44 14 41 14
El excelente e imaginativo chef Eric Anton ha realzado la cocina de este encantador restaurante.
Porte-Maillot, luego Bus 144 (hasta las 20.00)
Cerrado lun. y dom. C nov.-abril Principales tarjetas

BRASSERIE FLO
$$
7 COUR DES PETITES-ÉCURIES
TEL 01 47 70 13 59
Una animada cervecería del siglo XIX con platos típicos de esta clase de establecimientos. Servicio cordial.
Château-d'Eau
Principales tarjetas

NORTE DE FRANCIA

NORTE Y PICARDÍA

AIRE-SUR-LA-LYS

HOSTELLERIE DES TROIS MOUSQUETAIRES
$/$$ ✪✪✪✪
CHÂTEAU DU FORT DE LA REDOUTE
TEL 03 21 39 01 11
FAX 03 21 39 50 10
Hotel situado en un enorme jardín boscoso. El interior se caracteriza por su estilo tradicional y lujoso; las habitaciones, antiguas y con grandes camas, son muy elegantes. Dispone de campo de golf.
33 Cerrado mediados de dic.-mediados de enero AE, MC, V

PRECIOS

HOTELES
La indicación del precio de una habitación doble sin desayuno se ofrece con el signo $.

$$$$$	Más de 240 €
$$$$	200-240 €
$$$	120-200 €
$$	65-95 €
$	Menos de 65 €

RESTAURANTES
La indicación del precio de una cena de tres platos sin bebidas se ofrece con el signo $.

$$$$$	Más de 80 €
$$$$	50-80 €
$$$	35-50 €
$$	20-35 €
$	Menos de 20 €

AMIENS

MARISSONS
$/$$$
PONT DODANE
TEL 03 22 92 96 66
Casa del siglo XV rehabilitada en el barrio antiguo de Amiens. Cocina imaginativa y especialidades de Amiens como por ejemplo el *canard en croûte de foie gras.*
Cerrado sáb. A, dom., miér. A y 1ª semana de enero
Principales tarjetas

BOULOGNE-SUR-MER

MÉTROPOLE
$ ✪✪✪
51-53 RUE THIERS
TEL 03 21 31 54 30
FAX 03 21 30 45 72
Situado junto al mar. Tranquilo y con un hermoso jardín. No tiene restaurante.
25 P Cerrado finales de dic.-principios de enero
AE, MC, V

CALAIS

MEURICE
$/$$$ ✪✪✪
5 RUE EDMOND-ROCHE
TEL 03 21 34 57 03
FAX 03 21 34 14 71
Hasta la Segunda Guerra Mundial el Meurice era uno de los hoteles más lujosos de Francia. Restaurado en 1953, ofrece una confortable hospitalidad a los viajeros. Cocina francesa estándar en el restaurante La Diligence.
39 P Restaurante cerrado sáb. A AE, MC, V

DOULLENS

CHÂTEAU DE REMAISNIL
$$$/$$$$$ ✪✪✪✪
TEL 03 22 77 07 47
FAX 03 22 77 41 23
Maravillosa mansión del siglo XVIII situada en un parque de 15 ha de extensión, en una época residencia de Bernard y Laura Ashley y hoy dirigido por estadounidenses. Extremadamente lujoso con detalles rococó, tapices y elegantes habitaciones.
20 AE, MC, V

HESDIN-L'ABBÉ

CLÉRY
$/$$$ ✪✪✪
TEL 03 21 83 19 83
FAX 03 21 87 52 59
Casa señorial del siglo XVIII rodeada de parques. Salón con chimenea; decoración contemporánea. Solamente sirven cena los días laborables. Tienen pistas de tenis.
22 P Restaurante cerrado sáb. A
Principales tarjetas

LILLE

CARLTON
$$$$ ✪✪✪✪
3 RUE DE PARIS, 59800
TEL 03 20 13 33 13
FAX 03 20 51 48 17
Gran hotel clásico situado en el corazón de la ciudad, frente a la Opéra. Decoración y mobiliario en elegante estilo Luis XV. Amplias habitaciones con baños de mármol.
57 + 3 suites P Aparcacoches Habitaciones
Principales tarjetas

PARA OCASIONES ESPECIALES

GRAND HÔTEL BELLEVUE

En una ocasión Mozart se alojó en este hotel del siglo XVIII situado cerca de la Opéra, el Palais de la Musique y el Palais de Congrès. Fino ejemplo de la arquitectura de Lille con decoración clásica. No tiene restaurante.
$$$ ✪✪✪
5 RUE JEAN-ROISIN, LILLE 59800
TEL 03 20 57 45 64
FAX 03 20 40 07 93
61 Principales tarjetas

L'HUÎTRIÈRE
$$$$/$$$$$
3 RUE DES CHATS-BOSSUS
TEL 03 20 55 43 41
Establecimiento muy elegante con una estrella Michelin situado en la ciudad antigua. Una entrada de estilo *art déco* y un comedor amueblado con lujo. Excelentes mariscos y cocina regional.
Cerrado dom. C, fiestas nacionales C, y mediados de julio-mediados de agos.
Principales tarjetas

MONTREUIL-SUR-MER

CHÂTEAU DE MONTREUIL
$$$ ✪✪✪✪
4 CHAUSSÉE DE CAPUCINS
TEL 03 21 81 53 04
FAX 03 21 81 36 43
Habitaciones decoradas con excelente gusto que miran a los jardines de este recogido castillo. El restaurante, con una estrella Michelin, está especializado en platos de mariscos.
13 P Cerrado mediados de dic.-feb.
Principales tarjetas

AUBERGE DE LA GRENOUILLÈRE
$$$/$$$$
LA MADELEINE-SOUS-MONTREUIL
TEL 03 21 06 07 22

No fumadores · Aire acondicionado · Piscina cubierta/descubierta · Gimnasio · Tarjetas de crédito — CLAVE

Encantadora granja típica de esta región, especialmente popular por su encantadora terraza. Pruebe platos como el *pré-salé agneau de la baie de Somme*, o las ancas de rana con ajo y perejil.
4 Cerrado mar. y miér. (excepto jul. y agos.) y dic.-enero Principales tarjetas

CHAMPAGNE

REIMS

LES CRAYÈRES
$$$$$
64 BOULEVARD HENRY-VASNIER
TEL 03 26 82 80 80
Bello castillo familiar de principios de siglo XX, hogar del gran chef Gérard Boyer y epítome del refinamiento y el lujo franceses. Un tres estrellas Michelin que ofrece platos como el cordero con trufas o las manos de cerdo rellenas de *foie gras*. Extensa carta de vinos y champán. Imprescindible reservar.
16 + 3 suites Cerrado mediados de dic.-mediados de enero Principales tarjetas

DE LA PAIX
$/$$ ✪✪✪
9 RUE BUIRETTE
TEL 03 26 40 04 08
FAX 03 26 47 75 04
En el corazón de la ciudad es un hotel tranquilo con jardín. Decoración interior rica y cálida y habitaciones con muebles confortables.
106 Principales tarjetas

LE VIGNERON
$$/$$$$
PLACE PAUL-JAMOT
TEL 03 26 79 86 86
La reserva es imprescindible en este popular restaurante que sirve auténtica cocina regional. Ofrece una buena selección de champán.
Cerrado sáb.-dom., 1-20 de agos. y 23 de dic.-2 de enero MC, V

TROYES

DE LA POSTE
$/$$ ✪✪✪✪
35 RUE ÉMILE-ZOLA
TEL 03 25 73 05 05
FAX 03 25 73 80 76
Acogedor hotel próximo a los museos. Dos restaurantes, Le Carpaccio y Les Gourmets, famosos por sus platos de mariscos.
32 Principales tarjetas

ALSACIA Y LORENA

COLMAR

HOSTELLERIE LE MARÉCHAL
$$$ ✪✪✪
4 PLACE SIX MONTAGNES NOIRES
TEL 03 89 41 60 32
FAX 03 89 24 59 40
Hotel y restaurante del siglo XVI construido en parte en madera, y situado en uno de los canales de la «Pequeña Venecia» de Colmar. Las especialidades incluyen tarrina de *foie de canard à la gelée au muscat d'Alsace* y ensalada de langosta y pescado con trufa a la vinagreta.
30 Principales tarjetas

GRAND HÔTEL BRISTOL
$/$$ ✪✪✪
7 PLACE DE LA GARE
TEL 03 89 23 59 59
FAX 03 89 23 92 26
Hotel céntrico decorado con la elegancia de principios de siglo XX. Dos restaurantes, el Rendezvous de Chasse, con una estrella Michelin, y el más informal L'Auberge.
70 Principales tarjetas

ESTRASBURGO

MONOPOLE MÉTROPOLE
$/$$$ ✪✪✪
16 RUE KUHN
TEL 03 88 14 39 14
FAX 03 88 32 82 55
Próximo al histórico distrito Petite France, tranquilo y lujoso hotel con habitaciones amuebladas en estilo contemporáneo o alsaciano.
90 Cerrado Navidad y Año Nuevo Principales tarjetas

BUEREHIESEL
$$$$/$$$$$
4 PARC ORANGERIE
TEL 03 88 45 56 65
Antigua granja alsaciana reconstruida en el Orangerie Park, hoy día es un restaurante que ostenta tres estrellas Michelin. El chef Antoine Westermann ofrece platos de temporada como pollo Bresse.
Cerrado mar., miér., mediados-finales de agos., finales de dic.-principios de enero Principales tarjetas

AU CROCODILE
$$$$/$$$$$
10 RUE DE L'OUTRE
TEL 03 88 32 13 02
Impecable servicio y dos estrellas Michelin. Platos exquisitos, pruebe por ejmeplo el rape con hinojo y los tomates al azafrán.
Cerrado dom., lun., 3 semanas jul.-agos., y finales dic.-principios enero Principales tarjetas

MARLENHEIM

LE CERF
$$/$$$
30 RUE DU GÉNÉRAL-DE-GAULLE
TEL 03 88 87 73 73
FAX 03 88 87 68 08
Esta pintoresca posada con un patio lleno de flores, situado en la N4 a 30 km al oeste de Estrasburgo, incluye un restaurante alsaciano con dos estrellas Michelin. Pruebe la *tête de veau* o el cerdo con chucrut y *foie gras*.
15 Restaurante cerrado mar. y miér. Principales tarjetas

NANCY

GRAND HÔTEL DE LA REINE

$$$$ ✪✪✪✪
2 PLACE STANISLAS
TEL 03 83 35 03 01
FAX 03 83 32 86 04

Este exquisito palacio del siglo XVIII, fue en una época el hogar de María Antonieta, de ahí su nombre. Lujosas habitaciones amuebladas en estilo Luis XV. El restaurante del hotel también se llama Stanislas, por el destronado rey polaco.

48 · Principales tarjetas

VERDUN

LE COQ HARDI

$$/$$$ ✪✪✪
8 AVENUE DE LA VICTOIRE
TEL 03 29 86 36 36

Delicioso hotel con fachada con flores e interior de roble. Excelente restaurante.

34 + 3 suites · Cerrado vier. excepto en fiestas nacionales · Principales tarjetas

NORMANDÍA Y BRETAÑA

NORMANDÍA

AUDRIEU

CHÂTEAU D'AUDRIEU

$$$/$$$$$
TEL 02 31 80 21 52
FAX 02 31 80 24 73

Situado entre Bayeux y Caen, este castillo del siglo XVIII tiene un elegante restaurante.

23 + 6 suites · Restaurante cerrado lun. y A excepto sáb. y dom., y mediados de dic.-enero · AE, MC, V

BAYEUX

D'ARGOUGES

$ ✪✪
21 RUE ST-PATRICE
TEL 02 31 92 88 86
FAX 02 31 92 69 16

Hermosa mansión con jardín, se encuentra a escasa distancia del centro del pueblo. No tiene restaurante.

26 · Cerrado 11-26 de dic. y 5-20 de enero · Principales tarjetas

LION D'OR

$ ✪✪✪
71 RUE ST-JEAN
TEL 02 31 92 06 90
FAX 02 31 22 15 64

Atractiva edificación del siglo XVII que hace alarde de un excelente restaurante que sirve platos como *foie gras* de pato con miel y suculentas salchichas.

24 · Cerrado finales de dic.-finales de enero · Principales tarjetas

BEUVRON-EN-AUGE

LE PAVÉ D'AUGE

$$$
TEL 02 31 79 26 71

Restaurante con una estrella Michelin en el mercado cubierto y que sirve ingredientes locales. Pruebe la langosta con mantequilla de hierbas, los quesos locales y el Calvados, aguardiente de manzana.

Cerrado lun. finales de nov.-finales de dic., feb. vacaciones escolares y mar. sept.-abril · MC, V

CABOURG

PARA OCASIONES ESPECIALES

GRAND HÔTEL

Este hotel domina el frente marítimo igual que en la obra de Marcel Proust. El novelista se alojaba con frecuencia en este hotel, donde aún se sirven las famosas magdalenas.

$$/$$$$ ✪✪✪✪
PROMENADE MARCEL-PROUST, CABOURG
TEL 02 31 91 01 79
FAX 02 31 24 03 20

70 · Restaurante cerrado enero y lun.-mar. dic.-mayo · Principales tarjetas

CAEN

LE P'TIT B

$$
15 RUE DU VAUGUEUX
TEL 02 31 93 50 76

Este nuevo restaurante, situado en una casa restaurada del siglo XVII, sirve platos de temporada.

Principales tarjetas

DEAUVILLE

LE SPINNAKER

$$/$$$
52 RUE MIRABEAU
TEL 02 31 88 24 40

Famoso restaurante de marisco situado en el paseo marítimo que sirve platos de la cocina tradicional normanda. El plato especial es la langosta asada en vinagre de sidra.

Cerrado mar. sept.-jun y 2 semanas en nov. y enero · Principales tarjetas

DIEPPE

LA MARMITE DIEPPOISE

$$$
8 RUE ST-JEAN
TEL 02 35 84 24 26

Popular restaurante que lleva el nombre del plato local más famoso: pescado y mariscos con salsa de nata.

Cerrado dom. C y lun. · AE, MC, V

DINARD

LE GRAND HÔTEL

$$$/$$$$ ✪✪✪✪
46 AVENUE GEORGE V
TEL 02 99 88 26 26
FAX 02 99 88 26 27

Se trata del gran hotel de Dinard, situado en el paseo marítimo.

90 · Cerrado nov.-marzo · Principales tarjetas

ROCHE CORNEILLE

$$$ ✪✪✪
4 RUE GEORGES CLEMENCEAU
TEL 02 99 46 14 47
FAX 02 99 46 40 80

Situado en el centro de Dinard, este hotel instalado en un castillo está amueblado con estilo y tiene un reputado restaurante.
28 Restaurante cerrado lun. y dom. C
Principales tarjetas

ÉVREUX

DE FRANCE
$$ ✪✪
29 RUE ST-THOMAS
TEL 02 32 39 09 25
FAX 02 32 38 38 56
Hotel tradicional en una ubicación céntrica pero tranquila, con un excelente y clásico restaurante.
16 Restaurante cerrado dom. C y todos los lun. AE, D, MC, V

HONFLEUR

LA FERME SAINT-SIMÉON
$$$/$$$$$ ✪✪✪✪
RUE ADOLPHE-MARAIS
TEL 02 31 81 78 00
FAX 02 31 89 48 48
Esta tranquila granja del siglo XVII fue uno de los lugares preferidos de los impresionistas. El restaurante sirve excelentes especialidades. Complejo con sauna, solarium e hidroterapia.
31 + 3 suites
AE, MC, V

L'ABSINTHE
$$$
1 RUE DE LA VILLE
TEL 02 31 89 39 00
FAX 02 31 89 53 60
Encantador hotel en una rectoría del siglo XVI cerca del puerto. No hay restaurante.
Cerrado mediados de nov.-mediados de dic.
Principales tarjetas

LA TERASSE ET L'ASSIETTE
$$$
8 PLACE STE-CATHERINE
TEL 02 31 89 31 33
Restaurante con una estrella Michelin situado en un edificio con estructura de madera y una bonita terraza que da a la iglesia de Ste-Catherine; excelentes platos de pescado.
Cerrado principios de enero-principios de feb., lun. y mar. excepto julio y agos.
AE, MC, V

LA BOUILLE

BELLEVUE
$$
GRAND COURONNE
TEL 02 35 18 05 05
FAX 02 35 18 00 92
Pequeño hotel con buena relación calidad-precio; restaurante rústico con vigas de madera.
Cerrado mediados de jul.-mediados de agos. AE, MC, V

LE BEC-HELLOUIN

L'AUBERGE DE L'ABBAYE
$ ✪✪✪
12 PLACE GUILLAUME LE CONQUEROR
TEL 02 32 44 86 02
FAX 02 32 46 32 23
Posada del siglo XVIII con terraza cerca del monasterio de Bec-Hellouin. Especialidades regionales.
11 Restaurante cerrado lun. C y mar.-miér. nov.-Semana Santa AE, MC, V

LES ANDELYS

LA CHAÎNE D'OR
$/$$$ ✪✪✪
27 RUE GRANDE
TEL 02 32 54 00 31
FAX 02 32 54 05 68
A la sombra de las ruinas del Château Gaillard, este albergue del siglo XVIII se alza junto al Sena. Vistas. Terraza.
10 Cerrado dom. C, todos los lun. mar. A en invierno y 24 de dic.-1 de feb. AE, MC, V

MONT-ST-MICHEL

AUBERGE ST-PIERRE
$/$$ ✪✪✪
GRANDE RUE
TEL 02 33 60 14 03
FAX 02 33 48 59 82
Situado al pie de la abadía, este edificio de madera del siglo XV está protegido por las murallas. Tranquilo.
21 Cerrado enero
AE, MC, V

PARA OCASIONES ESPECIALES

LA MÈRE POULARD

Visitantes famosos, desde el escritor estadounidense Ernest Hemingway hasta la primera ministra británica Margaret Thatcher han probado la famosa *omelette Mère Poulard*, tan popular como siempre en este antiguo restaurante. Otras especialidades: langosta asada y costillas de cordero.
$$$ ✪✪✪
GRANDE RUE, MONT-ST-MICHEL
TEL 02 33 89 68 68
27 Principales tarjetas

PONT-AUDEMER

BELLE ISLE SUR RISLE
$$$/$$$$ ✪✪✪✪
112 ROUTE DE ROUEN
TEL 02 32 56 96 22
FAX 02 32 42 88 96
Magníficas arboledas rodean esta mansión, situada en una isla en el río Risle. Habitaciones elegantes. Cuenta con sauna y pistas de tenis.
20 Cerrado enero-mediados de marzo
Principales tarjetas

PORT-EN-BESSIN

LA CHENEVIÈRE
$$$/$$$$ ✪✪✪✪
ESCURES-COMMES (NOROESTE DE BAYEUX)
TEL 02 31 51 25 25
FAX 02 31 51 25 20
Mansión normanda del siglo XIX, con un excelente restaurante, situada cerca del mar y del campo de golf Omaha Beach. Habitaciones con jardín.
18 + 3 suites
Cerrado 2 de enero-8 de feb. y A excepto dom.
Principales tarjetas

RUÁN

CATHÉDRALE
$ ✪✪
12 RUE ST-ROMAIN
TEL 02 35 71 57 95
FAX 02 35 70 15 54
Construido parcialmente en madera, tiene un bonito patio. No tiene restaurante.
24 AE, MC, V

GILL
$$$$
9 QUAI DE LA BOURSE
TEL 02 35 71 16 14
Moderno y elegante, es uno de los mejores restaurantes de Ruán, con dos estrellas Michelin. La comida fresca se prepara aquí con gran estilo. Pruebe la especialidad de Ruán: paloma rellena con hígado.
Cerrado dom. C oct.-abril, todos los lun., 2 semanas en abril, 2 semanas en agos. y 2-9 de enero
Principales tarjetas

TROUVILLE-SUR-MER

LES VAPEURS
$$
160 BOULEVARD FERNAND-MOREAUX
TEL 02 31 88 15 24
Popular cervecería de estilo *art déco* próxima al mercado de pescado. Platos frescos para satisfacer a los trasnochadores y madrugadores. Recomendamos las gambas y las *moules frites* (mejillones con patatas fritas).
AE, MC, V

BRETAÑA

BREST

CORNICHE
$ ✪✪✪
1 RUE AMIRAL NICOL
TEL 02 98 45 12 42
FAX 02 98 49 01 53
Hotel moderno construido en estilo bretón. Situado en la carretera costera al oeste de la ciudad.
16 AE, MC, V

CANCALE

MAISON DE BRICOURT
$$$/$$$$$
1 RUE DU GUESCLIN
TEL 02 99 89 64 76
Restaurante pequeño y acogedor con dos estrellas Michelin y jardín. Conducido por Olivier Roellinger, tiene imaginativos platos a base de pescado; pruebe las almejas con sepia, patatas y chalotas. Imprescindible reservar.
P **Cerrado miér. (excepto C jul. y agos.), todos los mar., y mediados de dic.-mediados de marzo**
Principales tarjetas

CONCARNEAU

COQUILLE
$$$
QUAI MOROS
TEL 02 98 97 08 52
Atractivo restaurante de estilo bretón situado en el puerto que sirve una gran variedad de platos de de pescado y mariscos.
Cerrado dom. C. y lun.
Principales tarjetas

CRÊPERIE DES REMPARTS
$
31 RUE THÉOPHILE-LOUARN VILLE CLOSE
TEL 02 98 50 65 66
Situada en la Ville Close (ciudad amurallada), pruebe sus sabrosas y variadas *crêpes* y *galettes*.
Cerrado lun. excepto julio-agos. MC, V

DINAN

MÈRE POURCEL
$$/$$$$
3 PLACE DES MERCIERS
TEL 02 96 39 03 80
Restaurante situado en un edificio histórico bretón del siglo XV. El menú cambia cada temporada y tienen una excelente carta de vinos.
Cerrado dom. C, todos los lun. sept.-jun.
Principales tarjetas

LORIENT

L'AMPHITRYON
$$/$$$$
127 RUE DU COLONEL MULLER
TEL 02 97 83 34 04
Acogedor restaurante local de marisco fresco con dos estrellas Michelin.
Cerrado dom. y lun.
AE, MC, V

PONT-AVEN

MOULIN DE ROSMADEC
$$/$$$
TEL 02 98 06 00 22
Restaurante con una estrella Michelin situado en un antiguo molino en el centro de la ciudad. Decoración bretona. Las especialidades incluyen langosta asada y *sauté de langoustines*. Imprescindible reservar.
4 Cerrado dom. C y lun. A en invierno, todos los miér., feb. y 1ª semana de oct.
MC, V

QUIMPER

CHÂTEAU DE GUILGUIFFIN
$$$
LANDULEC 29710 (EN LA D874, AL SUR DE QUIMPER)
TEL 02 98 91 52 11
FAX 02 98 91 52 52
Imponente castillo rodeado de parques. No tiene restaurante pero se sirven desayunos-almuerzos y cenas frías. Desayuno incluido.
3 + 2 suites Previa reserva sólo en invierno
Principales tarjetas

L'AMBROISIE
$$$
49 RUE ELIE-FRÉRON
TEL 02 98 95 00 02
Bien situado y famoso por sus excelentes platos de pescado y sus imaginativos postres. Este establecimiento tiene una estrella Michelin.
Cerrado lun., y mar. en invierno MC, V

PRECIOS

HOTELES
La indicación del precio de una habitación doble sin desayuno se ofrece con el signo $.

$$$$$	Más de 240 €
$$$$	200-240 €
$$$	120-200 €
$$	65-95 €
$	Menos de 65 €

RESTAURANTES
La indicación del precio de una cena de tres platos sin bebidas se ofrece con el signo $.

$$$$$	Más de 80 €
$$$$	50-80 €
$$$	35-50 €
$$	20-35 €
$	Menos de 20 €

QUIMPERLÉ

CHÂTEAU DE KERLAREC
$$
ARZANO (EN LA D22 NE DE QUIMPERLÉ)
TEL 02 98 71 75 06
FAX 02 98 71 74 55
Castillo de 1860 que aún conserva aún su atmósfera de época. Especialidades de pescado, mariscos y bretonas.
El precio incluye el desayuno.
4 No aceptan tarjetas

RENNES

CHÂTEAU DU BOIS GLAUME
$$
POLIGNÉ 35320 (EN LA N137 AL SUR DE RENNES)
TEL 02 99 43 83 05
FAX 02 99 43 79 40
Castillo del siglo XVIII situado en un parque. Cena sólo por encargo. Pesca y tenis.
2 + 2 suites Cerrado nov.-mayo No aceptan tarjetas

AUBERGE ST-SAVEUR
$$
6 RUE ST-SAVEUR
TEL 02 99 79 32 56
Agradable edificio construido parcialmente en madera. Su interior conserva la atmósfera tradicional. Las especialidades incluyen langosta bretona, pescado y mariscos.
Cerrado sáb. A, dom., lun. C y 3 semanas en agos.
AE, MC, V

RIEC-SUR-BELON

CHEZ JACKY
$$$
PORT DE BELON
TEL 02 98 06 90 32
Es el mejor lugar para degustar las ostras Belon. El *plateau de fruits de mer* es un manjar. Imprescindible reservar.
Cerrado lun. y dom. C abril-principios de oct.
DC, MC, V

ROSCOFF

BRITTANY
$$/$$$ ✪✪✪
BOULEVARD STE-BARBE
TEL 02 98 69 70 78
FAX 02 02 98 61 13 29
Mansión de piedra que da al viejo puerto de Roscoff y L'Île de Batz, con un famoso restaurante, The Yachtsman.
25 Cerrado nov.-marzo; restaurante cerrado sáb. A y dom. A
Principales tarjetas

LE TEMP DE VIVRE
$$$
PL. ÉGLISE
TEL 02 98 19 33 19
FAX 02 98 19 33 00
Casa bretona con un elegante interior junto al mar. El restaurante de al lado, con una estrella Michelin, sirve especialidades locales.
AE

ST-MALO

GRAND HOTEL DES THERMES
$$$/$$$$$ ✪✪✪✪
100 BOULEVARD HÉBERT, COURTOISVILLE
TEL 02 99 40 75 75
FAX 02 99 40 76 00
Elegante hotel con jardín, centro de talasoterapia y dos restaurantes.
181 + 7 suites Cerrado 2 semanas en enero Principales tarjetas

LA KORRIGANE
$$/$$$ ✪✪✪
39 RUE LE POMELLEC, ST-SERVAN
TEL 02 99 81 65 85
FAX 02 99 82 23 89
Elegante mansión cerca del puerto. Hermosas habitaciones, dos salones y jardín. No tiene restaurante
12 AE, MC, V

LA DUCHESSE ANNE
$$$
5 PLACE GUY-LA-CHAMBRE
TEL 02 99 40 85 33
Una auténtica institución con elegante decoración y cocina impecable.
Cerrado dom. C en invierno, miér., y dic.-enero
MC, V

L'UNIVERS
$$
PLACE CHATEAUBRIAND
TEL 02 99 40 89 52
Popular hotel y restaurante emplazado dentro de las murallas de la ciudad antigua. Excelentes platos de mariscos y cena tardía.
Principales tarjetas

ST-THÉGONNEC

AUBERGE ST-THÉGONNEC
$/$$$
TEL 02 98 79 61 18
Tradicional posada situada en un pequeño pueblo. Cocina bretona sencilla y de buena calidad.
19 Cerrado dom., sáb. C y lun C AE, MC, V

STE-ANNE-LA-PALUD

DE LA PLAGE
$$$$ ✪✪✪✪
TEL 02 98 92 50 12
FAX 02 98 92 56 54

Clásico hotel a la orilla del mar situado en una playa remota; un lugar ideal para el reposo. Maravillosas vistas marinas y puestas de sol. El restaurante tiene una estrella Michelin y es una excelente elección para probar el cangrejo, las gambas locales o una cazuela de langosta y verduras.
26 + 4 suites P Restaurante cerrado mediados de nov.-marzo y mar. A excepto jul. y agos. Principales tarjetas

TRÉBEURDEN

TI AL-LANNEC
$/$$$ ✪✪✪
14 ALLÉE DE MEZO-GUEN
TEL 02 96 15 01 01
FAX 02 96 23 62 14
Situado sobre la bahía de Lannion y con un sendero que llega al mar. Algunas habitaciones tienen terrazas y balcones. Pistas de tenis.
29 Cerrado oct. DC, MC, V

VANNES

LA MARÉBAUDIÈRE
$ ✪✪✪
4 RUE ARISTIDE-BRIAND
TEL 02 97 47 34 29
FAX 02 97 54 14 11
Hotel tranquilo y elegante con jardín, situado cerca del pueblo antiguo. No tiene restaurante.
41 P Principales tarjetas

VALLE DEL LOIRA

AMBOISE

LE CHOISEUL
$$/$$$$ ✪✪✪✪
36 QUAI CHARLES-GUINOT
TEL 02 47 30 45 45
FAX 02 47 30 46 10
Elegante mansión construida en el siglo XVIII, próxima al castillo que se alza sobre el río Loira. El restaurante cuenta con dos estrellas Michelin.
29 + 3 suites P Principales tarjetas

LE LION D'OR
$ ✪✪
17 QUAI CHARLES-GUINOT
TEL 02 47 57 00 23
FAX 02 47 23 22 49
Hotel dirigido a la manera tradicional, próximo al Loira.
21 P Cerrado 1-15 de dic. y enero V

ANGERS

ANJOU
$/$$$ ✪✪✪✪
1 BOULEVARD MARÉCHAL FOCH
TEL 02 41 21 12 11
FAX 02 41 87 22 21
Imponente hotel construido en el siglo XIX, bien restaurado. El restaurante, Salamandre, exhibe una decoración renacentista como decorado de fondo de la excelente cocina; pruebe los raviolis de langosta o las sopas de pescado.
53 P Restaurante cerrado dom. Principales tarjetas

FRANCE
$ ✪✪✪
8 PLACE DE LA GARE
TEL 02 41 88 49 42
FAX 02 41 86 76 70
Hotel clásico estratégicamente situado, con el restaurante Plantagenêt.
56 Cerrado sáb. A y dom. C Principales tarjetas

LES TROIS RIVIÈRES
$$$
62 PROMENADE DE RECULÉE
TEL 02 41 73 31 88
Popular restaurante junto al río. Especializado en pescado. Abierto todos los días.
P MC, V

AZAY-LE-RIDEAU

GRAND MONARQUE
$$/$$$
PLACE DE LA RÉPUBLIQUE
TEL 02 47 45 40 08
Acogedor hotel-restaurante con una terraza sombreada. Deliciosa comida local; salmón de río, queso de cabra y el vino de Azay-le-Rideau.
24 Cerrado dic.-mediados de febrero AE, MC, V

BLOIS

LE MÉDICIS
$/$$ ✪✪✪
2 ALLÉE FRANÇOIS 1ER
TEL 02 54 43 94 04
FAX 02 54 42 04 05
Elegante hotel en un edificio del siglo XIX situado a escasa distancia del castillo. Restaurante con cocina clásica.
12 Cerrado dom. C oct.-Semana Santa y enero Principales tarjetas

ANNE DE BRETAGNE
$ ✪✪
31 AVENUE JEAN-LAIGRET
TEL 02 54 78 05 38
FAX 02 54 74 37 79
Situado en una pequeña plaza cercana al castillo. Modesto hotel tranquilo y acogedor. No tiene restaurante.
28 Cerrado enero-6 de feb. MC, V

AU RENDEZ-VOUS DES PÊCHEURS
$$$
27 RUE FOIX
TEL 02 54 74 67 48
Bistrot pequeño y sencillo donde se sirven excelentes platos a base de pescado; pruebe los espárragos y langostinos.
Cerrado dom. y lun. A, 3 primeras semanas de agos. y 1ª semana de enero MC, V, AE

PARA OCASIONES ESPECIALES

L'ORANGERIE DU CHÂTEAU

Encantador restaurante situado en el invernadero del castillo. Pruebe la perca con espárragos (en temporada), el *filet de pigeonneau à la Vendômoise*, y el *panier de poudre d'ail*.

$$/$$$$
1 AVENUE JEAN LAIGRET, BLOIS
TEL 02 54 78 05 36
Cerrado dom. C, miér., 1 semana en agos., vacaciones escolares de feb., y mar. C de 1 de nov.-Semana Santa
AE, MC, V

BOURGES

LE D'ANTAN SANCERROIS
$$
50 RUE BOURBONNOUX
TEL 02 48 65 96 26
Popular restaurante en un edificio venerable, con excelente cocina local.
Cerrado todos los dom. y lun. A AE, MC, V

CHAMBORD

LE GRAND SAINT-MICHEL
$ ✪✪✪
TEL 02 54 20 31 31
FAX 02 54 20 36 40
Tranquilo hotel situado en las proximidades del castillo en la linde del bosque. Reservar con antelación. El restaurante sirve buenos platos de la cocina regional y tradicional en la terraza. Dispone de pistas de tenis.
38 P Imprescindible reservar MC, V

CHENONCEAUX

BON LABOUREUR ET CHÂTEAU
$/$$ ✪✪✪
6 RUE DU DR. BRETONNEAU
TEL 02 47 23 90 02
FAX 02 47 23 82 01
Este hotel situado en el centro del pueblo ha sido dirigido por una familia durante generaciones. Cuenta con habitaciones confortables que dan a un patio interior. El restaurante sirve platos de la *nouvelle cuisine*.
22 + 5 suites P
Cerrado mar. A y mediados de nov.-mediados de dic. AE, MC, V

LA ROSERAIE
$ ✪✪✪
7 RUE DU DR. BRETONNEAU
TEL 02 47 23 90 09
FAX 02 47 23 91 59
Encantador hotel con jardín y habitaciones decoradas con gusto. Tiene una terraza para cenar.
17 P Cerrado mediados de nov.-mediados de feb. MC, V

CHINON

CHÂTEAU DE MARÇAY
$$/$$$$ ✪✪✪✪
MARÇAY (6 KM AL SUR DE CHINON VIA D749 Y D116)
TEL 02 47 93 03 47
FAX 02 47 93 45 33
Castillo medieval con torre y parque con un restaurante que ostenta una estrella Michelin. Pistas de tenis.
30 + 4 suites P
Cerrado mediados de enero-mediados de marzo
Principales tarjetas

DIDEROT
$ ✪✪
4 RUE BUFFON, 37500
TEL 02 47 93 18 87
FAX 02 47 93 37 10
Hermosa casa de pueblo. El desayuno se sirve en la terraza o en su rústico comedor. No tiene restaurante.
28 P Habitaciones
Principales tarjetas

AU PLAISIR GOURMAND
$$/$$$
QUAI CHARLES-VII
TEL 02 47 93 20 48
Se trata de una elegante mansión con una terraza emplazada al pie del castillo que alberga este restaurante con una estrella Michelin. Pruebe el «menú degustación», que incluye patatas con caviar, vieiras en salsa de champán y pollo con *foie gras*. Resulta imprescindible reservar.
Cerrado dom. C, lun., mar. A y 15 de feb.-10 de marzo AE, MC, V

HOSTELLERIE GARGANTUA
$$
73 RUE VOLTAIRE
TEL 02 47 93 04 71
Popular restaurante ubicado en un palacio renacentista a orillas del río. Dispone de ocho habitaciones.
Cerrado miér. MC, V

FONTEVRAUD

LA CROIX BLANCHE
$ ✪✪
7 PLACE DES PLANTAGENÊTS
TEL 02 41 51 71 11
FAX 02 41 38 15 38
Hotel sencillo y agradable, situado cerca de la abadía, con habitaciones que dan al jardín.
21 P Cerrado mediados de enero-principios de feb. y 2 semanas en nov., y dom. A y todos los lun. nov.-marzo AE, MC, V

LA LICORNE
$$$$
ALLÉE STE-CATHERINE
TEL 02 41 51 72 49
Restaurante con una estrella Michelin situado en un edificio del siglo XVIII. Pruebe los exquisitos raviolis de langostinos y el meloso salmón del río Loira asado con mantequilla de vainilla. Conviene reservar.
Cerrado dom. C y lun. oct.-abril Principales tarjetas

LA ROUTE D'OR
$$
PLACE DE L'ÉGLISE, CANDES-ST-MARTIN
TEL 02 47 95 81 10
Diminuto restaurante en el pueblo de Candes-St-Martin, al este de Fontevraud. Dispone de mesas en la plaza con suelo de adoquines. Pruebe, entre otras sabrosas especialidades, la perca con *foie gras* o las anguilas aromatizadas al queso roquefort.
Cerrado mar. C y todos los miér. en invierno
MC, V

PARA OCASIONES ESPECIALES

HOSTELLERIE PRIEURÉ ST-LAZARE

Este moderno hotel se encuentra en el antiguo priorato de St-Lazare, en el interior de la abadía. El ala del siglo XIX contiene las habitaciones y, en verano, las mesas del restaurante se distribuyen en los claustros.

$ ✪✪✪
RUE ST. JEAN DE L'HABIT
FONTEVRAUD
TEL 02 41 51 73 16
FAX 02 41 51 75 50
52 Cerrado nov.-marzo AE, MC, V

JOUÉ-LÈS-TOURS

CHÂTEAU DE BEAULIEU

$$/$$$ ✪✪✪
67 RUE DE BEAULIEU
TEL 02 47 53 20 26
FAX 02 47 53 84 20
Hotel situado en una mansión del siglo XVII y en una zona tranquila, con jardín y hermosas habitaciones, por lo que resulta idóneo para quienes busquen relajarse.
19 AE, MC, V

LA FLÈCHE

LE RELAIS CICERO

$/$$ ✪✪✪
18 BOULEVARD D'ALGER
TEL 02 43 94 14 14
FAX 02 43 45 98 96
Majestuosa mansión del siglo XVII con ambiente apacible. No tiene restaurante
21 Cerrado dom. C finales de dic.-principios de enero AE, MC, V

LAMOTTE-BEUVRON

TATIN

$$/$$$
5 AVENUE DE VIERZON
TEL 02 54 88 00 03
Pequeño restaurante que sirve platos sencillos de la cocina local en el que destacan las especialidades elaboradas con las excelentes piezas de caza y pescado. Asegura ser el creador de la *tarte Tatin*, el famoso pastel de manzanas.
Cerrado dom. C, todos los lun., y 5-15 de enero y 15 de feb.-6 de marzo.
Principales tarjetas

LE MANS

CHANTECLER

$ ✪✪✪
50 RUE DE LA PELOUSE
TEL 02 43 14 40 00
FAX 02 43 77 16 28
Hotel moderno emplazado junto a la ciudad antigua. No tiene restaurante.
32 + 3 suites
Principales tarjetas

LES ROSIERS-SUR-LOIRE

AUBERGE JEANNE DE LAVAL

$$$$/$$$$$
54 RUE NATIONALE
TEL 02 41 51 80 17
Antigua posada familiar que ahora es restaurante. Sirve platos de la cocina clásica del valle del Loira, en especial las especialidades basadas en pescado.
4 Cerrado lun. excepto en temporada, que abre lun. A AE, MC, V

LOCHES

LE GEORGES SAND

$/$$ ✪✪
39 RUE QUINTEFOL
TEL 02 47 59 39 74
FAX 02 47 91 55 75
Antigua posada de carruajes del siglo XVII que se levanta junto a las murallas del castillo. Las habitaciones dan al castillo o al río y las comidas se sirven en la terraza cuando hace buen tiempo.
20 AE, MC, V

MONTBAZON

CHÂTEAU D'ARTIGNY

$$$/$$$$$ ✪✪✪✪
TEL 02 47 34 30 30
FAX 02 47 34 30 39
Magnífico castillo blanco al sudoeste de Montbazon, sobre el valle del Indre. En su suntuoso interior se suelen celebrar veladas musicales. Habitaciones en el castillo y en el pabellón de caza junto al río. Excelente cocina y bodega. Sauna, pistas de tenis y pequeño campo de golf.
48 + 4 dúplex
Principales tarjetas

MONTLOUIS-SUR-LOIRE

CHÂTEAU DE LA BOURDAISIÈRE

$$$/$$$$
25 RUE DE LA BOURDAISIÈRE
TEL 02 47 45 16 31
FAX 02 47 45 09 11
Encantador castillo construido para Marie Gaudin, amante de Francisco I. Las habitaciones exhiben piezas de época. Pistas de tenis y paseos a caballo. Sólo con reserva previa; se exige confirmación por fax.
10
MC, V

NANTES

LA PÉROUSE

$ ✪✪✪
3 ALLÉE DUQUESNE,
TEL 02 40 89 75 00
FAX 02 40 89 76 00
Situado en el Cours des Cinquante Otages, este sobrio y elegante hotel ha obtenido numerosos premios por su diseño minimalista. No tiene restaurante.
47 Principales tarjetas

PARA OCASIONES ESPECIALES

LA CIGALE

Se trata de un famoso café/cervecería de estilo *belle époque* situado en el centro de Nantes que sirve soberbios platos de pescado y mariscos.

$$
4 PLACE GRASLIN, NANTES
TEL 02 51 84 94 94
MC, V

ORLEANS

DES CÈDRES
$ ✪✪✪
17 RUE MARÉCHAL FOCH
TEL 02 38 62 22 92
FAX 02 38 81 76 46
Hotel moderno junto al centro de la ciudad. Habitaciones espaciosas y jardín. No tiene restaurante.
34 Habitaciones Cerrado 24 de dic.-2 de enero Principales tarjetas

LE RIVAGE
$ ✪✪
635 RUE REINE BLANCHE, OLIVET, 45160
TEL 02 38 66 02 93
FAX 02 38 56 31 11
A 5 km al sur de Orleans junto al Loira, este moderno hotel ofrece comidas en la terraza junto al río. Pistas de tenis.
17 P Cerrado finales de dic.-finales de enero; restaurante cerrado sáb. C y dom. nov.-marzo Principales tarjetas

LES ANTIQUAIRES
$$$
2-4 RUE AU LIN
TEL 02 38 53 63 48
Cocina imaginativa del valle del Loira en un restaurante con una estrella Michelin; las especialidades incluyen caza del Sologne.
Cerrado lun. y 3 semanas en agos. AE, MC, V

ROMORANTIN-LANTHENAY

GRAND HÔTEL DU LION D'OR
$$/$$$$
69 RUE CLEMENCEAU
TEL 02 54 94 15 15
FAX 02 54 88 24 87
Lujoso castillo con un bello jardín y un restaurante de dos estrellas Michelin, considerado por muchos como la mejor cocina del valle del Loira. Las ancas de rana y la *brioche* acaramelada con sorbete Angélica están especialmente recomendados.
13 + 3 suites Cerrado mediados de feb.-mediados de marzo; restaurante cerrado mar. A Principales tarjetas

SACHÉ

AUBERGE DU XIIÈME SIÈCLE
$$/$$$
RUE PRINCIPALE
TEL 02 47 26 88 77
Posada con interior medieval, situada frente a la mansión donde Balzac solía escribir. Cocina tradicional de calidad.
Cerrado 1ª semana de jun., 1ª semana de sept. y enero MC, V

SAUMUR

ANNE D'ANJOU
$$ ✪✪✪
32 QUAI MAYAUD
TEL 02 41 67 30 30
FAX 02 41 67 51 00
Edificio del siglo XVIII construido a orillas del Loira. Tiene un buen restaurante, llamado Les Ménestrels *(11 Rue Raspail; Tel 02 41 67 71 10)*.
50 P Principales tarjetas

LES CLOS DES BÉNÉDICTINS
$$$
ST-HILAIRE-ST-FLORENT (O DE SAUMUR VIA N147 Y D751)
TEL 02 41 67 28 48
Hotel nuevo con vistas al pueblo y al castillo de Saumur; cocina francesa y buena carta de vinos locales.
23 Cerrado 12 de dic.-24 de enero; restaurante cerrado lun. y mar. A Principales tarjetas

PARA OCASIONES ESPECIALES

LES CAVES DE MARSON
Delicioso restaurante situado cerca de Saumur con comedores excavados en las cuevas de *tufa*. La especialidad son las *fouaces*, panqueques de maíz rellenos y cocinados en un horno tradicional de leña.
$
ROU-MARSON, SAUMUR 49400
TEL 02 41 50 50 05
AE, MC, V

TOURS

JEAN BARDET
$$$/$$$$$ ✪✪✪✪
57 RUE GROISON
TEL 02 47 41 41 11
FAX 02 47 51 68 72
Elegante mansión del siglo XIX situada en un inmenso parque con bellos huertos de hortalizas. Incluye el célebre restaurante de dos estrellas Michelin donde trabaja el famoso chef Jean Bardet con maravillosos resultados.
16 + 5 suites Cerrado dom. C, todos los lun. nov.-marzo Principales tarjetas

L'UNIVERS
$$$ ✪✪✪
5 BOULEVARD HEURTELOUP
TEL 02 47 05 37 12
FAX 02 47 61 51 80
Situado en el centro de la ciudad, este magnífico hotel de estilo clásico alojó en una ocasión al famoso escritor Henry James. (James señaló la abrumadora amabilidad de su personal.) La mayoría de las habitaciones miran al patio interior y cuenta con un restaurante de probada solvencia, La Touraine.
77 + 8 suites P habitaciones Principales tarjetas

DU MANOIR
$ ✪✪
2 RUE TRAVERSIÈRE
TEL 02 47 05 37 37
FAX 02 47 05 16 00
Pequeño y encantador hotel en una edificio del siglo XIX cercano a la estación de ferrocarril y a la ciudad antigua. Dispone de hermosas habitaciones y modernos cuartos de baño. No tiene restaurante.

20 Principales tarjetas

PARA OCASIONES ESPECIALES

LES HAUTES ROCHES

A 7 km de Tours río arriba, este elegante hotel situado en la margen norte del río Loira tiene las habitaciones excavadas en la roca. Cuenta con un restaurante con una estrella Michelin y una deliciosa terraza sobre el río. Pruebe, entre otras especialidades, el conejo y la tarrina de *foie gras* y el suflé Grand Marnier.

$$$/$$$$

86 QUAI DE LA LOIRE,
ROCHECORBON, 37210
TEL 02 47 52 88 88
FAX 02 47 52 81 30

15 Restaurante cerrado dom. y lun. C Principales tarjetas

BORGOÑA Y EL JURA

AUXERRE

PARC DES MARÉCHAUX

$/$$

6 AVENUE FOCH
TEL 03 86 51 43 77
FAX 03 86 51 31 72

Se trata de una gran mansión del siglo XIX emplazada cerca del centro de la ciudad, con habitaciones clásicas, algunas de ellas con vistas al parque. No tiene restaurante.

25 Principales tarjetas

BARNABET

$$$

14 QUAI DE LA RÉPUBLIQUE
TEL 03 86 51 68 88

Edificio del siglo XVII con jardín situado en la ciudad antigua. Alberga un restaurante con una estrella Michelin. Pruebe por ejemplo el cordero con patatas y trufas y la *gelée de fruits au chablis*.

Cerrado dom. C, lun., mar. A y finales de dic.-principios de enero AE, MC, V

AVALLON

CHÂTEAU DE VAULT-DE-LUGNY

$$$/$$$$$

TEL 03 86 34 07 86
FAX 03 86 34 16 36

Mansión restaurada del siglo XVI. Algunas de sus habitaciones disponen de cama con dosel. El restaurante sirve platos tradicionaes y sólo está abierto a los huéspedes del hotel. Pistas de tenis y pesca.

12 Cerrado mediados de nov.-finales de marzo AE, MC, V

BEAUNE

LE CEP

$$$

27 RUE MAUFOUX
TEL 03 80 22 35 48
FAX 03 80 22 76 80

Hotel del siglo XVI decorado en estilo renacentista situado cerca del Hôtel-Dieu.

56 Principales tarjetas

JARDIN DES REMPARTS

$$$$

10 RUE HÔTEL-DIEU
TEL 03 80 24 79 41

Cene en el jardín-terraza de este popular restaurante con una estrella Michelin, conocido por sus vinos y por su exquisita cocina; pruebe el pastel de chocolate caliente.

Cerrado dom., lun. (excepto fiestas nacionales), feb., 1 semana en agos. MC, V

LA BOUZEROTTE

$/$$$

BOUZE-LÈS-BEAUNE
TEL 03 80 26 01 37

Restaurante de pueblo con comida rural sencilla que incluye tortillas con beicon, deliciosas ensaladas y tartas de fruta. Terraza soleada para comer.

Cerrado lun. A, todos los mar., principios de dic.-principios de enero, y mediados de feb.-principios de marzo AE, MC, V

CHABLIS

HOSTELLERIE DES CLOS

$$

RUE JULES-RATHIER
TEL 03 86 42 10 63
FAX 03 86 42 17 11

Hotel elegante y confortable con habitaciones amuebladas de forma individual y personalizada. El restaurante con una estrella Michelin sirve platos como *fricassée* de caracoles de Borgoña y riñones de ternera. Amplia variedad de vinos Chablis locales que pueden pedirse por vasos.

26 Cerrado finales de dic.-mediados de enero AE, MC, V

CHAGNY

LAMELOISE

$$$$/$$$$$

PLACE D'ARMES
TEL 03 85 87 65 65
FAX 03 85 87 03 57

Edificio del siglo XV con decoración tradicional. Es uno de los grandes restaurantes de Borgoña: establecimiento que ostenta dos estrellas Michelin, confortable y dirigido por una familia. Imprescindible reservar.

16 Cerrado lun.-jue. y finales de dic.-finales de enero AE, MC, V

CLUNY

DE BOURGOGNE

$/$$

PLACE DE L'ABBAYE
TEL 03 85 59 00 58
FAX 03 85 59 03 73

Se trata de una mansión del siglo XIX construida sobre parte de los restos de la famosa abadía de Cluny. Las paredes son de piedra y está decorado con muebles de época y objetos de arte. El restaurante sirve cocina borgoñesa.

12 + 3 suites Cerrado dic.-enero y mar.-miér. AE, MC, V

PRECIOS

HOTELES
La indicación del precio de una habitación doble sin desayuno se ofrece con el signo $.

$$$$$	Más de 240 €
$$$$	200-240 €
$$$	120-200 €
$$	65-95 €
$	Menos de 65 €

RESTAURANTES
La indicación del precio de una cena de tres platos sin bebidas se ofrece con el signo $.

$$$$$	Más de 80 €
$$$$	50-80 €
$$$	35-50 €
$$	20-35 €
$	Menos de 20 €

DIJON

HOSTELLERIE CHAPEAU ROUGE
$$/$$$ ✪✪✪✪
5 RUE MICHELET
TEL 03 80 50 88 88
FAX 03 80 50 88 89
Elegante hotel histórico situado en el centro de Dijon con un restaurante de una estrella Michelin que ofrece platos clásicos de Borgoña.
30 Principales tarjetas

STÉPHANE DERBORD
$$/$$$$
10 PLACE WILSON
TEL 03 80 67 74 64
Uno de los nuevos chefs de Dijon, Stephane Derbord, es célebre por su interpretación moderna de la cocina tradicional. Pruebe los *escargots de Bourgogne* (caracoles de Borgoña) o el pescado al vino blanco. Una estrella Michelin.
Cerrado lun. y mar. A, dom., 2 semanas en agos. Principales tarjetas

LES ŒNOPHILES
$$$
HÔTEL PHILIPPE LE BON
18 RUE STE-ANNE
TEL 03 80 30 73 52
El restaurante de esta espléndida mansión del siglo XV sirve clásicos como el *coq au vin*, los caracoles en salsa de Meursault y la especialidad de Dijon, la liebre marinada en *marc de Bourgogne*. También es el hogar de la *Compagnie Bourguignonne des Œnophiles* (amantes del vino de Borgoña).
Cerrado dom. excepto fiestas nacionales y dom. A 1-15 de agos. Principales tarjetas

GEVREY-CHAMBERTIN

LES GRANDS CRUS
$ ✪✪✪
ROUTE DE LAVAUX
TEL 03 80 34 34 15
FAX 03 80 51 89 07
Moderno hotel de estilo tradicional borgoñón que ofrece unas vistas magníficas de los viñedos. Desayuno en el pequeño jardín lleno de flores. No tiene restaurante.
24 Cerrado principios de dic.-finales de feb. MC, V

GEX

AUBERGE DES CHASSEURS
$/$$ ✪✪✪
NAZ-DESSUS, ECHENEVEX
TEL 04 50 41 54 07
FAX 04 50 41 90 61
Situado justo al sur de Gex en las montañas del Jura, deliciosa granja con un cuidado jardín y maravillosas vistas. Pistas de tenis.
15 Cerrado dom. C, mar. A y vier. A (excepto julio-agos.), todos los lun. y nov.-marzo AE, MC, V

MEURSAULT

LES MAGNOLIAS
$$
8 RUE PIERRE-JOIGNEAU
TEL 03 80 21 23 23
FAX 03 80 21 29 10
Mansión del siglo XVIII con un interior bellamente decorado y situada en una tranquila plaza de este famoso pueblo vinícola. Cuenta con habitaciones grandes y confortables. No tiene restaurante.
12 Cerrado dic.-mediados de marzo AE, MC, V

SAULIEU

LE RELAIS BERNARD LOISEAU
$$$$$
2 RUE ARGENTINE
TEL 03 80 90 53 53
Reputado restaurante y hotel del recientemente fallecido chef Bernard Loiseau, que ahora lleva su viuda. Sigue ofreciendo la misma exquisita *cuisine légère* (cocina ligera) en un delicioso establecimiento que cuenta con un jardín con mesas donde se puede comer en verano.
23 + 7 suites + 3 dúplex Restaurante cerrado mar. y miér. A Principales tarjetas

VÉZELAY

LE PONTOT
$$/$$$ ✪✪✪
PLACE DU PONTOT
TEL 03 86 33 24 40
FAX 03 86 33 30 05
Antigua casa fortificada situada dentro de las murallas de la ciudad antigua. Desayuno en un jardín amurallado en verano y comedor estilo Luis XVI en invierno. No tiene restaurante.
10 Cerrado oct.-mediados abril DC, MC, V

L'ESPÉRANCE
$$$$$ ✪✪✪✪
ST-PÈRE
TEL 03 86 33 39 10
Situado en un pueblo, justo al sur de Vézelay. Este encantador hotel rural tiene un restaurante íntimo instalado en el invernadero del hotel, escenario de la cocina de tres estrellas Michelin del chef Marc

Meneau. Pruebe las tortas de patatas con crema de caviar, o el rodaballo a la sal con mantequilla de langosta, servidos con los vinos de Vézelay y Chablis. Algunas de las habitaciones del hotel se encuentran en un molino restaurado.
30 + 5 suites
Restaurante cerrado mar. y enero-mediados de marzo
Restaurante
Principales tarjetas

VALLE DEL RÓDANO Y LOS ALPES

BAGNOLS

CHÂTEAU DE BAGNOLS
$$$$$ ✪✪✪✪
TEL 04 74 71 40 00
FAX 04 74 71 40 49
Las habitaciones se encuentr-an en un castillo con foso de piedra amarilla bien restaurado rodeado de unos jardines encantadores. Las antigüedades y los cortinajes de seda realzan el elegante interior. El restaurante, con una estrella Michelin, presenta platos regionales como el filete de buey con *girolles* (un tipo de setas) y raviolis de guisantes frescos.
16 + 4 suites
Cerrado principios de enero-marzo y nov.-finales de dic. Habitaciones
Principales tarjetas

CHAMONIX-MONT-BLANC

CHALET-HÔTEL BEAUSOLEIL
$/$$ ✪✪
LE LAVANCHER
TEL 04 50 54 00 78
FAX 04 50 54 17 34
Se trata de un tranquilo hotel familiar rodeado de prados. Sirven cocina casera y tienen un jardín encantador.
15 Cerrado mediados de sept.-mediados de dic. y 1 semana en mayo
AE, MC, V

COURCHEVEL

LA SIVOLIÈRE
$$$/$$$$$ ✪✪✪
QUARTIER DES CHENUS
TEL 04 79 08 08 33
FAX 04 79 08 15 73
Hotel de excelente gusto a los pies de las pistas de esquí de Courchevel. Muy cómodo y exquisitamente decorado.
32 Cerrado mayo-dic. MC, V

LE BATEAU IVRE
$$$$/$$$$$
HÔTEL POMME DE PIN
TEL 04 79 00 11 71
Restaurante con dos estrellas Michelin y una magnífica vista panorámica de las montañas que sirve rotundos platos locales como vieiras asadas o manos de cerdo rellenas.
Cerrado mediados de abril-mediados de dic.
Principales tarjetas

GRENOBLE

CHÂTEAU DE LA COMMANDERIE
$/$$ ✪✪✪
AVENUE ÉCHIROLLES, EYBENS
TEL 04 76 25 34 58
FAX 04 76 24 07 31
Justo en las afueras de Grenoble y situado cerca de las pistas de esquí. Castillo con jardín amurallado, salones con tapices en las paredes y bellas habitaciones.
25 Cerrado sáb. A, dom. y lun., y finales de dic.-principios de enero
Principales tarjetas

JULIÉNAS

LE COQ À JULIÉNAS
$$
PLACE DU MARCHÉ
TEL 04 74 04 41 98
Un *bistrot* de estilo Beaujolais en el pueblo vinícola famoso por su receta especial de *coq au vin* y otros exquisitos platos tradicionales.
Cerrado miér. y finales de dic.-finales de enero
Principales tarjetas

LA MALÈNE

CHÂTEAU DE LA CAZE
$$/$$$$ ✪✪✪✪
TEL 04 66 48 51 01
Romántico castillo del siglo XV, situado en las orillas del Tarn, perfecto para una comida o para alojarse mientras se recorren las gargantas del Tarn.
13 Cerrado miér. y nov.-abril AE, MC, V

LYON

COUR DES LOGES
$$$$ ✪✪✪✪
6 RUE BŒUF
TEL 04 72 77 44 44
FAX 04 72 40 93 61
Se trata de un precioso hotel situado en el centro histórico, con un patio central y galerías del siglo XV decorados en estilo contemporáneo y un moderno restaurante.
52 Principales tarjetas

VILLA FLORENTINE
$$$$/$$$$$ ✪✪✪✪
25 MONTÉE ST-BARTHÉLEMY, 69005
TEL 04 72 56 56 56
FAX 04 72 40 90 56
Hotel romántico con maravillosas vistas de los tejados rojos del centro histórico de Lyon. Dispone de un restaurante con una estrella Michelin, Les Terraces de Lyon. Pruebe el cordero preparado con leche y anchoas.
16 + 3 suites
Principales tarjetas

LÉON DE LYON
$$$$$
1 RUE PLENEY
TEL 04 72 10 11 12
Uno de los grandes restaurantes de Lyon (dos estrellas Michelin), instalado desde hace años en una estrella calle cerca del Quai St-Antoine. El menú incluye los platos tradicionales de la región junto a platos más modernos y ligeros. Soberbia tabla de quesos y excelente carta de vinos.

Cerrado lun. A, todos los dom. y 2 semanas en agos.
AE, MC, V

PAUL BOCUSE
$$$$$
40 AU PONT DE COLLONGES
COLLONGES-AU-MONT-D'OR
69660
TEL 04 72 42 90 90
El restaurante del reputado chef Paul Bocuse se encuentra a 16 km al norte de Lyon. Este establecimiento, que cuenta con tres estrellas Michelin, ofrece una comida sencilla y perfecta: exquisito pollo asado, cremosas patatas gratinadas y exquisiteces como sopa de trufas, todo ello servido con gran estilo. Incluso hay un menú para niños.
Principales tarjetas

MÉGÈVE

CHALET DU MONT D'ARBOIS
$$$/$$$$$ ✪✪✪✪
ROUTE MONT D'ARBOIS
TEL 04 50 21 25 03
Este magnífico hotel situado en un apacible entorno fue en otra época el hogar de la adinerada familia Rothschild. El restaurante sirve platos escogidos y acompañados de una excelente carta de vinos.
23 + 6 suites
Principales tarjetas

MÉRIBEL

LE GRAND CŒUR
$$$$/$$$$$ ✪✪✪✪
TEL 04 79 08 60 03
FAX 04 79 08 58 38
Uno de los grandes hoteles del centro de Méribel. Este lujoso establecimiento ofrece a sus clientes todas las comodidades y servicios que cabe esperar de un establecimiento de su categoría.
41 Cerrado mediados de abril-mediados de dic.
Principales tarjetas

PÉROUGES

HOSTELLERIE DU VIEUX PÉROUGES
$$$/$$$$ ✪✪✪/✪✪✪✪
PLACE DU TILLEUL
TEL 04 74 61 00 88
FAX 04 74 34 77 90
Antigua posada de Bresse en la restaurada ciudad medieval. Las habitaciones de la zona del siglo XIV de este edificio están decoradas en el estilo original.
15 AE, MC, V

MACIZO CENTRAL

SALERS

LES REMPARTS
$ ✪✪
ESPLANADE BARROUZE
TEL 04 71 40 70 33
FAX 04 71 40 75 32
Encaramado en la antigua fortificación de la Salers medieval, este hotel ofrece vistas espectaculares y una deliciosa cocina local.
18 Cerrado mediados de oct.-mediados de dic.
MC, V

VICHY

PAVILLON D'ENGHIEN
$ ✪✪✪
32 RUE CALLOU
TEL 04 70 98 33 30
FAX 04 70 31 67 82
Pequeño y anticuado hotel cerca de los Jardines Enghien y los baños Callou; con restaurante, Jardins d'Enghien.
22 Cerrado finales de dic.-principios de feb.; restaurante cerrado dom. C y lun. (excepto fiestas nacionales) Principales tarjetas

L'ALAMBIC
$$/$$$
8 RUE NICOLAS-LARBAUD
TEL 04 70 59 12 71
Pequeño restaurante popular con atmósfera acogedora. Pruebe la ensalada de verduras diversas con colas de langostino o el *tournedos* de pollo relleno con caracoles. Estupenda carta de vinos. Se aconseja reservar mesa.
Cerrado dom. C, lun., mar. C y 3 semanas en agos.
MC, V

LAGUIOLE

HOTEL RESTAURANT MICHEL BRAS
$$$$$
ROUTE DE L'AUBRAC
TEL 05 65 51 18 20
FAX 05 65 48 47 02
Este moderno hotel con su restaurante de tres estrellas Michelin se halla ubicado en la remota meseta de Aubrac; el chef, Michael Bras, confiere un toque de genialidad a los ingredientes locales, como su *gargouillou*, una mezcla de hierbas, hortalizas y verduras para ensalada. Imprescindible reservar.
Cerrado lun. excepto jul. y agos.
Principales tarjetas

SUDOESTE DE FRANCIA

AQUITANIA Y LA COSTA ATLÁNTICA

AINHOA

OHANTZEA
$ ✪✪
TEL 05 59 29 90 50
FAX 05 59 29 89 70
Una sencilla granja del siglo XVII y un salón de té que han pertenecido a la misma familia durante 300 años. Algunas de las rústicas habitaciones tienen balcón.
13 Cerrado dic.-enero DC, MC, V

ITHURRIA
$$/$$$
PLACE DU FRONTON
TEL 05 59 29 92 11
Encantador restaurante con jardines. Pruebe el *foie gras* de las Landas o la cazuela a la vasca con alubias rojas.
27 Cerrado miér. (excepto jul. y agos.) AE, MC, V

ARCACHON

CHEZ YVETTE
$/$$
59 BOULEVARD DU GÉNÉRAL LECLERC
TEL 05 56 83 05 11
Se trata de un auténtico restaurante de comida marinera con productos frescos del mercado o el huerto. Pruebe, por ejemplo, el pulpo con pimientos o la sopa de pescado Arcachon.
Principales tarjetas

BIARRITZ

CHÂTEAU DU CLAIR DE LUNE
$$ ✪✪✪
48 AVENUE ALAN-SEEGER
TEL 05 59 41 53 20
FAX 05 05 59 41 53 29
Elegante casa familiar de estilo *fin de siècle* instalada en un tranquilo parque al sur de la población de Biarritz.
No dispone de restaurante.
15 MC, V

CAFÉ DE LA GRANDE PLAGE
$$$
1 AV ÉDOUARD VII
TEL 05 59 22 77 77
La terraza de este clásico café de estilo *art déco*, donde se puede degustar tanto algo para beber como alguna de las especialidades de su excelente cocina de inspiración vasca, permite disfrutar de espléndidas vistas del mar.
Principales tarjetas

CAMPAGNE ET GOURMANDISE
$$
52 AVENUE ALAN-SEEGER
TEL 05 59 41 10 11
Restaurante situado al sur de Biarritz. Platos típicos que incluyen *fricassée de champignons en capuccino d'herbes* y rabo de buey con foie gras.
Cerrado dom. C en invierno, todos los miér., y feb., y nov. vacaciones escolares DC, MC, V

BIDARRAY

OSTAPE
$$$$
CHAHATOA
TEL 05 59 37 91 91
FAX 05 59 37 91 92
www.ostape.com
Otra estrella del imperio de Alain Ducasse; una finca con caseríos vascos rodeados de jardines y montañas donde podrá disfrutar de la legendaria cocina del chef.
Cerrado nov.-marzo
Principales tarjetas

BURDEOS

BURDIGALA
$$$$ ✪✪✪✪
115 RUE GEORGES BONNAC
TEL 05 56 90 16 16
FAX 05 56 93 15 06
Hotel con todas las comodidades, situado cerca del centro de la ciudad.
68 + 15 suites habitaciones
Principales tarjetas

NORMANDIE
$$ ✪✪✪
7 COURS 30-JUILLET
TEL 05 56 52 16 80
FAX 05 56 51 68 91
Situado frente a la Maison du Vin, este céntrico hotel es confortable y acogedor.
100 Principales tarjetas

LA TUPINA
$$$
6 RUE PORTE DE LA MONNAIE
TEL 05 56 91 56 37
Popular restaurante cerca del río. Saboree la excelente cocina regional que sirve el chef Jean-Pierre Xiradakis y siga su experto consejo sobre vinos.
Principales tarjetas

LE VIEUX BORDEAUX
$$/$$$
27 RUE BUHAN
TEL 05 56 52 94 36
Restaurante con una estrella Michelin emplazado en un patio frondoso en el centro de la ciudad.
Cerrado dom.-lun. y 3 semanas en agos.
Principales tarjetas

BOULIAC

HAUTERIVES ET RESTAURANT ST JAMES
$$$$
PLACE C HOLSTEIN
TEL 05 57 97 06 60
FAX 05 56 20 92 58
El elegante diseño arquitectónico de este singular hotel, obra de Jean Nouvel, combina con los originales edificios rústicos de este pequeño pueblo emplazado a las afueras de Burdeos. También alberga el apreciado restaurante St-James.
Restaurante cerrado dom.-lun. en temporada baja
Principales tarjetas

CAP-FERRAT

DES PINS
$ ✪✪
RUE DE FAUVETTES
TEL 05 56 60 60 11
FAX 05 56 60 67 41
Pequeño hotel situado entre jardines en una zona muy tranquila, ideal para una estancia relajada.
14 Cerrado principios de nov.-Semana Santa MC, V

CASTELNAU-DU-MÉDOC

CHÂTEAU DU FOULON
$$
TEL 05 56 58 20 18
FAX 05 56 58 23 43
Elegante residencia rural blanca situada en las afueras del pueblo. Desayuno en familia en una magnífica mesa. No tiene restaurante.
4 + 4 suites Sólo en metálico

ESPELETTE

EUZKADI
$$
TEL 05 59 93 91 88

Este restaurante en una casa típica prepara especialidades de la cocina vasca.
Cerrado lun., y mar. en invierno MC, V

EUGÉNIE-LES-BAINS

LES PRÉS D'EUGÉNIE
$$$$ ✪✪✪✪
TEL 05 58 05 06 07
FAX 05 58 51 10 10
El imperio del legendario chef Michel Guérard, inventor de la *cuisine minceur* (cocina para adelgazar) y poseedor de tres estrellas Michelin. Comprende dos hoteles, Les Prés d'Eugénie y Le Couvent des Herbes, un antiguo convento del siglo XVIII. Dos balnearios, La Maison Rose y La Ferme aux Grives, completan los cuatro establecimientos del complejo. Todos están decorados con un gusto exquisito. Los restaurantes sirven platos de cocina tradicional y *cuisine minceur,* y los balnearios rebosan lujo. Acuda para mejorar su estado de salud o satisfacer sus papilas gustativas. Cuenta con varias pistas de tenis.
60 habitaciones y 15 suites (en los 4 establecimientos) Los horarios varían; llame antes para informarse Principales tarjetas

LA ROCHELLE

LES BRISES
$$ ✪✪✪
CHEMIN DIGUE RICHELIEU
TEL 05 46 43 89 37
FAX 05 46 43 27 97
Se trata de un hotel próximo al puerto con una bonita terraza sobre el mar. No tiene restaurante.
50 P AE, DC, MC, V

LE YACHTSMAN
$/$$
23 QUAI VALIN
TEL 05 46 41 20 68
Popular hotel-restaurante ubicado junto al muelle del puerto viejo.
P Cerrado dom. C. y lun. en invierno, y 1 semana finales de dic. Principales tarjetas

LIMOGES

LES PETITS VENTRES
$/$$
20 RUE DE LA BOUCHERIE
TEL 05 55 34 22 90
Casa del siglo XV con el encanto del estilo antiguo y una terraza donde puede cenar degustando los platos de la cocina tradicional de la región. Pruebe la *tête de veau* (cabeza de ternera).
Cerrado dom. C y todos los lun. 1-15 de mayo y 10-25 de sept. AE, MC, V

MARGAUX

LE PAVILLON DE MARGAUX
$$
TEL 05 57 88 77 54
FAX 05 57 88 77 73
Construido en el siglo XIX según el típico estilo local, este hotel tiene una terraza donde puede cenar rodeado de los viñedos de la región.
14 P Cerrado 15 de dic.-15 de enero Principales tarjetas

AUBERGE DE SAVOIE
$
TEL 05 57 88 31 76
Restaurante de calidad en esta ciudad vinícola. Pruebe la cazuela de *foie de canard et jus de truffe* (hígado de pato y jugo de trufa).
Cerrado lun. C y lun. C DC, MC, V

PAUILLAC

CHÂTEAU CORDEILLAN BAGES
$$$$ ✪✪✪✪
ROUTE DES CHÂTEAUX
TEL 05 56 59 24 24
FAX 05 56 59 01 89
Hotel construido en el estilo de las casas rurales inglesas con un restaurante que ostenta dos estrellas Michelin. Sede de la «École de Bordeaux», que organiza cursos de vinos.
25 P Cerrado principios de dic.-principios de feb. Principales tarjetas

POITIERS

NOVOTEL FUTUROSCOPE
$$ ✪✪✪
PORTES DU PARC
TEL 05 49 49 91 91
FAX 05 49 49 91 90
Moderno hotel bien situado para visitar el parque tecnológico Futuroscope.
110 + 18 estudios P Principales tarjetas

ST-ÉTIENNE-DE-BAÏGORRY

ARCÉ
$$ ✪✪✪
TEL 05 59 37 40 14
FAX 05 59 37 40 27
Este hotel de montaña ha pertenecido a la misma familia durante más de un siglo. Una galería da al río y algunas habitaciones tienen balcón. Dispone de salón, biblioteca y comedor con ventanas panorámicas, así como de varias pistas de tenis.
23 Cerrado mediados de nov.-mediados de marzo DC, MC, V

ST-JUAN-DE-LUZ

PARC VICTORIA LES LIERRES
$$$$ ✪✪✪✪
5 RUE CÉPÉ
TEL 05 59 26 78 78
FAX 05 59 26 78 08
Villa del siglo XIX con parques y jardines. Habitaciones lujosamente decoradas con baños de mármol. El restaurante, Les Lierres, tiene sus comedores en pabellones de jardín que recuerdan las construcciones de la década de 1930.
8 + 4 suites P Cerrado mediados de nov.-mediados de marzo Principales tarjetas

CHEZ MATTIN
$$
63 RUE BAIGNOL
TEL 05 59 47 19 52
Decoración rústica. Cocina vasca y una cálida acogida familiar. Pruebe los pimientos rellenos o el pastel vasco.
Cerrado lun. y enero-feb.
AE, MC, V.

ST-JEAN-PIED-DE-PORT

LES PYRÉNÉES
$$$$ ✪✪✪✪
19 PLACE DU GÉNÉRAL DE GAULLE
TEL 05 59 37 01 01
Excelente hotel con terraza. El restaurante (una estrella Michelin) es conocido por su cocina vasca/gascona. Platos de pescado y langostinos.
20 P Restaurante cerrado lun. C nov.-abril, mar. oct.-jun., 3 semanas en enero, y finales de nov.-finales de dic. Principales tarjetas

LA DORDOGNE Y MIDI-PYRÉNÉES

ALBI

HOSTELLERIE ST-ANTOINE
$$/$$$ ✪✪✪✪
17 RUE ST-ANTOINE
TEL 05 63 54 04 04
FAX 05 63 47 10 47
Encantadora posada del siglo XVIII que ha pertenecido a cinco generaciones de la misma familia.
44 P
Principales tarjetas

LE JARDIN DES QUATRE SAISONS
$$
19 BOULEVARD DE STRASBOURG
TEL 05 63 60 77 76
Restaurante de excelente calidad. Pruebe la tarrina de caracoles con pies de cerdo y trufas, o el pichón asado con gelatina de setas y romero.
Cerrado lun. y dom. C
AE, MC, V

AUCH

FRANCE
$$$/$$$$
2 PLACE DE LA LIBÉRATION
TEL 05 62 61 71 71
Pruebe la mejor cocina gascona en este hotel-restaurante, conocido por su hincapié en la cocina regional y los ingredientes básicos, como el pato, la oca, el ajo y el vino.
31 Cerrado dom. C
Principales tarjetas

BRANTÔME

DOMAINE DE LA ROSERAIE
$$ ✪✪✪
ROUTE D'ANGOULÊME
TEL 05 53 05 84 74
FAX 05 53 05 77 94
Hotel del siglo XVII restaurado, situado justo a las afueras de Brantôme. Desayune en el jardín de rosas en verano o junto al fuego en invierno.
7 y 1 suite Cerrado mediados de nov.-marzo
Principales tarjetas

LE MOULIN DE L'ABBAYE
$$$
1 ROUTE DE BOURDEILLES
TEL 05 53 05 80 22
Cene en la terraza de este encantador molino, en otra época hogar del abad Pierre de Bourdeilles y que ostenta una estrella Michelin. Contemple el paso del río Dronne y disfrute de su excelente cocina; pichones con setas, *foie gras* de ganso, *crème brûlée* con fresas.
Cerrado nov.-abril y A excepto fines de semana y fiestas nacionales, lun. A jul. y agos. Principales tarjetas

LE BUISSON-DE-CADOUIN

MANOIR DE BELLERIVE
$$/$$$ ✪✪✪
ROUTE DE SIORAC
TEL 05 53 22 16 16
FAX 05 53 22 09 05
Disfrute de la *grande vie d'autrefois* (la gran vida de otros tiempos) en esta elegante mansión de la época de Napoleón III. Desayune en la terraza con vistas al río. Pistas de tenis y sauna.
24 P Cerrado enero-mediados marzo
Principales tarjetas

CAHORS

CLAUDE MARCO
$$/$$$
LAMAGDELAINE (6 KM AL ESTE DE CAHORS VIA D653) 46090
TEL 05 65 35 30 64
Antigua *bergerie* donde puede comer en el interior bajo el techo abovedado o fuera en la terraza. Las especialidades en este restaurante de una estrella Michelin incluyen *pot au feu* con pato o *filet de bœuf* con setas negras.
Cerrado dom. C, lun. en invierno, principios enero-principios marzo, y 10 días en oct. AE, MC, V

CORDES

HOSTELLERIE DU VIEUX CORDES
$$
RUE ST-MICHEL
TEL 05 63 53 79 20
Instálese en la terraza a la sombra de una vieja y frondosa glicina en este hotel-restaurante. Pruebe el auténtico *cassoulet* o deliciosos platos a base de pescado.
Cerrado dic.-Semana Santa Principales tarjetas

CUQ-TOULZA

CUQ-LE-CHÂTEAU
$$/$$$
TEL 05 63 82 54 00
FAX 05 63 82 54 11
Situada en un pueblecito que se alza en la cima de una colina, esta antigua rectoría está bellamente decorada y dispone de varias terrazas donde comer. Comidas sólo con reserva.

8 Cerrado nov.-marzo. Principales tarjetas

DOMME

DE L'ESPLANADE
$$ ✪✪✪
TEL 05 53 28 31 41
FAX 05 53 28 49 92
Tranquilo hotel dentro de las fortificaciones de este histórica ciudad amurallada, con una terraza y encantadoras vistas del valle del Dordogne. El restaurante, con una estrella Michelin, aprovecha con excelencia los productos locales.
25 Cerrado principios de nov.-mediados de feb.; restaurante cerrado lun. excepto C en temporada Principales tarjetas

FIGEAC

LE DÎNÉE DU VIGUIER
$$$
4 RUE BOUTARIC
TEL 05 65 50 08 08
Le Dînée es el restaurante del hotel Viguier du Roi, un castillo construido entre los siglos XII al XVIII. Pruebe el rape con trufas, la tarta Quercy con moras o la tortilla de gambas.
Cerrado lun., también dom. C en invierno
Principales tarjetas

GRAMAT

CHÂTEAU DE ROUMÉGOUSE
$$/$$$
ROUTE DE BRIVE
TEL 05 65 33 63 81
FAX 05 65 33 71 18
Este romántico castillo del siglo XIX con su parque boscoso era uno de los lugares preferidos del general De Gaulle. Las habitaciones tienen gran encanto e incluso hay una en la torre. Cuando el tiempo es agradable se puede cenar en la terraza con vistas al río.
16 Cerrado mar. excepto julio-agos. Principales tarjetas

LES EYZIES-DE-TAYAC

CRO-MAGNON
$/$$ ✪✪✪
TEL 05 53 06 97 06
FAX 05 53 06 95 45
Este viejo *relais* familiar ocupa un bello edificio en el centro del pueblo. Cene en la terraza o en el jardín.
22 Principales tarjetas

LES GLYCINES
$$
ROUTE DE PÉRIGUEUX
TEL 05 53 06 97 07
Pequeña posada escondida entre el follaje con un interior rústico y una terraza junto al río. Dispone de varias y acogedoras habitaciones.
Cerrado lun. A AE, MC, V

PÉRIGUEUX

HERCULE POIREAU
$$
2 RUE DE LA NATION
TEL 05 53 08 90 76
Disfrute de una cena con la mejor cocina del Périgord bajo un techo de piedra abovedado en un bello edificio restaurado de estilo renacentista.
Principales tarjetas

PUYMIROL

MICHEL TRAMA
$$$$ ✪✪✪✪
52 RUE ROYALE
TEL 05 53 95 31 46
FAX 05 53 95 33 80
Emplazada en el centro de un pueblo fortificado, esta residencia del siglo XIII perteneció en otra época al conde de Toulouse. El propietario y chef del establecimiento, Michel Trama, sirve una excelente cocina, que le ha valido tres estrellas Michelin. Jardín con terraza y habitaciones con *jacuzzi*.
11 Cerrado dom., lun. y mar. fuera de temporada Principales tarjetas

PRECIOS

HOTELES
La indicación del precio de una habitación doble sin desayuno se ofrece con el signo $.

$$$$$	Más de 240 €
$$$$	200-240 €
$$$	120-200 €
$$	65-95 €
$	Menos de 65 €

RESTAURANTES
La indicación del precio de una cena de tres platos sin bebidas se ofrece con el signo $.

$$$$$	Más de 80 €
$$$$	50-80 €
$$$	35-50 €
$$	20-35 €
$	Menos de 20 €

ROCAMADOUR

LES VIEILLES TOURS
$ ✪✪
ROUTE DE PAYRAC (4 KM AL OESTE DE ROCAMADOUR)
TEL 05 65 33 68 01
FAX 05 65 33 68 59
Esta mansión construida en parte en el siglo XIII es hoy un confortable hotel y un buen restaurante.
17 Cerrado mediados nov.-abril AE, MC, V

SAINTE-MARIE
$$
PLACE DE SENHALS
TEL 05 65 33 63 07
Restaurante rústico con terraza que sirve platos de la excelente cocina local.
Cerrado nov.-Semana Santa MC, V

ST-CÉRÉ

VILLA RIC
$$$
ROUTE DE LEYME
TEL 05 65 38 04 08
FAX 05 65 38 00 14
Pequeño restaurante con una terraza de verano que ofrece platos de la cocina regional.
5 Cerrado mediados de nov.-marzo MC, V

ST-CIRQ-LAPOPIE

LA PELISSARIA
$$ ✪✪✪
LE BOURG
TEL 05 65 31 25 14
FAX 05 65 30 25 52
Hotel instalado en un edificio del siglo XIII. Su situación, en la ladera de una colina, le proporciona magníficas vistas.
8 y 2 suites Cerrado nov.-abril MC, V

AUBERGE DU SOMBRAL
$$
TEL 05 65 31 26 08
FAX 05 65 30 26 37
Casa antigua y tranquila en el corazón de este pueblo pintoresco y medieval en la que se puede comer en el interior o bien en la terraza.
Cerrado mar. y mediados de oct.-jun., y mediados de nov.-finales de marzo
MC, V

ST-CYPRIEN-EN-PÉRIGORD

L'ABBAYE
$$ ✪✪✪
RUE DE L'ABBAYE
TEL 05 53 29 20 48
FAX 05 53 29 15 85
Gran mansión familiar del siglo XVIII con vistas de las colinas y el pueblo medieval. Cene en la original cocina con paredes de piedra y chimenea o bien en el jardín.
23 Cerrado mediados de oct.-mediados abril
AE, MC, V

LA GRANDE MARQUE
$ ✪✪
MARNAC-ST-CYPRIEN
TEL 05 53 31 61 63
FAX 05 53 28 39 55
Casa del siglo XVIII situada en una colina con magníficas vistas. Habitaciones en las dependencias donde se secaba el tabaco. Terraza.
5 Comidas *Table d'hote* disponibles Cerrado nov.-Semana Santa
MC, Vs

SARLAT-LA-CANÉDA

LA MADELEINE
$$
1 PLACE DE LA PETITE RIGAUDIE
TEL 05 53 59 10 41
Hotel-restaurante en Sarlat, el centro de la cocina de Périgord. Entre sus especialidades están el ganso, el pato, las trufas y el *foie gras*.
Restaurante cerrado mediados de nov.-mediados de marzo AE, MC, V

SOUILLAC

CHÂTEAU DE LA TREYNE
$$$/$$$$ ✪✪✪✪
LA TREYNE
TEL 05 65 27 60 60
FAX 05 65 27 60 70
Encantador castillo blanco rodeado de parques sobre el río Dordoña, al sudeste de Souillac. Las instalaciones incluyen un restaurante, pistas de tenis, piragüismo y piscina.
14 + 2 suites
Cerrado mediados de nov.-Semana Santa
Principales tarjetas

LA VIEILLE AUBERGE
$$/$$$
1 RUE DE LA RECÈGE
TEL 05 65 32 79 43
Vieja posada junto a un afluente del río Dordogne, decorada en estilo Luis XV. Especialidades locales como las alcachofas rellenas de *foie gras* y trufas. Cuenta con algunas habitaciones.
Cerrado dom. C y lun. enero-marzo y 15 de nov.-20 de dic. Principales tarjetas

TOULOUSE

BEAUX-ARTS
$$$ ✪✪✪
1 PLACE DU PONT NEUF
TEL 05 34 45 42 42
FAX 05 34 45 42 43
Levantado junto al río, este edificio del siglo XVIII ha sido un hotel durante un siglo. No tiene restaurante, pero junto al hotel se encuentra la Brasserie des Beaux-Arts.
19 Principales tarjetas

GRAND HÔTEL DE L'OPÉRA
$$/$$$ ✪✪✪✪
1 PLACE DU CAPITOLE
TEL 05 61 21 82 66
FAX 05 61 23 41 04
Este céntrico hotel se alza en un patio escondido detrás de sus dos conocidos restaurantes. Les Jardins de l'Opéra, con dos estrellas Michelin, ofrece especialidades de temporada en su imaginativo menú. El Grand Café de l'Opéra sirve comidas ligeras.
45 + 5 suites
Habitaciones
Principales tarjetas

LE CANTOU
$$
98 RUE VELASQUEZ, 31300
TEL 05 61 49 20 21
Bonito restaurante donde pruebe probar lo mejor de la cocina regional, por ejemplo el *fricassé* de langostinos y almejas, o el *civet de canard* con manos de ternera.
Cerrado sáb. y dom., y 10-17 de agos., 1-7 de enero
Principales tarjetas

HOTEL GARONNE
$$$$
22 DESCENTE DE LA HALLE AUX POISSONS
TEL 05 34 31 94 80
FAX 05 34 31 94 84
www.hoteldescapitouls.com
Un bonito hotel nuevo junto al río de estilo japonés. Su restaurante 19, justo enfrente, destaca por el *sushi* y el *steak tartare* (05 34 31 94 84).
Cerrado la mayor parte de agos., sáb. A, lun. A, y dom.
AE

LA CANTINE DU CURÉ
$
2 RUE DES COUTELIERS
TEL 05 61 25 83 42
Un restaurante pequeño y acogedor en el casco antiguo, cerca del río, con consistentes

platos campestres como el *bœuf bourguignon* a precios muy razonables.
Cerrado dom. y lun.
MC, V

FRÉGATE
$$$
1 RUE D'AUSTERLITZ
TEL 05 61 21 62 45
Una verdadera institución en Toulouse sobre la Place Wilson, en donde se pueden degustar platos clásicos como el *cassoulet* y el pato.
Cerrado dom.
Principales tarjetas

TRÉMOLAT

LE VIEUX LOGIS
$$$/$$$$ ✪✪✪
TEL 05 53 22 80 06
FAX 05 53 22 84 89
Este hotel con su encantadora combinación de edificios ha pertenecido a la misma familia durante 400 años. El restaurante, con una estrella Michelin, está dirigido por el prestigioso chef Pierre-Jean Duribreux. El comedor en la galería da al precioso jardín.
18 P Principales tarjetas

PIRINEOS

ARREAU

HOTEL D'ANGLETERRE
$$$
RTE LUCHON
TEL 05 62 98 63 30
FAX 05 62 98 69 66
Una encantadora casa antigua en un minúsculo pueblo con tejados de pizarra. El restaurante existe desde el siglo XIX.
Cerrado mar.-lun., excepto julio-agos., oct.-dic. y abril-mayo P
Principales tarjetas

AX-LES-THERMES

LE GRILLON
$$
RUE ST-UDAUT
TEL 05 61 64 31 64
Hotel-restaurante en las montañas que ofrece una terraza con magníficas vistas del paisaje. Se recomienda el *magret* de pato con miel.
Cerrado mar. C, miér. (excepto vacaciones)
MC, V

FOIX

LONS
$ ✪✪✪
6 PLACE GEORGES-DUTHIL
TEL 05 34 09 28 00
FAX 05 61 02 68 18
Situado junto al río Ariège, este confortable hotel cuenta con terraza, cervecería y restaurante.
40 Cerrado finales de dic.-mediados de enero
Principales tarjetas

GAVARNIE

HOTEL COMPOSTELLE
$
RUE DE L'ÉGLISE
TEL 05 62 92 49 43
Pequeño hotel situado en un extremo del pueblo de Gavarnie con magníficas vistas del Cirque y la cascada; aparcamiento propio. El propietario, Yvan, también es guía de montaña y organiza excursiones y caminatas por los alrededores.
Cerrado oct.-enero V

GÈDRE

LA BRÊCHE DE ROLAND
$ ✪✪
GÈDRE
TEL 05 62 92 48 54
FAX 05 62 92 46 05
Antigua mansión en la montaña situada en un pueblo a 8 km al norte de la localidad de Gavarnie por la D921. El hotel cuenta con jardín y una terraza. El propietario puede organizar excursiones y paseos por las montañas, así como viajes en helicóptero para los menos deportistas.
28 Cerrado oct.-abril
AE, MC, V

LIMOUX

MAISON DE LA BLANQUETTE
$
46 BIS PROMENADE DU TIVOLI
TEL 04 68 31 01 63
Restaurante con decoración rústica y una excelente selección de vinos, incluido, por supuesto, el chispeante *champenoise* de Limoux.
Cerrado miér. C mediados de sept.-mediados de junio MC, V

MIREPOIX

LA MAISON DES CONSULS
$$ ✪✪✪
6 PLACE DU MARÉCHAL LECLERC
TEL 05 61 68 81 81
FAX 05 61 68 81 15
Situada en la plaza central de este pueblo fortificado, esta casa del siglo XIV posee habitaciones decoradas con temas históricos, que dan a calles medievales. No tiene restaurante.
8 P Principales tarjetas

PAU

GRAND HÔTEL DU COMMERCE
$ ✪✪
9 RUE MARÉCHAL JOFFRE
TEL 05 59 27 24 40
FAX 05 59 83 81 74
Hotel tradicional situado en el centro del pueblo cerca del castillo, con un buen restaurante.
51 Principales tarjetas

CHEZ PIERRE
$$$
16 RUE LOUIS-BARTHOU
TEL 05 59 27 76 86
Restaurante en una casa de pueblo elegantemente decorada. Pruebe los raviolis de langostinos con curry de Madrás o la ternera con setas.
Cerrado sáb. A, dom. (excepto fiestas nacionales), 1 semana principios de enero
Principales tarjetas

LE TRESPOEY
$$/$$$
HÔTEL CORONA, 71 AVENUE DU GÉNÉRAL LECLERC
TEL 05 59 30 64 77
Restaurante cálido y acogedor con decoración moderna y varios comedores; entre sus especialidades se incluyen el pecho de pichón asado y el gratinado de langosta. El propietario presta especial atención a la carta de vinos.
Cerrado vier. C, sáb., y agos. AE, MC, V

ST-BERTRAND-DE-COMMINGES

L'OPPIDUM
$ ✪✪
RUE DE LA POSTE
TEL 05 61 88 33 50
FAX 05 61 95 94 05
Pequeño hotel emplazado en el corazón del pueblo medieval y a corta distancia de la catedral.
15 Cerrado miér. y nov.-enero AE, MC, V

LUGDUNUM
$$
VALCABRÈRE
TEL 05 61 94 52 05
Las reservas son imprescindibles para disfrutar de esta experiencia culinaria única e histórica. Pruebe las recetas recopiladas por Apicio, un gastrónomo romano del siglo I. Nada demasiado extravagante pero todo muy sabroso y servido con vinos auténticamente especiados.
Cerrado lun. y mar. C
MC, V

ST-GIRONS

EYCHENNE
$$$ ✪✪✪
8 AVENUE PAUL-LAFFONT
TEL 05 61 04 04 50
FAX 05 61 96 07 20
Bella hostería dirigida por una familia y con una atmósfera acogedora. Habitaciones bien equipadas y un encantador jardín. El restaurante sirve platos de la cocina del sudoeste: pruebe el rape con azafrán o el *confit de canard* con setas.
41 Cerrado dom. C, lun. (nov.-marzo excepto fiestas nacionales), y finales de dic.-finales de enero
Principales tarjetas

SAUVETERRE-DE-BÉARN

DU VIEUX PONT
$ ✪✪
RUE DU PONT DE LA LÉGENDE
TEL 05 59 38 95 11
FAX 05 59 38 99 10
Este pintoresco hotel está construido sobre arcos medievales encima del río, junto a las ruinas de un puente. Una terraza mira al río y algunas de las habitaciones tienen balcones. Pesca.
6 y 2 suites Cerrado mediados de dic.-mediados de enero MC, V

SUR DE FRANCIA

COSTA AZUL

ANTIBES

LE MARQUIS
$$$
4 RUE SADE
TEL 04 93 34 23 00
Restaurante pequeño y tranquilo en el casco antiguo con servicio amable y cocina elegante; los platos incluyen *foie gras*, raviolis con salsa de setas y langosta con mantequilla de aceitunas.
Cerrado lun. y mar. A, y mediados de nov.-1ª semana de dic. y última semana de junio Principales tarjetas

En Cap d'Antibes
DU CAP-EDEN ROC
$$$$$ ✪✪✪✪
BOULEVARD KENNEDY, 06160
TEL 04 93 61 39 01
FAX 04 93 67 76 04
El favorito de las estrellas de cine que acuden a Cannes, este establecimiento es lo último en lujo y elegancia, en especial la terraza y la piscina entre las rocas. Pistas de tenis.
121 + 9 suites P
Cerrado oct.-marzo
Habitaciones
No aceptan tarjetas de crédito

BEAULIEU-SUR-MER

LA RÉSERVE DE BEAULIEU
$$$$$ ✪✪✪✪
5 BOULEVARD DU MARÉCHAL LECLERC
TEL 04 93 01 00 01
FAX 04 93 01 28 99
Fabuloso hotel de la Riviera situado a orillas del mar y fundado por el famoso James Gordon Bennett, propietario del *New York Herald Tribune*. Llamado La Réserve por el depósito de agua de mar (*réserve*), el chef solía mantener los peces vivos en su interior. El restaurante, una estrella Michelin, está especializado en platos de pescado.
33 P Cerrado mediados de nov.-mediados de dic. Habitaciones
Principales tarjetas

BIOT

LES TERRAILLERS
$$$/$$$$
11 ROUTE DU CHEMIN-NEUF
TEL 04 93 65 01 59
Gran restaurante situado en una granja al sur de Biot, con una cocina imaginativa que le ha valido una estrella Michelin. Pruebe el conejo a las finas hierbas, los raviolis de *foie gras* con *fumet de morilles* o el rape con mantequilla de tomillo.
Cerrado miér., jue. y nov.
AE, MC, V

CAGNES: HAUTE-DE-CAGNES

JOSY-JO
$$$
4 PLACE PLANASTEL
TEL 04 93 20 68 76
Bistrot en el pueblo antiguo con decoración rústica y una enorme chimenea. Magníficos

ingredientes cocinados con sencillez, como pimientos escabechados y *petits farcis* (verduras rellenas).
Cerrado sáb. A, dom., y dic. AE, MC, V

CANNES

CARLTON INTER-CONTINENTAL
$$$$$ ✪✪✪✪
58 LA CROISETTE
TEL 04 93 06 40 06
FAX 04 93 06 40 25
Hotel de lujo con playa privada y una terraza donde los magnates del cine hacen sus tratos durante el festival de Cannes.
295 + 18 suites Principales tarjetas

LA SCALA
$$$
HÔTEL NOGA HILTON, 50 BOULEVARD DE LA CROISETTE
TEL 04 92 99 70 93
Elegante restaurante con terraza que mira al Mediterráneo y donde se sirve un menú degustación de comida italiana. Las especialidades incluyen arroz con alcachofas y *foie gras*, y pichón con raviolis de setas.
Principales tarjetas

LA MÈRE BESSON
$$/$$$
13 RUE DES FRÈRES PRADIGNAC
TEL 04 93 39 59 24
Una verdadera institución en Cannes, este popular y modesto *bistrot* sirve un plato de pescado diferente cada día.
Cerrado dom. Principales tarjetas

ÎLE DE PORQUEROLLES

LE MAS DU LANGOUSTIER
$$$$ ✪✪✪
CHEMIN DU LANGOUSTIER
TEL 04 94 58 30 09
FAX 04 94 58 36 02
Lujoso hotel insular situado en un promontorio rocoso sobre el mar, con un restaurante que ostenta una estrella Michelin. Las comidas se sirven en el jardín. Sólo media pensión. Pistas de tenis.
44 + 5 suites Cerrado oct.-abril Principales tarjetas

JUAN-LES-PINS

DES MIMOSAS
$$ ✪✪✪
RUE PAULINE
TEL 04 93 61 04 16
FAX 04 92 93 06 46
Tranquila construcción del siglo XIX con habitaciones grandes y modernas, muchas de ellas con balcones, y un jardín con sombra. No tiene restaurante.
34 Cerrado oct.-finales de abril AE, MC, V

MENTON

LE LOUVRE
$$$$
HOTEL LES AMBASSADEURS
3 RUE PARTOUNEAUX
TEL 04 93 28 75 75
Un clásico hotel de estilo *belle époque* en el centro del pueblo que ha sido renovado recientemente con una elegante terraza al aire libre para cenar. La comida es de inspiración mediterránea.
Principales tarjetas

MÓNACO: MONTECARLO

HERMITAGE
$$$$$ ✪✪✪✪
SQUARE BEAUMARCHAIS
TEL 377 98 06 40 00
FAX 377 98 06 59 70
Lujoso palacio *belle époque* con enorme invernadero, restaurante y terraza de mármoles cálidos. Piscina privada.
209 + 18 suites Principales tarjetas

LOUIS XV
$$$$$
HÔTEL PARIS, PLACE DU CASINO
TEL 377 92 16 30 01
El restaurante más famoso y caro de Mónaco, un establecimiento que exhibe tres estrellas Michelin presidido por el célebre chef Alain Ducasse. Si necesita mirar la lista de precios, será mejor que no vaya. Los platos típicos pueden ser verduras de la Provenza con trufas negras o pichón con *foie gras* de pato.
Cerrado mar., miér. (excepto C mediados de jul.-finales de agos.), 2 semanas en feb. y dic. Principales tarjetas

MOUGINS

LE MOULIN DE MOUGINS
$$$$$
AVENUE NOTRE-DAME-DE-VIE
TEL 04 93 75 78 24
Este restaurante con dos estrellas Michelin, con su jardín lleno de esculturas, fue fundado por Roger Vergé, el chef célebre por su *cuisine du soleil* (cocina del sol). Actualmente lo lleva Alain Lorca, antiguo chef del Negresco de Niza.
Cerrado lun.
Principales tarjetas

NIZA

BEAU RIVAGE
$$$/$$$$ ✪✪✪✪
24 RUE ST-FRANÇOIS-DE-PAULE, 06300
TEL 04 92 47 82 82
FAX 04 92 47 82 83
Con una ubicación ideal, en el límite del pueblo antiguo y con vistas al mar, este hotel magníficamente renovado dispone de un club de playa privado. Aquí se alojó Henri Mattise en sus primeras visitas a Niza.
118 Principales tarjetas

LA PÉROUSE
$$/$$$$ ✪✪✪✪
11 QUAI RAUBA-CAPÉU
TEL 04 93 62 34 63
FAX 04 93 62 59 41
Para una vista del mar que no lo arruinará: terraza florida y restaurante-jardín.

64 habitaciones Principales tarjetas

LA MÉRENDA
$$$
4 RUE RAOUL BOSIO 06300
Diminuto *bistrot* famoso por sus tradicionales platos de Niza: pescado seco, buñuelos, sardinas rellenas, carnes. No tiene teléfono y no se puede reservar. Conviene llegar temprano para conseguir mesa.
Cerrado sáb.-dom.
No aceptan tarjetas

PARA OCASIONES ESPECIALES

NÉGRESCO
El hotel más famoso y caro de Niza. Este magnífico edificio *belle époque* situado en la Promenade des Anglais tiene un suntuoso mobiliario y un servicio impecable. Admire la enorme araña de Baccarat.
$$$$/$$$$$ ✪✪✪✪
37 PROMENADE DES ANGLAIS, 06300
TEL 04 93 16 64 00
FAX 04 93 88 35 68
134 y 18 suites Principales tarjetas

LE COMPTOIR
$$
20 RUE ST-FRANÇOIS-DE-PAULE, 06300
TEL 04 93 92 08 80
Bar/restaurante de estilo años 30, indicado para cenas tardías o una comida ligera después de asistir a la ópera.
AE, MC, V

HI-HOTEL
$$$
AVENUE DES FLEURS
TEL 04 97 07 26 26
www.hi-hotel.com
Se trata de un nuevo hotel con diseño posmoderno y habitaciones temáticas para los fans de la música, los ordenadores y las películas. No tiene restaurante pero cuenta con un bar DIY en cada piso.
Principales tarjetas

LE SAFARI
$$
1 COURS SALEYA
TEL 04 93 80 18 44
Gran café con persianas azules mediterráneas, situado cerca del mercado en Cours Saleya. Pruebe sus exquisitos calamares, o la *bagna cauda*, una rica salsa piamontesa a base de anchoas y ajo donde se mojan diferentes vegetales crudos.
Principales tarjetas

ST-JEAN-CAP-FERRAT

GRAND HÔTEL DU CAP FERRAT
$$$$$ ✪✪✪✪
BOULEVARD DU GÉNÉRAL DE GAULLE
TEL 04 93 76 50 50
FAX 04 93 76 04 52
Uno de los legendarios grandes hoteles de la Riviera francesa, situado en sus propios jardines tropicales que dan al mar, con un funicular privado que lleva a una terraza y la piscina con agua de mar. Magnífico mobiliario interior y un restaurante con una estrella Michelin. Pistas de tenis.
44 + 9 suites
Cerrado enero-feb.
Principales tarjetas

ST-PAUL-DE-VENCE

LE ST-PAUL
$$$/$$$$ ✪✪✪✪
86 RUE GRANDE
TEL 04 93 32 65 25
FAX 04 93 32 52 94
Se trata de una casa del siglo XVI exquisitamente amueblada dentro de las murallas del pueblo.
15 + 3 suites Cerrado enero Principales tarjetas

PARA OCASIONES ESPECIALES

COLOMBE D'OR
Coma en la terraza de este hotel-restaurante frecuentado por las celebridades en medio de una impresionante colección de arte donada por Picasso, Calder, Braque y otros artistas como pago por las comidas y el alojamiento. Pruebe la selección de 15 *hors d'œuvres* y *soufflés*. Reserve las habitaciones.
$$$/$$$$ ✪✪✪
PLACE DES ORMEAUX-PLACE DE GAULLE
TEL 04 93 32 80 02
16 + 10 suites
Cerrado nov.-finales de dic. Principales tarjetas

ST-TROPEZ

LE BYBLOS
$$$$$ ✪✪✪✪
AVENUE PAUL-SIGNAC
TEL 04 94 56 68 00
FAX 04 94 56 68 01
El famoso hotel donde Mick Jagger contrajo matrimonio con Bianca; diseñado como una villa con una lujosa decoración marroquí, un elegante club nocturno y dos restaurantes que ofrecen sólo comidas, el Bayader y el Spoon Byblos.
86 + 11 suites
Cerrado mediados de oct.-abril
Principales tarjetas

LE YACA
$$$$/$$$$$ ✪✪✪✪
1 BOULEVARD D'AUMALE
TEL 04 94 55 81 00
FAX 04 94 97 58 50
Antigua casa provenzal en el centro del pueblo que dispone de piscina y un encantador jardín.
27 Cerrado mediados de oct.-Semana Santa
Principales tarjetas

LA PONCHE
$$$$ ✪✪✪✪
PLACE RÉVELIN
TEL 04 94 97 02 53
FAX 04 94 97 78 61
Encantador conjunto de varias cabañas de antiguos pescadores situado detrás del puerto, que cuentan con habitaciones elegantes y muy grandes.

13 y 5 suites Cerrado nov.-finales de marzo
AE, MC, V

VILLA MARIE
$$$$$
CHEMIN VAL RIAN, RAMATUELLE
TEL 04 94 97 40 22
www.villamarie.fr
Lujoso nuevo hotel en suaves tonos terracota sobre la bahía de Pampelonne; balneario, piscina con cascada y restaurante con terraza.
Cerrado oct.-marzo
AE

CAFÉ SÉNÉQUIER
$$
QUAI JEAN-JAURÈS
TEL 04 94 97 00 90
Café del puerto; precios razonables para degustar aperitivos vespertinos y contemplar a las celebridades que disfrutan en sus yates.
No aceptan tarjetas

PROVENZA

AIX-EN-PROVENCE

PIGONNET
$$$/$$$$ ✪✪✪✪
5 AVENUE DU PIGONNET
TEL 04 42 59 02 90
FAX 04 42 59 47 77
Casa rural provenzal situada en su propio parque y con decoración de los años 20.
52
Principales tarjetas

LES DEUX GARÇONS
$
COURS MIRABEAU
TEL 04 42 26 00 51
Café-terraza clásico en la Cours Mirabeau, lugar favorito de artistas e intelectuales desde el siglo XVIII.
Principales tarjetas

APT

AUBERGE DU LUBÉRON
$$/$$$$
17 QUAI LÉON SAGY
TEL 04 90 74 12 50
Cocina típica de la Provenza en una atmósfera apacible, con terraza y jardín. *Foie gras* de pato con frutas *confits*; cordero Lubéron con *aubergine confits*. Imprescindible reservar.
Cerrado dom. en invierno, lun. (excepto C en temporada), y 23 de dic.-15 de enero Principales tarjetas

ARLES

GRAND HÔTEL NORD PINUS
$$$/$$$$$ ✪✪✪✪
14 PLACE DU FORUM
TEL 04 90 93 44 44
FAX 04 90 93 34 00
Aunque modernizado, este lujoso hotel conserva su tradicional mobiliario provenzal. Muy popular entre los toreros.
25 habitaciones
Principales tarjetas

LE MAS DE PEINT
$$$$ ✪✪✪✪
LE SAMBUC
TEL 04 90 97 20 62
FAX 04 90 97 22 20
Son unos establos reconvertidos unidos a una vieja granja de la Camargue. Habitaciones exquisitamente diseñadas. Cultivan las verduras en su huerto.
8 + 2 suites
Cerrado principios de enero-marzo
Principales tarjetas

CAFÉ LA NUIT
$
PLACE DU FORUM
TEL 04 90 49 83 30
Café local decorado para que uno tenga la sensación de encontrarse en la pintura de Van Gogh *Café du Soir*.
MC, V

LA GUEULE DE LOUP
$$$
39 RUE DES ARÈNES
TEL 04 90 96 96 69
El restaurante de la primera planta, con vigas de madera, sirve clásicos del Midi con un giro original, como la *charlotte d'agneau* con berenjenas y *coulis* de pimiento rojo o la *tarte tatin* de nabos con *foie gras* y pintada con peras. Aconsejable reservar.
Cerrado enero, dom. y lun. A

AVIÑÓN

L'EUROPE
$$/$$$$$ ✪✪✪✪
12 PLACE CRILLON
TEL 04 90 14 76 76
FAX 04 90 14 76 71
El hotel más importante de Aviñón; incluso Napoleón se hospedó aquí. La magnífica entrada a esta mansión del siglo XVI lleva hasta la tranquila terraza, en la que hay una fuente. El restaurante con una estrella Michelin, La Vieille Fontaine, está a la altura del esplendor del establecimiento hotelero. Pruebe, entre otras delicias, las flores de calabacín rellenas de alcachofas.
44 + 3 suites
Restaurante cerrado lun. A, y todos los dom. y 2 semanas en agos.
Principales tarjetas

DE LA MIRANDE
$$$$$ ✪✪✪✪
4 PLACE AMIRANDE
TEL 04 90 85 93 93
FAX 04 90 86 26 85
Hotel del siglo XVIII próximo al Palais des Papes, con lujosas habitaciones y muebles. El restaurante con una estrella Michelin ofrece especialidades provenzales como el cordero Lubéron.
19 Principales tarjetas

AU PETIT BEDON
$$
70 RUE JOSEPH VERNET
TEL 04 90 82 33 98
Un restaurante casero con sabrosos platos provenzales, como la sopa de calabaza, el buey con salvia y el pastel de pera.
Cerrado dom. y lun. A y 3 semanas en agos.
Principales tarjetas

PRECIOS

HOTELES
La indicación del precio de una habitación doble sin desayuno se ofrece con el signo $.

$$$$$	Más de 240 €
$$$$	200-240 €
$$$	120-200 €
$$	65-95 €
$	Menos de 65 €

RESTAURANTES
La indicación del precio de una cena de tres platos sin bebidas se ofrece con el signo $.

$$$$$	Más de 80 €
$$$$	50-80 €
$$$	35-50 €
$$	20-35 €
$	Menos de 20 €

BONNIEUX

HOSTELLERIE DU PRIEURÉ
$$ ✪✪✪
RUE JEAN-BAPTISTE AURARD
TEL 04 90 75 80 78
FAX 04 90 75 96 00
Priorato del siglo XVIII renovado con excelente gusto en el tradicional estilo provenzal.
10 P Cerrado nov.-marzo MC, V

CHÂTEAUNEUF-DU-PAPE

LA SOMMELLERIE
$ ✪✪✪
ROUTE DE ROQUEMAURE
TEL 04 90 83 50 00
FAX 04 90 83 51 85
Encantadora *bergerie* del siglo XVII situada entre los famosos viñedos.
14 Cerrado enero dom. C y lun. nov.-marzo Principales tarjetas

GIGONDAS

LES FLORETS
$/$$$
TEL 04 90 65 85 01
Atractivo y tranquilo restaurante con decoración provenzal y terraza. Las suculentas alternativas incluyen rape asado con mantequilla de naranja y cordero sobre un lecho de berenjenas. También dispone de algunas acogedoras habitaciones.
P Cerrado enero y marzo. lun C y mar. nov.-marzo Principales tarjetas

GORDES

LA FERME DE LA HUPPE
$/$$
ROUTE D'APT
LES POURQUIERS
TEL 04 90 72 12 25
FAX 04 90 72 01 83
En un tranquilo paraje rural de Lubéron, bonita granja del siglo XVIII con un patio interior.
8 Cerrado dic.-abril Algunas habitaciones AE, MC, V

LE MAS TOURTERON
$$$
LES IMBERTS, CHEMIN ST-BLAISE
TEL 04 90 72 00 16
Vieja granja provenzal con jardín amurallado. Cocina ligera, fresca e imaginativa con excelentes productos de temporada.
Cerrado dic.-feb. Principales tarjetas

LES BAUX-DE-PROVENCE

LA BENVENGUDO
$$ ✪✪✪
(2 KM AL SUR DE LES BAUX)
TEL 04 90 54 32 54
FAX 04 90 54 42 58
Escondido detrás de las colinas Alpilles, este encantador hotel-mansión tiene un elegante y frondoso jardín. El salón y el comedor son de estilo provenzal. Dispone de varias pistas de tenis.
20 + 3 suites P Cerrado nov.-feb. Algunas habitaciones AE, MC, V

OUSTAU DE BAUMANIÈRE
$$$$/$$$$$
TEL 04 90 54 33 07
Restaurante con dos estrellas Michelin en un edificio del siglo XVI bien amueblado. Pruebe el *gigot d'agneau en croûte* y los raviolis de trufa.
Cerrado jue. A, y todos los miér. nov.-marzo y finales de enero-10 de marzo Principales tarjetas

LOURMARIN

HOSTELLERIE LE PARADOU
$$
RTE D'APT
TEL 04 90 68 04 05
FAX 04 90 08 54 94
Tranquilo hotel familiar situado en las Gorges de Lourmarin; las habitaciones tienen hermosas vistas.
9 P MC, V

MOUSTIERS-STE-MARIE

LES SANTONS
$$$/$$$$
PLACE DE L'ÉGLISE
TEL 04 92 74 66 48
Diminuto restaurante situado cerca de las Gorges du Verdon, dirigido por el célebre Alain Ducasse. Imprescindible reservar.
Cerrado mediados de nov.-mediados de feb. Principales tarjetas

ORANGE

AUBERGE DE L'ORANGERIE
$$
4 PLACE DE L'ORMEAU, PIOLENC 84420
TEL 04 90 29 59 88
Este albergue del siglo XVIII tiene un encantador patio sombreado. Una atmósfera tradicional para una cocina inventiva, como langostinos con salsa de trufas y *ossobuco* de langostinos con pasta fresca.
Cerrado lun., mar. A y dom. DC, MC, V

STES-MARIES-DE-LA-MER

LE MAS DE LA FOUQUE

$$$$ ✪✪✪✪
ROUTE DU PETIT RHÔNE
TEL 04 90 97 81 02
FAX 04 90 97 96 84
Hotel tradicional de la región de la Camargue. Grandes habitaciones con suelos de baldosas y vigas de madera.
14 Cerrado nov.-abril Principales tarjetas

LANGUEDOC-ROSELLÓN

BOUZIGUES

CÔTE BLEUE

$$/$$$
(4 KM AL ESTE DE MÈZE)
TEL 04 67 78 31 42
Gran restaurante familiar sobre la Bassin de Thau y el mejor lugar para probar el marisco de la zona: mejillones, langostinos y exquisitas ostras dulces de Bouzigues.
Cerrado dom. C, todos los miér. sept.-jun. y finales de enero-finales de feb.
AE, MC, V

CARCASONA

CITÉ

$$$$/$$$$$ ✪✪✪✪
PLACE DE L'ÉGLISE
TEL 04 68 71 98 71
FAX 04 68 71 50 15
Lujoso hotel neogótico construido en las murallas de la ciudad antigua, con dos restaurantes.
55 + 6 suites
Cerrado dic. y feb.
Principales tarjetas

BRASSERIE LE DONJON

$
2 RUE DU COMTE ROGER
TEL 04 68 25 95 72
Elegante restaurante en el centro de la ciudad amurallada donde se sirven buenos platos tradicionales de la zona.
Cerrado dom. C nov.-marzo Principales tarjetas

CÉRET

LES FEUILLANTS

$$$/$$$$$
1 BOULEVARD LAFAYETTE
TEL 04 68 87 37 88
Encantador hotel con terraza que exhibe dos estrellas Michelin y sirve versiones imaginativas de la cocina tradicional catalana.
Cerrado dom.-lun. sep.-junio MC, V

COLLIURE

CASA PAIRAL

$/$$$ ✪✪✪
IMPASSE DES PALMIERS
TEL 04 68 82 05 81
FAX 04 68 82 52 10
Villa catalana del siglo XIX situada en un jardín umbrío: un apacible refugio en el centro de la ciudad.
No tiene restaurante.
28 Cerrado nov.-marzo Principales tarjetas

LES TEMPLIERS

$ ✪✪
12 QUAI DE L'AMIRAUTÉ
TEL 04 68 98 31 10
FAX 04 68 98 01 24
Hotel y restaurante en el pueblo antiguo y cerca del puerto. El hotel es famoso por los artistas que se alojaron aquí, incluidos Matisse y Braque, y conserva su auténtica atmósfera.
21 + 50 anexo
Cerrado principios de enero-principios de feb.; restaurante cerrado dom. C, y todos los lun. en invierno
AE, MC, V

GANGES

CHÂTEAU DES MADIÈRES

$$/$$$$ ✪✪✪✪
TEL 04 67 73 84 03
FAX 04 67 73 55 71
Fortaleza del siglo XIV con espectaculares vistas sobre la garganta del río Vis. Comedores abovedados y arcos medievales combinados con el confort moderno.
8 + 4 suites
Cerrado nov.-principios de abril Principales tarjetas

MOLITG-LES-BAINS

CHÂTEAU DE RIELL

$$$/$$$$ ✪✪✪✪
TEL 04 68 05 04 40
FAX 04 68 05 04 37
Castillo neogótico a los pies de los Pirineos con vistas al monte Canigó. Balneario cercano. El restaurante con una estrella Michelin sirve platos de la cocina tradicional. Pistas de tenis.
19 Cerrado nov.-finales de marzo
Principales tarjetas

MONTPELLIER

DEMEURE DES BROUSSES

$/$$ ✪✪✪
538 RUE DU MAS DES BROUSSES, ROUTE DE VAUGUIÈRES
TEL 04 67 65 77 66
FAX 04 67 22 22 17
Granja del siglo XVIII situada en un parque y con un restaurante excelente.
17 Principales tarjetas

LE JARDIN DES SENS

$$$$/$$$$$
11 AVENUE ST-LAZARE
TEL 04 99 58 38 38
Restaurante pequeño, sofisticado, con dos estrellas Michelin y con jardín en el centro de Montpellier.
Cerrado lun. y mar.
Principales tarjetas

NÎMES

LE 9

$$
RUE DE L'ETOILE
TEL 04 66 21 80 77
Escondido en el casco antiguo está este restaurante elegante

y teatral que sirve cocina mediterránea hasta tarde, especialmente durante la feria de Nîmes.
Cerrado nov.-abril. V

L'ENCLOS DE LA FONTAINE
$$$
HÔTEL IMPERATOR, QUAI DE LA FONTAINE
TEL 04 66 21 90 30
Restaurante del Hôtel Imperator donde se alojan los toreros durante la temporada taurina. Pruebe las especialidades de la cocina local, como la brandada de bacalao, el pescado en escabeche o el róbalo con compota de hinojo.
Principales tarjetas

PERPIÑÁN

CASA SANSA
$$$
2 RUE FABRIQUE NADAL Y 3 RUE FABRIQUE COUVERTE
TEL 04 68 34 21 84
Este restaurante de Perpiñán se encuentra situado en un callejón con las paredes cubiertas de pinturas. Un excelente lugar para degustar especialidades de la cocina catalana como verduras asadas, conejo con higos y ternera adobada con naranja.
MC, V

LE FRANCE
$$
PLACE DE LA LOGE
TEL 04 68 51 61 71
Restaurante ubicado en uno de los mejores edificios renacentistas del casco antiguo de Perpiñán. Cocina mediterránea ligera y terraza.
MC, V

SÈTE

GRAND HÔTEL
$/$$ ✪✪✪
17 QUAI MARÉCHAL DE LATTRE-DE-TASSIGNY
TEL 04 67 74 71 77
FAX 04 67 74 29 27
Encantador hotel de estilo *belle époque* sobre el Grand Canal.
45 Habitaciones Principales tarjetas

CÓRCEGA

AJACCIO

A LA FUNTANA
$$
9 RUE NOTRE DAME
TEL 04 95 21 78 04
En la ciudad vieja de Ajaccio, cerca de la catedral, este establecimiento sirve productos locales al estilo clásico.
Cerrado dom. C y lun.
Principales tarjetas

BASTIA

LA CITADELLE
$$/$$$
RUE STE-CROIX
TEL 04 95 31 44 70
Antiguo molino aceitero con terraza para comer al aire libre, excelentes platos de la cocina regional.
Cerrado dom.-lun. y mediados de dic.-mediados de enero Principales tarjetas

BONIFACIO

GENOVESE
$$$$/$$$$$ ✪✪✪✪
HAUTE VILLE
TEL 04 95 73 12 34
FAX 04 95 73 09 03
Los antiguos barracones que ocupaba la Legión Extranjera en la ciudad vieja transformados en un hotel moderno y lujoso. No tiene restaurante.
14 Cerrado enero-feb. Principales tarjetas

STELLA DORO
$$
7 RUE DORIA
TEL 04 95 73 03 66
Restaurante dirigido por una familia con decoración rústica y un ambiente acogedor. Pruebe los mejillones rellenos o la *bouillabaise* (encargar con tiempo).
Cerrado oct.-Semana Santa Principales tarjetas

CALVI

AUBERGE DE LA SIGNORIA
$$$/$$$$ ✪✪✪
ROUTE DE FORÊT DE BONIFATO
TEL 04 95 65 93 00
FAX 04 95 65 38 77
Casa del siglo XVII situada en un tranquilo parque con pinos, palmeras y naranjos al sur de Calvi. Buen restaurante con terraza donde puede cenar a la luz de las velas. Pistas de tenis.
20 Cerrado mediados de oct.-abril Habitaciones AE, MC, V

PORTO-VECCHIO

GRAND HOTEL CALA ROSSA
$$$/$$$$$ ✪✪✪
CALA ROSSA
TEL 04 95 71 61 51
FAX 04 95 71 60 11
Situado al nordeste de Porto-Vecchio, hotel muy agradable con árboles frondosos, jardín florido y un restaurante con una estrella Michelin, que se especializa en platos de pescado. Pistas de tenis.
49 Cerrado feb.-marzo Principales tarjetas

DE COMPRAS EN FRANCIA

Ir de compras es uno de los grandes placeres de visitar Francia. Desde las callejuelas hasta los grandes bulevares de las ciudades, las tiendas francesas ofrecen un exquisito surtido de pastelería, chocolates y dulces. Los productos cotidianos presentan un diseño cuidado con lo que pueden ser fantásticos regalos: las papelerías (*papeteries*) tienen pequeños cuadernos y las droguerías (*drogueries*) se parecen a la cueva de Alí Babá, llenas de utensilios de cocina y preciosos objetos de cerámica. Los centros de las ciudades suelen ser peatonales y los supermercados e hipermercados se concentran en las afueras. Suelen tener una buena selección de vinos y son útiles para comprar sellos, periódicos, carretes fotográficos y gasolina.

MERCADOS

Los mercados siguen siendo el mejor lugar para comprar en Francia. La mayoría de las ciudades y de los pueblos tienen como mínimo un mercado semanal. En ciudades más grandes hay incluso mercado diario. Suelen abrir muy temprano y cierran al mediodía: si quiere verlo en el momento más animado y escoger los mejores productos, será mejor que vaya temprano. La mayor parte de la fruta y la verdura es del país; fíjese si hay carteles que digan *du pays*. La sección de volatería no está hecha para las personas muy sensibles, con jaulas llenas de patos, ocas y pollos vivos esperando para ser cocinados. Fíjese en las especialidades locales, como quesos, miel, aceitunas, charcutería, especias, hierbas aromáticas, panes o pasteles.

Francia tiene muchos mercadillos (*marchés aux puces* o *brocantes*) que venden artículos de segunda mano, libros, comics, antigüedades y curiosidades locales. Es conveniente llegar temprano para encontrar oportunidades.

DEGUSTACIONES

Por toda Francia encontrará carteles invitándole a probar el producto local, especialmente el vino. No está obligado a comprar, pero se consideraría incorrecto no comprar como mínimo una botella.

HORARIOS COMERCIALES

Las tiendas de comida, especialmente las panaderías (*boulangeries*) abren temprano, alrededor de las 7. Las tiendas pequeñas y los grandes almacenes (*grands magasins*) abren habitualmente a las 9. La mayoría de las tiendas cierran para comer entre las 12 y las 14 o 15 horas, y abren hasta las 19 o 19.30 horas. Los hipermercados cierran tarde.

Muchas tiendas cierran el lunes. Las tiendas de comida, especialmente las panaderías, abren los domingos por la mañana.

PAGOS

Los supermercados aceptan tarjetas de crédito, pero las tiendas más pequeñas a menudo no. Busque los carteles en la puerta antes de entrar. Algunos comerciantes son reacios a aceptar pagos con tarjetas o cheques de viaje.

DEVOLUCIONES

Si tiene alguna queja de algún producto que haya comprado, devuélvalo lo antes posible a la tienda, junto con el recibo como prueba de compra. En caso de no ponerse de acuerdo, póngase en contacto con la Direction Départementale de la Concurrence, de la Consommation et de la Répression des Fraudes local (encontrará el número en la guía telefónica).

QUÉ COMPRAR

En Francia son especialistas en los pequeños lujos como la lencería, los jabones, cosméticos, perfumes, chocolates y las deliciosas mermeladas. Cada región francesa tiene sus propios productos que son souvenirs irresistibles. Muchos de éstos suelen ser productos gastronómicos como miel, hierbas aromáticas, galletas, *foie gras*, vinos, coñacs o licores. Fíjese también en la cerámica, los cestos y los tejidos locales.

A continuación encontrará una lista de productos regionales con una selección de establecimientos específicos para comprar en cada región.

NORTE DE FRANCIA

CHAMPAGNE

Las grandes compañías de champaña se encuentran en Reims o Épernay y pueden visitarse (ver págs. 118-119, 121 y 383). En las tiendas citadas a continuación encontrará una buena selección:

La Vinocave 45 place Drouet, Reims 51100, Tel 03 26 40 60 07.

Le Vintage 1 cours Anatole France, Reims 51100, Tel 02 26 40 40 00.

QUESOS

Philippe Olivier 43-45 rue Thiers, Boulogne-sur-Mer 62200, Tel 03 21 31 94 74. Tienda de quesos famosa por los cientos de variedades que ofrece.

CHOCOLATE

Chocolaterie de Beussent 66 Route de Desvres, Beussent 62170, Tel 03 21 86 17 62. Chocolate artesanal.

Chocolaterie Jean Trogneux 1 rue Delambred, Amiens 80000, Tel 03 22 71 17 17. Chocolates artesanales y productos de Amiens.

La Chocolaterie Thibaut Zone Artisanale, rue Max-Menu, Pierry 51530, Tel 03 26 51 58 04. Chocolate artesanal como por ejemplo corchos de champán de chocolate rellenos de *marc de Champagne*.

VAJILLAS ESMALTADAS

Société des Faienceries et Émaux de Longwy 3 rue des Émaux, Longwy 54400, Tel 03 82 24 30 94.

Émaux Saint-Jean l'Aigle rue de la Chiers, Herserange-Longwy 54400, Tel 03 82 24 58 20.

FOIE GRAS

Traiteur Vincent 11 rue des Boulangers, Colmar 68000, Tel 03 89 41 32 05.
Jean Lutz, 5 rue du Chaudron, Strasbourg 67000, Tel 03 88 32 00 64.

CRISTAL

Cristal Daum Vannes-le-Chatel, cerca de Toul, Tel 03 83 25 41 01.
Cristal grabado artesanal 74 rue de Viller, Lunéville 54300, Tel 03 83 73 26 61.
Espace Verre rue de la Liberté, Vannes-le-Chatel, cerca de Toul, Tel 03 83 25 47 44.

MERCADOS

Amiens	miér. y sáb.
Beauvais	miér. y sáb.
Boulogne-sur-Mer	miér. y sáb.
Calais	miér., jue. y sáb.
Colmar	jue. y sáb.
Langres	vier.
Le Touquet	lun.-jue., sáb.
Lille	diario
Metz	miér., jue. y sáb.
Nancy	mar.-sáb.
Reims	diario
Estrasburgo	lun.-sáb.
Troyes	sáb.

NORMANDÍA Y BRETAÑA

BÉNÉDICTINE

Palais Bénédictine 110 Rue Alexandre-Le-Gran, Fecamp 76400, Tel 02 35 10 26 00. Pruebe y compre el licor benedictino en el lugar donde se fabrica.

CALVADOS

Distilleries des Fiefs Ste-Anne, Coudray-Rabut 14130, Tel 02 31 64 30 05.
Pierre Huet Manoir la Brière des Fontaines, Cambremer 14170, Tel 02 31 63 01 09.

QUESOS

Fromagerie Graindorge Livarot 14140, Tel 02 31 48 20 00. Queso Livarot.
Henry Pennec Pont l'Evêque 14130, Tel 02 31 64 39 49. Fabricante del queso Pont

Varios museos ofrecen degustaciones y venden productos, entre ellos el Musée du Fromage de Livarot; el Musée du Fromage de Vimoutiers y La Ferme Président, el museo del queso de Camembert.

SIDRAS

Route du Cidre, Pays d'Auge Para más información sobre esta ruta guiada a través del país de la sidra, llame al 02 31 63 08 87.
La Ferme de Beuvron Beuvron-en-Auge 14430, Tel 02 31 79 29 19. Fabricantes de queso, Calvados y sidra.

ROPA

Coopérative Maritime Guilvinec 29730; Tel 02 98 58 10 31. Jerseis de los marineros bretones y otras prendas.

GALLETAS

Les Sources de l'Aven Pont-Aven 29930, Tel 02 98 06 07 65. Mantequilla, galletas y pastel bretón de tipo tradicional.

CERÁMICA/ALFARERÍA

Faïencerie HB Henriot 16 rue Haute, Quimper 29337, Tel 02 98 90 09 36.

ENCAJES

Encontrará encajes de Alençon en los siguientes museos:
Musée des Beaux-Arts et de la Dentelle Cour Carrée de la Dentelle, Alençon 61000, Tel 02 33 32 40 07.
Musée de dentelle au point d'Alençon 31-33 rue du Pont-Neuf, Alençon 61000, Tel 02 33 26 27 26.

MOSTAZAS Y OTRAS ESPECIALIDADES GASTRONÓMICAS

Épicerie Claude Olivier 16 rue St-Jacques, Dieppe 76200, Tel 02 35 84 22 55.

SAL MARINA

La Salorge de Guérande Compre en los puestos de carretera que están situados en las marismas del sur de Guérande.
La Maison du Sel Pradel 44350, Tel 02 40 62 08 80.

MERCADOS

Bayeux	miér. y sáb.
Brest	diario
Caen	vier. y dom.
Concarneau	lun. y vier.
Dieppe	mar., jue. y sáb.
Dinan	jue.
Honfleur	sáb.
Lorient	sáb.
Quimper	diario
Rennes	mar.-dom.
Rouen	jue.-dom.
Saint-Malo	jue.-dom.
Trouville-sur-Mer	miér.-dom.
Vannes	miér.-sáb.

Feria de la manzana Ste-Opportune-la-Mare (norte de Pont Audemer). El primer domingo de octubre y abril.
Feria del camembert Camembert (al sur de Lisieux). El último domingo de julio.
Feria de la sidra Caudebec-en-Caux. Septiembre.

VALLE DEL LOIRA

CESTOS

Coopérative de Vannerie de Villaines 1 rue de la Cheneillère, Villaines-les-Rochers 37190, Tel 02 47 45 43 03.

CHARCUTERIE

Charcuterie Hardouin Virage Gastronomique, Vouvray 37210, Tel 02 47 52 65 33.

CHOCOLATE, GALLETAS Y REPOSTERÍA

La Chocolaterie Royale 53 rue Royale, Orléans 45000, Tel 02 38 53 93 43.
La Petite Marquise 22 rue des Lices, Angers 49000, Tel 02 41 87 43 01.

Chocolat Benoit
1 rue des Lices, Angers 49000, Tel 02 41 88 94 52.

CERÁMICA

Faïencerie de Gien
place de la Victoire, Gien 45500, Tel 02 38 67 00 05.
Faïenceries du Bourg-Joly
16 rue Carnot, Malicorne-sur-Sarthe 72270, Tel 02 43 94 80 10.

VINOS

Las *Maisons du vin* locales le informarán acerca de las degustaciones y dónde encontrar a los distribuidores.

Grands Vins du Vouvray
Manoir du Haut-Lieu, Vouvray 37210, Tel 02 47 52 78 87.
Maison des Vins du Pays Nantais Bellevue, La Haie-Fouassière 44690, Tel 02 40 36 90 10.
Maison du Vin de l'Anjou
5 bis place Kennedy, Angers 49100, Tel 02 41 88 81 13.
Maison des Vin de Bourgeuil
Bourgeuil 37140, Tel 02 47 97 92 20.

Cointreau
Distillerie Cointreau
St-Barthélemy-d'Anjou 49124, Tel 02 41 31 50 50.
Visita a la destilería.

MERCADOS

Amboise	vier. y dom.
Angers	diario
Blois	mar., jue. y sáb.
Bourges	jue.-dom.
Chinon	jue.
Nantes	diario
Orléans	mar.-dom.
Saumur	sáb.
Tours	diarias

FRANCIA CENTRAL Y ALPES

CHARCUTERÍA

Charcuterie Raillard
4 rue Monge, Beaune 21200, Tel 03 80 22 23 04.
Charcuterie Reynon
13 rue des Archers, Lyon 69000, Tel 04 78 37 39 08.

QUESOS

Abbaye Notre-Dame de Cîteaux Cîteaux 21700, Tel 03 80 61 32 58.
Los monjes continúan fabricando su famoso queso.
Coopérative Fromagerie d'Arbois rue des Fosses, Arbois 39600, Tel 03 84 66 09 71.
Fromagerie Berthaut place Champ-de-Foire, Époisses 21460, Tel 03 80 96 44 44.
Fromagerie René Richard
Les Halles, 102 cours Lafayette, Lyon 69000, Tel 04 78 62 30 78.
Les Caves Societé
Roquefort-sur-Soulzon 12250, Tel 05 65 58 54 38 o 05 65 58 58 58. Visitas a las cuevas donde se cura el queso. Venta de queso.

CHOCOLATE

Chocolaterie-Confiserie Bernard Laurent 6 rue du Lac, Annecy 74000, Tel 04 50 45 04 70.
Pâtisserie-Chocolaterie Bernachon 42 cours Franklin-Roosevelt, Lyon 69006, Tel 04 78 24 37 98.

MONTÉLIMAR NOUGAT

Suprême Nougat 3 avenue St-Martin, Montélimar 26200, Tel 04 75 01 74 42.

MOSTAZA

Grey-Poupon Maille, 32 rue de la Liberté, Dijon 21000, Tel 03 80 30 41 02.

NOUGAT

Chabert et Guillot 1 rue André-Ducatez, Montélimar 26200, Tel 04 75 53 71 83.

ACEITUNAS

Coopérative Agricole du Nyonsais place Olivier-de-Serres, Nyons 26110, Tel 04 75 26 95 00.

PAIN D'ÉPICES

Mulot & Petitjean
13 place Bossuet, Dijon 21000, Tel 03 80 30 07 10.

SEDA

L'Atelier de Soierie
33 rue Romarin, Lyon 69001, Tel 04 72 07 97 83.
La Boutique des Soyeux
20 rue Romarin, cerca de la place des Terreaux, Tel 04 78 39 96 67
Bufandas y retales de seda.

VINOS

Beaujolais
Maison des Beaujolais
RN6 69220 St-Jean d'Arbières, Tel 04 74 66 16 46.
Les Routes des Vins Le Pays Beaujolais, Villefranche-sur-Saône 69400, Tel 04 74 07 27 50.
Le Hameau du Vin
Romanèche-Thorins 71570, Tel 03 85 35 22 22. Museo de vinos.

Borgoña
Marché aux Vins
rue Nicolas-Rolin, Beaune 21200, Tel 03 80 25 08 20.
Degustación (pagada).
Le Vigneron 6 rue d'Alsace, Beaune 21200, Tel 03 80 22 68 21. Accesorios para el vino.
Vins de Bourgogne 12 boulevard Bretonnière, Beaune 21200, Tel 03 80 25 04 80.

Chablis
La Chablisienne 8 boulevard Pasteur, Chablis 89800, Tel 03 86 42 89 89.

Jura
Societé de Viticulture du Jura avenue du 44ème RI, Lons-le-Saunier 39016.

Mâcon
Maison du Vin 520 avenue Maréchal de Lattre-de-Tassigny, Mâcon 71000, Tel 03 85 22 91 11.
Syndicat Viticole de Pouilly
2 rue des Écoles, Pouilly-sur-Loire 58150, Tel 03 86 39 06 83.

Cassis
Cassis Boudier 14 rue de Cluj, Dijon 21007, Tel 03 80 74 33 33.

Chartreuse
Les Caves de la Chartreuse
10 boulevard Edgar-Kofler, Voiron 38500, Tel 04 76 05 81 77.

MERCADOS

Aubusson	sáb.
Autun	miér., vier. y dom.
Auxerre	mar. y vier.
Beaune	miér. y sáb.
Besançon	mar., vier. y dom.
Bourg-en-Bresse	miér. y sáb.
Chablis	dom.
Chambéry	sáb.
Clermont-Ferrand	lun.-sáb.
Dijon	mar., viér. y sáb.
Grenoble	mar.-dom.
Louhans	lun. aves de Bresse
Lyon	mar.-dom.
Nyons	jue.
Le Puy-en-Velay	sáb.
Vichy	miér.

SUDOESTE DE FRANCIA

LINO VASCO

Boutiques Berrogain carrefour des Cinq-Cantons, Bayonne 64100, Tel 05 59 59 16 18.

Basque Berets Musée de Beret, place St Roch, Nay, Tel 05 59 61 91 70.

JAMÓN DE BAYONA

Maison Montauzer 17 rue de la Salie, Bayonne 64100, Tel 05 59 59 07 68.

Pierre d'Ibaïalde 41 rue des Cordeliers, Bayonne 64100, Tel 05 59 25 65 30.

CHOCOLATE Y CARAMELOS

Chocolaterie Cazenave 19 rue du Port-Neuf, Bayonne 64100, Tel 05 59 59 03 16.

Chocolaterie Henriet place Clemenceau, Biarritz 64200, Tel 05 59 24 24 15.

MAKHILA

(Bastones tradicionales vascos hechos de madera y a veces con punta de plata.)

Ainciart Bergara (desde 1789), Larressore 64480, Tel 05 59 93 03 05.

M Leoncini 37 rue Vieille Boucherie, Bayonne 64100, Tel 05 59 59 18 20.

OSTRAS

B Pedemay impasse du Grand Coin, Petit Piquey, Lege-Cap-Ferret 33950, Tel 05 56 60 51 48.

PORCELANA

Ancienne Manufacture Royale de Limoges 7 place des Horteils, Aixe sur Vienne 87700, Tel 05 55 70 44 82. Hay muchas fábricas de porcelana con tienda en Limoges y alrededores. Obtenga una lista de las direcciones en www.tourismlimoges.org.

TRUFAS, *FOIE GRAS* Y *CONFITS*

Aux Armes du Périgord 1 rue de la Liberté, Sarlat-la-Canéda 24200, Tel 05 53 59 14 27.

Conserverie Godard Gourdon 46300, Tel 05 65 41 03 97.

La Ferme de Turnac Domme 24150, Tel 05 53 28 10 84.

Le Gers Gourmet Gayrin, St-Germe 32400, Tel 05 62 69 61 07. (St-Germe está en la D935 al este de Aire-sur-l'Adour.)

Pierre Champion 21 rue Taillefer, Périgueux 24004, Tel 05 53 03 90 29.

Pebeyre 66 rue Frédéric-Suisse, Cahors 46000, Tel 05 65 22 24 80 (sáb. y dom.).

VINOS Y LICORES

Para una buena selección de vinos de Burdeos pruebe en:

L'Intendant 2 allée de Tourny, Bordeaux 33000, Tel 05 56 43 26 39.

La Vinothéque 8 cours du 30 Juillet, Bordeaux 33000, Tel 05 56 52 32 05.

Maisons du Vin

Maison des Sauternes place de la Mairie, Sauternes 33210, Tel 05 56 76 69 83.

Maison des Vins de Graves 61 cours Maréchal Foch, Podensac 33720, Tel 05 56 27 09 25.

Maison de Vins de Bergerac 2 place du Dr. Cayla, Bergerac 24100. Tel 05 53 63 57 55

Maison du Tourisme et du Vin La Verrerie, Pauillac 33250, Tel 05 56 59 03 08.

Maison du Vin des Côtes de Blaye 11 cours Vauban, Blaye 33390, Tel 05 57 42 91 19.

Maison du Vin des Côtes de Bourg place de l'Éperon, Bourg 33710. Tel 05 57 68 22 28.

Maison du Vin de St-Émilion place Pierre, Meyrat, St-Émilion 33330, Tel 05 57 55 50 55.

Maison du Vin de St-Estèphe place de l'Église, St-Estèphe 33180, Tel 05 56 59 30 59.

Syndicat Interprofessionel du Vin de Cahors avenue Jean-Jaurès, Cahors 46000, Tel 05 65 23 22 22.

Armagnac

Jean-Gabriel Cénac Domaine de Laubuchon, Manciet 32370, Tel 05 62 08 50 29.

Janneau Fils SA avenue d'Aquitaine, Condom 32100, Tel 05 62 28 24 77.

Cognac

Cognac Otard Château de Cognac, 127 boulevard Denfert-Rochereau, Cognac 16101, Tel 05 45 36 88 88.

Remy Martin 20 rue de la Société Vinicole, Cognac 16100, Tel 05 45 35 76 66.

MERCADOS

Auch	jue. y sáb.
Bayonne	lun.-sáb.
Bergerac	miér. y sáb.
Biarritz	lun.-sáb.
Bordeaux	lun.-sáb.
Brantôme	vier.
Cahors	miér.
Lalbenque	lun.
(mercado de trufas)	dic.-marzo
Pauillac	sáb.
Périgueux	miér. y sáb.
St-Émilion	dom.
St-Jean-de-Luz	mar. y vier.
Sarlat-la-Canéda	miér. y sáb.

SUR DE FRANCIA Y CÓRCEGA

ANCHOAS

Société Roque 17 route d'Argelès, Colliure 66190, Tel 04 68 82 22 30. Una compra clásica de Colliure.

CHARCUTERÍA
La Maison du Saucisson d'Arles 3 avenue de la République, St-Martin-de-Crau 13310, Tel 04 90 47 30 40.

ALPARGATAS Y TEJIDOS CATALANES
Les Toiles du Soleil Le Village, St-Laurent-de-Cerdans 66260, Tel 04 68 39 50 02.

CRISTALERÍA
Verrerie de Biot chemin des Combes, Biot 06410, Tel 04 93 65 03 00.

HERBORISTERÍA
L'Herbier en Provence Montée la Castre, St-Paul 06570, Tel 04 93 32 91 51.

ACEITUNAS Y ACEITE DE OLIVA
Alziari 14 rue St-François-de-Paule, Nice 06000, Tel 04 93 85 76 92.
Moulin de la Braque 2 route de Châteauneuf, Opio 06650, Tel 04 93 77 23 03.

PERFUMES
Parfumerie Fragonard 20 boulevard Fragonard, Grasse 06130, Tel 04 93 36 44 65.
Parfumerie Galimard 73 route de Cannes, Grasse 06130, Tel 04 93 09 20 00.
Parfumerie Molinard 60 boulevard Victor-Hugo, Grasse 06130, Tel 04 93 36 01 62.

CERÁMICA
Galerie Madoura Rue Suzanne Georges Ramiè, Vallauris 06220, Tel 04 93 64 66 39.
Moustiers-Ste-Marie Encontrará muchas tiendas de cerámica en la route de Riez, Moustiers-Ste-Marie 06430.
Syndicat des Potiers avenue Jean Gerbino, Vallauris 06220, Tel 04 93 64 88 30.

TEJIDOS PROVENZALES
Souleîado 5 rue Joseph-Vernet, Avignon 84000, Tel 04 90 86 47 67 (también en otros lugares).

BELENES
Arterra 3 rue du Petit Puits, Marseille, Tel 04 91 91 03 31. Figuras para el belén.

VINOS
Corbierès Chateau de Boulenuac, Tel 04 68 27 73 00.
Palais du Vin Rte de Perpignan, Narbonne. Tel 04 68 41 49 67.
Costières de Nîmes Maison des Costières, 19 place Aristide Briand, quai de la Fontaine, Nîmes. Tel 04 66 36 96 20.
Fitou La Palme, Tel 04 68 40 42 70.
Maison du Tourisme et du Vin 41 cours Jean-Jaurès, Avignon 84000, Tel 04 32 74 32 74.
Minervois Syndicat du Cru Minervois, rue du Château, Siran. Tel 04 68 27 80 02.
Vignerons de Beaumes-de-Venise quartier Ravel, Beaumes-de-Venise 84190, Tel 04 90 12 41 00.

Vinos corsos
Vins de Corse place St-Nicolas, Bastia 20200, Tel 04 95 32 91 32.

MERCADOS

Aix-en-Provence	mar., jue., y sáb.
Apt	sáb.
Arles	miér. y sáb.
Avignon	mar.-dom.
Cannes	diario
Carpentras	vier.
Ceret	sáb.
Hyères	sáb.
L'Isle-sur-la-Sorgue	jue. y dom.
Marsella	Por las mañanas mercado diario de pescado, mercado general y mercadillo mar.-dom.
Montpellier	diario
Niza	mar.-dom., mercadillo lun.
Orange	jue.
Perpiñán	diario
St-Rémy-de-Provence	miér.
St-Tropez	mar. y sáb.
Tarascon	mar.
Toulouse	diario

OCIO

En Francia, puede llevarse a cabo casi cualquier tipo de actividad de ocio aunque, según lo que le apetezca hacer, deberá visitar diferentes regiones. En casi todas las regiones se puede caminar, montar a caballo o jugar al golf; las costas francesas ofrecen una gran variedad de actividades. La mayoría de las ciudades disponen de buenas instalaciones deportivas. Las ciudades ofrecen espectáculos y actividades sofisticadas, desde los casinos a la ópera, o desde locales nocturnos a fiestas locales. En cada región se han indicado los mejores lugares o contactos para actividades interesantes y se ha hecho una lista de las principales festividades y acontecimientos a lo largo del año. Más adelante encontrará una lista de los números de contacto para actividades específicas. Las oficinas de turismo locales también le pueden informar al respecto.

Direcciones nacionales para deportes y actividades:

PIRAGÜISMO Y KAYAK

Fédération Française du Canoë-Kayak 87 quai de la Marne, Joinville-le-Pont 94340, Tel 01 45 11 08 50.

CICLISMO

Fédération Française du Cyclo-Tourisme 12 rue Louis Bertrand, Ivry-sur-Seine 94207, Tel 01 56 20 88 88.

PESCA

Conseil Supérieur de la Pêche 16 avenue Louison Bober, Fontenay-sur-Bois 94232, Tel 01 45 14 36 00.
La temporada empieza el segundo sábado de marzo. Para pesca de río debe comprar el permiso en un estanco.

GOLF

Fédération Française du Golf Levallois, Tel 01 41 49 77 00.

HÍPICA

Délégation Nationale pour le Tourisme Équestre 30 avenue d'Iéna, Paris 75116, Tel 01 53 67 44 44.

HIDROTERAPIA Y BALNEARIOS

Centre d'Informations Thermales 32 avenue de l'Opéra, París 75002, Tel 01 44 71 37 37.
Fédération Thermale et Climatique Française 71 rue Froidevaux, Paris 75014, Tel 01 40 47 57 33.

MONTAÑISMO

Fédération Française de la Montagne et de l'Escalade 8 quai de la Marne, París 75019, Tel 01 40 18 75 50.

NAVEGACIÓN A VELA

Fédération Française de la Voile 17 rue Henri Bocquillon, París 75015, Tel 01 40 60 37 00.

ESQUÍ

Fédération Française de Ski 50 rue des Marquis, Annecy 74000, Tel 04 50 51 40 34.
Écoles de Ski Français 6 allée des Mitaillères, Meylan 38246, Tel 04 76 90 67 36.

SUBMARINISMO

Fédération Française d'Études et de Sports Sous-Marins 24 quai de la Rive-Neuve, Marseille 13284, Tel 04 91 33 99 31, Fax 04 91 54 77 43.

SENDERISMO

FFRP (Fédération Française de la Randonnée Pédestre) 14 rue Riquet, París 75019, Tel 01 44 89 93 93, Fax 01 40 35 85 67.
Information Center, FFRP 64 rue de Gergovie, París 75014, Tel 01 44 89 93 93.

SKI ACUÁTICO

Fédération Française du Ski Nautique 127 rue d'Athènes, Paris 75009, Tel 01 53 20 19 19.

VISITAS Y EXCURSIONES ORGANIZADAS

Los circuitos turísticos y las visitas están indicadas en toda Francia, y las oficinas de turismo locales pueden aconsejarle.
La **Caisse Nationale des Monuments Historiques et des Sites** publica un mapa de visitas históricas. Póngase en contacto con el Hôtel de Sully, 62 rue St-Antoine, París 75186, o llame al 01 44 61 21 00.
Las visitas incluyen grandes catedrales, parques, jardines, castillos y visitas históricas temáticas. Para más información, póngase en contacto con Demeure Historique, 57 Quai de la Tournelle, París 75005, Tel 01 55 42 60 00, Fax 01 43 29 36 44. www.monum.fr
Para las visitas en autobús, contacte con las oficinas de información locales. Muchos lugares ofrecen visitas guiadas, pero tenga en cuenta que pueden ser sólo en francés.

NORTE DE FRANCIA

RUTA DEL VINO DE ALSACIA

Maison des Vins d'Alsace 12 avenue de la Foire aux Vins, Colmar 68012, Tel 03 89 20 16 20

VISITAS A LAS *CAVES* DE CHAMPAGNE

La mayoría de las grandes firmas de champán tienen las bodegas en Reims o Épernay, y pueden visitarse. Algunas bodegas entre viñedos también organizan visitas. Es aconsejable llamar antes para concertar la visita.

Lanson 66 rue de Courlancy, Reims 51100, Tel 03 26 78 50 50. Con cita previa.
Moët et Chandon 20 avenue de Champagne, Épernay 51200, Tel 03 26 51 20 20. Se paga entrada.
Mumm 29 rue de Champ de Mars, Reims 51100, Tel 03 26 49 59 70. Visitas en varios idiomas, degustación. Se paga entrada.
Piper-Heidsieck 51 boulevard Henry-Vasnier, Reims 51100, Tel 03 26 84 43 44.
Taittinger 9 place St-Nicaise, Reims 51100, Tel 03 26 85 45 35.

Visitas en francés, inglés y alemán. Se paga entrada.
Veuve Clicquot 1 place des Droits de l'Homme, Reims 51100, Tel 03 26 89 53 90.

ACONTECIMIENTOS

Domingo antes de Semana Santa.
Coulommiers Feria de vinos y quesos
Mayo
Amiens Carnaval
Junio
Chantilly Carreras de caballos
Julio
Boulogne-sur-Mer Fiesta del pescado
Douai Fiesta de gigantes
Agosto
Cambrai Fiesta de gigantes
Locon Feria del ajo
Maroilles Fiesta de la *flamiche* (pastel de puerros)
Wimereux Fiesta del mejillón
Septiembre
Lille Gran mercadillo y festival del mejillón (*braderie*)
Octubre
Neuilly-St-Front Feria de la manzana
St-Augustin Fiesta de la manzana y de la sidra

NORMANDIA Y BRETAÑA

EXCURSIONES EN BARCO

Estuario del Sena A bordo del *Stephanie*, 38 rue Bucaille, Honfleur, Tel 02 31 89 21 10.
Tourisme et Loîsits Maritimes Le Havre, Tel 02 35 28 99 53.
Les Sept Îles Perros-Guirec, Tel 02 96 91 10 00.

CICLISMO

Ligue de Basse-Normande Tel 02 33 47 93 51. Ciclismo en el sur de Normandía.
La Maison des Sports Rennes, Tel 02 99 54 67 66.

GOLF

Ligue de Golf de Bretagne Rennes, Tel 02 99 31 68 80.

HÍPICA

Tourisme Équestre du Calvados Tel 02 31 20 15 71.
Haras du Pin (Caballeriza Nacional) Tel 02 33 36 68 68. Visitas guiadas.

DESEMBARCO DE NORMANDÍA

Información turística sobre los desembarcos del día-D, Bayeux, Tel 02 31 22 78 82.
Excursiones en barco por las playas de Normandía: Mme. Vicquelin, Tel 02 31 51 81 33.
Viajes en avión Aéro Caen, Carpiquet, Tel 02 31 71 20 10.

RUTA DE LA OSTRA

Association Ostreme Tel 02 97 42 04 66.

PESCA MARINA

Trouville Tel 02 31 65 21 49.

TALASOTERAPIA

Institut de Thalassotherapie Arzon, 56640, Tel 02 97 53 90 90.
Pornic Phytomer Pornic 44210, Tel 02 40 82 21 21.
Thalassa Dinard Dinard 35800, Tel 02 99 16 78 10.
Thermes Marin de St-Malo St-Malo 35400, Tel 02 99 40 75 75.

SENDERISMO

Calvados Tel 02 31 82 28 83. Información sobre lugares donde pasear.
Brittany Randonnée Pédestre, Tel 02 99 68 74 26.

ACONTECIMIENTOS NORMANDÍA

Mayo
Coutances Festival de jazz
Mont St-Michel Fiesta de la primavera
Rouen Fiesta de Juana de Arco. El domingo más próximo al 30 de mayo
Junio
Playas del día-D 6 de junio
Balleroy Encuentro globos aeroestáticos, mediados de junio
Julio
Le Havre Regata internacional
Mont St-Michel Peregrinación por la arena
Agosto
Cabourg Procesión de Guillermo el Conquistador
Carteret Fiesta del mar
Deauville Carrera de caballos, Gran Premio
Septiembre
Lessay Feria de la Sagrada Cruz
Lisieux Fiesta de Santa Teresa: procesión con reliquias.
Septiembre-Octubre
Haras du Pin Pruebas de caballos

BRETAÑA

Mayo
Tréguier Pardon de St Yves
Julio
Locronan Petite Troménie (Grande Troménie cada 6 años, 2007, 2013, etc.)
Rennes Les Tombées de la Nuit
Vannes Festival de jazz
Agosto
Carnac Fiesta del menhir
Concarneau Fiesta de las puntillas azules.
Erquy Fiesta del mar
Lorient Festival intercéltico
Ste-Anne-la-Palud Grand Pardon
Septiembre
Carnac Pardon de St Cornély

VALLE DEL LOIRA

VIAJAR EN GLOBO

France Montgolfières 24 rue Nationale, Montrichard 41400, Tel 02 54 32 20 48.

PIRAGÜISMO Y KAYAK

Ligue Pays de la Loire de Canoë-Kayak 75 avenue du Lac de Maine, Angers 49000, Tel 02 41 73 86 10.

CRUCEROS

Bateaux Nantais Tel 02 40 14 51 14. Cruceros por el río Loira.

RUTAS TURÍSTICAS

La Route des Dames de Touraine Château de Montpoupon (Montrichard 41400), Tel 02 47 94 21 15.
Les Circuits sur les Pas de St-Martin Tours 37000, Tel 02 47 70 37 37.

ACONTECIMIENTOS

La mayoría de los castillos grandes tienen espectáculos de

son-et-lumière (luz y sonido) durante el verano.

Febrero

Angers Feria de la miel

Saumur Fiesta del vino

Mayo

Saumur Exhibición de caballos

Orléans Fiesta de Juana de Arco

Mayo-junio

Chambord Festival de Chambord

Julio

Amboise Festival

Chinon Mercado medieval

Doué La Fontaine Fiesta de la rosa

Julio

Tours Fiesta del ajo y del perejil

Agosto

Rochefort-sur-Loire Festival folclórico de Anjou

Vouvray Feria del vino

Octubre

Azay-le-Rideau Feria de la manzana

Bourgeuil Feria de la castaña

FRANCIA CENTRAL Y LOS ALPES

NAVEGAR EN LOS CANALES

Bateaux de Bourgogne 1-2 quai de la République, Auxerre 89000, Tel 03 86 72 92 10.

VIAJAR EN GLOBO

Air Escargo Remigny 71150, Tel 03 85 87 12 30.

ESCALADA EN ROCA

Club Alpin Français (sección Auvergne), 73 rue Jean Richepin, Clermont-Ferrand 63000, Tel 04 73 90 81 62.

GRANJA DE SEDA

Ma Magnanerie Lieu-dit Les Mazes, Vallon-Pont-d'Arc 07150, Tel 04 75 88 01 27. Granja restaurada (*magnanerie*) de cría de gusanos de seda.

ESQUÍ

Bureau Info Montagne, Maison de Tourisme, 14 rue de la République, Grenoble 38019, Tel 04 76 42 45 90, Fax 04 76 15 23 91.

Ski France cubre más de 100 estaciones. Reservas de alojamiento y teléfono 24 horas sobre las condiciones para esquiar desde mediados de dic. hasta mediados de abril, Tel 01 48 74 05 10. Para más información póngase en contacto con 17 rue des Martyrs, París 75009, Tel 01 48 74 05 10.

TRENES DE VAPOR

Chemin de Fer du Haut-Rhône Maison d'Accueil, Montalieu Vercieu 38390, Tel 04 74 88 48 56.

Chemin de Fer du Vivarais 2 quai Jean-Moulin, Lyon 69001, Tel 04 75 08 20 30.

SENDERISMO

Randonnée Pédestre

Comité de la Côte d'Or, Tel 03 80 63 64 60.

Comité de Saône-et-Loire, Tournus, Tel 03 85 51 06 15.

Comité de l'yonne, Auxerre, Tel 03 86 41 22 26.

CURSOS DE COCINA Y VINOS

Auberge de la Toison d'Or, Beaune. Aprenda a preparar un menú clásico de Borgoña. Tel 03 80 22 29 62.

École de Vins de Bourgogne, Beaune, www.vins-bourgogne.fr Tel 03 80 25 04 90.

ACONTECIMIENTOS

Domingo anterior al de Ramos

Le-Puy-en-Velay Procesión de penitentes con antorchas

Fines de mayo-1ª semana de junio

Beaune Feria de Beaune

Junio

Villefranche-sur-Saône Festividades del solsticio

Julio

Arbois Fiesta del vino

Gannat Festival de folclore internacional

Vienne Festival de jazz

8 de septiembre

Mont Brouilly Peregrinación de los productores de vino

Septiembre-diciembre

Beaujolais Vendimia. Festividades por toda la región

Octubre-noviembre

Dijon Feria gastronómica anual

Bourg-en-Bresse Feria gastronómica, tercer domingo de nov.

Beaune Subasta de vino, cuarto domingo de nov.

Chablis Fiesta del vino, 8 de dic.

Lyon Fiesta de la luz

SUDESTE DE FRANCIA

El **Centre Loisirs Accueil du Périgord** ofrece información sobre hípica, excursionismo, kayak, golf, pesca y excursiones con caballos. Tel 05 53 35 50 24 o Fax 05 53 35 50 00.

EXCURSIONES EN BARCO POR EL RÍO LOT

Comité Départemental de Tourisme 107 quai Cavaignac, Cahors 46001, Tel 05 65 35 07 09, Fax 05 65 23 92 76.

JUEGO

Casino de Biarritz 1 avenue Édouard V11, Biarritz 64201, Tel 05 59 22 77 77.

Casino La Rochelle allée du Mail, La Rochelle 17000, Tel 05 46 34 12 75.

GOLF

American Golf School avenue Reine Nathalie, Biarritz-Bidart, Tel 05 59 43 81 21.

HÍPICA

Hippodrome du Bonscat avenue d'Eysines, Le Bouscat 33110, Tel 05 56 28 01 48.

ESQUÍ Y MONTAÑISMO EN LOS PIRINEOS

Centre d'Information Montagnes et Sentiers, St- Girons 09200, Tel 05 61 66 40 10.

SURF

Fédération Française de Surf Plage Nord, boulevard Front de Mer, Hossegor 40150, Tel 05 58 43 55 88.

Lacanau Surf Club Tel 05 56 26 38 84.

Surf Sans Frontières Lacanau 33680, Tel 05 56 26 36 14.

TENIS
Biarritz Olympique Parc des Sports d'Aguilera, Biarritz 64000, Tel 05 59 43 71 38. Pistas cubiertas y descubiertas.

TALASOTERAPIA
Institut Louison-Bobet 11 rue Louison-Bobet, Biarritz 64200, Tel 05 59 41 30 01.
Les Thermes Marins 80 rue de Madrid, Biarritz 64200, Tel 05 59 23 01 22.

CURSOS DE ENOLOGÍA
École du Vin Château Loudenne, Médoc, St Yzans 33340, Tel 05 57 00 02 17.

SENDERISMO
Centre d'Information Montagnes et Sentiers BP 88, 09200 St Girons. Tel 05 61 66 40 10.
Randonnée Dordogne, Périgueux, Tel 05 53 45 51 21.

ACONTECIMIENTOS
Pentecostés
La Rochelle Semana internacional de la navegación
Vic-Fezensac. Corridas de toros
24 de junio
St-Jean-de-Luz Fiesta de San j procesión con antorchas
Agosto
Arcachon Fiesta del mar
Biarritz Concurso de surf
Gujan-Mestras Feria del mejillón
Rocamadour Fiesta de la Asunción con antorchas, tercer domingo de sept.
St-Émilion Fiesta de la vendimia
Octubre
Nontron Feria de la castaña
Noviembre
Burdeos Festival SIGMA de danza y teatro

SUR DE FRANCIA Y CÓRCEGA

PIRAGÜISMO Y KAYAK
Verdon Plus Maison de Canoë, Martinet 04340, Tel 04 92 85 53 99.

Ligue Régionale Alpes Provence 14 avenue Vincent Auriol, Bagnols-sur-Cèze 30200, Tel 04 66 89 83 10.

CASINOS
Le Casino place du Casino, Montecarlo, Mónaco, Tel 00 377 92 16 21 21.
Casino Ruhl, Promenade des Anglais, Nice, Tel 04 97 03 12 22.

HÍPICA
Centre Équestre de la Ville de Marseille 33 Traverse Carthage, Marseille 13000, Tel 04 91 73 72 94.
Languedoc-Rosellón ATECREL 14 rue des Logis, Loupian, Mèze 34140, Tel 04 67 43 82 50.

NUDISMO
Héliopolis Île du Levant, Hyères 83411.

PESCA DE RÍO
Fédération Inter-départementale de Pêche et Pisciculture 19 avenue Noël Franchini, Ajaccio 20000, Tel 04 95 23 13 32.

NAVEGACIÓN Y WINDSURF
Cannes Station de Voile Port du Mourre Rouge, Cannes 06400, Tel 04 92 18 88 88.
Nautique 2000 Port Gallice, Juan-les-Pins 06160, Tel 04 93 61 20 01.
Station Voile place de la République, Port Bacarès 66420, Tel 04 68 86 16 56.

SUBMARINISMO
Fédération Française d'Études et de Sports Sous-Marins 24 quai Rive-Neuve, Marseille 13284, Tel 04 91 33 99 31.

ESQUÍ
Isola 2000 Office de Tourisme, Tel 04 93 23 15 15.
Font Romeu Office de Tourisme, Tel 04 68 30 68 30.

SENDERISMO
Comité Départmental de la Randonnée Pédestre 4 ave de Verdun, Cagnes-sur-Mer, Tel 04 93 20 74 73.

ACONTECIMIENTOS EN LA COSTA AZUL
Febrero
Menton Fiesta del limón (Procesión de la Fruta Dorada)
Martes de Carnaval
Niza Carnaval (2 semanas)
Mayo
Cannes Festival Internacional de Cine
Mónaco Gran Premio de Fórmula Uno
Julio
Juan-les-Pins–Antibes Festival Internacional de Jazz
Niza Festival de jazz

PROVENZA
Mayo
Stes-Maries-de-la-Mer Le Pelerinage (peregrinación gitana)
Pentecostés
Nîmes Fiesta de Pentecostés
Julio
Aix-en-Provence Festival internacional de Ópera y Música
Arles Corridas de toros.
De julio a septiembre
Aviñón Festival de Teatro, Danza y Música

LANGUEDOC-ROSELLÓN
Viernes Santo
Perpiñán Procesión de los Penitentes de la Sangre
Junio
Tarascón Fête de la Tarasque
Julio
Carcassonne Embrasement de la Cité 14 de julio
Prades Festival musical Pau Casals julio-agosto

CÓRCEGA
Viernes
Sarténe Procesión du Catenacciu

VOCABULARIO BÁSICO

PALABRAS Y FRASES ÚTILES

General

Sí *Oui*
No *Non*
Perdón *Excusez-moi*
Buenos días *Bonjour*
Hola *Salut*
Por favor *S'il vous plaît*
Muchas gracias *Merci beaucoup*
De nada *De rien*
¡Que tenga un buen día! *Bonne journée!*
De acuerdo *D'accord*
Adiós *Au revoir*
Buenas noches *Bonsoir*
aquí *ici*
allá *là*
hoy *aujourd'hui*
ayer *hier*
mañana *demain*
ahora *maintenant*
más tarde *plus tard*
ahora mismo *tout de suite*
esta mañana *ce matin*
esta tarde *cet après-midi*
esta noche *ce soir*
¿Habla español? *Parlez-vous espagnol?*
Soy español *Je suis espagnol* (hombre); soy española *je suis espagnole* (mujer)
No lo entiendo *Je ne comprends pas*
Puede hablar un poco más despacio, por favor *Parlez plus lentement, s'il vous plaît*
¿Dónde está...? *Où est...?*
No lo sé *Je ne sais pas*
No pasa nada *Ce n'est pas grave*
Eso es *C'est ça*
Aquí está *Voici*
Aquí tiene *Voilà*
¿Cómo se llama? *Comment vous-appelez-vous?*
Me llamo... *Je m'appelle...*
Vamos *On y va*
¿A qué hora? *À quelle heure?*
¿Cuándo? *Quand?*
¿Qué hora es? *Quelle heure est-il?*

En el hotel

¿Tienen...? *Avez-vous...?*
una habitación individual *une chambre simple*
una habitación doble *une chambre double*
con/sin baño/ducha *avec/sans salle de bain/douche*

Ayuda

Necesito un médico/dentista *J'ai besoin d'un médicin/dentiste*
¿Puede ayudarme? *Pouvez-vous m'aider?*
¿Dónde está el hospital? *Où est l'hôpital?*
¿Dónde está la comisaría? *Où est le commissariat?*

De compras

Querría... *Je voudrais...*
¿Cuánto cuesta? *C'est combien?*
¿Aceptan tarjetas de crédito? *Est-ce que vous acceptez les cartes de crédit?*
talla (ropa) *la taille*
número (zapatos) *la pointure*
barato *bon marché*
caro *cher*
¿Tiene...? *Avez vous...?*
Me lo llevo *Je le prends*
¿Algo más? *Avec ça?*
suficiente *assez*
demasiado *trop*
la cuenta *la note*

Tiendas

la panadería *la boulangerie*
la librería *la librairie*
la farmacia *la pharmacie*
la charcutería *la charcuterie/le traiteur*
los grandes almacenes *le grand magasin*
la pescadería *la poissonnerie*
tienda de comestibles *l'alimentation/l'épicerie*
tienda de viejo *la brocante*
el supermercado *le supermarché*
el estanco *le bureau de tabac*

De visita

información turística *office de tourisme/le syndicat d'initiative*
abierto *ouvert*
cerrado *fermé*
todos los días *tous les jours*
todo el año *toute l'année*
todo el día *toute la journée*
gratis *gratuit/libre*
la abadía *l'abbaye*
el castillo *le château*
la iglesia *l'église*
el museo *le musée*
la escalera *l'escalier (m)*
la torre *la tour* (la Tour Eiffel)
paseo (andando o en coche) *le tour*
la ciudad *la ville*
la ciudad antigua *la vieille ville*
el ayuntamiento *Hôtel de ville/la mairie*

LEER LA CARTA

Ver las secciones de comida regional para ver los platos recomendados.

desayuno *le petit déjeuner*
comida *le déjeuner*
cena *le dîner*
Estoy a régimen *Je suis au régime*
Me gustaría pedir *Je voudrais commander*
¿El servicio está incluido? *Est-ce que le service est compris?*

El menú

menu à prix fixe menú
à la carte platos a la carta
entrée/hors d'œuvre primer plato
le plat principal segundo plato
boisson comprise bebida incluida
carte des vins carta de vinos
l'addition la cuenta

***Les boissons* las bebidas**

café café
au lait ou crème con leche
déca/décaffeiné descafeinado
express/noir expreso/solo
thé té
tisane infusiones como la manzanilla
le lait leche
eau minérale agua mineral
gazeuse con gas
plate sin gas
limonade gaseosa/limonada
citron pressé limonada natural
orange pressée zumo de naranja natural
frais, fraîche frío
bière cerveza
en bouteille en botella
pression de barril
un demi una caña
panaché mezcla
le panaché cerveza con gaseosa
la carafe/le pichet jarra de agua o vino
la demi-carafe medio litro
un quart un cuarto de litro
vin de maison vino de la casa
vin de pays vino del país
digestif digestivo
Santé! ¡Salud!
Les repas Las comidas
le pain el pan
le poivre la pimienta
le sel la sal
le potage la sopa

Carnes
L'agneau cordero
l'andouille embutido francés
le bifteck filete
grillé a la parrilla
saignant muy poco hecho
bleu poco hecho
à point al punto
bien cuit bien hecho
contre-filet filete
entrecôte entrecot
faux-filet solomillo
hachis picadillo de carne
blanquette guiso de ternera lechal con salsa de nata
bœuf à la mode estofado de vaca con vino tinto, zanahorias, setas y cebollas
bordelaise bordelesa al vino tinto y chalotes
bourguignonne estofado con vino tinto, cebollas y setas
le canard pato
la carbonnade carne braseada a la cerveza
la cargolade guiso de caracoles
le carré d'agneau pata de cordero
le cassoulet especie de fabada
la choucroute chucrut
le confit carne conservada en su grasa
le coq au vin pollo con vino tinto
les côte d'agneau costillas de cordero
les cuisses de grenouille ancas de rana
la daube estofado
le dinde pavo
l'escargot caracol
le faisan faisán
farci relleno
le foie gras foie gras
le jambon jamón
le lapin conejo
le magret de canard pechuga de pato
le médaillon medallón
l'oie oca
la perdrix perdiz
le petit-gris caracoles pequeños
la pintade pintada
le porc cerdo
le pot-au-feu cocido
le poulet pollo
le poussin polluelo
les rognons riñones
rôti asado
le sanglier jabalí
la saucisse salchicha
la saucisson salchichón
le veau ternera

Pescados
l'anchois anchoas
l'anguille anguila
le bar (o loup) lubina
la barbue barbada
le belon ostra de Bretaña
le colin merluza
le bigorneau caracol de mar
la bouillabaisse sopa de pescado
le cabillaud bacalao fresco
le coquillage marisco
la coquille vieira
la crevette gamba
la daurade dorada
l'encornet calamar
le flétan fletán
les fruits de mer mariscos
l'homard bogavante
l'huître ostra
la langoustine langostino
la limande gallo
la lotte rape
la moule mejillón
moules marinières mejillones a la marinera
la pieuvre pulpo
la raie raya
le saumon salmón
le thon atún
la truite trucha

Algunas salsas
américaine vino blanco, tomates, mantequilla y coñac
béarnaise huevo, mantequilla, vino y hierbas
aïoli mayonesa con ajo
forestière setas con bacon
hollandaise huevo, mantequilla y limón
meunière mantequilla, limón y perejil
murette salsa al vino tinto
Mornay nata, huevo y queso
paysan salsa de estilo rústico con ingredientes locales
pistou salsa provenzal con albahaca, ajo y aceite de oliva
Provençal normalmente con tomates, ajo y aceite de oliva

Verduras
l'ail ajo
l'artichaut alcachofa
les asperges espárragos
l'aubergine berenjena
l'avocat aguacate
le champignon champiñón
le cèpe seta u hongo
le cornichon pepinillo
la courgette calabacín
le chou col
le choufleur coliflor
le concombre pepino
cru crudo
les crudités verduras crudas
les épinards espinacas
le haricot judías
les lentilles lentejas
le maïs maiz
le mange-tout tirabeque
le mesclun ensalada variada
le navet nabo
la noix nuez
la noisette avellana
l'oignon cebolla
le poireau puerro
le pois guisante
le poivron pimiento
les pommes de terre patatas
les chips patatas fritas a la inglesa
les pommes frites patatas fritas
les radis rábano
la roquette (arugula) rúcula
le riz arroz
la salade ensalada
la truffe trufa

Frutas
l'ananas piña
la cerise cereza
le citron limón
le citron vert lima
la figue higo
la fraise fresa
la framboise frambuesa
la groseille grosella
la mangue mango
la mirabelle ciruela mirabel
le pamplemousse pomelo
la pêche melocotón
la poire pera
la pomme manzana
le raisin uva
la prune ciruela
le pruneau ciruelas secas

Tentempiés
le croque-monsieur sándwich mixto de jamón y queso
l'œuf à la coque huevo pasado por agua
œufs au jambon huevos con jamón
œufs brouillés revoltijo de huevos
œufs sur le plat huevos fritos
le yaourt yogurt

GLOSARIO DE ARQUITECTURA

ábside: parte del este de la iglesia, a menudo semicircular
arbotante: estructura separada del cuerpo de la iglesia que soporta la cubierta o cúpula con un arco que la une al contrafuerte inferior
basílica: iglesia temprana con una nave central flanqueada por otras dos, laterales
bóveda: arco de piedra o techo de madera
capitel: parte superior de una columna, a menudo esculpida
contrafuerte: mampostería que soporta un muro
cripta: capilla subterránea
crucero: punto donde se encuentran el crucero la nave
deambulatorio: nave semicircular situada detrás del altar, que permite a los fieles pasar ante las reliquias
linterna: torre con vidrieras para la iluminación
nártex: espacio que hay entre el porche y el cuerpo de la iglesia
nave: parte principal de la iglesia, que va desde la puerta oeste al presbiterio
pórtico: entrada principal
presbiterio: parte del este de la iglesia donde se encuentran el altar y las sillas del coro
relicario: receptáculo de reliquias sagradas, hecho de materiales preciosos y profusamente decorado
rosetón: vidriera circular a menudo con cristal de color
soportal: series de arcos sostenidos por columnas
tímpano: espacio sobre el dintel de la puerta la iglesia
transepto: nave transversal que separa la capilla mayor de la nave principal
triforio: galería que rodea el interior de una iglesia sobre los arcos de las naves y que suele tener ventanas de tres huecos

ÍNDICE

Las páginas en **negrita** indican las ilustraciones.

A

abadías románicas 324-325
abadías *ver* monasterios
Académie Française 37, 40, 63
aeropuertos 339
Aigues-Mortes 311
  Musée Archéologique 311
Aiguille du Midi 216
Ainhoa 245, 364
Aire-sur-la-Lys 350
Aisne, región 108
Aix-en-Provence 303, 313, **313**, 374
  Atelier Paul Cézanne 313
  Cathédrale St-Sauveur 313
  Cours Mirabeau 313
  Hôtel de Ville 313
  Musée des Tapisseries 313
  Musée Granet 313
Aix-les-Bains 217
Ajaccio (Córcega) 334, 377
  Chapelle Impériale 334
  Jetée de la Citadelle 334
  Maison Bonaparte 334
  Palais Fesch 334
Albi 247, **264**, 367
  Cathédrale Ste-Cécile 264
  Église de St-Salvy 264
  Hôtel de Reynes 264
  Hôtel du Bosc 264
  Maison Enjalbert 264
  Musée Toulouse-Lautrec 264
  Palais de la Berbie 264
Albigenses 22, 233, 276-277, 322-323
Alembert, Jean d' 41
Aloxe-Corton 198
Alpes 190-191, 216-218, **216**, **222-223**
  gastronomía 192-193
  hoteles y restaurantes 363-364
Alps *ver* Alpes
Alsace *ver* Alsacia
Alsacia y Lorena 123-132
  historia 28, 29
  hoteles y restaurantes 352-353
  ruta del vino 126-127, 127
Amboise 170, 357
  castillo 170
  Manoir du Clos-Lucé 170
Amélie-les-Bains 327
Amiens 113, 351
  Cathédrale Notre-Dame 113, **113**, 114-115, **114-115**
  Hôtel de Berny 113
  Musée de Picardie 113
Ammerschwihr 126
Angers 34, 184-185, 357
  Abbaye de Toussaint 185
  Cathédrale St-Maurice 185
  Château de 184, **185**
  Hôpital St-Jean 185
  Hôtel Pincé 185
  Maison d'Adam 185
  Musée des Beaux-Arts 185
  tapiz del Apocalipsis 184, **184**
animales de compañía 344
Anjou 162
Annecy 217, **217**
Antibes 296, **296**, 371
  Château Grimaldi 296
  Musée d'Historie et d'Archéologie 296
  Musée Picasso 296
Apt 306, 374
  Maison du Parc 306
Aquitaine *ver* Aquitania
Aquitania 233, 236-243
  gastronomía 234-235
  hoteles y restaurantes 364-367
Aragon, Louis 49
Arbois 208, **209**
Arc-et-Senans 208
Arcachon 246, 365
Ardèche, Gorges de l' 220-221, **220-221**
  Pont d'Arc 220
Ardenne *ver* Ardenas
Argelès-Gazost 271-272
Argelia 30
Arles 308-309, 374
  Arènes Romaines **36**, 308
  corridas de toros 308, **308-309**, 309
  Église St-Trophime 308
  Fondation Vincent van Gogh 308-309
  Musée d'Arles Antique 308
  Musée Réattu 308
Arles-sur-Tech 327
Armagnac 235
Arp, Hans (Jean) 124
Arques, Château 323
arquitectura 114-115, **114-115**, 263, 317
  clasicismo 36-37
  closario de términos 389
  gótica 34, 36, 104, 113,
  moderna 46-47
  Renacimiento 36
  romana 34
  románica 34, 140, 237,
Arras 112
  Hôtel de Ville 112
  Les Boves (cuevas) 111
  Place des Héros 112
arte
  gótico 34
  en el Louvre 82-83
  moderno 46-50
  Renacimiento 36
  rococó 40
  romanticismo 41-42
Artigny, Château d' 176
artistas 102, 138, 293
  en St-Paul-de-Vence 292-293
  góticos 34
  impresionistas 45, 47, 65,
  postimpresionistas 298
  rococós 40
  románticos 41-42
Atila 117
Aubert, obispo de Avranches 146
Aubusson 239
  Maison du Vieux Tapissier 239
  Manufacture St-Jean 239
Auch 367
Audrieu 353
Augusto, emperador romano 206, 305, 319
Autun 206, **206**
  Cathédrale St-Lazare 206
  Musée Bibracte 206
  Musée Rolin 206
Autun, Gislebertus d' 206
Auvergne *ver* Auvernia
Auvernia 192, 224
  senderos de largo recorrido 226
  Puy de Dôme 226-227
  Puy de Sancy 227, **227**
  volcanes de 226-227
Auxerre 201, 361
  Abbatiale de St-Germain 201, **201**
  Cathédrale St-Étienne 201, **201**
  Tour de l'Horloge 201
Avallon 361
Aven Armand 228
Aven d'Orgnac 221
Aven de Marzal 221
Avignon *ver* Aviñón
Aviñón 303, 304, 374
  Fondation Angladon-Dubrujeaud 304
  Musée Calvet 304
  Palais des Papes 304, **304**
  Petit Palais 304
  Pont d'Avignon (Pont St-Bénézet) 304
Ax-les-Thermes 370
Azay-le-Rideau 357
  Château d' **163**, 176, 178, **178**
  Église de St-Symphorien 178
Azincourt, batalla de (1415) 111

B

Bagnols, Château de 215, 363
Balazuc 221
Balzac, Honoré de 44, 176
Banyuls-sur-Mer 326
Barbizon, escuela de artistas 100
Bardot, Brigitte 298

Barry, Madame du 40, 97
Bartholdi, Frédéric-Auguste 131
Bastia (Córcega) 333, 377
Église de St-Jean-Baptiste 333
Place St-Nicolas 333
Baudelaire, Charles 48
Baugé
Vrai Croix d'Anjou 185
Bayeux 142-143, 353
Bayeux, tapices de 142, **142-143**
Cathédrale Notre-Dame 143, **143**
Centre Guillaume-le-Conquérant (Bayeux, tapicería de) 142
Musée Mémorial de la Bataille de Normandie 143, 144
Place St-Patrice 143
Bayona 245
Cathédrale Ste-Marie 245
Musée Basque 245
Musée Bonnat 245
Bayonne *ver* Bayona
Beaujeu 215
Beaujolais, región de 215
Beaulieu-sur-Mer 288, 371
Villa Kérylos 288
Beaumarchais, Pierre de 41
Beaune 196-197, 198, 361
Hôtel-Dieu 196-**197**, 197
Musée des Beaux-Arts 196
Musée du Vin de Bourgogne 196, **196**
Beauvais, Cathédrale 115
Bec-Hellouin, Le 354
Bédeilhac 277
Belgodère (Córcega) 334
Bellicourt, Monumento Estadounidense 111
Bergerac 250
Cloître des Récollets 250
Musée du Tabac 250
Musée du Vin 250
Bergues 108
Berlioz, Hector 42
Berthelot, Gilles 178
Besançon 210, **210**
Cathédrale St-Jean 210
Musée des Beaux-Arts 210
Bétharram, cuevas 274
Beuvron-en-Auge 353
Beychevelle, Château 242
Beynac-et-Cazenac 252
Béziers 330
Cathédrale St-Nazaire 330
Oppidum d'Ensérune 330
Biarritz 244, 365
Grande Plage 244
Hôtel du Palais 244, **244**
Musée de la Mer 244
Musée du Chocolat 244
Plage de la Côte des Basques 244
Rocher de la Vièrge 244
Thermes Marins 244
Vieux Port 244
Bibracte, campamento galo 206
Biot 295, 371
Biron 268
Bizet, Georges 46
Blois 167, 357
Castillo 36, **161**, 167, **167**
Musée Archéologique 167
Musée des Beaux-Arts Décoratifs 167
Bofill, Ricardo 318
Bonaguil 259
Bonifacio (Córcega) **332**, 334, 377
Bonnieux 306-307, 375
Borbones 27
Borgoña 190, 194, 195-210
gastronomía 192-193
hoteles y restaurantes 361-363
Bordeaux *ver* Burdeos
Bories, Village des 307
bosques reales 116
Boucher, François 40
Boudin, Eugène 149
Bouille, La 354
Boulez, Pierre 48
Boulogne-sur-Mer 351
Bourdeaux *ver* Burdeos
Bourdeille, Pierre de 248
Bourg-en-Bresse 222
Brou, Monastère Royale de 222
Bourges 358
Cathédrale St-Étienne 186-187, **186-187**
Musée des Arts Décoratifs 187
Musée du Berry 187
Palais Jacques Cœur **186**, 187
Bourgogne *ver* Borgoña
Boursault 121
Bouzigues 376
Bramabiau, Abîme de 229
Brantôme 248, 367
cueva del Juicio Final 248
Braque, Georges 47, 292, 327
Brest 160, 355
Bretaña 133-135, 150-160
costumbres bretonas 134, 154-155, **154-155**
gastronomía 136-137
hoteles y restaurantes 355-357
Breton, André 258, 259
Brevent, montaña de Le 216
Briançon 222
Briçonnet, Catherine 172
Británica, en la Pau 273
Brouilly 215
Côte du 215
Brun, André Le 94
Buisson-de-Cadouin, Le 367
búnker de Éperlecques, La Coupole 111
Burdeos 233, 236, 240-241, 365
Basilique St-Michel 241
Cathédrale St-André 241
Grand Théatre 240, **240**
Hôtel de la Bourse 240
Maison du Vin 240
Monument aux Girondins 240
Musée d'Aquitaine 241
Musée d'Art Contemporain 240-241
Musée des Arts Décoratifs 241
Musée des Beaux-Arts 241
Pont de Pierre 240

C

Cabourg 149, 353
Cadouin, abadía 251
Caen 353
Abbaye aux Dames 148
Le Mémorial 145
Musée de Beaux-Arts 148
cafés 63, **63**, 70-71, 70-**71**, 89
Cagnes 293
Grimaldi, château 293
Haut-de-Cagnes 293, 371-372
Musée Renoir 293
Cahors 256, 258, 367
Cathédrale St-Étienne 256
Hôtel Roaldès 256
Pont Valentré 256, **256**
Cajarc 258
Calais 351
Calenzana (Córcega) 334, 336
Calvados 136, 149
Calvi (Córcega) 334, 377
Camarga 303, 310-311, 310-**311**
Centre de Ginès 310
Parc Naturel Régional de Camargue 311
Camargue *ver* Camarga
Cambrai 108, 111
Camino de Santiago 266-267, **267**
Canal du Midi 330
Canari (Córcega) 333
Cancale 136, 355
Canet-Plage 329
Cannes 297, 372
Corniche du Paradis Terrestre 297
Festival de cine 297
Îles de Lérins 297
La Croisette 297, **297**
Le Suquet 297
Marché de Forville 297
Palais des Festivals 297
Tour du Mont Chevalier 297
Cantar de Roldán 34
Cap Blanc 255
Cap Breton 246
Cap Corse (Córcega) 333
Cap Fréhel 153
capetos 22, 54, 93
Cap-Ferrat 365
Caravaggio 37
Carcasona 321, **321**, 376
Cathédrale St-Nazaire 321
Château Comtal 321
Carcassone *ver* Carcasona
Cargese (Córcega) 336
Carlomagno 20, 22, 34
Carlos VII 22, 166
Carlos VIII 23
Carlos Martel 237, 271
Carnac 158-159
Le Ménec 158, **158-159**
menhires 158, 159
Musée de Préhistoire 158
Cartier, Jacques 152
Casals, Pau 324
Cassis 301
licor 192
Castelnau-du-Médoc 366
Castelnaud 252
Castellane 315
Catalina de Médicis 72, 79, 167, 172, 294
Cataluña Francesa 317, 328-329
cátaros 277, 322
fortalezas 277, 322-323, **322-323**
catedrales góticas 114-115, **114-115**, 186-187, 186-**187**
Amiens 113
Bourges 186-187
Chartres 98-99
Estrasburgo 124
Notre-Dame (París) 55-57, 114
Reims 118-119
Sens 200
St-Denis 93, 101
Cauterets 272
Caze, Château de la 228
celtas
en Auvernia 226
en Bretaña 150, 154-155
Cellini, Benvenuto 23
Cénevières 258
Cerbère 326
Céret 327, 376
Musée d'Art Moderne 327
cerveza 19
en el norte de Francia 106
Cévennes, Corniche des 228
Cézanne, Paul 47, 313
Chablis 361
viñedos 201
Chagall, Marc 118, **128**, 287
Chagny 361
Chaise, castillo de La 215

Challans (Vendée) 188
Châlons-en-Champagne 117, 122
Chambéry 219, **219**
Les Charmettes 219
Chambord 168, **168**, 358
castillo de 36, 168-169, **168**, **169**
Chamonix 216, 363
Champagne, región de 117-122
hoteles y restaurantes 352
viñedos 120-121
Chantilly, castillos de 101, 108, 116, **116**
Chapelle aux Moines 207
Charpentier, Gustave 37
Chartres 98-99
Catedral 98-99, **98**, 114
Maison Picassiette 99
Musée des Beaux-Arts 99
Chateaubriand, François 44, 152
Châteauneuf-du-Pape 375
Châtillon-sur-Seine 210
Chenonceau, Château de 172-173, 172, **173**
Chenonceaux (población) 173, 358
Chenôve 198
Cherbourg *ver* Cherburgo
Cherburgo 148
Forte du Roule 148
Musée de la Guerre et de la Libération 148
Musée Thomas Henry 148
Cheverny, castillo 36, 188
Chinon 179, 358
Château de 179 , **179**
Fort St-Georges 179
Musée Rabelais 179
Chiroubles, Terrasse de 215
Cholet (Vendée) 188
Chopin, Frédéric 42
cine 49-50, **50**
Cirque-de-Baumes 208
Cîteaux, monasterio 204, 205
Clair, René 50
Clermont-Ferrand 230, **230**
Basilique Notre-Dame-du-Port 230
Cathédrale Notre-Dame-de-l'Assomption 230
Musée des Beaux-Arts 230
clima 338
Clodoveo I 20, 101, 118
Clos de Bèze 198
Clos de Vougeot 198
Château du 198
Cluny 204-205, 207, 361
abadía 207, **207**, 266
Musée Ochier 207
Cocteau, Jean 49, 289, 298
Cœur, Jacques 186-187, 318
Cognac 246
Distillerie Otard 246
Musée des Arts du Cognac 246
Collioure *ver* Colliure
Colliure 326, **326**, 376
Château Royal 326
Église Notre-Dame-des-Anges 326
Collonges-la-Rouge 268, **268**
Colmar 126, 130-131, **130-131**, 352
Ancienne Douane 131
Basilique St-Martin 130
Corps de Garde 130
Fontaine du Vigneron 131
Isenheim, retablo (Musée d'Unterlinden) 130, **131**
Maison Adolphe 130
Maison des Têtes 130-131
Musée Bartholdi 131
Musée d'Unterlinden 130
Combarelles, Grotte de 255
Compiègne Château 116
compras 378
París 76, **76**
regiones 378-382
comunicaciones 342-343
Concarneau 157, 355
Musée de la Pêche 157
Ville Close 157
Conques 260-61, 266
Abbaye de Ste-Foy 260-261, **260-261**
Constant, Benjamin 44
Corbières, región de 317, 322
Corbusier, Charles-Édouard, Le 46, 210, 301
Córcega 332-336, **333**, **336**
hoteles y restaurantes 377
Corcelles, Château de 215
Cordes, población fortificada 262
Cormery 177
Corneille, Pierre 24, 38
Corniches, Las 288-289, 288
Corot, Camile 44-45, 100
correos 342
corridas
Arles 308, **308-309**, 309
Nîmes 319, **319**
Corsica *ver* Córcega
Corte (Córcega) 335, 336
Corton-André, Château 198
Cos d'Estournel, Château 242
costa atlántica, 233, 236, 236, 244-246
gastronomía 234-235
hoteles y restaurantes 364-367
Costa Azul 280-281, 284-285, 286-302
gastronomía 282-283
Jardin Botanique du Val Rameh 285, **285**
Jardin y Musée Ephrussi-de-Rothschild 285, 288
Jardin de la Serre de la Madone 285
Parc St-Bernard 285
Parc Ste-Claire 285
hoteles y restaurantes 371-374
costumbres locales 343
Côte Bleu *ver* Costa Azul
Côte d'Albâtre (Normandía), 149
Côte d'Argent (Aquitania) 246
Côte d'Azur *ver* Costa Azul
Côte d'Or recorrido en coche (Borgoña) 198, **199**
Côte de Beaune (Borgoña) 198
Côte de Nuits (Borgoña) 198
Côte Fleurie (Normandía) 148-149
Côte Vermeille 326
Couperin, François 37
Courbet, Gustave 45, 100, 208
Courchevel 363
Couze-et-St-Front 251
Crécy, batalla de (1346) 36, 110, 111
Crozon, península de 160
cruzadas 22
Cubismo 47, 109
cuevas
Ardèche 221
Arras 111
Aven Armand 228
Aven de Marzal 221
Aven d'Orgnac 221
Bétharram 274
Gouffre de Padirac 257
Font-de-Gaume 255
Lascaux **20**, 254-255, **255**
Mas d'Azil 276, **277**
Niaux 277
Pech-Merle 259
Tarascon-sur-Ariège 277
Cuq-Toulza 367-368

D

Dambach-la-Ville 126
Dargilan, Grotte de 229
Daubigny, Charles 45
David, Jacques-Louis 40
Deauville 148, 353
Debussy, Claude 47
Dégas, Edgar 45, 89
Delacroix, Eugène 41, **44**, 63
Delaunay, Robert 47
Delorme, Philibert 172
départements (distritos administrativos) 343
Derain, André 47, 326
Descartes, René 24, 37
Día D 144-145
Diana de Poitiers 172
Diderot, Denis 41, 122
Dieppe 149, 353
Digne-les-Bains 316
Dijon 195, 362
Abbaye St-Bénigne 195
Église de Notre-Dame 195
Hôtel Aubriot 195
Hôtel de Chambellan 195
Hôtel de Vogüé 195
Maison des Cariatides 195
Musée des Beaux-Arts 195
Palais des Ducs 195, **195**
Dinan 160, 355
Dinard 153
dinero 343
Dior, Christian **47**
Disneyland París 13, 101
Domme 252, 262, 368
Bélvédere de la Barre 252
Domrémy-la-Pucelle 132
Dordogne (región) 247, 248, 250
gastronomía 234-235, 249
hoteles y restaurantes 367-371
Dordoña (río) 233, 247, **247**, 250-252, **251**, **252**, 253
Dormans 121
Douai 112
Doué-la-Fontaine, zoo subterráneo 183
Doullens 351
Dourbie, Gorges de la 229
Dumas, Alexandre 44
Dune du Pilat **236**, 246
Dunkerque 110
Duparc, Henri 43
Durfort Château 323

E

Ecomusée 246
Eduardo I de Inglaterra 9
Eduardo III de Inglaterra 110
El Somme, campo de batalla 111, 112
Elne, catedral 325
Éluard, Paul 49
embajadas y consulados 344
enclos paroissiaux (recintos parroquiales) 156
Enrique II de Inglaterra 179, 181
Enrique III de Francia 167
Enrique IV de Francia 23, 79, 273
Épernay 120-121, **121**
Erbalunga (Córcega) 333
Erquy 153
Espagnac-Ste-Eulalie 258
Prieusé du Val Paradis 258
Espelette 245, 366-367
esquí
Alpes 211, 217
Vosgos 123

Estrasburgo 123, 124-125, **124**, **125**, 352
Cathédrale Notre-Dame 124-125
Musée d'Art Contemporain 125
Musée de l'Œuvre de Notre-Dame 125
Palais Rohan 125
estuario del Gironde 236
Étretat **148-149**, 149
Eugénie-les-Bains 366
Évian-les-Bains 217
Evreux 354
Èze 289

F

faïence
Quimper 157
fauna
Alpes 217
Camarga 310-311, **310-311**
Córcega 336
Gorges du Verdon 315
Jura 208
Parc National du Mercantour 316
Pirineos 269, 271-272
Fauré, Gabriel 43
Felipe el Valiente 321
Felipe IV **9**
festivales
Arles 309
Bretaña *(pardons)* 154-155, **155**
Cannes 297
Carcasona 321
Vasci 245, **245**
festividades 14-15, 338
Figeac 258, 368
Hôtel de la Monnaie 258
Musée Champollion 258
Filitosa, (Córcega) 334
Finistère 156
enclos paroissiaux (recintos parroquiales) 156
Guimiliau 156
St-Thégonnec 156
Fitzgerald, F. Scott 284, 292, 293, **293**
Flandes (francés) 108
Flanders *ver* Flandes
Flaubert, Gustave 45, 139, 152
Flèche, La 185, 359
Fleurie 215
Florac 228
Foch, Mariscal 278
Foie gras 249
Foix 277, 370
Font-de-Gaume 255
Fontaine-de-Vaucluse 303, 307
Moulin à Papier 307
Musée Pétrarque 307
Fontaine, Jean de La 38
Fontainebleau
Château de 100
Escuela de artistas 100, **100**
Fontenay, Abbaye de 203, **203**, **204**
Fontevraud 358
Abbaye Royale de 180-181, **180-181**
Fort la Latte 153
Fort la-Ferté 122
Foster, Norman 319
Fougères 160, **160**
Fouquet, Jean 34
Fouquet, Nicolas 37
Fragonard, Jean Honoré 40, 294
Francia
imperio colonial 28-29, 30
historia 20-33
prehistoria 20
y Unión Europea 30, 32-33
Francia actual 10-19, 32-33
diversidad regional 10
gastronomía 16-19
población 12-13
Francia central 190, **190-191**, 190-230
gastronomía 192-193
Francisco I 23, 79, 167, 168, 170
Franck, César 43
francos, reino de los 20, 22, 54, 152
Franklin, Benjamin 25
Fréjus 302
Cité Episcopale 302
Froissart, Jean 36, **37**

G

Gallé, Émile 129
Gambetta, Léon 256
Ganges 376
gastronomía 16-19, 106-107, 136-137, 164-165, 192-193, 234-235, 282-283
Gauguin, Paul 47, 150
Gaulle, Charles de **28**, 30
Gavarnie 370
Cirque de **269**, 271, **271**, 272
Gérard, François **27**
Géricault, Théodore 41-42
Gevrey-Chambertin 198, 362
Gex 362
Gigondas 375
gitanos 311
Giverny 102
Jardin de Monet 102, **102**
Musée d'Art Americain 102
glaciares
Mer de Glace 216, **216**
Glanum (termas romanas) 316
Gluck, Christoff 42
Godard, Jean-Luc 50
Gordes 307, 375
gótico 34, 36
Gouffre de Padirac 257
Gounod, Charles François 42
Gourdon 295
Musée Historique des Arts Décoratifs et de la Modernité 295
Gramat 368
Grasse 294-295, **294**
Cathédrale Notre-Dame-du-Puy 294-295
Musée International de la Parfumerie 294
Villa-Musée Fragonard 294
Grenoble 218, **218**, 363
Fort de la Bastille 218
Le Cargo Maison de la Culture 218
Musée de Grenoble 218
Musée Dauphinois 218
Musée Stendhal 218
Grimaldi 290
Grünewald, Mathias 130
Guehénno **156**
guerra de los Cien Años 22, **37**, 111, 197, 233, 248
poblaciones fortificadas 262
guerras de religión (1562-1598) 23
Guillermo el Conquistador 22, 142, 148
Guimiliau 156

H

Hardouin-Mansart, Jules 94
Haussmann, barón 46, 52, 72
Haut-Koenigsbourg, Château d' 126, 132
Haut-Médoc, recorrido en coche 242-243, **243**
Haute-Provence 316
Hautecombe, Abbaye de 217
Hautefort, Château de 248
Hautrives, Palais Ideal 222
Hautvillers 121
Havre, Le 149
Hérisson, Cascades du 209
Hesdin 112, 351
Honfleur **135**, 149, 354
Église Ste-Catherine 149
Musée Eugène Boudin 149
horarios comerciales 343
Hossegor 246
hoteles y restaurantes **16**, 346-347
regiones 347-377
Hugo, Victor 43, 44, 55, 85, 141, 147
Musée Victor-Hugo 141
Hyères y las Îles d'Hyères 299
Église de St-Paul 299
Île du Levant 299
Porquerolles 299
Port-Cros 299
Tour St-Blaise 299

I

If, Château d' 301
iglesias románicas, circuito de las 207
Île de Bréhat 153
Île de Ré 238
St-Martin-de-Ré 238
Île-de-France 93-102, **93**
Île Rousse, La (Córcega) 334
Îles Sanguinaires (Córcega) 334
impresionistas 45, 47, 65, 102, 138, 293
Indochina (Vietnam) 30
información turística en Internet 338
Ingres, Jean-Auguste-Dominique **42**, 265
Irancy **194**

J

jardines
Costa Azul 285, **285**
Mónaco 290
Montpellier 318
París 63, 69, 74, 92
Versalles 97
Villandry 174-175, **174-175**
Jefferson, Thomas 25
Jonte, Gorges de la 228
Josselin 160
Joué-lès-Tours 359
Juan-les-Pins 296, 372
Juana de Arco 22, 139, 166, **166**
lugar de nacimiento 132
Juliénas 215, 363
Julio César 20, 119, 302, 305
Jumièges, Abbaye de 140
Jura 190-191, 208-209, 210
gastronomía 192-193
Région des Lacs 209
Jurançon, viñedos de 273

K

Kaysersberg 126
Kerlescan 159
Kermario 159

L

Laclos, Pierre Choderlos de 41
Lafite-Rothschild, Château 242
Lamotte-Beuvron 359
Langeais, Château 34, 188
Langres 122
Langue d'Oc 317
Languedoc-Rosellón 317, 317-330
gastronomía 282-283

hoteles y restaurantes 376-377
Langue d'Oc (lengua) 317
Languedoc-Rousillon *ver* Languedoc Rosellón
Lanquais, Château de 251
Laon, Cathédrale Notre-Dame 108, 114
Larroque, Moulin du 251
Larroque-Toirac 258
Las Landas 236, 246, **246**
Écomusée 246
Lascaux 255
Lascaux II 255
pinturas rupestres **21**, 254-255, **255**
Latour, Château 242
lavabos 344
Lavanda **279**, **303**
Lavardin 185
Léger, Fernand 47, 295
Leonardo da Vinci 79, **81**, 168, **170**
en Amboise 23, 168, 170,
Leonor de Aquitania 180-181, 238
Les Andelys 354
Les Baux-de-Provence 312, **312**, 375
Fondation Louis Jou 312
Musée d'Art Contemporain 312
Musée des Santons 312
Musée d'Olivier 312
Val d'Enfer 312
Tour du Brau 312
Les Eyzies-de-Tayac 254, 368
Musée National de Préhistoire 254-255
pinturas rupestres 254-255, **255**
Les Rosiers-sur-Loire 359
Les Vignes 228
Lescun 271
Lille 109, 351
Hôtel de Ville 109
Musée d'Art Moderne 109
Musée d'Art et d'Industrie 109
Palais des Beaux-Arts 109
Vieille Bourse 109
Lillebone 141
Limeuil 251
Limoges 239, 366
Cathédrale St-Étienne 239
Musée Municipal de l'Évêché 239
Musée National Adrien-Dubouché 239
Limoux 370
Liszt, Franz 42
literatura
clásica 37-40
comedia 39-40
medieval 34, 36
neoclásica 40-41
Renacimiento 36
romanticismo 43-44
surrealismo 48
teatro 38-39
Locronan 155
Loches 177, 359
Loir, El (río) 185
Lombrives 277
Lons-le-Saunier 209
Lorena, Claude 37
Lorena *ver* Alsacia y Lorena
Lorient 154, 355
Lorraine *ver* Lorena
Louise, viuda de Enrique III 172
Loup, Gorges du **295**
Lourdes 274
Basilique St-Pie X 274
Musée Pyrénéen d'Art et de Traditions Populaires 274
Lourmarin 375
Louvre 79-83
Lude, Château du 185
Luis Bonaparte 28
Luis VII 55
Luis IX 22, 184, 311, 321
Luis XII 22, 167
Luis XIV **23**, 24, 36-37, 79
Luis XIV 94-97
Luis XV 56
Luis XVI 26
Lully, Jean-Baptiste 37
Lumière, hermanos 49, 210
Lurçat, Jean 185, 239, 268
Lyon 212-214, **213**, 363
Basilique Notre-Dame-de-Fourvière 213
Cathédrale St-Jean 213
centro histórico 213-214
Fourvière (arquitecto romano) 213
Maison des Canuts 214
Musée d'Art Contemporain 214
Musée de la Civilisation Gallo-Romaine 213
Musée de la Marionnette 213
Musée de la Résistance et de la Déportation 214
Musée des Beaux-Arts (Lyon) 214
Musée Historique 213
Musée Historique des Tissus 214
Presqu'île 213, **214**

M

Macinaggio (Córcega) 333
Macizo Central 190, 224, 224-230, **224**
hoteles y restaurantes 364
volcanes 224, 226
Macizo de Esterel 302, **302**
Pointe de l'Esquillon 302
Macizo del Lubéron 303, 306-307, **306-307**
Falaises du Sang 306
Mont Ventoux 303, 306
Mourre Nègre 306
Mâcon 210
Circuit des Églises Romanes 207
Maison des Vins 210
Rocher du Solutré 210
Malène, La 228, 363
Malmaison, Château de 101
Manet, Édouard 45, **45**
Mans, Le 188, 359
Musée de l'Automobile de la Sarthe 188
manuscritos iluminados 34, **114**, **267**
Marais Poitevin 188
Marcilhac, Abbaye de 259
Marey, Étienne 49
Margarita de Austria 222
Margaux 366
Margaux, Château 242
María Antonieta 26, 94, 122, 174
María de Médicis 73
Marlenheim 352
Marseille *ver* Marsella
Marsella 300-301, **300**, **301**
Ancienne Major 300
Basilique St-Victor 301
Cathédrale Major 300
Cité Radieuse 301
Hospicio de La Vieille Charité 300
La Canebière 300
Musée Cantini 301
Musée d'Arts Africains, Océaniens et Amérindiens 300
Musée des Beaux-Arts 301
Musée des Docks Romains 300
Notre-Dame-de-la-Garde 301
Palais de Longchamp 301
Vieux Port 300
Mas d'Azil, Grotte du 276, **277**
Massenet, Jules 43
Matisse, Henri 47, 287, 293, 326
Maucaillou, Château 242
Musée des Arts et des Métiers de la Vigne et du Vin 242
Maupassant, Guy de 298
Mazarino, cardenal 23
Médoc, Fort 242
Mégève 217, 364
Mejean 228
Melo, Lac de (Córcega) 336
Ménerbes 307
Menton 289, **289**, 372
Église de St-Michel 289
Hôtel de Ville 289
Musée Jean Cocteau 289
Promenade du Soleil 289
Mercantour, Parc National du 316
Méribel 364
Mérimée, Prosper 44
Messiaen, Olivier 48
Metz 128
Cathédrale St-Étienne 128, **128**
Musée d'Art et d'Histoire 128
St-Pierre-aux-Nonnains 128
Meursault 362
Château de 198
Meyrueis 228
Midi-Pyrénées , 247
gastronomía 234-235
hoteles y restaurantes 367-371
Mignard, Pierre 40
Miguel Ángel 83, **83**
Milandes, Château les 252
Millau 228
Millet, Jean-François 45, 100, 148
Mirepoix 262, 278, 370
moda **43**, **47**, **49**, 76
Moissac 265, 266
Abbaye de St-Pierre 265
Molière 24, 39-40, **40**
Molitg-les-Bains 376
Mónaco 290-291, **291**, 372
Fontvieille 290
Jardín de rosas Princesa Grace 290
Jardin Exotique 290
La Condamine 290
Montecarlo 291
Musée Océanographique 290
Palais du Prince 290
monasterios 204-205, **205**
benedictinos 194, 204
cistercenses 194, 203, **203**, **204-205**, 205, 303
Normandía 140-141
románicos 178-179, 194, 202-205, **202-203**, 324-325
monasterios benedictinos *ver también* Cluny
Monbazillac, Château de 250
Monet, Claude 45, **45**, 92, **92**, 102, **139**
Monflanquin, población fortificada 262
Monpazier, población fortificada 262, 262
Mont Blanc 190, 211, **211**, 216-217
estaciones de esquí 217
Lagos 217
Mer de Glace (glaciar) 216
Reservas naturales 217
Mont Canigou 324-325, 329

Mont-St-Michel 138, 146-147, **146-147**, 354
Grand Degré 147
Grand Rue 147
La Merveille 146
Montaigne, Michel de 36, 37
Montauban 262, 265, **265**
Église de St-Jacques 265
Musée Ingres 265
Montbazon 176, 359
Montbrun-les-Bains 258
Monte Grosso (Córcega) 334
Montecarlo 291
Casino 291, **291**
Hôtel de Paris 291
Hôtel Hermitage 291, 372
Montesqueiu, Charles, barón de 40
Montfort, Simon de 321, 322-323
Montlouis-sur-Loire 359
Montpellier 318, 376
Hôtel de Manse 318
Hôtel des Trésoriers de la Bourse 318
Musée Atger 318
Musée Fabre 318
Musée Languedocien 318
Place de la Comédie 318
Promenade du Peyrou 318
Montpellier-le-Vieux, formación rocosa de 229
Montrésor 177
Montreuil-Bellay, Château 188
Montreuil-sur-Mer 112, 351
Montségur **276**, 277, 323
Musée de Montségur 277
Montsoreau, viviendas trogloditas 183
Moreau, Gustave 48
Mougins 295, 372
Musée de la Photographie 295
Moulin-à-Vent 215
Moustiers-Ste-Marie 315, 375
Mouton-Rothschild, Château 242
Mulhouse 132
Musée de l'Automobile 132
Muro (Córcega) 334
Musée Carnavalet 85
Musée Courbet 208
Musée d'Art et d'Histoire du Judaisme 85
Musée d'Orsay 64-65, **64**, **65**
Musée d'Unterlinden 130
Musée de Cluny 61, **61**
Musée de l'Armistice 116
Musée de l'Ordre de la Libération 66
Musée de la Mode et du Textile 83
Musée de la Publicité 83
Musée de Quai Branly 66
Musée des Arts Decoratifs 83
Musée du Débarquement 145
Musée Eugène Boudin 149
Musée Ingres 265
Musée Marc Chagall 287
Musée Mémorial de la Bataille de Normandie 143, 144
Musée Picasso (Antibes) 296
Musée Picasso (París) 86-87, **86**, **87**
Musée pour la Paix, Le Mémorial 145
Musée Renoir 293
Musée Rodin 68, **68**
Musée Toulouse-Lautrec 264
música
gótica 34
moderna **46**, 47
romántica 42-43

N

Nancy 129, 353
Art Nouveau en 129
Musée de l'École de Nancy 129
Musée des Beaux-Arts 129
Musée Historique Lorraine 129
Place Stanislas 129, **129**
Nantes 188, 359
Palais Dobrée 188
Nantes, edicto de 23, 24, 239
Napoleón Bonaparte 26-27, **27**, 73, 100, 334, **334**
Tumba 66
Napoleón III 81
Narbona 330
Horreum 330
Palais des Archevêques 330
Narbonne *ver* Narbona
neoclasicismo 40
Nerval, Gérard de 48
Nevers 210
Cathédrale St-Cyr 210
Musée Municipal 210
Niaux 277
Nice *ver* Niza
Niedermorschwihr 126
Nijinsky **46**
Nîmes 319, 376-377
Carrée d'Art 319
corridas 319, **319**
Jardin de la Fontaine 319
Les Arènes 319
Maison Carrée 319
Tour Magne 319
Niza **281**, 286-287, **286-287**, 372-373
Cathédrale de St-Nicolas 287
Cimiez 287
Musée d'Art et d'Histoire 287
Musée d'Art Moderne et Contemporain 287
Musée des Beaux-Arts 287
Musée International d'Art Naïf 287
Musée Matisse 287
Musée National Message Biblique (Chagall) 287
Palais Lascaris 286
Promenade des Anglais 286-287, **286**
Nohant, castillo 188
Noirmoutier 188
Nonza (Córcega) 333
Normandía 134-135, 138, **138**, 148-149
gastronomía 136-137
hoteles y restaurantes 353-357
Normandía, playas del desembarco 144-145
Arromanches 145
Colleville-sur-Mer, monumento 144, **145**
playa de Omaha 144, **144**
Pointe du Hoc 144
Puente Pegaso 145
St-Laurent-sur-Mer 144
Norte de Francia 109-116
hoteles y restaurantes 350-353
Norte de Francia 103-132 (*ver también* Picardía)
campos de batalla 110-111
Champagne 117-122, **117**
gastronomía 106-107
hoteles y restaurantes 350-353
Nôtre, André Le 73, 94, 97, 116, 174, 187
Noyon, catedral 114
Nuits-St-Georges 198
Nyons 222

O

objetos perdidos 345
ocas 234, **234-235**
ocio 383-386
Odo de Bayeux 142-143
Oficinas de turismo 344
Oise, región de 108
Oloron-Ste-Marie 278
Oppède-le-Vieux 307
Orange 305, 375
Châteauneuf-du-Pape viñedo 305
teatro romano 305, **305**
Orches 198
Orleans 166, **166**, 360
Cathédrale Ste-Croix 166
Hôtel Groslot 166
Maison Jeanne d'Arc 166
Parc Floral de la Source 166
Ornans 208
Musée Courbet 208
Orschwiller 126
Ottrott 126

P

Paray-le-Monial (basílica) 207
pardons, bretones 155
París **30**, 52-92 (*ver también* Île-de-France)
alcantarillas 69
Arc de Triomphe 73, **73**
Assemblée Nationale 69
barcos del Sena 58
Beaubourg 72, 85
Bibliothèque Nationale 75
Bois de Boulogne 92
Bourse, La 75
catacumbas 69
Cathédrale de Notre-Dame **52**, **54**, 55-57, 56-57
Champs-Élysées 73
Cimetière de Montmartre 89
Cimetière du Montparnasse 69
Cimetière du Père-Lachaise 92
Cité de la Musique 91
Cité des Sciences 91
Comédie Française 75
compras 76, **76**
Comuna (1871) 28
Conciergerie 58
Grand Palais 74
Dôme Imax 90
Enrique IV (estatua) 58
Grande Arche 47, **90**
guerras de religión 23
Hôtel de Sens 85
Hôtel de Soubise 85
Hôtel de Sully 85
Hôtel des Invalides 68
hoteles y restaurantes 347-350
Île de la Cité 54, 58-59
Île St-Louis 54, 58-59
Institut de France 63
Institut du Monde Arabe 69, **69**
Jardin des Plantes 60, 69
Jardin des Tuileries 74
Jardin du Luxembourg 63
Jardin Tino-Rossi 69
Jeu de Paume 74
La Défense, distrito **35**, 90, **90**
La Madeleine 74
La Mosquée 69
Le Marais 72, 84, **84**, 85
Les Deux Magots, café 63, 70, **70**
Les Halles 72
Louvre **72**, **78**, 79-83, **79-83**

Maison de Victor Hugo 85
Montmartre 88-89
Moulin Rouge **51**, 89
Musée Carnavalet 85
Musée Cognacq-Jay 85
Musée d'Art Moderne de la Ville de Paris 92
Musée de Cluny 61, **61**
Musée de la Monnaie 63
Musée de l'Armée 66
Musée de l'Automobile 90
Musée d'Orsay 64-65, **64**, **65**
Musée du Quai Branly 66
Musée Marmottan 92, **92**
Musée National Eugène Delacroix 63
Musée Picasso 85, 86-87, **87**
Musée Rodin 68, **68**
Opéra Garnier 72, 74-75, **74-75**
Opéra National de Paris-Bastille 84
Orangerie 74
Palais de Chaillot 92
Palais de Justice 58
Palais de l'Élysée 74
Palais-Royal 75
Panthéon 63
Parc de la Villette 91, **91**
Petit Palais 74
Place de la Bastille 84
Place de la Concorde 74
Place des Vosges 84
Place du Parvis Notre-Dame 59
Place du Tertre 89
Place Louis-Lépine 59, 76
Pont St-Louis 58
Quartier Latin 62-63, **62**, **63**
Rive Droite 72-75
Rive Gauche 60-69
Sacré-Cœur 88-89, **88**
St-Étienne-du-Mont 63
St-Germain-des-Prés 63
St-Louis-en-l'Île 58
St Julien-le-Pauvre 62
Ste-Chapelle 58,
sinagoga 85
Tour Eiffel 28, 46, 67, **67**
Tour Montparnasse 69
transportes 341-342
Vert-Galant, square du 58
Vincennes (Château y Bois de) 92
Pascal, Blaise 38
Pasteur, Louis 208
Pau 273, **273**, 370-371
Musée Béarnais 273
Musée des Beaux-Arts 273
Pau Wright Aviation 273
Pauillac 242, 366
Pays d'Auge 138, 149
Pech-Merle, pinturas rupestres de 259
pensamiento filosófico 40-41
perfumería Gallimard **294**
perfumes 294
Périgord 234, 248-249
Périgueux 248, 368
Cathédrale St-Front 248
Tour Mataguerre 248
Pernand-Vergelesses **10**, 198
Pérouges 223, 364
Perpignan *ver* Perpiñán
Perpiñán 328-329, **328**, 377
Cathédrale St-Jean 329
Le Castillet 329
Loge de Mer 329
Musée Casa Païral 329
Musée Rigaud 329
Palais de la Députation 329
Palais des Rois de Majorque 328-329
Place de la Loge 329
Perros-Guirec 153
peste negra (1348) 22
Petrarca 307
Peyrepertuse Château de **322**, 323
Piana (Córcega) 334
Picardía 108-116
catedrales góticas 113, 114-115
hoteles y restaurantes 350-352
Picardie *ver* Picardía
Picasso, Pablo 47, 89, 293, 327
en Antibes 296
en Vallauris 87, 295
museo 86-87, **86-87**
Piedra de Rosetta (Figeac) 258
Pierrefitte-Nestalas 272
Pirineos 233, 269, 269-278
fauna 269, 271-72
gastronomía 234-235
hoteles y restaurantes 370-371
Pirineos Occidentales
Cirque de Gavarnie **269**, 271, **271**, 272
Col de Tourmalet 272
Col du Somport 271
Grande Cascade de Gavarnie 272
Lac de Bious-Artigues 271
Lac de Gaube 272
Lacs d'Ayous 271
Pic du Midi de Bigorre 272
Pic du Midi d'Ossau 271
Pont d'Espagne 272
Pissarro, Camille 45
Pizay, Château de 215
Plessis-Bourré, Château du 188
Pléyade 36
poblaciones fortificadas 262
Point Sublime 228
Pointe du Raz 160
Poitiers 237, 366
Futuroscope (Parc de) 237, **237**
Notre-Dame-la-Grande 237
Palais de Justice 237
St-Hilaire-le-Grand 237
Pompadour, Madame de 40
Pompidou, Georges 258
Pont-Aven 355
Pont d'Arc (Ardèche) 220
Pont du Gard 320, **320**
Pont-Audemer 354
porcelana, Limoges 239
Port-en-Bessin 354
Port-Grimaud 302
Porto, Golfe de (Córcega) 334
Porto-Vecchio (Córcega) 334-335, 377
Possonnière, La 185
Poussin, Nicolas 37
prehistoria 20, 254
Córcega 334-335
menhires (monumentos megalíticos) 150, 158-159
Tautavel 329
prensa 343
Prévert, Jacques 49
Prévost, Abbé 41
Primera Guerra Mundial 29
campos de batalla 110-111
Musée de l'Armistice 116
Príncipe Negro 237
propinas 344
Provence *ver* Provenza
Provenza 303, 304-316
gastronomía 282-283
hoteles y restaurantes 374-376
Puilaurens (castillo) 323
Puivert (castillo) 323
Puligny-Montrachet 198
Puy de Dôme 226
Puy de Sancy 227, **227**
Puy-en-Velay, Le 225, **225**
Cathédrale Notre-Dame-de-Puy 225
Musée Crozatier 225
Notre-Dame-de-France 225
Rocher Corneille 225
St-Michel-d'Aiguilhe, capilla de 225
Puyguilhem, Château de 248
Puymirol 368
Pyrénées Occidentales, Parc National des 270-272
Pyrénées *ver* Pirineos

Q

Quéribus, Château de **322**, 323
Quimper 154, 157, **157**, 355
Cathédrale St-Corentin 157
Musée de la Faïence Jules-Verlingue 157
Musée des Beaux-Arts 157
Quimperlé 356

R

Rabelais, François 36
Racine, Jean 24, 38-39
Rambouillet, Château de 101
Ramorantin-Lanthenay 360
Rance Barrage 153
realismo 44-46
recorrido en coche por el río Indre 176-177, **176-177**
recorrido por el valle del Dordoña 250-52, **250-251**
Redon, Odilon 48
Reims 118-119, 352
Basilique St Rémi 119
Cathédrale Notre-Dame 114, 118-119, **118-119**
Cryptocorticus 119
cuevas de Champagne (visitas) 119
Palais du Tau 119
Porte de Mars 119
Renacimiento 23, 36
Rennes 151, **151**, 154, 356
Cathédrale St-Pierre 151
Jardin du Thabor 151
Musée des Beaux-Arts 151
Palais de Justice 151
Place des Lices 151
Renoir, Auguste 45, 239, 293
Renoir, Jean 50, **50**
República, Primera 26-27
República, Segunda 27
República, Tercera 28, 30
Restonica, Gorges de la (Córcega) 336
Revolución francesa 26-27, **26**
Rhône *ver* Ródano
Ribeauvillé 126
Ricardo Corazón de León 181
Richelieu, cardenal 23, 238, 312
Riec-sur-Belon 356
Rigny-Ussé 176
Rimbaud, Arthur 48
Riquewihr 126, **127**, 132
Robespierre 26-27
Rocamadour 257, **257**, 369
Musée d'Art Sacré 257
Rochefoucauld, François La 37-38
Rochelle, La 238, **238-239**, 366
Musée du Nouveau Monde 238
Tour de la Chaîne 238
Tour St-Nicolas 238

Rochemenier, viviendas trogloditas 183
Rochepot, Château de la 198
rococó 40
Ródano (río) 190
Ródano (valle) 190, 211, 211-223
gastronomía 192-193
hoteles y restaurantes 363-364
Rodin, Auguste 65, 68, **68**
Rogliano (Córcega) 333
Roldán 34, 272, 278
Rolin, Nicolas 197, 206
Romanèche-Thorins 215
románico (arquitectura) 34, 140, 237, 263, 317
monasterios 140-141, 178-179, 260-261
Borgoña 194, 202, 203, **203**,
romanos 20, 34 (*ver también* ruinas romanas)
sur de Francia 280
romanticismo 41-44
Ronchamp 210
Notre-Dame-du-Haut 46, 210
Roque-Gageac 252, 252
Roquebrune-Cap-Martin 289
Roquefort-sur-Soulzon 229
Roscoff 356
Rosellón 306
Rosellón (región) 317
Rosheim 126
Rothéneuf 153
Rouault, Georges 47
Rouen *ver* Ruán
Rouffignac 255
Rousillon *ver* Rosellón
Rousseau, Jean-Jacques 41, 219
Rousseau, Théodore 45, 100
Route des Grands Crus 198
Route du Fromage 149
Route du Vin
Alsacia 126
Burdeos 242
Ruán 139, 355
Cathédrale Notre-Dame 139, **139**
Hôtel-Dieu 139
Musée des Beaux-Arts 139
Musée Flaubert et d'Histoire de la Médecine 139
Musée Jeanne d'Arc 139
Place du Vieux-Marché 139
ruinas griegas, Antibes 296
Ruinas romanas **320**
Centro de Francia 211, 213, 223, 226-227
Norte de Francia 119, 128
París 61
sudoeste de Francia 275
sur de Francia 300, 302, **305**, 308, 317, 319
Ruta Mare e Monti (Córcega) 336

S

Sables-d'Or-les-Pins 153
Sacro Imperio Romano 23
Saché 176, 360
Sade, Marqués de 41
Saint-Saëns, Camille 43
Saintes 246
Abbaye aux Dames 246
Arc de Germanicus 246
Paleosite 246
Salers 364
salud 345
San Colombano (Córcega) 333
San Juan de Luz *ver* St-Jean-de-Luz
San Martín 171
Sancerre 188
Sand, Georges 188
Santenay 198
Santiago de Compostela 266-267
Saona 190, 194
Saône *ver* Saona
sardana (danza) 328
Sarlat-la-Canéda 253, **253**, 369
Chapelle des Pénitents Bleus 253
Lanterne des Morts 253
Maison de la Boétie 253
Place de la Liberté 253
Sartène (Córcega) 335
Église de Ste-Marie 335
Musée de Préhistoire Corse 335
Sauliac-sur-Célé 259
Musée du Plein Air de Quercy 259
Saulieu 362
Saumur 182-183, 360
Château de 182, **182**
École Nationale d'Équitation 182
Église de St-Pierre 182
Musée du Champignon 182
viviendas trogloditas 183, **183**
Sauveterre-de-Béarn 278, 371
Savigny-les-Beaune 198
Scherwiller 126
Schongauer, Martin 130
seda 214
Sedan 122
Segunda Guerra Mundial 30
campo de batalla 111
Línea Margot 122
Musée de la Résistance (Lyon) 214
playas del Desembarco 144-145
Vercors 222
Vichy 230
seguro de viaje 339
Seine *ver* Sena
Sena (río) 134
Sena (valle) 140-141, **140-141**
Sénanque, Abbaye de 307
senderismo 315
en Córcega 336
de largo recorrido 216, 269
Senlis 108, 116
castillo 116
Sens 200
Cathédrale St-Étienne 200, **200**
Musée de Sens 200
Serrabone, abadía 325
Serrant, Château de 188
Sert, José Luis 293
Sète 330, 377
Sévigné, Madame de 38, 85
sidra 19
en Normandía 149
en el norte de Francia 107
Siglo de las Luces, El 25-26, 40-41
Signac, Paul 298
Siorac-en-Périgord 251
Siran, Château 242
Sisley, Alfred 45
Soissons, catedral 114
Solenzara (Córcega) 335
Solidor, Suzy 293
Sorel, Agnès 177
Souillac 369
St-Bernard 205
St-Bernard de Clairvaux 200, 203, 205
St-Bertrand-de-Comminges 275, **275**, 371
Cathédrale Ste-Marie 275
Église de St-Just-de-Valcabrère 275
St-Briac-sur-Mer 153
St-Capraise-de-Lalinde 251
St-Céré 268, 368
St-Laurent-les-Tours 268
St-Cirq-Lapopie 258, **259**, 369
St-Cyprien 251-252
St-Cyprien-en-Périgord 369
St-Cyprien-Plage 329
St-Denis 101
St-Denis, Cathédrale **93**, 114
St-Émilion 246
St-Estèphe 242
St-Étienne-de-Baïgorry 366
St-Florent (Córcega) 334
St-Florent, Golfe de (Córcega) 333
St-Front-de-Colubri 251
St-Germain-en-Laye 102
Musée des Antiquités Nationales 102
Musée du Prieuré 102
St-Gilles-du-Gard 311
St-Girons 371
St-Guilhem-le-Désert
Abbaye de **324**, 325
St-Hippolyte 126
St-Jacques-des-Guérets 185
St-Jacut-de-la-Mer 153
St-Jean-Cap-Ferrat 288
Grand Hôtel du Cap Ferrat 288
Plages des Fossés 288
St-Jean-de-Luz 245, 356
St-Jean-du-Gard 228
Musée des Vallées Cévenoles 228
St-Jean-Pied-de-Port 278, **278**, 367
St-Lizier 276
catedral 276-277
Cathédrale de la Sède 277
St-Malo 152, **152**, 356
castillo 152
Cathédrale St-Vincent 152
Maison de la Duchesse Anne 152
St-Martin-de-Boscherville 140
Abbaye de St-Georges 140
St-Martin-du-Canigou, Abbaye de 325, **325**
St-Michel de Cuxa, Abbaye de 324
St-Paul-de-Vence 292-293, **292**, 373
Colombe d'Or, hotel 292
Fondation Maeght 292-293
St-Rémi 118
St-Rémy-de-Provence 316
Centre d'Art Présence Van Gogh 316
Musée des Arômes de Provence 316
St-Paul-de-Mausile (hospital) 316
St-Sauveur 272
St-Servan 152, **152**
St-Thégonnec 156, 356
St-Tropez 298, **298**, 373
Musée de Annonciade 298
St-Wandrille de Fontenelle, Abbaye de 141, **141**
Staël, Madame de 41
Staël, Nicholas de 296
Stanislas Leszczynski, duque de Lorena 129
Ste-Anne-d'Auray 155
Ste-Anne-la-Palud 356-357

Ste-Bernardette de Lourdes **274**
Ste-Énimie 228
Stendhal (Henri-Marie Beyle) 44, 218
Stes-Maries-de-la-Mer 311, 376
Musée Baroncelli 311
Stevenson, Robert Louis 226
Strasbourg *ver* Estrasburgo
Stravinsky, Igor 47
sudoeste de Francia 233-278
sur de Francia 279-330, **280-281**
surrealismo 47-48

T

Tancarville, Pont de 141
tapices 239
Apocalipsis 184
Aubusson 239
Le Chant du Monde 185
Tarascón 316, **316**
Château 316
Église de Ste-Marthe 316
Musée Souleïado 316
Tarascon-sur-Ariège 277
Tarbes 278
Le Haras, caballerizas 278
Musée Massey 278
tarjetas de crédito 343
Tarn, Gorges du (recorrido en coche) 228-229, **228-229**
Tautavel, Centre Européen de Préhistoire 329
teléfono 342
televisión 343
Temniac 253
Termenès Château 323
Thiepval, monumento conmemorativo 110
Thiers 230
Musée de la Coutellerie 230
Thonon-les-Bains (lago de Ginebra) 217
toma de la Bastilla **26**, 84
Toulon 302
Cathédrale Ste-Marie-Majeure 302
Musée de la Marine 302
Toulouse 233, 263, 369-370
Basilique de St-Sernin 263, **267**
Cité de l'Espace 263
Hôtel Bernuy 263
Hôtel d'Assézat 263
Hôtel de Ville 263
Les Jacobins 263
Musée des Augustins 263, **263**
Place du Capitole 263
Toulouse-Lautrec, Henri de 89, **89**, 247, 264
Tour, Georges de La 37, **82**, 151
Tour de France **15**, 306
Touraine 162
Tournus (iglesia abacial) 207
Tours 171, 360
Cathédrale St-Gatien 171, **171**
Musée de l'Hôtel Gouin 171
Musée des Beaux-Arts 171
Musée des Vins de Touraine 171
Musée du Compagnonnage 171
Quartier St-Julien 171
Trébeurden 357
Tréguier 160
pardons 155
Trémolat 370
Trémolat, Cingle de 251
Tren 339-340
Trôo 185
Trouville-sur-Mer 148, 355
Troyes 122, **122**, 352
Troyes, Chrétien de 34
trufas **12**, 249, **249**
Truffaut, François 50
Tumulus St-Michel 159
túnel del Canal de la Mancha 108
Turckheim 126
Turbie, La 289
Turena *ver* Touraine
Turin Shroud 219
Turquant, viviendas trogloditas 183

U

Unión Europea 32
Palais de l'Europe, Estrasburgo 125
urgencias 344-345
Urval 251
Ussé, Château d' 176, **176**

V

vacaciones 343
Vaison-la-Romaine 305
Haute Ville 305
Musée Municipal 305
Valentin, Moise 37
Vallauris 295
Valle de Ariège 276-277
Valle de Tech 327, **327**
Gorges de la Fou 327
Valle del Loira 162-188, **162-163**
gastronomía 164, **165**
hoteles y restaurantes 357-361
Valle del Lot 258-259
Valle del Loue, Jura 208-209
Valle del Nebbio (Córcega) 334
Vallon-Pont-d'Arc 220-221
Van Gogh, Vincent 47, 304, 308-309, 316
Vannes 159, 357
vascos 245
Vauban, Sébastian de 109, 157, 222, 296, 328
Vaux-le-Vicomte Château 37, 101
Vence 293
Chapelle du Rosaire 293
Vendée 188
Vendôme 185
Abbaye de la Trinité 185
Vercingetórix 20, 206
Vercours, Parc Naturel Régional du 222-223
Verdon, Gorges du 303, 315, **315**
Balcons de la Mescla 315
La Palad-sur-Verdon 315
Point Sublime 315
Pont de l'Artuby 315
Verdún 111, 353
Verlaine, Paul 48
Versailles *ver* Versalles
Versalles Château de, **94-95**, **96-97**
Versalles, Château de 24-25, **24-25**, 37, **38-39**, 94-97
Grand y Petit Trianon 97
Jardines 97, 174
Vézelay 202, 362
Basilique de Ste-Madeleine 202, **202**
viajeros con discapacidades 344
Vichy 230, 364
Parc des Sources 230
Source des Célestins 230
Vienne 223
Cathédrale St-Maurice 223
Musée des Beaux-Arts et d'Archéologie 223
Temple d'Auguste et Livie 223
Théâtre Antigue 223
Théâtre de Cybèle 223
Vigny, Alfred, Comte de 43-44
vikingos 134, 140-141
Villaines-les-Rochers 176, **177**
Villandry
castillo 174, **175**
Jardin d'Eau 174
Jardin d'Ornement 174
Jardin Potager 174
jardines 174, **174**
Villefranche-de-Conflent 330, **330**
Fort Libéria 330
Petit Train Jaune 330
Villefranche-sur-Mer **284**, 288
Chapelle St-Pierre 288
Villefranche-sur-Saône 215
Villequier, Musée Victor Hugo 141
Villerouge-Termenès Château 323
Villié-Morgan 215
Villon, François (poeta) 36
Vimy Ridge, monumento conmemorativo canadiense 110-111
vino
Alsacia **123**, 126-127
Béarnais 273
Beaujolais 215
Borgoña 192, 194, 198, **189**
Burdeos 234-235, 240
Chablis 201
Champagne 104, 107, 117, 119, 120-121, 120-**121**
degustación **18**, 196
Haut-Médoc 242-243
Languedoc Rosellón 282
Loira 164
Mâcon 210
norte de Francia 104-107
Provenza 282
Viollet-le-Duc 321
Vitré 150, 160
viviendas trogloditas
Saumur 183, **183**
Vix, t+esoro de 210
Vizzavona (Córcega) 336
Vogüé 221
Voltaire, (François M. A. de) 41
Vosges *ver* Vosgos
Vosgos 123
Route des Crêtes 132
Vosne-Romanée 198
Vouet, Simon 37
Vulcania 226

Watteau, Antoine 40
Wharton, Edith 285, 299
Wilde, Oscar 162
Wintzenheim 126
Wissembourg 132
Wormhout 108

Z

Zola, Émile 28, 46

CRÉDITOS DE LAS ILUSTRACIONES

Abbreviations for terms appearing below: (t) top; (b) bottom; (l) left; (r) right; (c) center.

1, Telegraph Colour Library. 2/3, Tony Stone Images. 4, Simon Harris/Robert Harding World Imagery/CORBIS. 9, AKG-IMAGES. 11, Tony Stone Images. 12, Stephane Herbert/Globe Vision. 13, James L. Stanfield. 14/15, Yann Arthus-Bertrand. 17, Adam Woolfit. 18/19, Stephanie Maze. 20-21, BETTMANN/CORBIS. 22, AKG-IMAGES. 23, Mary Evans. 24-25, Historical Picture Archive/CORBIS. 26, Giraudon. 27, Giraudon. 28, Giraudon. 29, Hulton Getty. 31, AKG-IMAGES. 32/3, David Alan Harvey. 35, Robert Harding. 36, Charlie Waite/Imagestate. 37, AKG-IMAGES. 38/39, James L. Stanfield. 40, Giraudon. 42/3, AKG-IMAGES. 43, AKG-IMAGES. 44, Giraudon. 45, Giraudon. 46, Roger Viollet Collection/Getty Images. 47, Hulton Getty. 48/9, William Albert Allard. 50, Jolly Film/Ronald Grant Archive. 51, PowerStock. 52(t), Fernand Ivaldi/Getty Images. 52(b), AA Photo Library/Ken Patterson. 54, James L. Stanfield & Victor R. Boswell, Jr. 56(t), Adam Woolfitt/ CORBIS. 56(b), Maltings Partnership. 59, AA Photo Library/Ken Patterson. 60, Robert Holmes/CORBIS. 61, Giraudon. 63, AA Photo Library/Ken Patterson. 64, David A. Barnes/Alamy Ltd. 65, AA Photo Library/ J. A. Tims. 66, Nathalie Darbellay/ Corbis. 67, AA Photo Library/J. A. Tims. 68, Giraudon. 69, Ruggero Vanni/CORBIS. 70(t), Michael Rosenfeld/Getty Images. 70(b), Sergio Larrain/Magnum Photos. 71, Gamma. 72, AA Photo Library/ P. Enticknap. 73, Romilly Lockyer/Getty Images. 77, Telegraph Colour Library. 78, Gavin Hellier/Getty Images. 79, Giraudon. 80, Maltings Partnership. 80(t), Giraudon. 80 (b), Giraudon. 81, Giraudon. 82, Giraudon. 83, Giraudon. 86, Martin Norris/Alamy Ltd. 87, Réunion des Musées Nationaux/Art Resource, NY. 88, Brian Lawrence/Imagestate. 89, AKG-IMAGES. 90, Marvin E Newman/Getty Images. 91, AA Photo Library/ J. A. Tims. 92, Scala/Art Resource, NY. 93, Robert Holmes/ CORBIS. 94, Pierdelune/Shutterstock. 94/5, Maltings Partnership. 95, Dave G. Houser/Post-Houserstock/CORBIS. 96, James L. Stanfield. 98, Rose and lancet windows from the south wall, c. 1224 (stained glass), French School, (13th century)/Chartres Cathedral, Chartres, France/The Bridgeman Art Library/Getty Images. 99, AA Photo Library/D. Noble. 100, Robert Holmes/CORBIS. 102, AA Photo Library/C. Sawyer. 103, Andrea Pistolesi/Getty Images. 105, Robert Haines/Alamy Ltd. 106/107, Anthony Blake. 108, Michael Busselle. 109. John Miller/Getty Images. 110, AA Photo Library/D. Robertson. 111, AA Photo Library/D. Robertson. 112, Richard Klune/CORBIS. 113, James L. Stanfield. & Victor R. Boswell, Jr. 114, Giraudon. 114(b), Charles Jean Marc/CORBIS. 114/5, Malting Partnership. 116, Micheline Pelletier/Sygma/CORBIS. 117, John Miller/Getty Images. 118/9, Martin Child/Getty Images. 120, Michael Busselle. 121, Michael Busselle. 122, Patrick Ward/CORBIS. 123, John Miller/Getty Images. 124, Roux Frederic/Shutterstock. 126(t) AA Photo Library/D. Robertson. 126(bl) AA Photo Library/T. Oliver. 126(br) AA Photo Library. 128, Giraudon. 129, Dave Bartruff/CORBIS. 130/1, David Hughes/Getty Images. 131, AKG-IMAGES. 133, Tony Souter/Getty Images. 135, Robert Harding World Imagery/CORBIS. 137, AA Photo Library/ P. Kenward. 138, Michael Busselle. 139, Giraudon. 140, AA Photo Library/C. Sawyer. 141(t), AA Photo Library/C. Sawyer. 141(b) AA Photo Library/C. Sawyer. 142/3, Fotomas. 143, AA Photo Library/C. Sawyer. 144, Hulton Getty. 145, Richard Klune/CORBIS. 146, Mont St Michel, AA Photo Library/C. Sawyer. 146/7, Michael St. Maur Sheil. 148/9, AA Photo Library/C. Sawyer. 150, Michael Pasdzior/Getty Images. 151, AA Photo Library/S. Day. 152, Chris Lisle/ CORBIS. 153, Chris Lisle/CORBIS. 154(t), AA Photo Library/ R. Strange. 154(b), AA Photo Library/R. Strange. 155, R. Victor. 156, AA Photo Library/ R. Strange. 157, AA Photo Library/R. Victor. 158/9, Spectrum. 160, AA Photo Library/S. Day. 161, Chris Lisle/CORBIS. 163, AA Photo Library/R. Moss. 165, Michael Busselle. 166, AA Photo Library/R. Moss. 167, AA Photo Library/J. Edmanson. 168, AA Photo Library/R. Moss. 168/9, Maltings Partnership. 169(l), AA Photo Library/R. Moss. 169(r), Ludovic Maisant/CORBIS. 170, Images-of-France/Alamy Ltd. 171, AA Photo Library/ R. Moss. 172, Renaud Visage/Alamy Ltd. 173, Charles O'Rear/ CORBIS. 174, AA Photo Library/ J. Edmanson. 174/5, Michael Busselle. 176(t) AA Photo Library/ A. Baber. 176(b), AA Photo Library/ J. Edmanson. 176(c), AA Photo Library/J. Edmanson. 177, AA Photo Library/P. Kenward. 178, Phil Nelson/Getty Images. 179, Pix. 180/1, Cephas Picture Library. 181, AA Photo Library/ J. Edmanson. 182/3, Michael Busselle/Getty Images. 183(b), Hemis/ Alamy Ltd. 184, AA Photo Library/ R. Moss. 185, AA Photo Library/B. Smith. 186, Pix. 187, AA Photo Library/R. Moss. 189, AA Photo Library/M. Short. 192/3, AA Photo Library/R. Strange. 194, Michael Busselle. 195, AKG-IMAGES. 196, AA Photo Library/M. Short. 197, AA Photo Library/M. Short. 199(t), AA Photo Library/M. Short. 199(b), AA Photo Library/M. Short. 200, AA Photo Library/ M. Short. 201, AA Photo Library/M. Short. 202, Gianni Dagli Orti/CORBIS. 203, Fridmar Damm/zefa/CORBIS. 204(l), Paul Almasy/CORBIS. 204(r), AA Photo Library/M. Short. 204-5, Maltings Partnership. 206, Nadejda Ivanova/ Shutterstock. 207, Sandro Vannini/ CORBIS. 209, AA Photo Library/ M. Short. 210, AA Photo Library/ M. Short. 211, Andrew Skinner/Shutterstock. 213, Jakez/Shutterstock. 214, Hemis/Alamy Ltd. 215, AA Photo Library/R. Strange. 216, Gareth McCormack/Getty Images. 217, Gavin Hellier/Getty Images. 218, Chris Hellier/CORBIS. 219, Peter Horree/Alamy Ltd. 220/1, John Eccles/Alamy Ltd. 223, AA Photo Library/ R. Moss. 224, AA Photo Library/ T. Oliver. 225, AA Photo Library/ T. Oliver. 227, David Hughes/Getty Images. 228(a), AA Photo Library/R. Moore. 228(b), AA Photo Library/T. Oliver. 229, AA Photo Library/T. Oliver. 230, Paul Almasy/CORBIS. 231, Michael Busselle. 234/5, Anthony Blake. 236, David Hughes/Getty Images. 237, AA Photo Library. 238/9, Owen Franken/CORBIS. 239, AKG-IMAGES. 240, AA Photo Library/ P. Kenward. 241, J. Allan Cash. 243(t), AA Photo Library/ P. Kenward. 243(b), Spectrum/Heritage-Images. 244, AA Photo Library/P. Bennett. 245, AA Photo Library/P. Bennett. 246, Esin Maksim/Shutterstock. 247, Michael Busselle. 249(t), Anthony Blake. 249(b), Anthony Blake. 250, Michael Busselle. 251, AA Photo Library/P. Kenward. 252, Michael Busselle. 253, Pix. 254, Sami Sarkis/Alamy Ltd. 255, AA Photo Library. 256, Sigitas Baltramaitis/Alamy Ltd. 257, Philippe Giraud/Goodlook Pictures/ CORBIS. 259, Telegraph Colour Library. 260/1, Michael Busselle. 262, Michael Busselle. 263, Giraudon. 264, Cephas Picture Library/Alamy Ltd. 265, Agence Images/Alamy Ltd. 267(tl), AKG-IMAGES. 267(r), Ludovic Maisant/CORBIS. 267(b), Vanni Archive/CORBIS. 268, AA Photo Library/P. Kenward, 269, Olivier Cirendini/Getty Images. 270/1, O. Alamany & E. Vicens/CORBIS. 273, BOYER/AgenceImages. 274, AA Photo Library/B. Smith. 275, Richard List/ CORBIS. 276/7, Chris Lisle/CORBIS. 278, STOCKFOLIO/Alamy Ltd. 279, Michael Busselle. 281, Murat Taner/zefa/CORBIS. 283, Getty Images Inc. 284, Bruno De Hogues/Getty Images. 285, Roland Gerth/zefa/CORBIS. 286, Barbara Noe. 288, Sergio Pitamitz/CORBIS. 289, Barbara Noe. 291(t), Steve Vidler/ SuperStock. 291(b), AA Photo Library/A. Baker. 292, Gail Mooney/CORBIS. 293, AKG-IMAGES. 294, Gail Mooney/ CORBIS. 295, Gail Mooney/CORBIS. 296, Tony Stone Images. 297, Tony Stone Images. 298, Simeone Huber/Getty Images. 299, Jiri Castka/Shutterstock. 300, Pix. 301, Pix. 302, Michael Busselle. 303, Michael Busselle. 304, AA Photo Library/ R. Strange. 305, AA Photo Library/R. Strange. 306, AA Photo Library/R. Strange. 307(t), AA Photo Library/A. Baker. 307(b), AA Photo Library/A. Baker. 308/9, William Albert Allard. 310/1, Art Wolfe/Getty Images. 312, Tony Stone Images. 313, AA Photo Library/ R. Strange. 314, Michael Busselle. 315, Uli Wiesmeier/zefa/CORBIS. 316, AA Photo Library/R. Strange. 317, AA Publishing/R. Strange. 318, EOCHE/ AgenceImages. 319. Jon Arnold Images/ Alamy Ltd. 320, David Barnes/Imagestate. 321, MedioImages/Getty Images. 322(tr), AA Photo Library/P. Bennett. 322(tl), AA Photo Library/P. Bennett. 322(b), AA Photo LibraryK. Reynolds. 324, AA Photo Library/T. Oliver. 325, Richard List/ CORBIS. 326, Michael Melford/Getty Images. 327, BOYER/AgenceImages. 328/9 Photononstop. 330, Nik Wheeler/CORBIS. 331, Oxford Scientific Films. 332, Max Alexander/Getty Images. 334, Iconotec/ Alamy Ltd. 334/5, Tony Stone Images336, Tony Wheeler/Getty Images. 337, AA Photo Library.

National Geographic Society fue fundada en 1888 y es una de las organizaciones científicas y educativas sin fines de lucro más grandes del mundo. Llega a más de 285 millones de personas en todo el mundo cada mes a través de su publicación oficial, NATIONAL GEOGRAPHIC, y sus otras cuatro revistas, el canal National Geographic, documentales televisivos, programas de radio, películas, libros, videos y DVDs, mapas y medios interactivos. National Geographic ha financiado más de 8,000 proyectos de investigación científica y colabora con un programa de educación para combatir el analfabetismo geográfico.

Si desea más información, llame al 1-800-NGS LINE (647-5463) o escriba a la siguiente dirección: National Geographic Society 1145 17th Street N.W. Washington, D.C. 20036-4688 U.S.A.

Visítenos en www.nationalgeographic.com/books

Si desea información sobre descuentos especiales por compras al por mayor, por favor comuníquese con el sector de ventas especiales de libros de National Geographic: ngspecsales@ngs.org

Publicado por National Geographic Society
John M. Fahey, Jr., *President and Chief Executive Officer*
Gilbert M. Grosvenor, *Chairman of the Board*
Nina D. Hoffman, *Executive Vice President and President, Book Publishing Group*
Kevin Mulroy, *Senior Vice President and Publisher*
Marianne Koszorus, *Director of Design*
Elizabeth L. Newhouse, *Director of Travel Publishing*
Carl Mehler, *Director of Maps*
Barbara A. Noe, *Series Editor*
Cinda Rose, *Art Director*
R. Gary Colbert, *Production Director*
Richard S. Wain, *Production Project Manager*
Steven D. Gardner, Kay Hankins, Carol Stroud, Jane Sunderland, Ruth Thompson, Mapping Specialists, Robert Waymouth, *Contributors to 2007 edition*

Equipo editorial
AA Publishing (marca comercial de Automobile Association Developments Limited, Norfolk House, Inglaterra)
Betty Sheldrick, Project Manager
David Austin, Senior Art Editor
Josephine Perry, Editor
Phil Barfoot, Designer
Simon Mumford, Senior Cartographic Editor
Nicky Barker-Dix, Helen Beever, Cartographers
Richard Firth, Production Director
Selección de fotografías: Poppy Owen de I.S.I.
Mapas de área: Chris Orr Associates, Southampton, Inglaterra
Ilustraciones vistas en sección: Maltings Partnership, Derby, Inglaterra

Edición en español

Coordinación: RBA Libros, S.A.
Traducción: Thais Buforn
Edición y maquetación: Edipunt
ISBN 978-1-4262-0158-5
Impreso en España

UNITED KINGDOM
English Channel
CHANNEL ISLANDS (U.K.)
Baie de la Seine
Golfe de St.-Malo
Calais
Boulogne-sur-Mer
Abbeville
Dieppe
Cherbourg
le Havre
Rouen
St.-Lô
Caen
Bernay
Seine
Évreux
Mantes-la-Jolie
Brest
St.-Malo
Avranches
Argenton
St.-Brieuc
Dinan
Alençon
Chartres
Rennes
Quimper
Pontivy
Laval
le Mans
Lorient
Châteaubriant
Orléans
Vannes
Quiberon
Angers
Blois
Belle-Île
Nantes
Loire
Tours
St.-Nazaire
Saumur
Cher
Cholet
Châteauroux
la Roche-sur-Yon
Parthenay
Creuse
Poitiers
Niort
Aunis
la Rochelle
Guéret
Île d'Oléron
Limoges
Cognac
Charente
Angoulême
Gironde
Tulle
Périgueux
Brive-la-Gaillarde
Bordeaux
Dordogne
Bergerac
Garonne
Marmande
Cahors
Agen
Montauban
Mont-de-Marsan
Bay of Biscay
Golfe de Gascogne
Auch
Toulouse
Biarritz
Bayonne
Adour
Pau
Tarbes
Foix
2017m Pic d'Orhy
Pyrénées
París
Corse
0 150 kilómetros
0 75 millas
SPAIN
ANDORRA